中国科学院规划教材

经济学教程

（第二版）

主　编　何维达　冯　梅
副主编　邓立治　曹　辉

科学出版社
北京

内 容 简 介

本书以国外发达国家经济学为理论基础，并且吸收了国内经济学教材的优点，按照微观经济学和宏观经济学的构架，对经济学的一些基本理论和专业知识、技术和研究方法进行了深入浅出的讲解和细致的分析，尽可能做到内容全面、重点突出、难点适度。为了便于学生学习和理解，本书穿插了大量的实例和案例，每章后面还配置了大量习题，便于学生练习和巩固。此外，部分章还增加了附录，以作为经济学知识的补充。

本书既可以作为高等院校经济管理专业本科一、二年级学生学习的必修教材，也可以作为经济管理专业研究生入学考试必考课程的参考教材。

图书在版编目（CIP）数据

经济学教程／何维达，冯梅主编. —2 版 .—北京：科学出版社，2013

中国科学院规划教材

ISBN 978-7-03-036948-2

Ⅰ.①经… Ⅱ.①何…②冯… Ⅲ.①经济学—教材 Ⅳ.①F0

中国版本图书馆 CIP 数据核字（2013）第 043333 号

责任编辑：刘俊来　张　宁／责任校对：王艳利
责任印制：徐晓晨／封面设计：蓝正设计

科学出版社 出版

北京东黄城根北街 16 号
邮政编码：100717
http://www.sciencep.com

保定市中画美凯印刷有限公司印刷

科学出版社发行　各地新华书店经销

*

2008 年 5 月第　一　版　　开本：787×1092　1/16
2013 年 5 月第　二　版　　印张：26 1/4
2017 年 6 月第十三次印刷　　字数：607 000

定价：58.00 元

（如有印装质量问题，我社负责调换）

前　　言

本书以国外发达国家的经济学为理论基础，并且吸收了国内经济学教材的优点，按照微观经济学和宏观经济学的构架，对经济学的一些基本理论和专业知识、技术和研究方法进行了深入浅出的讲解和细致的分析，尽可能做到内容全面、重点突出、难点适度。

《经济学教程》是经管类各专业的一门重要的基础课程，是金融学、国际贸易、会计、技术经济与管理、企业管理等专业学生必修的课程，也是教育部经济类专业教学指导委员会制定的经济类、管理类专业本科学生必修的核心课程。本书编写的目的就是通过对经济学的介绍和分析，让学生掌握基本的经济理论知识和简单的技术分析方法，帮助学生理解市场经济运行最一般的规则，同时启发学生研究我国经济问题的兴趣，培养学生勇于创新的精神和从实际出发研究理论的意识。本书具有如下几个特点：①强调理论知识体系。本书非常强调理论体系，侧重引导学生把握知识脉络。本书梳理知识内在的逻辑关系，将微观经济学和宏观经济学有机结合起来。②注重实用。本书强调经济学与经济管理实践的结合，书中经济学理论的提出多建立在案例分析的基础上，突出案例分析，注重理论联系实际。书中图形分析、数学分析和模型分析以必须、够用为度。③体例新颖。本书在栏目设置和写作风格上都力求有所创新，引入了相关案例和附录等栏目，以拓展学生的视野，激发学生的学习兴趣。在内容表达上力求简明扼要、深入浅出。

经济学体系主要分为微观经济学和宏观经济学两大部分。在微观经济学部分，本书以经济学的基本问题为出发点，从稀缺资源的合理配置入手，引出市场机制问题，并且围绕价格理论这一核心思想，分别对供求、价格、消费者行为、生产者行为、利润、成本、市场结构、生产要素分配、市场失灵与政府的经济作用等一系列问题进行了系统的分析和讲解。在微观经济学部分，本书既着重分析市场机制在资源配置中的功能和作用，同时也指出了市场机制所存在的内在缺陷。

本书的微观经济学内容包括如下 10 章：第 1 章导论，主要介绍经济学的研究对象、微观经济学和宏观经济学、经济学的研究方法，并且简要介绍了经济学的发展历程，让学生对经济学的历史有一个基本的了解。第 2 章供求理论及其弹性，主要分析需求、供给、市场供求均衡、供求弹性理论。第 3 章消费者行为理论，主要包括效用理论概述、无差异曲线、商品的边际替代率、消费者预算线、消费者均衡、替代效应和收入效应，以及消费者需要曲线与市场需求曲线。第 4 章生产理论，主要包括企业及生产函数、短期生产函数分析、长期生产函数分析、最优生产要素组合、生产扩展线与规模报酬。第 5 章成本理论，主要介绍成本的概念、短期成本分析、长期成本分析。第 6 章完全竞争市场，主要分析市场结构及其类型、完全竞争市场的短期均衡和短期供给曲线、完全竞争市场的长期均衡、完全竞争市场行业的长期供给曲线。第 7 章不完全竞争市场，主要分析垄断竞争市场的厂商均衡、寡头垄断市场的厂商均衡、完全垄断市场的厂商均衡，以及市场的经济效率比较。第 8 章分配理论，主要介绍分配理论概述、生产要素需求与供给的一般原则、工资理论、利息理论、地租理论、利润理论、洛伦兹曲线和基尼系数。第 9 章一般均衡与福利经济学，主要介绍一般均衡、经济效率、帕累托最优条件、社会福利函数、效率与公平。第 10 章市场与政府，主要分析市场失灵、垄断、外部性、公共产品、不对称信息。

在宏观经济学部分，本书主要以凯恩斯理论为基础，从稀缺资源的有效使用出发，围绕国民收入决定这一核心思想，分别对国民收入核算理论与方法、简单国民收入理论、产品市场均衡和货币市场的一般均衡、总供给与总需求模型、失业与通货膨胀、经济周期理论、经济增长理论、宏观经济政策和开放经济问题等进行了系统的介绍和分析。

本书的宏观经济学内容包括如下 9 章：第 11 章国民收入核算理论与方法，主要包括宏观经济学的引入、国民收入的核算方法、国民收入核算中的其他总量、国民收入核算中的恒等关系、中国的国民收入核算体系。第 12 章简单国民收入理论，主要分析均衡国民收入、消费函数与储蓄函数、均衡国民收入的决定、乘数理论、三部门经济中的各种乘数。第 13 章产品市场和货币市场的一般均衡，主要分析投资的定义及投资决定、产品市场均衡：IS 曲线、利率的决定、货币市场均衡：LM 曲线、产品市场和货币市场同时均衡：IS-LM 模型。第 14 章总需求与总供给模型，主要分析总需求曲线、总产出与就业水平、总供给曲线、总需求与总供给模型及宏观经济运行。第 15 章失业与通货膨胀，主要介绍失业理论、失业的代价与治理、通货膨胀及其经济效应、失业与通货膨胀的关系、通货膨胀的治理。第 16 章经济周期理论，主要包括经济周期概述、经济周期原因的解释、乘数-加速数模型、实际经济周期理论、经济全球化下的经济周期。第 17 章经济增长理论，主要分析经济增长：一般概述，经济增长的前提、源泉与核算，哈罗德-多马模型，新古典增长模型，新经济增长理论。第 18 章宏观经济政策，主要分析宏观经济政策目标、财政政策、货币政策、宏观经济政策的协调、开放经济条件下的宏观经济政策、供给管理政策。第 19 章开放经济，主要分析国际收支、汇率理论、开放中的国民收入调节、对外经济政策。

本书的出版得到了教育部本科教学工程——专业综合改革试点项目经费和北京科技大学教材建设基金的资助，获得了北京市高等教育精品教材建设项目立项，在此表示感谢。本书由何维达、冯梅主编，邓立治、曹辉副主编。具体写作分工是：前言、第 1 章、第 2 章、第 6 章、第 7 章和第 13 章，由何维达执笔；第 15 章，由何维达和赵晓执笔；第 4 章、第 9 章和第 19 章，由冯梅执笔；第 3 章、第 5 章、第 12 章，由邓立治执笔；第 14 章由邓立治和吕殿平执笔；第 8 章、第 10 章和第 11 章，由曹辉执笔；第 16 章~第 18 章，由蔡卫星、赵晓执笔；何维达负责总纂。此外，东凌经济管理学院的博士和硕士研究生何丹、张凯、董晓棠、陆平、盛仲麟等参加了本书资料的收集和部分章节的撰写工作。

由于时间紧迫，书中的问题和局限在所难免，敬请读者不吝匡正。

何维达

2013 年 2 月

目　　录

第1章

导　论

本章要点：

　　经济学的定义　稀缺性　选择和机会成本　经济学的基本经济问题　微观经济学与宏观经济学　经济学的研究方法　经济学发展历程

　　从古至今，人们一直为如何解决经济问题所困扰，生存与发展始终是一个国家或社会面临的挑战，也是人们关心的热门话题。目前，人们所关心的市场需求与供给、商品价格、成本与利润、经济增长、通货膨胀和就业等就是最为普遍的经济问题。当大家打开经济学教科书，或许要问：什么是经济学？为什么要学经济学？关于第一个问题，19世纪新古典经济学的奠基者阿尔弗雷德·马歇尔（Alfred Marshall）在他的《经济学原理》一书中这样写道："经济学是一门研究人类一般生活事务的学问。"至于第二个问题，即为什么要学经济学，事实上人们往往会有很多理由。例如，学经济学为了赚更多的钱；出于某种担心——如果不懂经济学的供求规律，有可能变为现代文盲；等等。本章将从以下几个方面介绍经济学的基本知识和概念，从而为后面的学习奠定基础。

1.1　经济学的研究对象

1.1.1　经济学的定义

　　关于经济学的定义，迄今为止，经济学界尚未取得完全一致的意见。19世纪新古典经济学的奠基者、英国著名经济学家阿尔弗雷德·马歇尔在他的《经济学原理》一书中这样写道："经济学是一门研究人类一般生活事务的学问。"美国著名经济学家保罗·萨缪尔森（Paul A. Samuelson）认为，"经济学研究的是一个社会如何利用稀缺的资源以生产有价值的产品和劳务，并将它们在不同的人之间进行分配"[①]。另一位美国著名经济学家曼昆则认为，"经济学研究社会如何管理自己的资源"[②]。你也许还可以找到其他关

---

　　① 保罗·萨缪尔森，威廉·诺德豪斯：《经济学》（中译本，第三版），萧琛主译，北京：人民邮电出版社，2008年，第2页。

　　② 格里高利·曼昆：《经济学基础》（中译本，第二版），梁小民译，北京：生活·读书·新知三联书店，2003年，第4页。

于经济学的定义，但是，关于经济学的定义有两点是大家所共识的：一是研究资源的稀缺性和选择；二是研究资源的配置和利用效率。

1. 资源的有限性

资源是指用于满足人们需要的各种产品和劳务的经济资源。它包括土地（如河流、矿藏、森林等）、资本（如机器、厂房、铁路、车辆、库存等）以及劳动（如农民、工人、技术人员、管理人员、服务人员等）。

在任何一个国家，不管是美国还是加拿大，也不管是俄罗斯还是巴西，无论资源多么丰富，其都是相对有限的。由于资源有限，生产出来的商品和劳务也就是有限的，这是任何一个经济社会不可否认的现实。

2. 欲望的无限性

欲望（wants）是指人们的需要，它是人们对物质产品（商品）或精神产品（劳务）的愿望。

欲望是分层次的，按照著名心理学家马斯洛的解释，欲望可以分为以下层次：第一层次，基本的生理需要，即生存需要，如饮食、穿衣等，这是最低层次的需要。第二层次，安全和保障的需要，如免受伤害、生活上有保障等。第三层次，归属感和爱的需要，如得到所属社会阶层的认同感等。第四层次，尊重的需要，包括被别人尊重和尊重别人。第五层次，自我实现的需要，包括个人潜力的实现，对理想的追求和实现等。

然而，人们消费商品或劳务的欲望既是多层次和多种多样的，也是永无止境的。就是说，人们的欲望不会停止不前，而会经常更新、提出更高的要求。因此，人们的欲望是无限的。

3. 资源的稀缺性

资源的有限性和需求的无限性构成一对矛盾，它导致稀缺性。

稀缺性（scarcity）是一个绝对概念，同时也是一个相对概念。稀缺性的绝对性是指在任何社会和时代，人们总是无法得到自己想要的一切。用经济学的语言来说，人们生活在一个存在稀缺性的世界。稀缺性是相对于人类多层次、多样性和无限的需求而言的，满足需求的资源是有限的。就个人而言，也面临着稀缺性，如做企业缺资金，干事业总觉得时间不够等。因此，稀缺性是人类社会所面临的普遍现象，是客观的、绝对的。

稀缺性的相对性是相对于人类的需求或欲望而言的。人类的欲望是无限的，由低级到高级，没有止境。人类首先满足基本需求，如吃和穿。之后，其他更高级、更新的欲望又会出现。人们的欲望总是不断涌现、多种多样、不断变化、永无止境。因此，相对于人类的需求或欲望而言，满足这些需求或欲望的资源始终是稀缺的。而且，在不同的国家或地区，稀缺性的表现形式也不一样。即使同一国家或地区，稀缺性的表现形式也有差异。

经济学意义上的稀缺性，主要是指后者。简言之，资源的稀缺性是相对于人类无限的需求而言的。人类的需求具有无限增长和扩大的趋势，为了满足这种需求人类就需要更多的商品和劳务，从而需要更多的资源，而在一定时间与空间范围内资源总是有限的，相对不足的资源与人类绝对增长的需求相比便形成了资源的稀缺性。

【案例1-1】 钻石和木碗

一个穷人家徒四壁，只得头顶着一只旧木碗四处流浪。一天，穷人到一只渔船上去帮工。不幸的是，渔船在航行中遇到了特大风浪，被大海吞没了。船上的其他人几乎都淹死了，穷人抱着一根大木头，才得幸免。穷人被海水冲到一个小岛上，岛上的酋长看见穷人头顶的木碗，感到非常新奇，便用一大口袋最好的珍珠、宝石换走了木碗，还派人把穷人送回了家。一个富翁听到了穷人的奇遇，心中暗想：一只木碗都能换回这么多宝贝，如果我送去很多可口的食物，该换回多少宝贝！于是，富翁装了满满一船山珍海味和美酒，找到了穷人去过的小岛。酋长接受了富人送来的礼物，品尝之后赞不绝口，声称要送给他最珍贵的东西。富人心中暗自得意，一抬头，看见了酋长双手捧着的"珍贵礼物"，不由地愣住了——它居然是穷人用过的那只旧木碗！

资料来源：何维达、赵晓：《经济学教程》，北京：科学出版社，2008年，第2～3页

4. 选择和机会成本

由于稀缺性的存在，人们就必须对现有资源的使用去向做出选择，稀缺本身就隐含着选择。在经济学中，选择就是在一定的约束条件下，如何有效地利用有限的资源去生产商品或提供劳务，以便尽可能地满足人类的欲望。选择是稀缺性的必然结果。换言之，如果不存在稀缺性，便没有必要去选择，也没有必要去节约。

任何选择，一方面可以带来某种结果，另一方面也会产生一定的成本。如果选择的结果是生产某种有价值的商品，那么为了生产这些商品就必须放弃生产其他的商品。换句话说，任何选择都是有代价的。在经济学中，这种代价由机会成本进行衡量。

所谓机会成本，是指因选择而放弃的其他机会所产生的代价（这一概念将在本书第5章成本理论中详细讨论）。在经济学中，如果一项资源可以有多项用途，则机会成本可以看做是生产者为此而放弃的最佳用途的代价。即一项资源被用于生产一种产品时的机会成本是指，这一资源在其他用途上可以获得的最高价值。例如，一个人在企业工作的年薪是6万元，在机关工作的年薪是5万元，那么，他自己创业的机会成本就是6万元。

综上所述，经济学的定义可以表述为：它是研究各种稀缺资源在可供选择的用途中进行有效配置和利用的科学。

这里的"有效"，讲的就是效率问题，它包括两层含义：一是资源在不同用途之间的分配是否有效率，它强调的是资源配置效率能否达到最大，以满足人们无限增长的欲望，这是微观经济学所要解决的问题。二是资源在社会经济运行中的利用效率问题，它强调如何使有限的资源得到充分利用，从而提高资源的利用水平，这是宏观经济学需要解决的问题。

5. 生产可能性边界

虽然一个社会可以生产成千上万种物品和劳务，但是由于受到资源和可供利用的技术的限制，它无法将它想要拥有的任意东西都生产出来。生产可能性边界描述了这种限

制。所谓生产可能性边界（production-possibility frontier，PPF），是指在可投入品数量（土地、劳动和资本等）和技术知识既定的条件下，一个社会所能得到的最大产量。生产可能性边界代表可供社会利用的物品和劳务的不同组合。

我们假设一个社会只生产两种物品——黄油和面包，在这个社会经济系统中，如果将所有的资源都用于生产面包，那么每年生产的数量会有一个最大的值，它取决于该社会所拥有的资源的数量和质量，以及资源的利用效率。假设利用现有的资源和技术，每年能够生产出来的面包最大数量是 5 000 个。按同样道理，由于资源的有限性，假设该社会最多能够生产 150 斤①黄油。这是两种极端的情况，多数情况下，要么是多生产一些面包，放弃一些黄油的生产；要么是多生产一些黄油，放弃一些面包的生产，具体情况如下表 1-1 所示。

表 1-1　生产可能性

可能性	面包/个	黄油/斤
A	0	150
B	1 000	140
C	2 000	120
D	3 000	90
E	4 000	50
F	5 000	0

我们还可以用图 1-1 来描述该社会的生产可能性边界。在图 1-1 中，横轴表示面包的数量，纵轴表示黄油的数量。点 F 表示只生产面包不生产黄油的极端情况，而点 A 则表示只生产黄油不生产面包的极端情况。生产边界以外的 S 点表示不可能即无法达到的情况，因为该社会目前的资源和技术条件无法达到 S 点的水平。G 点则代表无效率的生产情况，因为在 G 点只生产了 2 000 个面包和 60 斤黄油，某些资源和技术没有得到充分利用。有效率的生产

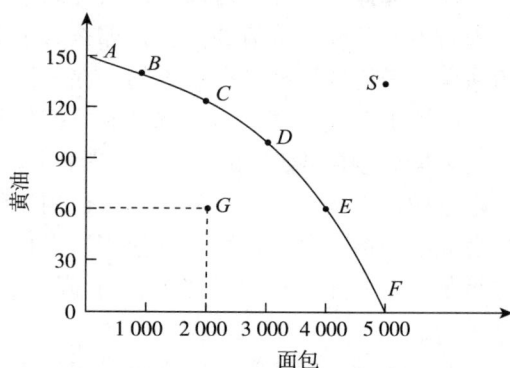

图 1-1　黄油和面包的生产可能性边界

情况必然是在生产可能性边界上。下面我们进一步分析在生产可能性边界上进行生产的情况。例如，如果从 A 点向 F 点移动，则意味着在资源和技术既定的条件下，如果要增加面包的生产，就必须减少黄油的生产。由此可见，在稀缺资源下进行选择必然会产生机会成本。

---

①　1 斤＝0.5 千克。

1.1.2 经济学的基本经济问题

1. 资源配置效率问题

人们对稀缺资源进行选择的过程就是资源配置的过程。人们在选择时必然会面临以下三个基本经济问题。

1）生产什么

生产什么的问题实质上包括了生产什么品种、生产多少、什么时间生产以及什么地点生产四个方面的问题。何谓生产？生产是指将投入转为产出的活动。投入又被称为资源。所谓资源配置，就是指将生产要素按一定的比例进行组合用于生产活动。由于资源是有限的，用于生产某种产品的资源多一些，那么用于生产其他产品的资源就会少一些。因此，人们必须在有限的资源中进行选择，以确定生产什么和生产多少。

生产的结果就是商品。商品被划分为物品和劳务，前者是有形的，如汽车和鞋子；后者是无形的，如餐馆招待和教育。商品的价格一般大于零，价格为零的商品被称为"免费商品"，价格为负的商品被称为"有害物品"。使用货物和劳务满足其需要的活动便是消费。

2）如何生产

如何生产包括以下几个方面的问题：其一，由谁来生产；其二，用什么资源进行生产；其三，用什么技术进行生产；其四，用什么样的组织形式进行生产。

从某种意义上说，如何生产的问题就是选择什么样的制度和生产技术的问题。同样的产品可以有不同的资源组合，如纺织品可以用手工织机来进行生产，也可以用现代化的机器设备来进行生产。因此，人们必须决定各种资源如何进行有效组合，才能提高经济效率，节约成本。

例如，比亚迪的老总王传福在日本学习手机电池生产时发现，日本用机器人生产电池，因为日本的人工太贵，用机器可以节约成本。由于资金有限，回国后，他决定用人工生产，因为中国的人工便宜。他把日本机器人的那些分解动作，全部改造为人工操作。比亚迪成功了，如今比亚迪手机电池市场占有率世界第一。

3）为谁生产

生产并不是目的，不能为生产而生产，只有消费才是目的，产品只有到达消费者手里，才算完成了它的使命。产品到消费者手里的过程，叫做分配。如何分配，即"为谁生产"，是非常重要的。为谁生产是指谁来享有生产出来的物品或劳务问题。商品的分配取决于收入的分配。收入高的人可以比收入低的人消费更多、更好的商品。为谁生产的问题实质上就是国民收入的分配和消费问题。因此，为谁生产的问题在很大程度上与经济社会制度有关。

由资源的稀缺性和选择而引发的上述三大基本经济问题，就是著名的资源配置效率问题。如何有效地解决这些问题涉及稀缺资源的配置问题，即如何有效地利用有限的、稀缺的资源来满足人们无限多样化的需要。简言之，资源配置效率（resource allocation）是指在一定的技术水平条件下各投入要素在各产出主体的分配中所产生的效益。从微观经济学来说，资源配置效率一般是指生产单位的生产效率，它的提高通过生产单位内部生产管理和生产技术的提高实现。

资源配置有两种基本的方法:一是计划机制,二是市场机制。计划经济配置资源,采用的方法是计划机制。生产什么,按照事先的计划;如何生产,看计划如何规定;为谁生产,按照事先计划的分配方法,这种方法已经被证明是缺乏效率的。市场经济配置资源,采用的是市场机制。生产什么,要看谁的利润大;如何生产,要看哪种生产方式的成本低;谁能得到,要看谁的出价最高。市场经济由一只看不见的手(invisible hand)来安排,古典经济学之父亚当·斯密(Adam Smith)曾在其《国富论》里,盛赞了这只手的美妙。

2. 资源利用效率问题

如果说资源配置效率问题主要是微观经济学研究的问题,那么资源利用效率问题则主要是宏观经济学研究的问题。例如,当出现失业时,就意味着存在经济资源的闲置和浪费。因此,经济学不仅要从微观经济角度研究资源配置效率问题,还要从宏观经济角度研究资源利用效率问题。显然,在资源配置中会有资源的不合理利用和浪费,当出现资源闲置或浪费问题时,对稀缺资源的合理利用,就需要国家干预进行宏观调控。所谓资源利用,是指人类社会如何更好地利用现有的稀缺资源,生产出更多更好的物品来满足社会日益增长的物质和文化的需要。资源利用包括以下三个基本问题:①资源如何充分利用才能更好地解决失业问题,实现充分就业。②经济增长和发展的源泉是什么,如何充分利用资源才能保持经济可持续发展。③经济政策如何影响社会经济,如何看待和治理通货膨胀或通货紧缩问题等。

1.2　微观经济学和宏观经济学

根据研究角度的不同,经济学的基本原理可以分为微观经济学和宏观经济学两大部分。

1.2.1　微观经济学

1. 微观经济学的含义

微观经济学(microeconomics)是现代经济学的一个分支,主要以单个经济单位(生产者、消费者)作为研究对象,分析单个生产者如何将有限资源配置在各种商品的生产上以取得最大利润;分析单个消费者如何将有限收入分配在各种商品的消费上以获得最大满足;分析生产要素供应者的收入如何决定;分析单个商品的效用、供给量、需求量和价格如何确定等。由此可见,微观经济学研究在市场经济中的个体决策单位,如消费者、资源拥有者和企业的经济行为。它的着眼点是"个体",而不是"总体"。因此,微观经济学也被称为"个体经济学"或"个量经济学"。微观经济学对个体经济单位的考察是在三个层次上逐步进行深入分析的。

第一层次是分析单个消费者和单个生产者的经济行为。它分析单个消费者如何进行最优的消费决策以获得最大的效用,单个生产者如何进行最优的生产决策以获取最大的利润。

第二个层次是分析单个市场的均衡价格的决定。这种单个市场均衡价格的决定,是作为单个市场中所有的消费者和所有的生产者最优经济行为的相互作用的结果而出现的。

第三个层次是分析所有单个市场均衡价格的同时决定。这种决定是作为所有单个市场相互作用的结果而出现的，或者说，是作为由经济社会中的全部市场上的全部消费者和全部生产者的最优经济行为的相互作用的结果而出现的。

微观经济学的核心理论是价格理论，价格理论是说明价格机制这一只"看不见的手"怎样调节商品和劳务的供给和需求，引导有限的资源向能够带来最大经济福利方向进行商品生产，从而实现最优的资源配置的。因此，也有人把微观经济学称为价格理论。但实际上，除了价格理论之外，微观经济学还包括消费者行为理论、生产理论、成本理论和生产要素报酬理论等许多内容，只是这些理论都离不开价格机制对经济个体或个量的决定作用。

2. 微观经济学的基本假设

微观经济理论的建立是以一定的假设作为前提的。在微观经济分析中，根据所研究的问题和所要建立的理论的不同需要，假设也存在着差异。但是，在众多不同经济理论的各自不同的假设中，有以下两个假设是所有的经济理论均具备的基本假设：

(1)"经济人"假设。在经济学里，"经济人"(economic man)的假设又称为"合乎理性的人"，简称为"理性人"或者"经济人"。所谓"经济人"，是对在经济社会中从事经济活动的所有人的基本特征的一个一般性的抽象。它具有两个基本特征：①每一个从事经济活动的人都是利己的。也可以说，每一个从事经济活动的人所发生的经济行为都是力图以自己的最小经济代价去获得自己的最大经济利益。②每一个从事经济活动的人都是理性的。西方经济学家认为，在任何经济活动中，人应该是"合乎理性的人"，否则，就是非理性的人。"合乎理性的人"的假设是微观经济分析的基本前提，它存在于微观经济学的所有不同的理论之中。

(2)完全信息假设。完全信息(complete information)是指市场上每个从事经济活动的个体(买者和卖者)都了解其决策所需要的信息，而且获取信息不需要支付任何成本。例如，市场上的消费者知道特定商品的性能、价格以及消费既定数量所获得的满足等；同样，市场上的生产者知道投入与产出的各种技术、产品和投入的价格等。即经济活动中不存在任何不确定性。

上述两个假设可能与实际情况不完全相符，如在现实中就很难达到完全信息的目标。西方经济学家也承认这一点，并在经济学分析中不断地进行修正。在这里仍保留这两个假设，是为了理论分析的方便。

3. 微观经济学的鸟瞰①

在学习微观经济学之初，可以对它所涉及的领域做一鸟瞰，以便大致了解微观经济学理论体系的框架。下面用图 1-2 加以说明。需要说明的是，在图 1-2 中出现的一些专门术语和基本原理，本书后面的有关内容都会给予详细的说明。在此，初学者只需要对该图的内容有一个大致的了解，从而对微观经济学的理论体系掌握一个粗略的轮廓即可。

---

① 这里的内容主要引自高鸿业：《西方经济学》(第四版)，北京：中国人民大学出版社，2007 年，第 19～20 页。

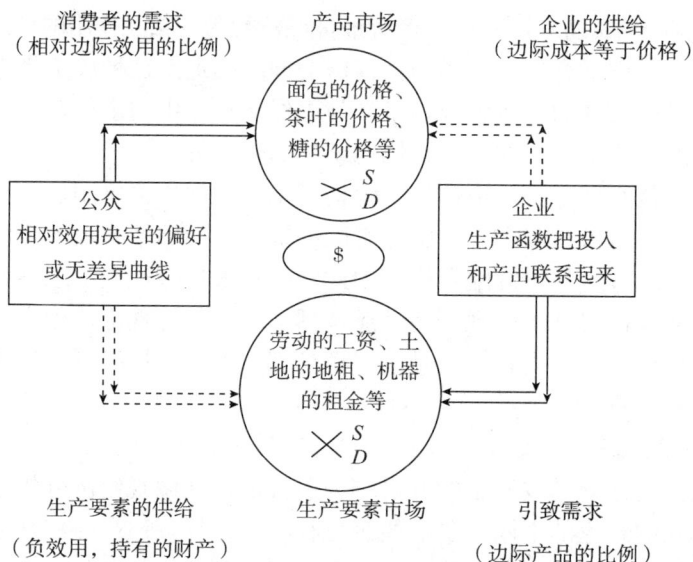

图 1-2　产品市场和生产要素市场的循环流动图

图 1-2 的左、右两个方框分别表示公众和企业。公众指的是消费者，企业指的是厂商。这里的每一个消费者和每一个厂商都具有双重的身份：单个消费者和单个厂商分别以商品的需求者和商品的供给者的身份出现在产品市场上，又分别以生产要素的供给者和生产要素的需求者的身份出现在生产要素市场上。图 1-2 的上方和下方分别表示产品市场和生产要素市场。消费者和厂商的经济活动通过产品市场和生产要素市场的供求关系的相互作用而联系起来。图 1-2 中的一切需求关系都用实线表示，一切供给关系都用虚线表示。其中，D 表示需求，S 表示供给。

从图 1-2 的左方框中可以看出，出于对自身经济利益的追求，消费者的经济行为首先表现为在生产要素市场上提供生产要素，如提供一定数量的劳动、土地等，以取得收入；其次，在产品市场上购买所需的商品，如一定数量的面包、茶叶等，进而在消费者中得到最大的效用满足。从图 1-2 的右方框中可以看出，同样也是出于对自身经济利益的追求，厂商的经济行为首先表现为在生产要素市场上购买生产所需的生产要素，如雇佣一定数量的工人、租用一定数量的土地等；其次，进入生产过程进行生产，如生产一定数量的面包、茶叶等，进而通过商品的出售获得最大的利润。

在图 1-2 的上半部，消费者对商品（如面包、茶叶）的需求和厂商对商品（如面包、茶叶）的供给相遇于产品市场，由此便决定了每一种产品市场的均衡价格和均衡数量。在完全竞争产品市场的长期均衡条件下，厂商的超额利润为零，产品市场的均衡价格会降至长期平均成本的最低水平，也就是说，厂商是以最低的价格出售产品。在图 1-2 的下半部，消费者对生产要素（如劳动、土地）的供给和厂商对生产要素（如劳动、土地）的引致需求相遇于生产要素市场，由此又决定了每一种生产要素（如劳动、土地）在市场上的均衡价格（如工资、地租）和均衡数量。厂商购买生产要素所支付的总价格等于工资、利息、地租和利润的总和，这四部分分别构成生产要素劳动、资本、土地和企业家才能的提供者的报酬收入。

通过对图 1-2 的介绍可看到：在完全竞争条件下，无论是在产品市场，还是在生产要素市场，单个消费者和单个厂商的经济活动都表现为在市场机制的作用下各自追求自身经济利益最大化的过程。正是在这一过程中，每个产品市场和每个生产要素市场，进而所有的市场，都实现了供求相等的均衡状态。在这样的完全竞争的均衡状态中，每一种产品都以最低的成本被生产出来，每一种产品也都以最低的价格在市场上出售，消费者获得最大的满足，厂商获得最大的利润，生产要素的提供者都根据各自对生产的贡献得到了相应的报酬。

在以上内容的基础上，微观经济学中的一般均衡理论进一步证明，完全竞争条件下所有单个市场同时均衡的状态符合"帕累托最优状态"。这样，整个市场经济实现了有效率的资源配置。这就是微观经济学所要论证的核心思想。此外，微观经济学还包括微观经济政策分析。西方经济学家认为，现实的资本主义经济在某些方面与上述的完全竞争经济的最优状态是有偏离的，这就需要执行一定的微观经济政策来加以矫正，以克服"市场失灵"。

1.2.2　宏观经济学

宏观经济学(macroeconomics)以国民经济总过程的活动作为研究对象，是研究宏观经济总量的一门学科。宏观经济总量或称宏观经济变量主要包括国民收入及其增长、总需求与总供给、价格总水平、就业与失业、利率水平和国际收支等。所以，宏观经济学又叫总体经济学或总量经济学，其核心是国民收入理论。除此之外，宏观经济学还包括通货膨胀理论、失业理论、经济增长和经济发展理论、宏观经济政策等内容。

与微观经济学相对应，宏观经济学侧重于研究资源总量的决定问题，探讨社会如何做出选择以决定资源是否得到充分有效的利用、资源总量的变动规律等。宏观经济学的主要研究内容包括以下几个方面：

（1）经济总量或国内生产总值及其增长。如何利用有限的资源生产出更多的物品和劳务，并使社会总产出保持可持续增长；经济增长的源泉和影响因素是什么；如何避免总产出量周期性波动等，这些是经济学家一直重点研究的问题。

（2）社会价格总水平。为什么在经济运行过程中，价格总水平会发生变化；经济中的总需求和总供给如何决定价格总水平等，这些问题都是经济学家、政府和公众所共同关心的问题。宏观经济学在通货膨胀理论中对此进行了专门的研究。

（3）社会总就业量。为什么在资源稀缺的总背景下会存在失业的现象；失业程度为什么会呈现出周期性变化的特征等，这些同样也是经济学家和政府所关心和力图解决的问题。

（4）宏观经济政策。主要针对市场失灵以及经济增长、就业和通货膨胀等经济问题进行适当的调控，提供相应的经济政策，包括货币政策、财政政策和产业政策等，以促进经济发展，改善国民福利。

1.2.3　微观经济学和宏观经济学的关系

宏观经济学和微观经济学不能绝对分开，宏观经济学是在微观经济学的基本思维基础上发展的。但是宏观经济学又区别于微观经济学，微观经济学采用个量分析方法，研究经济个体(家庭和厂商)的经济行为，其核心理论是价格理论；而宏观经济学则采用总量分析方法，研究总体经济活动，其核心理论是国民收入决定理论。也就是说，微观经济学和宏观经济学在理论基础、研究的角度和解决的问题等方面都有不同。但是，它们并不是对立的，而是相互补充的。两者的关系可以归纳为以下几点：

(1)微观经济学是宏观经济学的基础。微观经济学研究的是经济个量，而宏观经济学研究的是经济总量，由于总量是个量之和，整体是个体表现的综合，所以微观经济学被认为是宏观经济学的基础。从理论分析的角度看，对单个经济单位的分析也可以推广到整个宏观经济。另外，宏观经济学对总体经济活动的研究也会对经济个体的经济活动产生重大影响。

(2)微观经济学和宏观经济学既有联系又有区别。微观经济学研究的是资源配置如何达到最优，在研究中通常假定各类资源都可以得到充分利用；宏观经济学则研究现有资源如何才能得到最充分的利用，在研究时一般认为资源的最优配置已经实现。用一个恰当的比喻就是，微观经济学只看树木不见森林，而宏观经济学只看森林不见树木。但是，二者又相互补充，只有资源的配置和利用同时达到最佳状态，社会福利才会最大，对稀缺性问题才会解决得最好。具体来说，它们的区别主要表现在二者在研究对象、解决的问题、中心理论和分析方法上(表 1-2)。

表 1-2　微观经济学和宏观经济学的主要区别

区别	微观经济学	宏观经济学
研究对象	单个经济单位	整个经济
解决的问题	资源配置	资源利用
中心理论	价格理论	国民收入决定理论
分析方法	个量分析	总量分析

(3)宏观经济活动不能简单归结为微观经济活动之和。虽然经济总量是无数经济个量相加的结果，但是总体经济活动的结论却不能通过将个体经济活动的结论简单相加而得到。美国著名经济学家保罗·萨缪尔森认为："由于我们会假定，对局部来说正确的东西，对总体来说也一定正确。然而，在经济学中，我们经常发现总体并不等于局部之和。如果你认为对局部来说成立的东西，对总体也必然成立，那你就犯了'合成谬误'。"[①]

1.3　经济学的研究方法

1.3.1　均衡分析

从经济学诞生以来，均衡(equilibrium)的概念就一直是经济学家思维的基础。然而遗憾的是，经济学家使用的均衡的内涵有所不同。

---

①　保罗·萨缪尔森，威廉·诺德豪斯：《经济学》(中译本，第三版)，萧琛主译，北京：人民邮电出版社，2008 年，第 3 页。

(1)方法论意义上的均衡。方法论意义上的均衡被称做一种静止的状态(state of rest)。一个给定参数的经济系统被认为是处于均衡状态，如果内生变量不会随时间的变化而改变的话。通俗地说，当一个经济系统内所有不同方向的力量处于相对静止状态时，它便成为一种均衡。当系统内的力量发生变动时，原均衡便被打破，便向新的均衡方向移动。

(2)理论意义上的均衡。理论意义上的均衡在微观经济学中大量出现。例如，某一产品的市场处于均衡状态，当且仅当(if and only if)供给量等于需求量的时候。这一均衡概念较狭窄，现在，西方学者偏好于使用一个新的概念——市场出清(market clearing)来代替这一狭义的均衡。因此，均衡价格和均衡产量亦被称为"市场出清价格"和"市场出清产量"。不过，本书还是使用传统意义上的均衡概念。

(3)规范意义上的均衡。如果从某种意义上被视为理想，这种状态为均衡。例如，充分就业为政府的目标之一，因此，就有"充分就业均衡"一说。此外，还有行为假设意义上的均衡。微观经济学中的"消费者均衡"和"生产者均衡"就是"行为假设意义上的均衡"。

(4)局部均衡和总体均衡分析。在经济学中，最常用的均衡分析是局部均衡分析和总体均衡分析两种。局部均衡分析是由英国经济学家阿尔弗雷德·马歇尔提出的。它考查的是经济系统的一个(或数个)消费者、一个(或数个)生产者、一个(或数个)企业或行业、一个(或数个)商品或要素市场均衡状态。例如，在分析某一商品市场均衡时，必须排除该市场以外的其他一切经济变量的变动对该市场所产生的影响。因此，必须假定"其他因素不变"(ceteris paribus, other things equal)，才能对该市场进行均衡分析。

总体均衡分析(general equilibrium analysis)又叫一般均衡分析，它是由里昂·瓦尔拉斯(Léon Walras)提出来的，是观察一个经济系统中所有的市场同时达到均衡的一种分析方法。瓦尔拉斯认为，各个市场相互依存、相互影响，某一市场的变动会影响到其他市场的变化，因此有必要进行总体均衡分析。

1.3.2 边际分析

边际分析(marginal analysis)是现代经济学的又一常用的分析方法。我们把研究一种可变因素的数量变动会对其他可变因素的变动产生多大影响的方法，称为边际分析方法。

"边际"从字面上的意义来看，是指"新增"或"额外"的意思。在经济学中，"边际"实质上就是一阶导数，边际分析实质上就是将微分学引进了经济学。边际分析法的数学原理很简单，对于离散情形，边际值是因变量变化量与自变量变化量的比值；对于连续情形，边际值则是因变量关于某自变量的导数值。所以边际的含义本身就是因变量关于自变量的变化率，或者说是自变量变化一个单位时因变量的改变量。边际分析法是把追加的支出和追加的收入相比较，二者相等时为临界点，如果企业的目标是取得最大利润，那么当追加的收入和追加的支出相等时，这一目标就能达到。

西方经济学家普遍非常重视"边际分析方法"，把边际分析法的发现和应用看成是一场"边际革命"。自19世纪70年代"边际革命"兴起后，边际的概念和边际分析法立刻广泛传播，并构成了西方经济学的重要组成部分。西方边际分析方法的起源可追溯到托马斯·马尔萨斯，他在 1814 年曾指出了微分法对经济分析所可能具有的用途。1824 年，汤普逊（W. Thompson）首次将微分法运用于经济分析，研究了政府的商品和劳务采购获得最大利益的条件。功利主义创始人边沁（J. Bentham）在以其最大快乐和最小痛苦为人生追求目标的信条中，首次采用最大和最小术语，并且提出了边际效应递减的原理。

1.3.3　静态分析和动态分析

依据经济活动分析是否考虑时间因素，经济学方法又可以分为静态分析和动态分析。静态分析（static analysis）的特征就是所有的变量都是同一时期的，即不考虑时间因素。比较静态分析是研究"曲线移动"的效应，更确切地说，它始于原均衡点，同时引入某些随时间而变的变量，形成新的均衡点。比较静态分析是"比较"新、旧均衡点的分析方法，即"比较"起点和终点，但不研究过程本身。

动态分析（dynamic analysis）则引入时间因素，分析均衡达到和变动的过程。它与比较静态分析的相似之处在于，变量为不同的时期；差异在于，比较静态分析不考虑实现新均衡的途径、过程，而动态分析研究调整的过程。

1.3.4　实证分析和规范分析

经济学中的实证分析就是客观描述经济事件"是什么"（或"不是什么"），它揭示有关经济变量之间的因果关系。具体来说，实证分析（empirical analysis）一般借助于一系列经验数据、假设条件、经济数量模型，分析其研究的对象是什么，涉及解释和预测。它一般是就事论事，说明是什么和为什么，明确事物之间的因果关系。例如，我国加入世界贸易组织（WTO），对钢铁的价格、生产和销售会产生什么样的影响？对其下游产业会产生什么影响？对消费者又会产生什么影响？这些都属于实证分析的范畴。通过实证分析得出结论，用观察的实际情况来检验理论，并用理论来构造模型，通过模型来解释现实和预测未来。实证分析方法不涉及价值判断。

经济学中的规范分析（normative analysis）是从一定的价值判断出发，提出某些标准并把这些标准作为制定经济政策的依据，研究如何才能符合这些标准的分析方法。它回答"应该是什么"，或研究"应该如何解决经济问题"。它涉及价值判断，其分析结论往往无法通过经验事实来检验。具体来说，规范分析涉及的问题常常与经济系统应该如何运行有关。例如，我国加入世界贸易组织后，我国钢铁企业应该如何发展？钢铁产品的价格应该如何制定？这些都属于规范分析的范畴。这些分析，无论是对企业经理还是对公共政策的制定者都是非常重要的。

1.3.5　进行经济思考时经常出现的一些错误

（1）偏见。人们在分析经济问题时可能带有偏见（或先入之见）。例如，人们可能认为赤字预算不好，担心私有企业的比重过大等，这种先入之见的主观性会影响到经济分析的客观性。

（2）不能保持"其他因素不变"。在经济学分析中，人们大量使用的一个假设就是"其他因素不变"。如果不做出这一假设，经济分析结果很可能会出现错误。

（3）合成谬误（fallacy of composition）。某一事件对局部是好的，不一定对总体就是好的。如果从某一事件对局部为真理推论到对总体亦为真，便有可能出现合成谬误，正如前面萨缪尔森所说。

（4）后此谬误（post hoc fallacy）。后此（post hoc）是"后此，所以因此"（post hoc, ergo propter hoc）的缩写。它是从拉丁文翻译而来的，整个短语的意思是："在此之后，因而必然由此造成"。如果我们仅仅因为一件事发生在另一件事之前，就想当然地认为前者是后者的原因，那么，我们就可能犯了后此谬误。

1.4　经济学的发展历程

经济学从产生到现在，大体经历了经济学启蒙阶段（重商主义、重农主义）、古典经济学阶段、新古典经济学阶段、凯恩斯主义阶段和现代主流经济学（或新古典综合学派）阶段五个阶段。

1.4.1　经济学启蒙阶段

近代史的研究者无论谁都无法不注意那些在 1600 年后两百年间促成英国工业革命和法国大革命的因素，而最深刻的变革出现在经济领域。始于 16 世纪、从西班牙征服者开始的杀人越货的海外扩展，使欧洲成为庞大的世界贸易体系的中心。正是在这个时期，出现了威廉·配第等著名经济学家，并形成了重商主义和重农主义两大经济思潮。

1）重商主义

重商主义（mercantilism）是随着 17 世纪和 18 世纪英国海外贸易的增长而一同兴旺起来的，其基本假设是出口为国家带来财富。这一学派的倡议者支持并主张政府采取措施保护贸易顺差。

重商主义者坚信，对外贸易是国家致富的唯一手段。在国际金融制度得到高度发展以前，对外收支逆差必须用现金弥补，而国际间唯一可接受的现金形式是金银，因此贸易赤字会导致国库空虚，反之则国库殷实。从中可得出结论，出超将带来国内经济增长，而入超会使国内经济萎缩。这种思想迎合了当时政治和经济环境的需求，并在事实上引导了 17 世纪和 18 世纪的商业革命。

大多数的经济学家认为，重商主义是最早出现的经济学。但是，与现代经济学不同，重商主义的研究仅仅停留在流通领域，而且尚未形成完整的理论体系，其主要内容是一些政策主张。例如，重商主义认为金银是唯一的财富，政府应该采取各种措施增加出口、减少进口，以保证本国财富的增加。我们可以认为，重商主义是资本原始积累时期代表商业资本利益的经济学说，它以粗浅的现实主义总结了商业资本的实践经验。

2）重农主义

重农主义主导了法国 17 世纪和 18 世纪的经济思想。法国在 18 世纪还保持着封建经济的结构，其工业变化、海外贸易的步伐并非那么快捷有力，其主要的经济活动仍然是农业生产，地租连同向耕种者征收的赋税是法庭、军队和艺术文明的经济来源，农民只得用剩余部分来维持自己的生存和再生产。重农主义者以此为依据提出，产生地租的土地是纯产品依赖的唯一源泉。重农主义者将国民分为三个阶级，即生产阶级、土地所有者阶级和不生产阶级，最早运用社会阶级体系来说明社会经济结构。

弗兰斯瓦·魁奈(1694—1774 年)是 18 世纪法国最著名的经济学家、重农主义学派的领袖和宗师。"自然秩序"是魁奈及其重农主义体系的精髓，是重农主义者看待问题的基本出发点、根本标准及最终归宿。在重农主义体系中，自然秩序和自然权利紧密相连，自然权利包括财产所有权和自由，而在财产所有权中，土地所有权是基础，是国家统治的自然秩序的根本条件，是进行农业资本主义的根本条件。魁奈在其代表作《经济表》一书中以商品资本的循环为基础，把一年土地上生产出来的总产品作为分析的起点，抓住了社会资本再生产研究中最主要和最困难的问题，即社会产品在物质上如何得到替换和在价值上如何得到补偿的问题，第一次分析了社会总资本再生产和流通过程，概括了重农主义的经济理论和政策。

1.4.2　古典经济学阶段

古典经济学(classical economics)开始于 17 世纪中叶，结束于 19 世纪 70 年代，是伴随着资本主义的确立和发展而形成的经济理论。古典经济学的奠基者是亚当·斯密，大卫·李嘉图(David Ricardo)、马尔萨斯、萨伊对亚当·斯密的体系进行了拓展，而 J.S. 穆勒则是古典经济学的集大成者。

亚当·斯密被称为古典经济学之父，他于 1776 年出版的《国富论》是一部经典之作。它既是重商主义思想的一场革命，也是古典经济学诞生的标志。古典经济学将研究对象从流通领域转到了生产领域，强调了劳动的重要性。例如，亚当·斯密就明确提出商品是财富的代表，劳动是财富的源泉。他认为，国民财富的增长取决于劳动生产力的增进，而劳动生产力的增进又取决于分工。他进而以交换来解释分工产生的原因，指出分工的程度取决于交换的能力或市场范围，货币只是一种流通工具。亚当·斯密区分了商品的交换价值和使用价值，认为只有劳动才是价值的普遍尺度和正确尺度，然而他又认为商品的真实价格由工资、利润、地租三部分构成。古典经济学还提出了自由放任的政策主张，强调市场机制这只"看不见的手"对经济的调节作用。古典经济学的理论核心是经济增长产生于资本积累和劳动分工相互作用的思想，即资本积累推动了生产专业化和劳动分工的发展，而劳动分工反过来通过提高总产出使得社会可生产更多的资本积累，让资本流向最有效率的生产领域，从而形成发展的良性循环。

1.4.3　新古典经济学阶段

新古典经济学(neoclassical economics)的起点是发生于 19 世纪 70 年代的"边际革命"，终点是爆发于 20 世纪 20～30 年代的世界经济危机。在这一段时期，西方经济学经历了一次以边际效用学派的兴起为代表的重大变动。当时，杰文斯(W. S. Jevons)在英国、门格尔(C. Menger)在奥地利、瓦尔拉斯在瑞士，依次建立了英国学派、奥地利学派和洛桑学派。这三个派别的学说并不完全一致，但是，它们具有一个重要的共同点，即放弃了亚当·斯密和李嘉图的劳动价值论并提出了边际效用价值论取而代之。此外，新古典经济学不像古典学派那样只重视对生产的研究，而是转向了消费和需求。这也是新古典经济学与古典经济学的重要区别。

到了 1890 年，英国剑桥大学的阿尔弗雷德·马歇尔教授把三个派别的边际效用论和当时资产阶级经济学的一些其他学说，如供求论、节欲论、生产费用论等综合在一起，构成了一个折中的理论体系。以马歇尔的理论体系为基础，再加上瓦尔拉斯、庇古、克拉克、威克斯迪特等提出的新论点，形成了以马歇尔和瓦尔拉斯为代表的均衡价值论。其中，马歇尔出版的著作《经济学原理》是该时期最具代表性的一部著作，为新古典经济学的发展奠定了基础。

自 19 世纪末期以来，以马歇尔和瓦尔拉斯为代表的西方经济学广泛流行于西方世界。按照西方经济学者的说法，马歇尔和瓦尔拉斯等把完全竞争和充分就业假设为既存的条件，进而从供给与需求的角度来分析市场价格，以便解决资源在生产上的配置、资源的报酬等问题。关于新古典经济学的否认古典经济学认为商品价值来源于各生产要素的价值的观点是否正确，一直存在着争论。但是，新古典经济学的边际分析方法使经济学的发展步入了一个新的时代，对于这一点大家基本上达成了共识。

总之，新古典经济学理论继承了古典经济学的立场，主张支持自由市场经济，个人理性选择，反对政府过度干预。它使用新的边际分析工具，并且仍然以市场价格为中心进行分析，得出了与古典经济学相同的结论，即价格机制可以自动对经济进行调节，实现充分就业的目标。由此可见，新古典经济学理论保持了极为鲜明的古典特征，正因为如此，它又叫新古典经济学。

1.4.4　凯恩斯主义阶段

第二次世界经济危机（又叫大萧条）于 1923～1933 年爆发，这次经济大危机对资本主义经济发展造成了极大破坏。资本主义经济实践与传统的经济理论所宣扬的自由竞争和自由放任产生了严重矛盾。在这种情况下，约翰·梅纳德·凯恩斯（1883—1946 年）于 1936 年发表了《就业、利息和货币通论》，提出了有效需求理论体系和通过国家干预经济以求减少失业，这被称为"凯恩斯革命"，而凯恩斯的主张被称为凯恩斯主义（Keynesian）。

凯恩斯被认为是现代经济学中最有影响的经济学家。1911 年，凯恩斯出任英国皇家经济学会《经济学杂志》主编；1930 年任内阁经济顾问委员会主席；1941 年担任英格兰银行董事；1944 年以英国代表团主席身份出席在布雷顿森林召开的国际货币金融会议，并出任国际货币基金组织和国际复兴开发银行的董事。凯恩斯一生著述颇丰，主要有《印度的通货和财政》《货币改革论》《货币论》《如何筹措战费》《就业、利息和货币通论》等。其中，《就业、利息和货币通论》是凯恩斯经济学产生的标志。《就业、利息和货币通论》是在 20 世纪 30 年代大萧条爆发以后孕育的，于 1936 年问世。凯恩斯认为，失业和危机不是资本主义制度的必然产物，它只是"有效需求"不足的结果。"有效需求"包括消费需求和投资需求两部分，它是由"消费倾向""对资本资产未来收益的预期"和对货币的"流动偏好"这三个基本心理因素及货币量决定的。凯恩斯在理论分析上采用了"总量分析"即"宏观分析"的方法，研究了收入、需求、投资、储蓄、消费、货币、价格水平的总量及其相互关系。

凯恩斯提出了一整套政策，这些政策的核心就是国家干预经济生活，借此刺激有效需求，即刺激消费和投资。在财政政策方面，他主张在总需求小于总供给时，减税、增加财政支出，以扩大投资和消费；在总需求大于总供给时，增税、减少财政支出，以减少投资和消费。在货币政策方面，他主张在萧条时期增加货币供应量，降低利率以刺激投资；在高涨时期减少货币供应量，提高利率以限制投资。

1.4.5   现代主流经济学阶段

在凯恩斯之后，以保罗·萨谬尔森为首的一些西方经济学者逐渐建立了新古典综合学派(new classic and integrated school)的理论体系，该学派后来被称为现代主流经济学。该学派把传统的微观经济学和现代宏观经济学集合起来，它宣称前者以充分就业为分析的前提，后者则着重研究各种不同水平的就业量的情况。因此，两种理论是相辅相成的，可以被纳入同一理论体系之中，而传统经济学的自由放任和凯恩斯的国家干预的主张不过代表同一理论体系所涉及的两种不同的情况。与此同时，该学派还把现代资本主义说成是"混合经济"，由"私营"和"公营"两个部分所组成，前者的不足之处可以由后者加以弥补。

新古典综合学派的主要代表人物有保罗·萨缪尔森、托宾、罗伯特·索洛等。"新古典"是指他们接受凯恩斯以前的新古典主义对于市场和一般均衡的分析，但同时应当"综合"凯恩斯主义。这种综合体现在：①将凯恩斯理论本身综合成宏观一般均衡理论，但理论本身和新古典理论有相似之处；②将凯恩斯的宏观理论体系和新古典的微观理论体系相结合，注重寻找宏观经济理论的微观基础；③强调货币政策与财政政策的相互配合。

他们认为，第二次世界大战后的经济是一种"混合经济"，既存在市场机制的调节，又有国家对经济生活的干预。一方面，经济中的基本问题，即生产什么、如何生产和为谁生产的问题仍然由市场机制，即"看不见的手"来解决；另一方面，政府在经济中的作用越来越重要，政府要运用各种经济政策来纠正市场调节不可避免的缺陷，对经济进行宏观调控，以保证经济长期稳定地发展，并实现社会公正。

现代主流经济学除了新古典综合学派之外，其他具有重要影响的学派还有新自由主义、货币主义、理性预期学派、新剑桥学派等。

新自由主义以哈耶克为主要代表，他从个人主义出发，强调维护个人自由。而自由的基础是经济自由，其核心是私有制，在这一基础上生产者有经营自由，消费者有消费自由。实现经济自由的途径是让市场机制充分发挥调节作用，让人们在市场上自由竞争。

货币主义(monetarism)又称为现代芝加哥学派，其代表人物是弗里德曼。其基本观点是坚持经济中最重要的因素是货币，即货币量是说明产量、就业和价格变化的最重要因素；在政策上基本主张坚持市场调节的完善，反对国家直接干预。

理性预期学派的代表人物是卢卡斯和萨金特。他们认为，经济主体在做出任何决策时，除了考虑到有关经济变量的情况外，还应考虑这些变量的未来变化，这种有根据的、合理的预期被称为"理性预期"。他们认为市场机制本身是完善的，依靠价格的调节作用，市场在正常情况下总是处于供求相等的出清状态。由于理性预期的作用，宏观经济政策无论在短期还是长期都无效，且会破坏市场机制。

新剑桥学派又称为凯恩斯左派，与新古典综合学派一样，是现代凯恩斯主义，其代表人物有罗宾逊、卡尔多。他们认为新古典综合学派将收入支出模型作为凯恩斯主义的核心是一种歪曲，其核心问题应是收入分配问题。他们认为资本主义社会的收入分配不合理，分配应以价值理论作为基础，经济增长是以加剧收入分配的不平等为前提的。因此，他们主张国家干预经济，实现收入分配平等化。

值得说明的是，经济学发展到今天，出现了各种学派，这一方面说明了经济学的繁荣，百家争鸣；另一方面也说明了经济学还不是十分完善，有待于进一步的发展。

➤**本章专业术语**

稀缺性 生产可能性边界 资源配置效率 经济人 完全信息 微观经济学 宏观经济学 总体均衡分析 边际分析 静态分析 动态分析 实证分析 规范分析 重商主义 古典经济学 新古典经济学 凯恩斯主义 新古典综合学派

➤**本章小结**

本章要点可以归纳如下：

(1)经济学的定义。它是研究各种稀缺资源在可供选择的用途中进行有效配置和利用的科学。

关于经济学的定义有两点是大家所共识的：一是研究资源的稀缺性和选择；二是研究资源的配置和利用效率。

(2)经济学的基本经济问题。一是资源配置效率问题。人们对稀缺资源进行选择的过程就是资源配置的过程，人们选择时必然会面临以下三个基本经济问题：生产什么、如何生产以及为谁生产。这是微观经济学研究的基本问题。二是资源利用效率问题，包括资源如何充分利用才能更好地解决失业问题，实现充分就业；经济增长和发展的源泉是什么，如何充分利用资源才能保持经济可持续发展；经济政策如何影响社会经济，如何看待和治理通货膨胀或通货紧缩；等等。这是宏观经济学研究的基本问题。

(3)微观经济学研究在市场经济中的个体决策单位，如消费者、资源拥有者和企业的经济行为。它的着眼点是"个体"，而不是"总体"。因此，微观经济学也被称为"个体经济学"或"个量经济学"。

(4)宏观经济学是研究宏观经济总量的一门学科。宏观经济总量或称宏观经济变量主要包括国民收入及其增长、总需求与总供给、价格总水平、就业与失业、利率水平和国际收支等。所以，宏观经济学又叫总体经济学或总量经济学，其核心是国民收入理论。除此之外，宏观经济学还包括通货膨胀理论、失业理论、经济增长和经济发展理论、宏观经济政策等内容。

(5)经济学的研究方法。经济学的研究方法主要包括均衡分析方法、边际分析、静态分析和动态分析、实证分析和规范分析等。

(6)经济学从产生到现在，大体上经历了经济学启蒙阶段(重商主义、重农主义)、古典经济学阶段、新古典经济学阶段、凯恩斯主义阶段和现代主流经济学(或新古典综合学派)阶段五个阶段。

➤**练习题**

一、名词解释

1. 经济学　　　　　　2. 宏观经济学

3. 微观经济学　　　　4. 资源稀缺性

5. 机会成本　　　　　6. "看不见的手"

7. 实证分析   8. 规范分析

9. 生产可能性边界

二、单选题

1. 经济学研究的是(　　)。
   A. 企业如何赚钱的问题   B. 如何实现稀缺资源的有效配置问题
   C. 用数学方法建立理论模型   D. 政府如何管制的问题

2. 下列短语可以用机会成本予以解释的是(　　)。
   A. 杀鸡焉用宰牛刀   B. 物以稀为贵
   C. 买卖不成仁义在   D. 薄利多销

3. 下列事物中哪些不具备稀缺性?(　　)
   A. 空气   B. 矿泉水   C. 食物   D. 新东方课程班

4. 区分宏观经济学和微观经济学的关键在于(　　)。
   A. 微观经济学研究个体经济行为，宏观经济学研究总体经济现象
   B. 微观经济学研究厂商行为，宏观经济学研究政府行为
   C. 微观经济学研究产品市场，宏观经济学研究失业问题
   D. 微观经济学研究范围狭小，宏观经济学研究涉猎广泛

5. 经济学家讨论"人们的收入差距大一点好还是小一点好"这一问题属于(　　)所要研究的问题。
   A. 实证经济学   B. 规范经济学
   C. 宏观经济学   D. 微观经济学

6. 经济学家所谈到的"混合经济"是指(　　)。
   A. 生产者与消费者相互作用   B. 宏观经济学与微观经济学同时存在
   C. 消费者和生产者都要做出决策   D. 政府和个人都要做出决策

7. 人们在资源有限而需求无限时必须(　　)。
   A. 使个人利益优于公共利益   B. 做出选择
   C. 降低期望   D. 以国家利益为重

8. "世上没有免费的午餐"的说法的前提是(　　)。
   A. 任何事物都有机会成本   B. 人是自私的
   C. 政府不总是补贴食品生产   D. 不应出现食品银行

9. 现有资源不能充分满足人们的欲望这一事实被称做(　　)。
   A. 经济物品   B. 资源的稀缺性
   C. 机会成本   D. 人类欲望的无限性

10. 经济物品是指(　　)。
    A. 有用的物品   B. 稀缺的物品
    C. 要用钱购买的物品   D. 有用且稀缺的物品

11. 新古典综合学派的主要代表人物是(　　)。
    A. 亚当·斯密   B. 保罗·萨缪尔森   C. 凯恩斯   D. 阿尔弗雷德·马歇尔

12. 一国生产可能性边界线以内的点所代表的产出组合表明(　　)。
    A. 通货膨胀
    B. 该国资源未被充分利用
    C. 该国可被利用的资源减少
    D. 该国生产处于最适度产出水平

三、判断题

1. 随着技术的进步和经济的发展,稀缺性问题将最终消失。(   )

2. 经济人假设意味着我们每一个人在任何场合下都是自私自利的。(   )

3. 机会成本是资源被用于某种用途以后,所放弃的其他用途中效用最大的那一种用途所产生的效用。(   )

4. 在我国转轨经济体制条件下,政府仍然会参与到经济决策过程中,但是随着转型过程的完成,政府进行经济决策的功能会自动消失。(   )

5. 在市场经济体制条件下,经济体系中的决策完全是由非政府组织做出的。(   )

6. 微观经济学研究的对象不包括总需求和总供给。(   )

四、问答题

1. 微观经济学的基本内容和研究的基本问题是什么?

2. 经济学理论体系的构成部分是什么?

3. 微观经济学和宏观经济学之间的关系是什么?

4. 实证分析和规范分析两种分析法的主要区别是什么?

5. 经济学研究的基本方法有哪些?

6. 微观经济学的市场机制的内涵是什么?

7. 经济学的产生与发展经历了哪些阶段?

➢附录 亚当·斯密与古典经济学

亚当·斯密(1723—1790 年),生于苏格兰东海岸爱丁堡附近的柯科迪。在他出生之前六个月,父亲就去世了。四岁那一年他被一群吉普赛人拐走,幸亏他的叔父及时将他救回。早年的亚当·斯密一直被认为是一个"虚弱的孩子",他一生陪伴母亲,终生未娶。

14 岁时,亚当·斯密进入格拉斯哥大学,师从苏格兰哲学家哈奇森。之后他获得了牛津大学奖学金进入牛津大学,在那里他花了 6 年时间研究希腊和拉丁文、法国和英国文学以及数学和哲学。亚当·斯密一生酷爱读书,他曾说:"我只是我的书的情人。"

1751~1763 年,亚当·斯密在格拉斯哥大学任道德哲学教授。1750 年,他结识了苏格兰启蒙运动的精神领袖、经验主义哲学家——大卫·休谟,之后两人成为终生的好朋友。在休谟 1776 年去世前,他曾是亚当·斯密的遗嘱执行人。"母亲、朋友和书——这是斯密的三大快乐"——亚当·斯密的传记作者约翰·格雷如是说。

亚当·斯密于 1776 年出版了划时代的巨著——《国富论》,这是一部里程碑式的著作,该书犹如一声思想的枪声,很快就响彻了整个世界,现代经济学的故事也由此开始。

在《国富论》完成两年后,可能是出于改善经济状况的考虑,亚当·斯密积极寻求政府中的高级职位。他成功了,他被任命为苏格兰海关关长。——一位天赋自由体系的倡导者,关税制度的反对者,在生命中的最后 12 年却不得不致力于打击走私,这不能不说是一种讽刺。上任伊始,亚当·斯密就熟悉了海关的条例和规章。他猛然发现自己已经违规很久了,他穿的衣服大部分是非法走私进入这个国家的。在写给奥克兰爵士的信中,他说他决定以身作则,把这些衣服统统烧掉,并建议奥克兰查一查他们的衣物,该烧的也烧掉。亚当·斯密晚年在爱丁堡过着一种恬淡的生活,年复一年他把大部分的收入都悄悄捐赠给了慈善事业,并小心地隐瞒着这件事情。

亚当·斯密花费了 12 年的时间写作《国富论》,他确信找到了一种能创造"普遍富裕"的正确的经济学,将其称为"天赋自由体系",今天的经济学教科书称之为古典经济学。他的开创性工作从某种意义上讲是不完善的,时时需要大规模的修补,但其基础是非常牢固的。

对于什么是劳动生产能力改进的关键,亚当·斯密给出的答案既不是贸易出超,也不是金银,而是一种高超的管理技术——劳动分工。亚当·斯密用一个著名的针厂的案例详细地说明了专业化和分工对提高劳动生产率的巨大作用。通过提高劳动生产率、节俭以及努力工作，世界经济总量将会不断增加。因此财富的总量不是固定的，一国能够在不损害他国的情况下致富。

亚当·斯密把他自己的经济学模型称为天赋自由的自我调节体系。它包含三个重要的特点：

（1）自由：包括生产和交换产品、劳动以及个人积累资本的权利。

（2）自我利益：从事自己的业务并迎合他人借以实现自我利益的权利。

（3）竞争：在产品与服务的生产与销售中自由竞争的权利。

亚当·斯密认为，这三者将为社会中各阶层的人民带来"天然和谐"。不需要有一个以国家为中心的指令，数以百万计的个人通过自由地追逐自我利益将创造一个稳定、繁荣的社会。这一学说通常被称为"看不见的手"。他说："每个……使用资本和劳动……的个人……既不打算促进公共利益，也不知道他自己是在什么程度上促进那种利益……他是受一只看不见的手的指导，去达到一个并非他本意想要达到的目的……他追求自己的利益，却经常促进了社会的利益。"

事实上，"看不见的手"这个短语表达的是亚当·斯密的如下思想：人类行为会产生意想不到的结果；如果正义等基本规则在社会中得以遵循，个人的自利行为便能够带来一个运行良好且有益所有人的社会秩序，尽管个人在做出个人决策时并没有想到会达成这样的结果。

亚当·斯密并不是经济学说的最早开拓者，他最著名的思想中有许多也并非新颖独特，但是他首次提出了全面系统的经济学说，为该领域的发展打下了良好的基础。因此，完全可以说《国富论》是古典经济学的奠基之作，是经济学研究的起点。亚当·斯密的主要追随者包括大卫·李嘉图、托马斯·马尔萨斯和穆勒等。

古典经济学主要分析了自由竞争的市场机制，将其看做一只"看不见的手"支配着社会经济活动；反对国家干预经济生活，提出自由放任原则；分析了国民财富增长的条件，促进或阻碍国民财富增长的原因。概言之，古典经济学包含以下基本内容：

（1）经济增长产生于资本积累和劳动分工相互作用的思想，即资本积累推动了生产专业化和劳动分工的发展，而劳动分工反过来通过提高总产出使得社会可生产更多的资本积累，让资本流向最有效率的生产领域，从而形成发展的良性循环。

（2）节俭、勤奋工作、开明的自我利益和对同胞的仁爱是推动社会前进的美德，应予鼓励。

（3）政府应将其活动限于司法、维护私有财产和防范外敌入侵，其角色是"守夜人"。

（4）国家应对经济事务实行自由放任不干预的总政策，包括自由贸易、低税收、最精简的政府机构等。

（5）古典的金银本位制约束了政府实行货币贬值的行为，以及提供稳定的、可以作为经济繁荣保障的货币环境。

以现代的观点看，亚当·斯密的模型尽管显得有些粗糙，但基础是牢靠的，而且相对于他对经济学的巨大贡献来说，这些瑕疵无伤大雅。

第 2 章

供求理论及其弹性

本章要点:

需求与供给的定义　需求定理、供给定理、供求均衡定理的基本内容　需求、供给的形成及影响因素　均衡价格的形成及影响因素　需求价格弹性及其应用　需求收入弹性及其应用　需求交叉价格弹性及其应用　供给价格弹性及其应用

2.1 需　求

微观经济学的核心问题是价格决定理论。价格决定取决于需求与供给，因此，作为微观经济学分析的起点，必须首先从需求与供给的角度进行研究。需求和供给影响价格，价格也影响供给与需求。价格是参与者相互之间联系和传递经济信息的机制，也是有效配置经济资源的基础。本节先介绍需求的有关知识，2.2节将介绍供给的有关知识。

2.1.1 需求的概念

经济学研究消费者的选择行为，而不研究人们的需要。因为需要是一种主观意愿，它和价格及消费者的收入无关，是当价格为零时你想要多少的问题。但是，一旦收入为给定，在某一个大于零的价格条件下，你想买多少便是一个需求的问题。

因此，需求是与价格密切相关的。严格地说，需求（demand）是指消费者在一定时期内在各种可能的价格水平条件下，愿意而且能够购买的某种商品的数量。根据定义，如果消费者对某种商品只有购买的欲望而没有购买的能力，那叫需要或者购买欲望，不能算做需求。需求必须是消费者既有购买欲望又有购买能力的有效需求。可见，需求和需要是有区别的。

我们必须掌握需求的三个要点：第一，需求是与价格密切相关的；第二，需求必须是消费者既有购买欲望又有购买能力的有效需求；第三，需求量总是和时间相关。

2.1.2 需求影响因素及需求函数

1. 需求影响因素

从前面的定义可知，需求是指消费者在一定时期内在各种可能的价格水平下愿意而且能够购买的某种商品的数量。一种商品的需求数量通常是由许多因素共同决定的，其

中主要的因素有以下几个方面：

（1）商品的自身价格。一般说来，一种商品的价格越高，该商品的需求量就会越小。相反，价格越低，需求量就会越大。

（2）相关商品的价格。当一种商品本身的价格保持不变，而与它相关的其他商品的价格发生变化时，这种商品本身的需求量也会发生变化。例如，在其他条件不变的前提下，当馒头的价格不变而花卷的价格上升时，人们往往就会减少花卷的购买而增加对馒头的购买，从而使得馒头的需求量上升。

（3）消费者的收入水平。对于大多数商品来说，当消费者的收入水平提高时，就会增加对商品的需求量。相反，当消费者的收入水平下降时，就会减少对商品的需求量。

（4）消费者偏好。当消费者对某种商品的偏好程度增强时，该商品的需求量就会增加。相反，偏好程度减弱，需求量就会减少。

（5）消费者对商品的价格预期。当消费者预期某种商品的价格会在未来进一步上升时，就会增加对该商品的现期需求量；当消费者预期某商品的价格在将来会下降时，就会减少对该商品的现期需求量。

（6）政府的消费政策。政府的消费政策主要是指税收和补贴，两者对消费者需求的影响正好是相反的：前者会导致消费者需求减少，而后者则会导致需求增加。例如，政府提高所得税，居民的实际收入下降，那么他们对商品的需求就会相应减少。

（7）其他因素。除了上述因素之外，还有其他许多因素会影响某一种商品的需求量，如人口数量、地理气候、文化传统等。

2. 需求函数

一种商品的需求量可以看成是所有影响该商品需求量的因素的函数。所以，需求函数（demand function）表示一种商品的需求数量和影响需求数量的各种因素之间的相互关系。也就是说，在以上的分析中，影响需求数量的各个因素是自变量，需求数量是因变量，用公式表示就是

$$D = f(X_1, X_2, \cdots, X_n) \tag{2.1}$$

其中，D 代表需求；$X_1, X_2, \cdots, X_n$ 代表影响需求的各种因素。

但是，如果我们对影响一种商品需求量的所有因素同时进行分析，就会使问题变得复杂起来。在这里，为了将问题简化，假定其他影响因素保持不变，仅分析一种商品的价格对该商品需求量的影响，即把一种商品的需求量仅仅看成是这种商品的价格的函数，于是，上面的需求函数就可以用下式表示：

$$Q_d = f(P) \tag{2.2}$$

其中，P 代表商品的价格；Q_d 代表商品的需求量。

3. 需求表和需求曲线

需求函数 $Q_d = f(P)$ 表示一种商品的需求量和该商品的价格之间存在着一一对应的关系，这种函数关系可以分别用商品的需求表和需求曲线来加以表示。

商品的需求表（demand schedule）是表示某种商品的各种价格水平和与各种价格水平相对应的该商品的需求数量之间关系的数字序列表。表 2-1 是网络设计服务这种商品的需求表。

表 2-1　网络设计服务的需求表

价格-需求量组合	A	B	C	D	E	F	G
服务的价格/元	50	45	40	35	30	25	20
服务的需求量/小时	1	2	3	5	7	9	12

从表 2-1 可以清楚地看出商品价格与需求量之间的函数关系。例如，如果价格为每小时 35 元，某一小企业愿意购买 5 小时的网络设计服务；如果价格上升为 50 元，则该小企业的需求量下降为 1 小时，即只愿意购买 1 小时的网络设计服务；如果网络设计服务价格降低，则该小企业愿意购买更长时间的服务。

商品的需求曲线（demand curve）是根据需求表中商品的不同价格-需求量的组合在平面坐标图上所绘制的一条曲线。图 2-1 是根据表 2-1 绘制的一条需求曲线。

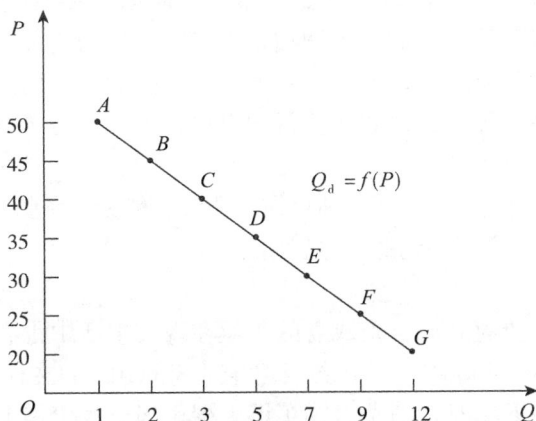

图 2-1　需求曲线

在图 2-1 中，横轴 OQ 表示商品的数量，纵轴 OP 表示商品的价格。应该指出的是，与数学上的习惯相反，在微观经济学分析需求曲线和供给曲线时，通常以纵轴表示自变量 P，以横轴表示因变量 Q。

图 2-1 中的需求曲线是这样得到的：根据表 2-1 中商品的每一个价格-需求量的组合，在平面坐标图中描绘相应的各点 A、B、C、D、E、F、G，然后顺次连接这些点，便得到需求曲线 $Q_d = f(P)$。它表示在不同价格水平下消费者愿意而且能够购买的商品数量。所以，需求曲线是以几何图形来表示商品的价格和需求量之间的函数关系的。

微观经济学在论述需求函数时，一般都假定商品的价格和相应的需求量的变化具有无限分割性，即具有连续性。正是由于这一假定，在图 2-1 中才可以将商品的各个价格-需求量的组合点 A、B、C……连接起来，从而构成一条光滑连续的需求曲线。实际上，需求曲线可以是直线型的，也可以是曲线型的。当需求函数是线性函数时，相应的需求曲线为一条直线（图 2-1），直线上各点的斜率是相等的。当需求函数是非线性函数时，相应的需求曲线为一条曲线，曲线上各点的斜率是不相等的。在微观经济分析中，为了简化分析过程，在不影响结论的前提下，大多使用线性需求函数。线性需求函数的表达形式通常为

$$Q_d = a - b \cdot P \tag{2.3}$$

其中，a、b 为常数，且 a、$b > 0$。该函数所对应的需求曲线为一条直线。

建立在需求函数基础上的需求表和需求曲线都反映了商品的价格变动和需求量变动之间的关系。从表 2-1 可见，商品的需求量随着商品价格的上升而减少。相应地，图2-1 中的需求曲线具有一个明显的特征，即它是向右下方倾斜的，其斜率为负值。这表明，需求量与价格呈反比例关系。

4. 需求定理

1）需求定理的含义

需求定理亦称需求法则（law of demand）是指，在其他条件不变的情况下，商品的需求量与价格变化是反比的关系，即商品的价格高则需求量小，价格低则需求量大。

为什么商品的需求量与价格会呈反比关系呢？原因主要有两点：第一，商品降价后，会吸引新的购买者，从而使需求量增加；第二，原先的购买者会因为商品价格下降而感到自己比过去稍微富裕一些，即实际收入增加，因而也会增加购买，这就是收入效应；同时，该商品价格下降使其他商品显得相对更贵了，消费者会增加该商品的购买以替代其他商品，这就是替代效应。

正因为价格与需求量呈反比关系，所以需求曲线一般为一条斜率为负的曲线（图 2-1）。斜率为负的需求曲线便是需求法则的图像表述。

2）例外情况

需求定理就绝大多数商品而言是成立的，但在现实生活中也有一些例外情况。

（1）吉芬商品（Giffen goods）。英国统计学家吉芬（Giffen）在研究爱尔兰土豆销售状况时发现：当土豆价格下降时，消费者购买得更少；当土豆价格上升时，需求量反而上升。这种情形被后人称为"吉芬之谜"（Giffen paradox）。

（2）炫耀性商品。社会心理因素也会导致某些商品的需求量与价格的变化方向出现"反常"。例如，一些家庭为了显示其地位尊贵，愿意购买价格昂贵的名画、古董等，而当这些商品价格下跌到不足以显示其身份时，就会减少购买。具有这种"炫耀性消费"特征的商品被称为"炫耀性商品"，它是由著名经济学家凡勃仑（Veblen）提出来的。

2.2　供　给

2.2.1　供给的概念

供给是与需求相对应的一个概念，需求来自消费者，供给则来自厂商或企业。

供给也是与价格密切相关的。严格地说，一种商品的供给（supply）是指生产者一定时期内在各种可能的价格条件下愿意而且能够提供出售的某种商品的数量。根据上述定义，如果生产者对某种商品只有提供出售的愿望，而没有提供出售的能力，则不能形成有效供给，也不能算做供给。

因此，这一定义体现出供给也具有三个要点：第一，供给是与价格密切相关的；第二，供给必须是生产者既有生产欲望又有出售能力的有效供给；第三，供给量总是和时间相关。

2.2.2　供给影响因素及供给函数

1. 供给影响因素

一种商品的供给数量受多种因素的影响，其中主要的因素有以下几个方面：

(1)商品的自身价格。一般来说，某种商品的价格越高，生产者提供的产量就越大。相反，商品的价格越低，生产者提供的产量就越小。

(2)相关商品的价格。如果某种商品的价格不变，而其他相关商品的价格发生变化，该商品的供给量会发生变化。例如，对某个生产小麦和玉米的农户来说，在玉米价格不变和小麦价格上升时，该农户就可能增加小麦的耕种面积而减少玉米的耕种面积。

(3)生产的成本。在商品自身价格不变的条件下，生产成本增加会减少利润，从而使企业对商品的供给量减少。反之，生产成本减少会增加利润，从而使得商品的供给量增加。

(4)生产的技术水平。在一般情况下，生产技术水平的提高可以降低生产成本、提高劳动生产率，从而增加生产者的利润，于是生产者会提供更多的产量。

(5)生产者对未来的预期。如果预期某种商品的价格下降，生产者往往会减少该种商品的生产；反之，如果预期商品的价格会上涨，生产者往往会扩大生产，增加产量。

(6)其他因素。例如，许多产品，特别是农产品的供给量与自然条件关系密切。此外，政治事件、历史传统等也会影响商品的供给量。

2. 供给函数

一种商品的供给量是所有影响这种商品供给量的因素的函数。在以上的分析中，影响供给数量的各个因素是自变量，供给数量是因变量。那么，供给函数(supply function)用公式表示为

$$S = f(X_1, X_2, \cdots, X_n) \tag{2.4}$$

其中，X_1，X_2，$\cdots$，X_n 代表影响供给的各种因素。

如果假定其他因素均不发生变化，仅考虑一种商品的价格变化对其供给量的影响，即把一种商品的供给量只看成是这种商品价格的函数，则供给函数也可以表示为

$$Q_s = f(P) \tag{2.5}$$

其中，P 代表商品的价格；Q_s 代表商品的供给量。

3. 供给表和供给曲线

供给函数 $Q_s = f(P)$ 表示一种商品的供给量和该商品价格之间存在着一一对应的关系，这种函数关系可以分别用供给表和供给曲线来表示。

商品的供给表(supply schedule)是表示某种商品的各种价格和与各种价格相对应的该商品的供给数量之间关系的数字序列表。表 2-2 是牛奶这种商品的供给表。

表 2-2　牛奶的供给表

价格-供给量组合	A	B	C	D	E
牛奶的价格/(元/盒)	2	3	4	5	6
牛奶的供给量/盒	0	5	10	15	20

表 2-2 清楚地表示出了商品的价格和供给量之间的函数关系。当牛奶的价格为 6 元/盒时，牛奶的供给量为 20 盒；当牛奶的价格下降为 4 元/盒时，牛奶的供给量减少为 10 盒；当牛奶的价格进一步下降为 2 元/盒时，牛奶的供给量减少为零。

商品的供给曲线(supply curve)是根据供给表中的商品的价格-供给量组合在平面坐标图上所绘制的一条曲线。图 2-2 便是根据表 2-2 所绘制的一条供给曲线。

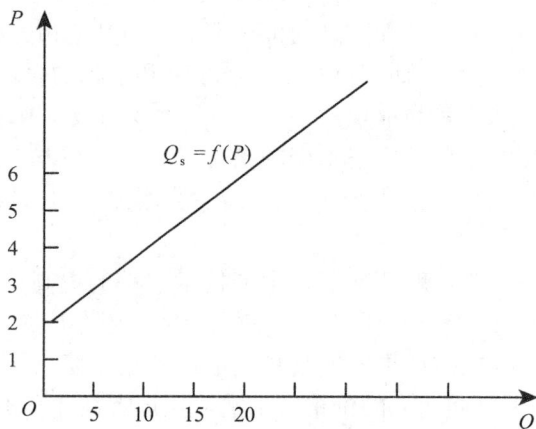

图 2-2　供给曲线

图 2-2 中的横轴 OQ 表示商品数量，纵轴 OP 表示商品价格。在平面坐标图上，把根据供给表中商品的价格-供给量组合所得到的相应的坐标点 A、B、C、D、E 连接起来的线，就是该商品的供给曲线 $Q_s = f(P)$。它表示在不同的价格水平下生产者愿意而且能够提供出售的商品数量。供给曲线以几何图形表示商品的价格和供给量之间的函数关系。与需求曲线一样，供给曲线是一条光滑的、连续的曲线，它建立在商品的价格和相应的供给量的变化具有无限分割性即连续性的假设上。

如同需求曲线一样，供给曲线可以是直线型，也可以是曲线型。如果供给函数是线性函数，则相应的供给曲线为直线型，如图 2-2 中的供给曲线。如果供给函数是非线性函数，则相应的供给曲线就是曲线型的。直线型的供给曲线上的每点的斜率是相等的，曲线型的供给曲线上的每点的斜率则不相等。在微观经济分析中，使用较多的是线性供给函数。它的通常形式为

$$Q_s = -c + d \cdot P \tag{2.6}$$

其中，c、d 为常数，且 c、$d > 0$。与该函数相对应的供给曲线为一条直线。

以供给函数为基础的供给表和供给曲线都反映了商品的价格变动和供给量变动之间的规律。从表 2-2 可见，商品的供给量随着商品价格的上升而增加。相应地，在图 2-2 中的供给曲线表现出向右上方倾斜的特征，即供给曲线的斜率为正值，它表示出商品的价格和供给量呈同方向变动的规律。

4. 供给定理

1)供给定理的含义

建立在供给函数基础上的供给表和供给曲线都反映了商品的价格变动和供给量变动

之间的关系，经济学把商品自身价格与供给量之间的这种变动关系称为供给定理，亦称供给法则(law of supply)。它是指在其他条件不变的情况下，商品的供给量与价格呈正比关系，即商品价格高，则供给量大；价格低，则供给量小。

为什么商品的供给量与价格会呈正比关系呢？其原因主要有两点：一是价格上升后，现有的以利润最大化为目标的企业愿意提供更多的产品；二是价格上升后会吸引新企业进入该行业进行生产。正因为供给量与价格呈正比，所以供给曲线通常从左下方向右上方倾斜，斜率为正。

2)例外情况

同需求定理一样，供给定理也会出现某些例外情况。例如，当工资增加时，劳动力的供给量会增加；但当工资上涨超过一定限度后，劳动力供给量反而下降，这样，劳动力供给曲线就成为向后弯曲的形状(具体内容将在第 8 章分配理论中介绍)。此外，某些特殊商品(如土地、文物等)由于受各种条件的限制，其供给曲线也不是向右上方倾斜，而是垂直的，即无论价格如何上升，其供给量都无法增加。

2.3　市场供求均衡

在市场中，商品的价格是如何决定的呢？微观经济学中的商品价格是指商品的均衡价格。商品的均衡价格是在商品的市场需求和市场供给这两种相反力量的相互作用下形成的。

2.3.1　市场均衡的含义

西方学者认为，所谓均衡，是指一种相对静止的状态。当市场供给量恰好等于市场需求量时，便实现了市场均衡。当市场需求量不等于供给量时，要么出现过度供给或供大于求，要么出现过度需求或求大于供，这便是市场非均衡。

当市场出现过度供给时，价格有下跌的趋势，此时，市场上出现商品过剩；当市场出现过度需求时，价格有上升趋势，此时，市场上出现商品短缺。只有当市场供给量等于需求量时，在现有条件下价格没有任何变动的压力，市场才会实现均衡。因此，均衡价格就是市场供需均衡时商品的价格。

2.3.2　均衡价格的决定

所谓均衡价格(equilibrium price)，是指某种商品的市场需求量和市场供给量相等时的价格。在均衡价格水平下相等的供求数量被称为均衡数量。我们可以从几何图上发现，一种商品市场的均衡出现在该商品的市场需求曲线和市场供给曲线的交点上，该交点被称为均衡点。均衡点上的价格和相等的供求量分别被称为均衡价格和均衡数量。市场上需求量和供给量相等的状态，有时也被称为市场出清的状态。

为了说明均衡价格和均衡数量的形成，我们可以将需求曲线和供给曲线结合起来考虑。下面用图 2-3 和表 2-3 来说明一种商品的市场均衡价格的决定。

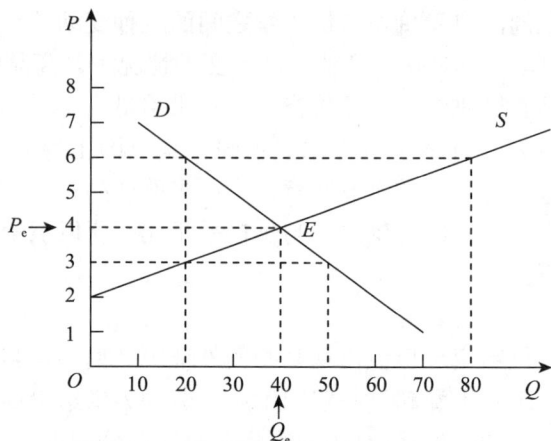

图 2-3   均衡价格的决定

表 2-3   商品均衡价格的决定

价格/元	6	5	4(均衡)	3	2
需求量(单位数)	20	30	40	50	60
供给量(单位数)	80	60	40	20	0

在图 2-3 中，假定 D 曲线为市场的需求曲线，S 曲线为市场的供给曲线。需求曲线 D 和供给曲线 S 相交于 E 点，E 点为均衡点。在均衡点 E，均衡价格 $P_e＝4$ 元，均衡数量 $Q_e＝40$。显然，在均衡价格 4 元的水平，消费者的购买量和生产者的销售量是相等的，都为 40 单位。或者说，在均衡数量 40 的水平，消费者愿意支付的价格和生产者愿意接受的价格是相等的，均为 4 元。因此，这样一种状态便是一种使买卖双方都感到满意并愿意持续下去的均衡状态。由表 2-3 也可以清楚地看出，商品的均衡价格为 4 元，商品的均衡数量为 40 单位。

那么，商品的均衡价格是如何形成的呢？商品的均衡价格表现为商品市场上需求和供给这两种相反的力量共同作用的结果，它是在市场的供求力量的自发调节下形成的。当市场价格偏离均衡价格时，市场上会出现需求量和供给量不相等的非均衡的状态。一般来说，在市场机制的作用下，这种供求不相等的非均衡状态会逐步消失，实际的市场价格会自动恢复到均衡水平。

我们用图 2-3 和表 2-3 来说明均衡价格的形成。当市场的实际价格高于均衡价格为 6 元时，商品的需求量为 20 单位，供给量为 80 单位，出现供大于求即商品过剩的市场状况。其结果是一方面会使需求者压低价格来购买商品，另一方面会使供给者减少商品的供给量。这样，该商品的价格必然下降，一直下降到均衡价格 4 元的水平。与此同时，随着价格由 6 元下降为 4 元，商品的需求量逐步地由 20 单位增加为 40 单位，商品的供给量逐步地由 80 单位减少为 40 单位，从而实现供求量相等的均衡数量 40 单位。

除了几何图形和供求表外，均衡价格决定还可以通过求解数学方程来获得，即解下列联立方程组：

$$\begin{cases} Q_d = f(P) \\ Q_s = f(P) \\ Q_d = Q_s \end{cases}$$

当 $Q_d = Q_s$ 时，市场处于均衡状态。在上例中，均衡价格为 4 元，均衡数量为 40 单位。

2.3.3　均衡变动与供求定理

前面在分析均衡价格的形成时，我们假定只有商品自身价格的变动，而其他条件不变。这种方法就是静态分析方法。如果其他条件发生变化，引起需求、供给的变动，则会使原有的均衡遭到破坏，只有经过市场调节才能重新形成均衡。下面我们先介绍有关需求曲线和供给曲线位置移动的内容，然后再说明这两种移动对均衡价格以及均衡数量的影响。

1. 需求曲线的移动

要了解需求曲线的移动，必须区分需求量的变动和需求的变动这两个概念。在西方经济学文献中，需求量的变动和需求的变动是不同的，这不仅表现为两种变动在几何图形中的表示是不相同的，而且表现在引起这两种变动的因素也是不相同的。

需求量的变动是指在其他条件不变时，由某商品的价格变动所引起的该商品的需求数量的变动。在几何图形中，需求量的变动表现为商品的价格-需求量组合沿着同一条需求曲线的移动。也就是说，一条需求曲线上的任何一点到该需求曲线上其他各点的移动是需求量的变动，它表明当商品本身价格变动时商品的需求量的变动。如果点向左上方移动，表明价格上升需求量减少；如果点向右下方移动，表明价格下降需求量增加。例如，在图 2-1 中，当商品的价格发生变化由 20 元逐步上升为 50 元，它所引起的商品需求数量由 12 小时逐步减少为 1 小时。需要指出的是，这种变动虽然表示需求数量的变化，但是并不表示整个需求状态的变化。因为，这些变动的点都在同一条需求曲线上。

需求变动是指除了商品本身价格以外的其他影响需求量的因素变动引起的该商品需求量的变动，如消费者的货币收入水平、消费者的偏好或其他相关商品的价格等变动引起的该商品需求量的变动。在需求曲线上，需求变动反映为整个需求曲线的移动。也就是说，一条需求曲线从一个位置移动到另一个位置是需求变动，它表明在同一个价格水平上，当除商品本身价格之外的其他影响需求量的因素发生变化时商品需求量的变动。需求曲线向右移动表示需求增加，它表明在同一价格水平上的需求量增加；需求曲线向左移动表示需求减少，它表明在同一价格水平上的需求量减少。在几何图形中，需求的变动表现为需求曲线的位置发生移动。我们可以用图 2-4 加以说明。

在图 2-4 中，原有的需求曲线为 D_1。在商品价格不变的前提下，如果其他因素的变化使得需求增加，则

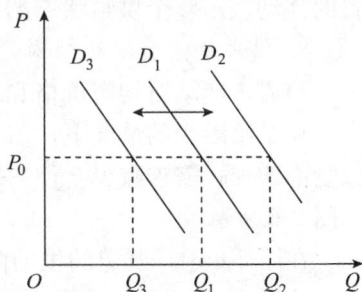

图 2-4　需求的变动和
需求曲线的移动

需求曲线向右平移，如由图中 2-4 的 D_1 曲线向右平移到 D_2 曲线的位置。如果其他因素的变化使得需求减少，则需求曲线向左平移，如由图 2-4 中的 D_1 曲线向左平移到 D_3 曲线的位置。由需求变动所引起的这种需求曲线位置的移动，表示在每一个既定的价格水平下需求数量都增加或者都减少了。例如，在既定的价格水平 P_0，原来的需求数量为 D_1 曲线上的 Q_1，需求增加后的需求数量为 D_2 曲线上的 Q_2，需求减少后的需求数量为 D_3 曲线上的 Q_3。显然，需求的变动所引起的需求曲线位置的移动表示整个需求状态的变化。

2. 供给曲线的移动

要了解供给曲线的移动，必须区分供给量的变动和供给的变动这两个概念。类似于以上关于需求量的变动和需求的变动的区分，两者的区别在于引起这两种变动的因素是不相同的，而且，这两种变动在几何图形中的表示也是不相同的。

供给量的变动是指在其他条件不变时，由某商品的价格变动所引起的该商品供给数量的变动。在几何图形中，这种变动表现为商品的价格-供给量组合点沿着同一条供给曲线的移动。

供给的变动是指在某商品价格不变的条件下，由于其他因素变动所引起的该商品的供给数量的变动。这里的其他因素变动可能是生产成本的变动、相关商品价格的变动、生产技术水平的变动或生产者对未来预期的变化等。在几何图形中，供给的变动表现为供给曲线的位置发生移动。下面以图 2-5 加以说明。

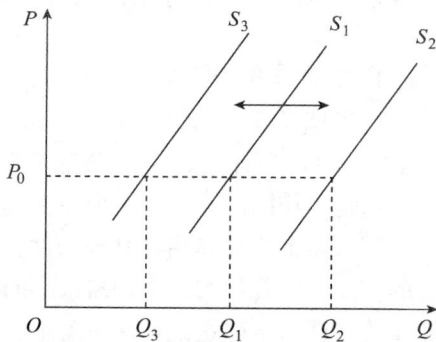

图 2-5   供给的变动和供给曲线的移动

在图 2-5 中，原有的供给曲线为 S_1。在商品价格以外的其他因素变动的影响下，供给增加，则供给曲线由 S_1 曲线向右平移到 S_2 曲线的位置；供给减少，则供给曲线由 S_1 曲线向左平移到 S_3 曲线的位置。由供给的变化所引起的供给曲线位置的移动，表示在每一个既定的价格水平下供给数量都增加或者减少了。例如，在既定的价格水平 P_0，供给增加，供给数量由 S_1 曲线上的 Q_1 上升到 S_2 曲线上的 Q_2；相反，供给减少，供给数量由 S_1 曲线上的 Q_1 下降到 S_3 曲线上的 Q_3。显然，供给的变动所引起的供给曲线位置的移动表示整个供给状态的变化。

3. 供求单方面变动对均衡价格和均衡数量的影响

1)需求变动对均衡价格和均衡数量的影响

在供给不变的情况下，需求增加会使需求曲线向右平移，从而使得均衡价格和均衡数量都增加；需求减少会使需求曲线向左平移，从而使得均衡价格和均衡数量都减少，如图 2-6 所示。

在图 2-6 中，既定的供给曲线 S 和最初的需求曲线 D_1 相交于 E_1 点。在均衡点 E_1，均衡价格为 P_1，均衡数量为 Q_1。需求增加使需求曲线向右平移至 D_2 曲线的位置，D_2 曲线与 S 曲线相交于 E_2 点。在均衡点 E_2，均衡价格上升为 P_2，均衡数量增加为 Q_2。相反，需求减少使需求曲线向左平移至 D_3 曲线的位置，D_3 曲线与 S 曲线相交于 E_3 点。在均衡点 E_3，均衡价格下降为 P_3，均衡数量减少为 Q_3。

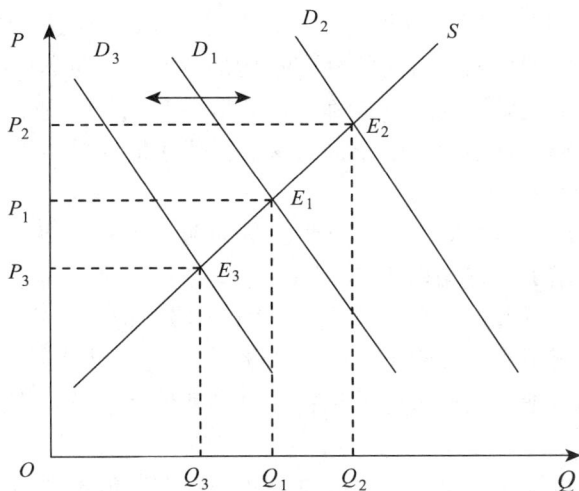

图 2-6 需求的变动对均衡的影响

2)供给变动对均衡价格和均衡数量的影响

在需求不变的情况下，供给增加会使供给曲线向右平移，从而使得均衡价格下降，均衡数量增加；供给减少会使供给曲线向左平移，从而使得均衡价格上升，均衡数量减少，如图 2-7 所示。

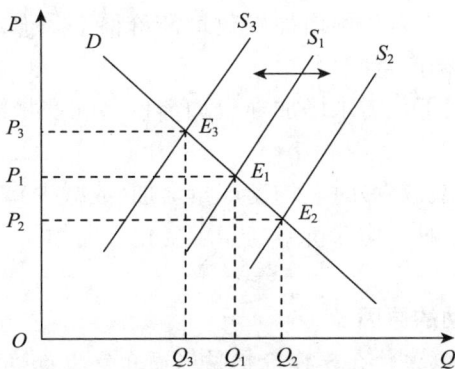

图 2-7 供给的变动对均衡的影响

在图 2-7 中，既定的需求曲线 D 和最初的供给曲线 S_1 相交于 E_1 点。在均衡点 E_1，均衡价格和均衡数量分别为 P_1 和 Q_1。供给增加使供给曲线向右平移至 S_2 曲线的位置，并与 D 曲线相交于 E_2 点。在均衡点 E_2，均衡价格下降为 P_2，均衡数量增加为 Q_2。相反，供给减少使供给曲线 S_3 与需要曲线 D 相交于 E_3 点。在均衡点 E_3，均衡价格上升为 P_3，均衡数量减少为 Q_3。

4. 供求同时变动对均衡价格和均衡数量的影响

在许多情况下，供给、需求会同时发生变动，这种变动可分为两种情况：供求同方向变动和供求反方向变动。

(1)供求同方向变动。供求同方向变动又分两种情况，同时增加和同时减少。第一种情况，供求同时增加。从以上分析可知：供给增加导致均衡价格下降，均衡产量增加；而需求增加使得均衡价格上升，均衡产量增加。所以，供需同时增加肯定使均衡产量增加，但均衡价格的变动方向则不能确定，它取决于两种情况下哪一个使价格上升或下降的幅度更大些。第二种情况，供求同时减少。供求同时减少会使均衡产量减少，但均衡价格不定。

(2)供求反方向变动。供求反方向变动也分为两种情况：第一种情况，供给增加，需求减少。由于供给增加使得均衡价格下降，均衡产量上升；而需求减少使均衡价格下降，均衡产量减少，所以此时新的均衡价格肯定下降，但均衡产量的变动方向则不一定，它取决于两种情况下哪一个数量上升或下降的幅度更大些。第二种情况，供给减少，需求增加。根据讨论，我们可以推论：此时均衡价格上升，均衡产量变动不定。

5. 供求定理

综上所述，我们可以得到供求定理或供求法则：在其他条件不变的情况下，需求变动分别引起均衡价格和均衡数量的同方向的变动；供给变动引起均衡价格的反方向的变动，引起均衡数量的同方向的变动。具体来说，包括以下内容：

(1)当价格上升时，需求量下降；反之则上升。

(2)当价格下降时，供给量下降；反之则上升。

(3)当市场出现过度需求时，价格会上升，直至均衡为止。

(4)当市场出现过度供给时，价格会下降，直至均衡为止。

(5)在需求不变的情况下，供给增加导致均衡价格下降但均衡产量增加；供给减少导致均衡价格上升，但均衡产量减少。

(6)在供给不变的情况下，需求增加导致均衡价格和产量同时增加；需求减少导致均衡价格和产量同时减少。

(7)当供求同时增加(或减少)时，均衡产量增加(或减少)，但均衡价格不定。

(8)当供求反方向变动时，均衡价格与需求变化方向相同，而均衡产量不定。

【案例 2-1】　解释价格变动的原因

西方的情人节这一天，为什么玫瑰价格猛涨而巧克力价格涨幅甚微呢？

我们可以利用供求模型对这一问题进行解释。玫瑰的市场供给曲线是一条相对陡峭的供给曲线。这也就是说，在任何一天要大量增加玫瑰的供给量就必须大幅度地提价才使得供求均衡。情人节玫瑰价格之所以上升是因为：第一，要增加玫瑰的供给量就必须使用更多的土地种植玫瑰，这就要减少其他花卉产量；第二，在节日前大量生产玫瑰花储存到节前运达各商店也是不太可能的。因此，需求猛增引起价格大幅上涨。相反，巧克力的供给曲线比较平坦，节日储备大量巧克力以满足节日需求也很容易，这样，情人节巧克力需求增加只会使得价格微涨。

资料来源：何维达、赵晓：《经济学教程》，北京：科学出版社，2008 年，第 29 页

---

6. 供求理论的应用

上面我们分别介绍了需求、供给以及供求均衡的原理。为了加深对上述原理的理

解，下面我们举两个实例进行分析。

【例 2-1】 已知某时期的某商品需求函数为 $P=120-3Q_d$，供给函数为 $P=5Q_s$，求均衡价格和均衡数量。

解　为了求得均衡解，我们先把需求函数和供给函数化成以下形式：

需求函数

$$Q_d=(120-P)/3=40-P/3$$

供给函数

$$Q_s=P/5$$

为了求得均衡价格和均衡数量，我们令

$$Q_d=Q_s$$

即

$$40-P/3=P/5$$

解得

$$P_e=75, \quad Q_e=15$$

这就是均衡价格和均衡数量。

【例 2-2】 已知某商品需求函数为 $Q_d=40-5P$，供给函数为 $Q_s=-10+5P$。

(1)求均衡价格 P_e 和均衡数量 Q_e，并做出几何图形。

(2)假定供给函数不变，由于消费者收入水平提高，需求函数变为 $Q_d=60-5P$。求出相应的均衡价格和均衡数量。

(3)假定需求函数不变，由于生产技术水平提高，供给函数变为 $Q_s=-5+5P$。求出相应的均衡价格和均衡数量。

(4)利用(1)、(2)和(3)，说明静态分析和比较静态分析的联系和区别。

解　(1)先把需求函数 $Q_d=40-5P$ 和供给函数 $Q_s=-10+5P$ 代入均衡条件 $Q_d=Q_s$，有

$$40-5P=-10+5P$$

得均衡价格 $P_e=5$，代入需求函数 $Q_d=40-5P$，得

$$Q_e=15$$

所以，均衡价格和均衡数量分别为

$$P_e=5, \quad Q_e=15$$

几何图形略。

(2)将需求函数 $Q_d=60-5P$ 和供给函数 $Q_s=-10+5P$ 代入均衡条件 $Q_d=Q_s$，有

$$60-5P=-10+5P$$

得均衡价格 $P_e=7$，代入 $Q_d=60-5P$，得

$$Q_e=25$$

(3)将需求函数 $Q_d=40-5P$ 和供给函数 $Q_s=-5+5P$ 代入均衡条件 $Q_d=Q_s$，有

$$40-5P=-5+5P$$

得均衡价格 $P_e=4.5$，代入 $Q_d=50-5P$，得

$$Q_e=27.5$$

(4)静态分析是考察在既定条件下某一经济事物在经济变量的相互作用下所实现的均衡状态及其特征。在问题(1)中，均衡点 E 就是一个静态分析。比较静态分析是考察当原有条件发生变化时，原有的均衡状态会发生什么变化，并分析、比较新旧均衡状态。例如问题(2)中，均衡点的变动就是如此。

2.4 供求弹性理论

2.4.1 弹性的概念

前面我们分析了价格与商品的需求量、供给量之间的关系。我们知道，对于一般商品而言，需求量与商品自身的价格呈反方向变化，而供给量与价格呈正方向变化。但是，仅仅了解这些还不足以精确分析价格与需求量、价格与供给量之间的关系。因为，在现实生活中，不同性质的商品的需求量对于价格变动的敏感程度不同，即使同一商品在不同的价格水平下需求量对于价格的敏感程度也不一样。所以，我们有必要选择一种较好的方法比较商品的需求量或供给量对于价格变动的反应敏感性。本节即将介绍的弹性就是这样一个分析工具。

弹性(elasticity)是用来表示因变量对自变量变化反应的敏感程度的。具体来说，就是当一个经济变量发生 1% 的变动时，由它引起的另一个经济变量变动的百分比具体是多少。例如，弹性可以表示为当一种商品的价格上升 1% 时，相应的需求量和供给量的变化的百分比具体是多少。其公式为

$$弹性系数 = \frac{因变量的变动比例}{自变量的变动比例}$$

设两个经济变量之间的函数关系为 $Y = f(X)$，则弹性的一般公式还可以表示为

$$E = \frac{\frac{\Delta Y}{Y}}{\frac{\Delta X}{X}} = \frac{\Delta Y}{\Delta X} \cdot \frac{X}{Y} \tag{2.7}$$

其中，E 为弹性系数；ΔX、ΔY 分别为变量 X、Y 的变动量。该公式表示：当自变量 X 变化百分之一时，因变量 Y 变化的百分比。

若经济变量的变化量趋于无穷小，即当式(2.7)中的 $\Delta X \to 0$，且 $\Delta Y \to 0$ 时，弹性公式为

$$E = \lim_{\Delta X \to 0} \frac{\frac{\Delta Y}{Y}}{\frac{\Delta X}{X}} = \frac{\frac{dY}{Y}}{\frac{dX}{X}} = \frac{dY}{dX} \cdot \frac{X}{Y} \tag{2.8}$$

通常将式(2.7)称为弧弹性公式，将式(2.8)称为点弹性公式。弹性是两个变量各自变化比例的一个比值，所以，弹性是一个具体数字，它与自变量和因变量的度量单位无关。

2.4.2 需求价格弹性

1. 需求价格弹性的含义

需求方面的弹性主要包括需求价格弹性、需求收入弹性和需求交叉价格弹性。其

中，需求价格弹性又简称为需求弹性。

需求价格弹性(demand price elasticity)表示在一定时期内一种商品的价格变化百分之一所引起的该商品的需求量变化的百分比，或者说，表示在一定时期内一种商品的需求量相对变动对于该商品的价格变动的反应程度。由于价格与需求量呈反比例关系，其斜率为负，所以价格弹性也是负的。但是，为了计算方便，人们通常在公式中加一个负号，使需求的价格弹性系数取正值，其公式为

$$需求价格弹性系数 = -\frac{需求量的变动率}{价格的变动率}$$

需求价格弹性可以分为弧弹性和点弹性。需求价格弧弹性表示某商品需求曲线上两点之间的需求量的变动对于价格变动的反应程度。简单地说，它表示需求曲线上两点之间的弹性。假定需求函数为 $Q = f(P)$，ΔQ 和 ΔP 分别表示需求量的变动量和价格的变动量，以 E_d 表示需求的价格弹性系数，则需求的价格弧弹性的公式为

$$E_d = -\frac{\frac{\Delta Q}{Q}}{\frac{\Delta P}{P}} = -\frac{\Delta Q}{\Delta P} \cdot \frac{P}{Q} \tag{2.9}$$

需要指出的是，在通常情况下，由于商品的需求量和价格是反方向变动的，$\frac{\Delta Q}{\Delta P}$ 为负值，所以，为了便于比较，就在式(2.7)中加了一个负号，以便使需求的价格弹性系数 E_d 取正值。

当需求曲线上两点之间的变化量趋于无穷小时，需求的价格弹性则要用点弹性来表示。也就是说，点弹性表示需求曲线上某一点上的需求量变动对于价格变动的反应程度。其公式为

$$E_d = \lim_{\Delta P \to 0} -\frac{\Delta Q}{\Delta P} \cdot \frac{P}{Q} = -\frac{dQ}{dP} \cdot \frac{P}{Q} \tag{2.10}$$

比较式(2.9)和式(2.10)可见，需求的价格弧弹性和价格点弹性的本质是相同的。它们的区别仅在于：前者表示价格变动量较大时的需求曲线上两点之间的弹性，而后者则表示价格变动量无穷小时的需求曲线上某一点的弹性。

2. 需求价格弧弹性的计算及类型

1)需求价格弧弹性的计算

图 2-8 是需求函数 $Q_d = 2400 - 400P$ 的几何图形，图中需求曲线上 a、b 两点的价格分别为 5 和 4，相应的需求量分别为 400 和 800。当商品的价格由 5 下降为 4 时，或者当商品的价格由 4 上升为 5 时，应该如何计算相应的弧弹性值呢？根据式(2.9)，相应的弧弹性分别计算如下：

由 a 点到 b 点弹性(即降价时)：

$$E_d = -\frac{\Delta Q}{\Delta P} \cdot \frac{P}{Q} = -\frac{Q_b - Q_a}{P_b - P_a} \cdot \frac{P_a}{Q_a} = -\frac{800 - 400}{4 - 5} \times \frac{5}{400} = 5$$

由 b 点到 a 点弹性(即涨价时)：

$$E_d = -\frac{\Delta Q}{\Delta P} \cdot \frac{P}{Q} = -\frac{Q_a - Q_b}{P_a - P_b} \cdot \frac{P_b}{Q_b} = -\frac{400 - 800}{5 - 4} \times \frac{4}{800} = 2$$

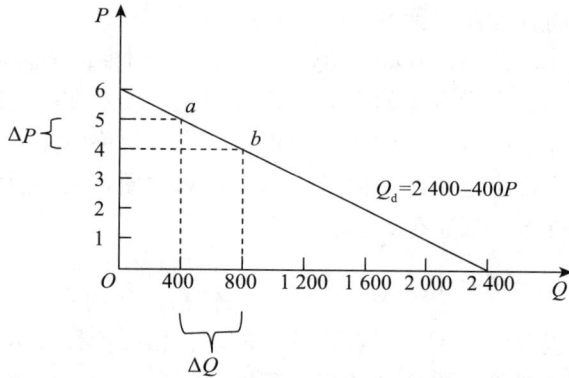

图 2-8　需求的价格弧弹性

显然，由 a 点到 b 点和由 b 点到 a 点的弧弹性系数值是不相同的。其原因在于：尽管在上面两个计算中，ΔQ 和 ΔP 的绝对值都相等，但由于 P 和 Q 所取的基数值不相同，所以，两种计算结果不相同。这样一来，在需求曲线的同一条弧上，涨价和降价产生的需求价格弹性的数值便不相等。但是，如果仅仅是一般的计算需求曲线上某一段的需求的价格弧弹性，而不是具体地强调这种需求的价格弧弹性是作为涨价还是降价的结果，为了避免不同的计算结果，通常取两点价格的平均值($\dfrac{P_1+P_2}{2}$)和两点需求量的平均值($\dfrac{Q_1+Q_2}{2}$)来分别代替式(2.9)中的 P 值和 Q 值。因此，需求的价格弧弹性计算公式(2.9)可以写成(该公式也被称为需求价格弧弹性的中点公式)

$$E_d=-\frac{\Delta Q}{\Delta P}\cdot\frac{\dfrac{P_1+P_2}{2}}{\dfrac{Q_1+Q_2}{2}} \tag{2.11}$$

根据中点公式(2.11)，上例中 a、b 两点间的需求的价格弧弹性为

$$E_d=\frac{400}{1}\cdot\frac{\dfrac{5+4}{2}}{\dfrac{400+800}{2}}=3$$

2)需求价格弧弹性的五种类型

经济学中的需求价格弧弹性可以分为五种类型，如图 2-9 所示。

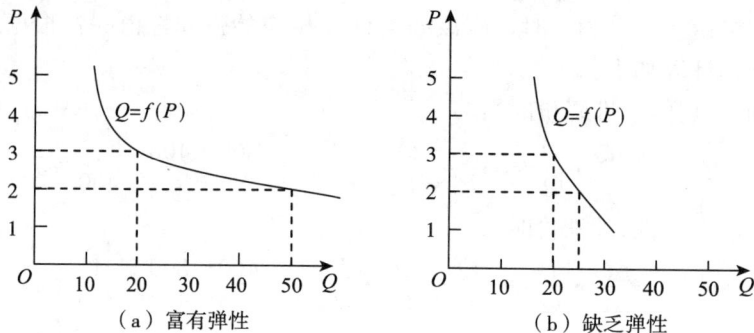

（a）富有弹性　　　　　　　（b）缺乏弹性

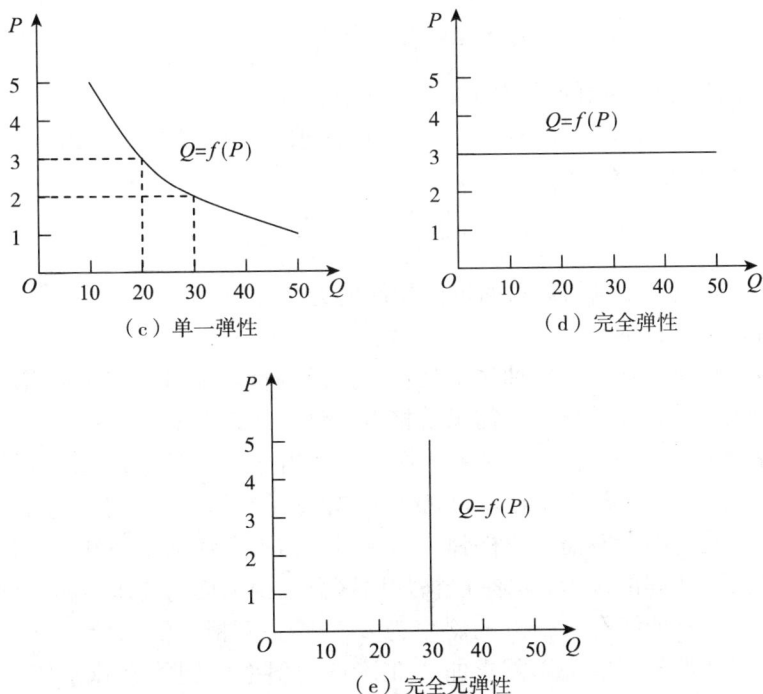

图 2-9　需求价格弧弹性的五种类型

第一种，需求价格弹性系数 $E_d > 1$，我们称之为富有弹性，它表示需求量的变动率大于价格的变动率，即需求量对于价格变动的反应是比较敏感的，如图 2-9(a)所示。

第二种，需求价格弹性系数 $E_d < 1$，我们称之为缺乏弹性，它表示需求量的变动率小于价格的变动率，即需求量对于价格变动的反应是不敏感的，如图 2-9(b)所示。

第三种，需求价格弹性系数 $E_d = 1$，我们称之为单一弹性，它表示需求量的变动率刚好等于价格的变动率，如图 2-9(c)所示。

第四种，需求价格弹性系数 $E_d = \infty$，我们称之为完全弹性，其需求曲线是一条水平线，它表示只要价格有一个微小的上升，就会使无穷大的需求量一下子减少为零。也就是说，相对于无穷小的价格变动率，需求量的变动率是无穷大的，如图 2-9(d)所示。

第五种，需求价格弹性系数 $E_d = 0$，我们称之为完全无弹性，其需求曲线是一条垂直线，它表示无论价格发生如何变化，需求量的变化量总是为零，如图 2-9(e)所示。

3. 需求价格点弹性的计算及类型

1)需求价格点弹性的计算

可以利用需求价格点弹性的定义公式，来计算给定的需求曲线上某一点的弹性。仍用需求函数 $Q_d = 2\,400 - 400P$ 来说明这一计算方法。

根据式(2.10)，由需求函数 $Q_d = 2\,400 - 400P$ 可得

$$E_d = -\frac{\mathrm{d}Q}{\mathrm{d}P} \cdot \frac{P}{Q} = -(-400) \cdot \frac{P}{Q} = 400\frac{P}{Q}$$

在 a 点(图 2-8)，当 $P = 5$ 时，由需求函数可得 $Q_d = 2\,400 - 400 \times 5 = 400$，即相应的价格-需求量组合为(5，400)。将其代入上式，便可得

$$E_d = 400 \frac{P}{Q} = \frac{400 \times 5}{400} = 5$$

即图 2-8 中需求曲线上 a 点的需求的价格弹性值为 5。

同样的，在 b 点（图 2-8），当 $P=4$ 时，由需求函数可得 $Q_d = 2\,400 - 400 \times 4 = 800$，即相应的价格-需求量组合为 $(4，800)$，于是有

$$E_d = 400 \frac{P}{Q} = \frac{400 \times 4}{800} = 2$$

即图 2-8 中需求曲线上 b 点的需求的价格弹性值为 2。

2）需求价格点弹性的类型

根据前面的分析，线性需求曲线上任何一点的弹性，还可以表示为需求曲线上被该点分成两段的线段的长度的比值。需求价格点弹性也可以分五种类型：①当线性需求曲线的点弹性等于 1 时，即 $E_d = 1$，为单一弹性；②当 $E_d < 1$ 时，为缺乏弹性；③当 $E_d > 1$ 时，为富有弹性；④当 $E_d = 0$ 时，为完全无弹性；⑤当 $E_d = \infty$ 时，为完全弹性。

值得注意的是，在考察需求价格弹性问题时，需求曲线的斜率和需求价格弹性是两个紧密联系却又不相同的概念，必须严格加以区分。由前面对需求价格点弹性的分析可以清楚地看到，需求曲线在某一点的斜率为 dP/dQ。而根据需求价格点弹性的计算公式，需求价格点弹性不仅取决于需求曲线在该点的斜率的倒数值 dQ/dP，还取决于相应的价格-需求量的比值 P/Q。所以，这两个概念有联系，但区别也是很明显的。严格区分这两个概念，不仅对于线性需求曲线的点弹性，而且对于任何形状的需求曲线的弧弹性和点弹性来说，都是必要的。

4. 需求价格弹性和厂商的销售收入

在现实生活中，经常会发生这样一些现象：有的厂商提高自己的产品价格，能使自己的销售收入得到提高，而有的厂商提高自己的产品价格，却适得其反。这意味着，以降价促销增加销售收入的做法，对有的产品适用，而对有的产品却不适用。如何解释这些现象呢？在其他条件不变的情况下，我们需要分析商品的需求价格弹性的大小和厂商的销售收入两者之间的相互关系。这种关系可归纳为以下三种情况：

第一种情况，$E_d > 1$，这是富有弹性的商品，包括高档商品如珠宝、豪华汽车，以及替代商品。对富有弹性的商品，降低价格会增加厂商的销售收入，相反，提高价格会减少厂商的销售收入，即商品的价格与厂商的销售收入呈反方向变动。这是因为，当 $E_d > 1$ 时，厂商降价所引起的需求量的增加率大于价格的下降率。这意味着价格下降所造成的销售收入的减少量必定小于需求量增加所带来的销售收入的增加量。如图 2-10 (a)所示，图中需求曲线上 a、b 两点之间是富有弹性的，两点之间的价格变动率引起一个较大的需求量的变动率。具体来说，当价格为 P_1，需求量为 Q_1 时，销售收入 $P \cdot Q$ 相当于矩形 OP_1aQ_1 的面积；当价格为 P_2，需求量为 Q_2 时，销售收入 $P \cdot Q$ 相当于矩形 OP_2bQ_2 的面积。显然，后者面积大于前者面积。这就是说，若从 a 点运动到 b 点，则降价的结果会使销售收入增加；若从 b 点运动到 a 点，则提价的结果会使销售收入减少。

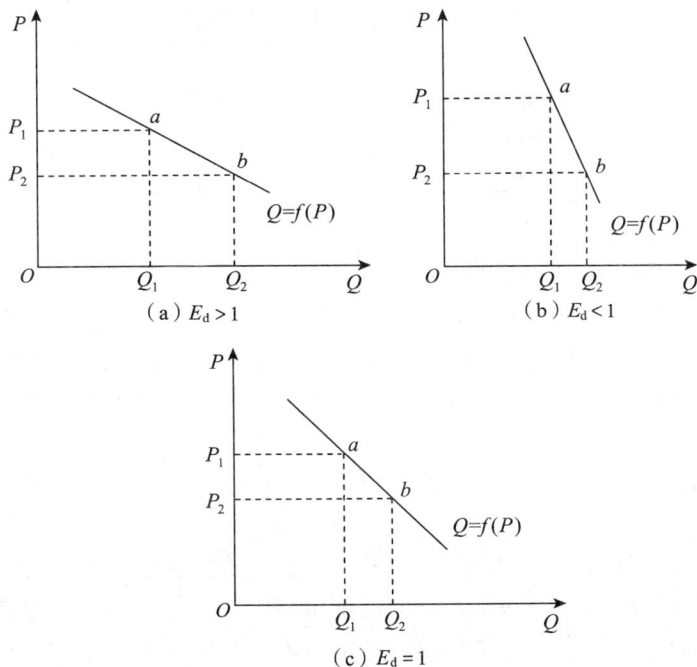

图 2-10　需求弹性与销售收入

第二种情况，$E_d < 1$，这是缺乏弹性的商品，包括必需品如粮食、油和盐，以及非替代性商品。对缺乏弹性的商品，降低价格会使厂商的销售收入减少，相反，提高价格会使厂商的销售收入增加，即商品的价格与销售收入呈同方向的变动。其原因在于，当 $E_d < 1$ 时，厂商降价所引起的需求量的增加率小于价格的下降率。这意味着需求量增加所带来的销售收入的增加量并不能全部抵消价格下降所造成的销售收入的减少量。所以，降价最终使销售收入 $P \cdot Q$ 值减少。相反，在厂商提价时，最终带来的销售收入 $P \cdot Q$ 的值增加。用图 2-10(b)说明这种情况，图中需求曲线上 a、b 两点之间的需求是缺乏弹性的，两点之间价格变动引起一个较小的需求量的变动。价格分别为 P_1 和 P_2 时，销售收入分别为矩形 OP_1aQ_1 的面积和矩形 OP_2bQ_2 的面积。显然，后者面积小于前者。这就是说，当厂商降价，即由 a 点运动到 b 点时，销售收入减少；相反，当厂商提价，即由 b 点运动到 a 点时，销售收入增加。

第三种情况，$E_d = 1$，这是单一弹性的商品。对这种商品来说，降低价格或提高价格对厂商的销售收入都没有影响。这是因为：当 $E_d = 1$ 时，厂商变动价格所引起的需求量的变动率和价格的变动率是相等的。这样一来，由价格变动所造成的销售收入的增加量或减少量刚好等于由需求量变动所带来的销售收入的减少量或增加量，所以，无论厂商是降价还是提价，销售收入 $P \cdot Q$ 值都是固定不变的，如图 2-10(c)所示。

以上三种情况都是以需求的弧弹性为例进行分析的。事实上，经数学证明，对这三种情况分析所得到的结论，对需求的点弹性也是适用的。

下面将上述三种情况，即商品的需求价格弹性和厂商的销售收入之间的综合关系，列成来表示(表 2-4)。

表 2-4   需求价格弹性和销售收入

价格弹性 价格	$E_d > 1$ 富有弹性	$E_d = 1$ 单一弹性	$E_d < 1$ 缺乏弹性
降价	增加收入	不变	减少收入
涨价	减少收入	不变	增加收入

5. 影响需求价格弹性的因素

需求价格弹性的大小取决于如下基本因素：

(1)商品的可替代程度。一般来说，如果某产品存在的很接近的替代品的数量愈多，那么需求价格弹性愈大。相反，则该商品的需求价格弹性就越小。例如，在水果市场，当苹果的价格上升时，消费者就会减少对苹果的需求量，增加对相近的替代品如香蕉的购买。

(2)商品满足需要的属性。一般说，奢侈品需求对价格是有弹性的，而必需品则是缺乏弹性的。

(3)商品用途的广泛性。一般说来，一种商品的用途越是广泛，它的需求价格弹性就可能越大；相反，用途越是狭窄，它的需求价格弹性就可能越小。这是因为，如果一种商品具有多种用途，当它的价格较高时，消费者会只购买较少的数量用于最重要的用途上。当它的价格逐步下降时，消费者的购买量就会逐渐增加，将商品越来越多地用于其他的各种用途上。

(4)消费支出占收入的比重。一般说，在其他条件不变的情况下，某种商品的支出在人们的预算中所占的比例愈大，那么该商品的需求价格弹性就愈大；否则，该商品的需求价格弹性就愈小。

(5)时间因素。计算某种商品需求价格弹性系数所考虑的时间愈长，其系数会愈大。

2.4.3   需求收入弹性

1. 需求收入弹性的含义

需求收入弹性是建立在消费者的收入量和商品的需求量之间关系上的一个弹性概念，它也是一个在西方经济学中被广泛运用的弹性概念。需求收入弹性(income elasticity)表示在一定时期内消费者对某种商品的需求量的变动对于消费者收入量变动的反应程度，或者说，在一定时期内收入变化 1% 时所引起的商品需求量变化的百分比。它是商品的需求量的变动率和消费者收入的变动率的比值，即

$$需求收入弹性系数 = \frac{需求量的变动率}{收入的变动率}$$

一般用 E_I 来表示需求收入弹性系数，其计算公式为

$$E_I = \frac{\frac{\Delta Q}{Q}}{\frac{\Delta I}{I}} = \frac{\Delta Q}{\Delta I} \cdot \frac{I}{Q} = \frac{Q_2 - Q_1}{I_2 - I_1} \cdot \frac{I_2 + I_1}{Q_2 + Q_1} \tag{2.12}$$

或

$$E_I = \lim_{\Delta I \to 0} \frac{\Delta Q}{\Delta I} \cdot \frac{I}{Q} = \frac{dQ}{dI} \cdot \frac{I}{Q} \tag{2.13}$$

式(2.12)和式(2.13)分别为需求收入弧弹性和点弹性公式。

2. 需求收入弹性计算

为了加深对需求收入弹性的理解，我们举一个例子，看看如何来计算需求收入弹性。

【例 2-3】 假定汽车的需求量是每人平均收入的函数，方程为

$$Q = 50\,000 + 5I$$

请问：当每人的收入从 10 000 美元增加到 11 000 美元时，需求收入弹性是多少？

解 我们把 $I_1 = 10\,000$ 美元代入方程，得到需求量为 100 000 辆。同样，当 $I_2 = 11\,000$ 美元时，需求量为 105 000 辆，因此，需求收入弹性为

$$E_I = \frac{Q_2 - Q_1}{I_2 - I_1} \cdot \frac{I_2 + I_1}{Q_2 + Q_1}$$

$$= \frac{105\,000 - 100\,000}{11\,000 - 10\,000} \times \frac{11\,000 + 10\,000}{105\,000 + 100\,000}$$

$$= 0.512$$

就是说，在 10 000~11 000 美元的收入区间，收入每增加 1%，会使需求量增加 0.512%，可见，汽车是一种必需品。

3. 需求收入弹性的分类

一般说，根据需求收入弹性系数，可以对商品进行如下分类，详见表 2-5。

表 2-5 需求收入弹性和商品类别

需求收入弹性系数	商品类别
$E_I > 0$	正常品
$E_I > 1$	奢侈品
$0 < E_I < 1$	必需品
$E_I < 0$	低档品或劣品

当 E_I 为正时，该商品为正常品(normal good)，其中，正常品又可再分为奢侈品和必需品，前者的需求收入弹性 $E_I > 1$，后者的需求收入弹性为 $0 < E_I < 1$。如果是奢侈品，则这类物品需求量的变化要大于收入的变化，如珠宝、首饰。例如，如果 $E_I = 4$，收入增加 1% 就会导致需求量增加 4%。如果是必需品，需求量受收入变化的影响相对较小，如大米、食盐就是必需品的例子，它们是人们吃的基本食品。

当 E_I 为负时，该商品为劣品或低档品(inferior good)。此处，劣品或低档品并不是指假冒伪劣不合格的商品。经济学家认为，在其他条件不变的情况下，劣品或低档品的需求量与收入呈反方向变化，即收入增加会导致某种物品或服务的需求量减少。便宜的土豆就是一个很好的例子，经济不宽裕的人可能买不起别的肉制品，就只能买土豆，但随着收入的增加，他们会放弃土豆而购买牛肉和猪排。

4. 需求收入弹性和企业决策

在商业周期的不同阶段，企业产品的需求收入弹性是决定企业成功与否的重要因素。在繁荣时期，收入呈上升趋势，人们对奢侈品需求量的增长速度要快于收入的增长速度。在衰退时期，人们的需求就会迅速下降。相反，销售必需品的企业在经济繁荣时

期不一定得益很多，但在经济衰退时期，他们容易发现自己的产品是抗衰退的，也就是说，这时需求量的变化将小于整个经济的变化。

了解需求收入弹性对于确定市场营销工作的目标是很有用的。例如，有一家企业专门销售昂贵的女士香水。由于这种商品是奢侈品，它的主要顾客是高收入阶层。因此，该企业应该把其市场营销工作重点集中在富有居民能够看得到的媒体上。

下面通过引入一个概念——恩格尔定律（Engel's law）来说明需求收入弹性与经济的关系。

19世纪，德国统计学家恩格尔根据调查资料提出了著名的恩格尔定律。该定律指出：随着收入的增加，食物支出在收入中所占的比例随着收入的增加而减少。这里，他把食品定为必需品。按照这一定理，一个家庭或国家食物支出总额占全部消费支出总额的比例，称为恩格尔系数（Engel coefficient），该系数是衡量贫富差别的一个重要指标。许多国家在经济发展中的数据资料表明，恩格尔定律是成立的。

如果具体研究消费者收入量的变动和用于购买食物的支出量的变动之间的关系，则可以得到食物支出的收入弹性系数，收入弹性系数也可以用来反映恩格尔系数，即

$$恩格尔系数 = \frac{食物支出总额}{全部消费支出总额}$$

恩格尔系数介于0和1之间，它在家庭消费中所占的比例，随收入的增加而减少。对于一个家庭或一个国家来说，富裕程度越高，恩格尔系数就越小；反之，恩格尔系数则越大。

联合国根据恩格尔系数的大小，对世界各国的生活水平有一个划分标准，即一个国家平均家庭恩格尔系数大于60%为贫穷；50%～60%为温饱；40%～50%为小康；30%～40%为相对富裕；20%～30%为富裕；20%以下为极其富裕。按此划分标准，目前发达国家如美国、法国、德国、加拿大、日本等的恩格尔系数在20%以下，属于非常富裕；新兴市场经济国家如新加坡、泰国、韩国等的恩格尔系数在30%～40%，属于相对富裕；多数发展中国家如中国、印度、巴西等的恩格尔系数在40%～50%，属于小康；少数极贫困的国家如索马里、阿富汗等的恩格尔系数大于60%，属于贫穷。

2.4.4　需求交叉价格弹性

1. 需求交叉价格弹性的含义

如前所述，一种商品的需求量受多种因素的影响，相关商品的价格就是其中的一个因素。假定其他因素都不发生变化，仅仅研究一种商品的需求量对其他商品价格变化的反应程度，这种情况称为需求交叉价格弹性（cross price elasticity of demand），简称需求交叉弹性。需求交叉价格弹性也可以表示为一定时期内一种商品的价格变化1%所引起的另一种商品的需求量变化的百分比。它是该商品需求量的变动率和它的相关商品价格的变动率的比值，即

$$需求交叉价格弹性 = \frac{商品需求量的变动率}{相关商品价格的变动率}$$

假定商品X的需求量Q_X是它的相关商品Y的价格P_Y的函数，即$Q_X = f(P_Y)$，则

商品 X 的需求交叉价格弧弹性公式为

$$E_{XY} = \frac{\dfrac{\Delta Q_X}{Q_X}}{\dfrac{\Delta P_Y}{P_Y}} = \frac{\Delta Q_X}{\Delta P_Y} \cdot \frac{P_Y}{Q_X} \tag{2.14}$$

其中，ΔQ_X 为商品 X 的需求量的变化量；ΔP_Y 为相关商品 Y 的价格的变化量；E_{XY} 为当 Y 商品的价格发生变化时 X 商品的需求交叉价格弹性系数。

当 X 商品的需求量的变化量 ΔQ_X 和相关商品 Y 的价格的变化量 ΔP_Y 均为无穷小时，则商品 X 的需求交叉价格点弹性公式为

$$E_{XY} = \lim_{\Delta P_Y \to 0} \frac{\dfrac{\Delta Q_X}{Q_X}}{\dfrac{\Delta P_Y}{P_Y}} = \frac{\dfrac{dQ_X}{Q_X}}{\dfrac{dP_Y}{P_Y}} = \frac{dQ_X}{dP_Y} \cdot \frac{P_Y}{Q_X} \tag{2.15}$$

2. 需求交叉价格弹性的分类

商品之间的相关关系可以分为三种：一是替代关系，二是互补关系，三是独立关系。一般来说，如果两种商品之间可以互相代替以满足消费者的某一种欲望，则称这两种商品之间存在着替代关系，称这两种商品互为替代品(a substitute)，如苹果和梨就是互为替代品。如果两种商品必须同时使用才能满足消费者某一种欲望，则称这两种商品之间存在着互补关系，称这两种商品为互补品，如磁带和录音机就是互补品。如果两种商品既不能够替代，也不互补，互不相干，那么称这两种商品为独立品，如苹果和钢笔就是独立品。

与此相关，需求交叉价格弹性可以用来对商品关系进行分类。如果 $E_{XY} > 0$，Y 价格的增加会导致 X 商品需求量的增加，或者说，一种商品的价格与它的替代品的需求量之间呈同方向的变动，则称这两种物品为替代品。例如，当苹果的价格上升时，人们会在减少苹果的购买量的同时，增加对苹果的替代品如梨的购买量。

如果 $E_{XY} < 0$，Y 价格的上涨会导致 X 商品需求量的减少，或者说，一种商品的价格与它的互补品的需求量之间呈反方向的变动，则称这两种物品为互补品。例如，当录音机的价格上升时，人们会减少对录音机的需求量。这样，作为录音机的互补品的磁带的需求量也会因此而下降。

如果 $E_{XY} = 0$，该商品为独立品，也就是说两种商品之间不存在相关关系，这意味着其中任何一种商品的需求量都不会对另一种商品的价格变动做出反应。独立品是满足不同欲望的互不相关的商品。例如，牛肉和钢笔就是两种独立品，无论牛肉价格如何变化，钢笔的需求量都不会受到影响。上述三种情况可以用表 2-6 来反映。

表 2-6　需求交叉价格弹性与商品的分类

需求交叉价格弹性系数	商品的类型
$E_{XY} > 0$	替代品
$E_{XY} < 0$	互补品
$E_{XY} = 0$	独立品

2.4.5　供给价格弹性

1. 供给价格弹性的含义

供给价格弹性(supply price elasticity)表示在一定时期内一种商品的供给量的变动对于该商品价格变动的反应程度。或者说,表示在一定时期内一种商品的价格变化1%时所引起的该商品的供给量变化的百分比。它是商品的供给量变动率与价格变动率之比。

与需求价格弹性一样,供给价格弹性也分为弧弹性和点弹性。

供给价格弧弹性表示某商品供给曲线上两点之间的弹性,供给价格点弹性表示某商品供给曲线上某一点的弹性。假定供给函数为$Q=f(P)$,以E_s表示供给的价格弹性系数,则供给价格弧弹性的公式为

$$E_s = \frac{\frac{\Delta Q}{Q}}{\frac{\Delta P}{P}} = \frac{\Delta Q}{\Delta P} \cdot \frac{P}{Q} \tag{2.16}$$

供给价格点弹性的公式为

$$E_s = \lim_{\Delta P \to 0} \frac{\Delta Q}{\Delta P} \cdot \frac{P}{Q} = \frac{\mathrm{d}Q}{\mathrm{d}P} \cdot \frac{P}{Q} \tag{2.17}$$

2. 供给价格弹性的类型

供给价格弹性根据其弹性系数的大小可以分为五种类型:

(1)$E_s > 1$,富有弹性,说明供给量相对变动的幅度大于价格相对变动的幅度,如一些容易生产的产品就是如此,如图 2-11(a)所示。

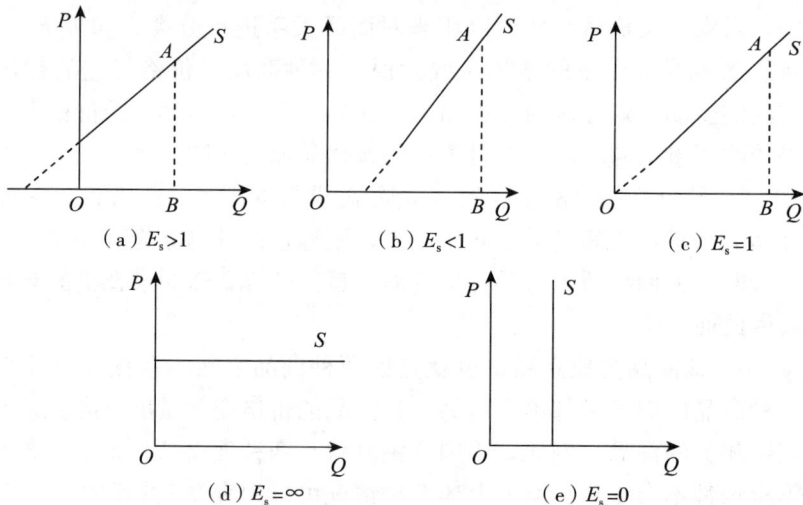

图 2-11　供给价格弹性的类型

(2)$E_s < 1$,缺乏弹性,说明供给量相对变动的幅度小于价格相对变动的幅度,如高技术产品就是如此,如图 2-11(b)所示。

(3)$E_s = 1$,单一弹性或单位弹性,说明供给量相对变动的幅度等于价格相对变动的幅度,如图 2-11(c)所示。

(4)$E_s = \infty$，完全弹性，说明价格稍有变化就会引起供给量无限的变化，如图 2-11(d)所示。

(5)$E_s = 0$，完全无弹性，说明价格无论如何变化，供给量都无变化，如土地等不可再生资源就是如此，如图 2-11(e)所示。

下面，我们把以上讨论归纳成表，如表 2-7 所示。

表 2-7　供给价格弹性系数的分类

E_s	属性
$E_s = \infty$	完全弹性
$E_s > 1$	富有弹性
$E_s = 1$	单位弹性
$E_s < 1$	缺乏弹性
$E_s = 0$	完全无弹性

供给价格弹性的计算方法和需求价格弹性类似。给定具体的供给函数，则可以根据要求，由式(2.16)求出供给价格弧弹性，或由中点公式求出供给价格弧弹性。供给价格弧弹性的中点公式为

$$E_s = \frac{\Delta Q}{\Delta P} \cdot \frac{\dfrac{P_1 + P_2}{2}}{\dfrac{Q_1 + Q_2}{2}} \tag{2.18}$$

供给价格点弹性可以直接用式(2.17)求出。

3. 影响供给价格弹性的因素

影响供给价格弹性的因素很多，其中主要有时间因素、生产成本、产品生产周期的长短、生产技术状况和产品生产规模等。一般来说，时间因素是一个很重要的因素。当商品的价格发生变化时，厂商对产量的调整需要一定的时间。在很短的时间内，厂商若要根据商品的涨价增加产量，或者根据商品的降价减少产量，都存在不同程度的困难，因此，这时的供给价格弹性就比较小。但是，在长期内，生产规模的扩大与缩小，甚至转产，都是可以调整的，供给量可以对价格变动做出较充分的反应，此时的供给价格弹性也就比较大。

在其他条件不变时，生产成本随产量变化而变化的情况和产品生产周期的长短也是影响供给价格弹性的两个重要的因素。就生产成本来说，如果产量增加会引起边际成本轻微地提高，则意味着厂商的供给曲线比较平坦，供给价格弹性比较大。相反，如果产量增加会引起边际成本较大地提高，则意味着厂商的供给曲线比较陡峭，供给价格弹性比较小。就产品的生产周期来说，在一定的时期内，对于生产周期较短的产品，厂商可以根据市场价格的变化较及时地调整产量，所以供给价格弹性相应比较大。相反，生产周期较长的产品供给价格弹性往往就较小。

除此之外，生产技术状况和产品生产规模也是影响供给价格弹性的因素。这里所说的生产技术状况是指，产品生产用劳动密集型方法还是用资本密集型或技术密集型方法。如果用劳动密集型方法，那么产品的供给价格弹性就比较大；如果用资本密集型或

技术密集型方法，则供给价格弹性就比较小。就产品生产规模而言，如果产品生产所需规模大，则产品的供给价格弹性较小；反之，则供给价格弹性较大。

2.4.6 弹性理论在经济决策中的应用举例

1. 计算题

【例 2-4】 有一家小说出版商，为了确定其产品的需求，雇佣了一位经济学家。经过几个月的艰苦工作，该经济学家得出该出版商的小说的需求估计方程为

$$Q = 12\,000 - 5\,000P_x + 5I + 500P_c$$

其中，P_x 为其小说的价格；I 为人均收入；P_c 为竞争对手的价格。假定 P_x、I 和 P_c 分别为 5 美元、10 000 美元和 6 美元。

根据以上信息，试确定：

(1)如果价格上涨，会对总收入有何影响？

(2)在居民收入上升期间，小说的销售量会如何变化？

(3)如果对手提高其产品价格，会给自己带来什么影响？

解 把 P_x、I、P_c 分别为 5 美元、10 000 美元和 6 美元代入上述方程，得 $Q = 40\,000$ 美元。然后根据所提问题进行计算。

(1)通过计算需求价格点弹性来评价涨价的影响。在需求方程中对小说出版商的小说价格(P_x)求导，得到 $dQ/dP_x = -5\,000$，因此有

$$E_d = -\frac{\dfrac{dQ}{Q}}{\dfrac{dP}{P}} = -\frac{dQ}{dP} \cdot \frac{P}{Q} = -(-5\,000) \times \frac{5}{40\,000} = 0.625$$

由于需求缺乏弹性，所以小说涨价会使总收入增加。

(2)用需求收入弹性可以确定产品是必需还是奢侈品。在需求方程中对居民收入(I)求导，得到 $dQ/dI = 5$，因此有

$$E_I = \frac{\dfrac{dQ}{Q}}{\dfrac{dI}{I}} = \frac{dQ}{dI} \cdot \frac{I}{Q} = 5 \times \frac{10\,000}{40\,000} = 1.25$$

由于 $E_I = 1.25 > 1$，这种小说是奢侈品，所以随着收入的增加，销售量也会增加。

(3)用交叉弹性可以评价竞争对手价格变动对自身产品的影响。在需求方程中对竞争对手价格(P_c)求导，得到 $dQ/dP_c = 500$，因此有

$$E_{XY} = E_c = \frac{\dfrac{dQ}{Q}}{\dfrac{dP_c}{P_c}} = \frac{dQ}{dP_c} \cdot \frac{P_c}{Q} = 500 \times \frac{6}{40\,000} = 0.075$$

即竞争对手出版商的书涨价 1%，会使该小说出版商的需求量增加 0.075%。

2. 易腐商品的售卖

有些商品，尤其是一些食品，由于具有易腐的特点，必须在一定的时间内把它销售出去，否则，销售者会蒙受经济损失。那么，对于这类商品的销售者来说，应该如何定价，才能既保证全部数量的商品在规定的时间内卖完，又使自己获得尽可能多的收入

呢？下面以夏天的鲜鱼的销售为例来分析这类问题。

夏天的鲜鱼必须在当天被卖掉。如果鲜鱼的销售者能够准确地知道市场上的消费者一天内在各个价格水平下对其鲜鱼的需求数量，或者说，能准确地了解市场一天内对其鲜鱼的需求曲线，那么，他就可以根据这一需求曲线以及准备出售的全部的鲜鱼的数量，来决定能使其获得最大收入的最优价格。用图 2-12 来具体说明。

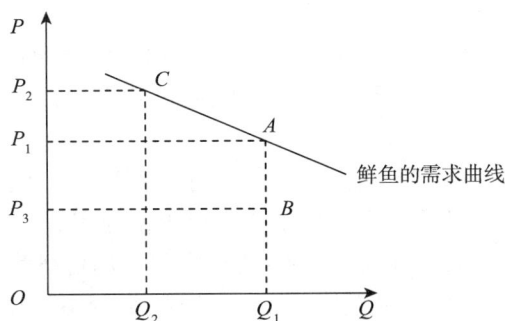

图 2-12 表示某鲜鱼销售者的鲜鱼的需求曲线。从图 2-12 中的既定鲜鱼的需求曲线，可以了解一天内在不同价格水平下鲜鱼的需求数量。反过来说，如果一天内需要卖掉的鲜鱼数量为 Q_1，则他应该根据需求曲线将价格定在 P_1 的水平。这样，他就能使鲜鱼以消费者所愿意支付的最高价格全部卖出，从而得到他所能得到的最大收入。

图 2-12　鲜鱼的定价

根据鲜鱼的需求曲线可知，如果价格定得过高，设为 P_2，则销售者将有 $Q_1 - Q_2$ 数量的鲜鱼卖不出去。此外，由于鲜鱼的需求一般是富有弹性的，销售者还会因定价过高导致销售量大幅度减少而使其总收入减少。总收入的减少量相当于图 2-12 中矩形 OP_1AQ_1 和 OP_2CQ_2 的面积之差。相反，如果价格定得过低，设为 P_3，销售者虽然能卖掉全部鲜鱼，但总收入却因单位价格过低而减少，减少量相当于图 2-12 中的矩形 P_3P_1AB 的面积。由此可见，当准备出售的鲜鱼量为 Q_1 时，唯有 P_1 的价格水平是能给销售者带来最大收入的最优价格。

3. 最高限价和最低限价

在我国，几十年来一直存在价格管制，主要是最高限价和最低限价。有一种看法认为：只要把政府的限价取消，这类商品的供给量就会增加。事实果真如此吗？这要根据商品的供给价格弹性作具体的分析。

1）最高限价

最高限价也称为限制价格，是政府所规定的某种产品的最高价格。最高价格总是低于市场的均衡价格。政府一般会对关系民生的基本需要的商品如电、水等，采取最高限价。图 2-13 表示政府对某种产品实行最高限价的情形。若政府不实行最高限价政策，该产品市场的均衡价格为 P_e，均衡数量为 Q_e。假设政府实行最高限价政策，规定该产品的市场最高价格为 P_0。由图 2-13 可见，最高限价 P_0 小于均衡价格 P_e，且在最高限价 P_0 的水平，市场需求量 Q_2 大于市场供给量 Q_1，市场上出现供不应求的情况。

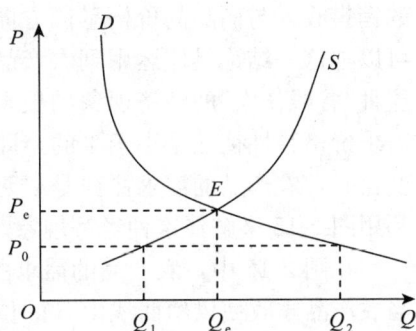

图 2-13　最高限价

政府实行最高限价往往是为了抑制某些产品的价格上涨，尤其是为了对付通货膨胀。有时，为了限制某些行业，特别是限制一些垄断性很强的公用事业的价格，政府也会采取最高限价的做法。但政府实行最高限价的做法也会带来一些不良的影响，容易导致供不应求，而供不应求又会导致市场上消费者排队抢购和黑市交易盛行。在这种情况下，政府往往又不得不采取配合的方法来分配产品。此外，在最高限价情况下，生产者也可能会粗制滥造，降低产品质量，形成变相涨价。

2）最低限价

最低限价(minimum price)也称为支持价格，是政府所规定的某种产品的最低价格。最低价格总是高于市场的均衡价格的。为了提高农民生产积极性，政府一般对农产品（如粮食）采取最低限价。

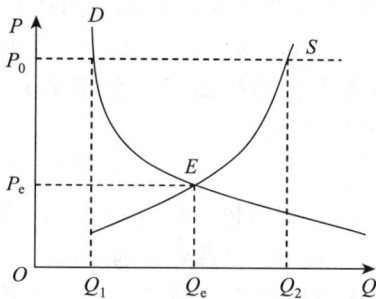

图 2-14　最低限价

图 2-14 表示政府对某种产品实行最低限价的情形。政府未实行最低限价时市场的均衡价格为 P_e，均衡数量为 Q_e。政府实行最低限价所规定的市场价格为 P_0。由图 2-14 可见，最低限价 P_0 大于均衡价格 P_e，而且在最低限价 P_0 水平下市场供给量 Q_2 大于市场需求量 Q_1，市场上出现产品过剩的情况。

政府实行最低限价通常是为了扶植某些行业的发展。农产品的支持价格就是一些西方国家所普遍采取的政策，在实行这一政策时，政府通常收购市场上过剩的农产品。除了农产品的支持价格以外，政府也可以采取其他办法来扶植农业的发展，这一点在讨论下一个问题时还会提及。

4.“谷贱伤农”与限制措施

在农业生产活动中，存在着这么一种经济现象：在丰收的年份，农民的收入却反而减少了。这种现象在我国民间被形象地概括为“谷贱伤农”。下面我们用经济学的弹性原理来加以解释。

在前面分析需求价格弹性与厂商的销售收入时，我们得到这样一个结论：对于缺乏弹性的商品来说，厂商的销售收入与商品的价格呈同方向的变化。现在，我们可以把这一结论具体运用到农产品的分析。其实，造成这种“谷贱伤农”的经济现象的根本原因在于：农产品的需求价格弹性往往是小于 1 的，即当农产品的价格发生变化时，农产品的需求往往是缺乏弹性的。下面，我们利用图 2-15 来解释这种经济现象。

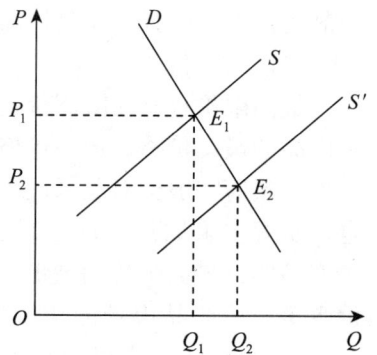

图 2-15　缺乏弹性的需求曲线和谷贱伤农

在图 2-15 中，农产品的需求曲线 D 是缺乏弹性的。当农产品丰收使供给曲线由 S 的位置向右平移至 S' 的位置时，在缺乏弹性的需求曲线作用下，农产品的均衡价格由原先的 P_1 大幅度地下降到 P_2。由于农产品均衡价格的下降幅度大于农产品的均衡数量的增加幅度，最后农民总收入减少。总收入的减少量相当于图 2-15 中矩形 $OP_1E_1Q_1$ 和 $OP_2E_2Q_2$ 的面积之差。

　　类似地，在歉收年份，同样由于缺乏弹性的需求曲线的作用，农产品均衡数量减少的幅度将小于由它所引起均衡价格的上升幅度，最后农民的总收入增加。在图 2-16 中，只需先假定农产品的歉收使供给曲线由 S' 的位置向左平移至 S 的位置，随后便可以具体地说明这种与丰收年份相反的情况了。

　　基于以上的经济事实及经验，不少国家为了保护农场主和农民的利益，保护和支持农业的发展，纷纷执行了农产品的支持价格政策。它们通常的做法是：通过减少农产品的种植面积，来减少农产品的供给，从而将农产品价格维持在一定的水平，以保证农民的收入。

➤本章专业术语

　　需求　供给　需求曲线　供给曲线　需求表　供给表　需求函数　供给函数　需求定理　供给定理　需求量的变动　需求变动　均衡价格　吉芬商品　需求价格弹性　需求收入弹性　需求交叉价格弹性　供给价格弹性　低档品　替代品　互补品　恩格尔定律　恩格尔系数　最低限价

➤本章小结

　　本章要点可以归纳如下：

　　(1)需求是指消费者一定时期内在各种可能的价格水平下愿意而且能够购买的商品数量。需求可以用一条需求曲线来表示。需求曲线一般向右下方倾斜，表示商品的需求量与价格呈反方向的变化。

　　供给是指生产者一定时期内在各种可能的价格水平下愿意而且能够提供出售的商品数量。供给可以用一条供给曲线来表示。供给曲线一般向右上方倾斜，它表示商品的供给量与价格呈同方向的变化。

　　(2)需求影响因素。一种商品的需求数量通常由许多因素共同决定，其中主要的因素有：商品的自身价格、相关商品的价格、消费者的收入水平、消费者偏好和消费者对该商品的价格预期等。

　　(3)供给影响因素。一种商品的供给数量取决于多种因素的影响，其中主要的因素有：商品的自身价格、相关商品的价格、生产的成本、生产的技术水平和生产者对未来的预期等。

　　(4)均衡价格是指能够使商品市场上需求量与供给量相等的价格。均衡价格是在市场机制的作用下自发形成的。

　　(5)当两个经济变量之间存在函数关系时，可以用弹性来表示因变量对于自变量变化的反应程度。任何弹性都可以用弧弹性或者点弹性来表示。

　　需求价格弹性表示商品需求量对于价格变化的反应程度。需求收入弹性表示商品的需求量对于收入变化的反应程度。需求交叉价格弹性表示商品的需求量对于另一种商品的价格变化的反应程度。供给价格弹性表示商品的供给量对于价格变化的反应程度。

　　(6)利用弹性公式可以具体计算弧弹性和点弹性的数值，此外，点弹性的数值还可以从几何关系的角度来求得。一般地，弹性系数的大小可以归纳为五类，即富有弹性、缺乏弹性、单位弹性、完全弹性与完全无弹性。

　　(7)对于富有弹性的商品，厂商的销售收入与商品的价格呈反方向的变化；对于缺乏弹性的商品，厂商的销售收入与商品的价格呈同方向的变化；对于单位弹性的商品，商品价格的变化对厂商的销售收入无影响。

　　(8)如果两种商品之间为替代关系，则需求交叉价格弹性系数大于 0；如果两种商品之间为互补关系，则需求交叉价格弹性系数小于 0；如果两种商品之间无关系，则需求交叉弹性系数等于 0。

　　(9)对于正常品来说，需求收入弹性大于 0；对于劣品或低档品来说，需求收入弹性小于 0。在正常品中，必需品的需求收入弹性大于 0 小于 1，奢侈品的需求收入弹性大于 1。

(10)恩格尔定律：对于一个国家或一个家庭而言，随着收入水平的提高，购买食物的支出在总收入中所占的比重不断下降。

> 练习题

一、名词解释

　　1. 需求　　　　　　　　　　　2. 供给
　　3. 需求价格弹性　　　　　　　4. 需求交叉价格弹性
　　5. 均衡价格　　　　　　　　　6. 供求规律
　　7. 收入点弹性　　　　　　　　8. 收入弧弹性
　　9. 需求量的变动　　　　　　　10. 需求的变动
　　11. 替代品　　　　　　　　　　12. 互补品

二、单选题

　　1. 需求量的变动表现为（　　　）。
　　　　A. 需求曲线的移动
　　　　B. 需求变动
　　　　C. 同一需求曲线上商品量的移动
　　　　D. 以上说法都正确

　　2. 若市场成交数量增加而市场价格并无变化，则下列哪一条件是必要的？（　　　）
　　　　A. 供求曲线均为线性　　　　　　　B. 供求量等幅增加
　　　　C. 供求等幅增加　　　　　　　　　D. 上述条件都不必要

　　3. 当两种商品中一种商品的价格发生变化时，这两种商品的需求量都同时增加或减少，则这两种商品的需求的交叉价格弹性系数为（　　　）。
　　　　A. 正　　　　　B. 负　　　　　C. 0　　　　　D. 1

　　4. 当价格高于市场均衡价格时（　　　）。
　　　　A. 需求量大于供给量　　　　　　　B. 需求量小于供给量
　　　　C. 需求量等于供给量　　　　　　　D. 以上都不是

　　5. 假定某商品的价格从 6 美元下降到 5 美元，需求量从 50 增加到 60，需求为（　　　）。
　　　　A. 缺乏弹性　　　　　　　　　　　B. 富有弹性
　　　　C. 单位弹性　　　　　　　　　　　D. 不能确定

　　6. 在其他条件不变的情况下，消费者收入增加将导致（　　　）。
　　　　A. 需求量增加　　B. 需求增加　　C. 不变　　D. 以上三种情况都有可能

　　7. 一种商品的价格下降会导致其替代品的需求曲线（　　　）。
　　　　A. 向左方移动　　B. 向右方移动　　C. 不变　　D. 以上三种情况都有可能

　　8. 一种商品的价格提高会导致其互补品的需求曲线（　　　）。
　　　　A. 向左方移动　　B. 向右方移动　　C. 不变　　D. 以上三种情况都有可能

　　9. 在其他条件不变的情况下，如果某商品的价格下降 10％ 能够引起消费者在该商品上的总支出增加 1％，则这种商品的需求量对其价格是（　　　）。
　　　　A. 富有弹性的　　B. 缺乏弹性的　　C. 单元弹性的　　D. 不能确定

　　10. 下面哪一个不属于影响需求价格弹性的因素？（　　　）
　　　　A. 商品的可替代性　　　　　　　　B. 商品用途的广泛性
　　　　C. 消费者调节需求的时间　　　　　D. 商品的生产成本

　　11. 如果两种商品 a 和 b 的需求交叉价格弹性系数是 -3，则（　　　）。
　　　　A. a 和 b 是替代品　　　　　　　　B. a 和 b 是正常品

C. a 和 b 是劣品　　　　　　　　　　　　D. a 和 b 是互补品

12. 如果某种商品供给曲线的斜率为正，在保持其余因素不变的条件下，商品价格的上升，将导致（　　）。

A. 供给增加　　　　　　　　　　　　　B. 供给量增加

C. 供给减少　　　　　　　　　　　　　D. 供给量减少

13. 需求量和价格之所以是反方向变化，是因为（　　）。

A. 收入效应的作用　　　　　　　　　　B. 替代效应的作用

C. 收入效应和替代效应同时发生作用　　D. 以上均不正确

14. 如果商品的供给价格弹性为无穷大，那么当该产品的需求增加时（　　）。

A. 均衡价格和均衡产量同时增加　　　　B. 均衡价格和均衡产量同时减少

C. 均衡产量增加但价格不变　　　　　　D. 均衡价格上升但产量不变

15. 当（　　）时，总收益将下降。

A. 价格上升，需求缺乏弹性　　　　　　B. 价格上升，供给富有弹性

C. 价格下降，需求富有弹性　　　　　　D. 价格上升，供给富有弹性

三、多选题

1. 以前，天主教徒在星期五不许吃肉，他们只好选择吃鱼。后来，教皇允许教徒们在星期五吃肉，则（　　）。

A. 一周内的平均鱼价将上涨　　　　　　B. 鱼的消费量将增加

C. 鱼的消费量将减少　　　　　　　　　D. 肉的消费量将减少

E. 肉的价格将上涨

2. 已知一条线性需求线（图 1），M 点为 AB 线段的中点，则（　　）。

A. b 点的需求价格弹性大于 c 点的需求价格弹性

B. b 点的需求价格弹性等于 c 点的需求价格弹性

C. b 点的需求价格弹性大于 1

D. b 点的需求价格弹性小于 1

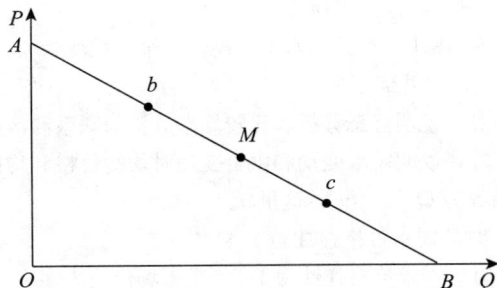

图 1

3. 对黄瓜需求的变化，可能是由于（　　）。

A. 消费者认为黄瓜价格太高了　　　　　B. 消费者得知黄瓜有益健康

C. 消费者预期黄瓜将降价　　　　　　　D. 种植黄瓜的技术有了改进

E. 以上都对

四、判断题

1. 如果需求增加，需求量一定增加。（　　）

2. 在两种商品中，如果其中一种商品价格变化时，这两种商品的需求同时增加或减少，那么二

者的需求交叉价格弹性系数为负。（　　）

3. 对于需求富有弹性的商品，垄断厂商可以定取高价以获得高额垄断利润。（　　）

4. 在需求不变的情况下，供给的增加将引起均衡价格的上升和均衡数量的减少。（　　）

5. 需求收入弹性表示商品需求量的变动对收入变动量的反应程度。（　　）

6. 当商品的需求价格弹性大于1时，降低售价会使收益增加。（　　）

五、问答题

1. 简述需求定理的内容。

2. 解释均衡价格及其形成。

3. 运用供求理论分析石油输出国组织为什么要限制石油产量。

4. 均衡价格是如何实现的？它对于制定价格政策有何意义？

5. 下列事件对产品 X 的需求分别会产生什么影响？

(1)产品 X 变得更为时行。

(2)产品 X 的替代品 Y 的价格上升。

(3)预计居民收入将上升。

(4)预计人口将有一个较大的增长。

6. 商品需求受哪些因素的影响？这些因素对商品需求具有何种影响？

7. 通常有一种说法是"价格上涨，需求下降，需求下降，价格下跌"，你对这种说法如何理解？

8. 什么是商品的需求价格弹性和收入弹性？需求价格弹性与售卖者的销售收入（购买者的支出）的关系如何？举例说明之。

9. 解释需求价格弹性及其影响因素。

10. 解释供给价格弹性及其影响因素。

六、计算题

1. 已知某一时期内某商品的需求函数为 $Q_d = 50 - 5P$，供给函数为 $Q_s = -10 + 5P$。

(1)求均衡价格 P_e 和均衡数量 Q_e，并做出几何图形。

(2)假定供给函数不变，由于消费者收入水平提高，需求函数变为 $Q_d = 60 - 5P$。求出相应的均衡价格 P_e 和均衡数量 Q_e，并做出几何图形。

(3)假定需求函数不变，由于生产技术水平提高，供给函数变为 $Q_s = -5 + 5P$。求出相应的均衡价格 P_e 和均衡数量 Q_e，并做出几何图形。

(4)利用(1)、(2)和(3)，说明静态分析和比较静态分析的联系和区别。

(5)利用(1)、(2)和(3)，说明需求变动和供给变动对均衡价格和均衡数量的影响。

2. 某产品的市场需求函数为 $Q = a - bP$，这里 a、$b > 0$。

(1)求市场价格为 P_0 时的需求价格弹性。

(2)当 $a = 3$，$b = 1.5$ 时，需求价格弹性为 1.5，求市场价格为多少？并求此时的市场需求量。

(3)求价格上升能带来市场销售额增加的市场价格范围。

3. 假定表1是供给函数 $Q_s = -3 + 2P$ 在一定价格范围内的供给表。

表1　某商品的供给表

价格/元	2	3	4	5	6
供给量	1	3	5	7	9

(1)求出价格为3元和5元之间的需求价格弧弹性。

(2)根据给出的供给函数，求 $P = 4$ 元时的需求价格点弹性。

(3)根据供给函数或供给表做出几何图形，利用几何方法求出 $P = 4$ 元时的需求价格点弹性。

它与(2)的结果相同吗?

4. 假定某商品市场上有 100 个消费者,其中,60 个消费者购买该市场 1/3 的商品,且每个消费者的需求价格弹性均为 3;另外 40 个消费者购买该市场 2/3 的商品,且每个消费者的需求价格弹性均为 6。求按 100 个消费者合计的需求价格弹性系数是多少?

5. 假定某消费者的需求价格弹性 $E_d = 1.3$,需求收入弹性 $E_1 = 2.2$。求:

(1)在其他条件不变的情况下,商品价格下降 2% 对需求数量的影响。

(2)在其他条件不变的情况下,消费者收入提高 5% 对需求数量的影响。

6. 利用图阐述需求价格弹性的大小与厂商的销售收入之间的关系,并举例加以说明。

> **附录　为什么麦当劳要向洋葱低头?**

麦当劳是世界上最大的快餐连锁店,2009 年 10 月 31 日午夜,当麦当劳结束在冰岛一天的营业的同时,也结束了它在冰岛长达 16 年的营业史——它全面退出了冰岛市场,甚至没有表示会有重新开张的一天!

麦当劳总部对此发布声明说,在冰岛开展业务是一项非常大的挑战。然而与此同时,麦当劳在冰岛的总经销商欧曼德森却表示,麦当劳在冰岛的生意一直十分兴隆,"每到就餐时,汹涌的人潮是任何一个地方都没有的"!

既然生意这么好,那又是什么原因使麦当劳选择了退出呢? 谁也想不到,让麦当劳认输的,竟然不是同行业的竞争,而是冰岛的洋葱!

在冰岛这个位于大西洋中的岛国,农业不发达,大部分农作物都来自德国,包括麦当劳的一种必不可少的原料——洋葱。然而,麦当劳于 1993 年决定在冰岛开设分店时,并没有对此做仔细的调查,麦当劳总部想当然地认为洋葱只是一种随处可见的便宜货,开张之后他们才发现,冰岛的洋葱简直贵得出奇,购进一个普通大小的洋葱,需要卖掉十几个巨无霸汉堡包才够本!

既然开张了,麦当劳只能选择坚持。长期以来,麦当劳在冰岛的生意虽然看上去红火,但是所产生的利润是薄之又薄。冰岛的麦当劳特许营运商奥格蒙德森用一句话描述出了这十几年来的经营状况:"我一直在不断亏钱!"

当时的金融风暴使冰岛克朗大幅贬值,欧元逐渐走强,加之进口食品税率提高,成本上升,麦当劳的经营难度更大了。在冰岛首都雷克雅未克,一个巨无霸的售价为 650 冰岛克朗,但如果要获得哪怕是必需的利润,就必须把价格涨到 780 冰岛克朗(约 6.36 美元),而这个价钱甚至比瑞士和挪威的 5.75 美元还要高。如果是这个价格,那么,麦当劳就根本不会成为人们的选择! 而购买一只普通的洋葱,按欧曼德森的话来说,"要花掉购买一瓶上等威士忌酒的钱"。

因为洋葱的高价,麦当劳这个几乎是所向披靡的全球快餐巨无霸,在冰岛低头认了输。有人说这是冰岛不产洋葱所导致的,也有人说这是让金融危机给害的,这些观点不能说是错了,但不是最为根本的原因。主要原因是麦当劳在决定开拓冰岛这片市场的时候,忽略了一个关键细节:冰岛的洋葱从哪儿来?

正是因为忽略了这个关键细节或关键因素,最终导致了麦当劳在冰岛的失败。

第 3 章

消费者行为理论

本章要点：

效用、基数效用和序数效用　边际效用递减规律　消费者均衡　无差异曲线、预算线　商品边际替代率递减规律　替代效应和收入效应

前面我们介绍了需求曲线和供给曲线的基本特征，知道了需求曲线和供给曲线是分别用以对消费者行为和生产者行为进行分析的，但我们并没有说明形成这些特征的原因是什么，下面本书将在第 3 章和第 4 章对这一问题作进一步分析。

在需求曲线的内部隐含着消费者行为的变化，对消费者行为变化的分析主要是依据效用理论，所以，效用理论也被称为消费者行为理论。下面我们分别用基数效用论和序数效用论来说明这一理论。

3.1　效用理论概述

3.1.1　效用概念

效用(utility)是指商品满足人的欲望的能力，或者说，效用是指消费者在消费商品时所感受到的满足程度。一种商品对消费者是否具有效用，取决于消费者是否有消费这种商品的欲望，以及这种商品是否具有满足消费者欲望的能力。效用是消费者对商品满足自己欲望的能力的一种主观心理评价。

3.1.2　基数效用和序数效用

既然效用是用来表示消费者在消费商品时所感受到的满足程度，那么，就产生了对这种"满足程度"即效用的度量问题。在这一问题上，西方经济学家先后提出了基数效用和序数效用的概念，并在此基础上，形成了分析消费者行为的两种方法，即基数效用论的边际效用分析方法和序数效用论的无差异曲线分析方法。

在 19 世纪和 20 世纪初期，西方经济学家普遍使用基数效用的概念。基数效用论者认为，效用同长度、重量等概念一样，可以具体衡量并加总求和，具体的效用量之间的比较是有意义的。表示效用大小的计量单位被称做效用单位。到了 20 世纪 30 年代，序

数效用的概念开始为大多数西方经济学家所使用。序数效用论者认为，效用是一个有点类似于香、臭、美、丑的概念，效用的大小是无法具体衡量的，效用之间的比较只能通过顺序或等级来表示。

在现代微观经济学里，通常使用的是序数效用的概念，但在某些研究中，如对风险情况下的消费者行为的分析等，还继续运用基数效用的概念。

3.1.3 基数效用论和边际效用分析方法概述

1. 边际效用递减规律

基数效用论(cardinal utility theory)者除了提出了可以用基数衡量效用的大小的假定以外，还提出了边际效用递减规律的假定。边际效用递减规律贯穿于基数效用理论，是基数效用论者分析消费者行为，并进一步推导消费者需求曲线的基础。

基数效用论者将效用区分为总效用(TU)和边际效用(MU)。总效用(total utility)是指消费者在一定时间内从一定数量的商品的消费中所得到的效用量的总和。边际效用(marginal utility)是指消费者在一定时间内增加一单位商品的消费所得到的效用量的增量。假定消费者对一种商品的消费量为 Q，则总效用函数为

$$TU = f(Q) \tag{3.1}$$

相应的边际效用函数为

$$MU = \frac{\Delta TU(Q)}{\Delta Q} \tag{3.2}$$

当商品的增加量趋于无穷小，即 $\Delta Q \to 0$ 时

$$MU = \lim_{\Delta Q \to 0} \frac{\Delta TU(Q)}{\Delta Q} = \frac{dTU(Q)}{dQ} \tag{3.3}$$

这里需要指出的是，在西方经济学里，边际分析方法是最基本的分析方法之一，"边际"概念是一个很重要的概念，边际效用是本书出现的第一个边际概念。边际量的一般意义是表示一单位的自变量的变化量所引起的因变量的变化量。抽象的边际量的定义公式为

$$边际量 = \frac{因变量的变化量}{自变量的变化量} \tag{3.4}$$

显然，本节涉及的边际效用函数的定义公式，即式(3.2)和式(3.3)，是式(3.4)的一种具体形式。

边际效用递减规律(law of diminishing marginal utility)是指一定时间内在其他商品的消费数量保持不变的条件下，随着消费者对某种商品消费量的增加，消费者从该种商品连续增加的每一消费单位中所得到的效用增量即边际效用是递减的。通常被用来证明该规律的例子为：在一个人十分饥饿的时候，他吃的第一个包子给他带来的效用是很大的，以后，随着这个人所吃包子数量的连续增加，虽然总效用不断增加，但每一个包子给他带来的效用增量即边际效用是递减的。当他完全吃饱的时候，包子的总效用达到最大值，边际效用降为零。如果他还继续吃包子，就会感到不适，这意味着包子的边际效用进一步降为负值，总效用也开始下降。

为什么会有边际效用递减呢？根据西方学者的解释，边际效用递减规律成立的原因

在于，随着相同消费品的连续增加，从人的心理和生理的角度讲，人们从每一单位消费品中所感受的满足程度和对重复刺激的反应程度是递减的。此外，在一种商品具有多种用途时，消费者总是将第一单位的消费品用在最重要的用途上，第二单位的消费品用在次重要的用途上，等等。这样，消费品的边际效用便随着消费品的用途重要性的递减而递减。

关于商品的总效用和边际效用之间的关系可用表 3-1 来说明。

表 3-1　某商品的效用表

商品数量	总效用	边际效用	价格
0	0	—	—
1	10	10	5
2	18	8	4
3	24	6	3
4	28	4	2
5	30	2	1
6	30	0	0
7	28	−2	—

由表 3-1 的前三列可知，当商品的消费量由 0 增加为 1 时，总效用由 0 增加为 10 效用单位，总效用的增量即边际效用为 10 效用单位（10−0＝10）。当商品的消费量由 1 增加为 2 时，总效用从 10 效用单位上升为 18 效用单位，总效用的增量即边际效用下降为 8 效用单位（18−10＝8）。依次类推，当商品的消费量增加为 6 时，总效用达最大值为 30 效用单位，而边际效用已递减为 0 效用单位（30−30＝0）。此时，消费者对该商品的消费已达到饱和。当商品的消费量再增加为 7 时，边际效用会进一步递减为−2 效用单位（28−30＝−2），总效用下降为 28 效用单位。

根据表 3-1 绘制总效用和边际效用曲线，如图 3-1 所示。

在图 3-1 中，横轴表示商品的数量，纵轴表示效用量，TU 曲线和 MU 曲线分别为总效用曲线和边际效用曲线。由于边际效用被定义为消费品的一单位变化量所带来的总效用的变化量，所以，MU 曲线上的每一个值都记在相应的两个消费数量的中点上。

在图 3-1 中，MU 曲线是向右下方倾斜的，它反映了边际效用递减规律，相应地，TU 曲线是先以递减的速率上升，后又下降。当边际效用为正值时，总效用曲线呈上升趋势；当边际效用递减为零时，总效用曲线达最高点；当边际效用继续递减为负值时，总效用曲线呈下降趋势。从数学意义上讲，如果效用曲线是连续的，则每一消费量上的边际效用值就是总效用曲线上相应的点的斜率。这一点，也体现在边际效用的定义公式（3.3）中。

【案例 3-1】　边际效用递减规律给企业经营者的启示

消费者购买物品是为了效用最大化，而且，物品的效用越大，消费者愿意支付的价格越高。根据效用理论，企业在决定生产什么时首先要考虑商品能给消费者带来多大效用。

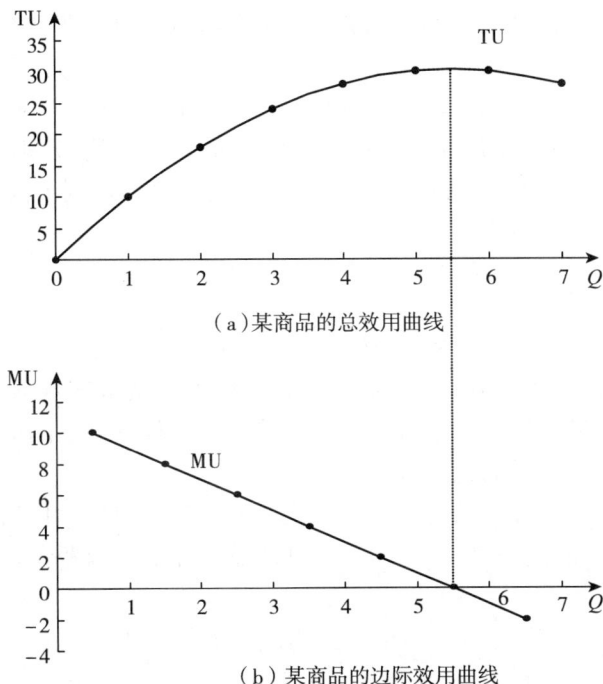

（a）某商品的总效用曲线

（b）某商品的边际效用曲线

图 3-1　某商品的总效用曲线和边际效用曲线

企业要使自己生产出的产品能卖出去，而且能卖高价，就必须分析消费者的心理，满足消费者的偏好。一个企业要成功，不仅要了解当前的消费时尚，还要善于发现未来的消费时尚。这样才能从消费时尚中了解到消费者的偏好及其变动，并及时开发出能满足这种偏好的产品。消费时尚会受广告的影响。一个成功的广告会引导一种新的消费时尚，左右消费者的偏好。所以，企业行为从广告开始。消费者连续消费一种产品的边际效用是递减的，如果企业连续只生产一种产品，它带给消费者的边际效用就在递减，消费者愿意支付的价格就低了。因此，企业要不断创造出多样化的产品，即使是同类产品，只要不相同，就不会引起边际效用递减。例如，同类服装做成不同样式，就成为不同产品，就不会引起边际效用递减；如果完全相同，则会引起边际效用递减，使消费者不愿意多购买。

边际效用递减原理告诉我们，企业要不断地进行创新，生产不同的产品以满足消费者的需求，减少边际效用递减。

2. 消费者均衡

消费者均衡（consumer equilibrium）研究单个消费者如何把有限的货币收入分配在各种商品的购买中以获得最大的效用。也可以说，它研究单个消费者在既定收入下实现效用最大化的均衡条件。这里的均衡是指，消费者实现最大效用时既不想增加也不想减少任何商品购买数量的这样一种相对静止的状态。

基数效用论者认为，消费者实现效用最大化的均衡条件是：如果消费者的货币收入水平是固定的，市场上各种商品的价格是已知的，那么，消费者应该使自己所购买的各种商品的边际效用与价格之比相等。或者说，消费者应使自己花费在各种商品购买上的最后一元钱所带来的边际效用相等。

假定消费者用既定的收入 I 购买 n 种商品，P_1，P_2，$\cdots$，P_n 分别为 n 种商品的既定的价格，λ 为不变的货币的边际效用。以 X_1，X_2，$\cdots$，X_n 分别表示 n 种商品的数量，MU_1，MU_2，$\cdots$，MU_n 分别表示 n 种商品的边际效用，则上述消费者效用最大化的均衡条件可以用公式表示为

$$P_1X_1+P_2X_2+\cdots+P_nX_n=I \tag{3.5}$$

$$\frac{MU_1}{P_1}=\frac{MU_2}{P_2}=\cdots=\frac{MU_n}{P_n}=\lambda \tag{3.6}$$

其中，式(3.5)是限制条件；式(3.6)是在限制条件下消费者实现效用最大化的均衡条件，即消费者应选择最优的商品组合，使得所花费在各种商品上的最后一元钱所带来的边际效用相等，且等于货币的边际效用。

下面以消费者购买两种商品为例，具体说明消费者效用最大化的均衡条件。

与式(3.5)和式(3.6)相对应，在购买两种商品情况下，消费者效用最大化的均衡条件为

$$P_1X_1+P_2X_2=I \tag{3.7}$$

$$\frac{MU_1}{P_1}=\frac{MU_2}{P_2}=\lambda \tag{3.8}$$

为什么说只有当消费者实现了 $\frac{MU_1}{P_1}=\frac{MU_2}{P_2}=\lambda$ 的均衡条件时，才能获得最大的效用呢？或者说，该均衡条件的经济含义是什么呢？

我们从 $\frac{MU_1}{P_1}$ 与 $\frac{MU_2}{P_2}$ 的关系分析，当 $\frac{MU_1}{P_1}<\frac{MU_2}{P_2}$ 时，对于消费者来说，同样的一元钱购买商品1所得的边际效用小于购买商品2所得到的边际效用。这时，理性的消费者就会调整这两种商品的购买数量，减少对商品1的购买量，增加对商品2的购买量。在这样的调整过程中，一方面，消费者用减少商品1的购买的1元钱来相应增加商品2的购买时，商品1的边际效用的减少量小于商品2的边际效用的增加量，消费者的总效用是增加的。另一方面，在边际效用递减规律的作用下，商品1的边际效用会随着购买量的不断减少而递增，商品2的边际效用会随着购买量的不断增加而递减。当消费者将其购买组合调整到同样一元钱购买这两种商品所得到的边际效用相等时，即达到 $\frac{MU_1}{P_1}=\frac{MU_2}{P_2}$ 时，他便得到了由减少商品1的购买和增加商品2的购买所带来的总效用增加的全部好处，即获得了最大的效用。

相反，当 $\frac{MU_1}{P_1}>\frac{MU_2}{P_2}$ 时，对于消费者来说，同样的一元钱购买商品1所得到的边际效用大于购买商品2所得到的边际效用。根据同样的道理，理性的消费者会进行与前面相反的调整过程，即增加对商品1的购买，减少对商品2的购买，直至 $\frac{MU_1}{P_1}=\frac{MU_2}{P_2}$，从而获得最大的效用。

从 $\dfrac{MU_i}{P_i}(i=1，2)$ 与 λ 的关系分析，当 $\dfrac{MU_i}{P_i}<\lambda(i=1，2)$ 时，消费者用 1 元钱购买第 i 种商品所得到的边际效用小于其所付出的这一元钱的边际效用。也可以理解为，消费者这时购买的第 i 种商品的数量太多了，事实上，消费者可以把这一元钱用在至少能产生相等的边际效用的其他商品的购买上去。这时，理性的消费者会减少对第 i 种商品的购买，在边际效用递减规律的作用下，直至 $\dfrac{MU_i}{P_i}=\lambda(i=1，2)$ 条件实现为止。

相反，当 $\dfrac{MU_i}{P_i}>\lambda(i=1，2)$ 时，消费者用 1 元钱购买第 i 种商品所得到的边际效用大于所付出的这一元钱的边际效用。也可以理解为，消费者这时购买的第 i 种商品的消费量是不足的，消费者应该继续购买第 i 种商品，以获得更多的效用。这时，理性的消费者会增加对第 i 种商品的购买。同样，在边际效用递减规律的作用下，直至 $\dfrac{MU_i}{P_i}=\lambda$ $(i=1，2)$ 条件实现为止。

下面以表 3-2 为例，说明式(3.7)和式(3.8)的消费者效用最大化的均衡条件。

表 3-2　某消费者的边际效用表

商品数量 Q	1	2	3	4	5	6	7	8
商品 1 的 MU_1	11	10	9	8	7	6	5	4
商品 2 的 MU_2	19	17	15	13	12	10	8	6

在表 3-2 中，假设该消费者在某一时期内将 8 元钱全部用于商品 1 和商品 2 的购买，两种商品的价格分别为 $P_1=1$ 元，$P_2=1$ 元。那么，能给该消费者带来最大的效用的购买组合应该是什么呢？

在商品的边际效用 MU 连续下降的情况下，消费者只有使每一元钱所带来的效用最大，才能最后使总效用最大。具体来看，根据表 3-2，理性的消费者将会用第一元钱购买第一单位的商品 2，由此得到 19 效用单位，他不会用第一元钱去购买第一单位的商品 1，因为，这样只能得 11 效用单位。同理，他将用第二、第三、第四和第五元钱去购买第二、第三、第四和第五单位的商品 2，分别获得 17、15、13 和 12 效用单位。再用第六元钱去购买第一单位的商品 1，获得 11 效用单位。最后，用第七、第八元钱去购买第二单位的商品 1 和第六单位的商品 2。这时，分别花费在这两种商品上的最后一元钱所带来的边际效用是相等的，都是 10 效用单位。至此，该消费者的全部收入 8 元都用完了，并以最优购买组合 $X_1=2$ 单位和 $X_2=6$ 单位，实现了效用最大化的均衡条件：

$$P_1X_1+P_2X_2=1\times 2+1\times 6=8$$

$$\frac{MU_1}{P_1}=\frac{MU_2}{P_2}=\frac{10}{1}=\lambda$$

此时，消费者获得了最大的总效用，为 107 效用单位。

如果消费者购买 4 单位的商品 1 和 4 单位的商品 2，就会出现 $\dfrac{MU_1}{P_1}=\dfrac{8}{1}<\dfrac{13}{1}=\dfrac{MU_2}{P_2}$ 的情况，则消费者自然会减少对商品 1 的购买而增加对商品 2 的购买。相反，如果消费

者购买 1 单位的商品 1 和 7 单位的商品 2，就会出现 $\frac{MU_1}{P_1}=\frac{13}{1}>\frac{8}{1}=\frac{MU_2}{P_2}$ 的情况，则消费者自然会增加对商品 1 的购买而减少对商品 2 的购买。这两种调整过程都会持续到消费者以（$X_1=2$，$X_2=6$）的购买组合实现效用最大化的均衡条件为止。

　　3. 需求曲线的推导

　　基数效用论者以边际效用递减规律和建立在该规律上的消费者效用最大化的均衡条件为基础，推导出了消费者的需求曲线。

　　商品的需求价格是指消费者在一定时期内对一定量的某种商品所愿意支付的价格。基数效用论者认为，商品的需求价格取决于商品的边际效用。具体来说，如果一定数量的某种商品的边际效用越大，则消费者为购买这些数量的该种商品所愿意支付的价格就越高；反之，如果一定数量的某种商品的边际效用越小，则消费者为购买这些数量的该种商品所愿意支付的价格就越低。由于边际效用递减规律的作用，随着消费者对某一种商品消费量的连续增加，该商品的边际效用递减，相应地，消费者为购买这种商品所愿意支付的价格即需求价格也越来越低。

　　下面进一步联系消费者效用最大化的均衡条件进行分析。考虑消费者购买一种商品的情况，那么，上述的消费者均衡条件可以写为

$$\frac{MU}{P}=\lambda \tag{3.9}$$

　　式（3.9）表示，消费者对任何一种商品的最优购买量应该是使最后一元钱购买该商品所带来的边际效用和所付出的这一元钱的货币的边际效用相等。式（3.9）还意味着，由于对于任何一种商品来说，随着需求量的不断增加，边际效用 MU 是递减的，于是，为了保证式（3.9）均衡条件的实现，在货币的边际效用不变的前提下，商品的需求价格 P 必然应同比例于 MU 的递减而递减。

　　仍以前面的表 3-1 为例来说明，假定表中的 $\lambda=2$，为了实现 $\frac{MU}{P}=\lambda$ 的均衡条件，当商品的消费量为 1 时，边际效用为 10，则消费者为购买 1 单位的商品所愿意支付的价格为 5（10/2＝5）。当商品的消费量增加为 2 时，边际效用递减为 8，则消费者为购买单位的商品所愿意支付的价格也同比例地减为 4（8/2＝4）。直至商品的消费量增加为 5 时，边际效用进一步递减为 2，消费者为购买 5 单位的商品所愿意支付的价格降为 1（2/2＝1）。显然，商品的需求价格同比例于 MU 的递减而递减。

　　当然，也可以反过来，从商品的价格变化的角度来理解表 3-1。为了保证 $\frac{MU}{P}=\lambda$ 的均衡条件的实现，当商品的价格为 5 时，消费者的最佳购买量为 1（因为 $\frac{MU}{P}=\frac{10}{5}=2=\lambda$）；当商品的价格下降为 4 时，消费者的最佳购买量应该增加 2（因为 $\frac{MU}{P}=\frac{8}{4}=2=\lambda$）；以此类推。由此，根据表 3-1 的第一列和第四列的数据可以绘制相应的单个消费者对该种商品的需求曲线，如图 3-2 所示。

　　在图 3-2 中，横轴表示商品的数量，纵轴表示商品的价格，需求曲线 $Q_d=f(P)$ 向

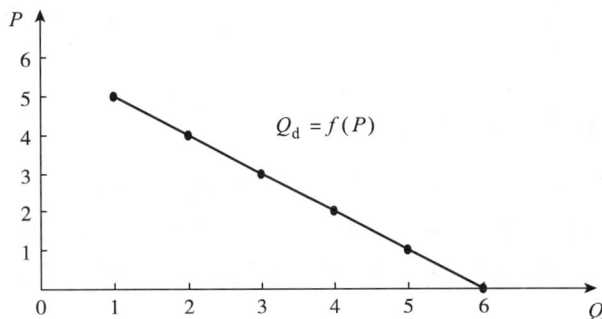

图 3-2 单个消费者的需求曲线

右下方倾斜，它表示商品的需求数量随商品的价格的上升而减少，随商品的价格的下降而增加，即商品的需求量与商品的价格呈反比方向的变动。

基数效用论者在对消费者行为的分析中，运用边际效用递减规律的假定和消费者效用最大化的均衡条件，推导出了单个消费者的需求曲线，解释了需求曲线向右下方倾斜的原因，而且说明了需求曲线上的每一点都是满足消费者效用最大化均衡条件的商品的价格-需求量组合点。

3.2　无差异曲线

3.2.1　关于消费者偏好的假设

序数效用论（ordinal utility theory）者认为，商品的效用是无法用具体的数字或单位来衡量的，商品的效用只能用顺序或等级来表示。他们提出了消费者偏好的概念，取代了基数效用论者的关于效用大小可以用"效用单位"来表示的说法。序数效用论者提出：消费者对于各种不同的商品组合的偏好或爱好程度是有差别的，这种偏好程度的差别决定了不同商品组合的效用的大小顺序。具体来讲，对于 A、B 两个商品的组合，若消费者对 A 组合的偏好程度大于对 B 组合的偏好程度，则可以说 A 组合的效用水平大于 B 组合，或者说，A 组合给消费者带来的满足程度大于 B 组合。

序数效用论者对消费者偏好有以下三个基本的假设：

（1）偏好的可比较性。对于任何两个商品组合 A 和 B，消费者总是可以做出，而且也仅仅只能做出以下三个判断中的一个：对 A 的偏好大于对 B 的偏好，对 A 的偏好小于对 B 的偏好，对 A 的偏好等于对 B 的偏好。对 A 和 B 具有相同的偏好，也被称做 A 和 B 是无差异的。

（2）偏好的可传递性。对于任何三个商品组合 A、B、C，如果某消费者已经做出判断：对 A 的偏好大于（或小于、或等于）对 B 的偏好，对 B 的偏好大于（或小于、或等于）对 C 的偏好。那么，该消费者必须做出对 A 的偏好大于（或小于、或等于）对 C 的偏好的判断。

（3）偏好的非饱和性。如果两个商品组合的区别仅在于其中一种商品的数量的不同，那么，消费者总是偏好于含有这种商品数量较多的那个组合。这意味着，消费者对每一种商品的消费都处于饱和以前的状态。

序数效用论者还建立了其他一些假设来分析消费者行为，但上述这三个条件是经常提到的。

3.2.2 无差异曲线及其特点

无差异曲线(indifference curve)和偏好这两个概念是联系在一起的，无差异曲线是用来表示消费者偏好相同的两种商品的不同数量的所有组合的。或者说，它是表示能给消费者带来同等效用水平或满足程度的两种商品的不同数量的所有组合。与无差异曲线相对应的效用函数为

$$U = f(X_1, X_2) \tag{3.10}$$

其中，X_1 和 X_2 分别为商品 1 和商品 2 的数量；U 是常数，表示某个效用水平。由于无差异曲线表示的是序数效用，所以，这里 U 只需表示某一个效用水平，而不表示其具体数值的大小，有的西方学者也称这种效用水平为效用指数。

无差异曲线可以用表 3-3 和图 3-3 来说明。

表 3-3　某消费者的无差异表

商品组合	I_1		I_2		I_3	
	X_1	X_2	X_1	X_2	X_1	X_2
A	20	130	35	125	50	120
B	30	73	40	95	55	95
C	40	49	50	63	60	81
D	50	33	60	47	70	63
E	60	20	70	35	80	50
F	70	10	80	25	90	40

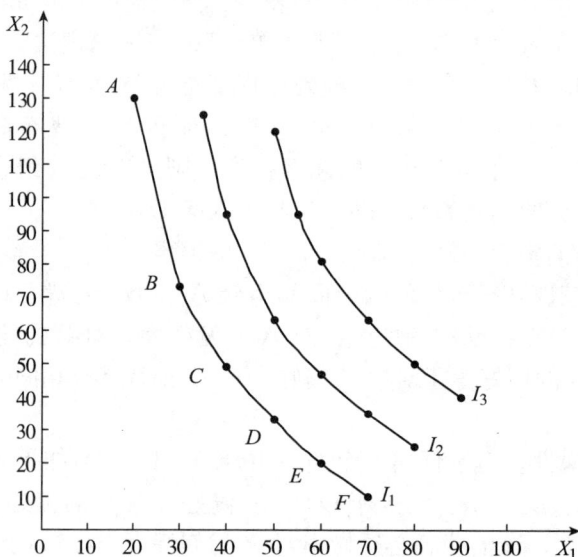

图 3-3　某消费者的无差异曲线

表 3-3 是由某消费者关于商品 1 和商品 2 的一系列组合所构成的无差异表，该表由三组数据 I_1、I_2 和 I_3 组成，每一组数据中有商品 1 和商品 2 的不同数量的六种组合。

每一组数据中的六种商品组合给消费者带来的效用水平被假设为是相等的。以其中的第一组数据 I_1 为例分析：I_1 中有商品 1 和商品 2 的 A、B、C、D、E 和 F 六种组合，A 组合中有 20 单位的商品 1 和 130 单位的商品 2，B 组合中有 30 单位的商品 1 和 73 单位的商品 2，……。该消费者对于这六个消费组合的偏好程度是无差异的，认为这六个组合给他所带来的满足程度是相同的。同样道理，消费者对第二组、第三组数据中的六个商品组合的偏好程度也是无差异的。

需要指出的是，三组数据 I_1、I_2 和 I_3 各自代表一定的效用水平，它们之间的效用水平是不相同的。根据消费者偏好的第三个假设稍加分析，就不难发现，I_1 所代表的效用水平低于 I_2，I_2 低于 I_3。当然，消费者的偏好的程度是无限多的，因此，他有无穷多个无差异组合，表 3-3 所表示的只是其中的三个。

图 3-3 是根据表 3-3 所绘制的无差异曲线。既然消费者具有无穷多个无差异组合，那么，根据无差异组合所作的无差异曲线也有无数条，图 3-3 所表示的只是其中的三条。

在图 3-3 中，横轴表示商品 1 的数量 X_1，纵轴表示商品 2 的数量 X_2，I_1、I_2 和 I_3 分别代表相对应的三条无差异曲线。图 3-3 中的无差异曲线是这样得到的：以无差异曲线 I_1 为例，假定商品的数量可以无限细分，先在坐标图上描出表 3-3 中的 A、B、C、D、E 和 F 的六个组合点，然后用曲线将这六个点连接起来，便形成了光滑的无差异曲线 I_1。类似地，可以分别做出无差异曲线 I_2 和 I_3。

图 3-3 中的每一条无差异曲线上的任何一点，如无差异曲线 I_1 上的 A、B、C、D、E、F 点所代表的商品组合给消费者带来的效用水平都是相等的。显然，无差异曲线是消费者偏好相同的两种商品的各种不同的组合的轨迹，每一条无差异曲线代表一个效用水平。在图 3-3 中，三条无差异曲线各自代表的效用水平是不相同的，其中，无差异曲线 I_3 代表的效用水平大于无差异曲线 I_2，无差异曲线 I_2 代表的效用水平大于无差异曲线 I_1。

无差异曲线具有以下特点：

第一，由于通常假定效用函数具有连续性，所以，在同一坐标平面上的任何两条无差异曲线之间，存在着无数条无差异曲线。或者说，可以有无数条无差异曲线覆盖整个坐标平面。离原点越近的无差异曲线代表的效用水平越低，离原点越远的无差异曲线代表的效用水平越高。如在图 3-3 中，离原点最近的无差异曲线 I_1 代表的效用水平最低，离原点最远的无差异曲线 I_3 代表的效用水平最高，无差异曲线 I_2 代表的效用水平居中。

第二，在同一坐标平面上的任意两条无差异曲线都不会相交，这可以用图 3-4 来说明。在图 3-4 中，两条无差异曲线 I_1 和 I_2 相交于 A 点，这说明无差异曲线 I_1 上的 B 点的效用水平和无差异曲线 I_2 上的 C 点的效用水平由于都等于相交点 A 的效用水平而相等，既消费者认为 B 点和 C 点是无差异的。但是由于 C 点的商品组合所代表的两种商品的数量都大于 B 点的商品组合，根据消费者偏好的第三个假定，消费者对 C 点的商品组合的偏好必定大于对 B 点的商品组合的偏好。这样一来，消费者在认为 B 点和 C 点无差异的同时，又认为 C 点优于 B 点，这就违反了消费者偏好的第一个假定。所以图 3-4 中两条无差异曲线相交的画法是错误的。

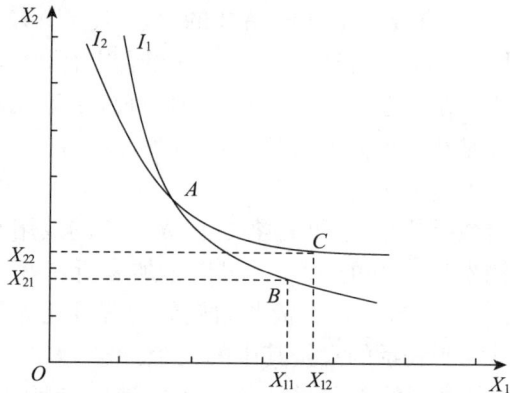

图 3-4　违反偏好假定的无差异曲线

　　第三，无差异曲线是凸向原点的。从图 3-3 和图 3-4 可见，无差异曲线不仅是向右下方倾斜的（即无差异曲线的斜率是负值），而且，无差异曲线是凸向原点的，即随着商品 1 的数量的连续增加，无差异曲线的斜率的绝对值是递减的。无差异曲线的这一特点是由商品的边际替代率递减规律所决定的（关于这一点，将在下一节中进行详细说明）。

3.3　商品的边际替代率

3.3.1　商品的边际替代率的含义

　　可以想象一下，当一个消费者的选择组合沿着一条既定的无差异曲线上下滑动时，两种商品的数量会发生变化，但消费者所得到的效用水平却是不变的。也可以反过来说，消费者若要维持效用水平不变，则在增加一种商品的消费量的同时，必然会减少另一种商品的消费量。由此可以得到商品的边际替代率的概念：在维持同等效用水平或满足程度不变的前提下，消费者要增加一单位某种商品的消费时就必须放弃另一种商品的消费量，这二者之间的比率被称为商品的边际替代率。以 MRS（marginal rate of substitution of commodities）代表商品的边际替代率，则商品 1 对商品 2 的边际替代率的公式为

$$\text{MRS}_{12} = -\frac{\Delta X_2}{\Delta X_1} \tag{3.11}$$

其中，ΔX_1 和 ΔX_2 分别为商品 1 和商品 2 的变化量。由于 ΔX_1 和 ΔX_2 的符号肯定是相反的，为了使商品的边际替代率取正值以便于比较，所以在公式里加了一个负号。

　　用图 3-5 具体说明商品的边际替代率的概念。在图 3-5 中，无差异曲线所对应的效用函数为 $U = f(X_1, X_2)$。如果消费者的选择组合沿着这条无差异曲线由 A 点运动到 B 点，由于效用水平不发生变化，所以，当商品 1 的数量由 X_1' 增加到 X_1'' 时，商品 2 的数量会相应地由 X_2' 减少为 X_2''。或者说，消费者愿意放弃 $X_2' X_2''$ 即 ΔX_2 数量的商品 2，以取得 $X_1' X_1''$ 即 ΔX_1 数量的商品 1。在这种情况下，两种商品的变化量之比的绝对值，即

$-\dfrac{\Delta X_2}{\Delta X_1}$ 便是由 A 点到 B 点的商品 1 对商品 2 的边际替代率。

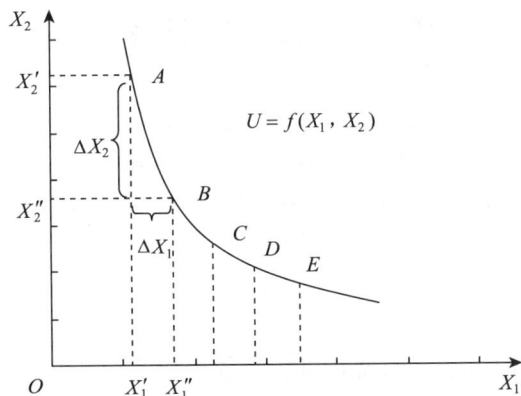

图 3-5　商品的边际替代率

假定商品数量的变化量趋于无穷小，即当 $\Delta X_1 \rightarrow 0$ 时，则商品的边际替代率的公式 (3.11) 可以写为

$$\mathrm{MRS}_{12} = \lim_{\Delta X_1 \rightarrow 0} -\frac{\Delta X_2}{\Delta X_1} = -\frac{\mathrm{d}X_2}{\mathrm{d}X_1} \tag{3.12}$$

显然，无差异曲线上任何一点的商品的边际替代率等于无差异曲线在该点的斜率的绝对值。

3.3.2　商品的边际替代率递减规律

序数效用论者在分析消费者行为时提出了商品的边际替代率递减规律。

商品的边际替代率递减规律是指，在维持效用水平不变的前提下，随着一种商品消费数量的连续增加，消费者为得到每一单位的这种商品所需要放弃的另一种商品的消费数量是递减的。例如，在图 3-5 中，在消费者对商品 1 和商品 2 的消费组合由 A 点，经 B 点、C 点、D 点运动到 E 点的过程中，随着消费者对商品 1 的消费量的连续等量地增加，消费者为得到每一单位的商品 1 所需放弃的商品 2 的消费量越来越少。也就是说，对于连续的等量的商品 1 的变化量 ΔX_1 而言，商品 2 的变化量 ΔX_2 是递减的。

商品的边际替代率递减的原因在于，当消费者处于商品 1 的数量较少而商品 2 的数量较多的 A 点时，消费者会由于拥有较少数量的商品 1 而对每一单位的商品 1 较为偏好，同时，会由于拥有较多数量的商品 2 而对每一单位的商品 2 的偏好程度较低。于是，每一单位的商品 1 所能替代的商品 2 的数量是比较多的，即商品的边际替代率是比较大的。但是，随着消费者的选择组合由 A 点逐步运动到 E 点，消费者拥有的商品 1 的数量越来越多，相应地，对每一单位商品 1 的偏好程度会越来越低；与此同时，消费者拥有的商品 2 的数量越来越少，相应地，对每一单位商品 2 的偏好程度会越来越高。于是，每一单位的商品 1 所能替代的商品 2 的数量便越来越少，也就是说，商品的边际替代率递减。

从几何意义上讲，商品的边际替代率递减表示无差异曲线的斜率的绝对值是递减的。商品的边际替代率递减规律决定了无差异曲线的形状是凸向原点的。

3.4　消费者预算线

无差异曲线描述了消费者对不同的商品组合的偏好，它表示了消费者的消费愿望，这种购买愿望是分析消费者行为的一个方面。另一个方面，任何消费者在购买商品时必然受到一定的收入水平的限制，因此，序数效用论者在分析消费者行为时又建立了消费者的预算线。

3.4.1　预算线的定义

预算线又称为预算约束线、消费者可能线或价格线。预算线表示在消费者收入和商品价格为一定的条件下，消费者的全部收入所能购买的两种商品的不同数量的各种组合。

假定某消费者有一笔收入为 80 元，全部用来购买商品 1 和商品 2，商品 1 的价格为 4 元，商品 2 的价格为 2 元。那么，全部收入都用来购买商品 1 可得到 20 单位，全部收入都用来购买商品 2 可得 40 单位，由此做出的预算线为图 3-6 中的线段 AB。

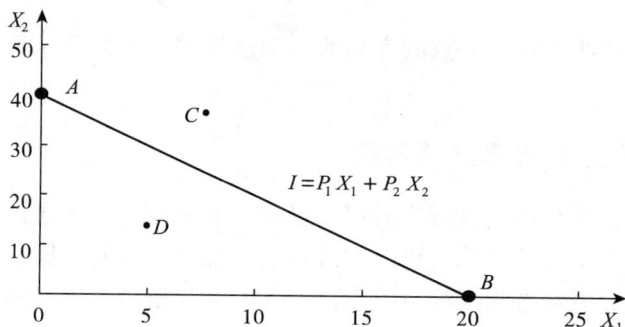

图 3-6　预算线

在图 3-6 中，预算线 AB 把平面坐标图划分为三个区域，即预算线 AB 以内、以外和线上。预算线 AB 以外的区域中任何一点（如 C 点）是消费者用全部收入都不可能实现的商品购买的组合点。预算线 AB 以内的区域中的任何一点（如 D 点）表示消费者的全部收入在购买该点的商品组合以后还有剩余。唯有预算线 AB 上的任何一点，才是消费者的全部收入刚好花完所能购买到的商品组合点。

如果以 I 表示消费者的既定收入，以 P_1 和 P_2 分别表示已知的商品 1 和商品 2 的价格，以 X_1 和 X_2 分别表示商品 1 和商品 2 的数量，那么，预算线的方程为

$$I=P_1X_1+P_2X_2 \tag{3.13}$$

式(3.13)表示：消费者的全部收入 I 等于他购买商品 1 的支出与购买商品 2 的支出的总和。

由式(3.13)可得，用消费者全部收入可购买商品 1 的数量为 $\dfrac{I}{P_1}$，它是预算线在横

轴的截距，即图 3-6 中的 OB 的长度。用消费者全部收入可购买商品 2 的数量为 $\dfrac{I}{P_2}$，它是预算线在纵轴的截距，即图 3-6 中的 OA 的长度。预算线的斜率为

$$-\frac{OA}{OB}=-\frac{\dfrac{I}{P_2}}{\dfrac{I}{P_1}}=-\frac{P_1}{P_2} \tag{3.14}$$

这说明预算线的斜率可以表示为两商品价格之比的负值。当然，式(3.13)的预算线方程也可改写为

$$X_2=-\frac{P_1}{P_2}X_1+\frac{I}{P_2} \tag{3.15}$$

易知，式(3.15)中 $-\dfrac{P_1}{P_2}$ 为预算线的斜率，$\dfrac{I}{P_2}$ 为预算线在纵轴的截距。

3.4.2　预算线的变动

由于预算线表示在一定收入 I 的限制下，当两种商品的价格 P_1 和 P_2 为已知时，消费者可以购买到的两种商品的各种组合。所以，消费者的收入 I 或商品价格 P_1、P_2 发生变化时，便会引起预算线的变动。预算线的变动可以归纳为以下四种情况：

第一种情况：当两种商品的价格不变，消费者的收入发生变化时，预算线的位置会发生平移。这是因为，商品的价格不变，则预算线的斜率 $-\dfrac{P_1}{P_2}$ 不变。于是，收入的变化只能引起预算线的截距 $\dfrac{I}{P_1}$ 和 $\dfrac{I}{P_2}$ 的变化。如图 3-7(a)所示，假定原有的预算线为 AB，若消费者收入增加，则预算线由 AB 向右平移至 $A'B'$，它表示用消费者的全部收入来购买其中任何一种商品的数量都因收入的增加而增加了。若消费者的收入减少了，则预算线由 AB 向左平移至 $A''B''$，它表示用消费者的全部收入来购买其中任何一种商品的数量都因收入的减少而减少了。

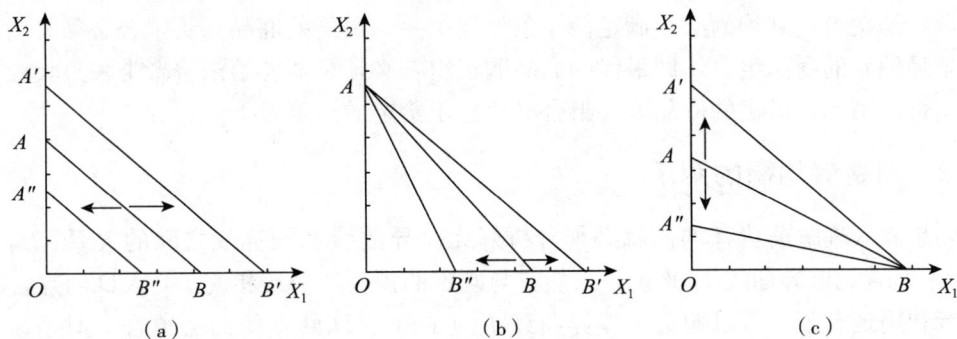

图 3-7　预算线的变动

第二种情况：当消费者的收入不变，两种商品的价格同比例同方向变化时，预算线的位置也会发生平移。这是因为，两种商品价格同比例同方向的变化并不影响预算线的

斜率 $-\dfrac{P_1}{P_2}$，而只能引起预算线的截距 $\dfrac{I}{P_1}$ 和 $\dfrac{I}{P_2}$ 的变化。仍以图 3-7(a) 来说明，若两种商品的价格同比例下降，则预算线 AB 向右平移至 $A'B'$；若两种商品的价格同比例上升，则预算线向左平移至 $A''B''$。前者表示用消费者的全部收入来购买其中任何一商品的数量都同比例于价格的下降而增加，后者则表示都同比例于价格的上升而减少。

第三种情况：当消费者的收入不变，一种商品的价格不变而另一种商品的价格发生变化时，不仅预算线的斜率 $-\dfrac{P_1}{P_2}$ 会发生变化，而且预算线的截距 $\dfrac{I}{P_1}$ 和 $\dfrac{I}{P_2}$ 也会发生变化。以图 3-7(b) 来说明，假定原来的预算线为 AB。若商品 1 的价格 P_1 下降，则预算线由 AB 移至 AB'，它表示用消费者的全部收入来购买商品 1 的数量因 P_1 的下降而增加了，但用全部收入来购买商品 2 的数量并未受到影响。同样道理，相反，若商品 1 的价格 P_1 提高，则预算线由 AB 移 AB''。类似地，在图 3-7(c) 中，商品 2 的价格的下降与提高，分别使得预算线由 AB 移至 $A'B$ 和 $A''B$。

第四种情况：当消费者的收入和两种商品的价格都同比例同方向变化时，预算线不发生变化。这是因为，此时预算线的斜率 $-\dfrac{P_1}{P_2}$ 不会发生变化，预算线的截距 $\dfrac{I}{P_1}$ 和 $\dfrac{I}{P_2}$ 也不会发生变化。这说明用消费者的全部收入来购买其中任何一种商品的数量都是不变的。

3.5 消费者均衡

3.5.1 消费者均衡的定义

在获取消费者偏好和预算线约束的前提下，我们可以分析消费者对最优商品组合的选择。任何一个理性的消费者在用一定的收入购买商品时，其目的都是为了从中获得最大的消费满足。消费者的偏好决定消费者的无差异曲线，消费者的收入和商品价格决定消费者的预算线。消费者在收入一定的条件下进行消费，获得最大效用水平的满足时达到均衡。消费者达到均衡必须满足两个条件：第一，最优的商品购买组合必须是为消费者带来最偏好的商品组合，即最优的商品购买组合必须是能够给消费者带来最大效用的商品组合。第二，最优的商品购买组合必须位于给定的预算线上。

3.5.2 消费者均衡的图示

要想深入理解消费者均衡就必须分析好无差异曲线和预算线之间的关系。如下图 3-8 所示，就无差异曲线 I_1 来说，虽然它与既定的预算线 AB 相交于 C、D 两点，表明消费者利用现有收入可以购买无差异曲线 I_1 上的 C、D 两点的商品组合。但是，无差异曲线 I_1 的效用水平低于无差异曲线 I_2，C、D 两点的商品组合不会给消费者带来最大的满足。因此，理性的消费者是不会用全部收入来购买无差异曲线 I_1 上的 C、D 两点的商品组合的。事实上，就 C 点和 D 点来说，若消费者能购买 AB 线段上位于 C 点右边和 D 点左边的任何一点的商品组合，则都可以达到比 I_1 更高的无差异曲线，获得比 C 点

和 D 点更大的效用水平。这种沿着 AB 线段由 C 点往右和由 D 点往左的运动，最后必定在 E 点达到均衡。显然，只有当既定的预算线 AB 和无差异曲线 I_2 相切于 E 点时，消费者才在一定收入的约束条件下获得最大满足。E 点就是消费者效用最大化的均衡点。在均衡点 E 上，消费者关于商品 1 和商品 2 的最优购买数量的组合为 (X_1', X_2')。

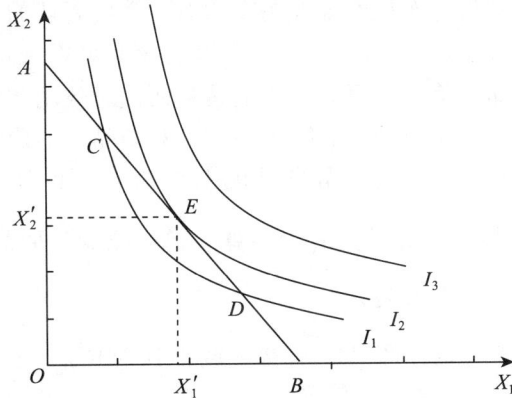

图 3-8 消费者的均衡

在切点 E，无差异曲线 I_2 和预算线 AB 的斜率是相等的。前面已经提到，无差异曲线的斜率的绝对值可以用商品的边际替代率来表示，预算线 AB 的斜率的绝对值可以用两商品的价格之比来表示，所以，在 E 点有

$$\text{MRS}_{12} = \frac{P_1}{P_2} \tag{3.16}$$

这就是消费者效用最大化的均衡条件，它表示，在一定的收入约束条件下，为了得到最大的消费满足，消费者应选择最优的商品数量的购买组合，使得两种商品的边际替代率等于两种商品的价格之比。也可以说，它表示在消费者的均衡点上，消费者愿意用一单位的某种商品去交换另一种商品的数量，应该等于该消费者能够在市场上用一单位的这种商品去交换另一种商品的数量。

在式 (3.16) 中，消费者均衡条件的经济含义是什么呢？或者说，为什么说只有当 $\text{MRS}_{12} = \frac{P_1}{P_2}$ 时，消费者才能获得最大的满足呢？

按照序数效用论的解释，如果 $\text{MRS}_{12} = -\dfrac{\mathrm{d}X_2}{\mathrm{d}X_1} = \dfrac{1}{0.5} > \dfrac{1}{1} = \dfrac{P_1}{P_2}$，那么，从不等式右边看，在市场上，在消费者购买总支出不变的条件下，消费者减少 1 单位的商品 2 的购买，就可以增加 1 单位的商品 1 的购买。而从不等式的左边看，消费者认为，在减少 1 单位的商品 2 的消费量时，只需增加 0.5 单位的商品 1 的消费量就可以维持原有的满足程度。这样，消费者就因多得到 0.5 单位的商品 1 的消费量而使总效用增加。在这种情况下，理性的消费者必然会不断地减少对商品 2 的购买并增加对商品 1 的购买，以便获得更大的效用。例如，在图 3-8 中的 C 点，无差异曲线的斜率的绝对值大于预算线的斜率的绝对值，即 $\text{MRS}_{12} > \dfrac{P_1}{P_2}$，消费者则会沿着预算线 AB 减少对商品 2 的购买而增加对商品1的购买，逐步达到均衡点 E。

相反，如果 $\mathrm{MRS}_{12} = -\dfrac{\mathrm{d}X_2}{\mathrm{d}X_1} = \dfrac{0.5}{1} < \dfrac{1}{1} = \dfrac{P_1}{P_2}$，那么，从不等式的右边看，在市场上，在消费者的购买总支出不变的条件下，消费者减少1单位的商品1的购买，就可以增加1单位的商品2的购买。而从不等式的左边看，消费者认为，在减少1单位的商品1的消费量时，只需增加0.5单位的商品2的消费量就可以维持原有的满足程度。这样，消费者就因多得到0.5单位的商品2的消费量而使总效用增加。在这种情况下，理性的消费者必然会不断减少对商品1的购买并增加对商品2的购买，以便获得更大的效用。例如，在图3-8中的 D 点，无差异曲线的斜率的绝对值小于预算线的斜率的绝对值，即 $\mathrm{MRS}_{12} < \dfrac{P_1}{P_2}$，于是，消费者会沿着预算线 AB 减少对商品1的购买而增加对商品2的购买，逐步向均衡点 E 靠近。

易知，只有当消费者将两种商品的消费量调整到 $\mathrm{MRS}_{12} = \dfrac{P_1}{P_2}$ 时，或者说，调整到由消费者主观偏好决定的两种商品的边际替代率和市场上的两种商品的价格之比相等时，消费者才处于一种既不想再增加也不想再减少任何一种商品购买量的这么一种均衡状态，这时，消费者才获得了最大的满足。

3.6　替代效应和收入效应

3.6.1　替代效应和收入效应的含义

当一种商品的价格发生变化时，会对消费者产生两种影响：一是使消费者的实际收入水平发生变化（在这里，实际收入水平的变化被定义为效用水平的变化）。二是使商品的相对价格发生变化。这两种变化都会改变消费者对该种商品的需求量。

例如，在消费者购买商品1和商品2两种商品的情况下，当商品1的价格下降时，一方面，对于消费者来说，虽然货币收入不变，但是现有的货币收入的购买力增强了，也就是说实际收入水平提高了。实际收入水平的提高，会使消费者改变对这两种商品的购买量，从而达到更高的效用水平，这就是收入效应。另一方面，商品1价格的下降，使得商品1相对于价格不变的商品2来说，较以前便宜了。商品相对价格的这种变化，会使消费者增加对商品1的购买而减少对商品2的购买，这就是替代效应。显然，替代效应不考虑实际收入水平变动的影响，所以，替代效应不改变消费者的效用水平。当然，也可以同样地分析商品1的价格提高时的替代效应和收入效应，情况刚好相反。

综上所述，一种商品价格变动引起该商品需求量变动的总效应可以被分解为替代效应和收入效应两个部分，即总效应＝替代效应＋收入效应。其中，由商品的价格变动引起实际收入水平变动，进而由实际收入水平变动所引起的商品需求量的变动为收入效应（income effect）；由商品的价格变动引起商品的相对价格变动，进而由商品的相对价格变动所引起的商品需求量的变动为替代效应（substitution effect）。收入效应表示消费者的效用水平发生变化，替代效应则不改变消费者的效用水平。

3.6.2　正常品的替代效应和收入效应

以图 3-9 为例来分析正常品价格下降时的替代效应和收入效应。

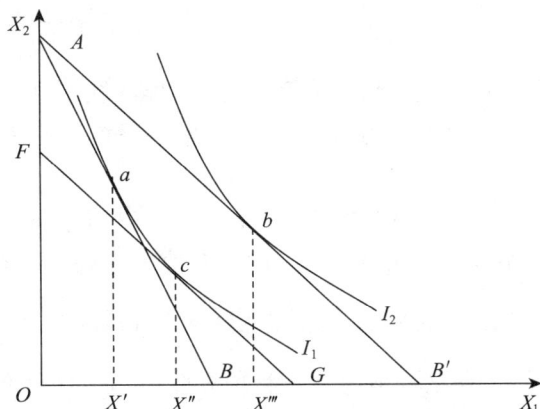

图 3-9　正常品的替代效应和收入效应

在图 3-9 中，横轴 OX_1 和纵轴 OX_2 分别表示商品 1 和商品 2 的数量。在商品价格变化之前，消费者的预算线为 AB，该预算线与无差异曲线 I_1 相切于 a 点，a 点是消费者效用最大化的一个均衡点。在 a 均衡点上，相应的商品 1 的需求量为 OX'。假定商品 1 的价格下降使预算线的位置由 AB 移至 AB'，新的预算线与另一条代表更高效用水平的无差异曲线 I_2 相切于 b 点，b 点是商品 1 的价格下降以后消费者的效用最大化的均衡点。在 b 均衡点上，相应的商品 1 的需求量为 OX'''。比较 a、b 两个均衡点，商品 1 的需求量的增加量为 $X'X'''$，这便是商品 1 的价格 P_1 下降所引起的总效应。这个总效应可以被分解为替代效应和收入效应两个部分。

先分析替代效应，在图 3-9 中，由于商品 1 的价格 P_1 下降，消费者的效用水平提高了，消费者的新的均衡点 b 不是在原来的无差异曲线 I_1 而是在更高的无差异曲线 I_2 上。为了得到替代效应，必须剔除实际收入水平的影响，使消费者回到原来的无差异曲线 I_1 上去。要做到这一点，需要利用补偿预算线这一分析工具。

那么，什么是补偿预算线呢？当商品的价格发生变化引起消费者的实际收入水平发生变化时，补偿预算线是用来表示以假设的货币收入的增减来维持消费者的实际收入水平不变的一种分析工具。具体来说，在商品价格下降引起消费者的实际收入水平提高时，假设可以取走消费者的一部分货币收入，以使消费者的实际收入维持原有的水平，则补偿预算线在此就可以用来表示使消费者的货币收入下降到只能维持原有的无差异曲线的效用水平(即原有的实际收入水平)这一情况。相反，在商品价格上升引起消费者的实际收入水平下降时，假设可以对消费者的损失给予一定的货币收入补偿，以使消费者的实际收入维持原有的水平，则补偿预算线在此就可以用来表示使消费者的货币收入提高到得以维持原有的无差异曲线的效用水平(即原有的实际收入水平)这一情况。

再回到图 3-9，为了剔除实际收入水平变化的影响使消费者能够回到原有的无差异曲线 I_1 上去，具体的做法是：作一条平行于预算线 AB' 且与无差异曲线 I_1 相切的补偿

预算线 FG。这种做法的含义是：补偿预算线 FG 与无差异曲线 I_1 相切，表示假设的货币收入的减少（用预算线的位置由 AB' 向左平移到 FG 表示）刚好能使消费者回到原有的效用水平。补偿预算线 FG 与预算线 AB' 平行，则以这两条预算线的相同的斜率表示商品 1 价格和商品 2 价格的一个相同的比值 $\dfrac{P_1}{P_2}$，而且，这个商品的相对价格 $\dfrac{P_1}{P_2}$ 是商品 1 的价格 P_1 变化以后的相对价格。补偿预算线与无差异曲线 I_1 相切于均衡点 c，与原来的均衡点 a 相比，需求量的增加量为 $X'X''$，这个增加量就是在剔除了实际收入水平变化影响以后的替代效应。

进一步地，就预算线 AB 和补偿预算线 FG 而言，它们分别与无差异曲线 I_1 相切于 a、c 两点，但斜率是不相等的。预算线 AB 的绝对值大于补偿预算线 FG，由此可以推知，预算线 AB 所表示的商品的相对价格 $\dfrac{P_1}{P_2}$ 大于补偿预算线 FG，显然，这是由于 P_1 下降而 P_2 不变所引起的。在这种情况下，当预算线由 AB 移至 FG 时，随着商品的相对价格 $\dfrac{P_1}{P_2}$ 的变小，消费者为了维持原有的效用水平，必然会沿着既定的无差异曲线 I_1 由 a 点下滑到 c 点，增加对商品 1 的购买而减少对商品 2 的购买，即用商品 1 去替代商品 2。于是，由 a 点到 c 点的商品 1 的需求量的增加量 $X'X''$ 就是 P_1 下降的替代效应。替代效应显然归因于商品相对价格的变化，它不改变消费者的效用水平。在这里，P_1 下降所引起的需求量的增加量 $X'X''$ 是一个正值，即替代效应的符号为正。也就是说，正常品的替代效应与价格呈反方向的变动。

再分析收入效应，收入效应是总效应的另一个组成部分。设想一下，如果把补偿预算线 FG 再推回到 AB' 的位置上去，那么，消费者的效用最大化的均衡点就会由无差异曲线 I_1 上的 c 点回复到无差异曲线 I_2 上的 b 点，相应的需求量的变化量 $X''X'''$ 就是收入效应。这是因为，在上面分析替代效应时，为了剔除实际收入水平的影响，才将预算线 AB' 移到补偿预算线 FG 的位置的。所以，当预算线由 FG 的位置再回复到 AB' 的位置时，相应的需求量的增加量 $X''X'''$ 就必然是收入效应。收入效应显然归因于商品 1 的价格变化所引起的实际收入水平的变化，它改变消费者的效用水平。

在这里，收入效应 $X''X'''$ 是一个正值。这是因为，当 P_1 下降使得消费者的实际收入水平提高时，消费者必定会增加对正常品商品 1 的购买。也就是说，正常品的收入效应与价格呈反方向的变动。

综上所述，对于正常品来说，替代效应与价格呈反方向的变动，收入效应也与价格呈反方向的变动，在它们的共同作用下，总效应必定与价格呈反方向的变动。正因为如此，正常品的需求曲线是向右下方倾斜的。

3.7 消费者需求曲线与市场需求曲线

本节介绍序数效用论者如何从消费者的均衡条件出发推导消费者需求曲线和市场需求曲线。

3.7.1 消费者需求曲线

在消费者的偏好、收入以及其他商品价格不变的条件下，与某一种商品的不同价格水平相联系的消费者的预算线和无差异曲线相切的消费者效用最大化的均衡点的轨迹，便是价格-消费曲线。以图 3-10(a)来说明价格-消费曲线的形成。

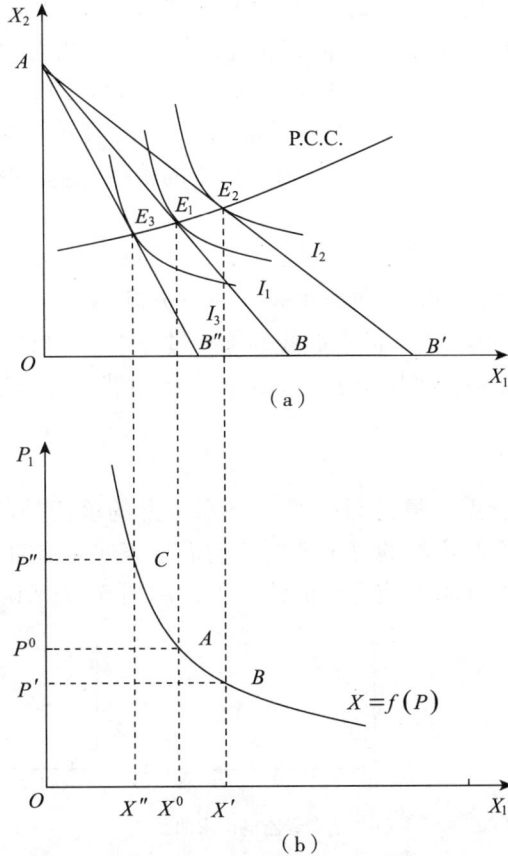

图 3-10 价格-消费曲线与消费者需求曲线

在其他条件不变的情况下，假定商品 1 的价格 P_1 发生变化，那么，这会对消费者的均衡产生什么影响呢？

假定商品 1 的初始价格为 P^0，相应地预算线为 AB，它与无差异曲线 I_1 相切于 E_1 点，E_1 点就是消费者的一个均衡点。再假定商品 1 的价格由 P^0 下降为 P'，相应地预算线由 AB 移至 AB'，于是，预算线 AB' 与另一条较高的无差异曲线 I_2 相切于均衡点 E_2。同理，若假定商品 1 的价格由 P^0 上升为 P''，预算线由 AB 移至 AB''，于是，预算线 AB'' 与另一条较低的无差异曲线 I_3 相切于均衡点 E_3。显然，在商品 1 的每一个价格上，总可以找到一个与之相对应的消费者的均衡点。随着商品 1 价格的不断变化，就可以找到无数个消费者的均衡点，它们的轨迹就是价格-消费曲线，如图 3-10(a)中曲线 $E_1E_2E_3$ 所示。

由消费者的价格-消费曲线可以推导出单个消费者的需求曲线。

分析图 3-10(a)中价格-消费曲线 $E_1E_2E_3$ 上的三个均衡点 E_1、E_2 和 E_3，可以看出，在每一个均衡点上，都存在着商品 1 的价格与商品 1 的需求量之间的一一对应关系。这就是：在均衡点 E_1，商品 1 的价格为 P^0，商品 1 的需求量为 X^0。在均衡点 E_2，商品 1 的价格由 P^0 下降为 P'，商品 1 的需求量由 X^0 增加为 X'。在均衡点 E_3，商品 1 的价格由 P^0 上升为 P''，则商品 1 的需求量由 X^0 减少为 X''。由商品 1 的价格和需求量之间的这种对应关系，把每一个 P 数值和相应的均衡点上的 X 数值绘制在商品的价格-数量坐标图上，便可以得到单个消费者的需求曲线，如图 3-10(b)中需求曲线 $X = f(P)$ 所示。图 3-10(b)中，横轴表示商品 1 的数量 X_1，纵轴表示商品 1 的价格 P_1，需求曲线 $X = f(P)$ 上的点 A、B、C 分别与图 3-10(a)中的价格-消费曲线上的均衡点 E_1、E_2、E_3 相对应。

序数效用论者所推导的需求曲线与本章 3.1 节中基数效用论者所推导的需求曲线具有相同的特征。序数效用论的需求曲线也是向右下方倾斜的，表示商品的价格与需求量呈反方向变动。从序数效用论者对需求曲线的推导过程中，也可以清楚地看到，需求曲线上的与每一价格水平相对应的商品需求量都是可以给消费者带来最大效用水平的。

3.7.2   市场需求曲线

由于一种商品的市场需求量是每一个价格水平上的该商品的所有个人需求量的加总，因此，只要有了某商品市场的每个消费者的需求表或需求曲线，就可以通过加总的方法，得到该商品市场的需求表或需求曲线。下面用图 3-11 来说明。

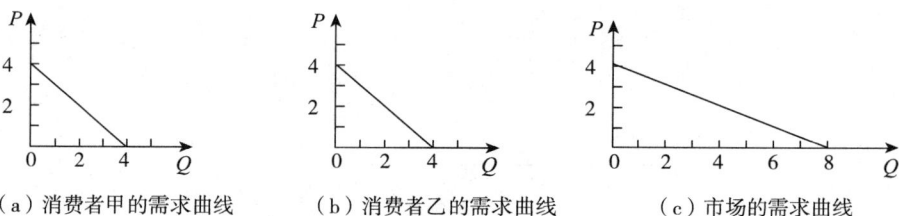

(a) 消费者甲的需求曲线　　　(b) 消费者乙的需求曲线　　　(c) 市场的需求曲线

图 3-11　从单个消费者的需求曲线推导市场需求曲线

假设某商品市场只有甲和乙两个消费者，他们各自的需求曲线如图 3-11(a)和(b)所示。图 3-11 中市场需求曲线是甲、乙两个消费者的需求曲线的水平加总，即在每一个价格水平上，市场总需求量都由两个消费者需求量的加总求和获得。

由于市场需求曲线是单个消费者的需求曲线的水平加总，所以，市场需求曲线如单个消费者需求曲线一样也是向右下方倾斜的。市场需求曲线表示某商品市场一定时期内在各种不同的价格水平下所有消费者愿意而且能够购买的该商品的数量。根据上述推导过程可知，市场需求曲线上的每个点都表示在相应的价格水平下可以给全体消费者带来最大的效用水平的市场需求量。

▶**本章专业术语**

效用　总效用　边际效用　基数效用　序数效用　消费者均衡　无差异曲线　边际效用递减规律

商品边际替代率　预算线　替代效应　收入效应

▶本章小结

本章要点可以归纳如下：

(1)效用是指商品满足人的欲望的能力，或者说，效用是指消费者在消费商品时所感受到的满足程度。一种商品对消费者是否具有效用，取决于消费者是否有消费这种商品的欲望，以及这种商品是否具有满足消费者的欲望的能力。

(2)边际效用递减规律是指一定时间内在其他商品的消费量保持不变的条件下，随着消费者对某种商品消费量的增加，消费者从该种商品连续增加的每一消费单位中所得到的效用增量即边际效用是递减的。

(3)消费者均衡研究单个消费者如何把有限的货币收入分配在各种商品的购买中以获得最大的效用。也可以说，它研究单个消费者在既定收入下实现效用最大化的均衡条件。这里的均衡是指消费者实现最大效用时既不想增加也不想减少任何商品购买数量的这样一种相对静止的状态。

(4)商品边际替代率是指在维持效用水平或满足程度不变的前提下，消费者增加一单位的某种商品的消费时所需放弃的另一种商品的消费数量。

(5)商品边际替代率递减规律是指在维持效用水平不变的前提下，随着一种商品消费数量的连续增加，消费者为得到每一单位的这种商品所需要放弃的另一种商品的消费数量是递减的。

(6)一种商品价格变动所引起的该商品需求量变动的总效应可以分解为替代效应和收入效应两个部分，即总效应＝替代效应＋收入效应。其中，由商品的价格变动引起实际收入水平变动，进而由实际收入水平变动引起商品需求量的变动，为收入效应。由商品的价格变动引起商品相对价格的变动，进而由商品的相对价格变动所引起的商品需求量的变动为替代效应。收入效应改变消费者的效用水平，替代效应则不改变消费者的效用水平。

▶练习题

一、名词解释

1. 效用　　　　　　　　　　　2. 基数效用

3. 序数效用　　　　　　　　　4. 边际效用递减规律

5. 无差异曲线　　　　　　　　6. 商品边际替代率

7. 预算线　　　　　　　　　　8. 收入效应

9. 替代效应　　　　　　　　　10. 消费者均衡

二、单选题

1. 消费者偏好 X 商品甚于 Y 商品，原因是(　　　)。

　　A. 商品 X 的价格更低　　　　　B. 商品 X 紧俏

　　C. 商品 X 有多种用途　　　　　D. 对其而言，商品 X 的效用更大

2. 当消费者对商品 X 的消费达到饱和时，那么边际效用 MU_x 为(　　　)。

　　A. 正值　　　　　　　　　　　B. 负值

　　C. 零　　　　　　　　　　　　D. 不确定，视具体情况而定

3. 在序数效用论中，商品的效用(　　　)。

　　A. 取决于价格　　　　　　　　B. 取决于使用价值

　　C. 可以通过确切的数值表示　　D. 可以比较

4. 关于基数效用论，下列说法不正确的是(　　　)。

　　A. 基数效用论中效用可以以确定的数值表达出来

　　B. 基数效用论中效用可以加总

C. 基数效用论和序数效用论使用的分析工具完全相同

D. 基数效用论主要采取边际效用分析方法

5. 正常品价格上升从而导致需求量减少的原因在于(   )。

A. 替代效应使需求量增加，收入效应使需求量减少

B. 替代效应使需求量增加，收入效应使需求量增加

C. 替代效应使需求量减少，收入效应使需求量减少

D. 替代效应使需求量减少，收入效应使需求量增加

6. 在消费者的真实收入上升时，他会（   ）。

A. 购买更少的低档品   B. 增加消费

C. 移到更高的无差异曲线上   D. 以上都是

7. 关于实现消费者均衡的条件，下列不正确的有（   ）。

A. 在基数效用论下，商品的边际效用之比等于其价格之比

B. 在序数效用论下，两种商品的边际替代率等于其价格之比

C. 基数效用论与序数效用论的均衡条件实质上是相同的

D. 均衡状态下，消费者增加一种商品的数量所带来的效用增加量必定大于减少另一种商品所带来的效用减少量

8. 正常品的价格上涨，那么(   )。

A. 替代效应使需求增加，收入效应使需求减少

B. 替代效应使需求减少，收入效应使需求减少

C. 替代效应使需求减少，收入效应使需求增加

D. 替代效应使需求增加，收入效应使需求增加

9. 如果需求曲线是一条直线(即线性函数)，那么，这一商品需求的价格弹性(   )

A. 等于 1   B. 是一常数

C. 随需求量增大而增大   D. 随需求量增大而减小

10. 商品 M 和 N 的价格按相同比率上升，收入不变，则预算线(   )。

A. 向左下方平行移动   B. 向右上方平行移动

C. 不变动   D. 向左下方或右上方平行移动

11. 某工人在工资率为每小时 2 美元的时候每周能挣 80 美元，如果每小时 3 美元的时候每周挣 105 美元，由此可以断定（   ）。

A. 收入效应起主要作用   B. 替代效应起主要作用

C. 收入效应和替代效应都没有发生作用   D. 无法确定

12. 根据消费者均衡理论，边际替代率递减意味着(   )。

A. 无差异曲线的斜率为正   B. 无差异曲线的斜率为负

C. 预算线斜率小于零   D. 无差异曲线凸向原点

13. 如果商品 X、Y 的价格 P_X、P_Y 是既定的，那么当 $MRS_{XY} < P_X/P_Y$ 时，消费者要实现其均衡，应该(   )。

A. 增加消费 X，减少消费 Y   B. 同时增加消费 X 和 Y

C. 减少消费 X，增加消费 Y   D. 同时减少消费 X 和 Y

14. 序数效用论者从(   )推导出了需求曲线。

A. 价格-消费曲线   B. 无差异曲线   C. 效用可能性曲线   D. 收入消费曲线

三、多选题

1. 关于消费者均衡点的下列看法中正确的有(   )。

A. 均衡点位于预算约束线上

B. 消费者均衡点在理论上可以脱离预算约束线而存在

C. 均衡点由预算线和无差异曲线的切点决定

D. 在消费者均衡点上，预算约束线与无差异曲线斜率相等但符号相反

2. 以下关于边际效用的说法正确的是（　　　）。

A. 边际效用不可能为负值

B. 边际效用与总效用呈同方向变动

C. 对于通常情况来讲，消费者的商品服从边际效用递减规律

D. 在边际效用大于等于零时，边际效用与总效用反方向变动

3. 消费者无差异曲线具有以下特点：（　　　）。

A. 具有正斜率 　　　　　　　　　　　B. 斜率递减

C. 任意两条无差异曲线都不相交 　　　D. 无差异曲线可以相交

四、判断题

1. 在无差异曲线图上存在无数条无差异曲线是因为消费者的收入有时高有时低。（　　　）

2. 总效用决定产品的价格，而边际效用则决定了消费的数量。（　　　）

3. 在消费者均衡条件下，消费者购买的商品的总效用一定等于他所支付的货币的总效用。（　　　）

4. 如果效用函数 $U(X, Y)=5X+6Y$，则无差异曲线的边际替代率是递减的。（　　　）

5. 预算线上的每一点代表当收入一定时消费者可能购买的不同数量的商品组合。（　　　）

6. 如果某产品需求曲线向右下方倾斜，则可判定它必为正常品。（　　　）

五、问答题

1. 当消费者的收入或商品的价格发生变化时，无差异曲线本身是否会发生变化？

2. 试述基数效用论与序数效用论的区别与联系。

3. 解释边际效用理论。

4. 商品价格下降通过哪些途径影响该商品的需求？是增加还是减少？并据此区分正常品、低档品和吉芬商品。

5. 我国许多大城市资源严重不足，自来水供应紧张，试用经济学的原理为此设计一种简单有效的解决方案，并回答下列问题。

该方案：

（1）对消费者剩余有何影响？

（2）对生产资源配置有何影响？

（3）对城市居民的收入有何影响？

6. 什么是收入消费曲线？

7. 简述替代效应和收入效应。

8. 什么是消费者均衡？消费者均衡的条件是什么？

9. 用经济学原理说明为什么"水的效用很大但价格很低，钻石的效用很小但价格很高"。

10. 简要说明边际效用分析和无差异曲线分析的异同之处。

11. 画图说明序数效用理论

六、计算题

1. 消费 X、Y 两种商品的消费者的效用函数为 $u=xy$，X、Y 的价格均为 4，消费者的收入为 144。求：

（1）该消费者的需求水平及效用水平。

（2）若 X 的价格上升到 9，对两种商品的需求有何变化？

(3)X 的价格上升至 9 后，若要维持当初的效用水平，消费者的收入最少应达到多少？

(4)求 X 的价格上升至 9，所带来的替代效应和收入效应。

2. 如果甲用全部收入能购买 4 单位 X 和 6 单位 Y，或者 12 单位 X 和 2 单位 Y，则：

(1)请做出预算线。

(2)商品 X 与 Y 的价格之比是多少？

3. 分析当一消费者消费 X 和 Y 两种商品时，无差异曲线的斜率的绝对值处处是 y/x，y 是商品 Y 的量，x 是商品 X 的量。

(1)说明对 X 的需求不取决于 Y 的价格，且 X 的需求弹性的绝对值为 1。

(2)若 $P_X=1$，$P_Y=3$，该消费者均衡时的 MRS_{XY} 是多少？

第4章

生 产 理 论

本章要点:

生产函数的定义 边际报酬递减规律 等产量曲线 边际技术替代率 成本方程
最优的生产要素组合 扩展线 规模报酬

在前面的章节中,我们主要考察了市场需求及消费者行为。从本章开始,我们将分析市场中的另外一个微观主体——生产者,并考察生产者的行为。4.1节介绍企业及生产函数的基本概念和类型,并对西方经济学中短期和长期的概念进行界定。从4.2节起,首先考察短期生产规律和不同生产阶段的特点;然后运用等产量曲线和等成本线,考察企业在长期生产中实现最优生产要素组合的均衡条件。

4.1 企业及生产函数

企业与生产是两个密不可分的概念,企业是生产的主体,生产是企业的行为,在学习生产理论之前,首先应该对生产的主体——企业有所了解。

4.1.1 企业的概念

在西方经济学中,生产者亦称厂商或企业,是指能够做出统一的生产决策的单个经济单位,它决定生产什么、生产多少、为谁生产以及如何生产。在集中讨论生产者行为之前,我们首先需要对企业做一个简单了解。

1. 企业的组织形式

企业的组织形式主要有三种,即个人企业、合伙制企业和公司制企业。

个人企业是指单个人独资经营的企业,它是人类历史上最早出现的也是最简单的企业形式。其主要特征是:企业的投资主体是单一的自然人,个人业主是企业的唯一投资者,享有生产决策和经营管理的全部权利以及全部的企业经营所得,同时对企业负债承担无限责任。无限责任意味着投资者要以自己的全部财产对公司债务承担责任。

合伙制企业是指以两个或两个以上业主的财产为基础建立起来的企业。出资者又称合伙人,对企业债务承担无限连带责任。合伙人必须在适当的管理体制和分享利润方面达成一致意见。在现代市场经济中,合伙制企业数量比较少。在一些企业信誉极为重要的行业，如律师事务所、会计师事务所、广告事务所、私人诊所和股票经纪商等，一般要求必须实行合伙制。

公司制企业是按公司法建立和经营的具有法人资格的企业组织，是现代企业的一种重要组织形式。主要包括有限责任公司和股份有限公司两种组织形式。有限责任公司是指由两个以上股东共同出资，每个股东以其认缴的出资额对公司行为承担有限责任，公司以其全部资产对债务承担责任的企业法人。有限责任公司设立程序简单，公司内部机构设置灵活，中小企业一般采取这种形式。股份有限公司是指公司全部注册资本由等额股份构成并通过发行股票(或股权证)筹集资本，公司以其全部资产对公司债务承担有限责任的企业法人。股份有限公司可以上市交易，其股份具有良好的流通性，并且具有大规模融资的能力，因而在现代市场经济中，大、中型企业普遍采用这种组织形式。

2. 企业的目标

在企业理论中，企业目标对于解释企业之所以存在、发展以及企业的行为具有重要作用。实践中，企业目标是企业经营理念的表达，因此对企业目标的研究受到广泛的重视。在微观经济学中，一般总是假定企业的目标是追求利润最大化，这一基本假定是理性经济人的假定在生产理论中的具体化。然而，在现实经济生活中，企业还有其他目标，如股东财富最大化目标、销售收入或市场份额目标、质量目标、增长和扩展、公司经理的个人目标等。

股东财富最大化目标。在现代公司制企业组织中，企业所有者往往并不是企业的真正经营者，从法律上看，公司是属于股东的，因此，企业经理人员应该使所有者(股东)的未来预期收益的现值最大。

销售收入或市场份额目标。由于现实中实现利润最大化存在各种困难，具有不可行性，企业目标的一个可行的选择是在实现一定利润水平下，尽可能扩大其销售收入或市场份额。企业拥有最高的市场份额表示它在市场竞争中处于领导地位，企业所占市场份额的变化标志着其市场地位的变化，并且往往有着更深刻的变动原因。

质量目标。质量是企业的生命，质量虽然不像利润那样是企业活动成果的综合反映，但它至少是生产领域成果的综合反映，产品质量是决定同类产品竞争能力的最重要的因素。

增长和扩展目标。严峻的竞争环境迫使企业努力去保持或强化现有的地位，增长、扩展是与企业的生存紧密联系的目标，是属于更高层次的目标。

公司经理的个人目标。公司所有权和控制权分离，允许经理们有某种程度的自由以实现自己的个人目标。这些目标可能与企业其他目标相一致，也可能不一致，甚至可能不在企业目标之内。但是，经理个人目标对企业利润最大化目标的偏离会受到制约，这是不完全信息理论讨论的企业内部激励和监督问题的一个起因。

西方经济学家指出，不管公司目标多么多样化，但有一点很清楚，长期来看，一个不以利润最大化为目标的企业终将被市场竞争所淘汰。所以，实现利润最大化是一个企业竞争生存的基本准则。本章从 4.2 节开始将具体分析生产行为，分析假定企业生产的目的就是追求利润最大化。

4.1.2 生产函数的定义

企业要实现利润最大化必须同时实现两个效率：技术效率和经济效率。技术效率是指投入的生产要素与产量之间的关系，即在生产产品的过程中不存在生产要素的浪费。经济效率是指如何在生产要素成本既定时使产量最大，或在产量既定时使投入的生产要素成本最小。经济学家建立了生产函数来分析前面的问题，后面的问题则是最小成本原则或最大产量原则的体现。

1. 生产要素

企业进行生产的过程就是从投入生产要素到生产出产品的过程。在西方经济学中，生产要素一般被划分为四种类型：劳动、土地、资本和企业家才能。劳动是指人类在生产过程中提供的体力和智力的总和，劳动的数量和质量是劳动率的决定因素；土地是指生产中所使用的包括土地本身以及地上和地下的一切自然资源，如森林、江河湖泊、海洋和矿藏等；资本包括货币资本和厂房、机器设备、动力燃料、原材料等实物资本；企业家才能是指企业家组织建立和经营管理企业的才能，没有企业家的参与，企业是不会运作的，而不同的企业家所经营的效率和成果也相差很大。

通过对生产要素的运用，企业可以提供各种实物产品，如衣服、食品、房屋、交通工具等，也可以提供各种无形产品即劳务，如美容美发、医疗、金融服务、家政服务等。

2. 生产函数的具体形式

生产函数（production function）表示在生产过程中，生产要素的投入量和产品的产出量之间的关系。具体而言，生产函数表示一定时期内，在技术水平不变的情况下，生产中所使用的各种生产要素的数量与所能生产的最大产量之间的关系。任何生产函数都以一定时期内的生产技术水平作为前提，一旦生产技术水平发生变化，原有的生产函数就会发生变化，从而形成新的生产函数。

假定 X_1，X_2，$\cdots$，X_n 顺次表示某产品生产过程中所使用的各种生产要素的投入数量，Q 表示所能生产的最大产量。则生产函数的的数学表达式为

$$Q = f(X_1, X_2, \cdots, X_n) \tag{4.1}$$

该生产函数表示，在一定的生产技术水平下，生产要素组合（X_1，X_2，$\cdots$，X_n）所能生产的最大产量为 Q。

为简化分析，通常假定生产中只使用劳动和资本这两种生产要素。以 L 表示劳动投入数量，以 K 表示资本投入数量，则生产函数可表示为

$$Q = f(L, K) \tag{4.2}$$

4.1.3 常见的生产函数

生产函数的具体形式可以是多种多样的，下面着重介绍两种在西方经济学文献中比较常见的生产函数。

1. 固定投入比例生产函数（里昂惕夫生产函数）

为了生产某种产品，需要把各种生产要素按照一定的配合比例投入到生产过程中

去，这种不同生产要素的配合比例叫做技术系数。固定投入比例生产函数（fixed investment proportion of production function）表示在每一个产量水平上，任何一对要素投入量之间的比例都是固定的，即技术系数是固定的，生产中的各种生产要素不能相互替代，只能按照一个固定的比例投入到生产中去，超出这个比例的那部分生产要素不能在生产中发挥作用。

假定生产过程中只使用劳动和资本两种要素，则固定投入比例生产函数的通常形式为

$$Q = \text{Min}\left(\frac{L}{u}, \frac{K}{v}\right) \tag{4.3}$$

其中，Q 表示一种产品的产量；L 和 K 分别表示劳动和资本的投入量；u 和 v 分别为固定的劳动和资本的生产技术系数，它们分别表示生产一单位产品所需要的固定的劳动投入量和资本投入量。

式（4.3）的生产函数表示：产量 Q 取决于 $\frac{L}{u}$ 和 $\frac{K}{v}$ 这两个比值中较小的那一个，即使其中的一个比例数值较大，也不会提高产量 Q。需要指出的是，在该生产函数中，一般又通常假定生产要素投入量 L 和 K 都满足最小的要素投入组合的要求，所以有

$$Q = \frac{L}{u} = \frac{K}{v} \tag{4.4}$$

进一步，有

$$\frac{L}{K} = \frac{u}{v} \tag{4.5}$$

式（4.5）清楚地体现了该生产函数的固定投入比例的性质，在此，它等于两种要素的固定的生产技术系数之比。对一个固定投入比例生产函数来说，当产量发生变化时，各要素的投入量以相同的比例发生变化，所以，各要素的投入量之间的比例维持不变。关于固定投入比例生产函数的这一性质，可以用几何图形来加以说明，如图 4-1 所示。

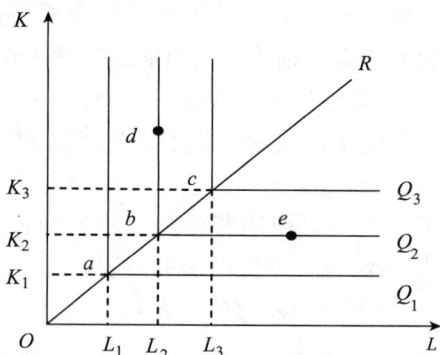

图 4-1　固定投入比例生产函数曲线

在图 4-1 中，横轴和纵轴分别表示劳动和资本的投入数量，以 a、b 和 c 点为顶点的三条含有直角的实线依次表示生产既定的产量 Q_1、Q_2 和 Q_3 的各种要素组合。以生产 Q_2 的产量为例，b 点的要素组合（L_2，K_2）是生产产量 Q_2 的最小的要素投入量组合。以 b

点为顶点的两条直角边上的任何一点(不包括 b 点),都不是生产产量 Q_2 的最小的要素投入量组合。例如,d 点表示资本投入量过多,e 点表示劳动投入量过多。如果产量由 Q_2 增加为 Q_3,或由 Q_2 减少为 Q_1,则最小要素投入组合相应地会由 b 点移至 c 点,或由 b 点移至 a 点。此时,两要素投入量以相同的比例增减,两要素投入比例保持不变,即

$$\frac{L_1}{K_1}=\frac{L_2}{K_2}=\frac{L_3}{K_3}=\frac{u}{v} \tag{4.6}$$

因此,从原点出发,经过 a、b、c 点的射线 OR 表示这一固定比例生产函数的所有产量水平的最小要素投入量的组合。

2. 柯布-道格拉斯生产函数

柯布-道格拉斯生产函数(Cobb-Douglas production function)是由美国数学家柯布(C. W. Cobb)和经济学家保罗·道格拉斯(Paul H. Douglas)于 20 世纪 30 年代初一起提出来的,用来预测国家和地区的工业系统或大企业的生产和分析发展生产的途径的一种经济数学模型。柯布-道格拉斯生产函数在经济理论的分析和应用中具有重要意义,该生产函数的一般形式为

$$Q=AL^{\alpha}K^{\beta} \tag{4.7}$$

其中,Q 代表产量;L 和 K 分别代表劳动和资本投入量;A、α 和 β 为三个参数,$0<\alpha$、$\beta<1$。具体而言,参数 A 代表生产规模,即当每种要素投入都增加一单位时,产出的增加量;α 和 β 分别表示劳动和资本在生产过程中的相对重要性,α 为劳动所得在总产量中所占的份额,β 为资本所得在总产量中所占的份额。根据柯布-道格拉斯生产函数中参数 α 与 β 之和的大小,还可以判断规模报酬的情况,若 $\alpha+\beta<1$,则为规模报酬递减;若 $\alpha+\beta=1$,则为规模报酬不变;若 $\alpha+\beta>1$,则为规模报酬递增。

4.1.4 短期和长期

在深入分析生产函数之前,需要区分西方经济学中的短期和长期两个概念。西方经济学中的短期和长期是以企业调整生产规模(固定的生产要素和生产能力)所需的时间长度来划分的。短期(short run)是指时间短到企业来不及调整生产规模以达到调整产量的目的,只能在原有的厂房、机器和设备条件下调整产量。这些在一定考察期内不能调整的要素投入称为不变要素投入,而其他在短时间内可以进行数量调整的要素是可变要素投入,如劳动力、原材料与燃料等。长期(long run)是指时间长到足以使企业调整规模以达到调整产量的目的,在长期中,企业可以调整全部的要素投入。简言之,在短期中生产要素的投入可以分为不变要素投入和可变要素投入,而在长期中,所有要素都是可变要素投入。

需要注意的是,短期和长期的划分不是绝对的,由于不同类型企业调整规模的能力和所需要的时间不一样,所以不同企业长、短期的划分界限也是不同的。例如,调整一家钢铁企业的生产规模可能需要 10 年,而调整一家制衣企业的生产规模可能只需要 3 个月。因此,前者长、短期的划分界限为 10 年,而后者长、短期的划分界限为 3 个月。

对应短期和长期,生产函数可以分为短期生产函数和长期生产函数。

4.2　短期生产函数分析

由生产函数 $Q=f(L, K)$ 出发，在短期，假定资本投入量不变，用 $\overline{K}$ 表示；劳动投入量可变，用 L 表示，则短期生产函数的表达式为

$$Q=f(L, \overline{K}) \tag{4.8}$$

4.2.1　总产量、平均产量和边际产量

根据短期生产函数，劳动投入量的变化会引起最大产量 Q 的变化，由此我们可以得到劳动投入所对应的总产量、平均产量和边际产量的概念。

总产量（total product，TP）是指一定的可变要素劳动投入量所能生产的最大产量。它的函数表达式为

$$TP_L=f(L, \overline{K}) \tag{4.9}$$

平均产量（average product，AP）是指平均每一单位可变要素劳动的投入量所能生产的产量。它的函数表达式为

$$AP_L=\frac{TP_L(L, \overline{K})}{L} \tag{4.10}$$

边际产量（marginal product，MP）是指增加一单位可变要素劳动投入量所增加的产量。它的函数表达式为

$$MP_L=\frac{\Delta TP_L(L, \overline{K})}{\Delta L} \tag{4.11}$$

或者

$$MP_L=\lim_{\Delta L \to 0}\frac{\Delta TP_L(L, \overline{K})}{\Delta L}=\frac{dTP_L(L, \overline{K})}{dL} \tag{4.12}$$

4.2.2　总产量曲线、平均产量曲线和边际产量曲线

根据以上的定义和公式，假设劳动量从 0 单位逐渐增加至 8 单位，则相应的总产量、平均产量和边际产量如表 4-1 所示。

表 4-1　产量表

劳动投入量 L	总产量 TP_L	平均产量 AP_L	边际产量 MP_L
0	0	0	—
2	8	4	6
3	12	4	4
4	15	3.75	3
5	18	3.6	3
6	18	3	0
7	16	2.29	−2
8	12	1.5	−4

由表 4-1，可以绘制产量曲线，如图 4-2 所示。

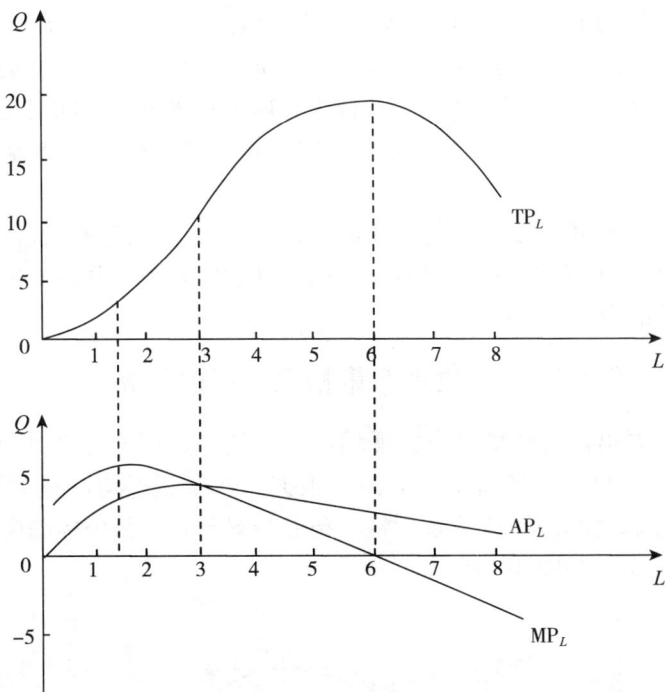

图 4-2　短期生产函数的产量曲线

在图 4-2 中，横轴表示可变要素劳动的投入量 L，纵轴表示产量 Q，TP_L、AP_L 和 MP_L 三条曲线分别表示总产量曲线、平均产量曲线和边际产量曲线。

4.2.3　边际报酬递减规律

由表 4-1 和图 4-2 可以看出，对于一种可变生产要素的生产函数而言，随着生产要素投入的不断增加，边际产量表现出先上升而后下降的特征，这一特征被称为边际报酬递减规律(law of diminishing marginal returns)。具体来讲，边际报酬递减规律是指在技术水平不变的情况下，在连续等量地把某一种可变生产要素投入到其他一种或几种数量不变的生产要素中去的过程中，当这种可变生产要素的投入量小于某一特定值时，增加该要素投入所带来的边际产量是递增的；当这种可变要素的投入量连续增加并超过这个特定值时，增加该要素投入所带来的边际产量是递减的。边际报酬递减规律是短期生产的一个基本规律，这个规律决定了边际产量曲线先上升后下降的特征。

边际报酬递减的原因在于：对于任何产品的短期生产而言，可变要素投入和不变要素投入之间存在一个最优的数量组合。在达到最优组合之前，可变生产要素的投入相对于不变生产要素的投入而言较少，因而增加可变要素的投入可以有效提高生产效率；在此过程中，可变要素的边际产量是递增的。但从达到最优组合开始，如果再增加可变生产要素，则可变生产要素的投入相对于不变生产要素的投入而言太多，因而可变要素的边际产量开始递减。

需要指出的是，边际报酬递减规律并不是根据经济学中的某种理论或原理推导出来的规律，而只是对实际的生产和技术情况通过观察所做出的经验性概括，它反映了生产过程中的一种纯技术关系。同时，该法则只有在具备下述两个条件时，才会发生作用。

第一，生产技术既定不变。如果生产技术在要素投入变动的同时也得到改进，总产量曲线会上移，劳动生产率也可能会提高，这种总产量曲线的移动容易掩盖报酬递减规律。

第二，所有投入的可变要素都是同质的，即所有劳动者在劳动技能和劳动积极性等方面均是无差异的，所以边际报酬递减不是由劳动者的素质下降造成的，而是由其他不变生产要素的使用限制造成的。

4.2.4　总产量、平均产量和边际产量相互之间的关系

由图 4-2 可以看出，总产量曲线、平均产量曲线和边际产量曲线都呈现出先上升，到达某个最高点之后再下降的特征。另外，根据总产量、平均产量和边际产量的定义式，可以推导出三者之间的函数关系。将三条曲线置于同一张坐标图中，可以直观地反映出三者之间的关系，如图 4-3 所示。

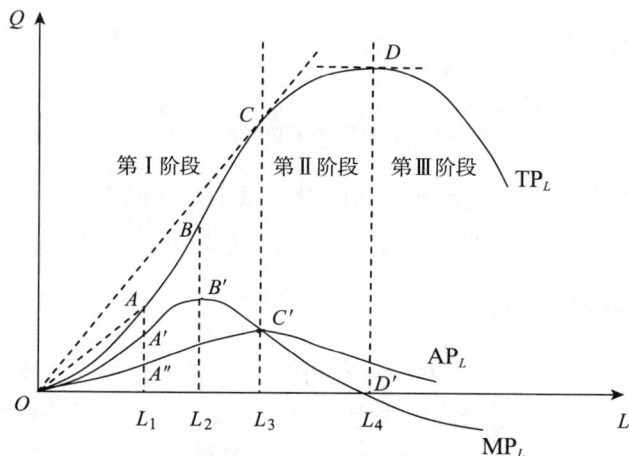

图 4-3　短期生产函数的产量组合曲线

1. 总产量和平均产量之间的关系

根据平均产量的定义公式 $AP_L = \dfrac{TP_L(L, \overline{K})}{L}$ 可知，连接曲线 TP_L 上任意一点和坐标原点的线段的斜率就是相应的 AP_L 值。如图 4-3 所示，当劳动投入量为 L_1 时，对应的总产量为 A 点所对应的产量，连接 OA，线段 OA 的斜率就是相应的 AP_L 值，等于 $A''L_1$ 的高度。

同样的，当劳动投入量为 L_3 时，对应的总产量为 C 点对应的产量，连接 OC，此时 OC 线段是 TP_L 曲线的切线，斜率达到最大值，即曲线 AP_L 在 C' 点达最大值。此后，随着劳动投入量的继续增加，平均产量呈下降趋势。

2. 总产量和边际产量之间的关系

根据边际产量的定义公式 $MP_L = \dfrac{dTP_L(L, \overline{K})}{dL}$ 可知，过 TP_L 曲线上任何一点的切线的斜率，就是相应的 MP_L 值。如图 4-3 所示，当劳动投入量为 L_1 时，曲线 TP_L 上过点 A 的切线的斜率就是该点上的 MP_L 值，等于 $A'L_1$ 的高度。

根据总产量与边际产量之间的对应关系可知，在劳动投入量小于 L_4 的区域，总产量 TP_L 随着劳动投入量的增加而增加，总产量曲线的斜率为正，相应地，MP_L 为正值；在劳动投入量大于 L_4 的区域，总产量 TP_L 随着劳动投入量的增加而减少，总产量曲线的斜率为负，相应地，MP_L 为负值；在劳动投入量恰好为 L_4 时，总产量达到极大值（此处为最大值），总产量曲线的斜率为 0，即 MP_L 为 0，也就是说，总产量曲线的最大值点 D 与边际产量曲线的 0 值点 D' 相对应。简言之，当边际产量为正时，总产量处于上升趋势；当边际产量为负时，总产量处于下降趋势；当边际产量为 0 时，总产量达到最大值。

进一步分析，总产量上升过程中，在劳动投入量小于 L_2 的区域，随着劳动投入量的增加，总产量 TP_L 以递增的速率增加，总产量曲线的斜率随之递增，即 MP_L 处于上升趋势；在劳动投入量大于 L_2 小于 L_4 的区域，随着劳动投入量的增加，总产量 TP_L 以递减的速率继续增加，总产量曲线的斜率随之递减，即 MP_L 处于下降趋势。因此，劳动投入量 L_2 所对应的 B 点为总产量曲线的拐点，B' 点为边际产量曲线的最大值点。

3. 平均产量和边际产量之间的关系

在图 4-3 中，AP_L 曲线和 MP_L 曲线之间的关系表现为：两条曲线相交于 AP_L 曲线的最高点 C'；在 C' 点以前，MP_L 曲线高于 AP_L 曲线，MP_L 曲线将 AP_L 曲线拉高；在 C' 点以后，MP_L 曲线低于 AP_L 曲线，MP_L 曲线将 AP_L 曲线拉低。不管是上升还是下降，MP_L 曲线的变动都快于 AP_L 曲线的变动。简言之，就任何一对平均量和边际量的一般关系而言，当边际量大于平均量时，边际量就把平均量拉高；当边际量小于平均量时，边际量就把平均量拉低；当边际量等于平均量时，平均量达到极大值。举一个简单的例子，假定一个班级学生的平均身高是 1.70 米，如果该班级新转学来一名 1.80 米的男生，则班级学生的平均身高会上升；如果该班级新转学来一名 1.60 米的女生，则班级学生的平均身高会下降。

4.2.5 短期生产的三个阶段

根据短期生产的总产量、平均产量和边际产量之间的关系，可以将短期生产划分为三个阶段，见图 4-3。

在第 I 阶段，劳动的平均产量处于上升趋势，劳动的边际产量大于劳动的平均产量，劳动的总产量是增加的。这说明，在此阶段，不变要素资本的投入量相对过多，生产者只要增加可变要素劳动的投入量，就可以增加总产量。因此，任何理性的生产者都不会在这一阶段停止生产，而是连续增加可变要素劳动的投入量，以增加总产量，并将生产扩大到第 II 阶段。

在第Ⅲ阶段，劳动的平均产量继续下降，劳动的边际产量降为负值，劳动的总产量也开始下降。这说明，在此阶段，可变要素劳动的投入量相对过多。这时，即使劳动要素很便宜甚至是免费的，理性的生产者也会通过减少劳动投入量来增加总产量，以摆脱劳动的边际产量为负值的第Ⅲ阶段，退回到第Ⅱ阶段。

总之，任何理性的生产者既不会将生产停留在第Ⅰ阶段，也不会将生产扩张到第Ⅲ阶段，所以，生产只能在第Ⅱ阶段进行。至于在生产的第Ⅱ阶段，可变要素的最佳投入量究竟在哪一点这个问题，还有待于在以后的学习中，结合成本、收益和利润进行更深入的分析。

4.3 长期生产函数分析

由生产函数出发，在长期，所有的生产要素的投入量都是可变的，即劳动的投入量 L 以及资本的投入量 K 均可变，长期生产函数的表达式为

$$Q=f(L, K) \tag{4.13}$$

4.3.1 等产量曲线

等产量曲线（isoquant curve）是在技术水平不变的条件下，生产同一产量的两种生产要素投入量的所有不同的轨迹。生产理论中的等产量曲线和效用理论中的无差异曲线的形成原理很相似。假设以常数 Q^0 表示既定的产量水平，则与等产量曲线相对应的生产函数为

$$Q=f(L, K)=Q^0 \tag{4.14}$$

如图 4-4 所示，图中有三条等产量曲线，它们分别表示产量为 Q^1、Q^2 和 Q^3 的各种生产要素的组合。以既定产量水平为 Q^1 的等产量曲线为例进行分析，Q^1 水平的产量分别可以采用 a、b、c 点的要素组合来实现，如表 4-2 所示。

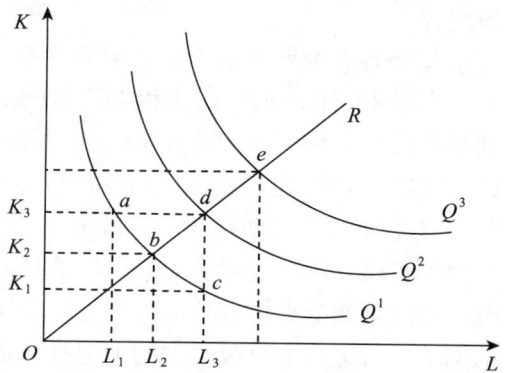

图 4-4　等产量曲线

表 4-2　同一产量水平的不同要素组合

组合方式	劳动投入量 L	资本投入量 K	产量 Q
a	L_1	K_3	Q^1
b	L_2	K_2	Q^1
c	L_3	K_1	Q^1

等产量曲线主要具备如下特征：

第一，与无差异曲线相似，等产量曲线是一条向右下方倾斜的曲线，其斜率为负值。因为要维持同一产量水平，在增加一种要素的投入量时，必须减少另一种生产要素

的投入量，生产要素之间具有替代性。

第二，在同一平面上可以有无数条等产量曲线，离原点越远的等产量曲线代表的产量水平越高。在图 4-4 中，等产量曲线 Q^3 代表的产量水平要高于 Q^2 代表的产量水平。因为在一般情况下，投入要素越多，产量越高。

第三，同一平面上的任意两条等产量曲线不会相交。因为两条等产量曲线的交点代表两种投入要素的同一组合，而同一组合的投入要素不可能生产出两个不同的产量。

第四，等产量曲线是凸向原点的。这一特征是由接下来将要讨论的边际技术替代率递减规律决定的。

此外，由等产量曲线图的坐标原点出发，引出的一条射线代表两种可变要素投入数量的比例固定不变情况下的所有组合方式，射线的斜率等于这一固定不变的两要素投入数量的比例。例如，在 OR 射线上的 b、d 和 e 三点上，Q^1、Q^2 和 Q^3 的产量都是以固定不变的要素投入比例生产出来的。从原点沿一条既定的射线（如 OR）移动，随着产量水平的不断提高，两要素的投入绝对数量是不断增加的，但两要素的投入数量比例是固定不变的。这种射线和等产量曲线之间的区别是：一条这样的射线表示不变的要素投入数量比例的组合和可变的产量之间的关系；一条等产量曲线表示不变的产量水平和可变的要素投入数量比例的组合之间的关系。

还需要指出的是，虽然等产量曲线与无差异曲线相似，但二者代表的经济含义不同，无差异曲线代表消费者对两种消费品不同组合的主观评价（效用），而等产量曲线代表两种生产要素的不同组合与产量之间的技术联系。

4.3.2　边际技术替代率

由前文分析可知，为了维持一个既定的产量水平，在增加一种生产要素投入量的同时，必须减少另一种生产要素的投入量。边际技术替代率（marginal rate of technical substitution，MRTS）就是指在维持产量水平不变的条件下，增加一单位的某种要素投入量时所减少的另一种要素的投入量。劳动对资本的边际技术替代率的公式为

$$\text{MRTS}_{LK} = -\frac{\Delta K}{\Delta L} \tag{4.15}$$

其中，ΔK 和 ΔL 分别表示资本投入变化量和劳动投入变化量。公式中加负号是为了使 MRTS 在一般情况下为正值。当 $\Delta L \to 0$ 时，边际技术替代率的公式为

$$\text{MRTS}_{LK} = \lim_{\Delta L \to 0} -\frac{\Delta K}{\Delta L} = -\frac{\mathrm{d}K}{\mathrm{d}L} \tag{4.16}$$

由此可见，等产量曲线上某一点的边际技术替代率，就是等产量曲线在该点的斜率的绝对值。边际技术替代率也可以表示为两要素的边际产量之比。这是因为，边际技术替代率的概念是建立在等产量曲线的基础上的，所以，对于任意一条给定的等产量曲线而言，当用劳动投入去替代资本投入时，在维持产量水平不变的前提下，由增加劳动投入量所带来的总产量的增加量和由减少资本量所带来的总产量的减少量必定是相等的。即

$$|\Delta L \cdot \text{MP}_L| = |\Delta K \cdot \text{MP}_K| \tag{4.17}$$

整理得

$$-\frac{\Delta K}{\Delta L} = \frac{\text{MP}_L}{\text{MP}_K} \tag{4.18}$$

由边际技术替代率的公式得

$$\text{MRTS}_{LK} = -\frac{\mathrm{d}K}{\mathrm{d}L} = \frac{\text{MP}_L}{\text{MP}_K} \tag{4.19}$$

可见，边际技术替代率等于两要素的边际产量之比。

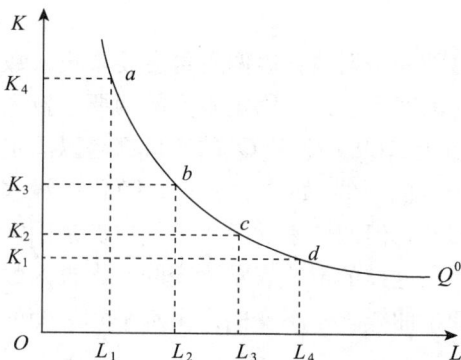

图 4-5　边际技术替代率递减

在两种生产要素相互替代的过程中，普遍存在一种现象，即在维持产量不变的前提下，当一种生产要素的投入量不断增加时，每一单位的这种生产要素所能替代的另一种生产要素的数量是递减的，这一现象被称为边际技术替代率递减规律。如图 4-5 所示，在两要素的投入组合沿着既定的等产量曲线 Q^0 由 a 点依次运动到 b、c 和 d 点的过程中，劳动投入量等量地由 L_1 增加到 L_2，再增加到 L_3 和 L_4，即有 $OL_2 - OL_1 = OL_3 - OL_2 = OL_4 - OL_3$，而相应的资本投入量的减少量为 $OK_4 - OK_3 > OK_3 - OK_2 > OK_2 - OK_1$。这表示，维持既定产量水平不变，在劳动投入量不断增加和资本投入量不断减少的替代过程中，边际技术替代率是递减的。

边际技术替代率递减的原因在于，任何一种产品的生产技术都要求各要素投入之间有适当的比例，这意味着要素之间的替代是有限制的。举一个简单的例子，在一家制衣企业中，当工人数量与缝纫机数量一样多时，减少一些缝纫机数量可以很容易地通过增加工人数量来弥补，企业可以采取倒班制，以维持原有的产量水平，即劳动对资本的替代是很容易的。但是，当工人数量增加到相当多，而缝纫机数量减少到相当少的情况下，再用工人去替代缝纫机就是很困难的了。

由式(4.16)可知，等产量曲线上任一点的边际技术替代率就是等产量曲线在该点的斜率的绝对值，由于边际技术替代率递减规律的存在，向右下方倾斜的等产量曲线必然是凸向原点。

4.3.3　生产的经济区域

在短期生产函数的分析中，可以将短期生产分为三个阶段，类似地，在长期生产函数的分析中，也可以将长期生产分为经济区域和非经济区域。

虽然实现同一产量水平可以有很多种劳动和资本的组合，但生产者不会随意选择一种组合来进行生产，因为选择某些劳动与资本组合所进行的生产是不经济的，如图 4-6 所示。

在图 4-6 中，有三条等产量曲线 Q^1、Q^2 和 Q^3，每一条等产量曲线上的每一点的切

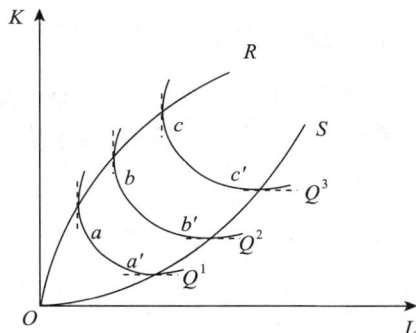

图 4-6 生产的经济区域

线斜率不一定都是负的，即并非曲线上每一点的边际技术替代率都是正值。用"脊线"将等产量曲线上斜率为正值的区域与斜率为负值的区域分开。所谓"脊线"是指等产量曲线上边际技术替代率为 0 的点与原点的连线，以及等产量曲线上边际技术替代率为无穷大的点与原点的连线。在图 4-6 中，等产量曲线上的点 a、b、c 的边际技术替代率为 0，点 a'、b'、c' 的边际技术替代率为无穷大。因此，分别把点 a、b、c 和点 a'、b'、c' 与原点连接起来的 OR 曲线和 OS 曲线即为脊线。可以看出，在脊线以内，等产量曲线 aa'、bb'、cc' 段上的斜率为负值，增加一种生产要素可以减少另一种生产要素，理性的生产者会选择在这一区域进行生产；而在脊线以外的区域，等产量曲线段的斜率为正值，即为了维持同一产量水平要同时增加两种生产要素，理性的生产者不会选择在这一区域进行生产。因此，脊线以内的区域为生产的经济区域，脊线以外的区域为生产的非经济区域。

4.4 最优生产要素组合

在长期生产过程中，所有生产要素的投入都是可变的，技术系数也可变，因此，生产要素按什么比例投入最好，就是最优生产要素组合所要探讨的问题。所谓最优生产要素组合是指在成本既定的情况下，使产出最大的要素组合；或者，在产出既定的情况下使成本最小的组合。由于最优生产要素组合涉及成本，因此本节先对成本方程进行讨论。

4.4.1 成本方程

生产者在生产过程中需要投入各种要素，而生产者通过要素市场购买这些生产要素时，必须对其进行支付，这就构成了生产者的生产成本。假定劳动的价格即工资率为 w，资本的价格即利率为 r，既定的成本为 C，则成本方程为

$$C = w \cdot L + r \cdot K \tag{4.20}$$

换算可得

$$K = -\frac{w}{r}L + \frac{C}{r} \tag{4.21}$$

由式(4.20)和式(4.21)可知，该成本方程为直线方程，其斜率等于$-\dfrac{w}{r}$。根据成本方程可画出成本曲线，也可称为等成本线(isocost curve)，即在既定的成本和生产要素价格条件下，生产者可以购买到的两种生产要素的各种不同数量组合的轨迹，如图4-7所示。

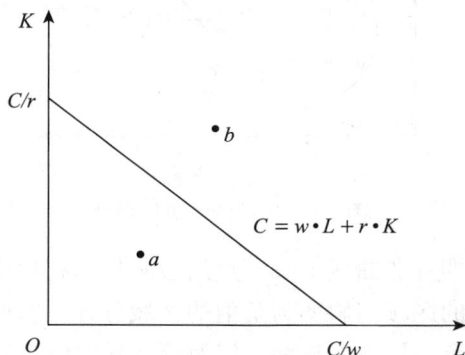

图4-7　等成本线

在图4-7中，横轴上的点$\dfrac{C}{w}$表示既定的全部成本都购买劳动时的数量，纵轴上的点$\dfrac{C}{r}$表示既定的全部成本都购买资本时的数量，连接这两点的线段就是等成本线，它表示既定的全部成本所能购买到的劳动和资本的各种组合。等成本线以内区域中的任何一点，如a点，表示用既定的成本来购买该点的劳动和资本的组合以后还有剩余。等成本线以外区域中的任何一点，如b点，表示用既定的全部成本不足以购买该点的劳动和资本的组合。等成本线上的任何一点，表示用既定的全部成本刚好能购买到的劳动和资本的组合。需要注意的是，这样一条等成本线是在成本固定和要素价格已知的条件下得到的，所以，任何关于成本和要素价格的变动，都会使等成本线发生变化。

4.4.2　既定成本条件下的产量最大化

假定在一定的生产技术条件下，企业投入两种可变要素即劳动和资本生产一种产品，且劳动的价格和资本的价格是已知的，企业用于购买这两种生产要素的成本是既定的，那么，企业如何才能利用既定的成本选择最优的劳动投入量和资本投入量以获得最大产量呢？

将多条等产量曲线和一条等成本线画在同一个平面坐标系中，这一条等成本线必定与无数条等产量曲线中的一条相切，该切点即为生产要素的最优组合点，或者称生产的均衡点。如图4-8所示，有一条等成本线AB和三条等产量曲线Q^1、Q^2和Q^3，唯一的等成本线表示成本既定。等成本线AB与等产量曲线Q^2相切于E点，该点就是生产的均衡点。在既定成本和生产要素价格条件下，企业应该按照E点的要素组合进行生产，即劳动投入量和资本投入量分别为OL^*和OK^*，这样，企业就会获得最大产量。虽然等产量曲线Q^3代表更高的产量水平，但是唯一等成本线AB与等产量曲线Q^3既无交点又无切点，这表明在既定成本条件下，企业根本无法实现Q^3的产量水平。另外，虽然

等产量曲线 Q^1 与唯一的等成本线 AB 有两个交点，说明在既定成本条件下，可以实现 Q^1 的产量水平，但是等产量曲线 Q^1 所代表的产量水平比较低，此时，企业在不增加成本的情况下，通过调整投入要素组合，就能增加产量。例如，如果企业开始在 a 点生产，则企业只需通过适当减少资本投入同时适当增加劳动力投入，就能实现更高的产量水平；如果企业开始在 b 点生产，则企业只需通过适当减少劳动力投入同时适当增加资本投入，就能实现更高的产量水平。

进一步分析，由图 4-8 可见，在 a 点，等产量曲线的斜率的绝对值大于等成本线的斜率的绝对值。由于等产量曲线上某一点的斜率的绝对值等于该点上两要素的边际技术替代率，等成本线的斜率的绝对值等于两要素的价格之比，所以，在 a 点，两要素的边际技术替代率大于两要素的价格之比，即有 $\mathrm{MRTS}_{LK} > \dfrac{w}{r}$。同理，在 b 点，两要素的边际技术替代率小于两要素的价格之比，即有 $\mathrm{MRTS}_{LK} < \dfrac{w}{r}$。

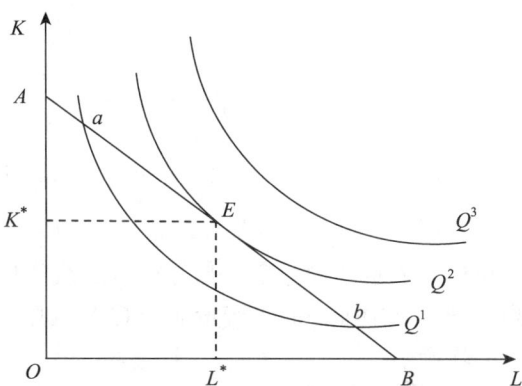

图 4-8　既定成本条件下产量最大化的要素组合

总之，由于边际技术替代率反映了两要素在生产中的替代比率，要素的价格比例反映了两要素在购买中的替代比率，所以，只要两者不相等，企业总可以在总成本不变的条件下通过对要素组合重新选择，使总产量得到增加。只有在两要素的边际技术替代率和两要素的价格比例相等时，生产者才能实现生产的均衡。于是，在生产均衡点 E 有

$$\mathrm{MRTS}_{LK} = \frac{w}{r} \tag{4.22}$$

式(4.22)表示，为了实现既定成本条件下的最大产量，企业必须选择最优的要素组合，使得两要素的边际技术替代率等于两要素的价格之比。

由于 $\mathrm{MRTS}_{LK} = \dfrac{\mathrm{MP}_L}{\mathrm{MP}_K}$，所以有

$$\frac{\mathrm{MP}_L}{\mathrm{MP}_K} = \frac{w}{r} \tag{4.23}$$

进一步有

$$\frac{\mathrm{MP}_L}{w} = \frac{\mathrm{MP}_K}{r} \tag{4.24}$$

式(4.24)表示，企业可以不断调整两要素的投入量，使得最后一单位的成本支出无论用来购买那一种生产要素所获得的边际产量都相等，从而实现既定成本条件下产量最大。

4.4.3　既定产量条件下的成本最小化

为了实现利润最大化，生产者在既定成本条件下会力求实现产量最大，同样，生产者在既定的产量目标下也会力求承担最小成本，如图 4-9 所示。

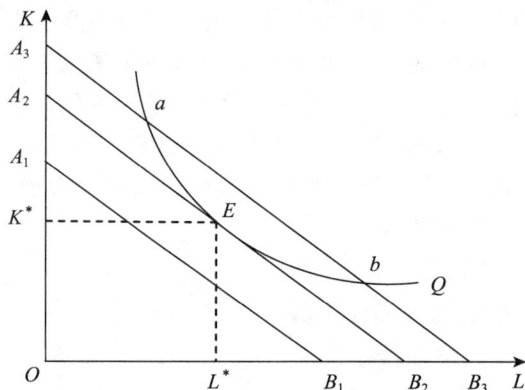

图 4-9　既定产量条件下成本最小的要素组合

在图 4-9 中，有一条等产量曲线 Q 和三条等成本线 A_1B_1、A_2B_2、A_3B_3。唯一的等产量曲线表示产量既定。与等产量曲线类似，离原点越远的等成本线代表的成本水平越高，图 4-9 中唯一的等产量曲线 Q 与其中一条等成本线 A_2B_2 相切于 E 点，该点就是生产的均衡点。

在既定产量目标下，企业应该按照 E 点的要素组合进行生产，即劳动投入量和资本投入量分别为 OL^* 和 OK^*，这样，企业承担的成本最小。虽然等成本线 A_1B_1 代表更低的成本水平，但是唯一的等产量曲线 Q 与等成本线 A_1B_1 既无交点又无切点，这表明投入 A_1B_1 水平的成本根本无法实现既定的产量目标 Q。另外，虽然等成本线 A_3B_3 与唯一的等产量线 Q 有两个交点，说明投入 A_3B_3 水平的成本可以实现既定产量目标 Q，但是 A_3B_3 所代表成本水平过高，此时，企业在不改变产量水平的情况下，通过调整投入要素组合，就能降低成本。例如，如果企业开始在 a 点生产，则企业只需通过适当减少资本投入同时适当增加劳动力投入，就能降低成本；如果企业开始在 b 点生产，则企业只需通过适当减少劳动力投入同时适当增加资本投入，就能降低成本。

进一步分析，由图 4-9 可见，在 a 点，等产量曲线的斜率的绝对值大于等成本线的斜率的绝对值，表示两要素的边际技术替代率大于两要素的价格之比，即有 $\text{MRTS}_{LK} > \frac{w}{r}$。同理，在 b 点，两要素的边际技术替代率小于两要素的价格之比，即有 $\text{MRTS}_{LK} < \frac{w}{r}$。

总之，只要 $\text{MRTS}_{LK} > \frac{w}{r}$，企业就会不断地用劳动去代替资本，只要 $\text{MRTS}_{LK} < \frac{w}{r}$，企业就会不断地用资本去代替劳动，使得图 4-9 中的 a 点和 b 点分别不断地向 E 点靠近，最后，企业在 E 点实现生产的均衡，即有

$$\text{MRTS}_{LK} = \frac{w}{r} \tag{4.25}$$

式(4.25)表示，为了实现既定产量条件下的最小成本，企业必须选择最优的生产要素组合，使得两要素的边际技术替代率等于两要素的价格之比。

由于 $\mathrm{MRTS}_{LK} = \dfrac{\mathrm{MP}_L}{\mathrm{MP}_K}$，所以有

$$\frac{\mathrm{MP}_L}{\mathrm{MP}_K} = \frac{w}{r} \tag{4.26}$$

进一步有

$$\frac{\mathrm{MP}_L}{w} = \frac{\mathrm{MP}_K}{r} \tag{4.27}$$

式(4.27)表示，企业可以不断调整两要素的投入量，使得最后一单位的成本支出无论用来购买哪一种生产要素所获得的边际产量都相等，从而实现既定产量条件下的最小成本。

通过以上关于既定成本条件下的产量最大化分析，以及既定产量条件下的成本最小化分析可知，两种情况下两要素的最优组合原则是相同的，见式(4.22)～式(4.24)和式(4.25)～式(4.27)。

4.5 生产扩展线与规模报酬

假定其他条件不变，当企业的产量或者成本发生变化时，企业会重新选择最优的生产要素组合，在已变化的产量条件下实现最小成本，或者在已变化的成本条件下实现最大产量，这种重新选择最优生产要素组合的过程涉及生产的扩展线。如果企业可以变动全部生产要素，进而变动生产规模，那么企业生产规模的变化所引起的产量变化之间的关系涉及规模报酬的概念。

4.5.1 等斜线

等斜线(isoclinic line)是一组等产量曲线中两要素的边际技术替代率相等的点的轨迹，如图 4-10 所示。

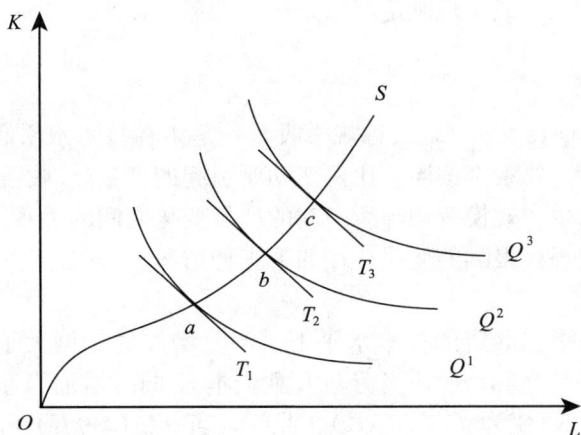

图 4-10 等斜线

在图 4-10 中，有三条等产量曲线 Q^1、Q^2 和 Q^3，它们分别有三条切线 T_1、T_2 和 T_3，而且这三条切线是相互平行的。这意味着，这三条等产量曲线各自在切点 a、b 和 c 三点

上的两要素的边际技术替代率 MRTS_{LK} 是相等的，连接这些点的曲线 OS 就是等斜线。

4.5.2　扩展线

扩展线是等斜线的特例。在生产要素的价格、生产技术和其他条件不变的情况下，如果企业改变成本，等成本线就会发生平移；如果企业改变产量，等产量曲线就会发生平移。这些不同的等产量曲线将与不同的等成本线相切，形成一系列不同的生产均衡点，这些生产均衡点的轨迹就是扩展线，如图 4-11 所示。

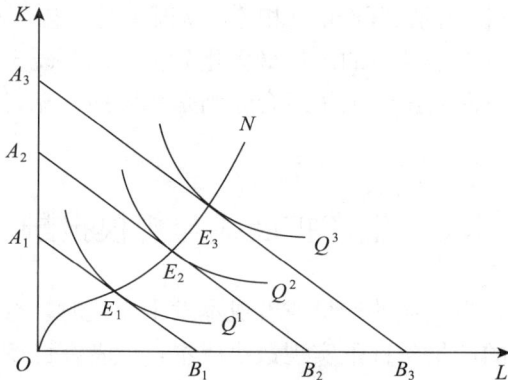

图 4-11　扩展线

在图 4-11 中，曲线 ON 是一条扩展线。由于生产要素的价格保持不变，两要素的价格比例是固定的，又由于生产均衡的条件为两要素的边际技术替代率等于两要素的价格比例，所以，在扩展线上的所有的生产均衡点上边际技术替代率都是相等的。

扩展线表示，在生产要素价格、生产函数和其他条件不变的情况下，当生产的成本或产量发生变化时，企业必然会沿着扩展线来选择最优的生产要素组合，从而实现既定成本条件下的产量最大，或实现既定产量条件下的成本最小。

4.5.3　规模报酬

规模报酬(returns to scale)，又称规模收益，是指在技术水平和要素价格不变的情况下，企业的所有投入要素都按同一比例变动所引起的产量(或收益)的变动情况。规模报酬分析涉及企业的生产规模变化与所引起的产量变化之间的关系。

一般而言，企业规模报酬的变化存在如下三种情况。

1. 规模报酬递增

规模报酬递增是指在既定的技术水平下，产量增加的比例大于生产要素增加的比例。设生产函数为 $Q=f(L，K)$，当劳动 L 和资本 K 同时增加为原来的 $\lambda(\lambda>0)$ 倍时，生产函数将由 $f(L，K)$ 变为 $f(\lambda L，\lambda K)$。此时，若 $f(\lambda L，\lambda K)>\lambda f(L，K)$，则生产函数 $Q=f(L，K)$ 为规模报酬递增的生产函数，如图 4-12 所示。　在图 4-12 中，过原点的斜线 OR 是生产扩展线，在这条线上劳动和资本投入的比例是固定的。对于规模报酬递增的生产函数，产量增加的比例大于生产要素增加的比例，规模的扩大带来了生产效率的提高。例如，由 a 点到 b 点，产量由 100 个单位增加到 200 个单位，增加了一倍，

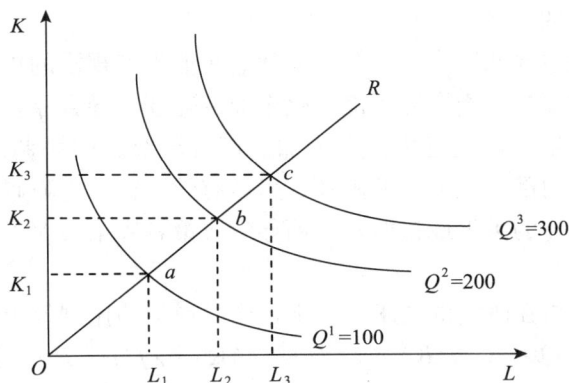

图 4-12 规模报酬递增

而劳动和资本的增加比例为 $\dfrac{L_1 L_2}{OL_1} = \dfrac{K_1 K_2}{OK_1} < 1$，产量增加的比例大于要素增加的比例。

规模报酬递增的主要原因在于：第一，生产规模扩大后，企业内部的专业化生产分工更细、更合理，从而可以有效提高生产效率；第二，企业生产达到一定规模后，更有利于企业采用更先进的技术和设备来提高生产效率；第三，在大规模生产中，可以对副产品进行有效的综合利用；第四，随着企业生产规模的扩大，企业实力增强，企业可以凭借其规模优势，在资金筹措、生产要素购买和产品销售等方面获益。20 世纪初，美国福特汽车公司率先采用大批量生产方法，从而降低了成本，击败了竞争对手，成为了汽车工业的巨人。

2. 规模报酬递减

规模报酬递减是指在既定的技术水平下，产量增加的比例小于各种生产要素增加的比例。设生产函数为 $Q = f(L, K)$，若 $f(\lambda L, \lambda K) < \lambda f(L, K)$，其中常数 $\lambda > 0$，则生产函数 $Q = f(L, K)$ 为规模报酬递减的生产函数，如图 4-13 所示。

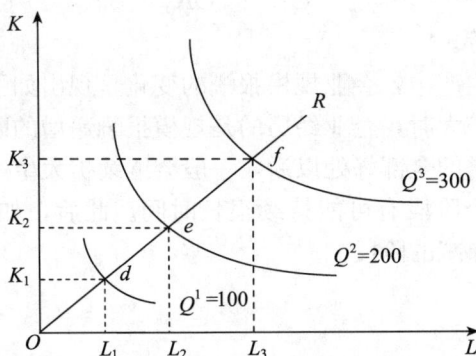

4-13 规模报酬递减

对于规模报酬递减的生产函数，产量增加的比例小于生产要素增加的比例，规模的扩大带来了生产效率的降低。在图 4-13 中，从 d 点到 e 点，产量由 100 个单位增加到了 200 个单位，增加了一倍，而劳动和资本的增加比例为 $\dfrac{L_1 L_2}{OL_1} = \dfrac{K_1 K_2}{OK_1} > 1$，产量增加的比例小于要素增加的比例。

规模报酬递减的主要原因在于：第一，随着企业生产规模的扩大，由于地理位置等方面的限制，许多重要的生产资源不能满足企业的需要，导致原材料采购、产品销售费用上升。第二，企业生产规模过大，会增加生产各环节之间协调的难度，降低管理效率，具体表现为企业内部合理分工的破坏、生产有效运行产生障碍、获取生产决策所需信息的不易和信息传递的丢失或扭曲，从而导致决策者决策失误等。

3. 规模报酬不变

规模报酬不变是指在既定的技术水平下，产量增加的比例等于各种生产要素增加的比例。设生产函数为 $Q=f(L，K)$，若 $f(\lambda L，\lambda K)=\lambda f(L，K)$，其中常数 $\lambda>0$，则生产函数 $Q=f(L，K)$ 为规模报酬不变的生产函数，如图 4-14 所示。

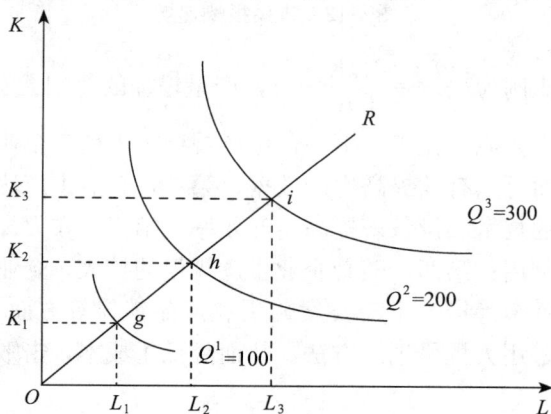

图 4-14　规模报酬不变

在图 4-14 中，从 g 点到 i 点，产量由 100 个单位增加到了 200 个单位，增加了一倍，同时，劳动和资本的增加比例为 $\dfrac{L_1 L_2}{OL_1}=\dfrac{K_1 K_2}{OK_1}=1$，也增加了一倍，产量增加的比例与要素增加的比例相等。

一般而言，在长期生产中，企业规模报酬的变化呈现出如下规律：当企业从最初很小的生产规模开始逐步扩大时，企业经历的是规模报酬递增的阶段。在企业得到由生产规模扩大带来的产量递增的全部好处以后，一般会继续扩大生产规模，将生产保持在规模报酬不变的阶段，这个阶段有可能持续很长时间。此后，如果企业继续扩大生产规模，就会进入规模报酬递减的阶段。

➤本章专业术语

生产函数　固定投入比例生产函数　柯布-道格拉斯生产函数　短期　长期　总产量　平均产量
边际产量　边际报酬递减规律　等产量曲线　边际技术替代率　等成本线　等斜线　扩展线　规模报酬

➤本章小结

本章要点可以归纳如下：

（1）企业是指能够做出统一的生产决策的单个经济单位，主要有个人企业、合伙制企业和公司制企业三种组织形式。微观经济学中，一般假定企业的目标是利润最大化。

(2)生产函数表示在企业的生产过程中，生产要素的投入量和产品的产出量之间的关系。企业的生产可以分为短期生产和长期生产。短期指在生产中企业至少有一种生产要素来不及调整的时期；长期指在生产中企业对于所有的生产要素都可以进行调整的时期。

(3)短期生产的基本规律是边际报酬递减规律，该规律说明了对于一种可变生产要素的生产函数而言，随着生产要素投入的不断增加，边际产量表现出先上升而最终下降的特征。由短期边际产量曲线的特征可以推导出短期总产量曲线与边际产量曲线，进而可以将生产分为三个阶段，企业生产的合理区间是第Ⅱ阶段。

(4)长期生产理论的主要分析工具是等产量曲线和等成本线。等产量曲线是指在技术水平不变的条件下，生产同一产量的两种生产要素投入量的所有不同的轨迹；等成本线是指在既定的成本和生产要素价格条件下，生产者可以购买到的两种生产要素的各种不同数量组合的轨迹。在长期生产中，企业通过寻找等产量曲线与等成本线的切点，来确定生产的均衡点，从而选择最优的生产要素组合。

(5)在生产要素价格、生产函数和其他条件不变的情况下，当生产的成本或产量发生变化时，企业必然会沿着扩展线来选择最优的生产要素组合，从而实现既定成本条件下的产量最大，或实现既定产量条件下的成本最小。

(6)规模报酬是指在技术水平和要素价格不变的情况下，企业的所有投入要素都按同一比例变动所引起的产量(或收益)的变动情况。规模报酬分析涉及企业的生产规模变化与所引起的产量变化之间的关系。在企业扩大规模的长期生产过程中，一般会经历规模报酬递增、规模报酬不变和规模报酬递减三个阶段，企业一般会将生产停留在规模报酬不变的阶段。

▶练习题

一、名词解释

1. 企业
2. 生产函数
3. 边际报酬递减规律
4. 边际替代率
5. 边际技术替代率
6. 规模报酬
7. 脊线
8. 最优生产要素组合
9. 边际产量
10. 扩展线

二、单选题

1. 生产者行为理论要说明的问题是( )。
   A. 追求最大利润的生产者必将以最低成本进行生产
   B. 追求最大利润的生产者必将以最优生产要素组合进行生产
   C. 追求最大利润的生产者必将以最大收益进行生产
   D. 追求最大利润的生产者必将以最高价格进行生产

2. 生产理论中所说的短期与长期的划分依据是( )。
   A. 以1年作为界线
   B. 以3年作为界线
   C. 以实际产量能否达到计划产量为界线
   D. 以所有生产要素能否都得到调整为界线

3. 增加一单位投入所引起的总产品的改变量是( )。
   A. 总产量
   B. 平均产量
   C. 边际产量
   D. 可变产量

4. 在一种可变投入的生产三阶段中，理性的生产者选择的是( )。
   A. 第Ⅰ阶段生产
   B. 第Ⅱ阶段生产

C. 第Ⅲ阶段生产

D. 介于Ⅱ、Ⅲ阶段间生产

5. 当边际产量大于平均产量时（　　）。

　　A. 平均产量增加　　　　　　　　B. 平均产量减少

　　C. 平均产量不变　　　　　　　　D. 平均产量达到最低点

6. 规模收益考察的是（　　）。

　　A. 长期生产　　　　　　　　　　B. 短期生产

　　C. 平均生产　　　　　　　　　　D. 边际生产

7. 劳动和资本的投入量增加一倍，引起产量增加一倍这种情况是（　　）。

　　A. 规模收益不变　　　　　　　　B. 规模收益递增

　　C. 规模收益递减　　　　　　　　D. 规模负收益

8 生产技术不变时，生产同一产量的两种投入的各种不同组合所形成的曲线是（　　）。

　　A. 无差异的线　　　　　　　　　B. 等产量曲线

　　C. 生产扩展线　　　　　　　　　D. 等成本线

9. 在保持既定产量下，减少的一种要素投入量与增加的另一种要素投入量的比率是（　　）。

　　A. 机会成本　　　　　　　　　　B. 商品替代率

　　C. 技术替代率　　　　　　　　　D. 成本替代率

10. 最优生产要素组合是（　　）。

　　A. 预算线与无差异曲线切点上的组合

　　B. 预算线与等产量曲线切点上的组合

　　C. 等成本线与无差异曲线切点上的组合

　　D. 等成本线与等产量曲线切点上的组合

三、多选题

1. 企业的组织形式有（　　）。

　　A. 个人企业

　　B. 合伙制企业

　　C. 公司制企业

　　D. 集体负责制企业

2. 利润最大化的途径是（　　）。

　　A. 成本已定时产量最大的生产要素组合

　　B. 产量已定时成本最小的生产要素组合

　　C. 成本最小的生产要素组合

　　D. 产量最大的生产要素组合

3. 等产量线的特征是（　　）。

　　A. 等产量线向右下方倾斜，斜率为负

　　B. 任何两条等产量线不能相交

　　C. 离原点越近表示产量越多

　　D. 等产量线凸向原点，斜率递减

4. 扩展线上的任何一点都表示（　　）。

　　A. 生产者均衡

　　B. 生产的产品符合市场需要

　　C. 两种生产要素的技术替代率等于两种生产要素的边际产量之比

D. 两种生产要素的边际产量之比等于生产要素的价格之比

5. 长期平均总成本与长期边际成本的关系是（   ）。

   A. 长期平均总成本下降时大于长期边际成本

   B. 长期平均总成本上升时小于长期边际成本

   C. 长期平均总成本处于最低点时等于长期边际成本

   D. 长期平均总成本最大时长期边际成本最小

四、判断题

   1. 规模经济规律考察的是在一定的生产要素组合条件下，其他生产要素的投入不变，而连续增加某一种投入时收益的变动情况。（   ）

   2. 边际收益递减规律考察的是在所有的生产要素连续地同时增加或减少投入时收益的变动情况。（   ）

   3. 不管哪个行业，企业的规模都是越大越好。（   ）

   4. 如果生产函数规模报酬不变，那么各要素间的边际技术替代率也不变。（   ）

   5. 规模报酬递增的企业不可能也会面临要素报酬递减的现象（   ）

   6. 生产要素的边际技术替代率递减是规模收益递减造成的。（   ）

   7. 边际产量总是小于平均产量。（   ）

   8. 随着生产技术水平的变化，生产函数也会发生变化。（   ）

   9. 随着某生产要素投入的增加，边际产量和平均产量增加到一定程度后将同时下降。（   ）

   10. 生产要素的边际技术替代率递减是边际收益递减规律造成的。（   ）

五、问答题

   1. 试说明生产函数的边际报酬递减与边际技术替代率递减之间的关系。

   2. 等产量曲线具有哪些特点？

   3. 生产的三个阶段是如何划分的？为什么生产者通常会选择在第Ⅱ阶段生产？

   4. 为什么说扩展线上的任何一点都是生产者均衡点？

   5. 简要说明规模报酬的含义及原因。

六、论述题

   1. 运用等产量曲线和等成本线作图论证企业在既定成本条件下实现产量最大化的最优生产要素组合原则。

   2. 试作图说明边际产量、总产量、平均产量之间的关系。

   3. 试述消费者理论中的边际替代率和生产者理论中的边际技术替代率的异同。

七、计算题

   1. 某企业男工和女工各占一半，假定男工与女工之间可以互相替代。已知，男工每增加1人可增加10件产品，女工每增加1人可增加8件产品，男工工资为每人4元，女工工资为每人2元。问：该企业男工与女工的组合比例是否最优？如果不是最优，应向什么方向变动为好？

   2. 已知生产函数 $Q=f(K, L)=KL-0.5L^2-0.32K^2$，$Q$ 表示产量，K 表示资本，L 表示劳动，令 $K=10$。

   (1) 写出劳动的平均产量函数和边际产量函数。

   (2) 分别计算当总产量、平均产量和边际产量达到极大值时企业雇佣的劳动。

   (3) 证明当 AP_L 达到极大时 $AP_L=MP_L=2$。

   3. 已知企业的生产函数为：① $Q=4\sqrt{KL}$；② $Q=K^2L$；③ $Q=Min(3L, 4K)$。请分别求：

   (1) 企业的长期生产扩展线函数。

   (2) 当 $w=1$，$r=4$，$Q=10$ 时，使成本最小的投入的组合。

第 5 章

成 本 理 论

本章要点：

成本概念、机会成本　显成本、隐成本　经济利润和正常利润　不变成本、可变成本　厂商的短期成本　厂商的长期成本

在前面章节厂商的生产理论中，我们介绍了成本方程，成本方程是反映厂商的生产成本与生产要素投入量之间的关系的。本章的主要内容是进一步考察厂商的生产成本与产量之间的关系，分析厂商在一定的产量水平下如何达到最佳的成本组合。

5.1　成本的概念

企业的生产成本通常被看成是企业对所购买的生产要素的货币支出。在西方经济学中，关于成本的概念还有更为广泛的含义，经济学分析中的成本概念有两部分含义：一是社会成本的含义；二是私人成本的含义。社会成本的含义主要是讲资源的稀缺性、使用的有效性以及机会成本等。私人成本的含义主要是讲个别厂商进行生产时所需要付出的各种要素投入。

5.1.1　机会成本

经济学研究一个经济社会如何对稀缺的经济资源进行合理配置的问题。从经济资源的稀缺性这一前提出发，当一个社会或企业用一定的经济资源生产一定数量的一种或几种产品时，这些经济资源就不能同时被使用在其他的生产用途方面。这就是说，这个社会或这个企业所获得的一定数量的产品收入是以放弃用同样的经济资源来生产其他产品时所能获得的收入作为代价的。由此，便产生了机会成本的概念。生产一单位的某种商品的机会成本（opportunity cost）是指生产者所放弃的使用相同的生产要素在其他生产用途中所能得到的最高收入。在经济学中，企业的生产成本应该从机会成本的角度来理解。

5.1.2　显成本和隐成本

企业的生产成本可以分为显成本和隐成本两个部分。企业生产的显成本（explicit

cost)是指厂商在生产要素市场上购买或租用所需要的生产要素的实际支出。例如，某厂商雇佣了一定数量的工人，从银行取得了一定数量的贷款，并租用了一定数量的土地，为此，这个厂商就需要向工人支付工资，向银行支付利息，向土地出租者支付地租，这些支出便构成了该厂商的显成本。从机会成本的角度讲，这些支出的价格必须等于这些相同的生产要素使用在其他最好用途时所能得到的收入。否则，这个企业就不能购买或租用到这些生产要素，并保持对它们的使用权。

企业生产的隐成本(implicity cost)是指厂商本身所拥有的且被用于该企业生产过程的那些生产要素的总价格。例如，为了进行生产，一个厂商除了雇佣一定数量的工人，从银行取得一定数量的贷款和租用一定数量的土地以外(这些均属显成本支出)，还动用了自己的资金和土地，并亲自管理企业。既然借用了他人的资本需付利息，租用了他人的土地需付地租，聘用他人来管理企业需付薪金，那么，同样道理，在这个例子中，当厂商使用了自有生产要素时，也应该得到报酬。所不同的是，现在厂商是自己向自己支付利息、地租和薪金。所以，这笔价值就应该计入成本之中。由于这笔成本支出不如显成本那么明显，故被称为隐成本。隐成本也必须从机会成本的角度按照企业自有生产要素在其他最佳用途中所能得到的收入来支付，否则，厂商会把自有生产要素转移出本企业，以获得更高的报酬。

5.1.3　利润

企业利润可以分为会计利润、正常利润和经济利润。

会计利润是指将企业的总收益减去会计成本(显性成本)之后的余额。

正常利润(normal profit)是指厂商对自己提供企业家才能所支付的报酬，需要强调的是，正常利润是厂商生产成本的一部分，它是以隐成本方式计入成本的。为了理解正常利润是成本的一部分这个说法，我们需要运用前面所讲的机会成本概念。从机会成本的角度看，当一个企业所有者同时拥有管理企业的才能时，他可以面临两种选择机会，一种选择是在自己的企业当经理，他可以获得报酬。但是他到自己的企业当经理，就失去了到其他企业当经理所能获得的报酬，而他所失去的这份报酬就是他在自己所拥有的企业当经理的机会成本。所以从机会成本的角度来看，正常利润属于成本，并且属于隐成本。

经济利润(economic profit)是指将企业的总收益减去总成本(包括显成本与隐成本)后的余额，简称企业的利润，也称为超额利润。经济利润是资源配置和重新配置的信号，如果某一行业的经济利润为正，说明该行业的企业总收益超过了总成本，这将吸引生产资料进入该行业；如果经济利润为负，将会导致生产资源撤出该行业，只有当经济利润为零的时候，才不会有生产资源的流动。需要注意的是，即使没有经济利润，企业仍然能够获得正常利润。

以上概念之间的关系可以归结为如下等式：

$$会计利润＝总收益－会计成本$$

$$经济利润＝总收益－总成本＝总收益－显性成本－隐性成本＝会计利润－隐性成本$$

接下来用一个例子说明以上关于成本和利润的概念，假如你经营一家小型的面包店，你以 15 000 元的年薪雇佣了一个帮手，每年支付店面租金 12 000 元，并且每年要花费 30 000 元购买原材料。另外，你将 50 000 元的资金投资在设备（如烤箱、面包架等）上，这笔资金如果投资在其他项目上能够给你带来每年 5 000 元的收入。如果你不自己开店，而是去其他人开的面包店工作，每年可以获得 60 000 元的年薪，每年面包店销售的总收入为 120 000 元。面包店开张一年后，你对账目进行合计，如表 5-1 所示。

表 5-1　会计利润表　　　　　　　　　　　　　　　　　　单位：元

总销售收入	120 000
店员的薪水	15 000
店面租金	12 000
原材料费用	30 000
总显性成本	57 000
会计利润	63 000

从会计利润表来看，该面包店的经营状况不错，但是，这里 63 000 元的会计利润忽略了你的隐性成本。这里的隐性成本包括 5 000 元的投资回报，60 000 元的薪金。将隐性成本考虑在内，我们便可以得到经济利润表，如表 5-2 所示。

表 5-2　经济利润表　　　　　　　　　　　　　　　　　　单位：元

会计利润	63 000
放弃的投资回报	5 000
放弃的薪金	60 000
总隐性成本	65 000
经济利润	−2 000

生产函数的分析是从短期和长期两个方面进行的，成本函数分析也分为短期分析和长期分析。由于在短期内企业根据其所要达到的产量，只能调整部分生产要素的数量而不能调整全部生产要素的数量，所以，短期成本有不变成本和可变成本之分。由于在长期内企业根据其所要达到的产量，可以调整全部生产要素的数量，所以，长期内所有的要素成本都是可变的，长期成本没有不变成本和可变成本之分。

5.2　短期成本分析

5.2.1　短期总产量与短期总成本

成本函数（cost function）表示产量和成本之间的关系，是建立在生产函数基础之上的。短期生产函数与短期成本函数之间，短期总产量曲线和短期总成本曲线之间，都存在着密切的关系。一般情况下，在短期内假定企业仅用劳动和资本两种要素生产一种产品，其中，劳动投入量是可变的，以 L 代表；资本投入量是不可变的，以 $\overline{K}$ 代表，则短期生产函数为

$$Q = f(L, \overline{K}) \tag{5.1}$$

式（5.1）表示产量和可变要素劳动投入量之间存在着一一对应的相互依存关系，即

在资本投入量不变的条件下，厂商可以通过对可变要素劳动投入量的调整来改变产量水平。也可以说，厂商可以根据不同的产量水平的要求，来确定可变要素劳动的投入量。根据这种关系，在劳动价格 w 和资本价格 r 已知的条件下，用 STC 代表短期总成本，则可以用下面的式(5.2)来表示厂商的在每一产量水平上的短期总成本：

$$STC = w \cdot L(Q) + r \cdot \overline{K} \tag{5.2}$$

其中，$w \cdot L(Q)$ 为可变成本部分；$r \cdot \overline{K}$ 为不变成本部分，两部分之和构成短期总成本。若以 $\Phi(Q)$ 表示可变成本 $w \cdot L(Q)$，以 b 表示不变成本 $r \cdot \overline{K}$，则短期总成本函数可以写成以下的形式：

$$STC(Q) = \Phi(Q) + b \tag{5.3}$$

由式(5.2)、式(5.3)可以看出，企业的短期生产函数和要素的价格两者共同确定了短期总成本的函数。

式(5.2)所代表的厂商的短期成本曲线，可以很容易地由厂商的短期总产量曲线相应求得。根据第 4 章中图 4-2 短期生产函数 $Q = f(L, \overline{K})$ 的总产量曲线图，由 TP_L 的总产量曲线推导相应的短期总成本曲线，具体做法是：在总产量曲线 TP_L 上，找到与每一产量水平相对应的可变要素劳动的投入量 L（可参考表 5-1），再用所得到的 L 去乘已知的劳动价格 w（在此假定 $w = 2$），便可得到每一产量水平下的可变成本。将这种产量与可变成本的对应关系描绘在以横轴代表产量 Q 和纵轴代表成本 C 的平面坐标图中，即可得到短期总成本曲线，如图 5-1 所示。

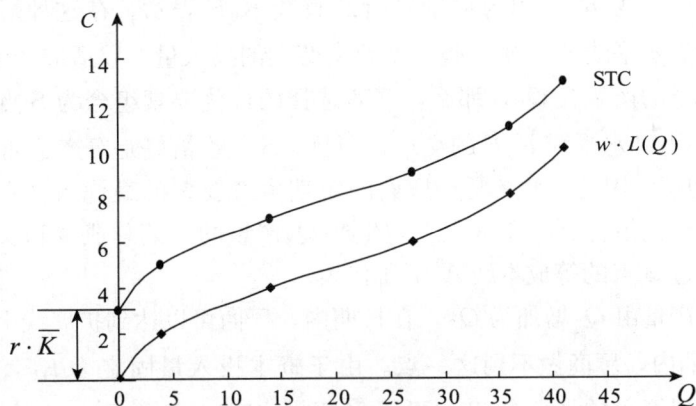

图 5-1　短期总成本曲线

在图 5-1 中，从原点出发的曲线 $w \cdot L(Q)$ 为短期总可变成本曲线。由于短期内总固定成本为 $r \cdot \overline{K}$，所以，将 $w \cdot L(Q)$ 曲线向上垂直平移单位 $r \cdot \overline{K}$，就可得到短期总成本曲线 STC。显然，图 4-2 的短期总产量曲线和图 5-1 的短期总成本曲线存在着相互对应的关系。

5.2.2　短期总成本和扩展线

前面我们分析厂商的生产扩展线时，厂商是通过变动生产中所使用的全部两种生产要素的投入量来实现生产的均衡的，这属于长期生产问题。在短期内，假设厂商仍只使用劳动和资本两种生产要素，其中，劳动投入量是可变的，资本投入量是固定的，那么，厂商的产量和相应的投入要素组合，进而产量和相应的成本组合，也可以用扩展线的图形来说明，如图 5-2 所示。

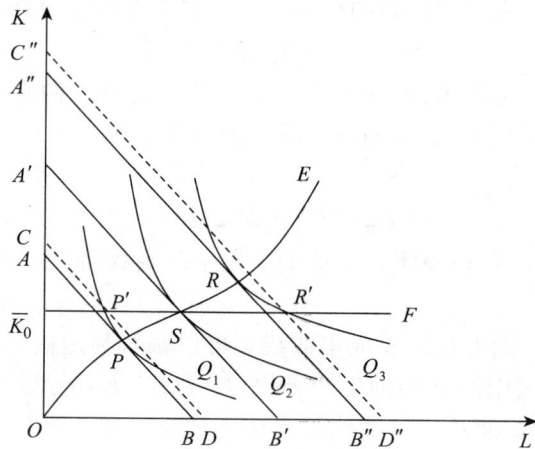

图 5-2　扩展线与短期总成本

在图 5-2 中，三条等产量曲线 Q_1、Q_2 和 Q_3 顺次与三条等成本线 AB、$A'B'$ 和 $A''B''$ 相切于 P、S 和 R 三点，连接这三点的 OE 线为厂商生产的扩展线。现假定在短期内厂商的资本投入量固定为 $\overline{K}_0$，用与横轴平行的直线 $\overline{K}_0F$ 表示。在这种短期生产的情况下，厂商只能沿着水平线 $\overline{K}_0F$ 来调整可变要素劳动的投入量，以适应产量的变化。

如果厂商生产的产量为 Q_2，那么，厂商选择的最优要素组合为 S 点。因为 S 点不仅是等产量曲线 Q_2 和水平线 $\overline{K}_0F$ 的交点，而且，S 点也恰好是等产量曲线 Q_2 和等成本曲线 $A'B'$ 的相切点。因此，S 点既是厂商的短期生产要素的最优组合点，也是厂商的长期生产要素的最优组合点，在 S 点上，生产 Q_2 产量的短期总成本和长期总成本是相等的，它们都由过 S 点的等成本线 $A'B'$ 所代表。

如果厂商将产量由 Q_2 增加为 Q_3，在长期内，厂商可以达到扩展线上的生产均衡点 R，但是，在短期内，厂商做不到这一点。由于资本投入量固定为 $\overline{K}_0$，厂商所能做出的最好选择是达到等产量曲线 Q_3 和水平线 $\overline{K}_0F$ 的相交点 R'，R' 点表示生产 Q_3 产量的短期的最优要素组合。显然，对于生产同一个产量 Q_3 来说，短期总成本（由过 R' 点的等成本线 $C''D''$ 所代表）大于长期总成本（由过 R 点的等成本线 $A''B''$ 所代表）。

类似地，如果厂商将产量由 Q_2 减少为 Q_1，由于固定的资本投入量 $\overline{K}_0$ 的约束，厂商不能达到扩展线上的长期均衡点 P，而只能达到等产量曲线 Q_1 与 $\overline{K}_0F$ 的相交点 P'。对于生产同一个产量 Q_1 来说，短期总成本（由过 P' 点的等成本线 CD 所代表）也大于长期总成本（由过 P 点的等成本线 AB 所代表）。

从以上的分析中可以清楚地看到，水平线 $\overline{K}_0F$ 与等产量曲线 Q_1、Q_2 和 Q_3 的三个相交点 P'、S 和 R'，分别表示短期内生产 Q_1、Q_2 和 Q_3 产量时的短期总成本。由此可见，厂商的短期总成本可以在扩展线的图形中得到说明。

5.2.3 短期成本的分类和短期成本曲线

在短期内，厂商的成本可以分为不变成本和可变成本两部分。具体地讲，厂商的短期成本有总不变成本（总固定成本）、总可变成本、总成本、平均不变成本、平均可变成本、平均总成本和边际成本七种，它们的英文缩写依次为 TFC、TVC、TC、AFC、AVC、AC 和 MC。

总不变成本（total fixed cost）是厂商在短期内为生产一定量的产品对不变生产要素所支付的总成本。例如，建筑物和机器设备的折旧费等。由于在短期内不管企业的产量为多少，不变要素的投入量都是不变的，所以，总不变成本不随产量的变化而变化，即使产量为零时，总不变成本也仍然存在。

总可变成本（total variable cost）是厂商在短期内为生产一定量的产品对可变生产要素所支付的总成本。例如，厂商对原材料、燃料动力和工人工资的支付等。由于在短期内厂商是根据产量变化的要求来不断地调整可变要素的投入量的，所以，总可变成本随产量的变动而变动。当产量为零时，总可变成本为零。在这以后，总可变成本随着产量的增加而增加。它的函数形式为

$$TVC = TVC(Q) \tag{5.4}$$

总成本（total cost）是厂商在短期内为生产一定量的产品对全部生产要素所付出的总成本。它是总不变成本和总可变成本之和，用公式表示为

$$TC(Q) = TFC + TVC(Q) \tag{5.5}$$

平均不变成本（average fixed cost）是厂商在短期内平均每生产一单位产品所消耗的不变成本，用公式表示为

$$AFC(Q) = \frac{TFC}{Q} \tag{5.6}$$

平均可变成本（average variable cost）是厂商在短期内平均每生产一单位产品所消耗的可变成本，用公式来表示为

$$AVC(Q) = \frac{TVC(Q)}{Q} \tag{5.7}$$

平均总成本（average cost）是厂商在短期内平均每生产一单位产品所消耗的全部成本，它等于平均不变成本和平均可变成本之和，用公式表示为

$$AC(Q) = \frac{TC(Q)}{Q} = AFC(Q) + AVC(Q) \tag{5.8}$$

边际成本（marginal cost）是厂商在短期内增加一单位产品时所增加的成本，用公式表示为

$$MC(Q) = \frac{\Delta TC(Q)}{\Delta Q} \tag{5.9}$$

或者

$$MC(Q) = \lim_{\Delta \to 0} \frac{\Delta TC(Q)}{\Delta Q} = \frac{dTC}{dQ} \tag{5.10}$$

从以上各种短期成本的定义公式中可见，由一定产量水平上的总成本（包括 TFC、

TVC 和 TC)出发，可以得到相应的平均成本(包括 AFC、AVC 和 AC)和边际成本(即 MC)。

表 5-3 是某厂商的短期成本表，表中的平均成本和边际成本的各栏均可以分别由相应的总成本的各栏推算出来，该表体现了各种短期成本之间的相互关系。

表 5-3　短期成本表

产量/件	总成本/元			平均成本/元			边际成本/元
Q	TFC	TVC	TC	AFC	AVC	AC	MC
0	120	0	120	—	—	—	—
1	120	60	180	120	60	180	60
2	120	80	200	60	40	100	20
3	120	90	210	40	30	70	10
4	120	105	225	30	26.3	56.3	15
5	120	140	260	24	28	52	35
6	120	210	330	20	35	55	70

图 5-3 是根据表 5-3 绘制的短期成本曲线图，图中的横轴表示产量 Q，纵轴表示成本 C。

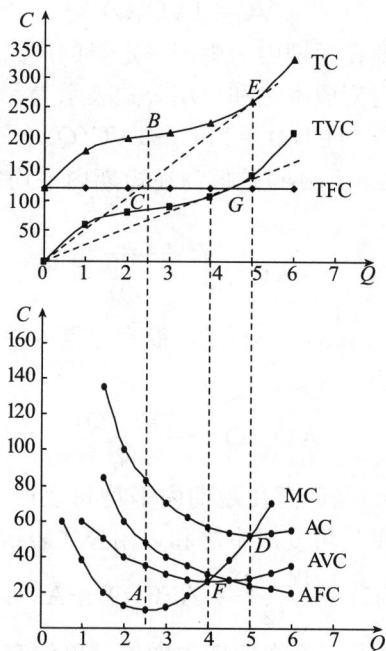

图 5-3　短期成本曲线

在图 5-3 中，总不变成本 TFC 曲线是一条水平线，它表示在短期内无论产量如何变化，总不变成本是固定的。

总可变成本 TVC 曲线是一条由原点出发的向右上方倾斜的曲线。在达到一定的产量水平(2.5 件)之前，总可变成本的增量是递减的。在达到这个产量水平(2.5 件)以后，总可变成本的增量是递增的。或者说，在一定的产量水平(2.5 件)上，总可变成本存在着一个拐点(C 点)。在拐点之前，TVC 曲线的斜率是递减的，在拐点之后，TVC 曲线的斜率是递增的。TVC 曲线的这一特征来源于边际报酬递减规律，这一点将在下一个问题中进一步说明。

总成本 TC 曲线是通过把每一产量水平上的总不变成本和总可变成本垂直相加而得到的。因此，TC 曲线是一条由水平的 TFC 曲线与纵轴的交点出发的向右上方倾斜的曲线。在每一个产量点上，不仅 TC 曲线的斜率和 TVC 曲线的斜率相等，而且，TC 曲线和 TVC 曲线之间的垂直距离都等于固定的总不变成本 TFC。

此外，平均不变成本 AFC 曲线是一条向两轴渐进的双曲线，它表示平均不变成本随产量的增加而减少。平均可变成本 AVC 曲线、平均总成本 AC 曲线和边际成本 MC 曲线都呈 U 形，即它们都表现出随产量的增加而先降后升的特征。它们的这种 U 形特征都需用边际报酬递减规律来解释，这也将在下一个问题中做具体的解释。

5.2.4 边际报酬递减规律

边际报酬递减规律是指在短期生产过程中，在其他条件不变的前提下，随着一种可变要素投入量的连续增加，它所带来的边际产量先递增，达到最大值以后再递减。边际报酬递减规律的作用也可以通过以下的形式表示出来：在其他条件不变时，尤其是在要素投入量和要素价格不变时，当可变要素由零开始增加时，起初由于可变要素的投入量相对于不变要素的投入量较少，增加可变要素投入量会提高生产效率，边际成本递减，但当可变要素投入量增加到最佳比例以后，再继续增加可变要素投入量就会降低生产效率，边际成本递增。这就说明，短期生产函数和短期成本函数之间存在着某种对应关系。这种对应关系表现为：在短期生产中，边际报酬的递增阶段对应的是边际成本的递减阶段，边际报酬的递减阶段对应的是边际成本的递增阶段，与边际报酬的极大值相对应的是边际成本的极小值。正因为如此，在边际报酬递减规律作用下，边际成本 MC 曲线表现出先降后升的 U 形特征。

用由边际报酬递减规律所决定的 MC 曲线的 U 形特征，可以解释其他一些短期成本曲线的特征和短期成本曲线相互之间的某种关系。

第一，关于 TC 曲线、TVC 曲线和 MC 曲线之间的关系。由于 $MC = \dfrac{dTC}{dQ}$，而且每一产量点上的 TC 曲线和 TVC 曲线的斜率是相等的，所以，每一产量点上的 MC 值就是相应的 TC 曲线和 TVC 曲线的斜率。这种关系在图 5-3 中表现为在边际报酬递减规律的作用下，当 MC 曲线逐渐地由下降变为上升时，相应地，TC 曲线和 TVC 曲线的斜率也由递减变为递增。当 MC 曲线在 A 点达到极小值时，TC 曲线和 TVC 曲线相应地各自存在一个拐点，即 B 点和 C 点。显然，TC 曲线和 TVC 曲线的形状特征取决于边际报酬递减规律。

第二，关于 AC 曲线、AVC 曲线和 MC 曲线之间的关系。先分析 AC 曲线和 MC 曲线之间的关系。在图 5-3 中，U 形的 AC 曲线与 U 形的 MC 曲线相交于 AC 曲线的最低点 D。在 AC 曲线的下降段，即在 D 点之前，MC 曲线低于 AC 曲线。在 AC 曲线的上升段，即在 D 点之后，MC 曲线高于 AC 曲线。并且，不管是下降还是上升，MC 曲线的变动都要快于 AC 曲线的变动。

形成这种特征的原因在于，对于任何两个相应的边际量和平均量而言，只要边际量小于平均量，边际量就把平均量拉下，只要边际量大于平均量，边际量就把平均量拉上。当边际量等于平均量时，平均量必然达到其本身的极值点。而在边际报酬递减规律的作用下，MC 曲线是呈先降后升的 U 形，所以，AC 曲线也必呈先降后升的 U 形，且两线必相交于 AC 曲线的最低点。除此以外，还应该看到，对于产量变化的反应，边际成本 MC 要比平均总成本 AC 敏感得多。因此，不管是减少还是增加，MC 曲线的变动都快于 AC 曲线。

再分析 AVC 曲线和 MC 曲线的关系。在图 5-3 中，U 形的 AVC 曲线与 U 形的 MC 曲线相交于 AVC 曲线的最低点 F。在 AVC 曲线的下降段，即在 F 点之前，MC 曲线低于 AVC 曲线。在 AVC 曲线的上升段，即在 F 点之后，MC 曲线高于 AVC 曲线。而且，不管是下降还是上升，MC 曲线都快于 AVC 曲线。对 AVC 曲线和 MC 曲线之间关系的解释，与对 AC 曲线和 MC 曲线之间的解释是相似的。

最后，需要指出的是，比较 AC 曲线和 MC 曲线的交点 D 与 AVC 曲线和 MC 曲线的交点 F，可以发现，前者的出现慢于后者，并且前者的位置高于后者。也就是说，AVC 曲线降到最低点 F 时，AC 曲线还没有降到最低点 D，而且 AC 曲线的极小值大于 AVC 曲线的最小值。这是因为在平均成本中不仅包括平均可变成本还包括平均不变成本。正是由于平均不变成本的作用，才使得 AC 曲线的最低点 D 的出现既慢于又高于 AVC 曲线的最低点 F。

5.2.5　短期边际产量和边际成本

首先，就前面已经提到的短期生产条件下的生产函数和成本函数之间的对应关系作进一步的分析。本节所讨论的短期生产函数为

$$Q = f(L, \overline{K}) \tag{5.11}$$

短期成本函数为

$$\mathrm{TC}(Q) = \mathrm{TFC} + \mathrm{TVC}(Q) \tag{5.12}$$

$$\mathrm{TVC}(Q) = w \cdot L(Q) \tag{5.13}$$

并且，假定生产要素的价格是既定的。由式(5.12)可得

$$\mathrm{MC} = \frac{\mathrm{dTC}}{\mathrm{d}Q} = \frac{\mathrm{dTVC}}{\mathrm{d}Q} + \frac{\mathrm{dTFC}}{\mathrm{d}Q} \tag{5.14}$$

根据式(5.13)，有 $\dfrac{\mathrm{dTVC}(Q)}{\mathrm{d}Q} = w \cdot \dfrac{\mathrm{dL}(Q)}{\mathrm{d}Q}$，且 TFC 是一个常数，于是有 $\dfrac{\mathrm{dTFC}}{\mathrm{d}Q} = 0$，所以，式(5.14)可以写为

$$\mathrm{MC} = \frac{\mathrm{dTC}}{\mathrm{d}Q} = \frac{\mathrm{dTVC}}{\mathrm{d}Q} = w \cdot \frac{\mathrm{d}L}{\mathrm{d}Q}$$

$$\mathrm{MC} = w \cdot \frac{1}{\mathrm{MP}_L} \tag{5.15}$$

通过分析，我们得到以下两点结论：

第一，由于边际报酬递减规律的作用，可变要素的边际产量 MP 是先上升，达到一

个最高点以后再下降，所以，边际成本 MC 是先下降，达到一个最低点以后再上升。这种对应关系，如图 5-4 所示，MP 曲线的上升段对应 MC 曲线的下降段，MP 曲线的下降段对应 MC 曲线的上升段，MP 曲线的最高点对应 MC 曲线的最低点。

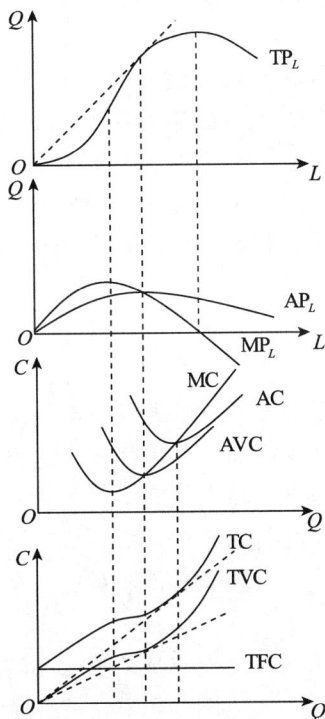

图 5-4　短期生产函数与短期成本函数的对应关系

第二，由以上的边际产量和边际成本的对应关系可以推知，总产量和总成本之间也存在着对应关系。如图 5-4 所示，当总产量 TP 曲线下凹时，总成本 TC 曲线和总可变成本 TVC 曲线是上凸的；当总产量 TP 曲线上凸时，总成本 TC 曲线和总可变成本 TVC 曲线是下凹的；当总产量 TP 曲线存在一个拐点时，总成本 TC 曲线和总可变成本 TVC 曲线也各存在一个拐点。

5.2.6　短期平均产量和平均可变成本

根据式(5.13)，我们可以得到以下关系：

$$AVC = \frac{TVC(Q)}{Q} = w \cdot \frac{L(Q)}{Q} = w \cdot \frac{1}{AP_L} \tag{5.16}$$

由此我们可以看出平均产量和平均成本之间存在以下关系：

第一，可变生产要素的平均产量 AP 和平均可变成本 AVC 之间存在着一种对应关系，如图 5-4 所示，前者呈递增时，后者呈递减；前者呈递减时，后者呈递增；前者的最高点对应后者的最低点。

第二，由于 MC 曲线和 AVC 曲线交于 AVC 曲线的最低点，MP 曲线与 AP 曲线交于 AP 曲线的最高点，所以，MC 曲线和 AVC 曲线的交点与 MP 曲线和 AP 曲线的交点是对应的，如图 5-4 所示。

5.3　长期成本分析

在长期内厂商可以根据产量的要求调整全部的生产要素投入量，甚至进入或退出一个行业。在长期内，厂商的所有的成本都是可变的。厂商的长期成本可以分为长期总成本、长期平均成本和长期边际成本，它们的英文缩写依次为 LTC、LAC 和 LMC。从现在开始，为了区分短期成本和长期成本，在短期总成本、短期平均成本和短期边际成本前都冠之以"S"，如短期总成本缩写为 STC 等，在长期成本前都冠之以"L"，如长期总成本写为 LTC 等。

5.3.1　长期总成本

厂商在长期内对全部生产要素投入量的调整意味着对企业的生产规模的调整，也就是说，从长期看，厂商总是可以在每一个产量水平上选择最优的生产规模进行生产。长期总成本(long-run total cost)是指厂商在长期中在各种产量水平上通过改变生产规模所能达到的最低总成本。相应地，长期总成本函数写成以下形式：

$$LTC=LTC(Q) \tag{5.17}$$

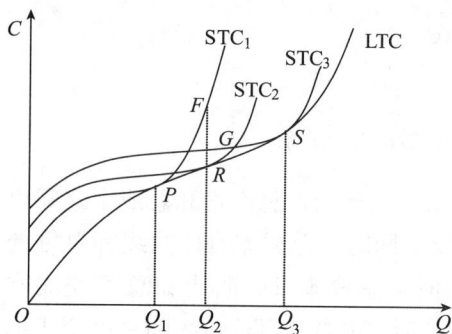

图 5-5　长期总成本曲线

根据对长期总成本函数的规定，可以由短期总成本曲线出发，推导长期总成本曲线。在图 5-5 中，有三条短期总成本曲线 STC_1、STC_2 和 STC_3，它们分别代表三个不同的生产规模。由这三条短期总成本曲线在纵轴上的截距可知，STC_1 曲线所表示的总不变成本小于 STC_2 曲线，STC_2 曲线所表示的总不变成本又小于 STC_3 曲线，而总不变成本的多少（如厂房、机器设备等）往往可以代表生产规模的大小。因此，从三条短期总成本曲线所代表的生产规模看，STC_1 曲线最小，STC_2 曲线居中，STC_3 曲线最大。

假定厂商生产的产量为 Q_2，那么厂商应如何调整生产要素的投入量，以降低总成本呢？在短期内，厂商可能面临 STC_1 所代表的过小的生产规模或 STC_3 所代表的过大的生产规模，于是，厂商只能按较高的总成本来生产产量 Q_2，即在 STC_1 曲线上的 F 点或 STC_3 曲线上的 G 点进行生产。但在长期情况会发生变化，厂商在长期内可以变动全部的要素投入量，选择最优的生产规模，于是，厂商必然会选择 STC_2 曲线所代表的生产规模进行生产，从而将总成本降低到所能达到的最低水平，即厂商是在 STC_2 曲线的 R 点进行生产。类似地，在长期内，厂商会选择 STC_1 曲线所代表的生产规模，在 P 点上生产 Q_1 的产量；选择 STC_3 曲线所代表的生产规模在 S 点上生产 Q_3 的产量。这样，厂商就实现了既定产量下的总成本最低。

虽然在图 5-5 中只有三条短期总成本线，但在理论分析上可以假定有无数条短期总成本曲线。这样一来，厂商可以在任何一个产量水平上，找到相应的一个最优的生产规模，把总成本降低到最低水平。也就是说，可以找到无数个类似于 P、R 和 S 的点，这些点的轨迹就形成了图 5-5 中的长期总成本 LTC 曲线。显然，长期总成本曲线是无数条短期总成本曲线的包络线。在这条包络线上，在连续变化的每一个产量水平上，都存在着 LTC 曲线和一条 STC 曲线的相切点，该 STC 曲线所代表的生产规模就是生产该产量的最优生产规模，该切点所对应的总成本就是生产该产量的最低总成本。所以，LTC 曲线表示长期内厂商在每一产量水平上由最优生产规模所带来的最小生产总成本。

长期总成本 LTC 曲线是从原点出发向右上方倾斜的，它表示当产量为零时，长期总成本为零，以后随着产量的增加，长期总成本增加。而且，长期总成本 LTC 曲线的斜率先递减，经拐点之后，又变为递增。

5.3.2　扩展线和长期总成本曲线

由企业的扩展线也可以得到长期总成本曲线，这对于进一步理解长期总成本曲线是有意义的。

在图 5-6(a) 中有企业的一条扩展线 OR。扩展线上的 E_1、E_2 和 E_3 点是三个长期生产的均衡点。每一个均衡点都表示企业通过选择最优的生产要素组合所实现的生产每一个既定产量时的最小总成本。例如，在 E_1 点上，生产 50 单位产量的最小总成本由等成本线 A_1B_1 所代表，它等于 $r \cdot OA_1 = w \cdot OB_1$。同理，在 E_2 点上，生产 100 单位的最小总成本为 $r \cdot OA_2 = w \cdot OB_2$；在 E_3 点上，生产 150 单位的最小总成本为 $r \cdot OA_3 = w \cdot OB_3$。重复以上过程，可以由扩展线得到每一个产量点上的最小总成本，将所有这些产量与相对应的最小总成本的组合描绘在图 5-6(b) 中，便得到长期总成本 LTC 曲线。

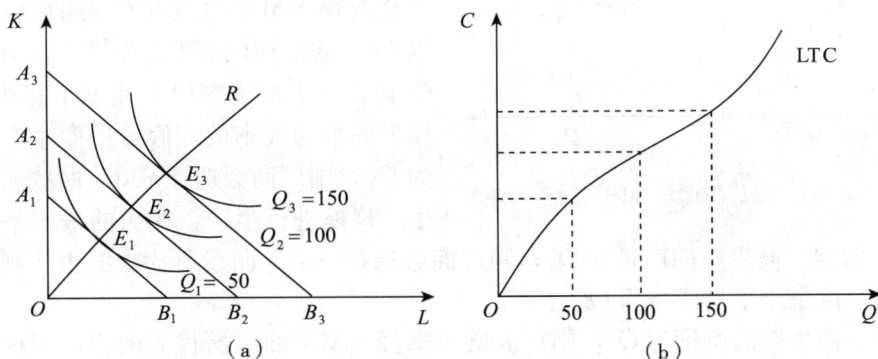

图 5-6　扩展线和长期总成本曲线

由此可见，长期总成本 LTC 曲线上的每一点的产量和成本组合与扩展线上的每一点的产量和成本组合是相对应的，它们都表示企业长期内在每一产量水平上的最小总成本。

5.3.3　长期平均成本曲线与长期边际成本曲线

长期平均成本(long-run average cost)表示厂商在长期内按产量平均计算的最低总

成本。长期平均成本函数和长期边际成本函数可以写为

$$LAC(Q) = \frac{LTC(Q)}{Q} \tag{5.18}$$

$$LMC(Q) = \frac{\Delta LTC(Q)}{\Delta Q} \tag{5.19}$$

或者

$$LMC(Q) = \lim_{\Delta Q \to 0} \frac{\Delta LTC(Q)}{\Delta Q} = \frac{dLTC(Q)}{dQ} \tag{5.20}$$

1. 长期平均成本曲线

1)长期平均成本曲线的推导

在分析长期总成本时我们曾强调指出，厂商在长期内是可以实现每一个产量水平上总成本最小的。因此，根据式(5.18)便可以推知：厂商在长期内实现每一产量水平总成本最小的同时，必然也就实现了相应的总成本最小。所以，长期平均成本曲线可以根据式(5.18)由长期总成本曲线画出。具体的做法是：把长期总成本 LTC 曲线上每一点的长期总成本值除以相应的产量，便得到每一产量上的长期平均成本值，再把每一个产量和相应的长期平均成本值描绘在产量和成本的平面坐标图中，便可得到长期平均成本 LAC 曲线。此外，长期平均成本曲线也可以由短期平均成本曲线求得。为了更好地理解长期平均成本曲线和短期平均成本曲线之间的关系，在此着重介绍后一种方法。

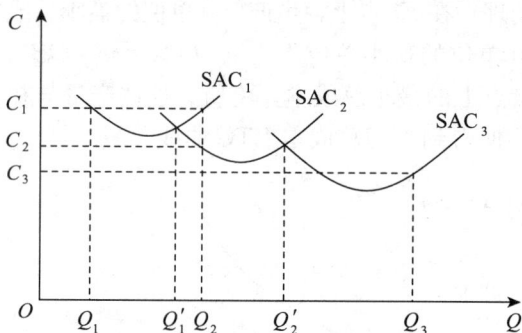

图 5-7　最优生产规模的选择

在图 5-7 中，有三条短期平均成本曲线 SAC_1、SAC_2 和 SAC_3，它们各自代表了三个不同的生产规模。在长期内，厂商可以根据产量要求，选择最优的生产规模进行生产。假定厂商生产 Q_1 的产量，则厂商会选择 SAC_1 曲线所代表的生产规模，以 OC_1 的平均成本进行生产。而对于产量 Q_1 而言，平均成本 OC_1 是低于其他任何规模下的平均成本的。假定厂商生产的产量为 Q_2，则厂商会选择 SAC_2 曲线所代表的生产规模进行生产，相应的最小平均成本为 OC_2。假定厂商生产的产量为 Q_3，则厂商会选择 SAC_3 曲线所代表的生产规模进行生产，相应的最小平均成本为 OC_3。

如果厂商生产的产量为 Q_1'，则厂商既可选择 SAC_1 曲线所代表的生产规模，也可选择 SAC_2 曲线所代表的生产规模。因为，这两个生产规模都以相同的平均成本生产同一个产量。这时厂商有可能选择 SAC_1 曲线所代表的生产规模，因为，该生产规模相对较小，厂商的投资可以少一点。厂商也有可能考虑到今后扩大产量的需要，而选择 SAC_2 曲线所代表的生产规模。厂商的这种考虑和选择，对于其他类似的每两条 SAC 曲线的交点，如 Q_2' 的产量，也是同样适用的。

在长期生产中，厂商总是可以在每一产量水平上找到相应的最优生产规模进行生产。而在短期内，厂商做不到这一点。假定厂商现有的生产规模为 SAC_1 曲线所代表

的，而它需要生产的产量为 Q_2，那么，厂商在短期内就只能以 SAC_1 曲线上的 OC_1 的平均成本来生产，而不可能是 SAC_2 曲线上更低的平均成本 OC_2。

由以上分析可见，沿着图(5-7)中所有的 SAC 曲线的连接部分，厂商总是可以找到长期内生产某一产量的最低平均成本。由于在长期内可供厂商选择的生产规模是很多的，在理论分析中，可以假定生产规模可以无限细分，从而可以有无数条 SAC 曲线，于是便得到如图 5-8 中所示的长期平均成本 LAC 曲线。显然，长期平均成本曲线是无数条短期平均成本曲线的包络线。在这条包络线上，在连续变化的每一个产量水平，都存在 LAC 曲线和一条 SAC 曲线的相切点，该 SAC 曲线所代表的生产规模就是生产该产量的最优生产规模，该切点所对应的平均成本就是对应的最低平均成本。LAC 曲线表示厂商在长期内在每一产量水平上可以实现的最小的平均成本。

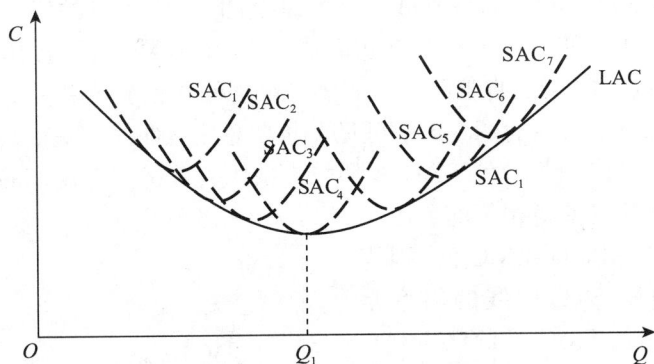

图 5-8　长期平均成本曲线

此外，从图 5-8 中还可以看到，在 LAC 曲线的下降段，LAC 曲线相切于所有相应的 SAC 曲线最低点的左边；在 LAC 曲线的上升段，LAC 曲线相切于所有相应的 SAC 曲线最低点的右边。只有在 LAC 曲线的最低点上，LAC 曲线才相切于相应的 SAC 曲线(见图 5-8 中的 SAC_4 曲线)的最低点。

2)长期平均成本曲线的形状

在图 5-8 中，长期平均成本曲线呈先降后升的 U 形，这种形状和短期平均成本曲线是很相似的。但是，这两者形成 U 形的原因并不相同。如前所述，短期平均成本曲线呈 U 形是由于短期生产函数的边际报酬递减规律的作用。但在长期内所有生产要素投入量都可变的情况下，边际报酬递减规律不对长期平均成本曲线的形状产生影响。长期平均成本曲线的 U 形特征主要是由长期生产中的规模经济和规模不经济所决定的。

在企业生产扩张的开始阶段，厂商由于扩大生产规模而使经济效益得到提高，这叫规模经济(economies of scale)。当生产扩张到一定规模以后，厂商继续扩大生产规模，就会使经济效益下降，这叫规模不经济(diseconomies of scale)。这种规模经济和规模不经济都是由厂商变动自己的企业生产规模所引起的，所以，也被称为规模内在经济和规模内在不经济。长期生产的规模报酬作用是引起规模内在经济和规模内在不经济的主要原因。一般来说，在企业的生产规模由小到大的扩张过程中，会先后出现规模内在经济和规模内在不经济。规模内在经济和规模内在不经济决定长期平均成本 LAC 曲线表现出先下降后上升的 U 形特征。

此外，外在经济和外在不经济会影响长期平均成本 LAC 曲线的位置。外在经济是由于厂商的生产活动所依赖的外界环境得到改善而产生的。例如，整个行业的发展可以使行业内的单个厂商从中受益。相反，如果厂商的生产活动所依赖的外界环境恶化了，则是外在不经济。例如，整个行业的发展，使得生产要素价格上升，交通运输紧张，从而给行业内的单个厂商的生产带来困难。外在经济和外在不经济是由企业以外的因素引起的，它影响厂商的长期平均成本曲线的位置。

2. 长期边际成本曲线

1) 长期边际成本曲线的推导

长期边际成本 (long-run marginal cost) LMC 曲线可以由长期总成本 LTC 曲线得到，因为 LMC＝dLTC/dQ，只要把每一个产量上的 LTC 曲线的斜率值描绘在产量和成本的平面坐标图中，便可以得到长期边际成本 LMC 曲线。长期边际成本 LMC 曲线还可以由短期边际成本 SMC 曲线得到。下面将对这种方法予以说明。

从推导长期总成本曲线的图 5-5 中可见，长期总成本曲线是短期总成本曲线的包络线。在长期内的每一个产量上，LTC 曲线都与一条代表最优生产规模的 STC 曲线相切，这说明这两条曲线的斜率是相等的。由于 LTC 曲线的斜率是相应的 LMC 值（因为 LMC＝dLTC/dQ），STC 曲线的斜率是相应的 SMC 值（因为 SMC＝dSTC/dQ），可以推知，在长期内的每一个产量上，LMC 值都与代表最优生产规模的 SMC 值相等。根据这种关系，便可以由 SMC 曲线推导 LMC 曲线。但是，与长期总成本曲线和长期平均成本曲线的推导不同，长期边际成本曲线不是短期边际成本曲线的包络线，它的推导如图 5-9 所示。

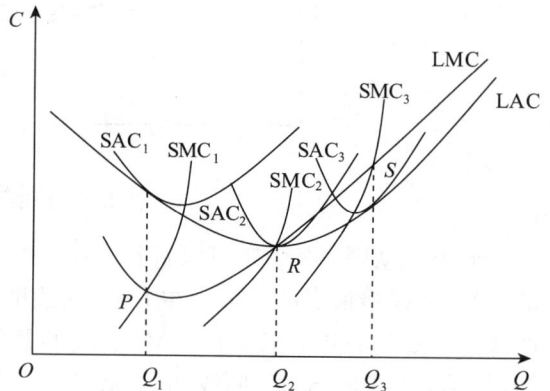

图 5-9   长期边际成本曲线

在图 5-9 中，每一个产量上的代表最优生产规模的 SAC 曲线都有一条相应的 SMC 曲线，每一条 SMC 曲线都过相应的 SAC 曲线最低点。在 Q_1 的产量上，生产该产量的最优生产规模由 SAC$_1$ 曲线和 SMC$_1$ 曲线所代表，相应的短期边际成本由 P 点给出，PQ_1 既是短期边际成本又是长期边际成本，即 LMC＝SMC$_1$＝PQ_1。同理，在 Q_2 的产量上，有 LMC＝SMC$_2$＝PQ_2。在 Q_3 的产量上，有 LMC＝SMC$_3$＝PQ_3。在生产规模可以无限细分的条件下，可以得到无数个类似于 P、R、S 的点，将这些点连接起来便得到一条光滑的长期边际成本 LMC 曲线。

2) 长期边际成本曲线的形状

如图 5-9 所示，长期边际成本曲线呈 U 形，它与长期平均成本曲线相交于长期平均成本曲线的最低点。其原因在于，根据边际量和平均量之间的关系，当 LAC 曲线处于下降阶段时，LMC 曲线一定处于 LAC 曲线的下方，也就是说，当 LMC＜LAC 时，LMC 将 LAC 拉下；相反，当 LAC 曲线处于上升段时，LMC 曲线一定位于 LAC 曲线的上方，也就是说，当 LMC＞LAC 时，LMC 将 LAC 拉上。因为 LAC 曲线在规模内在经济和规模内在不经济的作用下呈先降后升的 U 形，所以 LMC 曲线也必然呈先降后升的 U 形，并且，这两条曲线相交于 LAC 曲线的最低点。

根据 LMC 曲线的形状特征，可以进一步解释 LTC 曲线的形状特征。因为 LMC 曲线呈先降后升的 U 形，而 LMC 值又是 LTC 曲线上相应的点的斜率，所以，LTC 曲线的斜率必定随着产量的增加表现出先递减后递增的特征。

5.3.4　短期成本曲线和长期成本曲线的关系

在此将本章所分析的短期成本曲线和长期成本曲线的相互关系用图 5-10 作一个简单的综合说明。

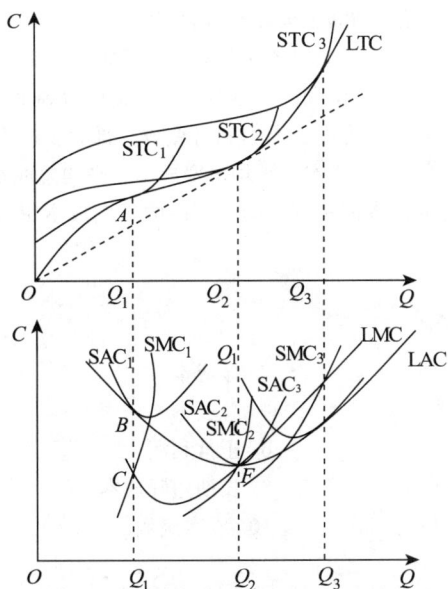

图 5-10　短期成本曲线和长期成本曲线的综合关系

在图 5-10 中，在每一个产量点上，都存在着一个 LTC 曲线与相应的代表最优生产规模的 STC 曲线的相切点，一个 LAC 曲线与相应的代表最优生产规模的 SAC 曲线的相切点，以及一个 LMC 曲线与相应的代表最优生产规模的 SMC 曲线的相交点。这就是图 5-10 中在 Q_1 的产量水平上，A、B、C 三点处在同一条垂直线上的原因。以此类推，在其他的各个产量点上，如 Q_2、Q_3 的产量点上，都存在着相同的情况。需要强调的是，在 LAC 曲线的最低点（在图 5-10 中为 F 点），LAC 曲线与代表最优生产规模的 SAC 曲线恰好相切于两者的最低点，LMC 曲线与代表最优生产规模的 SMC 曲线也恰好相交于这一点。

➤本章专业术语

机会成本　显成本　隐成本　总成本　经济利润　正常利润　利润　成本函数　规模经济　规模不经济　总不变成本　总可变成本　边际成本　长期总成本　长期平均成本　长期边际成本

▶本章小结

本章要点可以归纳如下：

(1)经济学分析中的成本概念有两部分含义：一是社会成本的含义；二是私人成本的含义。社会成本的含义主要是讲资源的稀缺性、使用的有效性以及机会成本等。私人成本的含义主要讲个别厂商进行生产时所需要付出的各种要素投入。

(2)生产一单位的某种商品的机会成本是指生产者所放弃的使用相同的生产要素在其他生产用途中所能得到的最高收入。

(3)企业的生产成本可以分为显成本和隐成本两个部分。企业生产的显成本是指厂商在生产要素市场上购买或租用所需要的生产要素的实际支出。企业生产的隐成本是指厂商本身自己所拥有的且被用于该企业生产过程的那些生产要素的总价格。

(4)企业的经济利润是指企业的总收益和总成本后的余额，简称企业的利润。企业所追求的最大利润指的就是最大的经济利润，经济利润也被称为超额利润。

(5)正常利润是指厂商对自己提供企业家才能所支付的报酬。正常利润是隐成本的一个组成部分。经济利润不包括正常利润。当厂商的经济利润为零时，厂商仍然得到了全部的正常利润。

(6)在短期内，厂商的成本可以分为不变成本和可变成本部分。厂商的短期成本有七种：总不变成本、总可变成本、总成本、平均不变成本、平均可变成本、平均总成本和边际成本。

(7)在长期内，厂商的所有的成本都是可变的。厂商的长期成本可以分为长期总成本、长期平均成本和长期边际成本。

▶练习题

一、名词解释

　　1. 机会成本　　　　　　　　　　2. 显成本

　　3. 隐成本　　　　　　　　　　　4. 总成本

　　5. 经济利润　　　　　　　　　　6. 正常利润

　　7. 规模经济和规模不经济　　　　8. 长期边际成本

　　9. 短期边际成本　　　　　　　　10. 成本函数

二、单选题

　　1. 某厂商每年从企业的总收入中拿出一部分作为自己所提供的生产要素的报酬，这部分资金被视为(　　)。

　　　　A. 显成本　　　B. 隐成本　　　C. 经济利润　　D. 正常利润

　　2. 对于短期边际成本和短期平均成本的关系来说(　　)。

　　　　A. 如果平均成本下降，则边际成本下降

　　　　B. 如果平均成本下降，则边际成本小于平均成本

　　　　C. 如果边际成本上升，则平均成本上升

　　　　D. 如果边际成本上升，则边际成本小于平均成本

　　3. 与短期平均成本曲线呈 U 形有关的原因是(　　)。

　　　　A. 规模报酬　　　　　　　　　B. 外部经济与不经济

　　　　C. 要素边际生产率　　　　　　D. 固定成本占总成本比重

　　4. 短期内在每一产量上的 MC 值应该是(　　)。

　　　　A. 该产量上的 TVC 曲线的斜率，但不是该产量上的 TC 曲线的斜率

　　　　B. 该产量上的 TC 曲线的斜率，但不是该产量上的 TVC 曲线的斜率

　　　　C. 既是该产量上的 TVC 曲线的斜率，又是该产量上的 TC 曲线的斜率

5. 从长期平均成本曲线的最低点，可知(　　)。

　　A. 经济规模　　　　　　　　　B. 长期边际成本最小

　　C. 长期边际成本下降　　　　　D. 经济规模递减

6. 一直线通过原点，而且从下方与 TC 曲线相切，在切点处，AC(　　)。

　　A. 达到最小值　　　　　　　　B. 等于 MC

　　C. 等于 AVC 加 AFC　　　　　D. 以上都对

7. 在任何产量上的 LTC 绝不会大于该产量上由最优生产规模所决定的 STC。这句话(　　)。

　　A. 总是对的　　　　　　　　　B. 肯定错了

　　C. 有可能对　　　　　　　　　D. 视规模经济的具体情况而定

8. 随着产量的增加，平均固定成本将(　　)。

　　A. 先降后升　　　　　　　　　B. 先升后降

　　C. 保持不变　　　　　　　　　D. 一直趋于下降

9. 在短期内，随着产量的增加，AFC 也会越变越小，于是 AC 曲线和 AVC 曲线之间的垂直距离会越来越小，(　　)。

　　A. 直至两曲线相交　　　　　　B. 决不会相交

　　C. 相交于 AFC 最低点　　　　D. 以上说法不正确

10. 经济成本与经济利润具有(　　)的特征。

　　A. 前者比会计成本大，后者比会计利润小

　　B. 前者比会计成本小，后者比会计利润大

　　C. 两者都比相应的会计成本和会计利润小

　　D. 两者都比相应的会计成本和会计利润大

11. 当(　　)时，厂商如果要使成本最低，应该停止营业。

　　A. AC<AR　　　　　　　　　　B. P<AFC

　　C. AR<AVC　　　　　　　　　D. MR<MC

12. 在长期中，下列成本中哪一项是不存在的？(　　)

　　A. 可变成本　　　B. 平均成本　　　C. 机会成本　　　D. 隐含成本

13. 短期平均成本曲线为 U 形的原因与(　　)有关。

　　A. 边际报酬　　　　　　　　　B. 规模经济与不经济

　　C. 要素的边际生产率　　　　　D. 固定成本与可变成本所占比重

14. 长期总成本曲线是各种产量的(　　)。

　　A. 最低总成本点的轨迹　　　　B. 最低平均成本点的轨迹

　　C. 最低边际成本点的轨迹　　　D. 平均成本变动的轨迹

15. LAC 曲线(　　)。

　　A. 通过 LMC 曲线的最低点

　　B. 随 LMC 曲线下降而下降

　　C. 当 LMC<LAC 时下降，而当 LMC>LAC 时上升

　　D. 随 LMC 曲线上升而上升

三、判断题

1. 平均不变成本绝不随着产量的增加而提高。(　　)

2. 总成本是指生产一种产品或劳务所使用的全部资源的市场价值。(　　)

3. 如果规模报酬不变，长期平均成本等于边际成本且不变。(　　)

4. 如果产量减少到零，短期内总成本也将为零。(　　)

5. 某产品短期生产函数中要素的平均产量下降时,该产品短期成本函数中的平均成本必上升。(　　)

6. 只要总收益小于总成本,厂商就会停止生产。(　　)

7. 短期成本函数中的最低平均成本就是短期生产函数中的最高平均产量水平上的平均成本。(　　)

8. 当总收益等于总成本时,厂商的正常利润为零。(　　)

四、问答题

1. 简要说明短期和长期平均成本曲线呈 U 形的原因。

2. 试述机会成本在厂商投资决策中的作用及把握。

3. 试用图说明短期成本曲线之间的相互关系。

4. 试用图从短期总成本曲线推导长期总成本曲线。

5. 长期总成本曲线与短期总成本曲线有什么区别和联系?

6. 请解释经济学家关于成本利润的概念为什么与会计上的有关概念不同。

7. 某方案的机会成本是指决策者为采取该方案而放弃的任何其他方案的利益。你认为这种说法正确吗?

五、计算题

1. 某企业以劳动 L 及资本设备 K 的投入来生产产量 Q,生产函数为 $Q=10L^{1/4}(K-25)^{1/4}$($K \geqslant 25$),企业劳动投入量短期及长期都可以变动,而资本设备只能在长期条件下变动,劳动工资率 $w=100$,资本报酬率 $r=400$。试求:

(1)企业短期及长期总成本函数。

(2)$Q=20$ 时的最佳资本规模,求出此时的短期边际成本及平均成本函数。

2. 生产函数为 $Q=K^{1/4}L^{1/4}M^{1/4}$,在短期中,令 $P_L=2$,$P_K=1$,$P_M=4$,$\overline{K}=8$,试推导出短期可变成本函数和平均可变成本函数,短期总成本及平均成本函数以及短期边际成本函数。

3. 设某厂的生产函数为 $Q=L^{1/2}K^{1/2}$,L 的价格 $w=1$,K 的价格 $r=3$。

(1)试求长期总成本函数 LTC、长期平均成本函数 LAC 和长期边际成本函数 LMC。

(2)设在短期内 $K=10$,求短期总成本函数 STC,短期平均函数 SAC 和短期边际成本函数 SMC。

4. 设利润为总收益减总成本后的差额,总收益为产量(单位:百台)和产品价格的乘积,某产品总成本(单位:万元)的变化率的函数(边际成本是产量的函数)为 $MC=4+\dfrac{Q}{4}$,总收益的变化率即边际收益也是产量的函数 $MR=9-Q$。试求:

(1)产量由 1 万台增加到 5 万台时总成本与总收入各增加多少?

(2)产量为多少时利润最大?

(3)已知固定成本 FC=1(万元),产量为 18 万台时总收益为零,则总成本和总利润函数如何?最大利润是多少?

5. 已知某生产者的生产函数是 $Q=\sqrt{KL}$,$K=4$,其总值为 100,L 的价格为 10。求:

(1)L 的投入函数和生产 Q 的总成本函数、平均成本函数和边际成本函数。

(2)如果 Q 的价格为 40,生产者为了获得最大利润应生产多少 Q?此时利润为多少?

(3)如果 K 的总值从 100 上升到 120,Q 的价格为 40,生产者为了获得最大利润应生产多少 Q?此时利润为多少?

第6章

完全竞争市场

本章要点：

市场结构的决定因素　市场类型及其特点　完全竞争市场的条件　完全竞争市场短期均衡　完全竞争市场长期均衡

前面几章主要介绍了需求理论、消费者理论、生产理论和成本理论，本章和下一章则重点介绍完全竞争市场和不完全竞争市场，即在不同的市场组织下厂商如何确定其产品的价格和产量问题。所以，这两章又统称为价格理论。

6.1　市场结构及其类型

6.1.1　市场、市场结构及其决定因素

1. 市场的定义

何谓市场？市场(market)是指从事某一种商品买卖的交易场所，既包括有形产品市场，如农产品市场、土地市场等，也包括无形产品或服务市场，如股票市场、期货市场等。

随着经济和技术的发展，社会交往的网络走向虚拟化，市场也不只是真实的场所和地点，当今许多买卖都是通过计算机网络来实现的，中国最大的电子商务网站淘宝网就是提供商品交换的虚拟市场。其由阿里巴巴集团于 2003 年 5 月 10 日投资创办，目前淘宝网是亚洲第一大网络零售商，其致力于创造全球首选网络零售商。淘宝网的业务跨越 C2C(消费者间)、B2C(商家对个人)两大部分。2010 年淘宝网注册用户达到 3.7 亿，拥有我国绝大多数的网购用户，覆盖了我国绝大部分网购人群，交易额达 4 千亿元，占网购市场的 80%。

2. 市场结构及其决定因素

市场结构(market structure)有狭义和广义之分，狭义指买方构成市场，卖方构成行业。广义是指一个行业内部买方和卖方的数量及其规模分布、产品差别的程度和新企业进入该行业的难易程度的综合状态，也可以说是某一市场中各种要素之间的内在联系及其特征，包括市场供给者之间(包括替代品)、需求者之间、供给和需求者之间以及市场上现有的供给者、需求者与正在进入该市场的供给者、需求者之间的关系。

决定市场结构的因素主要取决于市场竞争的强度，具体影响因素主要有：第一，卖者和买者的集中程度或数目。数目越多，集中程度越低，竞争程度就越高。第二，不同卖者之间各自提供的产品的差别程度。各厂商提供的产品愈是相似，可以预料，竞争就愈激烈。第三，单个厂商对市场价格控制的程度。单个厂商若无法控制价格，表明市场竞争激烈。第四，厂商进入或退出一个行业的难易程度。如果存在进入市场的障碍，则意味着原有厂商拥有了一些新加入者不具备的有利条件。

6.1.2　市场类型及其特点

根据以上四个决定因素，市场结构的类型可以分为完全竞争市场、垄断竞争市场、寡头垄断市场和完全垄断市场，各类市场结构的特征和相应厂商如表 6-1 来表示。

表 6-1　市场结构类型及其特征

市场类型	企业数量	产品差异	价格控制	进出容易程度	信息	行业类型
完全竞争	很多	完全无差异	没有	很容易	充分	大米、小麦
垄断竞争	较多	有差别	有一些	容易	较充分	香烟、糖果
寡头垄断	若干	有差别或无差异	较大程度	较困难	较不充分	钢铁、汽车
完全垄断	一个	产品唯一，无接近的替代品	很大程度	很困难	不充分	公用事业，如电、水

6.2　完全竞争市场的短期均衡和短期供给曲线

6.2.1　完全竞争市场的条件

完全竞争（perfect competition），又叫纯粹竞争，是完全非个人化的市场。一个市场要成为完全竞争的市场，必须具备以下四个条件：

第一，市场上有无数个买者或卖者。在这种情况下，每一个买者或卖者都是价格的被动接受者（price taker），就是说，任何一个买者或卖者都不能影响商品的市场价格。因此，每一个买者的购买量或卖者的销售量相对于这种产品的整个市场的总购买量和总销售量来说都是微不足道的，单个买者或卖者的经济行为不会影响这种产品的市场价格。这表明，任何单个厂商面临的需求曲线都是一条与横坐标相平行的直线或水平线。

第二，产品完全无差异或者同质。就是说，所有厂商生产的产品是完全相同的，产品不仅内在质量完全一样，而且在商标、包装、性能等方面也是完全一样的，没有差异。由于产品完全无差异或同质，所以厂商无法利用产品的特征来促销。

第三，资源可以自由流动。企业生产中使用的各种资源或要素可以自由流动。比如，劳动力的流动不存在任何限制，资本也可以自由流入或流出某一行业。这样，企业可以自由地进入赢利行业，或及时地退出亏损行业。

第四，买者或卖者掌握完全信息。在完全竞争市场中，每一个买者或卖者都对有关的经济和技术方面的信息有充分的了解，市场上不存在不确定性。这样，就可以保证商品按照市场的均衡价格成交。

严格地说，在现实经济中很难找到同时具备上述四个条件的完全竞争市场。国外发达市场经济国家的大宗农产品市场，如小麦市场被认为接近于完全竞争市场。

6.2.2　完全竞争市场的短期均衡

1. 完全竞争市场的需求曲线和企业的需求曲线

在完全竞争市场条件下，市场的需求曲线，即行业所面临的需求曲线是消费者对整个行业所生产的产品的需求量与价格之间的关系所形成的曲线。由第 2 章的需求定理可知，整个行业或市场需求曲线是一条向右下方倾斜的曲线，如图 6-1(a)中的曲线 D 所示。图 6-1(a)中的 S 曲线为行业或市场的所有企业面临的供给曲线。由于在短期内，消费者的偏好和收入都不会发生变动，这意味着在单个消费者需求曲线的基础上所得到的市场需求曲线是既定的。同时，短期内企业的生产和技术也不会发生变化，这意味着市场供给曲线也是既定的。市场需求曲线和市场供给曲线的交点就是市场的均衡点，即 E 点，P_E 为均衡价格。

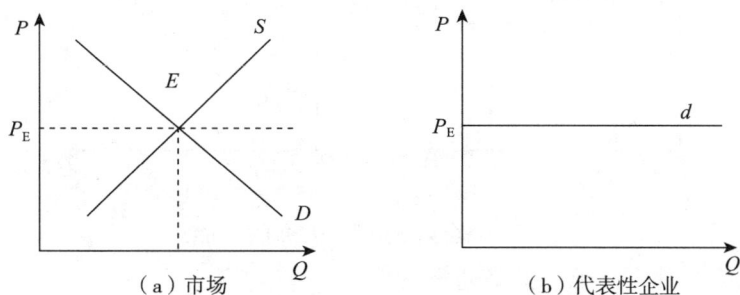

图 6-1　市场需求曲线和企业的需求曲线

在短期内，企业的需求曲线是一条水平线，如图 6-1(b)中的曲线 d 所示。因为在完全竞争市场上，单个企业只是价格的接受者，所以当市场需求曲线确定之后，每个企业只能按照这个市场均衡价格来出售它的产品，无论单个企业是增产还是减产，都不能影响产品的市场价格。由于产品是同质的，生产者和消费者掌握完全信息，如果单个企业随意提高产品价格，消费者马上会转移到其他出售相同产品而且价格更低的企业那里去，该企业的产品就会卖不出去；如果单个企业随意降低产品价格，它就不能实现利润最大化甚至会出现亏损，因此企业不会以低于市场的价格进行销售。这样就使得单个企业所面临的需求曲线是一条与横轴平行的直线。

2. 完全竞争条件下企业的收益曲线

1)企业的总收益

企业的总收益(total return，TR)是指企业按照一定的价格销售一定数量产品所得到的全部收入。以 P 表示既定的价格，以 Q 表示销售量，总收益可以用下面的公式表示：

$$TR = P \cdot Q = AR \cdot Q \tag{6.1}$$

2)企业的平均收益

平均收益(average return，AR)是指企业销售每一单位产品所得到的收入。平均收益可以用下面的公式表示：

$$AR = TR/Q \tag{6.2}$$

3）企业的边际收益

边际收益（marginal return，MR）是指企业每增加一单位产品的销售所增加的收入。边际收益可以用下面的公式表示：

$$MR = \frac{\Delta TR(Q)}{\Delta Q} \tag{6.3}$$

或者

$$MR = \lim_{\Delta Q \to 0} = \frac{\Delta TR(Q)}{\Delta Q} = \frac{dTR(Q)}{dQ} \tag{6.4}$$

由图 6-2 可知，在完全竞争条件下，企业的平均收益曲线、边际收益曲线和需求曲线重合在一起，这是它的一个重要特征。

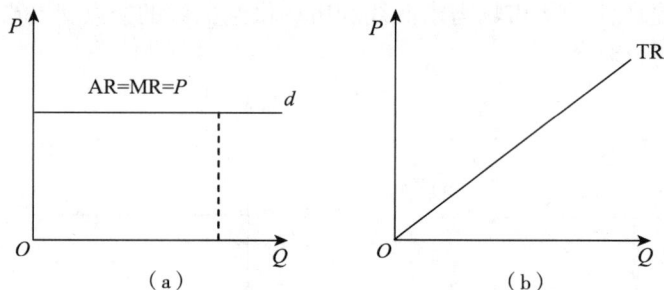

图 6-2　完全竞争企业的三条收益曲线

3. 完全竞争条件下企业的短期均衡条件

企业的目标是追求利润最大化，利润是总收益与总成本之间的差额。实现利润最大化，必须满足边际收益等于边际成本这一条件。为此，我们先给出一个数学推导，然后正式给出它的条件。

（1）数学推导。用 π 表示厂商的利润，则 $\pi = TR - TC$。因为

$$\frac{d\pi(Q)}{dQ} = \frac{dTR(Q)}{dQ} - \frac{dTC(Q)}{dQ} = 0$$

$$\frac{dTR(Q)}{dQ} = MR, \quad \frac{dTC(Q)}{dQ} = MC$$

所以有

$$MR = MC \tag{6.5}$$

式（6.5）被称为生产者均衡条件。

（2）利润最大化原则：MR＝MC。下面用反证法进行证明。

如果 MR＞MC，每增加一单位产品所增加的收益即边际收益大于这一单位的边际成本，厂商有利可图，必然扩大产量。

如果 MR＜MC，每增加一单位产品所增加的收益即边际收益小于这一单位的边际成本，厂商会亏损，必然减少产量。

只有在 MR＝MC 时，厂商既不扩大也不缩小产量，而是维持产量，表明该赚的利润都能赚到，实现生产者利润最大化，即实现短期均衡。

4. 不同情况下完全竞争企业的短期均衡分析

完全竞争条件下企业的短期均衡(short-run equilibrium in perfect competition)有如下几种情况：

1) 经济利润大于零的情形

如图 6-3 所示，市场价格为 P_E 时，边际收益曲线 MR 和边际成本曲线 MC 交于 E 点，决定了企业的产量为 Q_E，这时企业有经济利润$(P_E - AC)Q_E$，即经济利润为矩形 $P_E EDP_1$ 的面积。这时，无论企业是增加生产还是减少生产，都使利润减少；若市场价格下降，经济利润也就减少。

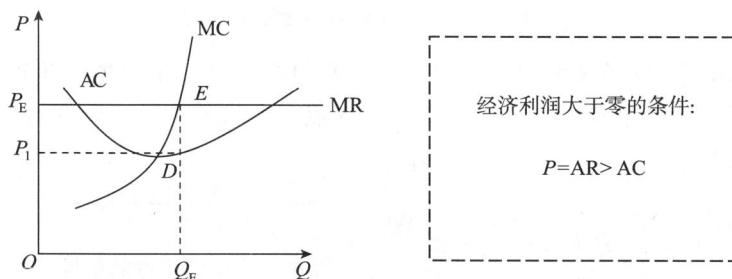

图 6-3　经济利润大于零的情形

2) 经济利润等于零的情形

如图 6-4 所示，按照边际收益 MR 等于边际成本 MC 定理，可以决定企业的均衡产量为 Q_E，均衡价格为 P_E。由于此时 $(P_E - AC)Q_E = 0$，即 $P = AR = AC$，经济利润为零。Q_E 是盈亏平衡点产量。值得指出的是，此时企业虽然没有经济利润或者超额利润，但可以获得全部正常利润。

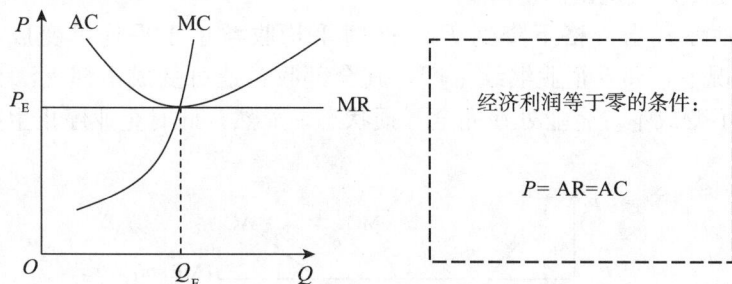

图 6-4　经济利润为零的情形

3) 企业亏损极小化的情形

如图 6-5 所示，企业价格 P_E 小于平均成本 AC，大于平均可变成本 AVC，企业已经收不回全部成本了，肯定要发生亏损，但能收回全部的变动成本和部分固定成本，如果不生产则亏损全部固定成本。所以，在这种情况下，企业生产比不生产好。

4) 企业停止营业点的情形

如图 6-6 所示，企业价格 P_E 等于平均可变成本 AVC，企业亏损，并处于生产与不生产的临界点。所以，在这种情况下，根据 MR＝MC 的利润最大化条件，点 E 就是企业的短期均衡点。在均衡点上，平均收益小于平均成本，企业是亏损的。同时，平均收益和

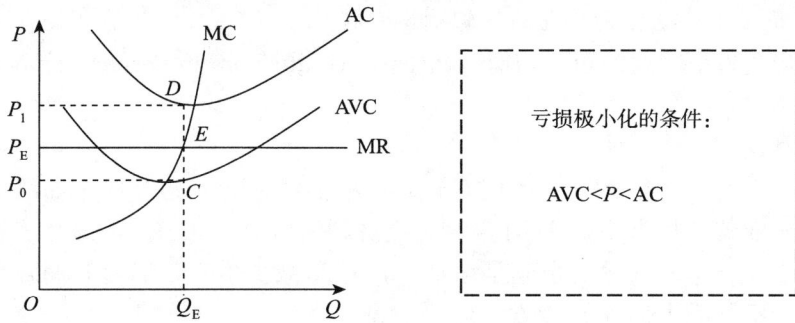

图 6-5　企业亏损极小化的情形

平均可变成本相等，即 AR＝AVC。因此，企业可能生产，也可能不生产。MC 曲线与 AVC 曲线的交点就是企业生产与不生产的临界点，通常称为停止营业点或关闭点。

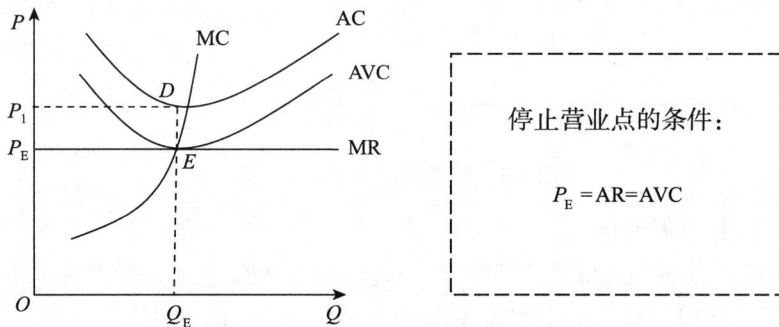

图 6-6　企业停止营业点情形

5）企业停止生产或退出的情形

如图 6-7 所示，当价格下降到 P_5，此时平均收益小于平均可变成本，即 AR＜AVC，在此情况下，如果企业继续生产，其全部收益连可变成本都无法全部收回，更谈不上去弥补不变成本，企业处在完全亏损状态。显然，此时企业停止生产比继续生产更有利。

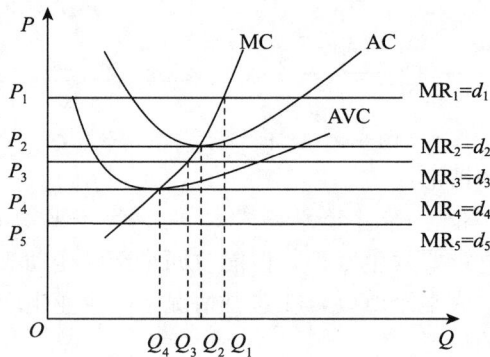

图 6-7　完全竞争条件下企业的短期均衡

根据以上分析，我们可以得出完全竞争条件下企业短期均衡条件为 MR＝MC。

总结一下，我们可以得出下面几点结论，如图 6-7 所示：

第一，如果 MR＝AR＝P＞AC，企业可获得经济利润（见图 6-7 所示的点 P_1）。

第二，如果 MR＝AR＝P＝AC，企业没有经济利润，但可获得正常利润（见图 6-7 所示的点 P_2）。

第三，如果 AVC＜P＜AC，企业出现亏损，但生产比不生产更加有利（见图 6-7 所示的点 P_3）。

第四，如果 P＝AVC，企业亏损，处于停止营业点或关闭点（见图 6-7 所示的点 P_4）。

第五，如果 P＜AVC，企业停止生产比继续生产更有利（见图 6-7 所示的点 P_5）。

6.2.3　完全竞争条件下企业的短期供给曲线

1. 企业的短期供给函数

由于完全竞争情况下企业的短期均衡条件为 MR＝MC，并且存在 MR＝AR＝P，所以，该均衡条件也可以写成

$$P＝MC \qquad (6.6)$$

式(6.6)说明，完全竞争企业为了实现短期利润最大，总是将产量 Q 确定在 P＝MC 上。这就是说，在每一个短期均衡点上，在企业的产量和商品的价格之间存在一种对应关系，这种对应关系可以表示为

$$Q_s＝f(P) \qquad (6.7)$$

其中，P 表示商品价格；Q_s 表示商品的供给量。式(6.7)是完全竞争企业的短期供给函数，表明企业的 MC 曲线能够准确反映商品的价格和企业短期供给量之间的关系。

2. 企业的短期供给曲线

在完全竞争条件下，企业的短期供给曲线恰好是其边际成本曲线。完全竞争企业短期供给曲线(short-run supply curve of firm in perfect competition)是指在每一种价格下企业所愿意并且能够提供的商品数量。在完全竞争市场的情况下，只要价格确定，企业不管出售多少数量的产品，都按照这同一价格出售，即需求曲线是水平的。在企业需求曲线为水平的情况下，企业的边际收益等于企业所面临的市场价格。按照利润最大化的假定，企业利润在价格（等于边际收益）等于边际成本时达到最大。

下面，我们用图 6-8 来表示式(6.6)的对应关系或企业的短期供给曲线。在图 6-8 中，根据 P＝MC 的短期均衡条件，当产品的市场价格为 P_1 时，均衡点为 E_1，均衡产量为 Q_1，以此类推。当产品的市场价格低于平均可变成本即 P＜AVC 时，企业就会停产，不会供给任何数量的产品，此时产量为零。由此可见，完全竞争企业的短期边际成本曲线上等于或高于平均可变成本

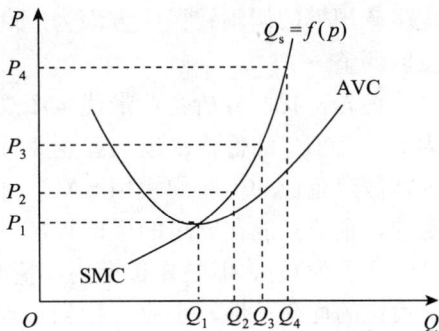

图 6-8　完全竞争厂商的短期供给曲线

的最低点的部分，就是完全竞争企业的短期供给曲线，它是向右上方倾斜的。

【案例 6-1】 狡猾的农场主

一个生产小麦的农场主向他的工人发布了如下的坏消息：今年的小麦价格很低，而且我从今年的粮食中最多只能获得 3.5 万美元。如果我付给你们与去年相同的工资（3万美元），我就会亏本，因为我不得不考虑 3 个月以前已经为种子和化肥花了 2 万美元。如果为了那些仅值 3.5 万美元的粮食而让我花上 5 万美元，那么我一定是疯了。如果你们愿意只拿去年一半的工资（1.5 万美元），我的总成本将为 3.5 万美元，至少可以收支相抵。如果你们不同意降低工资，那么我也就不打算收割这些小麦了。

于是，工人们围坐在一起以投票来决定是否同意降低工资，这时，尚列特很快进行了一番计算，然后说："农场主在吓唬我们，即使我们不同意降低工资，他也会收割小麦的。他的总收益（3.5 万美元）超过了可变成本（支付给工人的 3 万美元）。数月前用来支付种子和化肥的 2 万美元固定成本已经是沉淀成本了，在决定是否收割小麦时是可以忽略不计的。"

由于农场主的总收益超过了可变成本，所以即使工人们不接受降低工资的建议，他仍将收割小麦。

资料来源：何维达、赵晓：《经济学教程》，北京：科学出版社，2008 年，第118～119 页

6.3　完全竞争市场的长期均衡

从长期来看，企业不仅可以调整产品产量，而且可以调整生产规模，企业可以自由进入或退出该行业。于是，整个行业供给的变动就会影响市场价格，进而影响各个厂商的均衡。

完全竞争企业在长期内对全部生产要素的调整，可以表现为两个方面：一方面为最优生产规模的调整；另一方面为厂商进入或退出一个行业的决策，这就是行业内企业数量的调整。

首先，我们分析企业最优生产规模的调整。在图 6-9 中，假定完全竞争市场的价格为 P_1。在 P_1 的价格水平上，企业选择哪一个生产规模，才能获得最大利润呢？在短期内，假定企业的生产规模用 SAC_1 曲线和 SMC_1 曲线来表示。由于短期内生产规模是既定的，企业只能在既定的生产规模下进行生产。根据 MR＝MC 最优定理，企业选择的最优产量为 Q_1。但是在长期内，情况就不同了。在长期内，根据 MR＝LMC 长期利润最大化的均衡条件，企业会达到长期均衡点 E_2，并且选择 SAC_2 曲线和 SMC_2 曲线所代表的最优生产规模进行生产，相应的最优产量为 Q_2。显然，在长期，企业通过最优生产规模的选择，使自己的状况得到了改善。

其次，我们仍然用图 6-9 进一步分析厂商进入或退出一个行业的决策。刚才分析的企业最优生产规模 Q_2，并不是企业的长期均衡点。因为在这一点还存在经济利润，这样会吸引其他企业进入到该行业中来，从而引起产业的调整。由于企业数量增加，产品

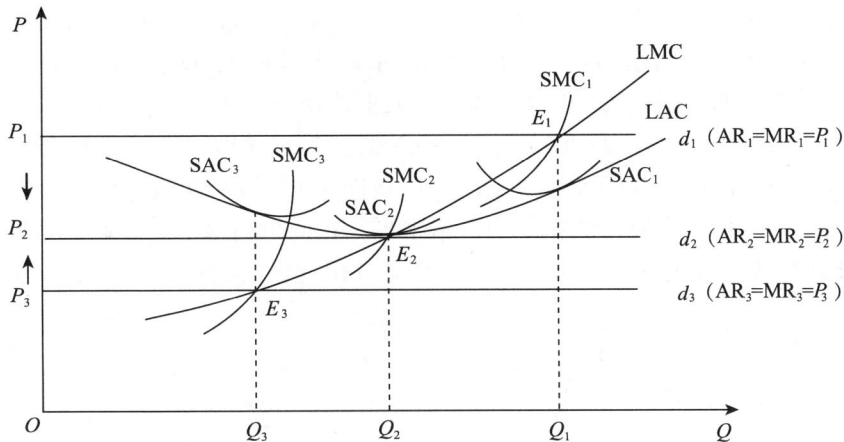

图 6-9　完全竞争厂商的长期均衡曲线

供给量也随之增加，进而会导致市场价格逐步下降，利润减少。只有当市场价格水平下降到经济利润为零时，新的企业进入才会停止。相反，如果市场价格低于 P_2，即低于长期平均成本 LAC，企业就会亏损，无利可赚，于是企业就会退出该行业。随着行业内企业数量的减少，市场上的产品供给就会减少，市场价格就会逐步上升。只有当市场价格水平上升到经济利润为零时，原有企业的退出才会停止。最后，在点 E_2 企业实现长期均衡。

由图 6-9 可以看出，完全竞争企业（厂商）长期均衡（long-run equilibrium in perfect competition）出现在长期平均成本的最低点，正好与长期边际成本在这一点（E_2）相交。在这一点满足以下均衡条件：

$$P = MR = LMC = SMC = LAC = SAC \tag{6.8}$$

根据图 6-9，确切地说，长期均衡条件为 $P_2 = MR_2 = LMC = SMC_2 = LAC = SAC_2$。

总之，在完全竞争条件下，长期均衡的企业最大化的利润为零。但是由于正常利润计算在经济成本之中，因此企业可以获得正常利润。如果 $P > LMC$，企业应扩大规模；如果 $P < LMC$，企业应减小规模。

6.4　完全竞争市场行业的长期供给曲线

在完全竞争条件下，每个企业产量的增减所引起的对生产要素需求量的增减，不会对生产要素价格产生影响。但是，整个行业产量的变化可能会引起生产要素价格的变化。因此，在分析行业长期供给曲线时，就必须考虑行业供给的增减对生产要素价格的影响。我们将完全竞争市场行业区分为成本递增行业、成本不变行业和成本递减行业，并对其进一步分析。

6.4.1　成本递增行业的长期供给曲线

成本递增行业是指该行业产量增加所引起的生产要素需求的增加，会导致生产要素价格的上升。成本递增行业长期供给曲线（long supply curve of increasing cost indus-try）是一条向右上方倾斜的曲线，如图 6-10 所示。从图 6-10(a)中可以看出，开始时单个企业(厂商)的长期均衡点 E_1 和行业的一个长期均衡点 A 是相互对应的。它们表示在市场均衡价格水平 P_1，企业在 LAC_1 曲线的最低点实现长期均衡，且每个厂商的经济利润均为零。假定市场需求增加使市场需求曲线向右移至 D_2 曲线的位置，并与原市场短期供给曲线 SS_1 相交形成新的更高的价格水平。在此价格水平，企业在短期内将仍以 SMC_1 曲线所代表的既定的生产规模进行生产，并由此获得经济利润。

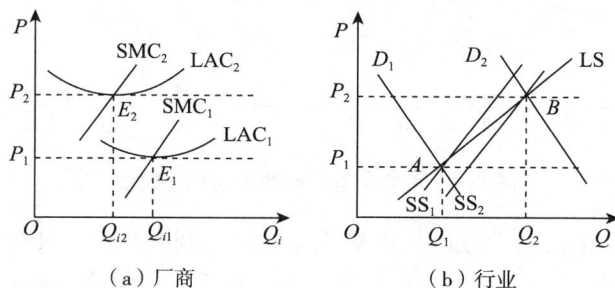

图 6-10   成本递增行业的长期供给曲线

从长期看，新企业会由于利润的吸引而进入到该行业的生产中来，使整个行业供给增加。一方面，行业供给增加会增加对生产要素的需求。在成本递增行业，生产要素需求的增加使得生产要素的市场价格上升，从而使得企业的成本曲线的位置上升，即图 6-10(a)中的 LAC_1 曲线和 SMC_1 曲线的位置向上移动。另一方面，行业供给的增加直接表现为市场的 SS_1 曲线向右平移。那么，这种 LAC_1 曲线和 SMC_1 曲线的位置上移和 SS_1 曲线的位置右移的过程，一直要持续到到 LAC_2 曲线和 SMC_2 曲线的位置及 SS_2 曲线的位置才会停止，并且在 E_2 点和 B 点实现企业的长期均衡和行业的长期均衡。此时，从 6-10(b)可以看出，由 D_2 曲线和 SS_2 曲线所决定的新的市场均衡价格水平为 P_2，企业在 LAC_2 曲线的最低点实现长期均衡。

连接 A、B 这两个行业长期均衡点的线 LS 就是行业的长期供给曲线。可见，成本递增行业的长期供给曲线是向右上访的倾斜的。它表示在长期，行业的产品价格和供给量呈同方向变动。市场需求的变动则会引起行业长期均衡价格的同方向变动和行业长期均衡产量的同方向变动。

6.4.2　成本不变行业的长期供给曲线

成本不变行业是指该行业的产量变化所引起的生产要素需求的变化，不对生产要素的价格发生影响。成本不变行业长期供给曲线（long supply curve of constant cost indus-try）是一条水平线，见图 6-11。

从图 6-11 中我们可以看出，由市场需求曲线 D_1 和市场短期供给曲线 SS_1 的交点 A 所决定的市场均衡价格为 P_1。在价格水平 P_1，完全竞争市场的企业在 LAC 曲线的最低点 E 实现长期均衡，每个企业的利润均为零。由于行业内不再有企业的进入和退出，故称 A 点为行业的一个长期均衡点。

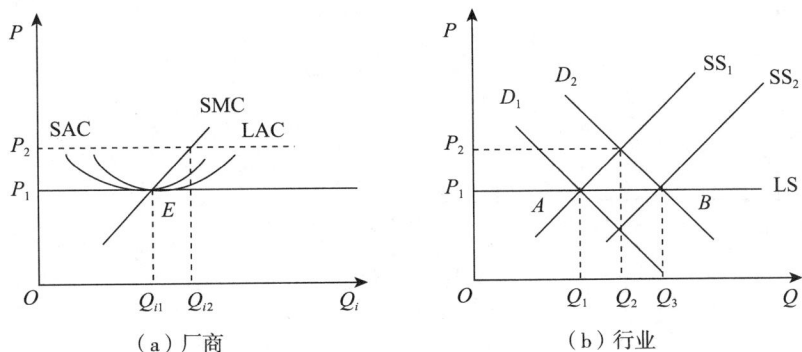

图 6-11 成本不变行业的长期供给曲线

现在假定市场需求增加，D_1 曲线向右移至 D_2 曲线的位置，且与 SS_1 曲线相交，相应地市场价格水平由 P_1 提高到 P_2。在新的价格 P_2，企业在短期内沿着既定生产规模的 SMC 曲线，将产量由 Q_{i1} 提高到 Q_{i2}，并获得利润。

从长期看，由于单个企业获得利润，就会吸引新企业加入到该行业中来，因此导致行业供给增加。这样会产生两方面的影响，一方面，它会增加对生产要素的需求。由于是成本不变行业生产要素的价格不发生变化，企业的成本曲线的位置不变。另一方面，行业供给增加会使厂商的 SS_1 曲线不断向右平移，随之，市场价格逐步下降，单个企业的利润也逐步下降。这个过程一直要持续到单个企业的利润消失为止，即 SS_1 曲线一直要移动到 SS_2 曲线的位置，从而使得市场价格又回到了原来的长期均衡价格水平 P_1，单个企业又在原来的 LAC 曲线的最低点 E 实现长期的均衡。所以，D_2 曲线和 SS_2 曲线的交点 B 是行业的又一个长期均衡点。此时市场的均衡产量的增加量为 Q_1Q_3，但行业内每个企业的均衡产量仍为 Q_{i1}。

连接 A、B 这两个行业的长期均衡点的直线 LS，就是行业的长期供给曲线，它是一条水平线。其含义是：成本不变行业是在不变的均衡价格水平提供产量，该均衡价格水平等于厂商的不变的长期平均成本的最低点。市场需求变化，会引起行业长期均衡产量的同方向的变化，但长期均衡价格不会发生变化。

6.4.3 成本递减行业的长期供给曲线

成本递减行业是指随着产业的扩张，由于生产要素价格降低，导致厂商成本下降，这时候行业供给曲线向右下方倾斜。产业扩张并不总是引起投入物品价格的上升，有时候，有些产业会由于规模扩大的优势而获得较便宜的投入；另外，产业的扩张还有可能改进运输系统，降低运输成本等，这些都有可能降低企业的长期成本，从而导致成本递减行业长期供给曲线（long supply curve of decreasing cost industry）往右下方倾斜。下面以图 6-12 进行分析。

从图 6-12 可以看出，开始时，企业在 E_1 点实现长期均衡，行业在 A 点实现长期均衡，E_1 点和 A 点是相互对应的。所不同的是，当市场价格上升，新企业由于利润吸引而加入到该行业中来的时候，一方面，在成本递减行业的前提下，行业供给增加所导致的对生产要素需求的增加，使得生产要素的市场价格下降了，它使得图 6-12 中原来的

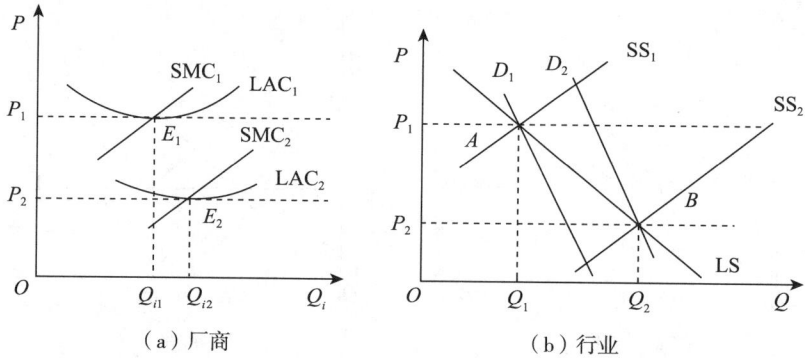

（a）厂商　　　　　　　　（b）行业

图 6-12　成本递减行业的长期供给曲线

LAC_1 曲线和 SMC_1 曲线的位置向下移动。另一方面，行业供给曲线仍直接表现为从 SS_1 曲线的位置向右移动。这两种变动一直要持续到厂商在 E_2 点实现长期均衡和行业在 B 点实现长期均衡为止。此时，在 D_2 曲线和 SS_2 曲线所决定的新价格水平 P_2，企业在 LAC_2 曲线的最低点实现长期均衡，每个企业的利润又恢复为零。连接 A、B 这两个行业长期均衡点的线 LS 就是行业的长期供给曲线。成本递减行业的长期供给曲线是向右下方倾斜的，它表示在长期，行业的产品价格和供给量呈反方向变动。

需要说明一下，我们这里讨论的成本递增行业、成本不变行业和成本递减行业与前面生产理论所讨论的边际（规模）报酬递增、边际（规模）报酬不变和边际（规模）报酬递减属于不同的概念。成本递增行业、成本不变行业和成本递减行业是从整个产业角度进行讨论的，而边际（规模）报酬递增、边际（规模）报酬不变和边际（规模）报酬递减则是从单个企业的角度进行讨论的。

➤本章专业术语

市场　市场结构　完全竞争　收益曲线　总收益　平均收益　边际收益　完全竞争短期均衡　完全竞争长期均衡　短期供给曲线　长期供给曲线　成本递增行业长期供给曲线　成本不变行业长期供给曲线　成本递减行业长期供给曲线

➤本章小结

（1）完全竞争又叫纯粹竞争，完全竞争市场必须具备以下四个条件：第一，市场上有无数个买者或卖者。在这种情况下，每一个买者或卖者都是价格的被动接受者。这表明，任何单个厂商面临的需求曲线都是一条与横坐标相平行的直线或水平线。第二，产品完全无差异或者同质。就是说，所有厂商生产的产品是完全相同的，产品不仅内在质量完全一样，而且在商标、包装、性能等方面也是完全一样的，没有差异。第三，资源可以自由流动。企业生产中使用的各种资源或要素可以自由流动。第四，买者或卖者掌握完全信息。在完全竞争市场中，每一个买者或卖者都对有关的经济和技术方面的信息有充分的了解，市场上不存在不确定性。这样，就可以保证商品按照市场的均衡价格成交。

（2）在完全竞争市场条件下，市场的需求曲线，即行业所面临的需求曲线是消费者对整个行业所生产的产品的需求量与价格之间的关系所形成的曲线。由第 2 章的需求定理可知，整个行业或市场需求曲线是一条向右下方倾斜的曲线。

（3）在短期内，企业的需求曲线是一条水平线。因为在完全竞争市场上，单个企业只是价格的接受者，当市场需求曲线确定之后，每个企业只能按照这个市场均衡价格来出售它的产品。无论单个企业是增产还是减产，都不能影响产品的市场价格。

(4)企业的总收益是指企业按照一定的价格销售一定数量产品所得到的全部收入。平均收益是指企业销售每一单位产品所得到的平均收入。边际收益是指企业每增加一单位产品的销售所增加的收入。

(5)企业的目标是追求利润最大化。利润是总收益与总成本之间的差额。实现利润最大化，必须满足边际收益等于边际成本的这一条件，即 $MR=MC$。

(6)从短期看，当 $P=AR>AC$ 时，企业可以获得经济利润；当 $P=AR=AC$ 时，企业经济利润为零，只能获得正常利润；当 $AVC<P=AR<AC$ 时，企业亏损，但是继续生产比不生产更有利；当 $P=AR=AVC$ 时，企业停止生产，又叫停止营业点。

(7)完全竞争长期均衡点出现在长期平均成本的最低点，正好与长期边际成本在这一点相交。在这一点满足以下均衡条件：$P=MR=LMC=SMC=LAC=SAC$。在完全竞争条件下，长期均衡的厂商最大化的利润为零。

(8)成本递增行业是指该行业产量增加所引起的生产要素需求的增加，会导致生产要素价格的上升。成本递增行业的长期供给曲线是一条向右上方倾斜的曲线。

(9)成本不变行业是指该行业的产量变化所引起的生产要素需求的变化，不对生产要素的价格发生影响。成本不变行业的长期供给曲线是一条水平线。

(10)成本递减行业是指随着产业的扩张，由于生产要素价格降低，导致厂商成本下降，这时候行业供给曲线向右下方倾斜。

▶练习题

一、名词解释

1. 市场
2. 市场结构
3. 完全竞争
4. 收益曲线
5. 总收益
6. 平均收益
7. 边际收益
8. 短期均衡
9. 长期均衡
10. 短期供给曲线
11. 长期供给曲线
12. 成本递减行业
13. 成本递增行业

二、选择题

1. 完全竞争与非完全竞争的区别包括(　　)。

   A. 如果在某一行业中存在许多企业，则这一市场是完全竞争的

   B. 如果企业所面临的需求曲线是向下倾斜的，则这一市场是完全竞争的

   C. 如果行业中所有企业生产相同的产品，且厂商数目大于1，则这个市场是不完全竞争市场

   D. 如果某一行业中有不止一家企业，并且他们都生产相同产品，都有相同的价格，则这个市场是完全竞争的

   E. 以上说法都不对

2. 当完全竞争市场上实现了长期均衡时，(　　)。

   A. 每个企业都得了正常利润

   B. 每个企业的经济利润都为零

   C. 行业中没有任何企业再进入或退出

   D. 以上都对

3. 在 $MR=MC$ 的均衡产量上，企业(　　)。

   A. 必然会得到最大的利润　　　　B. 不可能亏损

C. 必然会得到最小的亏损　　　　D. 若获利润，则利润最大，若亏损，则亏损最小

4. 完全竞争市场与垄断竞争市场不同的特点之一是（　　　）。

　　A. 市场上有大量的买者　　　　B. 各企业生产的产品是同质的

　　C. 企业进出这一市场是自由的　　D. 当 MC＝MR 利润达到最大

5. 在完全竞争市场中，企业短期均衡意味着（　　　）。

　　A. P＞AC　　　　　　　　　　　B. P＝MC

　　C. 不存在经济利润　　　　　　　D. 不存在经济亏损

6. 如果完全竞争行业内某企业在目前产量水平上的边际成本、平均成本和平均收益均等于 1 美元，则该厂商（　　　）。

　　A. 只得到正常利润　　　　　　　B. 肯定未得最大利润

　　C. 是否得到最大利润不能确定　　D. 已得超额利润

7. 假定在企业的短期均衡产量上，AR 小于 SAC，但大于 AVC，那么企业（　　　）。

　　A. 亏损，立即停产　　　　　　　B. 亏损，但继续生产

　　C. 亏损，生产或不生产都可以　　D. 获得正常利润，继续生产

8. 当一个完全竞争行业实现长期均衡的时候，每个企业（　　　）。

　　A. 显成本和隐成本都得到补偿　　B. 利润都为零

　　C. 行业中没有任何厂商再进入　　D. 以上说法都对

9. 在完全竞争企业的长期均衡产量上必然会有（　　　）。

　　A. MR＝LMC≠SMC，式中 MR＝AR＝P

　　B. MR＝LMC＝SMC≠LAC，式中 MR＝AR＝P

　　C. MR＝LMC＝SMC＝LAC≠SAC，式中 MR＝AR＝P

　　D. MR＝LMC＝SMC＝LAC＝SAC，式中 MR＝AR＝P

10. 如果某企业的平均收益曲线从水平变为向右下方倾斜，则（　　　）。

　　A. 既有企业进入也有企业退出该行业　B. 完全竞争被不完全竞争所取代

　　C. 新的企业进入了该行业　　　　D. 原有企业退出了该行业

11. 完全竞争市场的企业短期供给曲线是指（　　　）。

　　A. AVC＞MC 中的那部分 AVC 曲线　B. AC＞MC 中的那部分 AC 曲线

　　C. MC≥AVC 中的那部分 MC 曲线　D. MC≥AC 中的那部分 MC 曲线

12. 下列行业中哪一个最接近于完全竞争模式？（　　　）

　　A. 飞机　　B. 卷烟　　C. 水稻　　D. 汽车

13. 假定产品市场和要素市场都属于完全竞争，产品和要素价格都是 10 元。企业最优决策时的边际生产价值是（　　　）。

　　A. 1　　B. 2　　　C. 10　　D. 不确定

14. 在成本不变的一个完全竞争行业中，长期需求的增加会导致市场价格（　　　）。

　　A. 提高　　　　　　　　　　　　B. 不变

　　C. 降低　　　　　　　　　　　　D. 先增后降

15. 长期均衡于零经济利润的一般是（　　　）。

　　A. 完全竞争行业　　　　　　　　B. 垄断竞争的企业

　　C. 卡特尔　　　　　　　　　　　D. 完全垄断的企业

三、判断题

1. 完全竞争厂商面对需求曲线由市场价格所决定，故其完全缺乏弹性。（　　　）

2. 企业面对的产品市场需求曲线是平均收益曲线。（　　　）

3. 只要在竞争性行业中存在着利润，原来的企业会扩大规模，新的企业会进入。（　　）

4. 在完全竞争市场上，企业提高产品价格便能增盈或减亏。（　　）

5. 完全竞争长期均衡是零利润均衡，企业得不到任何利润。（　　）

6. 完全竞争市场的行业需求曲线是由单个企业的需求曲线加总而成的。（　　）

7. 只要满足 MR＝MC，企业必定赢利且最大。（　　）

8. 长期均衡时必定短期均衡，但短期均衡时未必长期均衡。（　　）

9. 外部经济的存在必然导致行业的供给曲线向右下方倾斜。（　　）

10. 完全竞争企业的需求曲线是大于市场变动成本以上部分的边际成本曲线。（　　）

四、问答题

1. 为什么完全竞争企业的需求曲线、平均收益曲线和边际收益曲线是重叠的？

2. 为什么在完全竞争市场，厂商和行业的短期供给曲线都是一条向右上倾斜的曲线？行业长期供给曲线是否也一定是向右上倾斜的？

3. "在长期均衡点，完全竞争市场中每个厂商的利润都为零。因而，当价格下降时，所有这些厂商就无法继续经营。"这句话对吗，为什么？

4. 试对完全竞争市场理论做出你的评价。

5. 为什么说完全竞争可以导致资源的最优配置？

6. 影响市场竞争程度的因素有哪些？

五、计算题

1. 假设完全竞争市场的需求函数和供给函数分别为 $Q_d＝60\ 000－2\ 000P$ 和 $Q_s＝40\ 000＋3\ 000P$。求：

(1)市场均衡价格和均衡产量。

(2)厂商的需求函数是怎样的？

2. 已知某个完全竞争行业中的单个厂商的短期成本函数是 $STC＝0.1Q^3－2Q^2＋15Q＋10$。

(1)求当市场上产品的价格为 $P＝55$ 时，厂商的短期均衡产量和利润。

(2)当市场价格下降为多少时，厂商必须停产？

(3)求厂商的短期供给函数。

3. 已知某完全竞争的成本不变行业中的单个厂商的长期总成本函数 $LTC＝Q^3－12Q^2＋40Q$。求：

(1)当市场商品价格为 $P＝100$ 时，厂商实现 MR＝LMC 时的产量、平均成本及利润。

(2)该行业长期均衡时的价格和单个厂商的产量。

(3)当市场的需求函数为 $Q＝660－15P$ 时，行业长期均衡时的厂商数量。

4. 完全竞争行业中某厂商的成本函数为 $STC＝Q^3－6Q^2＋30Q＋40$，假设产品价格为 66 元。

(1)求利润极大时的产量及利润总额。

(2)由于竞争市场供求发生变化，由此决定的新价格为 30 元，在新的价格下，厂商是否会发生亏损？如果会，最小的亏损额是多少？

(3)该厂商在什么情况下才会停止生产？

5. 完全竞争行业的某代表厂商的长期总成本函数为 $LTC＝q^3＝60q^2＋1\ 500q$，q 为每月产量。

(1)求长期平均成本函数和长期边际成本函数。

(2)假设产品价格 $P＝975$ 美元，求利润极大时的产量。

(3)上述利润为极大时的长期平均成本是多少？利润是多少？为什么这与行业的长期均衡相矛盾？

(4)如果该行业是成本固定不变行业，推导出行业的长期供给方程(提示：求出 LAC＝LMC 时的 LAC 值)。

(5)假如市场需求曲线是 $P＝9\ 600－2Q$，长期均衡中留存该行业的厂商人数是多少？

第 7 章

不完全竞争市场

本章要点:

垄断竞争市场的条件及其短期均衡和长期均衡　寡头垄断市场的条件及其短期均衡和长期均衡　完全垄断市场的条件及其短期均衡和长期均衡　市场效率比较

7.1　垄断竞争市场的厂商均衡

7.1.1　垄断竞争市场的含义及特征

在现实经济中,垄断竞争(monopolistic competition)市场结构是最常见的,它既具有垄断因素,又具有竞争因素,介于两者之间。因此,垄断竞争市场是这样一种市场组织:一个市场中有许多企业生产和销售有差别的同种产品。垄断竞争市场具有以下几个方面的特征:

第一,企业在市场上生产和出售具有差别的产品。这里的产品差别不是指不同的产品,而是指同种用途的商品在消费者看来所表现出的差别,如产品的包装、商标、款式、销售服务等方面的差别。在垄断竞争市场中,一方面,由于市场上的每种产品之间存在着差别,每个企业对自己的产品价格都具有一定的垄断力量,产品差别越大,企业的垄断程度就越高。另一方面,由于有差别的产品彼此是非常接近的替代品,彼此之间有相似之处,所以市场中又具有竞争的因素。这样,每个厂商既是垄断者,又是竞争者。

第二,行业内企业的数量较多但规模相对较小。垄断竞争市场上有许多买者和卖者,每个企业占有很小的市场份额,以至于每个企业都认为自己的行为对市场影响很小,不会引起竞争对手的注意和反应,因此也就不会受到竞争对手的强烈影响或报复性反击。

第三,由于企业的生产规模比较小,因而,企业进入和退出市场比较容易。例如,牙膏市场是垄断竞争的,其他厂商要推出可能会与佳洁士和高露洁等品牌竞争的新品牌牙膏相对比较容易。

在现实经济中,垄断竞争市场是常见的一种市场结构,如肥皂、洗发水、毛巾、服装、布匹等日用品市场,餐馆、旅馆、商店等服务业市场,牛奶、火腿等食品类市场,书籍、药品等市场大都属于此类。

7.1.2　垄断竞争企业的需求曲线

根据垄断竞争市场的特征，一方面，每个企业提供的产品有一定的差异，企业可以对其产品实施垄断，企业具有影响产品价格的能力，在一定程度上可以控制自己产品的价格，因而垄断竞争企业的需求曲线(收益曲线)不像完全竞争那样是一条水平线，而是向右下方倾斜的需求曲线。另一方面垄断竞争市场又不同于垄断市场，垄断竞争市场上单个企业生产的产品具有很接近的替代品，市场上同类产品的竞争，新老企业的进入和退出比较容易。因此，当厂商试图提高产品价格时，其损失掉的需求量(收益)比垄断时要大，相反，当垄断竞争厂商降低价格时，其争取到的需求量(收益)可能更大。

综合上述两方面的因素，垄断竞争企业面临的是一条向右下方倾斜的需求曲线，但其面临的需求曲线具有较大的弹性，曲线比较平坦，如图 7-1 所示。

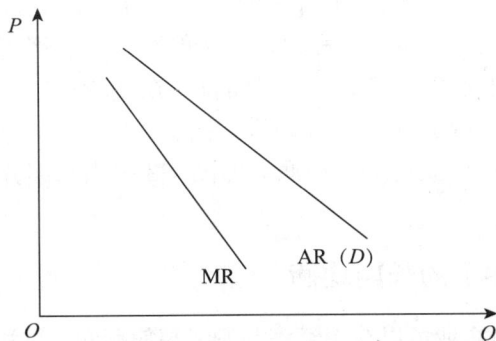

图 7-1　垄断竞争企业面临的需求曲线和边际收益曲线

根据垄断竞争企业面临的需求曲线，企业会把销售一定产品数量所要求的价格确定在这一曲线上，从而企业的平均收益曲线就是这条需求曲线。根据平均收益曲线，企业确定相应的边际收益曲线。由于平均收益曲线向右下方倾斜，所以边际收益曲线位于平均收益曲线的下方。

由于垄断竞争市场各厂商生产的产品存在一定的差异，我们不可能建立整个市场或产业的需求曲线 D 和供给曲线 S。所以，在垄断竞争中，我们只能分析某一个“代表性企业”。

7.1.3　垄断竞争条件下的短期均衡

在短期内，垄断竞争企业的短期均衡与垄断市场的情况有些类似，进入该市场比较早的企业，一般可能获得经济利润。

与其他市场上的企业一样，为了获得最大利润，垄断竞争企业必须按照边际收益等于边际成本确定其产量。在短期内，垄断竞争企业是在现有生产规模下通过对产量和价格的同时调整来实现利润最大化的。下面用图 7-2 来说明。

在图 7-2 中，我们假定某垄断竞争企业已知自己的需求曲线 D、边际收益曲线 MR

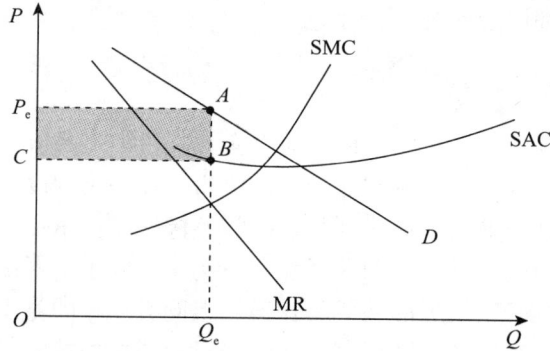

图 7-2　垄断竞争行业的短期均衡

与短期边际平均成本曲线 SMC。为达到利润最大或亏损最小，企业根据边际收益等于边际成本原则，即 MR＝SMC 来确定自己的产量 Q_e，然后在需求曲线 D 上确定与该产量 Q_e 相对应的价格 P_e，于是企业实现了短期均衡。此时，垄断竞争企业可能获得超额利润，也可能利润为零，还可能蒙受亏损。至于能否获得经济利润，则取决于企业的成本是小于、等于还是大于销售价格 P。一般而言，在垄断竞争市场上，企业之间由于产品存在一定的差异，短期内会存在经济利润。图 7-2 显示，企业的价格在 P_e 时大于短期平均成本 SAC，企业可以获得经济利润，即图 7-2 中阴影部分的面积就相当于垄断竞争企业获得的利润额。

7.1.4　垄断竞争条件下的长期均衡

由于短期内垄断竞争企业可以获得经济利润或超额利润，这样就会吸引新的生产者进入该行业，这些企业通过降低成本或改进产品质量来与原有的企业展开竞争，于是导致供给增加。竞争的结果必然是各种有差别的产品价格下降，最后行业内的经济利润为零，企业只获得正常利润。下面，我们可以用图 7-3 来说明垄断竞争企业的长期均衡情况。

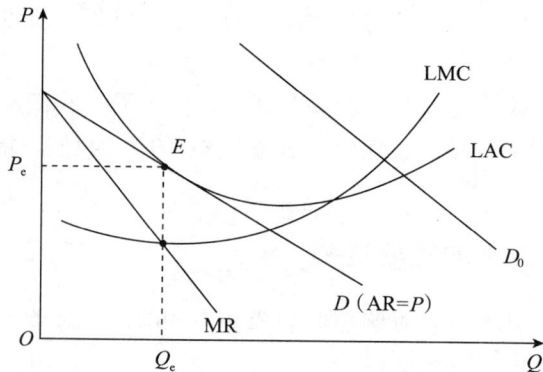

图 7-3　垄断竞争行业的长期均衡

在图 7-3 中，LAC 与 LMC 分别是垄断竞争条件下典型企业的长期平均成本曲线和长期边际成本曲线。假定最初的需求曲线为 D_0，D_0 位于 LAC 之上，供给量也较大，企业会有较高的经济利润。由于存在较高的利润，于是会吸引新的企业进入该市场。随着新企业的进入，替代品的数量会增加，这就增加了顾客可以选择的产品数量，进而减少了企业面临的市场需求数量，已有企业所面临的需求曲线将会左移，而且有可能变得更加富有弹性，市场价格随之下降，直到经济利润为零。这时，边际收益曲线和边际成本曲线的交点，以及平均收益曲线与平均成本曲线（或需求曲线 D 与该企业的 LAC 曲线）的切点都位于横轴的同一垂直线上，切点为 E，对应的价格为 P_e，产量为 Q_e，此时经济利润为零。由此可见，垄断竞争企业的长期均衡条件是：

$$MR=LMC \tag{7.1}$$

$$AR=LAC \tag{7.2}$$

$$AR=P>MR$$

总之，在长期均衡的产量上，垄断竞争企业的利润为零。并且由于垄断竞争企业面临的需求曲线是向右下方倾斜的，所以长期均衡的需求曲线只能与长期平均成本曲线相切于最低点的左侧，这意味着垄断竞争所提供的产量小于完全竞争的产量。

7.1.5 垄断竞争和完全竞争的比较

在长期中，垄断竞争的均衡解在以下三个方面有异于完全竞争的均衡解：第一，垄断竞争企业会出现"过剩的生产能力"；第二，垄断竞争企业会生产出一个缺乏效率（in-efficient）的产量水平；第三，垄断竞争企业会导致非价格竞争（non-price competition），如通过广告、包装等来宣传其产品的差异性。

1. 生产能力过剩

由于每一家垄断竞争企业不是在长期平均成本最低点进行生产，而是在长期平均成本最低点附近略高一点的地方进行生产，因而出现了生产能力过剩。

请读者回忆一下，完全竞争企业在长期内是在长期平均成本最低点进行生产的，西方学者普遍认为，以最低的平均成本进行生产显然是一种对整个社会而言的理想状态，而在垄断竞争市场中，企业扩大规模，会有利于降低平均成本，但它没有如此去做。

2. 效率问题

在长期中，垄断竞争均衡对应于长期边际成本等于边际收益时的产出量，然而，请读者注意，此时的价格并不等于长期边际成本。确切地说，价格大于边际成本，这就意味着增加一个单位的产量对消费者的效用增量要大于生产者的成本增量。因此，与垄断一样，垄断竞争也会导致效率损失。

相反，完全竞争企业的长期均衡会出现有效率的产出量——价格等于长期边际成本。

3. 非价格竞争

到目前为止，我们所强调的竞争是指以价格为基础的竞争。这也就是说，我们分析的垄断竞争模型暂时排除了非价格竞争的因素。然而，非价格竞争在垄断竞争市场中却经常使用，它是指价格之外的策略，如改变产品的品质、改善服务、改进包装、重视营销策略、强调广告作用等，这在现实生活中经常出现。

7.2　寡头垄断市场的厂商均衡

7.2.1　寡头垄断市场的含义与特征

寡头垄断(oligopoly)市场又称寡头市场，它是介于垄断竞争和完全垄断之间的一种市场模型，指只有少数几家大型企业控制某种商品的一种市场结构。在这种市场上，每个企业的产量在该行业的总产量中都占有相当大的份额，以至于其中任何一家企业的产量或价格的变动，都会对市场的价格和供给量产生较大影响。寡头又可以分为纯粹寡头和差别寡头，生产完全相同产品的几家企业称为纯粹寡头，如生产石油、钢铁的寡头；而生产有差别产品的几家企业称为差别寡头，如生产汽车、造船行业的寡头。这两种类型的寡头都不是完全垄断企业，但每家企业都可以对价格产生十分重要的影响。

寡头垄断市场具有如下重要特征：第一，寡头之间相互依存。完全竞争和垄断竞争市场的企业数量都相当多，各企业之间都互不相关，彼此都是相互独立地做出决策，而不用考虑其他企业的决策。与之不同，在寡头垄断市场上，企业数量很少，每家企业都占有举足轻重的地位。因此，每家企业在做出价格和产量的决策时，不仅要考虑到本身的成本与收益情况，而且还要考虑到其决策对市场的影响，以及其他企业可能做出的反应。第二，产品可以是同质的，也可以是有差异的。前者叫纯粹寡头，后者叫差别寡头。第三，由于企业数量少，企业规模较大，进入或退出市场较为困难。

值得说明的是，与其他类型的市场不同，由于寡头垄断企业的行为之间相互影响，对策不确定，因此要像其他类型的市场那样建立一个统一的、理想的模型来解释寡头垄断企业的行为变得非常困难。到目前为止，理论上还没有提出可以适用于任何情况的一种寡头垄断模型，实际中存在着多种解释寡头垄断企业决策的模型，本节将介绍几种常见的模型。

7.2.2　古诺模型

古诺模型(Cournot model)(双寡头模型)是由法国数学家古诺提出来的，古诺分析了两个寡头企业的产量和价格决定问题，故又称为"古诺双寡头模型"，或双头模型。

古诺模型分析的基本假定是：第一，市场中只有两个寡头，它们生产和销售同质产品，并追求利润最大化。第二，两个寡头同时做出产量决策，即寡头间进行的是产量竞争而非价格竞争，产品的价格依赖于二者所生产的产品总量。第三，需求曲线是线性的，边际成本是常数，因而边际成本曲线和平均成本曲线为一条直线。第四，双方无勾结行为，每个企业都把对方的产出水平视为既定，并以此确定自己的产量。尽管古诺模型分析的是两个寡头企业平均瓜分市场的情况，但其结论可以推广到三个及以上的寡头企业的情况中去。

我们举例说明古诺模型。假定在某一个市场上有 A、B 两个寡头生产同一种产品，该产品的市场需求函数为 $P=950-Q_T$，式中，Q_T 为市场上所有供给者的总产量，并假定 A、B 两个寡头企业的边际成本和平均成本均为常数，等于 50 元，即 $AC=MC=50$。

在双头寡头垄断情况下，需求函数 $P=950-Q_T$ 是寡头企业 A 和寡头企业 B 各自的产量 Q_1 和 Q_2 的总和，即 $Q_T=Q_1+Q_2$。于是，需求函数可以写成 $P=950-(Q_1+Q_2)=950-Q_1-Q_2$。

我们先分析寡头企业 A 的情况。为使利润最大化，寡头企业 A 会按边际收益等于边际成本的原则来确定产量。寡头企业 A 的边际收入方程为

$$MR_1=dTR/dQ_1=d[(950-Q_1-Q_2)\cdot Q_1]/dQ_1=950-Q_2-2Q_1 \qquad (7.3)$$

同理，寡头企业 B 的边际收入方程为

$$MR_2=950-Q_1-2Q_2 \qquad (7.4)$$

根据边际收入等于边际成本，可以求得利润最大化产量，即

$$寡头企业 A：950-Q_2-2Q_1=50$$

$$寡头企业 B：950-Q_1-2Q_2=50$$

解每个方程，可以得到以下反应函数：

$$寡头企业 A：Q_1=450-0.5Q_2 \qquad (7.5)$$

$$寡头企业 B：Q_2=450-0.5Q_1 \qquad (7.6)$$

解上述方程组，得出寡头企业 A 和寡头企业 B 的均衡产量分别为 $Q_1=300$，$Q_2=300$。

以上分析可以用图 7-4 来说明，图 7-4 的横轴 Q_A 和纵轴 Q_B 分别代表两个寡头企业的产量，由于市场需求曲线是线性的，两个寡头企业的反应函数也是线性的。图 7-4 中的两条反应函数曲线的交点 E 就是古诺均衡点。在均衡点上，两个寡头企业的均衡产量均为 300。

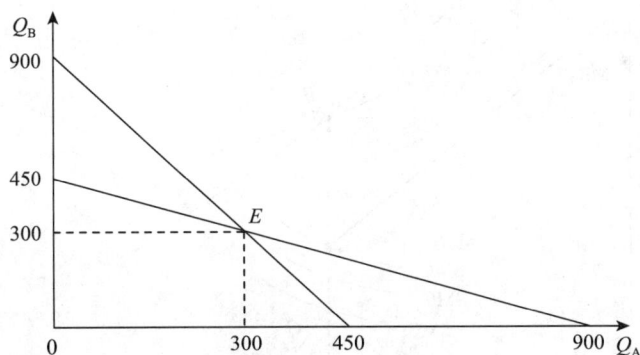

图 7-4　古诺模型

上述结果表明，双寡头竞争的结果是每个寡头企业的均衡产量是市场总容量的 1/3，这一结论可以推广到三个及以上的寡头企业的情况中去。如果行业中寡头企业的数量为 n，古诺模型的均衡总产量为

$$Q_n=Q_c\left(\frac{n}{n+1}\right) \qquad (7.7)$$

其中，$n\geqslant1$；Q_c 为完全竞争市场下的产量。

古诺模型通过对寡头企业行为的基本假定，得到了一个均衡产量和均衡价格，但这一模型也存在着某些缺陷。最重要的问题是，在古诺模型中，企业的最优行为是以竞争

对手的产量不变为条件的，这显然不完全符合现实中寡头企业的行为。

7.2.3 斯威齐模型

斯威齐模型（Sweezy model）（弯折的需求曲线模型）也属于独立行动条件下的寡头企业模型，它是由美国学者斯威齐于 1939 年提出的，主要用于解释一些寡头垄断市场上的价格刚性现象。斯威齐模型的基本假设是：在既定的市场价格水平上，任何一个寡头垄断者都不敢随意变动其销售量和价格，如果其中一个厂商提高价格，其他厂商因为担心销售量减少而不会跟着提价；如果其中一个厂商降低价格，则其他厂商必定也会跟着降价竞相销售，以争取更多的销售量。

在以上的假设条件下，可推导出寡头企业的弯折的需求曲线。现用图 7-5 加以说明，图 7-5 中 dd 需求曲线表示某寡头企业变动价格而其他寡头企业保持价格不变时的该寡头企业的需求情况，DD 需求曲线则表示行业内所有寡头企业都以相同方式改变价格时的该寡头企业的需求情况。假定初始市场价格为 dd 需求曲线和 DD 需求曲线的交点 B 点所决定的 P_e，根据该模型的基本假设，该寡头企业由 B 点出发，提价所面临的需求曲线是 dd 需求曲线上的 dB 段，而降价所面临的需求曲线是 DD 需求曲线上的 BD 段，则这两段共同构成了该寡头企业的需求曲线 dBD。这条弯折的需求曲线表示该寡头企业从 B 点（折点）出发，在各个价格水平上所面临的市场需求量。

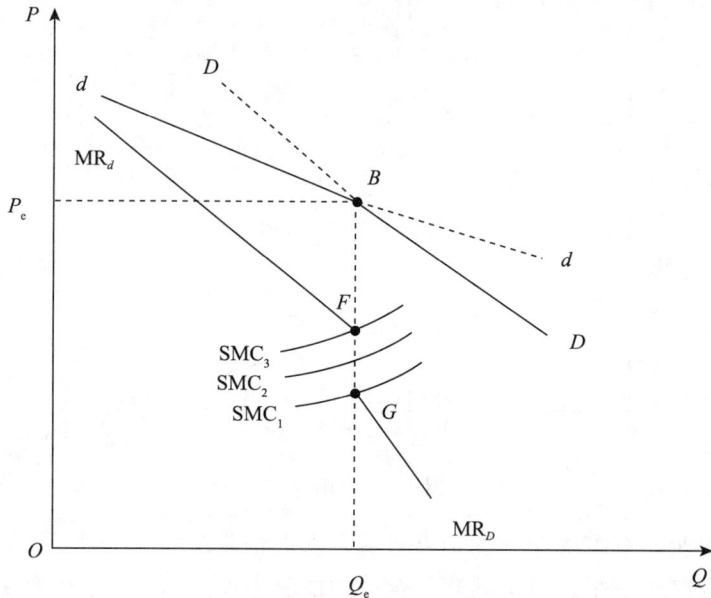

图 7-5 弯折的需求曲线模型

由弯折的需求曲线可得到间断的边际收益曲线。与需求曲线 dB 段对应的边际收益曲线为 MR_d，与需求曲线 BD 段对应的边际收益曲线为 MR_D，这两段共同构成了该寡头企业的间断的边际收益曲线，其间断部分为垂直虚线 FG。利用间断的边际收益曲线，我们可以解释寡头垄断市场上的价格刚性现象。当 SMC_1 曲线上升到 SMC_2 曲线的位置时，该寡头企业仍将均衡价格和均衡数量保持在 P_e 和 Q_e 的水平。除非成本发生很大变化，如边际成本曲线上升为 SMC₃ 位置，才会影响均衡价格和均衡数量水平。

斯威齐模型表明，只要边际成本曲线的位置变动不超出边际收益曲线的垂直间断范围，寡头企业的衡价格和均衡数量就不会发生变化。尽管该模型为寡头垄断市场中的价格刚性现象提供了一种解释，但该模型并没有说明具有刚性的价格本身是如何形成的，这是该模型的一个缺陷。此外，在现实经济生活中，企业的行为与模型预测的不符。例如，2005 年宝钢集团公司的钢铁产品提价，其他钢铁企业也跟着提价，并没有降价，这一现象与斯威齐模型的预测相悖。

【案例 6-1】　丹麦皮革业的价格刚性

在丹麦皮革业中曾有过一个价格刚性的有趣例子。一位经济学家发现，丹麦有一家企业对染色皮革的定价要比黑色皮革高。这种差别从 1890 年以来就一直存在，因为当时染色皮革的制作成本比黑色皮革要高。但是，经济学家的采访是在将近一个世纪之后，那时染色皮革的制作成本已经下降了。当问到为什么定价政策一直未变时，企业经理回答："也许我们应该适当提高黑色皮革的价格和降低染色皮革的价格，但我们不敢这样做。因为如果这样做，我们的竞争者也会降低染色皮革的价格，我们就会冒卖不出黑色皮革的风险。"

该经理的解释是与价格刚性即弯折的需求曲线模型一致的。他认为，黑色皮革涨价，竞争者不跟着涨价，就有可能失去大批销量。相比之下，染色皮革降价预期会导致竞争者也降价，因此，销售量只能增加很少一点。正因为如此，黑色皮革和染色皮革的价格差别就一直保留至今，尽管相对成本已经发生了变化。

资料来源：何维达、赵晓：《经济学教程》，北京：科学出版社，2008 年，第 133 页

7.2.4　斯坦伯格模型

斯坦伯格模型(Stackelberg model)是一种先动优势模型，即首先行动者在竞争中取得优势。该模型与古诺模型的主要区别是：在古诺模型中，两个寡头同时做决定，任一寡头都没有反应余地。这对实力相差悬殊的竞争对手来说，很难成立。实际的情况往往是，实力大的企业在竞争中占有优势，往往率先做出决定，而其他小的寡头则是随后才做出决定。斯坦伯格模型描述的就是这种情形。

我们仍然沿用前面古诺模型的例子进行分析，假定寡头企业所面临的需求曲线和成本状况与前面的古诺模型中讨论的式(7.3)和式(7.4)中的需求曲线与成本相同。需求函数为

$$P = 950 - Q_T = 950 - (Q_1 + Q_2)$$

平均成本和边际成本为

$$AC = MC = 50$$

下面我们对古诺模型的假定条件稍作改变，假定寡头企业 A 在竞争中具有优势，

首先做出产量决策,寡头企业 B 随后才做出反应。我们从寡头企业 B 开始分析,因为它是在寡头企业 A 后进行决策,所以把寡头企业 A 的产出视为既定。寡头企业 B 的反应函数为

$$Q_2 = 450 - 0.5Q_1$$

在给出寡头企业 B 的反应函数后,我们再来分析寡头企业 A 的决策。为了实现利润最大化,企业 A 将选择使边际收益等于边际成本的产出水平 Q_1。寡头企业 A 的总收益为

$$\mathrm{TR}_1 = P \cdot Q_1 = [950 - (Q_1 + Q_2)]Q_1 = 950Q_1 - Q_1^2 - Q_1 Q_2 \tag{7.8}$$

由于寡头企业 A 的总收益 TR_1 依赖寡头企业 B 的产量 Q_2,故寡头企业 A 必须对寡头企业 B 的产量进行预期。于是,我们把寡头企业 B 的反应函数 $Q_2 = 450 - 0.5Q_1$ 代入式(7.8)得到

$$\mathrm{TR}_1 = 950Q_1 - Q_1^2 - Q_1(450 - 0.5Q_1) = 500Q_1 - 0.5Q_1^2 \tag{7.9}$$

对式(7.9)求一阶导数,得到寡头企业 A 的边际收益方程:

$$\mathrm{MR}_1 = 500 - Q_1 \tag{7.10}$$

根据利润最大化条件 $\mathrm{MR} = \mathrm{MC}$,得到 $Q_1 = 500$,再将该结果代入寡头企业 B 的反应函数,可以得到寡头企业 B 的利润最大化产量:

$$Q_2 = 450 - 0.5Q_1 = 450 - 0.5 \times 500 = 200$$

可见,Q_1 大于 Q_2,所以寡头企业 A 的利润大于寡头企业 B 的利润。寡头企业 A 由于先行动而获得了优势,得到了更多的利润。

值得注意的是,并非在任何情况下首先行动者都会取得优势。应该说,寡头企业在进行产量竞争时首先行动者会取得优势,但在价格竞争中,首先做出决定的寡头企业却不一定能够获得优势。

7.2.5　博弈论基本模型

博弈论(game theory),又叫"对策论",属于应用数学的一个分支,已经成为经济学的标准分析工具之一。博弈有很多分类,按照合作与否可分为合作博弈和非合作博弈。合作博弈和非合作博弈的区别在于相互发生作用的当事人之间有没有一个具有约束力的协议,如果有,就是合作博弈,如果没有,就是非合作博弈。按照行为的时间序列性可分为静态博弈和动态博弈。静态博弈是指在博弈中参与人同时选择或虽非同时选择但后行动者并不知道先行动者采取了什么具体行动;动态博弈是指在博弈中参与人的行动有先后顺序,且后行动者能够观察到先行动者所选择的行动。按照参与人对其他参与人的了解程度分为完全信息博弈和不完全信息博弈。完全信息博弈是指在博弈过程中,每一位参与人对其他参与人的特征、策略空间及收益函数有准确的信息。如果参与人对其他参与人的特征、策略空间及收益函数信息了解得不够准确,或者不是对所有参与人的特征、策略空间及收益函数都有准确的信息,则在这种情况下进行的博弈就是不完全信息博弈。博弈论中最重要的概念就是纳什均衡,在这一均衡中,每个博弈参与人都确信,在给定其他参与人战略决定的情况下,他选择了最优战略以回应对手的战略。也就是说,所有博弈参与人的战略都是最优的。

一般来说，博弈包括五个方面的要素：第一，博弈的参加人或局中人，即博弈过程中独立决策、独立承担后果的个人或组织；第二，博弈信息，即博弈者所掌握的对选择策略有帮助的情报资料；第三，博弈方可选择的全部行为或策略的集合；第四，博弈的次序，即博弈参加者做出策略选择的先后；第五，博弈方的收益，即各博弈方做出决策选择后的所得和所失。下面我们介绍两种博弈的基本类型。

1. 囚徒困境

在博弈论中，含有占优战略均衡的一个著名例子是由塔克给出的"囚徒困境"（prisoner's dilemma）博弈模型，这是一种非合作博弈。该模型用一种特别的方式为我们讲述了一个警察与小偷的故事。假设有两个小偷 A 和 B 联合私闯民宅被警察抓住，警方将两人分别置于不同的两个房间内进行审讯，对每一个犯罪嫌疑人，警方给出的政策是：如果两个犯罪嫌疑人都坦白了罪行，交出了赃物，于是证据确凿，两人都被判有罪，各被判刑 8 年；如果只有一个犯罪嫌疑人坦白，另一个人没有坦白而是抵赖，则以妨碍公务罪（因已有证据表明其有罪）再加刑 2 年，而坦白者有功被减刑 8 年，立即释放。如果两人都抵赖，则警方因证据不足不能判两人的偷窃罪，但可以私闯民宅的罪名将两人各判入狱 1 年。表 7-1 给出了这个博弈的支付矩阵。

表 7-1　囚徒困境博弈

A＼B	坦白	抵赖
坦白	−8，−8	0，−10
抵赖	−10，0	−1，−1

对 A 来说，尽管他不知道 B 作何选择，但他知道无论 B 选择什么，他选择"坦白"总是最优的。显然，根据对称性，B 也会选择"坦白"，结果是两人都被判刑 8 年。但是，倘若他们都选择"抵赖"，每人只被判刑 1 年。在表 7-1 中的四种行动选择组合中，（抵赖，抵赖）是帕累托最优的，因为偏离这个行动选择组合的任何其他行动选择组合都至少会使一个人的境况变差。不难看出，"坦白"是任一犯罪嫌疑人的占优战略，而（坦白，坦白）是一个占优战略均衡，即囚犯的最优选择。

2. 智猪博弈

在经济学中，"智猪博弈"（pigs' payoffs）是一个著名的博弈论例子。这个例子讲的是：猪圈里有两头猪，一头大猪，一头小猪。猪圈的一边有个踏板，每踩一下踏板，在远离踏板的猪圈的另一边的投食口就会落下少量的食物。如果有一只猪去踩踏板，另一只猪就有机会抢先吃到另一边落下的食物。当小猪踩动踏板时，大猪会在小猪跑到食槽之前刚好吃光所有的食物；若是大猪踩动了踏板，则还有机会在小猪吃完落下的食物之前跑到食槽，争吃到另一半残羹。那么，两只猪各会采取什么策略？答案是：小猪将选择"搭便车"策略，也就是舒舒服服地等在食槽边；而大猪则为一点残羹不知疲倦地奔忙于踏板和食槽之间。

下面举例说明智猪博弈模型，见表 7-2。假如不管谁先行动都需要支付 2 个单位成本，等待就不需要支付成本。在大猪选择行动的前提下，小猪选择等待的话，小猪可得到 4 个单位的纯收益，而小猪行动的话，则仅仅可以获得大猪吃剩的 1 个单位的纯收益，所以等待优于行动；在大猪选择等待的前提下，小猪如果行动的话，小猪的收入将不抵成本，纯收益为−1 单位，如果小猪也选择等待的话，那么小猪的收益为零，成本也为零，总之，小猪选择等待是最优行为。

表 7-2 智猪博弈

大猪 ＼ 小猪	行动	等待
行动	5，1	4，4
等待	9，−1	0，0

7.3 完全垄断市场的厂商均衡

7.3.1 完全垄断市场的含义及特征

完全垄断(monopoly)市场简称垄断市场，是指整个行业中只有唯一一个企业的市场组织，即一家企业控制了某种产品的市场。垄断市场有以下几个方面特征：

(1)市场中只有一家企业生产和销售某种商品。也就是说，完全垄断市场只有一个企业，它提供整个行业的产量，因此企业就代表整个行业。例如，无论住在什么地方，你都无法选择水、电、煤气、邮电的供给者，因为在任何地方一般只有一家这类公共服务公司，在一个地区这类公司的一个供给者的产量就是该地区的行业产量。

(2)商品没有很接近的替代品。例如，自来水公司提高的水就没有相近的替代品。

(3)进入成本很高，其他任何企业进入完全垄断行业都非常困难或者不可能。

在完全垄断市场中，排除了任何的竞争因素，垄断企业控制了整个行业的生产与销售，所以，垄断企业可以控制和操纵产品的价格，即垄断企业是价格的制定者。

7.3.2 垄断形成的原因

为什么会形成垄断？最为关键的原因就是存在着防止其他新企业进入该垄断市场的壁垒。如果进入壁垒不存在，其他企业很容易进入，垄断者谈何垄断？

形成垄断的原因主要有以下几个方面。

1. 法律进入壁垒

第一类法律进入壁垒是公共特许权(pubic franchise)，它是指法律赋予某企业供给某种货物和劳务的排他性权利，最经典的例子就是国家邮政服务。

第二类法律壁垒是政府许可制度。政府许可证是控制进入某一职业和某一产业的制度。例如，医生、律师、牙医、建筑师、会计师等职业在国外通常都需要获取政府许可证后方能进入该行业。当然，许可证不会产生垄断，但它限制了竞争。

第三类法律限制是专利制度。所谓专利就是政府授予某一物品和劳务发明者的一种排他性权利，专利会导致某种程度上的垄断。

2. 规模经济

竞争必然走向垄断。规模经济是指随着生产量的扩大，长期平均成本下降的现象，如邮电、供水供电等生产都具有这种特性。在规模经济的作用下，某些行业的生产规模效益需要在一个很大的产量范围和相应的巨大资本设备的生产运行水平上才能得到充分体现，以至于只有在整个行业产量都由一个企业生产时才有可能达到该生产规模。而且，只要发挥该企业在该生产规模上的生产能力，就可以满足整个市场对产品的需求。行业内总会有某个企业最先达到该生产规模，从而垄断了整个行业的生产和销售。也就是说，在存在规模经济的情况下，由一个企业生产比由两家或更多家企业生产要更具有规模经济，这种情况就是所谓的自然垄断。自然垄断是垄断现象中的一种合理的现象，它表明供应市场的某种产品的全部数量只需要一家就够了，不需要有两家或者更多家企业参与生产和销售，多了虽然在技术上是可行的，但在成本上是浪费的，在经济上也是缺乏效率的。

3. 其他进入壁垒

其他进入壁垒主要包括：第一，资源垄断，例如，某垄断企业控制了生产某种商品所需的重要原材料，因而使得其他企业难以进入。经典的例子便是澳大利亚的力拓公司、巴西的淡水河谷公司。第二，在某些产业，新企业进入的开业成本高昂，也是阻碍新企业进入的壁垒，这就使得已在产业的这家企业具有某种垄断力。第三，已在垄断行业的某家企业可能具备某些生产技术、工艺上的优势，以至于其他企业难以进入。

7.3.3　垄断企业的需求曲线和收益曲线

1. 垄断企业的需求曲线

在完全垄断条件下，由于市场上只有一个企业，垄断企业的需求曲线就是市场的需求曲线，是一条向右下方倾斜的曲线（如图 7-6 中的曲线 d 所示）。假定商品市场的销售量等于市场的需求量，垄断企业向右下方倾斜的需求曲线表示垄断企业可以通过改变销售量来控制市场价格，即减少销售量来抬高市场价格，增加销售量来压低市场价格。需求曲线一般可以表示为

$$Q = f(P)$$

其中，Q 代表对垄断者的需求量；P 代表自身价格。由于习惯上将价格放在纵轴，逆需求函数可记为 $P = P(Q)$。

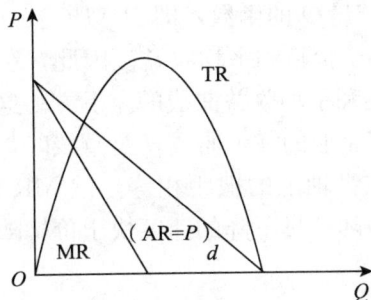

图 7-6　垄断厂商的需求曲线和收入曲线

2. 垄断企业的收益曲线

1)垄断企业的平均收益曲线

我们首先讨论一下垄断企业的平均收益曲线。依定义,平均收益为总收益除以产量,即 $AR=TR/Q=P(Q) \cdot Q/Q=P(Q)$

垄断企业的平均收益曲线就是企业的(逆)需求曲线本身。应当指出,完全竞争者的平均收益曲线的数学表达为 $AR=P$,这个 P 是由市场供求双方联合决定的均衡价格,它为一常数;而垄断企业中的 $P(Q)$ 不是一个常数,它是一个随着产量的变化而变化的变量。

在垄断市场上,每一单位产品的卖价也就是它的平均收益,也就是说,在每一个销售量上的商品价格就等于企业的平均收益。如表 7-3 所示,商品的市场价格 P 随着垄断企业的商品销售量的不断增加而下降,与此相对应,垄断企业的平均收益 AR 也是不断下降的。从几何图形来看,垄断企业的需求曲线形状也就决定了它的收益曲线形状,当需求曲线为线性时,垄断企业的平均收益曲线也为线性。在图 7-6 中,企业的平均收益曲线 AR 与需求曲线 d 重叠,它们是同一条向右下方倾斜的曲线。

表 7-3 垄断企业的收益

数量 Q	价格 P	总收益 TR	边际收益 MR
0	200	0	——
1	180	180	180
2	160	320	140
3	140	420	100
4	120	480	60
5	100	500	20
6	80	480	−20
7	60	420	−60
8	40	320	−100
9	20	180	−140
10	0	0	−180

2)垄断企业的边际收益曲线

下面,我们讨论垄断企业的边际收益曲线。依定义,边际收益 MR 为
$$MR=d(TR(Q))/dQ=d(P(Q) \cdot Q)/dQ$$

在完全竞争市场中,由于 P 为一常数,所以,竞争者的边际收益就等于该常数 P。而在垄断市场中,价格 P 为产量 Q 的函数,即 $P=P(Q)$。

在表 7-3 中,边际收益小于价格和平均收益。因此,在图 7-6 中,边际收益曲线向右下方倾斜,且位于需求曲线和平均收益曲线的左下方。这表明,在每一销售量上企业的 MR<AR,或 MR<P。当企业的需求曲线 d 是直线时,MR 曲线也是向右下方倾斜的直线,d 曲线和 MR 曲线在纵轴上的截距相等,但 MR 曲线的斜率总是需求曲线 d 斜率的两倍,这表示边际收益随产量下降的速度快于价格随产量下降的速度,并且是价格下降速度的两倍。

3)垄断企业的总收益曲线

根据平均收益 AR 或 P 与对应的销售量 Q 可得到企业的总收益 TR,即

$$TR = P \cdot Q$$

从表 7-3 中可以看出，垄断企业的总收益 TR 是先增后减，这种变化趋势反映在图 7-6 中为企业总收益曲线 TR 呈倒 U 形。总收益曲线 TR 的形状主要和 MR 有关，因为在每一个销售量上的 MR 值是相应的 TR 曲线的斜率。总收益 TR 和边际收益 MR 之间的具体关系是：当 MR 为正值时，TR 是上升的；当 MR 为负值时，TR 是下降的。

7.3.4　垄断企业的短期均衡

在短期内，垄断企业无法改变固定要素投入量，只能在既定生产规模下通过对产量和价格的同时调整来实现 MR＝MC 的利润最大化。必须指出，尽管垄断企业能控制产品的价格，但不能保证它在短期内总能获得垄断利润。垄断企业在 MR＝SMC 的短期均衡点上，可能获得最大的利润，也可能是亏损的(尽管亏损额是最小的)。造成垄断企业短期亏损的原因可能是既定生产规模的成本过高，从而导致收益曲线的位置过低。依照市场需求的大小，垄断企业在短期可以获得超额利润(图 7-7)、正常利润(图 7-8)和亏损三种状态下的均衡(图 7-9)。

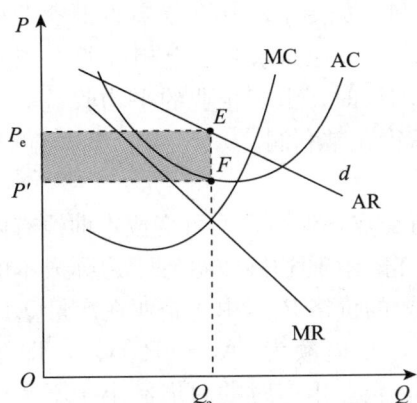

图 7-7　垄断企业获得超额利润的情况

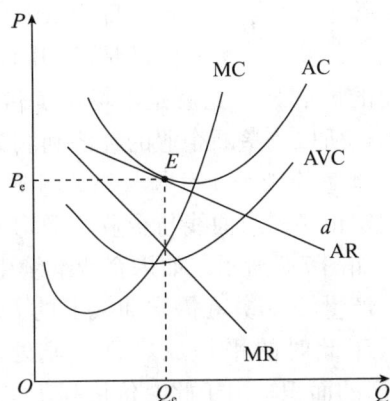

图 7-8　垄断企业获得正常利润的情况

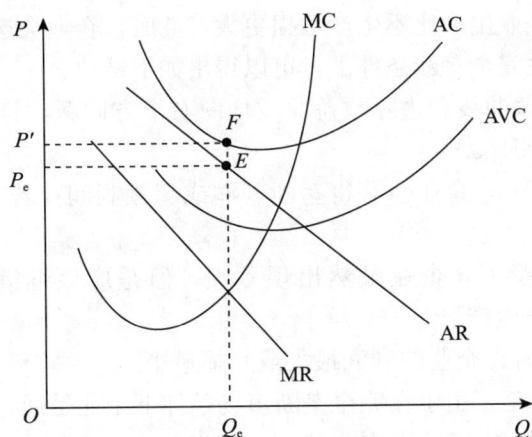

图 7-9　垄断企业处于亏损状态的情况

1. 垄断企业获得超额利润的情况

假定市场需求曲线与企业的平均成本曲线有两个交点，如图 7-7 所示。根据利润最大化原则，垄断企业由边际收益 MR 等于边际成本 MC 的条件决定产量 Q_e。若产量小于 Q_e，边际收益大于边际成本，这时企业增加产量仍可以增加利润；反之，若产量大于 Q_e，边际收益小于边际成本，这时企业减少产量会增加利润。因此，Q_e 即为企业的均衡产量。

在决定产出数量 Q_e 之后，垄断企业还必须决定价格。企业在决定最优产量时，首先要考虑消费者在某一数量下愿意支付的最高价格，因而企业选择的价格是由 Q_e 对应的需求曲线上的 E 点所决定的，如图 7-7 中的 P_e，这一价格就是市场的均衡价格。由于价格高于平均成本，因而在这种情况下，垄断企业获得超额利润，利润额为 $(P-AC)Q$，即图 7-7 中矩形 P_eEFP' 的面积。

2. 垄断企业获得正常利润的情况

假定市场需求曲线与企业的平均成本曲线相切，如图 7-8 所示。根据这一需求曲线，企业相应地确定平均收益曲线 AR 和边际收益曲线 MR。同时企业把产量选择在边际收益等于边际成本之点，即由 MR＝MC 决定产量，如图 7-8 中的 Q_e，此时企业处于均衡状态。获得超额利润的情况相同，对应于 Q_e，企业在需求曲线上相应的 E 点上决定索要的价格 P_e，这就是市场均衡价格。在处于均衡时，由于企业的平均收益等于平均成本，所以，垄断企业的经济利润为零，但能获得正常利润。

3. 垄断企业处于亏损状态的情况

假定市场需求曲线与企业的平均成本曲线没有交点，但与平均可变成本曲线有两个交点，如图 7-9 所示。如果企业继续生产，那么，它会按照边际收益等于边际成本的原则选择产量 Q_e，并在需求曲线上的 E 点处决定索要的价格 P_e。由于企业在产量 Q_e 时的价格低于此时的平均成本，企业处于亏损状态，亏损额为 $(AC-P_e)Q_e$，即矩形 P_eEFP' 的面积。由于此时价格高于平均可变成本，企业生产时的亏损额小于不生产时的亏损额，因此，企业会选择继续生产。

但是，如果企业面临的市场需求曲线低于平均可变成本，那么企业的收益不能够补偿可变成本的支出，企业生产比不生产亏损更大，此时，企业会选择停止生产。

根据上述分析，在完全垄断条件下，可以得出如下结论：

(1)企业的平均收益曲线和边际收益曲线均向右下方倾斜，且边际收益曲线位于平均收益曲线下方，即 MR＜AR。

(2)若 AR＝P＞SAC，企业会获得垄断利润或超额利润；若 AR＝P＜SAC，企业有亏损。

(3)若 AR＝P＞AVC，企业虽然出现亏损，但是应该继续生产；若 AR＝P＜AVC，企业就应该停止生产。

(4)当 AR＝SMC 时，企业的利润最大或亏损最小。

另外，值得指出的是，由于在完全垄断市场条件下企业是通过对产量和价格的同时调整来实现 MR＝SMC 的均衡条件的；而且，P 总是大于 MR。随着企业所面临的向右下方倾斜的需求曲线的位置移动，企业的价格和产量之间不再必然存在与完全竞争条件下的一一对应关系，而是有可能出现一个价格水平对应几个不同的产量水平，或一个产量水平对应几个不同的价格水平。因此，在短期内，垄断企业无法得到如同完全竞争市场条件下的短期供给曲线。

7.3.5　垄断厂商的长期均衡

垄断企业在长期内可以调整全部生产要素的投入量即生产规模，从而实现利润最大。垄断行业排除了其他企业加入的可能性，因此，与完全竞争企业不同，如果垄断企业在短期内获得利润，其利润在长期内不会因为新企业的加入而消失，垄断企业在长期内是可以保持利润的。垄断企业在长期内实现均衡有两种可能的结果：

(1)垄断企业在长期内获得正常利润。垄断企业在短期内是亏损的，但在长期中不存在一个可以使它获得利润(或至少使亏损为零)的生产规模。如果企业长期亏损，无法生存，那么企业就只能退出生产，只有那些获得正常利润的企业才能够生存下来。

(2)垄断企业在短期内利用既定的生产规模获得了利润，在长期中通过对生产规模的调整，使自己获得更大的利润。因为，毕竟垄断企业不同于完全竞争和垄断竞争，所以必然存在市场进入障碍，这样垄断企业仍然可以获得超额利润。下面我们利用图7-10来着重分析这种情况。

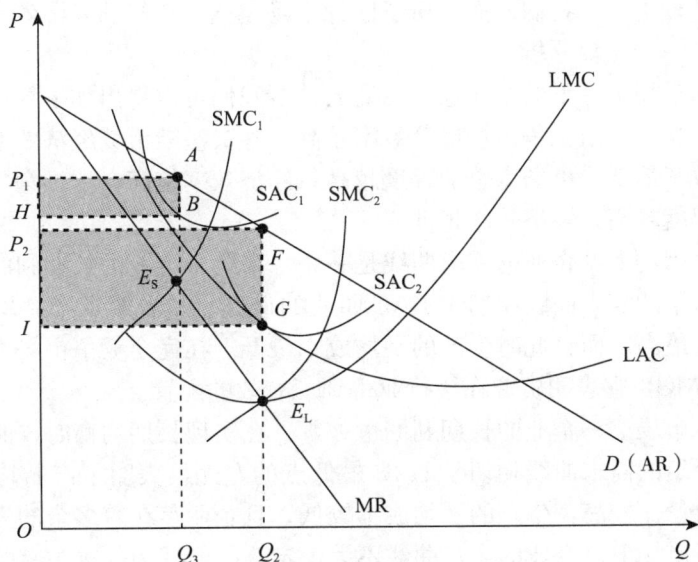

图 7-10　垄断企业的长期均衡

在图 7-10 中，D 曲线和 MR 曲线分别表示垄断企业所面临的市场需求曲线和边际收入曲线，LAC 曲线和 LMC 曲线分别为垄断企业的长期平均成本曲线和长期边际成本曲线，SAC_1 曲线和 SMC_1 曲线代表短期内的第一种生产规模，SAC_2 曲线和 SMC_2 曲线代表短期内的第二种生产规模。假定开始时垄断企业在由 SAC_1 曲线和 SMC_1 曲线所代表的第一种生产规模上进行生产。在短期内，垄断企业只能按照 MR＝SMC 的原则，在现有的生产规模上将产量和价格分别调整到 Q_1 和 P_1。在短期均衡点 E_S 上，垄断企业获得的利润为图 7-10 中较小的阴影部分矩形 HP_1AB 的面积。但在长期中，垄断企业是不会满足这个利润的，它会通过对生产规模的调整，进一步增大利润。按照 MR＝LMC 的长期均衡原则，垄断企业的长期均衡点为 E_L，长期均衡产量和均衡价格分别为 Q_2 和 P_2，垄断企业所选择的相应的最优生产规模由 SAC$_2$ 曲线和 SMC$_2$ 曲线所代表。此时，垄断企业获得了更大利润，其利润量相当于图 7-10 中较大的阴影部分矩形 IP_2FG 的面积。由此可见，垄断企业之所以能在长期内获得更大利润，原因在于长期内企业的生产规模是可变的，且市场对新加入企业是完全关闭的。如图 7-10 所示，在垄断企业的 MR＝LMC 长期均衡产量上，代表最优生产规模的 SAC$_2$ 曲线和 LAC 曲线相切于点 G，相应地 SMC$_2$ 曲线、LMC 曲线和 MR 曲线相交于点 E_L。所以，垄断企业的长期均衡条件为 MR＝LMC＝SMC。与短期一样，在长期中，完全垄断企业和完全垄断市场也没有明确的供给曲线。

7.4 市场的经济效率比较

市场的经济效率一般是指资源配置效率，如果经济效率高，就表明资源得到了充分利用或能以最有效的生产方式进行生产，经济效率低则表示对资源利用不充分或没有以最有效的方式进行生产。我们前面分析了四种市场类型，它们的经济效率显然是不一样的，下面我们作一个比较分析。

通过对不同市场条件下的企业长期均衡的分析我们可以得出如下结论：完全竞争市场的经济效率最高，垄断竞争市场经济效率较高，寡头垄断市场经济效率较低，完全垄断市场的经济效率最低。市场竞争的程度越高，经济效率越高；市场竞争的程度越低或者说市场垄断程度越高，经济效率越低。

在完全竞争市场上，企业的需求曲线是一条水平线，企业的长期利润为零。在实现长期均衡时，水平的需求曲线相切于 LAC 曲线的最低点，表明了产品均衡价格最低和产品的均衡产量最高，而且此时生产的平均成本最低。在完全竞争市场上，企业在长期衡点上有 $P＝LMC$，它表明资源在该行业得到了有效的配置。

在垄断竞争市场上，企业的长期利润也为零。在实现长期均衡时，曲线向右下方倾斜，相对比较平坦的需求曲线相切于 LAC 最低点的左侧，表明了产品均衡价格比较低和产品的均衡数量比较高，生产的平均成本较低，且企业存在着多余的生产能力。

在寡头垄断市场上，企业的需求曲线不太确定。一般认为，寡头垄断市场是与垄断市场比较接近的市场组织。在长期均衡时，寡头企业的产品均衡价格比较高，产品均衡的数量比较低。此外，一个行业在长期均衡时是否实现了价格等于长期边际成本即 $P＝$ LMC，也是判断该行业是否实现了有效的资源配置的一个条件。商品的市场价格通常被看成是商品的边际社会价值，商品的长期边际成本通常被看成是商品的边际社会成本。当 $P＝LMC$ 时，商品的边际社会价值等于商品的边际社会成本，它表示资源在该点得到了最有效的配置。当 $P＞LMC$ 时，商品的边际社会价值大于商品的边际社会成本，它表示相对于该商品的需求而言，该商品的供给是不足的，应该有更多的资源投入到该商品的生产中来，增加这种商品的供给，进而促使价格下降，最后使该商品的边际社会价值等于商品的边际社会成本。这样，社会的福利就会变得好一些。

在完全垄断市场上，企业在长期内可获得利润。在实现长期均衡时，曲线向右下方倾斜，相对比较陡峭的需求曲线与 LAC 曲线相交，表明了产品的均衡价格最高和产品的均衡数量最低，此时生产的平均成本最高。若完全垄断企业放弃一些利润，价格就可以下降一些，产量便可增加一些。

➤ 本章专业术语

垄断竞争 非价格竞争 寡头垄断 古诺模型 斯威齐模型 斯坦伯格模型 完全垄断 市场的经济效率

➤ 本章小结

(1)垄断竞争市场是这样一种市场组织：一个市场中有许多企业生产和销售有差别的同种产品。

(2)垄断竞争企业的短期均衡条件是 $MR=SMC$，垄断竞争企业的长期均衡条件是 $MR=LMC=SMC$，$P=AR=LAC=SAC$。

(3)寡头垄断的主要特点是企业的数量很少，从而使企业的决策相互有影响，有较高的进出障碍。

(4)古诺模型描述的是参与竞争的各寡头企业将其竞争对手的产量水平当做固定的，然后决定自己的产量水平。

(5)弯折的需求曲线模型解释了寡头垄断市场中产品价格能在长时间保持不变的原因。

(6)完全垄断市场的基本特征是：市场中只有一家企业生产和销售某种产品；商品没有很相近的替代品；进入成本高，其他任何企业进入完全垄断行业都非常困难或不可能。

(7)形成垄断的原因有法律进入壁垒、规模经济、资源垄断等。

(8)垄断企业的需求曲线就是市场的需求曲线，也是垄断企业的平均收益曲线，它一般为一条向右下方倾斜的曲线；垄断企业的边际收益曲线位于平均收益曲线的下方。

(9)在完全垄断条件下，在短期内，有如下结论：①企业的平均收益曲线和边际收益曲线均向右下方倾斜，且边际收益曲线位于平均曲线下方，即 $MR<AR$。②若 $AR=P>AVC$，企业应生产；反之，企业应停产。③若 $AR=P>SAC$，企业会获得垄断利润或超额利润；反之，企业有亏损。④当 $MR=SMC$ 时，企业的利润最大或亏损最小。

(10)在完全垄断条件下，同一产量可以有多个价格与之对应，同一价格可以有多个产量与之对应，所以，企业无法得到可以表示产量和价格之间一一对应关系的短期供给曲线。其他不完全竞争情况也是如此。

(11)完全垄断条件下的长期均衡条件是 $MR=LMC=SMC$，垄断企业在长期均衡状态下一般不会发生亏损。

➤ 练习题

一、名词解释

1. 不完全竞争市场
2. 产品差别
3. 自然垄断
4. 非价格竞争
5. 理想的产量
6. 纯粹寡头
7. 斯威齐模型
8. 囚徒困境
9. 古诺模型
10. 合作与非合作的均衡

二、选择题

1. 完全竞争和垄断竞争的主要区别是( )。

    A. 产品异质的程度
    B. 市场当中厂商的数目

C. 长期中厂商获得的利润   D. 以上都是

2. 完全垄断和垄断竞争之间的主要区别是(   )。

A. 前者价格高于边际成本，后者没有

B. 前者厂商的需求曲线和市场需求曲线是一致的，后者不是

C. 前者拥有市场力量，后者没有

D. 以上全对

3. 完全垄断企业短期均衡时，存在(   )。

A. 正常利润   B. 超额利润

C. 严重亏损   D. 以上三种情况都有可能

4. 广告作用最大的是(   )。

A. 完全竞争市场   B. 垄断竞争市场

C. 寡头垄断市场   D. 完全垄断市场

5. 寡头垄断和垄断竞争之间的主要区别是(   )。

A. 厂商的广告开支不同   B. 非价格竞争的数量不同

C. 厂商之间相互影响的程度不同   D. 以上都不对

6. 在垄断厂商的长期均衡产量上可以有(   )。

A. P 大于 LAC   B. P 小于 LAC

C. P 等于最小的 LAC   D. 以上情况都可能存在

7. 如果在需求曲线某一点上的需求的价格弹性 $E_d = 5$，商品的价格 $P = 6$，则相应的收益 MR 为
(   )。

A. 7.5   B. 4.8   C. 1   D. 24

8. 垄断竞争厂商的长期均衡与短期均衡的区别是长期均衡的(   )。

A. $P = AC$ B. $P > AC$

C. 厂商的主观需求曲线与长期平均成本曲线相切

D. 主观需求曲线与实际需求曲线相交

9. 一个行业有很多厂商，每个厂商销售的产品与其他厂商的产品略有差别，这样的市场结构称
为(   )。

A. 垄断竞争   B. 完全垄断   C. 完全竞争   D. 寡头垄断

10. 垄断竞争厂商实现最大利润的途径有(   )。

A. 调整价格从而确定相应产量   B. 品质竞争   C. 广告竞争   D. 以上都有可能

11. 在弯折的需求曲线模型中，拐点左右两边的需求弹性是(   )。

A. 左边弹性大，右边弹性小   B. 左边弹性小，右边弹性大

C. 左右两边弹性一样大   D. 以上都不对

12. 在古诺模型中，厂商假定对手的(   )是固定的。

A. 产量   B. 价格   C. 利润   D. 以上均不正确

13. 在垄断竞争厂商处于长期均衡时，(   )。

A. 价格高于 LAC   B. 价格高于边际成本

C. 边际成本等于边际收益   D. 超额利润等于 0

14. 不完全竞争企业面临的要素供给曲线是(   )。

A. 边际生产价值曲线   B. 边际生产收益曲线

C. 边际支出曲线   D. 平均支出曲线

15. 关于完全垄断和垄断竞争，下列说法错误的是(   )。

A. 完全垄断依据边际收益等于边际成本最大化其利润，垄断竞争不是这样

B. 完全垄断厂商的需求曲线和市场需求曲线是一致的，垄断竞争不是这样

C. 完全垄断拥有影响市场的权力，而垄断竞争没有

D. 完全垄断者在长期中能获取超额利润，而垄断竞争不能

16. 古诺模型的假设有（ ）。

　　A. 双寡头的纯粹寡头 　　　　　　　　B. 进行产量而非价格竞争

　　C. 以对方产量为既定，以此确定自己的产量 　D. 边际成本为常数

17. 以下最不可能成为垄断厂商的是（ ）。

　　A. 一个小镇上唯一一名医生 　　　　　B. 可口可乐公司

　　C. 某地区的电力公司 　　　　　　　　D. 某地区的自来水公司

18. 欧佩克(OPEC)所代表的市场结构可以概括为（ ）。

　　A. 完全垄断模式 　　　　　　　　　　B. 不完全竞争下寡头勾结垄断模式

　　C. 垄断竞争模式 　　　　　　　　　　D. 完全竞争模式

三、判断题

1. 垄断厂商不会在需求曲线弹性小于1的地方生产。（ ）

2. 无论完全竞争还是不完全竞争，企业短期均衡时生产都安排在合理阶段。（ ）

3. 产品差别越大，价格差别也越大。（ ）

4. 不完全竞争市场的共同特征是，企业产品的市场价格高于边际成本。（ ）

5. 斯威齐模型成本变动对寡头垄断厂商的行为没有影响是因为其中断的边际收益曲线。（ ）

6. 只要市场价格高于边际成本，垄断企业必定扩大产量。（ ）

7. 垄断厂商有市场力量是说其可以任意定价。（ ）

四、问答题

1. 完全竞争厂商和垄断厂商的需求曲线和边际收益曲线的形状有何区别？

2. 为什么垄断厂商的需求曲线是向右下方倾斜的？解释相应的 TR 曲线、AR 曲线和 MR 曲线的特征以及相互关系。

3. 完全垄断与寡头垄断的区别是什么？

4. 寡头垄断市场的特点与优缺点是什么？

5. 为什么 MR＝MC 是垄断厂商实现最大利润的均衡条件？

6. 比较垄断竞争市场的均衡条件和完全竞争市场的条件的相近点和区别，并说明产品差别对于垄断竞争市场形成的意义。

7. 试述古诺模型的主要内容和结论。

五、计算题

1. 在古诺模型中，甲和乙分别为两个向小镇提供矿泉水服务的厂商，边际成本相同，都为常数，记为 c；市场需求曲线是 $P＝a-Q$。

　　(1)若两个厂商在古诺双头垄断的环境中展开竞争，同时选择产量，求两个厂商的均衡产量和价格。

　　(2)若两个厂商相互勾结，其产量与价格又是什么？

　　(3)上述两种产量哪一种更有利？一般而言，两个厂商会选择哪一个产量？为什么？

2. 某垄断竞争市场中一厂商的长期总成本函数为 $LTC＝0.001Q^3-0.425Q^2+85Q$，假设该市场中不存在进入障碍，产量由该市场的整个产品集团调整。如果产品集团中所有厂商按同样比例调整它们的价格，出售产品的实际需求曲线为 $Q＝300-2.5P$。

　　(1)求厂商长期均衡产量和价格。

(2)求厂商主观需求曲线上长期均衡点的弹性。

(3)如果厂商主观需求曲线是线性的，导出厂商长期均衡时的主观需求曲线。

3. 设某垄断市场的需求不仅与价格有关，而且还取决于该垄断厂商的广告活动（广告费用支出用 A 表示），需求曲线为 $Q=(20-P)(1+0.1A-0.01A^2)$。垄断厂商的成本曲线为 $TC=10Q+15+A$。试求：

(1)若该垄断厂商的广告费用支出 A 为零，求利润最大化时的价格、产量和厂商相应的利润水平。

(2)若垄断厂商的广告费用支出水平达到最优水平，求此时的价格、产量和厂商相应的利润水平。

4. 在一个完全垄断的产品市场中，对产品的需求函数为 $Q=4\ 800-8P$，试求：

(1)垄断厂商的收益曲线、边际收益曲线；

(2)产品价格为多少时使总收益最大，此时需求价格弹性为多少？

5. 假设第 4 题中的垄断厂商的短期成本函数为 $STC=0.001-0.45+380Q+10\ 000$，求在利润最大化条件下的短期均衡的产量和价格，以及厂商的利润。

第 8 章

分 配 理 论

本章要点：

生产要素需求的特征　生产要素需求的一般原则　生产要素供给的一般原则　租金、经济租金、准租金　洛伦兹曲线和基尼系数

分配理论要解决为谁生产的问题，即生产出来的产品按什么原则分配给社会各阶级的问题。19 世纪法国经济学家萨伊曾提出了一个"三位一体"的公式，即劳动—工资，资本—利息，土地—地租。此后英国经济学家阿尔弗雷德·马歇尔又在此基础上增加了企业家才能—利润，从而成为"四位一体"公式。这个公式概括了经济学分配理论的中心，即在生产中，工人提供了劳动，获得了工资；资本家提供了资本，获得了利息；地主提供了土地，获得了地租；企业家提供了企业家才能，获得了利润。简言之，各种生产要素都根据自己在生产中所做出的贡献而获得了相应的报酬。

8.1　分配理论概述

各种生产要素所获得的报酬就是生产要素的价格，所以，分配理论就是要解决生产要素的价格决定的问题。生产要素的价格与产品的价格一样，是由供求关系决定的。这就是说，生产要素的需求与供给决定了生产要素的价格。因此，分配理论的核心是生产要素的价格决定，是价格理论在分配领域的应用。要研究分配理论首先要了解生产要素的需求与供给。

8.1.1　生产要素

生产要素（factor of production）指生产产品所必需的一切要素及其环境条件。产品的生产过程必须有生产要素的参与，要进行生产活动，就要投入各种经济资源。为进行生产和服务活动而投入的各种经济资源叫做生产要素。我们通常将生产要素分为两大类，原始生产要素和中间生产要素（或者叫中间产品）。

原始生产要素的所有者是消费者，消费者提供要素的目的是为了实现效用最大化。在经济学中原始生产要素包括以下四种：

（1）劳动：人类在生产活动中所付出的体力或智力的活动，是所有生产要素中最能

动的因素。劳动者是劳动这一生产要素的基本所有者。

（2）资本：人类生产出来又用于生产中的经济货物，包括机器、厂房、工具等生产资料。从企业的角度看，既包括有形的资产，也包括无形资产，如商标、信誉和专利权等。通常货币资本并不计入生产要素中去。

（3）土地：包括土地、河流、森林、矿藏、野生生物等一切的自然资源，它们得自于大自然的恩赐，是最稀缺的经济资源。

（4）企业家才能：综合运用其他生产要素进行生产、革新、从事企业组织和经营管理的能力，以及创新和冒险精神。

中间生产要素是指厂商生产出来又投入到生产过程中去的产品，这类要素的所有者是厂商，厂商提供中间生产要素的目的是实现利润最大化。对某一个企业来说是中间产品的东西，对另一个企业来讲可能就是产品。例如，钢铁对于汽车厂来讲是中间产品，但它对于钢铁厂来讲就是产品。对于产品的供求及价格决定问题，我们在厂商理论的各章中已经讲过。所以本章主要研究原始生产要素的供求问题，而对中间产品的问题不予论述，如不特别指明的话，我们所说的生产要素指的都是原始生产要素。

8.1.2　生产要素需求

任何产品与劳务的生产都离不开生产要素的参与。前已述及，西方经济学中所研究的生产要素包括资本、劳动、土地与企业家才能。生产要素的需求者是生产者，生产者需要生产要素的目的是将不同生产要素在生产过程中进行组合以生产产品。产品的需求者是消费者，因此生产要素需求（demand of production factor）与产品需求不同，它有着独特的性质。

1. 生产要素需求的特征

1）派生性

生产要素需求的派生性又称为引致性，指的是由于消费者对于产品的需求而引起的厂商对生产要素的需求。在产品市场上，厂商是产品的供给方，消费者是要素的需求方。消费者为了直接满足自己的衣、食、住、行等需要而购买产品，因此消费者对产品需求是所谓"直接"的需求。而转到要素市场上，情况就不一样了，厂商成为生产要素的需求方，消费者成为生产要素的供给方。首先要指出的是，厂商购买生产要素不是为了自己的直接需要，而是为了生产和出售产品以获得收益。从这个意义上来说，厂商对生产要素的需求不是直接需求，而是一种派生需求，或者叫"引致需求"。厂商之所以对生产要素产生需求，是因为消费者对产品有需求，厂商为了满足消费者对产品的需求，就要使用生产要素来生产出产品。

2）联合性

厂商对生产要素的需求也可以叫做联合需求或共同需求，即对生产要素的需求是共同的、相互依赖的。这个特点是由生产的技术上的原因决定的，因为厂商要进行生产活动，必须对所有的生产要素同时购买才能够进行生产，通常只拥有一种或两种生产要素是无法进行生产的。这种对生产要素需求的共同性带来了一个重要后果，即对某种生产要素的需求，不仅取决于该生产要素本身的价格，而且也取决于其他生产要素的价格。

因此，严格地说，生产要素理论应该是关于多种生产要素共同使用的理论。但是，同时研究多种要素的价格和需求，将使分析过于复杂。为了简便分析，人们往往还是集中于分析一种生产要素的情况。

2. 生产要素需求的影响因素

由于对生产要素的需求源自于对产品和服务的需求，因此影响生产要素需求的因素主要包括两个方面：影响生产要素自身需求的因素以及由于对产品和劳务的需求而导致的对生产要素需求的影响。具体说来主要包括以下几个主要因素：

1）市场对产品的需求及产品价格

某种产品或劳务的市场需求越大，则对生产这种产品或劳务的生产要素的需求越大，反之则反。产品或劳务的市场均衡价格越高，意味着生产者越有可能获得更高的利润，生产者越有动力生产该种产品和劳务，对生产该种产品或劳务所需要的生产要素的需求越大。

2）生产技术水平

生产技术水平是影响生产要素需求的重要因素，生产技术水平决定了产品和劳务生产所需生产要素的种类和数量。举例来说，随着人类社会的不断进步，机器逐步替代了手工劳动而在产品和劳务生产中发挥越来越重要的作用。在实际生产过程中存在着资本替代劳动的趋势，逐步减少的劳动数量被越来越多的资本数量所代替。同时，随着科学技术的进步，一些原有的生产要素逐步被新兴的生产要素所取代而退出生产过程，产品与劳务生产所需要的生产要素构成随之而发生改变，生产技术水平改变了生产要素的种类。

3）生产要素价格

生产要素的自身价格是影响生产要素需求的内在因素，是由生产要素的需求和供给共同决定的。生产要素价格的高低直接决定了生产者的生产成本。生产者生产产品和劳务的目的是利润最大化，因此生产者在进行生产决策的时候必然要考虑成本的高低。生产要素的价格增高，生产成本随之增高，生产者的生产欲望降低，这导致对生产要素的需求降低。反之，生产要素的低价格导致生产成本降低，生产者将会投入更多生产要素进行产品或劳务的生产或者扩大生产规模，生产要素需求随之扩大。

8.1.3　生产要素供给

产品的供给是由生产者的行为决定的，生产者在利润最大化目标驱使下，根据不同的市场状况，结合自身的生产成本，针对不同价格水平，做出自己的供给决策。与产品的供给不同，生产要素的供给不是由生产者的行为决定的，而是由生产要素所有者的行为决策决定的。生产要素所有者在效用最大化目标下选择把自己的生产要素留作自用或者提供给他人使用，提供给他人使用的部分就构成了生产要素供给（supply of production factor）。

生产要素各种各样，不同种类的生产要素各有自己的特点。一般来说，可以把生产要素分为三类。第一类是自然资源，在经济分析中假定这类资源的供给是固定的。第二类是资本品。资本品是利用其他资源生产出来的，也是和其他产品一样的产品。在经济中，这一行业的产品往往就是另一行业的生产要素。因此，这种生产要素的供给与一般产品的供给一样，与价格同方向变动，供给曲线向右上方倾斜。第三类是劳动。这种生产要素的供给有其特殊性，我们在工资理论中再详细介绍。

8.2　生产要素需求与供给的一般原则

一般来说，西方经济学中涉及的生产要素主要包括资本、劳动、土地和企业家才能。在这部分我们对生产要素不作具体区分，仅从一般意义上对生产要素的需求和供给进行分析，得出决定生产要素需求和供给的一般原则。

8.2.1　生产要素需求的一般原则

生产要素需求的联合性与派生性，决定了它的需求比产品的需求要复杂得多，因此，在对生产要素需求进行分析的时候必须考虑以下因素对生产要素需求的影响：①产品市场结构。生产者所面对产品市场的竞争垄断程度对生产要素需求会产生一定的影响。一般而言，处于垄断程度高市场上的生产者对生产要素的需求程度较高。②生产要素市场结构。生产者所面对生产要素市场的竞争垄断程度同样会影响生产要素需求。处于生产要素买方垄断市场与卖方垄断市场上的生产者对生产要素的需求都是不同的。③单个厂商生产要素需求与市场生产要素需求的相互影响。在产品市场上，单个消费者需求直接加总求和即为市场需求。但是生产要素市场上，需求不能直接由单个生产者的需求简单加总得到，这是因为单个厂商对生产要素的需求会影响到其他厂商的需求，因此生产要素的市场需求必须考虑不同生产者的相互影响，经过市场调整加总才能得到。④生产要素的联合程度。在不同技术水平下，生产不同产品所需要的生产要素的联合程度是不同的。如果生产要素的联合程度高，则一种生产要素的需求变化会典型地带动其他生产要素需求的变化。否则，一种生产要素的需求变化对其他生产要素的影响不大。

生产者在生产要素市场上购买生产要素，将生产要素投入生产过程以生产产品，在产品市场上售卖产品以实现利润最大化。在这一过程中，生产者面临两个市场，产品市场和生产要素市场。根据这两个市场的垄断竞争程度的不同，我们可以把生产者进行分类，把在完全竞争生产要素市场上购买生产要素并在完全竞争产品市场上售卖产品的生产者定义为完全竞争厂商。按照这个规定，不完全竞争厂商分为三类：第一类，在完全竞争市场上购买生产要素并在不完全竞争产品市场上售卖产品的生产者；第二类，在不完全竞争市场上购买生产要素并在完全竞争产品市场上售卖产品的生产者；第三类，在不完全竞争生产要素市场上购买生产要素并在不完全竞争产品市场上售卖产品的生产者。下面我们讨论这两种情形下的生产要素需求。

1. 完全竞争厂商的生产要素需求

完全竞争厂商购买生产要素同样是为了实现利润最大化，利润是收入与成本的差值，最大化的一般条件是边际收益等于边际成本。这样，它就必须使购买最后一单位生产要素所支出的边际成本与其所带来的边际收益相等。在完全竞争市场上，边际收益等于平均收益，等于价格。因此，厂商对生产要素的需求就是要实现边际收益、边际成本

与价格相等，即

$$MR = MC = P \qquad (8.1)$$

在完全竞争市场上，对一家厂商来说，价格是不变的。由此可见，厂商对生产要素的需求就取决于生产要素的边际收益。

生产要素的边际收益取决于该要素的边际生产力。在其他条件不变的情况下，增加一单位某种生产要素所增加的产量（或者这种产量所带来的收益）就是该生产要素的边际生产力，用 VMP 表示生产要素的边际生产力。如果以实物来表示生产要素的边际生产力，则称为边际物质产品。如果以货币来表示生产要素的边际生产力，则称为边际收益产品。即

$$MR = P \cdot MP = VMP \qquad (8.2)$$

根据边际收益递减规律，在其他条件不变的情况下，生产要素的边际生产力是递减的。因此，生产要素的边际收益曲线是一条向右下方倾斜的曲线，这条曲线也是生产要素的需求曲线（图 8-1）。

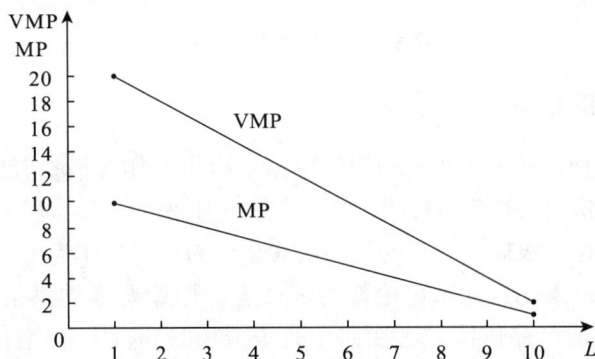

图 8-1 厂商的边际产量和边际生产力

以上我们讨论了单个完全竞争厂商的生产要素需求，整个行业的生产要素需求是各个厂商经过市场调整的需求之和，是一条向右下方倾斜的曲线，表示单个厂商考虑其他厂商反应的生产要素需求曲线，也就是经过市场调整的需求曲线。

2. 不完全竞争厂商的生产要素需求

在不完全竞争市场上，对一个厂商来说价格也并不是不变的。因此，边际收益不等于价格。边际收益取决于生产要素的边际生产力与价格水平。这时，生产要素需求仍要取决于 MR＝MC，因此，生产要素的需求曲线仍然是一条向右下方倾斜的线。完全竞争市场和不完全竞争市场的差别在于生产要素需求曲线的斜率不同，从而在同一生产要素价格水平下，对生产要素的需求量不同。一般而言，同一价格水平下完全竞争市场上的生产要素需求量大于不完全竞争市场。

1）买方垄断厂商

由于买方垄断厂商在产品市场上处于完全竞争地位，所以它购买生产要素的边际收益依然是

$$MRP = P \cdot MP \qquad (8.3)$$

但是此时使用生产要素的边际成本发生了变化。由于生产要素市场的不完全竞争性，生产要素的价格将受到生产要素需求量的典型影响，成为生产要素需求量的函数。

$$C = L \cdot W(L)$$

$$MC = [L \cdot W(L)]' = W(L) + L \cdot \frac{dW(L)}{dL} \tag{8.4}$$

其中，C 代表成本；L 代表劳动投入要素；W 代表工资（或要素的边际成本）。于是买方垄断厂商生产要素需求的一般原则是

$$MRP = MR \cdot MP = W(L) + L \cdot \frac{dW(L)}{dL}$$

2）卖方垄断厂商

由于卖方垄断厂商在产品市场上处于不完全竞争地位，所以它购买生产要素的边际收益依然是

$$MRP = P \cdot MP \tag{8.5}$$

使用生产要素的边际成本为 W。于是卖方垄断厂商生产要素需求的一般原则是

$$MRP = MR \cdot MP = W \tag{8.6}$$

8.2.2　生产要素供给的一般原则

要素所有者有两种：作为生产者的中间要素所有者；作为消费者的原始要素所有者。所有者不同，其市场供给的行为目标也不同。从理论上来说，要素供给理论要分成两个并列的部分分别加以讨论：根据生产者的利润最大化行为来讨论作为生产者的中间要素的供给，根据消费者效用最大化行为来讨论作为消费者的原始要素的供给。作为生产者的中间要素的供给就是一般产品供给，这在完全竞争市场的分析中已经详细讨论过了，本部分只讨论要素所有者为消费者、其行为目的为效用最大化的原始要素的供给问题。

原始要素在一定时间内是有限的，原始要素供给实际上是原始要素供给者在一定的要素价格水平下，将其全部既定资源在"要素供给"和"保留自用"两种用途上进行分配以获得最大效用。"要素供给"是提供给他人使用的，生产要素提供给他人使用可以获得相应收入，供给者可以使用此部分收入购买商品或劳务，而商品和劳务可以带来效用。"保留自用"是指生产要素留给自己使用，它同样可以获得相应的效用。例如，劳动这种生产要素，可以提供给他人使用获得工资，也可以留作自用享受闲暇，两种用途都能给供给者带来效用。下面以劳动为例说明生产要素供给的一般原则。

1. 基本原则

作为"要素供给"的资源的边际效用要与作为"保留自用"的资源的边际效用相等。当两者不相等时，要从边际效用小的部分转移一部分要素到边际效用大的要素用途中去，这样才能使生产要素供给的总效用最大。例如，给老板打工的总体收获如果要比自己自由闲暇的总体收获大，则人们会尽力挤出时间去打工；反之则不会去打工，而会充分地享受自由闲暇的美好时光。

1）要素供给的效用

要素供给的效用是要素提供给他人所获得的收入用于购买商品和劳动给生产要素所有

者带来的效用,是一种间接效用,要素供给通过收入而与效用相联系。用公式表示如下:

$$\frac{dU}{dL}=\frac{dU}{dY}\cdot\frac{dY}{dL} \tag{8.7}$$

即要素供给的边际效用等于要素供给的边际收入与收入的边际效用的乘积。式(8.7)中,L 为要素供给量;Y 为要素供给带来的收入;U 为效用。

又由于在完全竞争市场上,要素的边际收入等于要素的价格,即 $dY/dL = W$,所以有

$$\frac{dU}{dL}=W\cdot\frac{dU}{dY} \tag{8.8}$$

这便是完全竞争条件下消费者要素供给的边际效用公式。

2)自用资源的边际效用

自用资源既可以带来间接效用(干家务),也可以带来直接效用(休息、闲暇)。我们这里只假定自用资源的效用是直接的,即不考虑干家务这类现象。若用 L 表示自用资源数量,在此假定下,则自用资源的边际效用可表示为 dU/dL,即自用资源的边际效用就是效用增量与自用资源增量之比的极限值。

2. 要素供给原则

在基数效用条件下,借助于上面指出的要素供给的间接效用和自用资源的直接效用概念,可以将效用最大化条件表示为

$$\frac{dU}{dL}=W\cdot\frac{dU}{dY} \tag{8.9}$$

如考虑所谓"收入的价格"W_Y,显然有 $W_Y=1$,则有

$$\frac{\dfrac{dU}{dL}}{\dfrac{dU}{dY}}=\frac{W}{W_Y} \tag{8.10}$$

符合这一条件的要素供给能实现效用最大化。

在序数效用条件下,G^* 为无差异曲线与消费者预算曲线的切点,在这一切点上,能实现效用最大化,如图 8-2 所示。

序数效用条件下的要素供给原则与基数效用条件下的要素供给原则的结论是一致的。下面的分析见图 8-3。

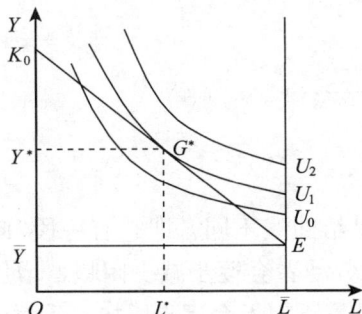

图 8-2　要素供给的无差异曲线　　　　图 8-3　价格扩展线

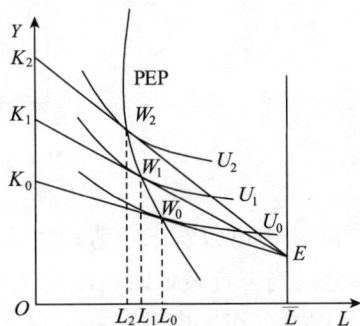

要素供给量是随着要素价格的变化而变化的。第一步：给定一个要素市场价格 W_0，随即确定了一个要素的全部收入，随即也就确定了一个预算线 EK_0。第二步：要素价格变化，由 W_0 变为 W_1，随即也就确定了一个预算线由 EK_0 变为 EK_1。第三步：发现预算线绕着 E 点顺时针旋转。

无差异曲线簇与相应的预算线的切点的集合为曲线 PEP，可称为价格扩展线。这一图形反映了自用资源数量 L 如何随着要素价格变化而变化，从而反映了要素供给量（它等于固定资源总量减去自用资源量）如何随着要素价格的变化而变化，即要素供给曲线的关系。

从价格扩展线可以得到要素供给曲线。方法如下：给定要素价格 W_0，由图 8-3 可知，预算线为 EK_0，从而最优自用资源量为 L_0，于是可以得到一个要素供给量（$L-L_0$），于是可以得到要素供给曲线上一点（W_0，$L-L_0$），重复数遍可得到无数个要素供给曲线上的点，将所有这些点连接起来即为要素的供给曲线 PEP。

8.3　工　资　理　论

工资（wage）是劳动力所提供的劳务的报酬，也是劳动这种生产要素的价格。劳动者提供了劳动，获得了作为收入的工资。工资是劳动力市场的均衡价格，是由劳动力市场上的需求与供给共同决定的。

8.3.1　劳动的个人供给与社会供给

对于单个生产要素的拥有者而言，假定其每天可以自由支配的时间为 24 小时－8 小时睡眠＝16 小时；每天可以自由支配的时间用于劳动与闲暇。生产要素的拥有者在不同的资源用途中进行选择以追求效用最大化，在此基础上得出劳动的个人供给曲线如图 8-4 所示，其中，横轴 S 表示劳动供给，纵轴 W 表示工资收入。

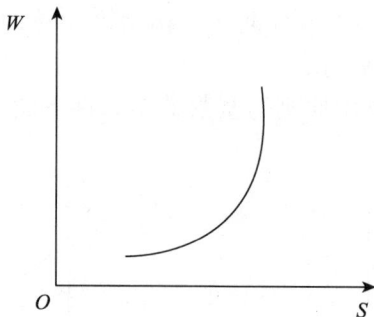

图 8-4　劳动供给曲线

从图 8-4 中可以看出：劳动供给曲线与一般的供给曲线不同，即它有一段"向后弯曲"的部分。当工资较低时，随着工资的逐步上升，劳动者会逐步减少闲暇，增加劳动供给量。但是，当工资涨到一定程度后，劳动的供给量不但不会逐步增加，反而会逐步减少。这如何解释？劳动的供给曲线为什么会向后弯曲呢？劳动的供给曲线向后弯曲的原因其实也就是闲暇商品的需求曲线为什么向前倾斜。我们可以换一个角度来研究这个问题：劳动的供给就是闲暇的需求的反面。在时间资源总量既定的情况下，劳动供给的增加就意味着闲暇需求的减少；劳动的价格——工资就是闲暇的机会成本，增加一单位时间的闲暇，就意味着失去本来可以得到的一单位劳动的收入——工资。于是工资也就是闲暇的价格。劳动供给量随工资而变化的关系即劳动供给曲线也可以用闲暇需求量随闲暇价格而变化的关系即闲暇需求曲线来加以说明。

这一现象由闲暇商品的替代效应和收入效应的独特性所致。就一般商品而言，替代效应和收入效应的共同作用使其需求曲线向右下方倾斜。但闲暇商品则不同，从替代效应来分析，由于替代效应，消费者会减少对它的购买，而转向其他替代品，这一点与其他正常商品一样。但从收入效应来看，闲暇商品完全与众不同。假定其他条件不变，对于一般商品，价格上升意味着消费者的实际收入下降，但闲暇价格的上升意味着消费者的实际收入上升，消费者将增加对闲暇商品的消费。结果，由于收入效应，闲暇需求量与闲暇价格的变化相同。这样一来，对于一般正常商品在同一方向起作用的替代效应和收入效应，对于闲暇商品场合却起相反的作用。因此，随着闲暇价格的上升，闲暇商品的需求量究竟是下降还是上升要取决于两种效应的大小。如果替代效应大于收入效应，则闲暇商品需求量随其价格的上升而下降；反之，如果收入效应大于替代效应，则闲暇需求量随其价格的上升而上升。这就意味着劳动的供给曲线向后弯曲。最后，最为值得注意的是闲暇商品价格变化的收入效应往往会超过替代效应。

所有这一切，用通俗的语言来说就是：当工资的提高使人们富足到一定的程度后，人们会更加珍视闲暇。因此，当工资达到一定高度而又继续提高时，人们的劳动供给量不但不会增加，反而会减少。

将所有单个消费者的劳动供给曲线水平相加，即得到整个市场的劳动供给曲线。尽管许多单个消费者的劳动供给曲线可能会向后弯曲，但劳动的市场供给曲线却不一定如此。因为在较高的工资水平上，现有工人也许不肯提供较多的劳动，但高工资会吸引新的工人进来，因而总的市场劳动供给曲线仍然是向右上方倾斜的。

8.3.2　完全竞争市场上工资的决定

1. 完全竞争市场上的劳动力需求

厂商对劳动的需求取决于多种因素，但劳动的需求主要还是取决于劳动的边际生产力。劳动的边际生产力是指在其他条件不变的情况下，增加一单位劳动所增加的产量。劳动的边际生产力是递减的。厂商在购买劳动时要使劳动的边际成本（即工资）等于劳动的边际产品。如果劳动的边际产品大于工资，劳动的需求就会增加，如果劳动的边际产品小于工资，劳动的需求就会减少。因此，劳动的需求曲线是一条向右下方倾斜的曲线，表明劳动的需求量与工资呈反方向变动。

2. 完全竞争市场上的劳动力供给

劳动的供给主要取决于劳动的成本，这种劳动的成本包括两类：一类是实际成本，即维持劳动者及其家庭生活必需的生活资料的费用，以及培养、教育劳动者的费用；另一类是心理成本。劳动是以牺牲闲暇的享受为代价的，劳动会给劳动者心理上带来负效用，补偿劳动者这种心理上负效用的费用就是劳动的心理成本。

　　劳动的供给有自己的特殊规律，一般来说，当工资增加时劳动会增加，但工资增加到一定程度后如果再继续增加，劳动不但不会增加，反而会减少。这是因为，工资收入增加到一定程度后，货币的边际效用递减，不足以抵消劳动的负效用，从而劳动就会减少。此外，劳动的供给还取决于人口增长率、劳动力的流动性、移民的规模等因素。

　　劳动的需求与供给共同决定了完全竞争市场上的工资水平，可用图 8-5 说明这一点。

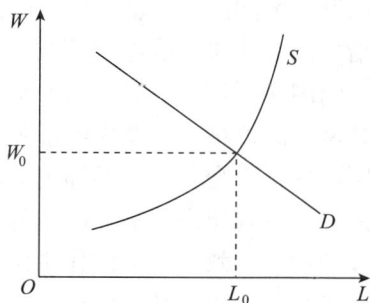

图 8-5　均衡工资的决定

　　一般认为，当劳动的需求大于供给时，工资会上升，从而增加劳动的供给，减少劳动的需求；当劳动的需求小于供给时，工资会下降，从而减少劳动的供给，增加劳动的需求。正如价格的调节使物品市场实现供求相等一样，工资的调节也使劳动市场实现供求相等，并保证充分就业。

8.3.3　不完全竞争市场上工资的决定

　　不完全竞争是指劳动市场上存在着不同程度的垄断，这种垄断有两种情况：一种是劳动者对劳动的垄断，即劳动者组成工会，垄断了劳动的供给；另一种是厂商对劳动购买的垄断。当然，这两种情况的结合就是双边垄断，即卖方与买方都有一定的垄断。在不完全竞争市场上，工资可能高于或低于劳动的边际生产力。这里我们主要分析工会的存在（即劳动市场上卖方垄断）对工资决定的影响。

　　工会影响工资的方式主要有三种：①增加对劳动力的需求。在劳动供给不变的条件下，通过增加对劳动力的需求的方法来提高工资，不但会使工资增加，而且可以增加就业。工会增加厂商对劳动力需求的最主要的方法是增加市场对产品的需求，因为劳动需求是由产品需求派生而来的。增加对产品的需求就是要通过议会或其他活动来增加出口，限制进口，实行保护贸易政策。在增加对产品需求这一点上，工会与企业是共同的。②减少劳动力的供给。在劳动需求不变的条件下，通过减少劳动力的供给同样也可以提高工资，但这种情况会使就业减少。工会减少劳动力供给的方法主要有：限制非工会会员受雇，迫使政府通过强制退休、禁止使用童工、限制移民、减少工作时间的法律等。③最低工资法。工会迫使政府通过立法规定最低工资，这样，在劳动力的供给大于需求时也可以使工资维持在一定的水平上。最低工资法规定的最低工资能使工资维持在较高的水平，但在这种工资水平有可能出现失业。

　　工会在影响工资决定的时候存在一定的限制条件，从影响劳动力需求的角度来看主要有以下三点：①产品的需求弹性。如果产品需求缺乏弹性，则劳动力需求同样缺乏弹性，工会的影响比较大，反之则影响小，如医疗、律师等行业。②劳动在总成本中所占的比例。如果劳动在总成本中占的比例大，则工会的作用比较明显，否则工会的影响较小。③劳动的可替代性。如果劳动的可替代性小，工会对劳动力需求的影响较大；如果劳动的可替代性大，工会对劳动力需求的影响较小。从影响劳动供给的角度来看，工会所控制的工人的多少，工人的流动性大小以及工会基金的多少都决定着工会对劳动供给的影响程度。

8.4　利　息　理　论

利息(interest)是资本这种生产要素的价格。资本家提供了资本，得到了利息。利息与工资的计算方式不同，它不是用货币的绝对量来表示，而是用利率来表示的，利率是利息在每一单位时间内(如一年内)在货币资本中所占的比率，是货币资本的价格。

8.4.1　资本与利息

资本(capital)是由经济制度本身所生产出来的并被用做投入要素以便进一步生产更多的商品和服务的物品。因此，资本需具备如下特征：①资本是由人类的经济活动所生产，因而它的总量是可以改变的；②它之所以被生产出来，并非为了消费，而是为了能够生产出更多的产品和劳务；③它在生产过程中被作为投入要素长期使用。由于上述特点，资本区别于一般的消费品，也区别于土地和劳动等要素。经济学家在解释利息时说明了为什么要给资本支付利息，以及为什么资本可以带来利息。

1. 时间偏好与利息

人们具有一种时间偏好，即在未来消费与现期消费中，人们是偏好现期消费的。换句话来说，现在多增加一单位消费所带来的边际效用大于将来多增加这一单位消费所带来的边际效用。之所以有这种情况，是因为未来是难以预期的，人们对物品未来效用的评价总要小于现在的效用。人们总是喜爱现期消费，因此，放弃现期消费把货币作为资本就应该得到利息作为报酬。

2. 迂回生产与资本净生产力

迂回生产就是先生产生产资料(或称资本品)，然后用这些生产资料去生产消费品。迂回生产提高了生产效率，而且迂回生产的过程越长，生产效率越高。现代生产的特点就在于迂回生产。资本使迂回生产成为可能，从而提高了生产效率，这种由于资本而提高的生产效率就是资本的净生产力。资本具有净生产力是资本能带来利息的根源。

8.4.2　资本的供给

资本的供给来自于消费者的储蓄，我们把消费者的货币收入中除消费以外的部分叫做储蓄，消费者的储蓄被企业借贷之后用于购买资本品，便转化为资本。为了将问题简化，我们假定储蓄全部转化为资本，这样资本供给问题就转化为消费者的储蓄决策问题。

资本的需求方是厂商，厂商购买资本品的目的是使用这些资本品以生产更多的产品和劳务，从而实现自己的利润最大化。厂商购买资本品的行为被称为投资，因此投资形成了资本的需求。所以研究资本需求的问题可以转化为研究厂商投资决策的问题。

资本的源泉价格为资本价值，资本的服务价格为利息。利息是资本的服务价格，指为使用资本而支付的报酬，单位资本的服务价格用利率表示。利率等于资本服务的年收

入与资本价值之比，用 r 表示利率，Z 表示年收入，P 表示资本价值，则

$$r = Z/P \tag{8.11}$$

资本的供给主要取决于消费者的储蓄决策。消费者会把他收入的一部分消费掉，而把另一部分储蓄起来，留待以后消费。假设消费者今年储蓄100元，明年他能够得到110元，那么这增加的10元就是利息，以10元利息除以储蓄额100元，得到利率为10％，这个利率就是资本供给的价格。这里可以看出，消费者之所以没有把他的所有收入都在今年消费掉，而是储蓄了一部分，正是为了获取利息，这样今年他减少消费100元，明年就可以消费110元，可见消费者今年减少一些消费正是为了以后能够多消费。

可以发现，消费者对于消费和储蓄的决策实际是一种跨时期决策，他要决定的是今年消费多少、明年消费多少，而前面所讲的消费者对土地和劳动的决策则是一种即期决策。消费者直接把收入消费掉，当然直接地就增加了他的效用；他把收入的一部分储蓄起来明年消费，可以得到一个额外的收入即利息，可以提高他的效用水平。消费者的目的是实现他的效用最大化，在这里就是要实现今年的效用和明年的效用的总和的最大化。下面我们用无差异曲线作为工具来具体分析消费者的决策。

假定将研究的时间限定为今年和明年两年，图8-6表示了消费者的跨时期决策情况。图8-6中横轴为今年的消费，纵轴为明年的消费，D 为消费者的今明两年收入组合点，即他今年收入 C_{00}，明年收入 C_{10}。AB 为消费者的预算线，所以 AB 必定要通过 D 点。如果沿着预算线向左上方移动，表明消费者减少今年的消费，增加储蓄；如果沿预算线向右下方移动，表明消费者今年就提前借用了明年的收入。假设利率为 r，那么今年消费者增加1元的储蓄，明年他就可以消费 $(1+r)$ 元，显然预算线的斜率是 $-(1+r)$。图8-6中 U_1、U_2 是消费者的无差异曲线，它反映了消费者对今年消费与明年消费之间的偏好。消费者的无差异曲线与预算线相切于 E_1 点，E_1 是消费者的均衡点，所以消费者在均衡时选择的是今年消费 C_{01}、明年消费 C_{11}，显然消费者把一部分收入储蓄起来了，储蓄额是 $(C_{01} - C_{00})$。

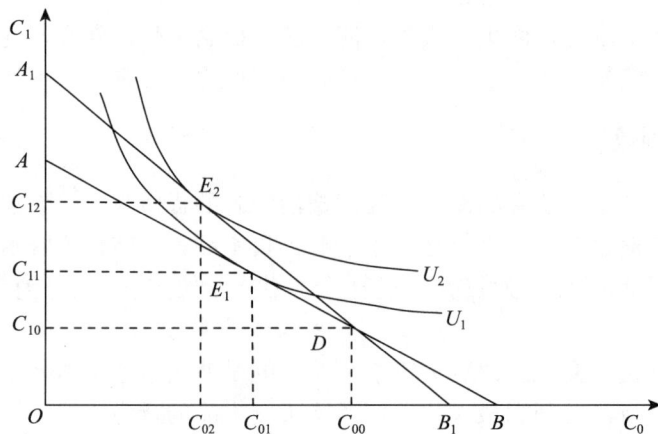

图 8-6   消费者的跨时期选择

假设消费者的收入组合不变，但是市场的利率提高，预算线将沿着收入组合点 D

顺时针旋转，假定旋转到 A_1B_1。新的预算线与无差异曲线 U_2 相切于 E_2 点，因此 E_2 点就是新的消费者均衡点。均衡时消费者选择今年消费 C_{02}、明年消费 C_{12}。可见由于利率提高消费者减少了今年的消费，增加了储蓄。从这个简单的模型可以看出，利率提高使消费者减少了当前消费，增加了储蓄；利率降低使消费者增加了当前消费，减少了储蓄。

上述现象可以由替代效应和收入效应得到解释。利率的改变相当于改变了今年消费和明年消费的相对价格，即提高利率相当于提高今年的消费价格，降低明年的消费价格。由于替代效应，消费者将减少今年消费，增加明年消费，也就是说，利率提高的替代效应使消费者增加储蓄；利率提高的收入效应则趋于使消费者增加今年消费，减少明年消费，因此储蓄减少。利率提高时，储蓄是增加还是减少取决于替代效应和收入效应的总效应，如果替代效应大于收入效应，储蓄将增加；如果收入效应大于替代效应，储蓄将减少。一般来讲，利息收入只占消费者收入的一个很小的比例，所以替代效应往往是大于收入效应，但是当利率提高到一定程度时，收入效应就有可能超过替代效应，消费者会增加消费从而使储蓄减少。

从以上论述可知，储蓄或贷款的供给曲线是一条向后弯曲的曲线，如图 8-7 所示。曲线的下半部分向右上方倾斜，是正常的供给曲线形状，而上半部分向左上方倾斜，是利率很高时收入效应大于替代效应而出现的异常的供给曲线。

储蓄是资本供给的源泉，但资本供给曲线并不等于储蓄曲线。就一个社会、一定时期而言，资本形成取决于过去已形成的储蓄量，同时假定资本的自用价值为零，因此在短期内，资本供给曲线为一条垂直于横轴的直线。但在长期内，随着利率的上升，储蓄量的增加，则资本供给曲线则被不断推向右方，如图 8-8 所示。

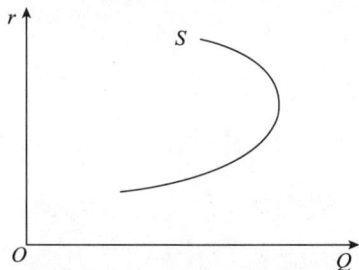

图 8-7　储蓄或贷款供给曲线

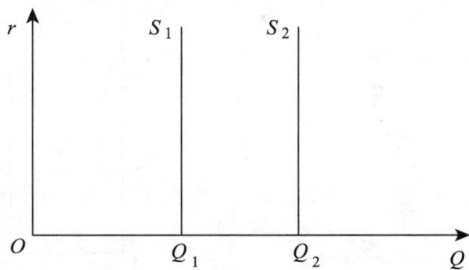

图 8-8　短期资本供给曲线

将单个消费者的资本供给曲线水平加总就可以得到市场供给曲线，但市场供给曲线是正常的向右上方倾斜的曲线，没有出现向后弯曲的现象。原因在于，虽然利率很高时，就单个消费者来讲有可能出现收入效应大于替代效应的情况，但就整个经济来讲，替代效应仍大于收入效应，储蓄仍是增加的。在现实经济中，我们并没有发现资本供给曲线向后弯曲的例子，就是这个原因。

8.4.3　均衡利率的决定

从整个社会来看，对资本的需求主要来自于厂商。前已述及，厂商的投资行为形成了对于资本的需求。那么影响厂商投资决策的因素是什么呢？在厂商进行投资决策时，它追求的是利润最大化，它所考虑的主要方面是预期利润率和利率，另外还会考虑到投资风险。这一点与土地、劳动等要素是不同的，当土地所有者和劳动者提供要素时，无论厂商是赢利还是亏损，土地所有者和劳动者都能根据合同获取相应的报酬；而对于资本的投资则不是这样，因为投资总是伴随着风险。厂商一旦进行投资，其所花费的大部分成本就变为沉淀成本，并且一项投资往往持续很长时间，所需资金庞大，所以厂商的投资决策实际上是风险决策，它牵涉到一系列影响因素，我们这里略过不谈，我们主要讨论利率对厂商投资需求的影响。

厂商在进行投资决策的时候，由于利息构成了厂商的成本，所以如果一个投资项目的预期利润率大于市场的利率，那么就意味着厂商预期的资本收益大于成本，厂商投资该项目就可以获得利润。如果一个投资项目的预期利润率小于市场的利率，那么厂商的预期资本收益小于成本，厂商就会亏损，所以厂商会放弃该项目转而去寻求其他合适的项目。（注意，如果厂商的投资所用资金是自有资金，利息可被看成是机会成本，上述分析依然有效）如果厂商的各个投资项目的预期利润率不变，而市场利率提高，则会有许多的投资项目被否定，从而厂商的投资意愿降低，投资就会下降，从而对可贷资本的需求下降。如果利率降低，厂商的成本降低，则会使一些原本不合算的项目变得有利可图，厂商的投资意愿上升，投资增加，对可贷资本的需求就会上升。因此，资本的需求曲线也是向右下方倾斜的曲线。

以上分析了资本市场的供给和需求的决定，下面来看资本市场的均衡问题。如图8-9所示，横轴表示资本数量Q，纵轴表示利率r，S是市场资本供给曲线，D是市场的资本需求曲线，资本的供给曲线和需求曲线的交点表示资本市场的均衡点。

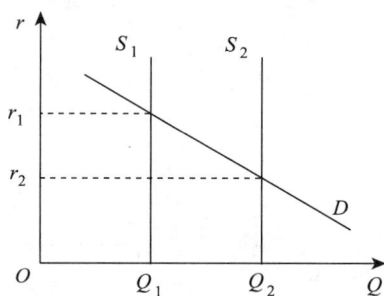

图 8-9　资本市场的均衡

在短期内资本供给曲线S_1与需求曲线相交，形成短期均衡利率r_1和均衡资本量Q_1，较高的利率会促使储蓄进一步增加，从而资本供给曲线向右移动，S_2与需求曲线在较低的利率水平上相交，形成均衡利率r_2和均衡资本量Q_2。在r_2上，利率降到储蓄量与投资量恰好和资本存量相等，于是资本存量稳定在Q_2水平上，资本市场达到了长期均衡，除非资本的需求曲线上移或者人们对未来消费偏好增强。利率的调节作用使资本市场实现了均衡，这也是价格调节经济的作用之一。因为利率是资本的价格，它所调节的是资本市场。这种调节作用就在于当资本的需求大于供给时，利率会上升，从而减少资本的需求，增加资本的供给；当资本的需求小于供给时，利率会下降，从而增加资本的需求，减少资本的供给。所以，利率的调节会使资本市场处于均衡状态。

8.5 地 租 理 论

8.5.1 地租的性质

地租(rent)是土地这种生产要素的价格,地主提供了土地,得到了地租。如前所述,土地可以泛指生产中使用的自然资源,地租也可以理解为使用这些自然资源的租金。

地租的产生首先在于土地本身具有生产力,这也就是说地租是利用"土壤的原始的、不可摧毁的力量"的报酬。其次,土地作为一种自然资源具有数量有限、位置不变,以及不能再生的特点。这些特点与资本和劳动不同,因此,地租的决定有其自己的特点。

地租的产生与归属是两个不同的问题。地租产生于以上两个原因,这就是说,无论在什么社会里,实际上都存在地租。正因为土地有地租,所以,土地不能无偿使用。有偿使用土地正是地租存在的表现。

地租由土地的需求与供给决定。土地的需求取决于土地的边际生产力,土地的边际生产力也是递减的。所以,土地的需求曲线也是一条向右下方倾斜的曲线。但土地的供给是固定的,因为在每个地区,可以利用的土地总有一定的限度。这样,土地的供给曲线就是一条与横轴垂直的线。

8.5.2 级差地租的形成与决定

土地的肥沃程度与地理位置的差别是相当大的,而且这种差别对地租的形成也有相当重要的影响。由土地在肥沃程度与地理位置的差别而引起的地租不同在经济学上称为级差地租。

表 8-1 中,A、B、C、D、E 是五块肥沃程度不同的土地。在使用的其他生产要素相同,从而支出的生产成本相同的情况下,各块土地的产量不相同。在市场上,农产品的市场价格是相同的,从而各块土地的总产值(即总收益)也就不相同。这样,A、B、C 三块土地由于条件好、产量高,就分别产生了 200、160 和 100 的地租,这种地租就是级差地租。D 块土地没有级差地租,被称为边际土地。E 块土地连生产成本也无法弥补,不会被利用。由此可以看出,级差地租是由于土地肥沃程度(或地理位置)的不同而引起的。

表 8-1 级差地租示意

土地	产量	价格	总产值	生产成本	级差地租
A	200	2	400	200	200
B	180	2	360	200	160
C	150	2	300	200	100
D	100	2	200	200	0
E	80	2	160	200	−40

随着经济发展,人口增加,农产品价格上升,级差地租也会增加。

从表 8-2 中可以看出,当价格上升到 2.5 时,A、B、C 三块土地的级差地租分别增加到 300、250、170,D 块土地有了级差地租 50,而 E 块土地收支相抵,成为可以利用的边际土地。可见,随着经济的发展,级差地租也在增加。

表 8-2　级差地租的发展演变

土地	产量	价格	总产值	生产成本	级差地租
A	200	2.5	500	200	300
B	180	2.5	450	200	250
C	150	2.5	375	200	170
D	100	2.5	250	200	50
E	80	2.5	200	200	0

8.5.3　生产服务源泉和生产服务本身

生产服务源泉和生产服务本身是两个不同的概念，如劳动的源泉是人，劳动服务却是人的劳动过程。

源泉的供给与服务的供给：源泉的供求是指卖和买生产服务的"载体"；服务的供求则是指卖和买生产服务本身而非其"载体"，如土地。源泉的供给是指土地的自然供给。服务的供给是指土地的市场供给（即市场出租）。我们这里研究的主要是土地的市场供给（即市场出租）。源泉的供给与服务的供给有一点类似于所有权与使用权的关系。

源泉的价格与服务的价格：就土地而言，源泉的价格是指土地的自然供给价格。服务的价格是指租用 1 公顷（1 公顷＝1 万平方米）土地一年的价格，有一点类似于所有权价格与使用权价格的关系。

我们这里讨论的土地均是指土地的服务、土地服务的供给以及土地服务的价格。其中，土地服务的价格称为地租。

8.5.4　单个土地所有者的土地的供给曲线

单个土地所有者供给土地的目的也是效用最大化，他的土地供给其实是两种选择：土地出租与自用土地。其效用函数可以写为

$$U=U(Y, q) \qquad (8.12)$$

其中，Y 和 q 分别为土地出租收入和自用土地数量。

一般来说，土地自用只占用土地总量的微小的一部分，可以忽略不计，从而效用函数可以简化为 $U=U(Y)$

在土地效用只取决于土地收入这种情况下，为了获得最大效用，就必须使土地收入达到最大化，也就是要全部出租。由于土地所有者拥有的土地数量有限，如为 Q，故无论土地价格 R 为多少，他将供给的土地最多只为 Q，因此，单个土地所有者的土地的供给曲线将在 Q 的位置垂直于横轴。下面图 8-10 描述了土地的供给曲线。

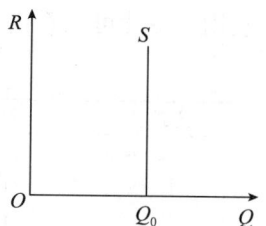

图 8-10　土地的供给

8.5.5　土地的市场供给曲线与土地的均衡价格

将单个土地所有者的土地供给曲线水平相加，即得到整个市场的土地供给曲线。再将向右下方倾斜的土地的市场需求曲线与土地供给曲线相结合起来，即可决定土地的均

衡价格，这一均衡价格常常被称做为"地租"。如图 8-11 所示，在完全竞争的经济中，土地的市场供给曲线 S 是垂直的，土地的市场需求曲线 D 是向右下方倾斜的，因此，土地的市场供给曲线和市场需求曲线的交点 E 是土地供求实现均衡的均衡点，在 E 点的地租为 R_E。当土地供给曲线垂直时，地租完全由土地的需求曲线决定，而与土地的供给曲线无关，地租随着对土地需求的变化而变化。从图 8-11 可以看出，在土地的供给不变的情况下，如果需求不断下降，即需求曲线下移，需求曲线下降到一定程度的时候，均衡的地租水平将变为零。随着土地的需求不断上升，地租也会不断地提高。所以说，产生地租的根本原因在于土地是稀缺的，供给不能增加，而需求不断上升。如果土地的供给不变，则地租的产生纯然是由于土地的需求的不断提高而造成的。

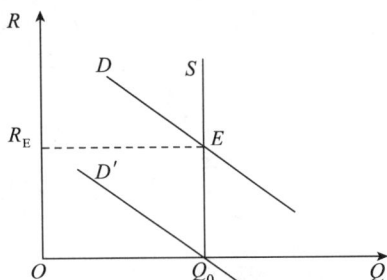

图 8-11　均衡地租的决定

8.5.6　租金、准租金和经济租金

1）租金

租金（letting）是指供给同样固定不变的一般资源的服务价格。如前所述，土地的供给曲线是固定不变的，由于需求的增加，土地所有者可以得到的收入叫做地租。我们看到，地租提高，土地的供给量不会提高；地租降低，土地的供给量也不会减少。在经济中还存在着其他的一些要素，如某些人的天赋才能，它们的供给数量也是不变的，不受价格涨落的影响，这些要素所得到的价格，我们统称为租金。可以看出，土地是一种特有的资源，所以地租只是租金的一个特例，是租金的一种，而租金是一般化的地租。

2）准租金

准租金（quasi rent）是指对任何供给量暂时固定的（短期内相对固定）生产要素的支付。除土地外，任何一种在短期内供给量相对固定的生产要素的使用都须支付一定的价格。在现实中，有些要素在短期内是不变的，在长期中可变，这类要素所获得的收入，就叫做准租金。例如，厂商投资建设的厂房、机器等物品，在短期内即使厂商不能赢利，它也无法把它们从现有的用途中转移到收益较高的领域；反过来，即使厂商赢利很多，它也无法迅速增加这些物品的供给。因此，这些资本品在短期内供给是不变的，但在长期内却是可变的。

图 8-12 是准租金的一个示意图，该图表示了一个完全竞争厂商的短期决策情况。在价格为 P_0 时，按照厂商利润最大化的原则 $MR=MC$，厂商的均衡点为 C，均衡产量为 Q_0，因此厂商的总收益为 OP_0CQ_0 的面积。由于 $OGBQ_0$ 可以看做是对可变要素支付的成本，所以固定要素的总收益就可以表示为 P_0CBG 的面积，如图 8-12 中的阴影部分所示，这一部分的收入就是固定要素所获的准租金。可以看出，准租金等于不变成本与经济利润之和。如果准租金大于不变成本，则厂商赢利，利润为准租金减去不变成本的差；如果准租金小于不变成本，则厂商亏损，亏损额也等于准租金与不变成本的差。

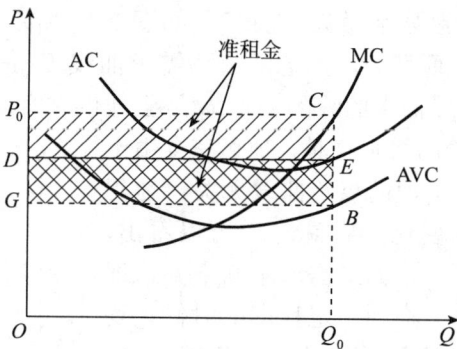

图 8-12　准租金

3)经济租金

经济租金(economic rent)可以定义为生产要素所得到的收入超过其在其他场所可能
得到的收入的部分,可以理解为要素的当前收入超过其机会成本的部分,简言之,经济
租金等于要素收入减去机会成本。

从租金的分析可以看出,租金的特点在于要素价格的变化不会影响到租金的供给。
有一部分要素收入类似于租金,即从要素收入中减去该部分并不会影响要素的供给。我
们把要素的这一部分收入称为经济租金。也就是说,经济租金并不是吸引该要素用于当
前使用所必需的。

图 8-13 是要素的供给曲线和需求曲线,均衡时,要素的价格是 R_0,要素的使用量
是 Q_0。供给曲线告诉了我们要素所有者提供要素所要求的最低价格或者说是要素所有
者在某一价格下愿意提供的要素的数量,所以要素所有者为提供 Q_0 的要素所能够接受
的最低总价格相当于 $OAEQ_0$ 的面积。也就是供给曲线以下,均衡供给 Q_0 左面的区域。
假定所研究的是劳动市场,在完全竞争的劳动市场上,所有工人得到的工资率都是 R_0,
这一工资率是用来使最后一个"边际"工人提供其劳动的,但是所有其他"边际内"工人都
获得了同样的工资,他们得到的工资大于使他们工作所需要的工资。要素所有者所获得
的总收益相当于 OR_0EQ_0 的面积,因此图 8-13 中供给曲线以上价格线以下部分,即图
中阴影部分的面积就是要素所有者所得到的收益超过其提供要素所要求的最低收入的部
分,即经济租金。

从图 8-13 可以看出,如果需求增加,即
需求曲线向右移动,要素的价格会提高,从
而经济租金提高。在需求不变的条件下,如
果要素供给具有完全弹性,即供给曲线水
平,经济租金为零;当要素的供给弹性降
低,即供给曲线变陡,经济租金就会增大;
当要素的供给完全无弹性,即曲线变得垂直
时,所有生产要素的支付金额都是经济租
金,因为这时无论要素价格多高或者多低,
要素的供给都不变,这时经济租金变得最

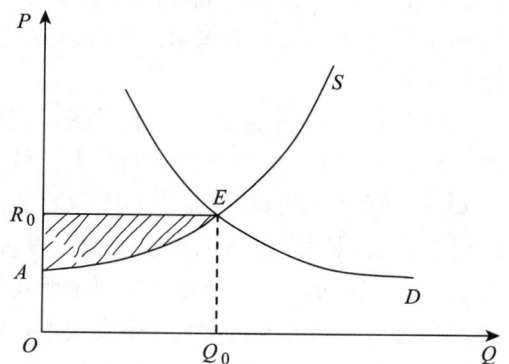

图 8-13　经济租金

大，这时的经济租金就是租金。可以看出，租金只是经济租金的一个特例。

8.6　利　润　理　论

所谓利润(profit)，是指企业家才能这一要素提供服务的报酬。利润具有以下几个特点：①企业家才能无所谓"边际"和边际生产力，因此，利润无法像其他生产要素收入那样由边际生产力决定。②利润是一种可以变动的余额，不像其他生产要素的收入可以事先预定。③利润可大可小，可正可负，不像其他生产要素收入只能是正值。在经济学上，一般把利润分为正常利润与超额利润两种。

8.6.1　正常利润

正常利润是企业家才能的价格，也是企业家才能这种生产要素所得到的收入。它包括在成本之中，其性质与工资相类似，也是由企业家才能的需求与供给所决定的。

企业家才能的需求与供给的特点，决定了企业家才能的收入——正常利润——必然是很高的。可以说，正常利润是一种特殊的工资，其特殊性就在于其数额远远高于一般劳动所得到的工资。

正因为正常利润包括在成本之中，而且往往是作为一种隐含的成本，所以，收支相抵就是获得了正常利润。在完全竞争条件下，利润最大化实际上就是获得正常利润，超过正常利润的那一部分利润在完全竞争之下并不存在。

8.6.2　超额利润

超额利润是指超过正常利润的那部分利润，又称为纯粹利润或经济利润。只有在动态的社会中和不完全竞争条件下，才会产生这种利润。动态的社会涉及创新和风险，不完全竞争就是存在垄断。因此，我们就从这三个角度来分析超额利润的产生与性质。

(1)创新的超额利润。创新是指企业家对生产要素实行新的组合，它包括五种情况：第一，引入一种新产品；第二，采用一种新的生产方法；第三，开辟一个新市场；第四，获得一种原料的新来源；第五，采用一种新的企业组织形式。创新是社会进步的动力，因此，由创新所获得超额利润是合理的，是社会进步必须付出的代价，也是社会对创新者的奖励。

(2)承担风险的超额利润。风险是从事某项事业时失败的可能性。由于未来具有不确定性，人们对未来的预测有可能发生错误，风险的存在就是普遍的。在生产中，由于供求关系的变动难以预料，自然灾害、政治动乱，以及其他偶然事件的影响，也存在着风险，而且并不是所有的风险都可以用保险的方法加以弥补。这样，从事具有风险的生产就应该以超额利润的形式得到补偿。许多具有风险的生产或事业也是社会所需要的。社会中充满了不确定性，风险需要有人承担，因此由承担风险而产生的超额利润也是合理的，可以作为社会保险的一种形式。

(3)垄断的超额利润。由垄断而产生的超额利润，又称为垄断利润。垄断的形式可以分为两种：卖方垄断与买方垄断。卖方垄断也称垄断或专卖，指对某种产品出售权的垄断。垄断者可以抬高销售价格以损害消费者的利益而获得超额利润。在厂商理论中分析的垄断竞争的短期均衡、完全垄断的短期与长期均衡，以及寡头垄断下的超额利润，就是这种情况。买方垄断也称专买，指对某种产品或生产要素购买权的垄断。在这种情况下，垄断者可以压低收购价格，以损害生产者或生产要素供给者的利益而获得超额利润。

垄断所引起的超额利润是垄断者对消费者、生产者或生产要素供给者的剥削，是不合理的，这种超额利润也是市场竞争不完全的结果。

8.6.3　利润在经济中的作用

经济学家认为，利润是社会进步的动力。这是因为：第一，正常利润作为企业家才能的报酬，鼓励企业家更好地管理企业，提高经济效益。第二，由创新而产生的超额利润鼓励企业家大胆创新，这种创新有利于社会的进步。第三，由风险而产生的超额利润鼓励企业家勇于承担风险，从事有利于社会经济发展的风险事业。第四，追求利润的目的使企业按社会的需要进行生产，努力降低成本，有效地利用资源，从而在整体上符合社会的利益。第五，整个社会以利润来引导投资，使投资与资源的配置符合社会的需要。

8.7　洛伦兹曲线和基尼系数

要素价格决定理论是分配理论的一个重要部分，但并不构成分配理论的全部内容。分配理论还包括收入分配的不平等程度的研究。从社会的角度来看，社会收入分配的问题主要是收入分配是否平等的问题。

8.7.1　洛伦兹曲线

洛伦兹曲线（Lorenz curve）是由美国统计学家 M. O. 洛伦兹于 1905 年提出来的，旨在比较和分析一个国家在不同时代，或者不同国家在同一时代的收入和财富的平等情况。具体做法是，首先按照经济中人们的收入由低到高的顺序排列，然后统计经济中收入最低的 10％的人群的总收入在整个经济的总收入中所占的比例，再统计经济中收入最低的 20％的人群的总收入在整个经济的总收入中所占的比例，以此类推。请注意，这里的人口百分比和收入百分比在统计时都是累积百分比。将得到的人口累积百分比和收入累积百分比的统计数据投影在图 8-14 中，得到一系列的点，将这一系列的点用平滑的曲线连接得到一条曲线，即图中的 ODY 曲线，这条曲线就叫做洛伦兹曲线。图8-14 中，横轴 OP 表示人口的累积百分比，纵轴 OM 表示收入的累积百分比。

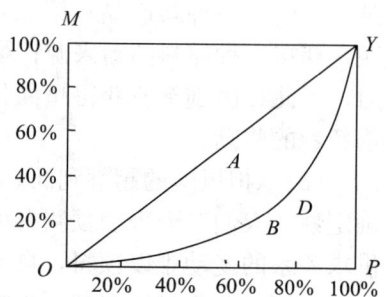

图 8-14　洛伦兹曲线

图 8-14 中的对角线 OY 具有特殊的含义，因为 OY 是 45°线，在这条线上横坐标与纵坐标相等，即经济中收入最低的 10％的人得到社会 10％的收入，收入最低的 20％的人得到社会总收入的 20％，依次类推，也就是人口累积百分比等于收入累积百分比，

OY 表示了经济社会中每个人得到了同样的收入,因而 OY 又被叫做绝对平均线。而折线 OPY 则表示了相反的收入分配状况,它意味着经济中极少数的人得到了社会 100% 的收入,因而这条线又叫做绝对不平均线。一个国家的收入分配状况既非绝对平均,又非绝对不平均,因而实际的洛伦兹曲线位于绝对平均线与绝对不平均线之间。洛伦兹曲线将 OPY 三角形分成了两部分,一部分为 A,另一部分为 B。显然 A 的面积越小,洛伦兹曲线与绝对平均线越接近,说明收入分配越平等,A 的面积越大,即洛伦兹曲线弯曲的弧度越大,它与绝对不平均线越接近,它所代表的收入分配就越不平等。

8.7.2 基尼系数

根据洛伦斯曲线可以计算出反映收入分配平等程度的指标,这一指标称为基尼系数。在洛伦兹曲线中,A 部分面积称为"不平等面积";$A+B$ 部分面积称为"完全不平等面积";不平等面积与完全不平等面积之比,称为基尼系数,是衡量一个国家贫富差距的标准。

计算基尼系数的公式为

$$基尼系数 = \frac{A}{A+B} \tag{8.13}$$

基尼系数(Gini coefficient)是意大利经济学家 1922 年提出的定量测定收入分配差异程度的指标,它的经济含义是:在全部居民收入中用于不平均分配的百分比。基尼系数最小等于 0,表示收入分配绝对平均;最大等于 1,表示收入分配绝对不平均;实际的基尼系数介于 0 和 1 之间。一般认为,基尼系数小于 0.2 为高度平均,大于 0.6 为高度不平均,国际上通常将 0.4 作为警戒线。如果基尼系数在 0.19 以下,则收入分配相当平均;如果基尼系数在 0.19~0.25,则收入分配比较平均;如果基尼系数在 0.25~0.40,则收入分配基本平均;如果基尼系数在 0.40 以上,则收入分配很不平均,会出现社会动乱。

经济学家认为,收入分配有三种标准:第一个是贡献标准,即按社会成员的贡献分配国民收入。第二个是需要标准,即按社会成员对生活必需品的需要分配国民收入。第三个是平等标准,即按公平的准则来分配国民收入。后两个标准有利于收入分配的平等化,但不利于经济效率的提高。有利于经济效率则会不利于平等,有利于平等则会有损于经济效率,这就是经济学中所说的平等与效率的矛盾。

收入分配要有利于经济效率的提高,则要按贡献来分配,这样有利于鼓励每个社会成员充分发挥自己的能力,在竞争中取胜。经济效率的高低体现在经济增长的速度上。收入分配的平等可以用三种标准来衡量。一是劳动分配率,即劳动收入在国民收入中所占的比例;二是洛伦兹曲线与基尼系数;三是工资的差异率。收入分配的平等体现为劳动收入在国民收入中比例较大,洛伦兹曲线更接近于收入绝对平等线和基尼系数小,以及工资差异率低。

在市场经济中,分配原则是效率优先。市场经济本身没有自发实现平等的机制,因此,收入不公问题需要通过政策来解决。

8.7.3　收入分配政策

1. 税收政策

这里所说的税收政策不同于宏观财政政策中的税收政策，在微观经济政策中，税收政策的目的在于通过税收手段来缩小收入差距，政策手段主要是个人所得税。

个人所得税是税收的一项重要内容，它通过累进所得税制来调节社会成员收入分配的不平等状况。累进所得税制就是根据收入的高低确定不同的税率，对高收入者按高税率征税，对低收入者按低税率征税。这种累进所得税，有利于纠正社会成员之间收入分配不平等的状况，从而有助于实现收入的平等化。但累进所得税不利于有能力的人充分发挥自己的才干，对社会来说也是一种损失。此外，在个人所得税方面，还区分为劳动收入税与非劳动收入税。对劳动收入按低税率征收，而对非劳动收入（股息、利息等收入）按高税率征收。

除了个人所得税之外，还有遗产和赠予税，即对财产的转移征收税收；财产税，即对不动产（如土地、房产等）征收税收；消费税，即对某些产品和劳务的消费征收税收。遗产和赠予税以及财产税，是为了纠正财产分配的不平等。财产分配的不平等，是收入分配不平等的重要根源，征收这些税，也有利于收入分配的平等化。消费税，尤其是对奢侈性商品和劳务征收较高的税，也是通过税收实现收入分配平等化的一种方法，因为为消费奢侈性商品与劳务而纳税的通常是富人。

在实际中，遗产税、赠予税、财产税和消费税，在某种程度上减少了富人的收入，但作用并不明显，这是因为富人可以用各种办法逃税。

2. 社会福利政策

社会福利政策是指通过给穷人补助来实现收入分配平等化。因此，我们把社会福利政策作为收入分配平等化的一项重要内容。

社会福利政策的历史很长，早在 18 世纪，英国就有了"济贫法"。但它作为一项重要的经济政策，是在 20 世纪 30 年代形成的。第二次世界大战后，社会福利政策有了迅速的发展，许多国家，尤其是北欧与西欧一些国家，实行了"从摇篮到坟墓"的社会保险福利制度。从当前西方各国的情况看，社会福利政策主要有这样一些内容：

第一，各种形式的社会保障与社会保险。

第二，向贫困者提供就业机会与培训。收入不平等的根源在于贡献的大小，而贡献的大小与个人的机遇和能力相关。这样，政府就可以通过改善穷人就业的能力与条件，来实现收入分配的平等化。首先是实现机会均等，尤其是保证所有人的平等就业机会，并按同工同酬的原则支付报酬。其次是使穷人具有就业的能力，包括进行职业培训，实行文化教育计划（如扫盲运动），建立供青年交流工作经验的青年之家，实行半工半读计划，使穷人有条件读书等。这些都有助于提高穷人的文化技术水平，使他们能从事收入高的工作。

第三，医疗保险与医疗援助。医疗保险包括住院费用保险、医疗费用保险以及出院后部分护理费用的保险，这种保险主要由保险金支付。医疗援助则是政府出钱资助医疗卫生事业，使每个人都能得到良好的医疗服务。

第四，对教育事业的资助。包括兴办国立学校，设立奖学金和大学生贷款，帮助学校改善教学条件，资助学校的科研等。从社会福利的角度来看，对教育事业的资助有助于提高公众的文化水平与素质，有利于收入分配平等化。

第五，各种保护劳动者的立法。包括最低工资法和最高工时法，以及环境保护法、食品和医药卫生法等。这些都有利于增进劳动者的收入，改善他们的工作与生活条件，从而减少收入分配不平等的程度。

第六，改善住房条件。包括以低房租向穷人出租国家兴建的住宅；对私人出租的房屋实行房租限制；资助无房者建房，如提供低利率的长期贷款，或低价出售国家建造的住宅；实行住房房租补贴；等等。这种政策改善了穷人的住房条件，也有利于实现收入分配平等化。

应该承认，各种收入平等化政策对于缩小贫富之间的差距，改善穷人的地位和生活条件，提高他们的实际收入水平，确实起到了相当大的作用，对于社会的安定和经济发展也是有利的。但是，这些政策有两个严重的后果：一是降低了社会生产效率，如增加个人所得税和各种各样的社会保障使人们生产的积极性下降，社会生产效率下降；二是增加了政府的负担。以最著名的福利国家瑞典为例，公共支出（包括公共投资在内，但主要是福利支出）1981 年已占国民生产总值的 66％，这种巨额的福利支出成为国家财政赤字的主要原因。

收入平等化政策的必要性与其所引起的问题，又一次提出了平等与效率的矛盾。如何解决这一问题，已成为经济学的研究中心之一。

➤本章专业术语

生产要素　生产要素需求　生产要素供给　生产要素价格　资本　地租　租金　准租金　经济租金　洛伦兹曲线　基尼系数

➤本章小结

本章要点可以归纳如下：

(1)分配理论要解决为谁生产的问题，即生产出来的产品按什么原则分配给社会各阶级。它由生产要素均衡价格决定理论与收入分配理论两部分构成。

(2)生产要素需求具有派生性与联合性两大特征。派生性指的是由于消费者对于产品的需求而引起的厂商对生产要素的需求。而生产要素需求的联合性特征表明生产要素的需求是共同的、相互依赖的。

(3)影响生产要素需求的因素有市场对产品的需求及产品价格、生产技术水平以及生产要素价格。

(4)生产要素需求的一般原则是 MR＝MC，根据所处市场的不同，MR 与 MC 有不同的形式。生产要素供给的一般原则是要素供给者在生产要素保留自用与他人使用之间做出选择，目的是实现效用最大化，生产要素提供给他人使用就是要素供给。

(5)由于劳动供给替代效应与收入效应的存在，劳动力的个人供给曲线是一条向后弯曲的曲线，但是劳动力的社会供给曲线却是一条从左下方向右上方倾斜的曲线。

(6)资本的供给主要取决于消费者的储蓄决策。消费者对于消费和储蓄的决策实际是一种跨时期决策，他要在效用最大化目标下决定本期消费多少、下期消费多少。而本期收入与本期消费量之间的差额就构成本期储蓄。

（7）土地服务价格取决于土地需求。土地需求为生产要素需求，土地供给同样是在效用最大化目标下决定土地保留自用的数量与提供给他人使用的数量，进而形成土地供给。

（8）利润被区分为正常利润与超额利润。超额利润来源于创新、承担风险与垄断，利润对社会经济有一定的正面作用。

（9）经济学家提出了洛伦兹曲线和基尼系数两个评判社会收入分配均等程度的标准。一般认为，洛伦兹曲线越趋近于45°曲线，基尼系数越小，社会收入分配越均等。反之，洛伦兹曲线越远离45°曲线，基尼系数越大，社会收入分配越不均等。

➤ 练习题

一、名词解释

1. 生产要素　　　　　　　　2. 引致需求

3. 边际物质产品　　　　　　4. 边际收益产品

5. 边际要素成本　　　　　　6. 劳动的供给曲线

7. 资本　　　　　　　　　　8. 利率

9. 准租金　　　　　　　　　10. 经济租金

11. 洛伦兹曲线　　　　　　　12. 基尼系数

二、单选题

1. 生产要素的需求是一种（　　　　）。

　　A. 派生需求　　　　　　　　B. 联合需求

　　C. 最终产品需求　　　　　　D. A、B 两者都正确

2. 生产要素的价格，是指（　　　　）。

　　A. 支付一个生产要素在某段时间内所提供的服务的代价

　　B. 购买生产要素本身所需要支付的代价

　　C. 固定不变的

　　D. 取决于厂商的看法

3. 在下列各项中，不属于生产要素的有（　　　　）。

　　A. 农民拥有的土地

　　B. 企业家的才能

　　C. 在柜台上销售的产品——服装

　　D. 煤矿工人采煤时所付出的低廉的劳动

4. 厂商的要素需求曲线向下方倾斜的原因在于（　　　　）。

　　A. 边际成本递减　　　　　　B. 边际产量递减

　　C. 边际效用递减　　　　　　D. 规模报酬递减

5. 某种生产要素的市场（行业）需求曲线，与单个厂商对该种生产要素的需求曲线相比较（　　　　）。

　　A. 前者与后者重合　　　　　B. 前者比后者陡峭

　　C. 前者比后者平　　　　　　D. 无法确定

6. 随着单个劳动者的劳动供给曲线向后弯曲变化，市场的劳动供给曲线将会（　　　　）。

　　A. 向前弯曲　　　　　　　　B. 向后弯曲

　　C. 仍保持向右上方倾斜　　　D. 以上均不是

7. 随着我国卫生医疗条件的改善，越来越多的青少年成长成为劳动力，这促进劳动的供给曲线（　　　　）。

　　A. 向左移动　　　　　　　　B. 向右移动

　　C. 不移动　　　　　　　　　D. 以上均不是

8. 如果政府大力提倡用先进的机器来替代劳动,将会导致(　　)。

　　A. 劳动的供给曲线向右移动　　B. 劳动的需求曲线向右移动

　　C. 劳动的供给曲线向左移动　　D. 劳动的需求曲线向左移动

9. 洛伦兹曲线代表(　　)。

　　A. 税收体制的效率　　　　　　B. 税收体制的透明度

　　C. 贫困程度　　　　　　　　　D. 收入不平均的程度

10. 基尼系数的增大表明(　　)。

　　A. 收入不平均程度的增加　　　B. 收入不平均程度的减少

　　C. 洛伦兹曲线与横轴重合　　　D. 洛伦兹曲线与纵轴重合

11. 如果收入是完全平均分配的,那么基尼系数将等于(　　)。

　　A. 0　　　　　　　　　　　　B. 0.75

　　C. 0.5　　　　　　　　　　　D. 1.0

三、判断题

1. 已知某种商品是 X、Y、Z 三种生产要素结合的产物,当它们同时增加 1 个单位时,此种商品的产量增加 3 个单位,这表明生产要素的边际实物产量为 3。(　　)

2. 一个竞争性的厂商,在其最后雇佣的那个工人所创造的产值大于其雇佣的全部工人的平均产值时,他肯定没有实现最大的利润。(　　)

3. 一个厂商同时在产品市场和劳动市场上都具有垄断力量,那么,它只有在所支付的工资率等于劳动的边际收益产品时,才能获得最大利润。(　　)

4. 如果厂商使用先进的机器设备以取代劳动,劳动的需求曲线将向右方移动。(　　)

5. 厂商对生产要素的需求取决于生产要素的边际收益产量。(　　)

6. 垄断可以带来经济利润。(　　)

7. 如果既考虑劳动的替代效应,又考虑劳动的收入效应,那么劳动的供给曲线先向右上方倾斜,再向左上方倾斜。(　　)

8. 在短期内,资本的需求曲线向右下方倾斜,供给曲线向右上方倾斜。(　　)

9. 当资本的边际效率大于利率时,厂商继续借款进行投资仍有利可图。(　　)

10. 如果一个熟练工人每小时的生产量是不熟练工人的两倍,并且假定所有的市场是完全竞争和长期均衡的,则这个熟练工人的工资率将是不熟练工人的两倍。(　　)

11. 准地租在短期内不存在。(　　)

四、问答题

1. 在产品市场不完全竞争但生产要素市场完全竞争的条件下,生产要素的价格是怎样决定的?

2. 简述在微观经济学中产品市场理论与要素市场理论的异同点。

3. 试述厂商的要素使用原则。

4. 要素使用原则与利润最大化原则有何关系?

5. 完全竞争产品生产厂商对一种可变要素的需求是怎样表示的?

6. 何谓劳动的供给曲线? 为什么单个劳动者的劳动供给曲线是向后弯曲的?

7. 试述生产要素供给原则。

8. 土地供给曲线为什么垂直?

第 9 章

一般均衡与福利经济学

本章要点：

一般均衡分析　帕累托改进和帕累托最优　交换的帕累托条件、生产的帕累托条件、交换和生产的帕累托条件　效用可能性曲线　社会福利函数　效率与公平的关系

在前面的章节中，我们讨论了单个产品市场和要素市场的价格决定，该分析既不讨论各产品市场之间和各要素市场之间的关系，也不讨论产品市场和各要素市场之间的相互影响，属于局部分析。本章将对一般均衡进行探讨，另外，前述章节讨论经济是怎么样的，本章将探讨经济应该是怎么样的，在什么情况下可以实现社会成员的福利最大化问题。

9.1 一般均衡

9.1.1 一般均衡的定义

迄今为止，在对产品市场和要素市场进行分析时，以上各章都是运用局部均衡分析法。局部均衡分析是针对单个产品市场或要素市场，将所考虑的单个市场从相互联系的整个市场体系中分离出来单独研究。在局部分析中，单一市场的需求和供给只被看做其本身价格的函数，其他商品的价格则假定不变，最后可以得到，这一市场的需求曲线和供给曲线共同决定了这一市场的均衡价格和均衡数量。例如，在研究需求量的变化时，消费者偏好、货币收入和其他商品价格都被假定不变，只讨论商品本身价格对需求量的影响。局部均衡分析方法最早出现在阿尔弗雷德·马歇尔于 1980 年出版的《经济学原理》一书中，是马歇尔经济学在方法论上的一个主要特点。

在现实生活中，社会经济的各部分或市场是相互依存、相互制约的，任何一个方面的变化都会波及其他方面，显然，局部均衡分析不全面，有着较大的局限性。一般均衡理论分析则可以解决这个问题。一般均衡理论的基本思想是法国经济学家里昂·瓦尔拉斯于 1874 年提出的。瓦尔拉斯认为，任何一种商品的价格都不能单独由其市场供求关系决定，而必然会受到其他市场供求关系的影响。只有将所有市场联系在一起共同考虑它们的价格决定，才能建立较完整的价格理论。他把所有市场供求都相等的状态称为

"一般均衡"。简言之，一般均衡（general equilibrium）就是指在承认供求与市场上各种商品存在相互关系和相互影响的条件下，所有市场上各种商品的价格与供求的关系或均衡状态。

9.1.2 一个关于一般均衡的案例

为了更好地理解一般均衡，下面通过一个案例进行解析。假定经济系统中只存在两个要素市场和两个商品市场：一个要素市场为铁矿石，另一个要素市场为铁矿石的互补品煤；一个商品市场为钢材，另一个商品市场为钢材的替代品的铝材。如图 9-1 所示。

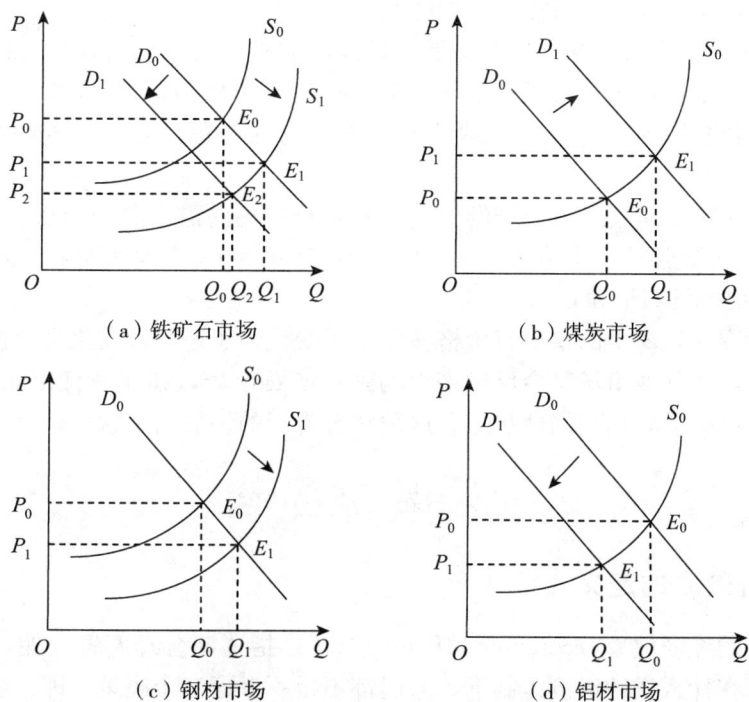

图 9-1 市场之间的相互关系

图 9-1 中，横轴代表数量 Q，纵轴代表价格 P。假定所有市场开始都处于均衡状态，即由需求曲线 D_0 和供给曲线 S_0 的交点 E_0，分别决定均衡产量 Q_0 和均衡价格 P_0（四个市场汇总的 P_0 和 Q_0 不相等）。假定当前铁矿石市场勘探到新的矿藏，并大量生产出来，即供给增加。下面按照 a、b、c、d 的顺序依次考察相互影响。

图（a）为铁矿石市场，由于新矿藏的发现，铁矿石供给增加，即供给曲线 S_0 移到 S_1。此时，铁矿石价格由 P_0 下降为 P_1，均衡产量从 Q_0 增加为 Q_1，这是局部均衡的分析结果，但是按照一般均衡分析，应进一步分析市场的相互作用。

图（b）为煤炭市场，由于煤炭和铁矿石为互补品，铁矿石供给增加，煤炭的需求也相应增加，即煤炭的需求曲线从 D_0 向右上方移动到 D_1，均衡价格由 P_0 上升为 P_1，均衡产量从 Q_0 上升到 Q_1。

图（c）为钢材市场，铁矿石价格的下降必然会降低钢材的成本，其供给必然增加，即

供给曲线由 S_0 向右移动到 S_1，这时钢材价格由 P_0 下降到 P_1，均衡产量从 Q_0 增加到 Q_1。

图(d)为铝材市场，由于钢材和铝材互为替代品，钢材价格的下降必然会引起铝材需求量的下降，即需求曲线从 D_0 向左移动到 D_1，其均衡价格由 P_0 下降到 P_1，均衡产量由 Q_0 下降到 Q_1。

上述分析表明，铁矿石市场供应增加，价格下降引起下列结果：其互补品煤炭价格上升，其产成品钢材价格下降以及铝材产品价格的下降。从而，一个市场的变化，引起其他市场均衡状态的改变，而这些市场的变化又会反过来对铁矿石市场产生如下影响：

(1)钢材价格的下降会导致厂商减少钢材生产，从而降低对铁矿石的需求，因此，钢材市场的变化会引起铁矿石需求曲线的左移。

(2)煤炭价格的上升会导致厂商降低对煤炭的需求，而作为互补品的铁矿石的需求也会随之下降，从而，煤炭市场的变化也会引起铁矿石需求曲线的左移。

(3)铝材价格的下降，会导致消费者增加对铝材的消费，从而也会间接促使铁矿石需求曲线向左移动。

综合这三个市场对铁矿石市场的作用，铁矿石市场的需求曲线会从 D_0 向左移动到 D_1，形成新的均衡点 E_2，均衡价格为 P_2，均衡产量为 Q_2。这表明，一般均衡价格和产量为 P_2 和 Q_2 而非 P_1 和 Q_1。

由于现在图 9-1(a)中的铁矿石价格又发生了变化，于是，该变化又会按照上述分析影响其他市场，而其他市场又会反过来影响到铁矿石市场，如此一直相互影响并调整，最后所有市场又会重新达到均衡状态，这种状态为新的一般均衡状态。

9.2 经 济 效 率

9.2.1 经济效率的定义

经济学中的经济效率(economic efficiency)就是指资源合理配置问题。在资源合理配置中，不管在什么样的经济体制下，人们都不得不考虑三个决策，即：生产什么？怎么生产？如何分配这些产品？由此看来，经济效率是指如何在不同生产单位、不同区域与不同行业之间分配有限的经济资源，即如何使每一种资源能够有效地达到最佳配置状态。

9.2.2 判断经济效率的标准

帕累托(Vilfredo Pareto)在其发表的《政治经济学指南》一书中提出了帕累托最优化原理。这一原理提出了一种判别福利状态好坏优劣的标准，被称为帕累托最优标准。帕累托认为，在其他条件不变的情况下，如果某一经济变动改善了一些人的状况，而同时又不会使另一些人蒙受损失，这个变化就增进了社会经济福利，称为帕累托改进(Pareto improvement)；在其他条件不变的条件下，如果不减少一些人的经济福利，就不能改善另一些人的经济福利，这就标志着社会经济福利已经达到最大化状态，实现了帕累托最优(Pareto optimum)状态。可以说，帕累托最优状态是不存在帕累托改进的资源配置状态。

帕累托最优状态又称做经济效率，满足帕累托最优的状态是具有经济效率的；反之，不满足帕累托最优的状态就是缺乏经济效率的。例如，如果产品在消费者之间的分配已经达到这样一种状态，即任何重新分配都会降低至少一个消费者的满足水平，那么这种状态就是最优的或最有效率的状态。同样，如果要素在厂商之间的配置已经达到这样一种状态，即任何重新配置都会降低至少一个厂商的产量，那么这种状态就是最优的或最有效率的状态。

9.3　帕累托最优条件

帕累托最优条件是在资源配置上引用帕累托最优化分析方法所得到的实现资源配置最优化所必需的条件，它包括交换的最优条件、生产的最优条件以及交换和生产的最优条件。

9.3.1　交换的帕累托最优条件

交换的帕累托最优状态是指在社会生产和收入分配状态既定的条件下，商品在消费者之间已达到这样一种状态，即对商品的任何重新配置都无法使一个消费者的效用增加，而不使另一个消费者的效用减少。

我们假定一个经济环境中只存在两个消费者 A 和 B，消费两种商品 X 和 Y，两种商品数量分别为 X_0 和 Y_0。下面用无差异曲线和埃奇沃斯盒状图来说明，参见图 9-2。埃奇沃斯盒状图中，盒子的水平长度表示经济中第一种商品 X 的数量，盒子的垂直高度表示第二种商品 Y 的数量。O_A 为第一个消费者 A 的原点，O_B 为第二个消费者 B 的原点。从 O_A 水平向右测量消费者 A 对第一种商品 X 的消费量 X_A，垂直向上测量他对第二种商品 Y 的消费量 Y_A；从 O_B 水平向左测量消费者 B 对第一种商品 X 的消费量 X_B，垂直向下测量他对第二种商品 Y 的消费量 Y_B。盒子内的任意一点，如 G 点，则对应于消费者 A 的消费量 $(X_A，Y_A)$，消费者 B 的消费量 $(X_B，Y_B)$。容易看出，$X_A + X_B = X_0$，$Y_A + Y_B = Y_0$。也就是说，盒子内任意一点，确定了一组数量，表示每一个消费者对 X、Y 这两种商品的消费情况。因此，盒子确定了 X、Y 两种物品在 A、B 两个消费者之间的所有分配情况，特别地，盒子垂直边界的任何一点表明某个消费者不消费 X 商品，盒子水平边界上的任意一点表明某个消费者不消费 Y 商品。为了寻找盒子内部哪些分配情况是帕累托最优的，我们在盒子中加入无差异曲线。在图 9-2 中，O_A 是消费者 A 的原点，所以，A 的无差异曲线向右下方倾斜，并向 O_A 点凸出，其中四条无差异曲线为 I_{A1}、I_{A2}、I_{A3} 和 I_{A4}，它们之间的效用水平为 $I_{A1} < I_{A2} < I_{A3} < I_{A4}$。$O_B$ 是消费者 B 的原点，所以 B 的无差异曲线向右下方倾斜，并凸向 O_B 点，其中四条无差异曲线为 I_{B1}、I_{B2}、I_{B3} 和 I_{B4}，它们之间的效用水平为 $I_{B1} < I_{B2} < I_{B3} < I_{B4}$。

在图 9-2 中，消费者 A 的无差异曲线 I_{A2} 与消费者 B 的无差异曲线 I_{B1} 相交于点 C，C 点表示 A、B 两个消费者在交换之前各自所拥有的 X、Y 两种产品的数量。过消费者 A 的无差异曲线 I_{A2} 上 C 点的切线 L_1 的斜率的绝对值表示消费者在 C 点上 X、Y 两种产品的边际替代率 MRS_{XY}^A。同理，过消费者 B 的无差异曲线 I_{B1} 上 C 点的切线 L_2 的

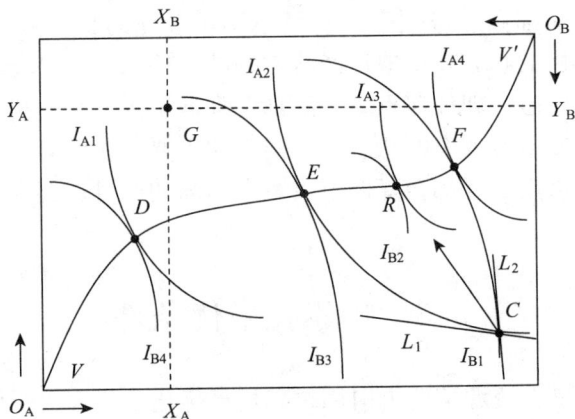

图 9-2　交换的帕累托最优

斜率的绝对值表示的是消费者 B 在 C 点上的 X、Y 两种产品的边际替代率 MRS^B_{XY}。由于在 C 点，L_2 的斜率绝对值大于 L_1 的斜率绝对值，因此，在 C 点上消费者 B 的产品边际替代率相对较大，而消费者 A 的产品边际替代率较小。这说明消费者 B 愿意用自己较多的产品 Y 去换取自己较少的产品 X，而消费者 A 愿意用自己较多的产品 X 去换取自己较少的产品 Y。A、B 双方为能够获得各自更大效用满足，便愿意进行这种交换。

　　那么，A、B 双方应如何交换才能实现双方更大的效用满足呢？有三种交换方法：第一，从 C 点沿无差异曲线 I_{A2} 向 E 点移动，最后在 E 点进行交换，在此过程中消费者 A 的效用水平没有发生改变，而消费者 B 的效用水平却由 I_{B1} 提升到 I_{B3}；第二，从 C 点沿着 I_{B1} 曲线向 F 点移动，最后在 F 点进行交换，在此过程中消费者 B 的效用水平没有发生改变，而消费者 A 的效用水平却由 I_{A2} 提升到 I_{A4}；第三，由 C 点向 EF 线方向移动，最后在 EF 之间的任何一点进行交换，此时，消费者 A 的无差异曲线处在比 I_{A2} 更高的水平，消费者 B 的无差异曲线位于比 I_{B1} 更高的水平，通过交换，两个消费者的效用水平都得到提升。通过前两种交换方案我们可以看出，这两种交换都会使一方福利增加，同时不损害另一方的福利水平，说明存在帕累托改进，C 点未实现一般均衡。一般情况下，消费者 A、B 通过讨价还价，会达成第三种方案，最后交换在 R 点进行，这样双方福利水平都会增加。由于 R 点是消费者 A、B 无差异曲线相切的点，因此，当双方交换达到 R 点之后，消费者 A、B 便实现了交换的一般均衡。这是因为只要偏离 R 点，如沿着 I_{A3} 向上或向下移动的话，A 的福利水平不变，但 B 的福利水平降低，而沿着 I_{B2} 向上或向下移动的话，B 的福利水平不变，但 A 的福利水平降低。这说明只要偏离了切点 R，将不存在双方都有利的交换，不可能实现在至少一方福利水平不变的情况下，使另一方的福利水平提高，即不存在帕累托改进，因此 R 点是一个均衡点。同理，在埃奇沃斯盒状图中，存在无数个消费者 A 和消费者 B 的无差异曲线两两相切的点，如图 9-2 中的 D、E、F 点，这些点的轨迹的连线为 VV' 曲线，在这条线上，双方达到交换的帕累托最优状态。VV' 曲线也称为交换的契约曲线（效率曲线）。交换的契约曲线的经济含义为：如果交换双方达到契约曲线上的任何一点，要增加一方的福利水平，就必然需要减少另一方的福利水平，而不存在使双方受益或一方福利水平不变而另一方福利水平增加的交换。因此，在交换的契约曲线 VV' 上，每一点都是交换的一般均衡点，达到了交换的帕累托最优状态。

通过以上分析可以看出，在达到交换的帕累托最优状态下，交易双方的无差异曲线相切，即 A、B 两个消费者产品的边际替代率必须相等。因此，两个消费者交换的帕累托最优条件为

$$\mathrm{MRS}^{A}_{XY} = \mathrm{MRS}^{B}_{XY}$$

将这一结论推广到存在 n 个消费者时，可以得出在一个经济体中交换的一般均衡条件为：所有消费者购买任何两种产品的边际替代率都相等。此时，所有消费者都获得了最大效用。

9.3.2　生产的帕累托最优条件

生产的帕累托最优状态是指如果要素在厂商间或厂商内部的配置已达到这样一种状态，即对生产要素的任何重新配置都无法使一种产品的产量增加，而不使另一种产品的产量减少，那么这种状态就是最优的或最有效率的状态。

为了简明地说明生产的帕累托最优，假设在经济系统中只存在两个生产厂商 C 和 D，使用两种生产要素 L 和 K 进行生产，两种生产资料的数量固定，分别为 L_0 和 K_0。下面用埃奇沃斯盒状图和等产量曲线来说明，如图 9-3 所示。在埃奇沃斯盒状图中，盒子的水平长度表示第一种生产要素 L 的数量，盒子的垂直高度表示第二种生产要素 K 的数量。O_C 为第一个厂商 C 的原点，O_D 是第二个厂商 D 的原点。从 O_C 水平向右表示厂商 C 对第一种要素的使用量 L_C，垂直向上表示厂商 C 对第二种要素的使用量 K_C；同样的，从 O_D 水平向左表示厂商 D 对第一种要素的使用量 L_D，垂直向下表示厂商 D 对第二种要素的使用量 K_D。盒子内的任一点表示两个厂商 C、D 对两种要素 L、K 的使用量的组合。例如，在 G 点，通过观察易知，$L_C + L_D = L_0$，$K_C + K_D = K_0$。因此，盒子内任意一点确定了两种生产要素在两个厂商之间的分配情况。为了探求盒子内部哪些分配情况是帕累托最优的，我们加入等产量曲线。在图 9-3 中，O_C 为厂商 C 的原点，所以等产量曲线凸向 O_C 点，其中四条等产量曲线为 Q_{C1}、Q_{C2}、Q_{C3} 和 Q_{C4}，它们之间的产量水平为 $Q_{C1} < Q_{C2} < Q_{C3} < Q_{C4}$。相应地，$O_D$ 是厂商 D 的原点，其四条等产量曲线 Q_{D1}、Q_{D2}、Q_{D3} 和 Q_{D4} 凸向 O_D 点，产量水平为 $Q_{D1} < Q_{D2} < Q_{D3} < Q_{D4}$。

在图 9-3 中，厂商 C 的等产量曲线 Q_{C2} 与厂商 D 的等产量曲线 Q_{D1} 相交于 P 点。在 P 点上，厂商 C 的等产量曲线 Q_{C2} 和厂商 D 的等产量线 Q_{D1} 分别与两条直线 I_1 和 I_2 相切，这两条切线的斜率不相等。切线 I_2 斜率的绝对值大于切线 I_1 斜率的绝对值，这说明 D 厂商的边际技术替代率 MRTS^{D}_{LK} 大于 C 厂商的边际技术替代率 MRTS^{C}_{LK}。由于 D 厂商的边际技术替代率较高，所以 D 厂商更愿意增加劳动的使用量来替代资本，相反，C 厂商更愿意增加资本的使用量来代替劳动。从而通过重新配置劳动和资本两种生产要素，提高两个厂商的产量。

要素重新配置可以通过以下几种方式：第一，从 P 点沿 Q_{C2} 曲线向上移动到 E 点，在此过程中厂商 C 的产量没有变化，而厂商 D 的产量从 Q_{D1} 上升到 Q_{D3}；第二，从 P 点沿着 Q_{D1} 向上移动到 F 点，在此过程中，厂商 D 的产量没有变化，而厂商 C 的产量从

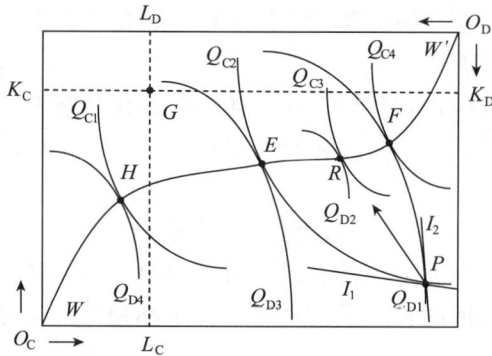

图 9-3   生产的帕累托最优

Q_{D2} 上升到 Q_{D4}。这两种方式都是在一个厂商产量不变的情况下，使另一个厂商的产量得到提高，因此，在 P 点存在帕累托改进，通过 L 和 K 的重新配置，达到帕累托最优状态。但在现实情况下，厂商 C、D 通过讨价还价，导致 P 点向上移动，最终达到 R 点。在 R 点，厂商 C 和厂商 D 的产量都提高了，由于 R 点为 Q_{C3} 曲线和 Q_{D2} 曲线的切点，因此，要素配置在该点达到帕累托最优状态。在埃奇沃斯盒状图中，有无数个厂商 C 和厂商 D 的等产量曲线的切点，这些点的轨迹组成生产的契约曲线 WW'，在契约曲线上任何资源的重新配置都不能使双方产量增加，或者一方产量增加而另一方产量不减少，因此在曲线 WW' 上实现了生产的帕累托最优状态。在生产的契约曲线 WW' 上的每一点，都是一般均衡点，两个厂商的边际技术替代率都是相等的。因此，生产的帕累托最优条件为

$$MRTS_{LK}^{C} = MRTS_{LK}^{D}$$

如果将该结论推广到 n 个厂商，则生产的帕累托最优条件为任何一个厂商生产产品所使用的两种生产要素的边际技术替代率相等，此时的生产是最有效率的。

9.3.3   交换和生产的帕累托最优条件

交换的帕累托最优状态只是说明消费是最有效率的，生产的帕累托最优状态只能说明生产是最有效率的，两种情况相互独立。而经济系统的生产和消费是相互联系的，将交换和生产综合起来，如何才能达到帕累托最优状态呢？

交换和生产的帕累托最优状态是指交换和生产同时达到帕累托最优条件，即同时达到了生产要素在商品生产中的最优配置和商品在消费者间的最优配置。

假设经济社会中包括两个消费者 A 和 B，消费两种产品 X 和 Y；有两个生产厂商 C 和 D，使用两种生产要素 L 和 K。假定厂商 C 生产 X 产品，厂商 D 生产 Y 产品，其中全部要素用来生产 X，最多生产 X_0，全部要素生产 Y，最多生产 Y_0。

在给定数量为 L_0 和 K_0 的要素投入下，可以得到帕累托最优的生产契约曲线 WW'，根据生产契约曲线可以得到图 9-4 中的生产可能性曲线 PPF，在 PPF 线上的每一点所表示的产品 X 和 Y 的产量组合都是从生产契约曲线上的点而来的，因而符合生产的帕累托最优条件。若将这 X 和 Y 的产量组合分配给 A、B 两个消费者，实现消费

的帕累托最优,那么即可同时满足生产和交换的帕累托最优条件。

在 PPF 曲线上任意选一点 B,易知 B 点是满足生产的帕累托最优条件的。B 点代表一组最优的产量组合(X_1,Y_1),可以得到消费的埃奇沃斯盒状图 AY_1BX_1。根据之前对交换的帕累托最优条件的讨论,我们可以得到交换的契约曲线 VV',在该曲线上的点均达到了交换的帕累托最优。虽然在 VV' 曲线上的点都能够达到交换的帕累托最优状态,但并非所有的点都能达到交换和生产的帕累托最优条件,只有当消费两种产品的边际替代率与 B 点的产品边际替代率相等时才能够达到交换和生产的帕累托最优状态。如在图 9-4 中,B 点的边际技术替代率为 L_1 的斜率,而 E 点的边际替代率为 A、B 两个消费者的无差异曲线的切线的斜率,L_1 与 L_2 平行,则其斜率相等,即

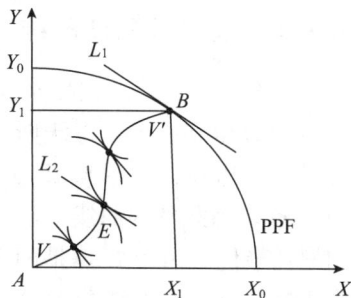

图 9-4　交换和生产的帕累托最优

$$MRS_{XY} = MRT_{XY}$$

则在 E 点实现交换与生产的帕累托最优。

为什么只有在 MRS_{XY} 与 MRT_{XY} 相等时才能实现交换与生产的帕累托最优呢?可以假定 $MRT_{XY}=2$,$MRS_{XY}=1$,这时,如果少生产一单位产品 X 则可以多增加两单位产品 Y 的生产,而消费者少消费一单位产品 X,能增加消费一单位产品 Y。于是,此时,生产者少生产一单位产品 X 所多生产的两单位 Y,可以使一个消费者的福利水平不变,而使另一个的福利水平增加一单位,从而存在帕累托改进,即没有达到帕累托最优状态。同理,当 $MRT_{XY}<MRS_{XY}$ 时,也不能实现交换和生产的帕累托最优状态。

以上关于两个消费者、两种消费品、两个生产者、消耗两种生产要素时实现交换和生产的帕累托最优条件可以推广到 M 个消费者、N 个生产者。符合帕累托最优的条件仍然是产品在生产中的边际转换率(指企业在生产两种产品的情况下,每增加一单位的这种产品,会使另一种产品的产量减少多少)等于产品在消费中的边际替代率。

在完全竞争市场上,商品在消费中的边际替代率等于价格的比率,在生产中的边际转换率实际上就是转换的机会成本,而商品的价格等于边际成本,从而商品的价格比率等于商品的边际转换率。所以,商品在生产中的边际转换率等于商品在消费中的边际替代率的条件能够在完全竞争市场上实现。因此,完全竞争市场符合交换和生产的帕累托最优条件。

9.4　社会福利函数

社会福利经济学(welfare economics)或社会福利函数理论是由柏格森和保罗·萨缪尔森分别在《福利经济学某些方面的重新阐述》(1938 年)和《经济分析基础》(1947 年)两本专著中提出来的。社会福利函数要解决的问题是确定社会最大福利状态,或者说最理想的帕累托最优状态。社会福利学派认为,由帕累托最优标准确定最优状态是不确定的,在埃奇沃斯契约曲线上的每一点都表示一个帕累托最优状态,但契约曲线

上的点是无限多的，因此，帕累托最优状态也是无限多的，即帕累托最优状态是不确定的。如何在帕累托最优状态中确定福利程度最高、最理想的最优状态是本节将要讨论的问题。

9.4.1　效用可能性曲线

如图 9-5 所示，在生产可能性曲线上取任意一点 B 可以得到一个埃奇沃斯盒状图 AY_1BX_1，在此，可以得到边际替代率与 B 点的产品边际转换率相等的 E 点，因此契约曲线上的 E 点满足交换和生产的帕累托最优。由于 E 点是两个消费者 A 和 B 无差异曲线的切点，所以消费者 A、B 在 E 点的效用水平为 (U_{AE}, U_{BE})，该效用水平是满足交换和生产帕累托最优的效用水平。同理，在 PPF 曲线上选择 G 点，可以得到满足交换和生产的帕累托最优条件的消费者 A 和 B 的效用组合 (U_{AF}, U_{BF})。在生产可能性曲线上选择无穷多的点，可以得到无穷多个满足交换和生产的帕累托最优条件的消费者最优效用水平组合 $(U_{Ai}, U_{Bi})(i=1, 2, 3, \cdots, n)$。

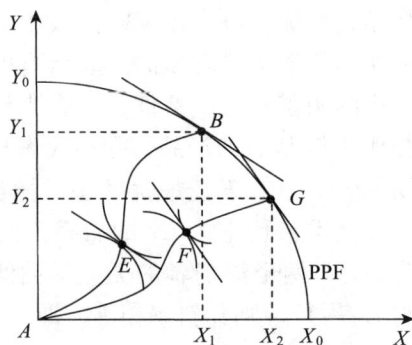

图 9-5　最优效用水平组合点的确定

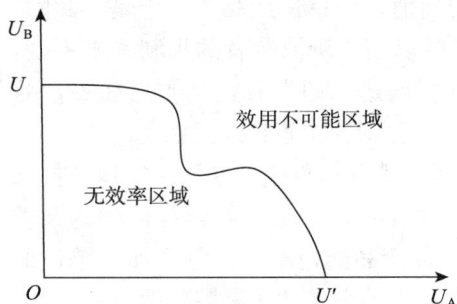

将消费者最优效用组合标在一个图中，可以得到效用可能性曲线（utility possibility curve）UU'。由于最优效用组合满足帕累托最优条件，所以消费者 A 效用的增加，必然会使得消费者 B 的效用减少。因此，效用可能性曲线 UU' 向右下方倾斜，但是效用可能性曲线的其他性质难以获知。如图 9-6 所示，效用可能性曲线 UU' 将整个效用空间分为三个区域：第一，效用不可能区域，即在现有的资源投入下，生产者生产的产品数量还不能使消费者的效用达到该水平；第二，无效率区域，即在现有的资源投入下，生产者生产的产品在消费者之间的分配没有达到帕累托最优，可以通过调整生产和分配以增加效用水平；第三，效用可能性曲线上的点，这些点满足交换和生产的帕累托最优条件。

图 9-6　效用可能性曲线

9.4.2　社会福利函数的定义

在确定了效用可能性曲线之后，如何得到福利水平最高的帕累托最优状态，还需要对社会福利函数进行讨论。社会福利函数（social welfare function）是社会中所有个人效用水平的函数，要解决的问题是确定社会最大福利状态，或者说最理想的帕累托最优状态。因此，社会福利函数可以写为

$$W=(U_1, U_2, U_3, \cdots, U_n)$$

其中，W 代表社会福利；$U_i(i=1, 2, 3, \cdots, n)$ 表示第 i 个人的效用水平。每个人的

效用水平由其效用函数决定，各种消费商品的数量、商品生产所需的劳动和资本的投入数量决定了每个人的效用水平。假设社会有两个消费者 A 和 B，消费两种产品 X 和 Y，提供两种生产要素 L 和 K，此时 A、B 的效用函数为

$$U_A = U_A(X, Y, L, K)$$
$$U_B = U_B(X, Y, L, K)$$

社会福利函数为 $W = W(U_A, U_B)$。此时，在同一坐标系下，可以得到社会无差异曲线，如图 9-7 所示。社会无差异曲线具有向右下方倾斜、凸向原点、距离原点越远福利水平越高的特点。在社会无差异曲线上的不同点代表着两个消费者 A 和 B 的效用水平不同但社会福利水平相同的效用组合。那么最大社会福利水平应该在哪里呢？结合效用可能性曲线，最大社会福利水平应该在效用可能性曲线 UU' 与社会无差异曲线的切点 E 达到。这是能导致最大社会福利的生产和交换的唯一一点，这点又被称为"限制条件下的最大满足点"，这是因为，它不允许为任意可能值，即不能任意选择而要受到既定的生产资源、生产技术条件等因素的限制。在图 9-7 中，W_3 代表着更高的社会福利水平，但在现有的资源和技术水平下，无法达到。W_1 与 UU' 相交于 G 点，这点所代表的福利水平低于 W_2，因而不是最大社会福利。从而，只有在 E 点才实现了最大社会福利水平。

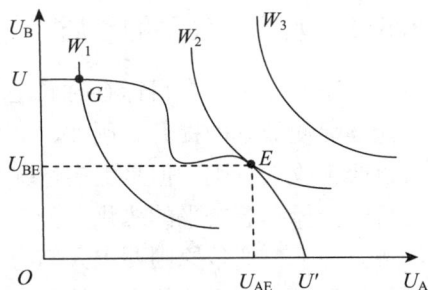

图 9-7　社会最大福利

9.4.3　阿罗不可能性定理

社会福利函数理论的核心是要确定社会福利最大的帕累托最优状态，其分析工具是社会无差异曲线。要求由社会无差异曲线需要根据社会各成员的个人偏好顺序推导出社会偏好顺序。对于在将个人偏好进行加总的基础上建立一个具有可传递性的社会偏好的假说，阿罗（Kenneth J. Arrow）通过证明否定了这个假说存在的可能性。阿罗不可能性定理（Arrow impossibility theorem）是指，在非独裁情况下，不可能存在符合所有个人偏好类型的社会福利函数。阿罗认为，进行社会选择的途径（或方式）有四种，即投票、市场机制、独裁（把独裁者的偏好看成是社会的偏好）和惯例（按传统规则行事，把传统规则看成社会福利函数）。在民主社会，进行社会选择的基本方式是投票和市场机制，阿罗通过证明得出要从已知的个人偏好顺序中推导出社会福利函数是不可能的。如果用"独裁"规则代替大多数规则，则可以形成一个社会福利函数，但是所形成的"社会"偏好次序并不能真正地反映社会偏好。

下面对阿罗不可能性定理进行简单的证明。假设社会由 A、B 和 C 三人组成，对 X、Y 和 Z 三种方案进行投票选择，如果他们对于三种方案的偏好顺序分别为：A：$X > Y > Z$，B：$Y > Z > X$，C：$Z > X > Y$，则 A 和 C 投票 X 优于 Y，A 和 B 投票 Y 优于 Z，B 和 C 投票 Z 优于 X，三个方案 X、Y、Z 各得两票赞成。此处这个社会由三人组成，若是按照多数规则确定投票结果，两人赞成的选择应该是社会的选择。那么这个结果意味

着，整个社会的偏好顺序为 X 优于 Y，Y 优于 Z，Z 优于 X。这与社会偏好次序的"传递性"特征相矛盾。因此在具有"传递性"的个人偏好类型中，按照投票的大多数规则不能得出合理的社会偏好次序。换言之，此时不存在社会福利函数。

9.5　效率与公平

在本章之前的内容中，我们主要关注效率问题。而在效率之外，社会经济还追求另一个目标——公平。通常来说，效率是资源的优化配置问题；公平是收入分配均等化问题。在福利经济学中，公平（justice）一般是指社会成员收入的均等化。

9.5.1　效率与公平的矛盾

效率和公平两个目标有时候是相互促进的，效率的提升能够促进公平，公平的实现也能够促使效率的提升。例如，加强对低收入劳动者的教育和培训既可以提升效率，也可以改善收入分配。但是更多情况下，效率和公平两个目标是相互矛盾的，效率的提高有可能会伴随着公平的恶化，公平目标的实现很多时候是以降低效率为前提的。在市场经济条件下，竞争原则要求人们力争超过别人，而市场根据经济效率向生产要素供给者提供报酬，这些报酬构成人们的收入，这种经济制度很容易造成贫富分化现象。因此，市场对效率的追求，在收入分配上产生了"不公平"的结果。如果按照公平的要求，将社会商品平等地分配给社会所有成员，使得大家都有完全相同的商品，这种一味追求"公平"社会取向，势必会影响人们追求"效率"的积极性，从而损害经济的发展。所以，对公平的追求，产生了降低效率的结果。综合来讲，经济的效率与公平之间存在着一种互为代价的关系，难以两全。如果只强调公平而忽视效率，就会因产生平均主义而阻碍经济增长，导致普遍贫穷；如果只强调效率而忽视公平，就会因分配不公而影响社会安定。所以，为了强调公平就要牺牲效率，为了强调效率就要保持收入的差距，这一矛盾在福利经济学中被称为效率与公平的交替。

虽然市场经济下，市场的调节会使效率得到重视，从而出现收入差距拉大的现象，但若是假设收入不受市场调节，而是取决于市场之外的因素，那么收入与效率之间的关系被割裂开来，社会将会出现既无公平又无效率的状态，这种状态比效率与公平的交替更加糟糕。那么，如何解决效率与公平之间的矛盾呢？有些经济学家认为，重要的是把"蛋糕"做大，只要全国的产品和服务生产额增大了，所有人的生活水平就会有所提高，虽然贫富之间的"公平"没有实现，社会也不会出现大的麻烦。反之，若是"蛋糕"虽然分得均匀但是失去了效率，到一定程度，每个社会成员分到的越来越少，也会产生社会矛盾。这种将"蛋糕"做大的思想非常契合我国改革开放以来的现实。在改革开放之前，我国实行计划经济体制，对社会产品平均分配，保障了社会的公平，但是由于没有实现效率，社会成员总体生活水平较低。改革开放之后，我国进行经济体制改革，重视经济效率，将"蛋糕"做大，允许一部分人利用聪明才智、合法经营先富起来，先富带动后富，从而实现了社会整体的发展。

9.5.2　效率优先与兼顾公平

关于效率和公平之间的协调问题，西方经济学家普遍遵循"效率优先，兼顾公平"的思路。效率优先是指，在决定收入分配的问题上，首先考虑效率，把效率当做决定收入分配的第一因素。这和上面所讲的先将"蛋糕"做大是同一个意思。在效率优先的情况下，也不能忽略公平，即要兼顾公平。在经济政策选择上，为了达到这两个目标，可以通过以下途径：

第一，增加国家对教育费用的支出。这样可以使社会长期受益，提高全社会的文化水平，提高劳动力质量，最终提高社会经济效率，同时还可以使个人受益。提高文化水平有助于缩小收入差距，有利于实现公平目标。但是，教育只能在一定限度内缩小收入差距，超过一定限制，又会加大收入差距。因为受教育者预期增加受教育年限会在将来获得更高的收入，如果真的收入均等化，受教育者就不愿意再继续受教育了。

第二，减少和消除不合理收入。按照西方经济学的观点，不合乎市场经济要求的不合理甚至是不合法的收入并不是实行市场经济的结果，而是市场经济不健全的表现，是对市场经济正常运行的破坏。因为这些不合理、不合法收入不仅严重恶化了收入分配，而且还会引起社会成员的不满，导致社会不稳定，影响经济效率的提高。因此，加强和完善市场经济体制，减少和消除这些不合理、不合法的收入，既可以改善收入的分配，同时也可以起到提高经济效率的作用。

第三，促进机会的均等。机会均等才能实现在市场经济条件下的公平竞争，机会的不均等则表明竞争的不公平。在当前条件下，机会不均等可能来自于以下几个方面：一是天生能力的差别，如在智力和体力方面的天赋不同；二是家庭背景的差别，如出生于富贵或贫穷家庭接受的教育是不同的；三是社会待遇的差别，如男女不同性别引起的就业上的差别。收入的不均等可以由机会的不均等带来，一般来讲，由于天赋的差别而带来的收入差别，人们还可以接受，但是由于家庭关系而带来的收入不均等则受到大多数人的反对。虽然机会均等也会带来收入分配的不均等，但是在现实生活中一个机会比较均等的社会常常意味着其收入的分配也是比较公平的。因此，消除机会不均等，是促进公平的一条重要途径。可以通过创造就业机会，增加对劳动力的需求，促进就业机会方面的平等，以及争取在受教育机会方面的平等来改善收入分配公平。

第四，改善福利措施。普遍的福利虽然有助于实现社会公平，但是不利于提高经济效率。例如，补助福利分为两种，一种是对丧失劳动能力的人，一种是对有劳动能力但无职业或收入甚少的人。对于前一种而言，保障社会成员的基本生存权利是社会公平的基本需要，因此，国家要积极完善社会保障制度，加强对丧失劳动能力的社会成员的福利补贴。对于第二种而言，则明显表现出公平与效率的矛盾。如果对其福利补贴过多，则会损害经济效率。这要通过修订失业救助法案，对失业救助时间长度进行修改，另外还要加强再就业教育培训资源的投入，提升劳动者适应社会需求的能力。

第五，税收政策。税收政策具有重要的收入再分配职能，主要表现在：一是通过对不同人征收不同数量的税收而直接地改变收入分配；二是通过改变市场的相对价格而间接地改变收入分配。首先国家的税收制度应该是有利于提升效率和增进公平的。其次，要分析税收的真正"归宿"，研究税收的转嫁。最后，要考虑税收的"累进"性质。

➤本章专业术语

局部均衡　一般均衡　帕累托最优状态　帕累托改进　交换的帕累托最优条件　生产的帕累托最优条件　生产可能性曲线　效用可能性曲线　社会福利函数　阿罗不可能性定理　公平

➤本章小结

本章要点可以归结为如下。

(1)一般均衡就是指在承认供求与市场上各种商品存在相互关系和相互影响的条件下，所有市场上各种商品的价格与供求的关系或均衡状态，即当整个经济的价格体系恰好使所有市场的商品供求都相等时，市场就达到了一般均衡。

(2)帕累托改进是指在其他条件不变的情况，如果某一经济变动改善了一些人的状况，而同时又不会使另一些人蒙受损失，这个变化就增进了社会经济福利。帕托最优状态是指在其他条件不变的条件下，如果不减少一些人的经济福利，就不能改善另一些人的经济福利，这就标志着社会经济福利已经达到最大化状态。

(3)帕累托最优状态要满足三个条件：交换的帕累托最优条件、生产的帕累托最优条件、交换和生产的帕累托最优条件。交换的帕累托最优条件为任意两个消费者消费任意两种商品的边际替代率相等；生产的帕累托最优条件为任意两个厂商生产两种产品的边际技术替代率相等；交换和生产的帕累托最优条件为，任意两种产品的边际替代率与边际转换率相等。在完全竞争条件下，帕累托最优状态的三个条件都能够满足。

(4)社会福利函数是社会中所有个人效用水平的函数，要解决的问题是确定社会最大福利状态，或者说最理想的帕累托最优状态。效用可能性曲线与社会福利函数的切点表示社会最大的福利水平。但是阿罗的不可能性定理证明了在非独裁情况下，符合所有社会成员偏好的社会福利函数不存在。

(5)在西方经济学上，效率是资源的优化配置问题，公平是收入分配均等化问题。在福利经济学中，公平一般是指社会成员收入的均等化。在处理效率与公平之间的矛盾时，要遵循"效率优先，兼顾公平"的原则。

➤练习题

一、名词解释

1. 一般均衡
2. 经济效率
3. 帕累托效率标准
4. 契约曲线
5. 生产和交换的帕累托最优条件
6. 生产可能性曲线
7. 效用可能性曲线
8. 社会福利函数
9. 阿罗不可能性定理

二、单选题

1. 西方经济学一般均衡的理论试图说明的问题是(　　)。

　　A. 单个产品或单个要素市场的均衡

　　B. 劳动市场的均衡

　　C. 产品市场和货币市场的均衡

　　D. 所有产品市场和要素市场的均衡

2. 当最初的变化的影响广泛分散到很多市场，每个市场只受到轻微的影响时(　　)。

　　A. 要求用一般均衡分析

　　B. 一般均衡分析很可能推出错误的结论

   C. 局部均衡分析很可能推出错误的结论

   D. 局部均衡分析将提供合理可靠的预测

3. 帕累托最优配置被定义为下列哪种情况下的资源配置？（　　　）

   A. 总产量达到最大

   B. 边际效用达到最大

   C. 没有一个人可以在不使他人境况变坏的条件下使自己的境况变得更好

   D. 消费者得到他们想要的所有东西

4. 在埃奇沃思盒状图上，满足生产的帕累托最优条件的曲线是（　　　）

   A. 等产量线

   B. 等成本线

   C. 洛伦兹曲线

   D. 契约曲线

5. 边际转换率是下列哪一条曲线的斜率？（　　　）

   A. 消费契约曲线

   B. 效用可能性曲线

   C. 社会福利曲线

   D. 生产可能性曲线

6. 如果对于消费者甲来说，以商品 X 替代商品 Y 的边际替代率等于 3；对于消费者乙来说，以商品 X 替代商品 Y 的边际替代率等于 2；那么有可能发生下述情况（　　　）。

   A. 乙用 X 向甲交换 Y

   B. 乙用 Y 向甲交换 X

   C. 甲和乙不会交换商品

   D. 以上均不正确

7. 在有 A 和 B 两个人，X 和 Y 两种商品的经济中，达到交换和生产的一般均衡发生在（　　　）。

   A. $\mathrm{MRT}_{XY} = P_X/P_Y$

   B. $\mathrm{MRS}_{XY} = P_X/P_Y$

   C. $\mathrm{MRS}_{XY}^{A} = \mathrm{MRS}_{XY}^{B}$

   D. $\mathrm{MRT}_{XY} = \mathrm{MRS}_{XY}^{A} = \mathrm{MRS}_{XY}^{B}$

8. 帕累托最优的必要条件是（　　　）。

   A. 所有消费者对任意两种商品的边际替代率都相等

   B. 厂商使用两种生产要素的边际技术替代率都相等

   C. 厂商生产两种产品的边际转换率等于消费者消费这两种商品的边际替代率

   D. 每个消费者的效用为最大

9. 社会福利函数理论所要解决的问题是（　　　）。

   A. 帕累托最优状态

   B. 在社会福利函数下，确定哪一点社会福利为最大

   C. 厂商的供给和需求相等

   D. 如何实现最大利润的均衡

10. 阿罗不可能性定理是说（　　　）。

   A. 总供给与总需求相一致是不可能的

   B. 总收益与总成本相一致是不可能的

   C. 社会利益不可能是个人利益的总和

　　D. 试图在任何情况下，从个人偏好次序达到合乎理性的社会偏好次序是不可能的

三、判断题

　　1. 在进行部分均衡分析时，通常假定除所研究市场以外的因素不变。（　　）

　　2. 在市场体系的长期调整时，市场价格最终必然回复到原来的水平。（　　）

　　3. 经济中存在帕累托改进时，就还没有实现经济效率。（　　）

　　4. 在契约曲线上的任何点，总存在着比它更好的点。（　　）

　　5. 生产可能性曲线上的点都满足生产的帕累托最优条件。（　　）

　　6. 人们能够得出代表全社会所有人对福利判断的社会福利函数。（　　）

　　7. 一个有效运行的经济可能并不令人满意，因为存在不平等。（　　）

四、问答题

　　1. 什么是局部均衡和一般均衡，两者的区别和联系是什么？

　　2. 什么是帕累托最优？满足帕累托最优需要具备什么样的条件？

　　3. 生产可能性曲线为什么向右下方倾斜？为什么向右上方凸出？

　　4. 为什么完全竞争的市场机制符合帕累托最优状态？

　　5. 什么是社会福利函数，社会福利函数有哪些类型？

　　6. 阿罗的不可能性定理说明了什么问题？

　　7. 应当如何处理公平与效率之间的关系？

五、计算题

　　1. 设某经济只有 a、b 两个市场。a 市场的需求和供给函数为 $Q_{da}=13-2P_a+P_b$，$Q_{sa}=-4+2P_a$，b 市场的需求和供给函数为 $Q_{db}=20+P_a-P_b$，$Q_{sb}=-5+4P_b$。试确定：

　　　　(1) 当 $P_b=1$ 时，a 市场的局部均衡。

　　　　(2) 当 $P_a=1$ 时，b 市场的局部均衡。

　　　　(3) $(P_a=1,P_b=1)$ 是否代表一般均衡？

　　　　(4) $(P_a=5,P_b=3)$ 是否是一般均衡价格？

　　　　(5) 一般均衡价格和一般均衡产量为多少？

　　2. 假定某产品的市场需求函数为 $Q=1\,000-10P$，成本函数为 $TC=40Q$。求：

　　　　(1) 若该产品为一垄断厂商生产，其利润最大化时的产量、价格和利润各为多少？

　　　　(2) 要达到帕累托最优，产量和价格又各为多少？

▶附录　库兹涅茨收入分配倒 U 形假说

　　美国经济学家库兹涅茨（Kuznets）在其 1955 年发表的题目为《经济增长与收入不平等》的文章中，提出了一个假说，即在经济增长的早期阶段，收入分配的不平等程度趋于上升，而在经济增长的后期阶段，收入分配的不平等程度又会趋于下降，这就是著名的库兹涅茨倒 U 形假说。

　　倒 U 形假说是库兹涅茨在对各国经济进行实证分析的基础上提出的，他发现，德国和美国大概在第一次世界大战前后，英国大约在 19 世纪最后 25 年中，国内居民收入分配不平等程度都是逐渐下降的。在此基础上，他推测这些国家收入分配的不平等程度是经过前一段时期的上升以后才逐渐下降的。不平等程度上升的阶段对于英国来说大约是 1780～1850 年，对德国和美国来说大约是 1840～1890 年。在研究中，由于数据的限制，库兹涅茨选用一国最富的 20% 的人口所取得的收入份额与最穷的 60% 的人口所取得的收入份额的比值作为收入分配不平等程度的度量。同时，他还把一组发展中国家（包括印度、斯里兰卡和波多黎各）与一组发达国家（包括美国和英国）进行比较，得出结论：发展中国家的不平等程度可能比发达国家更高。此后，库兹涅茨又搜集了 18 个国家的数据，其中既包括发展中国家也包括发达国家，经过研究发现，在发达国家中一定百分比的富裕人口所取得的收入占

整个国家国民收入的比例小于在发展中国家中相同比例的富裕人口所取得的收入的比例。这进一步验证了库兹涅茨的结论，即与发达国家相比，发展中国家的不平等程度更高。所以，在经济发展过程中，人们不可能都同时从经济增长中获得利益，而只能是一部分人先得益，然后其他的人才会逐步富裕起来，经济增长和收入不平衡之间呈现倒 U 形变化。

对于倒 U 形假说形成的原因，库兹涅茨认为是由于在经济发展中存在着促使收入不平等程度增加的因素。其中一个因素是，农村地区分配的不平等程度要远远高于城市地区。随着经济的发展，城市化和工业化的进程会在整体上提高收入分配的不平等程度。另一个因素是，社会的积累和储蓄主要集中在少数高收入者手中。这些储蓄会成为高收入者获得收入的手段，导致下一个时期收入更加不平等。这样，如果没有抑制因素，社会收入分配的不平等程度会越来越大。但是，库兹涅茨认为，社会中的确存在着一些因素抑制了收入分配不平等程度的扩大。这些因素包括：第一，法律和政府的干预。收入分配差距的扩大会带来社会的不稳定，影响社会经济的发展，对政府产生压力。所以，政府将通过收取累进所得税和遗产税，以及采取多种形式的转移支付来缓解收入分配差距不断扩大的趋势。第二，由于城市中农村移民后代对都市经济更强的适应能力以及低收入阶层政治力量的壮大，城市地区收入不平等程度会逐渐下降，从而抑制了整个社会不平等程度的扩大。第三，产业结构调整的因素。由于科学技术的发展，新兴产业不断出现并高速增长。这些新兴产业资产持有者的收入增长速度要远远高于旧产业的资产持有者，从而使原有的收入分配状况得到一定的改善。正是由于以上因素的作用，社会收入分配的差距不会一直扩大，社会收入分配不平等程将先扩大后缓和呈现倒 U 形变化。

第 10 章

市场与政府

本章要点：

 市场失灵 帕累托效率 垄断 外部性 科斯定理 信息不对称

  现代市场经济发展的事实已经充分证明，市场机制这只"看不见的手"远不是万能的，经常出现运转失灵的问题。现代微观经济学对市场失灵问题进行了许多研究，并分析了通过政府干预解决市场失灵问题的可能性。

10.1 市 场 失 灵

10.1.1 市场失灵的引入

  当代西方经济学的一个核心结论是，由市场需求与市场供给共同决定的市场均衡价格会自动地引导社会资源实现有效率配置。但是经济生活中存在的大量社会资源扭曲配置甚至被浪费的事实表明，市场经济机制并不总是能够达到资源有效配置的目标，经济生活中经常出现市场失灵的现象。

  1. 市场失灵的概念

  经济学家对市场失灵没有一个统一的定义。一般认为，市场失灵（market failure）是市场机制无法实现资源有效配置的情况。按照《新帕尔格雷夫经济学大辞典》中关于"市场失灵"词条的解释，要理解"市场失灵"的最好办法是先理解它的反义词"市场成功"——聚集理想化的竞争市场使资源均衡配置达到帕累托最优状态的能力。市场成功必须满足：①有足够的市场；②所有的消费者和生产者都按竞争规则行事；③存在均衡状态，在这种均衡状态下的资源配置达到了帕累托最优状态。当情况不符合上述三条要求时，即市场在资源配置方面是低效率的时候，就出现了市场失灵。

  2. 帕累托最优

  从以上描述中我们可以看出，资源配置是否达到帕累托最优状态是判定市场失灵的重要标准。所谓帕累托最优是指这样一种状态：不存在另外一种可选择的状态，使得至少有一个人的处境变得更好而没有任何人的处境变差。通俗地讲，一个人处于帕累托最优是指他已经处于这样一种状态：除非损人，否则就不能利己。作为判定市场经济效率的标准，由法国著名学者帕累托提出来的帕累托最优已经得到了经济学界的公认。在经济学的分析框架里，帕累托最优既表明生产领域实现了资源的最优配置，也体现出分配领域的效率化。举例来说，假定生产领域实现了帕累托最优，则意味着社会上的所有生产者都在以最低的成本进行生产，资源已经得到了有效配置，任何生产者均无法进一步降低成本。同时，分配领域的帕累托最优则是指不存在不影响其他人收入而增加某一个体收入的情况。帕累托最优将生产与分配都纳入效率的概念中，成为了一个衡量效率的基本尺度。

帕累托最优状态又叫做经济效率，满足帕累托最优状态的就是有经济效率的，反之就是没有经济效率的。例如，商品在消费者之间进行分配，如果达到这样一个状态，任何新的分配方式都会降低一个消费者的效用水平，则这种状态就是最优的和最有效率的。

经济学家认为在完全竞争的情况下，是可以达到帕累托最优状态的，并且认为任何竞争的均衡状态都是帕累托最优状态。具体地说，在交换时，任何两种产品的边际替代率要相等；在生产时，任何两种要素的边际技术替代率要相等；在交换和生产时，任何两种产品的边际转换率要等于它们的边际替代率。当上面三个条件都满足时，整个经济就达到了帕累托最优。

3. 帕累托改进

帕累托最优是社会经济运行的极致状态。当尚未处于帕累托最优状态的时候，就存在"帕累托改进"的余地。所谓帕累托改进是指在不减少一方的福利时，通过改变现有的资源配置而提高另一方的福利。帕累托改进可以在资源闲置或市场失效的情况下实现，在资源闲置的情况下，一些人可以生产更多并从中受益，但又不会损害另外一些人的利益；在市场失效的情况下，一项正确的措施可以消减福利损失而使整个社会受益。

帕累托最优和帕累托改进是现代微观经济学的两个常用的概念。经济学认为所有的市场均衡都是具有帕累托最优的，但在现实生活中，通常的情况是有人有所得就有人有所失，于是经济学家们又提出了"补偿准则"，即如果一个人的境况由于变革而变好，他能够补偿另一个人的损失而且还有剩余，那么整体的效益就得到了改进，这种情况被称为卡尔多-希克斯改进。卡尔多-希克斯改进是对帕累托改进严格标准的宽松化处理。

10.1.2　市场失灵的原因

市场失灵的产生是因为市场机制在配置资源过程存在着以下基本特点：第一，自发性。即各个分散的企业只从自身的局部利益出发，按照市场信号调整微观经济的资源配置。这往往使整个社会资源配置处在无政府状态，它需要经过长期的、无数次的反复，才有可能达到社会总供求的平衡。第二，滞后性。各个市场主体在接受市场价格信号时，在获得的高于或低于商品生产价值时，已是在交换之后的了，此时再行调整，一方面已发生了供应不足或供过于求的状况，另一方面这时的调整也不能及时满足供求平衡的需要。市场机制自身不具备预见经济变化的功能。第三，不稳定性。当市场机制的作用使社会总供给与总需求达到平衡时，不会因此而被稳定下来。各企业从自身利益出发，还会将资源从效益低下的部门向效益相对较高的部门转移，同时造成这一部门供求平衡的损害。市场机制的竞争是各企业为追求自身利益最大化，哪个部门获利相对丰厚就会调动自己的资源要素向哪一部门转移，从而造成供需平衡的不稳定性。而从根本上说，造成市场失灵的原因是对市场行为的过分依赖与放纵。

10.1.3 市场失灵的表现

市场失灵是社会资源没有达到充分有效配置的状态，在实际经济生活中市场失灵主要表现在以下几个方面：

1. 收入与财富分配不公平

市场机制遵循的是资本与效率的原则，资本与效率的原则又存在着"马太效应"。一方面，从市场机制自身作用来看，这是属于正常的经济现象，资本拥有越多在竞争中越有利，效率提高的可能性也越大，收入与财富向资本与效率也越集中；另一方面，资本家对其雇员的剥削使一些人更趋于贫困，造成了收入与财富分配的进一步拉大。这种拉大又会由于影响到消费水平而使市场相对缩小，进而影响到生产，制约社会经济资源的充分利用，使社会经济资源不能实现最大效用。

2. 外部负效应问题

外部负效应(negative externality)是指某一主体在生产和消费的过程中，对其他主体造成的损害。外部负效应实际上是生产和消费过程中的成本外部化，但生产或消费单位为追求更多利润或利差，会放任外部负效应的产生与漫延。例如，化工厂的内在动因是赚钱，为了赚钱，对企业来讲最好是让工厂排出的废水不加处理地进入下水道、河流、江湖等，这样就可以减少治污成本，增加企业利润。但这对环境保护、其他企业的生产和居民的生活会带来危害。社会若要治理，就会增加负担。

3. 竞争失败和市场垄断的形成

竞争是市场经济中的动力机制。竞争是有条件的，一般来说竞争是在同一市场中的同类产品或可替代产品之间展开的。一方面，分工的发展使产品之间的差异不断拉大，资本规模扩大和交易成本的增加，阻碍了资本的自由转移和自由竞争。另一方面，市场垄断的出现，减弱了竞争的程度，使竞争的作用下降。造成市场垄断的主要因素有：①技术进步；②市场扩大；③企业为获得规模效应而进行的兼并。一旦企业获利依赖于垄断地位，竞争与技术进步就会受到抑制。

4. 失业问题

失业是市场机制作用的主要后果，一方面从微观看，当资本家为追求规模经营，提高生产效率时，劳动力就会被机器所代替。另一方面从宏观看，市场经济运行的周期变化，对劳动力需求的不稳定性，也需要有产业后备军的存在，以满足生产高涨时对新增劳动力的需要。劳动者的失业从宏观与微观两个方面满足了市场机制运行的需要，但失业的存在不仅对社会与经济的稳定不利，而且也不符合资本追求日益扩张的市场与消费的需要。

5. 区域经济不协调问题

市场机制的作用只会扩大地区之间的不平衡，使一些经济条件优越、发展起点较高的地区，发展也越有利。随着这些地区经济的发展，劳动力素质、管理水平等也会相对较高，可以支付给被利用的资源要素的价格也高，也就越能吸引各种优质的资源，以发展当地经济。而那些落后地区会因经济发展所必需的优质要素资源的流失而越发落后，区域经济差距会拉大。此外，由于不同地区有不同的利益，在不同地区使用自然资源过程中会出相互损害的问题，这可以称为区域经济发展中的负外部效应，如江河上游地区林木的过量开采，可能影响到下游地区居民的安全和经济的发展。这种现象也造成了区域间经济发展的不协调。

6. 公共产品供给不足或过度使用

公共产品是指消费过程中具有非排他性和非竞争性的产品。所谓非排他性就是指一旦这类产品被生产出来，生产者不能排除别人不支付价格的消费。因为这种排他，一方面在技术上做不到，另一方面就算是技术上能做到，排他成本也会高于排他收益。所谓非竞争是因为对生产者来说，多一个消费者，少一个消费者不会影响生产成本，即边际消费成本为零。而对正在消费的消费者来说，只要不产生拥挤就不会影响自己的消费水平。如国防、公安、航标灯、路灯、电视信号接收等就是公共产品，这类产品又叫非营利产品。从本质上讲，生产公共产品与市场机制的作用是矛盾的，生产者是不会主动生产公共产品的。而公共产品是全社会成员所必须消费的产品，它的满足状况反映了一个国家的福利水平。这样一来，公共产品生产的滞后和社会成员与经济发展需要之间的矛盾就十分尖锐。

有些生产主要依赖于公共资源，如渔民捕鱼、牧民放牧，他们使用的就是江、湖、河流这些公共资源。这类资源既在技术上难以划分归属，又在使用中不宜明晰归属。所以，受市场机制追求最大化利润的驱使，生产者往往会对这些公共资源进行掠夺式使用，而不给资源以休养生息的机会。有时，尽管使用者明白长远利益的保障需要公共资源的合理使用，但因市场机制自身不能提供制度规范，又担心其他使用者的过度使用，也会出现使用上的盲目竞争。

10.2　垄　　断

垄断是不完全竞争市场的一种类型，经济学家将不完全竞争市场分为三种类型，即垄断、寡头和垄断竞争，其中垄断是不完全竞争的极端情形。

10.2.1　垄断的定义

垄断一般指大企业借助经济实力，单独或合谋在生产、流通、服务领域限制、排斥或控制经济活动的行为。其基本含义是某种形式的独占，其实质是存在某种影响和支配市场的权力，即基于企业等市场主体自身经济行为，以经济为内容和目的的垄断。

垄断内生于市场经济，它或源于资源的独特属性，或源于规模经济的成本特性，或源于企业竞争的结果，可以认为它是没有外部力量进行干涉时市场自发演化的结果。只要存在竞争，其发展结果必然是垄断，这是不以人的主观意志为转移的客观经济现象。经济垄断的来源主要是经济主体所具有的市场力量。市场力量即经济主体自身具有的市场支配地位，主要是经济主体单独或联合影响市场价格的能力，市场力量并不具有强制执行的效力，而是在市场竞争中自发形成的。垄断是一种相关市场上竞争性企业数量减少、经济力不断趋于集中的状况。

垄断是对市场的控制。如果是生产者垄断，即为一般所说的垄断，或卖方垄断。如果是购买者垄断，就称为买方垄断。这两种垄断都会引起市场失灵。在竞争情况下，价格由供求决定，当价格调节使供求相等时，用消费者剩余和生产者剩余之和表示的社会福利达到最大，表明价格调节实现了资源配置的最优化。当有垄断时，垄断者利用其对市场的控制把价格提高到均衡价格以上，这就引起消费者剩余和生产者剩余的损失，从而使资源配置没有实现最优。这就是垄断引起的资源配置没有实现，即市场失灵。

10. 2. 2　垄断的原因

一般认为，垄断的基本原因是进入障碍，也就是说，垄断者在特定市场拥有较强的市场控制力量，使其他企业无法或者很难进入该市场与之进行竞争。

垄断市场形成的原因很多，最根本的一个原因就是为了建立和维护一个合法的或经济的壁垒，从而阻止其他企业进入该市场，以便巩固垄断企业的垄断地位。垄断企业作为市场唯一的供给者，很容易控制市场某一种产品的数量及其市场价格，从而可连续获得垄断利润。具体而言，垄断形成的原因主要有以下几个方面。

1. 生产发展的趋势

在生产的社会化发展过程中，自由竞争自然而然地引起生产和资本的集中，而当生产和资本的集中发展到一定阶段以后，就必然会产生垄断。我们可以从两个方面来分析这个问题：一方面，生产和资本的集中发展到一定阶段时就产生了垄断的可能性。因为当生产和资本发展到一定阶段后，生产和资本逐步集中到少数的大企业手中，它们之间就容易达到协议，形成垄断，使其操纵、控制市场供给成为可能，而其他企业则无法与之竞争。另一方面，生产和资本的集中发展到一定阶段后，生产和资本必然集中到了少数大企业手中，这些大企业要在竞争中打败对方单独取胜，就很不容易。为了避免两败俱伤从而获取稳定的垄断利润，它们就有谋求妥协达成垄断的共同需要。

2. 规模经济的要求

有些行业的生产需要投入大量的固定资产和资金，如果充分发挥这些固定资产和资金的作用，则这个行业只需要一个企业进行生产就能满足整个市场的产品供给，这样的企业适合进行大规模的生产。具有这种规模的生产就具有经济性，低于这种规模的生产则是不经济的。这样来看，规模经济就成为垄断形成的重要原因。同时，大量的固定资产和资金作用的充分发挥，使企业具有了进行大规模生产的能力和优势，因而这个企业能够以低于其他企业生产成本或低于几个企业共同生产成本的价格，向市场提供全部供给。那么，在这个行业当中，就只有这个企业才能够生存下来，其他企业都不具备这种生存能力。此种情形的垄断被称为自然垄断，如城市供水供电企业。

3. 保护专利的需要

专利是政府授予发明者的某些权利，这些权利一般是指在一定时期内对专利对象的制作、利用和处理的排他性独占权，使发明者获得应有的收益。某项产品、技术或劳务的发明者拥有专利权以后，在专利保护的有效期内形成了对这种产品、技术和劳务的垄断。专利创造了一种保护发明者的产权，在专利的有效保护期内其他任何生产者都不得进行这种产品、技术和劳务的生产与使用，或模仿这些发明进行生产。若不保护发明专利，社会和生产就难以进步与发展。

4. 存在行业进入壁垒

当某个生产者拥有并且控制了生产所必需的某种或某几种生产要素的供给来源时，就形成了行业壁垒。这种行业壁垒形成以后，其他任何生产者都难以参与此类要素的市场供给，从而限制或阻止了其他生产者的进入，这样就维护了这个生产者的垄断地位及其垄断利益。这种垄断的形成首先在于生产过程中存在先入者优势。先入者优势是指由于生产者先行进入某一行业，从而使其在某种产品生产中具有了某些优势，如生产技术或生产经营的优势，从而增加了其他生产者的进入难度，逐渐形成垄断。其次这种垄断的形成还在于生产中占据的自然地理优势。某种要素或某几种要素生产的自然地理优势被某个生产者占据以后，其他生产者生产同种要素或同几种要素时就不再具有自然地理优势，前者就形成了生产中的自然地理优势垄断。例如，拥有或控制主要原料可以阻止竞争，从而形成垄断。最常见的是通过对原料的垄断来限制竞争，例如，有一段时间，在非洲以及其他地区，大多数的钻石矿都被南非的德比尔斯公司控制；加拿大国际镍公司对世界已知的镍矿储藏量的控制已经近 90％；等等。

5. 对进入的法律限制

政府通过特许经营，给予某些企业独家经营某种物品或劳务的权利。这种独家经营的权利是一种排他性的独有权利，是国家运用行政和法律的手段赋予并进行保护的权利。政府的特许经营，使独家经营企业不受潜在新进入者的竞争威胁，从而形成合法的垄断。政府对进入市场进行法律限制形成法律垄断，主要是基于三个方面的考虑：一是基于某种公司福利需要的考虑，如某些必须进行严格控制的药品的生产，必须由政府特许独家经营；二是基于保证国家安全的考虑，如各种武器、弹药的生产必须垄断；三是基于国家财政和税收收入的考虑，如国家对某些利润丰厚的商品进行垄断经营等。

10.2.3　垄断的作用

垄断的存在，对社会经济的运行与发展存在着一定的有利影响，但是其不利影响更为严重。

1. 垄断的有利影响

1）提高资源利用效率

规模经济是垄断形成的重要原因，垄断具有促进经济效率提高的可能性也表现在规模经济上。要形成垄断，必须要拥有并投入大量的固定资产和资金，只要充分发挥投入的大量固定资产和资金的效用，企业就具有进行规模生产的能力，就可以进行大规模生产。一方面提高产品的产量，增加产品的品种，提供全部供给（这时的产量高于完全竞争企业的产量）；另一方面减少资源的消耗，尽量降低产品的成本（这时的产品成本低于完全竞争时产品的成本）；此外，采用效率高的生产设备和先进的生产技术（因为只有这样才能提高产量、降低成本），从而促进资源效率的提高。完全从规模生产的经济性上来考虑，这种可能性是存在的，同时，垄断形成的初期也是通过规模生产来提高资源效率和企业的经济效率的。

2）刺激创新

创新就是指在生产过程中使用某种新知识，研究出一种新产品、劳务或加工技术等。完全垄断市场类型与创新之间存在着紧密的联系。专利是形成垄断的一种原因，只要创造了一种新产品、劳务或加工技术并获得了专利，就会形成对这种产品、劳务或加工技术的垄断；同时，只有对创新进行专利保护，授予创新者以垄断权力，才能促进创新。这是因为，完全垄断市场通过专利形式给予创新者以垄断排他性权利，使创新者在一定时期内享有创新所带来的经济利益，因而，就会刺激更多的企业进行创新活动，同时，也刺激垄断者继续大量投资于科研开发工作。这样，就能促进更大范围和更高层次的创新活动的开展，从而推动社会的发展。

2. 垄断的不利影响

1）降低市场竞争效率

由于法律的和自然的限制，新的企业无法进入或很难进入垄断市场，因而完全排除了市场竞争。而市场竞争是市场运行和技术进步的推动力，市场竞争关系到企业的生存命运和发展前途，会迫使企业不断改进生产技术，提高劳动生产率，降低个别劳动消耗，从而推动整个社会的技术迅速发展。完全垄断市场排除了市场竞争之后，垄断企业无市场竞争压力，就不会改进生产技术。因为垄断企业的目的是利润最大化，改进生产技术能促进利润最大化目标的实现时它就改进生产技术。不用改进生产技术也可实现利润最大化目标时它就不会改进生产技术。这样，就造成了社会竞争的一定损失，使社会在一定程度上失去了技术进步的推动力。

2）生产效率受到损害

垄断企业具有进行规模生产的条件和能力。如果垄断企业进行规模生产，就可以降低产品成本、提高产品产量、获得最佳的生产效率，在获得丰厚利润的同时也促进了社会生产效率的提高。但是，垄断企业垄断了市场供给后，没有了供给的竞争者，通过降低产量、提高产品价格的手段也可以获取丰厚的利润，而不必通过花费大量投资购买先进的机器设备和技术提高生产效率的方法来增加赢利。对于垄断企业来说，通过降低产量、提高产品价格的办法比提高生产效率的办法更容易获利，同时成本更低，因而垄断企业就会不去提高生产效率。如果各个行业的垄断企业都只用降低产量、提高产品价格的办法就能获取丰厚的利润，那么谁也不会去设法提高生产效率，这样一来，就必然会造成社会生产效率的停滞。

3）造成社会产量损失

因为垄断企业垄断了市场供给，所以垄断企业生产的产量决定着市场供给的产品总量。一般来说，垄断市场的产量低于完全竞争市场的产量，因为在完全竞争市场条件下，企业根据平均成本最低点所决定的产量进行生产，即按最佳产量进行生产，社会产品的产量多。而在完全垄断市场条件下，垄断企业则是根据利润最大化所决定的产量进行生产，利润最大化决定的产量只能是较低的产量。因为垄断企业在垄断了全部市场供给的情况下，只有降低产量使供给市场的产品数量减少时，产品才会供不应求，这时的产品才能在垄断市场中卖出高价钱，从而使自己获得最大利润。这种利润最大化决定的生产规模对于社会来说不是最优生产规模，其产量不是社会最优产量。在利润最大化决定垄断企业产量的情况下，由于垄断企业的生产条件和生产能力没有充分发挥其作用，所以，垄断市场首先造成了社会生产条件和生产能力的损失，最终造成了社会产量的损失。

4)消费者利益受到侵害

由于垄断企业垄断了市场供给，并凭借着垄断权力控制了市场价格，消费者只能被迫接受垄断企业控制的市场高价格。这样一来，消费者出高价格购买的产品和服务，其价格与价值严重背离，消费者的利益与其权利严重背离，必然造成消费者利益的重大损失。从实质上来看，垄断企业对消费者造成的各种损失，就是垄断企业对消费者利益和权利的掠夺。垄断企业对消费者造成损失的行为，既违背了市场经济条件下等价交换的基本原则，又阻碍了社会的进步与发展。同时，垄断企业对其损害消费者利益的行为很难有正确的认识及改进的措施。因而，政府必须采取强有力的措施，进行干预。例如，对垄断企业的产品价格进行调节，甚至直接定价，对其征收合理的高额税收，从而降低垄断企业的超额垄断利润；加强对垄断企业的监管和处罚，及时发现并制止垄断企业对消费者的损害等。

总之，垄断最大的弊端是限制竞争，使效率低下，出现寻租和使消费者受到侵害。

10.3 外 部 性

在完全竞争市场中，当其他条件得到满足时，经济个体的理性决策足以带来长期的帕累托最优状态。这里的"其他条件"指的是市场所配置的稀缺性资源对于价格有着足够的敏锐反应，而现实的情况是，在外部性的影响下，某些稀缺性资源的配置过程中存在着市场失灵，资源价格被扭曲，资源被过度地、无效地利用，从而导致非帕累托最优的状态。

10.3.1 外部性的定义

外部性(externality)是阿尔弗雷德·马歇尔于 1890 年在《经济学原理》一书中首先提出来的，最先系统论述外部性理论的是福利经济学创始人庇古。不同的经济学家对外部性给出了不同的定义，其可以归结为两类，一类是从外部性的产生主体角度来定义，如保罗·萨缪尔森和诺德豪斯指出："外部性是指那些生产或消费对其他团体强征了不可补偿的成本或给予了无需补偿的收益的情形。"另一类是从外部性的接受主体来定义，如兰德尔认为，外部性是用来表示"当一个行动的某些效益或成本不在决策者的考虑范围内的时候所产生的一些低效率现象；也就是某些效益被给予，或某些成本被强加给没有参加这一决策的人"。

上述两种不同的定义，虽然考察的角度不同，但在本质上是一致的。即外部性是某个经济主体对另一个经济主体产生一种外部影响，而这种外部影响是通过非价格机制传递的，即不能通过市场价格进行买卖。外部性可以分为正外部性(或称外部经济、正外部经济效应)和负外部性(或称外部不经济、负外部经济效应)，正外部性指一些人的生产或消费使另一些人受益而又无法向后者收费的现象；负外部性指一些人的生产或消费使另一些人受损而前者无法补偿后者的现象。

10.3.2　外部性的分类

根据表现形式的不同，外部性还可以从下列不同的角度进行分类：

1. 生产的外部性与消费的外部性

生产的外部性即由生产活动所导致的外部性，消费的外部性即由消费所带来的外部性。以往经济理论重视的是生产领域的外部性问题。20世纪70年代以后，关于外部性理论的研究范围扩展至消费领域。可进一步细分为生产的正外部性、消费的正外部性、生产的负外部性和消费的负外部性四种类型。

2. 代内外部性与代际外部性

通常的外部性是一种空间概念，主要是从即期考虑资源是否合理配置，即代内的外部性问题；而代际外部性问题主要是解决人类代际之间行为的相互影响，尤其是要消除前代对后代的不利影响。可以把这种外部性称为"当前向未来延伸的外部性"。这种分类源于可持续发展理念。代际外部性同样可以分为代际正外部性和代际负外部性。

3. 竞争条件下的外部性与垄断条件下的外部性

鲍莫尔不仅对竞争条件下的外部性做了分析，还对垄断条件下的外部性做了考察，他认为竞争条件下的外部性问题与垄断条件下的外部性问题是不一样的。他举例道："当一个厂商扩大规模将会提高工业中一切厂商的运输效率时，这种扩大如果由一个厂商单独去做可能没有利益，但如果该工业为一个人所独占，那就仍然会获得利益。"这就是说，竞争性部门中一个厂商的正外部性（或负外部性），不一定就是垄断者的正外部性（或负外部性）。米德在1962年发表的《竞争状态下的外部经济与不经济》也对竞争条件下生产上的正外部性和负外部性进行了深入的分析。

4. 稳定的外部性与不稳定的外部性

所谓稳定的外部性是指可以掌握的外部性，人们可以通过各种协调方式，使这种外部性内部化。1978年，格林伍德与英吉纳在《不稳定的外部影响、责任规则与资源配置》一文中，分析了不稳定的外部性，他们指出，假定一个厂商对另一个厂商的影响是任意的，那么，在这种情况下，厂商就会遇到风险，厂商在考虑最大化问题时，就要把外部性的分担和对自己的风险态度都估计在内。于是，究竟采取协商方式来解决还是采取合并方式来解决，这取决于厂商对于风险的预期。

5. 单向的外部性与交互的外部性

单向的外部性是指一方对另一方所带来的外部经济或外部不经济。例如，化工厂从上游排放废水导致下游渔场产量的减少，而下游的渔场既没有给上游的化工厂产生外部经济效果，也没有产生外部不经济效果，这时就称化工厂给渔场带来单向的外部性。大量外部性属于单向外部性。

交互的外部性是指所有当事人都有权利接近某一资源并可以给彼此施加成本（通常发生在公有财产权下的资源上）。例如，所有国家都对生态环境造成了损害，彼此之间都有外部不经济效应。

交互的外部性的一个特例是双向外部性。双向外部性是指两个经济主体彼此都存在外部性，主要的形式有三种：一是甲方和乙方相互之间的外部经济；二是甲方和乙方相互之间的外部不经济；三是甲方对乙方有外部经济效应而乙方对甲方有外部不经济效应，或者反之。

10.3.3　外部性的应用：环境污染

1. 外部性与市场失灵

完全竞争市场通过价格体系的自动调节作用，会形成在现有资源和技术条件下的资源最优配置，且消费者也获得了最大的福利；而不完全竞争的市场在新古典经济学家看来则是不能达到帕累托最优状态的，这就意味着效率有损失，我们称市场处于失灵状态。

如前所述，既然外部性是一经济主体对另一经济主体产生的影响，且通过非价格机制进行传递，则其社会成本与私人成本必然存在差异。假如一个人的活动使他人无需付出代价而得到好处，即提供了"外部经济"，则私人成本大于社会成本；反之，一个人的活动使他人承担一部分成本而未给予补偿，引起外部性的人并不考虑他人承担的损失，而仅承担私人成本，也即"外部不经济"，则私人成本小于社会成本。正是由于外部性的存在引起了成本收益不对称，这就会影响市场配置资源的效率，因为企业或个人在进行决策的时候，只可能将其实际承担的成本和得到的收益进行比较。在无需对外溢成本进行赔偿的情况下，经济主体实际承担的成本小于其活动的总成本，因而其会过量从事产生外溢成本的活动；相反，在外溢收益得不到报酬的情况下，就会选择较少地从事该类活动。外部性问题是市场失灵的重要根源之一。

2. 环境污染外部性的特征

环境污染的负外部性是指企业或个人活动产生的污染物或污染因素使环境的构成和形态发生改变，使环境质量恶化，从而对他人的生产和生活造成损害。就环境污染角度而言，环境污染的外部性主要有以下几个特征：

(1)非市场性。即环境外部性的影响不是通过市场发挥作用，它不属于买者和卖者的关系范畴，如市场机制无力对产生环境外部性的排污单位给予奖励和惩罚。

(2)决策的伴生性。由于个人决策的基础是生产的私人成本最小化和私人利润最大化的动机，当边际私人成本小于边际社会成本时，外部性的产生便会超过最优水平，相反亦然，即排污单位决策动机不是为了产生环境污染的外部性，外部性是生产过程的伴随物。

(3)关联性。环境污染的外部性与受损者之间具有某种关联，它必须有某种负的福利意义。

(4)强制性。环境污染的外部性加于承受者身上，不以承受者的意志为转移，这种强制性不能通过市场机制来解决。要解决外部性问题，关键在于使环境成本内部化，这一点在以下章节还要谈到。

3. 最优污染水平的确定

所谓最优污染水平(optimal level of pollution)，是指能够使社会纯收入最大化的污染水平。在理论上，最优污染水平可以用图 10-1 来分析。

图 10-1 中，横轴 Q 表示污染排放量，也表示与污染相联系的产量，纵轴 $C(R)$ 表示成本和收益。XQ_1 表示边际私人纯收益曲线，即经济主体从事经济活动所获得的边际收益与

边际成本之差。XQ_1 向右下方倾斜，意味着随着产出的增加，边际私人纯收益是逐步下降的。OE 是边际外部成本曲线，随着产出的增加，污染物排放量也随之增加，因此，该线向右上方倾斜。边际私人纯收益曲线与边际成本曲线相交于 M 点，相对应的产量或污染排放量是 Q_m。

经济主体生产的目的是追求私人利润最大化，只要能产生相应的利润，就会不断增加产出，一直到边际纯收益为零，即产出为 Q_1 时，才会停止。这时，它得到私人纯收益为 $R = I + II + III$，它造成的外部成本 $C = II + III + IV$。

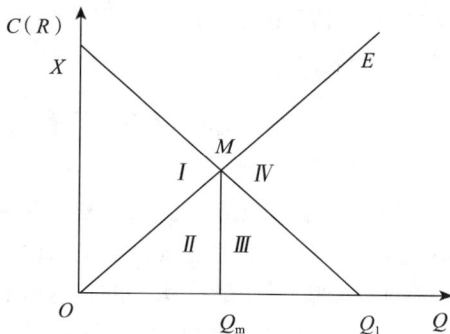

图 10-1　环境最优污染水平分析图

在整个社会范围内，社会纯收益 $= R - C = I - IV$。从图 10-1 上可以看出，社会纯收益达到最大时，所对应的产出量为 Q_m，此时 IV 为零，因而 Q_m 就是最优污染水平所对应的产出量。将产量和相应的污染物排放量保持在边际私人纯收益等于边际外部成本，即达到环境最优污染水平。

4.环境污染外部性的纠正

1)庇古方法

作为"福利经济学之父"，庇古首次用现代经济学的方法从福利经济学的角度系统地研究了外部性问题，他在阿尔弗雷德·马歇尔提出的"外部经济"概念的基础上扩充了"外部不经济"的概念和内容，将外部性问题的研究从外部因素对企业的影响效果转向企业或居民的影响效果。这种转变正好与前述外部性的两类定义相对应。

环境污染外部性既然是边际私人成本与边际社会成本、边际私人收益与边际社会收益的不一致，那么，在没有外部效应时，边际私人成本就是生产或消费一件物品所引起的全部成本。当存在负外部效应时，某一厂商的环境污染，导致另一厂商为了维持原有产量，必须增加诸如安装治污设施等所需的成本支出，这就是外部成本。边际私人成本与边际外部成本之和就是边际社会成本。当存在正外部效应时，企业决策所产生的收益并不是由本企业完全占有的，还存在外部收益。边际私人收益与边际外部收益之和就是边际社会收益。因此，在边际私人收益与边际社会收益、边际私人成本与边际社会成本相背离的情况下，依靠自由竞争是不可能达到社会福利最大的。于是政府应采取适当的经济政策，消除这种背离。政府应采取的经济政策是：对边际私人成本小于边际社会成本的部门实施征税，即存在外部不经济效应时，向企业征税；对边际私人收益小于边际社会收益的部门实行奖励和津贴，即存在外部经济效应时，给企业以补贴。庇古认为，通过这种征税和补贴，就可以实现外部效应的内部化。这种政策建议被称为"庇古税"（Pigou tax）。庇古的思路在经济活动中得到了广泛的应用，在基础设施建设领域采用的"谁受益，谁投资"的政策、环境保护领域采用的"谁污染，谁治理"的政策，都是庇古理论的具体应用。

2)科斯方法

（1）科斯定理（Coase theorem）。长期以来，关于外部效应的内部化问题被庇古税理论所支配。在"社会成本问题"一文中，科斯多次提到庇古税问题。从某种程度上讲，科斯理论是在批判庇古理论的过程中形成的。科斯认为，如果交易费用为零，无论权利如何界定，都可以通过市场交易和自愿协商达到资源的最优配置；如果交易费用不为零，制度安排与选择则是重要的。这就是说，解决外部性问题可以用市场交易形式即自愿协商替代庇古税手段，这就是所谓的"科斯定理"。科斯定理进一步巩固了经济自由主义的根基，进一步强化了"市场是美好的"这一经济理念，并且将庇古理论纳入自己的理论框架之中。

随着 20 世纪 70 年代环境问题的日益加剧，一些国家开始积极探索实现环境外部性内部化的具体途径，科斯理论随之而被投入实际应用之中。在环境保护领域排污权交易制度就是科斯思路的一个具体运用。科斯理论的成功实践进一步表明，市场失灵不是政府干预的充要条件，政府干预并不一定是解决市场失灵的唯一方法。

(2)科斯的解决思路。科斯认为，外部效应往往不是一方侵害另一方的单向问题，而具有相互性。例如，化工厂与居民区之间的环境纠纷，在没有明确化工厂是否具有污染排放权的情况下，一旦化工厂排放废水就对它征收污染税，这是不严肃的事情。因为，如果建化工厂在前，建居民区在后，那么，化工厂就可以拥有污染排放权。进而，要限制化工厂排放废水，不应是政府向化工厂征税，而是居民区向化工厂"赎买"污染的排放权。在交易费用为零的情况下，庇古税是没有必要的；此时，通过双方的自愿协商，就可以产生资源配置的最佳结果。既然在产权明确界定的情况下，自愿协商同样可以达到最优污染水平，可以实现和庇古税一样的效果，那么政府就不必多管闲事；在交易费用不为零的情况下，解决外部效应的内部化问题要通过各种政策手段的成本—收益的权衡比较才能确定，庇古税可能是有效的制度安排，也可能是低效的制度安排。这意味着，在交易费用为零的情况下，解决环境外部性问题不需要"庇古税"，解决环境外部性的手段要根据成本—收益的总体比较来确定。

10.4 公共产品

经济学上一般讨论的都是产权明确的私人物品，它有两个特点：①竞争性，一个人消费了这个物品，其他人就不能再消费这个物品；②排他性，只有对商品支付了价格的人才能消费商品，其他未支付的人则不能。市场机制只对私人物品有效率。随着社会经济的不断发展，公共产品在社会中占的比重越来越大，如国防、公共交通、电视广播等，市场经济机制在公共物品提供方面较之于私人物品的提供效率更低。公共物品的存在是导致市场失灵产生的重要原因。

10.4.1 公共产品的定义

公共产品(public goods)又叫公共物品。对该定义最权威的应该是保罗·萨缪尔森：公共产品是具有非排他性和非竞争性的产品。他认为，某种私人产品的总消费量等于全部消费者对私人产品消费的总和，用公式表示即

$$X_j = \sum_{i \in I} x_j^i, \quad j = 0, 1, \cdots, J \tag{10.1}$$

其中，x 为最终消费品；i 为消费者人数；j 为私人物品投入量。

从式(10.1)可知，X_j 是最终消费品的 j 项私人产品投入量，显然它应该等于全体消费者 I 的总投入量。

而对于公共产品来说，其消费总量则等于任何一位消费者的消费量。用公式表示即

$$X_k = X_k^i, \qquad k = J+1, \cdots, J+K \tag{10.2}$$

10.4.2　公共产品的特征

1. 非竞争性

非竞争性是指任何人都可以按既定的法律程序消费该产品，并且不影响其他人同时对它的消费，即在给定的生产水平下，向一个额外消费者提供该产品的边际成本为零。也就是说，在一定范围内，所有的人可对其共同消费，一个人对此产品的消费并不减损其他人从此产品中同时获得的好处。非竞争性产品使每个人都能得到，而不影响其他任何人消费它们的可能性。在经济学中经典的例子是船对灯塔的使用，一旦灯塔造好并起作用，增加的船只对它的使用不会增加它的任何运作成本，这是一个公共产品的基本特征。

2. 非排他性

非排他性是指任何人都可以在现实的消费中，不付任何代价地享有这种产品，即人们不能被排除在消费这种产品之外。因为这样的产品能够在不直接付钱的情况下被享用，这种产品的所有者很难或者不可能对人们的使用进行收费。一个最好的非排他性产品的例子就是国防，一旦一个国家提供了国防，所有公民都能享受到它的好处。

10.4.3　公共产品的分类

大体上，公共产品可分为两大部门，纯公共产品与准公共产品。在纯公共产品中，比较典型的例子是前面提到的国防、灯塔等公共产品，准公共产品的情况比较复杂。这主要是因为：第一，某些公共产品在供给方面具有公共性，而在消费方面却表现出私人性质，如义务教育；第二，某些公共产品和私人产品互有交叉与渗透，难以确定其明确的界限；第三，一部分公共产品既可以由政府提供，也可以由市场提供；第四，某些产品在不同经济发展水平和不同体制的国家也表现出不同的产品属性；等等。各种公共产品的分类及特点见表 10-1。

表 10-1　公共产品分类及特点

分类	纯公共产品		准公共产品	
	1类	2类	3类	4类
	特殊意义上的纯公共产品	现实意义上的纯公共产品	自然垄断型准公共产品	优效型准公共产品
典型例证	收入分配、政府经济措施	国防、外交、法律、警察	通信、电力、供水、天然气、交通运输、广播电视等	邮政服务、义务教育、预防性保健措施、文化娱乐设施等
主要特点	不能直接购买，只能通过纳税的间接方式实现；一般只能由政府提供；具有广泛的外部经济性		一般是部分付款购买；政府与市场皆可提供；具有广泛的外部经济性	

10.4.4　公共产品的供给

私人物品（private goods）是既具有排他性又具有竞争性的物品，私人物品的提供是由厂商在市场上通过利润最大化原则实现的。厂商在利润最大化的驱使下，根据不同价格水平选择合意的供给数量，并通过均衡价格机制的有效运行把产品配置给个人，进而实现帕累托最优。与私人物品相反，公共产品具有非排他性和非竞争性。公共产品的非竞争性和非排他性两大特性往往导致公共产品的供给存在私人供给与政府供给的争论。以保罗·萨缪尔森为代表的福利经济学家们认为，由于公共产品非排他性和非竞争性的特征，通过市场方式提供公共产品实现排他是不可能的或者成本是高昂的，并且在规模经济上缺乏效率。因此，政府提供公共产品比市场方式即私人提供具有更高的效率。从20世纪六七十年代以来，随着福利国家危机的出现，一批主张经济自由的经济学家纷纷开始怀疑政府作为公共产品唯一供给者的合理性。戈尔丁、布鲁贝克尔、史密兹、德姆塞茨以及科斯等从理论或从经验方面论证了公共产品私人供给的可能性。

1. 公共产品的供给模式

目前，随着私人对公共产品生产与提供的参与，公共产品的提供有了公共提供、市场提供和混合提供三种基本方式，这些方式与相应的生产方式结合，构成了当代丰富的公共产品的提供模式。

1）公共提供

公共提供是指公共产品由政府无偿地向消费者提供，以满足社会的公共消费的需要。对于消费者来说，他可以无条件地获得这些公共产品的消费权，而不需要付出任何代价或者报酬。属于公共提供的公共产品主要是公共产品中的纯公共产品，如国家安全、外交、气象、基础科学研究、农业技术的研究和推广、大型水利设施、社会科学研究等。采取公共提供的方式对这些公共产品进行供给，是由纯公共产品的供给规律决定的：一是这类公共产品的受益是社会公众，而不是具体的某些人，即没有具体的受益者，因而无法收费；二是这类产品在增加消费者人数时并不增加政府开支，而如果政府对这类产品进行收费，则会妨碍这些产品效率的提高；三是由于受益对象的不确定，即使政府想要对这些产品进行收费，在技术上也是十分困难的，同时也会产生不公平的现象。

2）市场提供

市场提供是指主要由市场提供生产公共产品单位的经费。在一般情况下，提供者将通过收费来收回成本，并取得一定的利润。在这种情况下，公共产品的提供单位自负盈亏，实行企业化经营。通常公共产品的市场提供可以按竞争的方式进行，但总体上是在政府管制下的市场提供。在现实中，采取市场提供的公共产品主要是一些具有一定外部收益，且生产风险较大的准公共产品，或者是由于行业的特性很容易发生垄断而引起资源效率下降的准公共产品。这类具有准公共产品性质的产品，主要是属于公用事业范围的水、电、煤气、城市公共交通等，以及电信、邮政、铁路运输等。

3）混合提供

混合提供是指政府以成本价格为基础，通过政府补贴和向受益人收取一定费用的方式来提供公共产品。混合提供具有如下的基本特点：一是以成本价格为基础，是一种非营利的提供方式；二是在构成成本的支出中，一部分向受益人收费，另一部分由政府补贴，其补贴比例可在 1%～100%；三是有明确的受益人，且通过公共消费而获得一定利益的公共产品。混合提供方式是提供公共产品的一个基本方式，属于这一方式提供的公共产品主要有教育、卫生、医疗、体育、出版、广播、文化等，政府通过补贴的方式提供这类公共产品。

2. 公共产品供给中的政府

在公共产品供给中政府的作用主要体现在提供公共产品以及对公共产品私人供给的影响两方面，政府在公共产品的私人供给中发挥着至关重要的作用。

政府的作用主要集中在以下方面：首先，政府要为公共产品的私人供给者提供制度激励，这包括对公共产品产权的界定以及给予某些激励措施等，从而为私人提供公共产品创造良好的制度环境。正如诺曼·尼科尔森所指出的，政治过程在任何情况下都将通过对关键性经济制度的影响来塑造私人的选择。而产权是一种强制性的制度安排，私人无法对其进行界定，只能由具有"暴力潜能"的政府来界定。而且，由于某些公共产品具有高成本、非营利性等特点，政府可对公共产品的私人供给者给予补贴或其他优惠性政策。以私人承包高速公路为例，政府规定，若私人投资某路段高速公路的建设，则可享有 20 年的收益权。那么，在这 20 年中，该段高速公路的部分产权包括使用权、收益权归投资者所有，政府要保护其权利，除特殊情况外（如战时状态），其他任何部门、组织和个人不得侵犯其此权利。再如，针对沙漠治理问题，政府可通过补贴、给予一定年限的产权等方式来激励私人主体投资于沙漠绿化。

其次，私人提供公共产品可能会出现某些负外部性问题，对此政府要进行必要的规制。具体来说，正如政府提供公共产品会产生垄断等负外部性一样，私人提供公共产品也可能会产生垄断等负外部性问题。私人取得某一公共产品的产权后，可形成某种垄断优势。私人凭借这种垄断优势，可能会提高此公共产品消费的准入价格，如提高高速公路的收费等；也有可能不对消费者提供完全信息，从而欺骗消费者。此外，此公共产品在使用过程中还可能产生环境污染等负外部性。针对这些问题，政府有责任对公共产品的私人供给者进行必要的规制，以切实保护消费者的权益。

政府允许私人提供某些公共产品，但不意味着政府在此方面责任的让渡。无论是纯公共产品，还是准公共产品，其目的都是满足公众需要，实现某种公共利益，因而具有公益性质和某种普世取向。而公共产品的私人供给者，由于理性经济人的特点，或制度约束的缺失，可能会做出某些有违公共利益的行为。而且，像政府提供公共产品会出现"政府失败"一样，私人提供公共产品同样会存在低效率等情况。因此，出于公益的目的，政府的干预行为是非常必要的。为此，政府必须加强对私人提供公共产品的制度约束。

最后，在私人提供公共产品的过程中，政府有必要给予公共产品的消费者某种支持。因为公共产品的消费者一般是分散的，而且同样由于理性经济人的原因，消费者容易陷入集体行动的困境，不太可能形成强有力的集体行动同公共产品的私人供给者讨价还价。在这种情况下，政府有必要为消费者提供信息以及其他必要的支持，如组织消费者成立关于该种公共产品的协会等，以采取有效的集体行动，加大同公共产品私人供给者博弈的筹码，促使私人提高其所提供的公共产品的质量。

10.5　不对称信息

市场经济充分有效运行的一个前提条件是信息在市场上的买者与卖者之间共享。然而这一假设只是一个理想状态，现实生活中大量存在着信息不对称现象。不对称信息降低了资源配置的效率，引起了市场失灵。

10.5.1　不对称信息与市场失灵

不对称信息指的是某些参与人拥有但另一些参与人不拥有的信息。例如，银行贷款时，借款人的有些信息如真实偿债能力只有他自己知道，而银行不知道，因而有些贷款收不回来，形成银行的呆账。反过来，银行今年的贷款发放方案只有自己知道，而借款人不知道。在双方商谈时，这些信息都会影响双方的贷款利益。信息经济学所讨论的信息是这种影响双方利益的信息，而不是任意各种可能的信息。持有较多私人信息的一方具有信息优势，而且信息不对称分布的实际发生概率要比理想状态高得多。非对称会使经济均衡的性质发生一定程度的扭曲，影响到市场均衡的状态和经济效率。

当代西方经济学的基本假定是理性的经济人和"完备信息"。在此前提下，任何经济行为的结果都是确定的和唯一的。换句话说，抉择与行为后果一一对应，帕累托最优是可以实现的。因此，微观经济学的任务是最优化决策问题，即如何实现资源的最优配置和效率最大化问题。

以赫伯特·西蒙[1]和肯尼思·阿罗[2]为代表的一批欧美经济学家在20世纪60年代率先对"充分信息假定"提出了质疑，指出不确定性是经济行为的基本特征之一，任何决策都面临着大量的不确定性，抉择策略与行为后果并不存在一一对应关系。一种抉择可能有多种不同的后果，同一个后果也可能由不同的抉择产生。进入20世纪70年代以后，乔治·斯蒂格勒[3]、威廉·维克里、詹姆斯·米尔利斯等人对这一问题做了进一步研究，他们从现实的制度安排和经济实践中发现，不仅行为者的信息是不充分的，而且信息的分布是不均匀、不对称的，即同一经济行为的当事人双方所持有的信息量可能是不等的，这种状况会严重影响市场的运行效率并经常导致市场失灵。

10.5.2　不对称信息的分类

不对称信息有很多分类，下面介绍两种。

1. 按内容划分

不对称信息按内容可以分两类，一类是双方知识的不对称，指一方不知道另一方诸如能力、身体健康状况等方面的信息，这是外生的、先定的，不是双方当事人行为造成

---

[1]　H. A. Simon 于 1978 年以其《对经济组织内决策程序所进行的开创性研究》获诺贝尔经济学奖。

[2]　K. J. Arrow 于 1972 年获诺贝尔经济学奖，其主要研究领域是不确定条件下的经济行为研究。

[3]　G. J. Stigler 于 1982 年以其在产业组织和政府管制方面的开创性研究获得诺贝尔经济学奖。

的。这属于经济决策人对经济现实中存在着的事实缺乏了解。对于这类信息不对称，信息经济学称之为"隐藏知识"或"隐藏信息"。例如，一个公司在雇佣工人的时候，对于每个工人能力的高低，雇主并不知道。要解决这个问题，就要设计一种机制，使自己能获得要用的信息，或令对方自行给出有用的信息，从而达到一种最好的契约安排。第二类不对称信息是指在签订合同时双方拥有的信息是对称的，但签订合同后，一方对另一方的行为无法管理、约束，这是内生的，取决于另一方的行为。这属于经济行为人故意隐瞒事实真相，掩盖真实信息，甚至提供虚假信息。对于这类不对称信息，信息经济学称之为"隐藏行动"。例如，在签订合同后，雇员是努力工作还是偷懒，雇主不能自由控制。要解决这个问题，就要实行一种激励机制，使雇员采取正确的行动，如用一种工资制度或福利制度，使雇员努力工作。

2. 按时间划分

按不对称信息发生的时间划分，可以分为事前不对称信息和事后不对称信息。在事前发生的不对称信息会引起逆向选择问题，而事后发生的不对称信息会引起道德风险问题。逆向选择是指在信息不对称条件下，信息优势方的行为人可能会故意隐藏信息，以求在交易中获取最大收益，而信息劣势方则可能受损。例如，在选择一个企业经理的过程中，如果事先董事会不清楚经理的能力，而经理自己清楚，则会出现逆向选择问题；如果事先双方都知道经理的能力，但签约后不清楚经理的努力程度，则会出现道德风险问题——"隐藏行动"；或者事先都不知道经理的能力，但签约后经理发现了自己的能力，而董事会不清楚，这也是道德风险问题——"隐藏信息"，因为经理离人有可能带走客户。道德危机是指契约之后由于对方不负责任而受损，如买了火灾险的人不注重防火。

10.5.3　逆向选择与道德风险：进一步分析

1. 道德风险

道德风险(moral hazard)的概念起源于海上保险，阿罗在1963年首先将道德风险的概念引入经济学中，在相关的保险文献中，有关道德风险的定义，有许多种相似的解释。阿罗给出的定义是："道德风险就是个体行为由于受到保险的保障而发生变化的倾向。"Frank给出的定义是："道德风险是指被保险人对所投保的保险标的采取较少防损努力的一种倾向。"Varian认为："道德风险是指保险双方中的一方不能观测到另外一方的行为的情况。"Findlay和Parkin等认为："道德风险是指具有私人信息的一方，所采取的影响或加大不利结果出现概率的行动。"保险文献中还有其他一些关于道德风险的定义，在此不一一列举。综上所述，道德风险泛指市场交易中的一方难以观测或监督另一方的行动而导致的风险，即隐藏行为的一方由于其行为或疏忽致使不利结果出现的概率加大。可见，道德风险是一种事后机会主义行为，它与道德本身并没有多大关系。一般的观点认为，道德风险是客观存在的，是"经济人"人格内容的必然结果，它属于经济环境中的外生不确定性，而且破坏了保险市场均衡并导致保险市场的低效率。

1)道德风险的分类

按被保险人采取的与损失发生有关的行为的时间，可以将道德风险分为两类：一是保险可能会对被保险人的防损动机产生影响，这种影响称做事前道德风险(ex-ante moral hazard)；二是损失发生后，保险可能会对被保险人的减损动机产生影响，这种影响称做事后道德风险(ex-post moral hazard)。事后道德风险同事前道德风险有很大关系，假如被保险人的利益与所报告的风险损失状态有关，则有可能产生事后道德风险。另外一种导致事后道德风险的私人信息是保险标的是否遭受了意外事故的损失，因此，被保险人不仅具有保险标的损失程度方面的私人信息，而且还具有保险标的是否遭受意外事故的私人信息。可见，事后道德风险和事前道德风险的唯一区别是被保险人和自然的行动顺序存在差别。被保险人先于自然行动的道德风险问题属于事前道德风险，相反便为事后道德风险。

从道德风险的分类可知，道德风险因素从两方面对风险可保性产生影响。一是投保人、被保险人或受益人(简称被保险人)为谋取保险金而故意制造保险事故，使得保险标的受到损害，或者当保险标的受损失时不采取减轻损失的有效措施，故意扩大保险标的的损失程度，或被保险人疏于风险防范，致使事故发生。简要地说，当被保险人购买足额保险后，他没有积极地承担采取防损措施的成本。换言之，保险可以把谨慎行事的得益从被保险人那里转移给保险人，而被保险人额外承担了谨慎行事的成本，便产生了道德风险，这种道德风险因素又称疏忽风险因素，它与前者的区别在于主观上是否恶意，在保险业务中很难对这类风险进行规避。

2)道德风险产生的原因

那么，保险市场上为什么会产生道德风险呢？1993 年诺贝尔经济学奖获得者诺斯教授认为，人类社会交换形式的变化及协作的产生是产生道德风险的必要条件。产生道德风险的另外一个重要原因是人的有限理性(bounded rationality)和机会主义倾向(opportunism)。正如阿罗所说，人们的行为"是有意识地理性的，但这种理性又是有限的"。机会主义倾向是指人在追求自身利益时会采取非常微妙和隐蔽的手段。虽然这并不意味着所有的人在所有的时间或场合都会以机会主义方式行事，但不排除某些人在某些时间和场合会采用这种方式行事。因此，以欺诈手段追求自身利益的行为倾向是基本的人性之一。当然，机会主义行为倾向是以人的有限理性为前提的，如果人具有完全理性，能够洞察现在和将来，机会主义行为将无从得逞。因此，道德风险的产生是由于动机问题，从根本上讲，产生道德风险的行为只不过是人们攫取其利益的动机选择。

3)道德风险的规避

道德风险的规避措施包括三类，即事前预防、事中监督和事后挽救。其中，事前预防是最主要的手段，其具体的策略很多，具体到对保险人而言，最主要的和最有效的策略就是设计具有针对性的保险条款，即保险人所设计的保险条款应尽量使被保险人谨慎行事的边际收益或不谨慎行事的边际成本为正值。在保险实务中，要使谨慎行事的边际收益为正，主要方法是在设计保险契约时，通过免赔额或共保条款使被保险人承担部分损失。免赔额条款(deductible)规定保险人从损失赔偿金中扣减预定的固定金额，共保条款(coinsurance)规定从损失赔偿金中扣减预定的百分比。这两种规定都要求一部分损失由被保险人承担，从而为被保险人减少损失提供了经济上的动力。另外一种规避道德风险的方法是使谨慎行事的边际收益为正，即对那些采取防损措施的被保险人进行奖励，如机动车辆险中常见的无赔款优待计费法（no-claim discount，NCD）就是用低费率的做法来奖励那些损失纪录令人满意的被保险人。实际中，保险人应选择哪一种措施来应付道德风险呢？当然，这要依据保险人所面对的是哪一种类型的道德风险。如果保险人面对的道德风险极有可能加大损失，那么，保险人就应当使用免赔额条款。这是因为，使用免赔额条款不仅有利于鼓励被保险人采取有力度的防损措施，而且在处理小额索赔时还能够减少支出成本。然而，如果保险人面对的道德风险会使自己的开支增加，就应选择共保条款。原因在于，被保险人遭受的损失越大，共同的支付也就越大，这样，被保险人就有了进一步减少损失的动机。另外，保险人还可以通过对保险条款执行情况的检查或采取针对性的核赔查勘策略来规避道德风险。

2. 逆向选择

1）逆向选择的定义

逆向选择这一术语同样来自于保险业，对这一概念的研究起源于人寿保险。所谓逆向选择（adverse selection）是指保险双方在达成契约前，在信息不对称的状态下，接受契约的人一般拥有私人信息，而这些信息有可能是对对方不利的，接受契约的人利用这些有可能对对方不利的信息签订对自己有利的契约，而对方则由于信息劣势处于对自己不利的选择位置上。从信息经济学的角度看，逆向选择既可以是保险买方逆向选择，也可以是保险卖方逆向选择，在保险市场中，常见的是卖方逆向选择。

2）逆向选择产生的原因

众所周知，竞争性市场模型下的一个重要假定是买方和卖方都具有完全信息。但事实上，潜在的投保人总是比保险人更了解保险标的风险状态，保险双方存在信息差别是难以避免的。尤其是在保险定价中，保险人通常使用分类计算法厘定保单价格，这种方法虽然简便，却不能区别具有不同风险程度的保险标的，从而也就不能确定适合于投保人的保费水平，由于受到这种约束，保险人只能向所有投保人提出大致类似的保险价格，其结果是，在同等条件下，高风险类型的投保人将购买更多保险，而低风险类型的投保人认为基于平均损失率的保险费率过高，所以决定不购买保险，这无疑会提高所保风险的平均损失率，从而进一步提高了保险费率，并进而引发更多的人退出保险。因此，逆向选择不仅会抑制保险需求，而且还会妨碍高效保险契约的签订，并导致市场的低效率和保险质量的低下。

3）逆向选择的规避

由于逆向选择发生在保险契约签订之前，因此，在具体的保险实务中，主要有两种减轻逆向选择风险的方法：一是保险人通过各种途径搜集与保险标的有关的信息，以便对投保人做出更为准确的分类。显然，搜集与保险标的有关的信息将帮助保险人对保险标的做出准确的风险分类，但这样的措施只能降低或减缓投保人的逆向选择，风险并没有得到有效分担。二是设计尽量避免逆向选择出现的保险契约。即设计不同的保险契约以鼓励风险类型不同的投保人选择最适合自己风险种类的保险契约，这种保险契约也称为分离保险契约。由于这类保险契约根据投保人的不同风险类别收取不同的保险费用，并据此给予不同的赔偿，所以，低风险类型的投保人就会被这类保险契约所吸引，由于市场的作用，高风险类型的投保人不得不购买这种分离式的保险契约。但实际上，由于保险人通常难以有效识别投保人的风险类别，设计这种形式的保险契约也就变得非常困难。

➤本章专业术语

市场失灵　帕累托最优　帕累托改进　外部负效应　垄断　生产效率　外部性　最优污染水平　庇古税　科斯定理　公共产品　私人产品　不对称信息　道德风险　逆向选择

➤本章小结

本章要点可以归纳如下：

(1)经济生活中存在的大量社会资源扭曲配置甚至被浪费的事实表明，市场经济机制并不总是能够达到资源有效配置的目标，经济生活中经常出现市场失灵的现象。资源配置是否达到帕累托最优状态是判定市场失灵的重要标准。

(2)市场失灵产生的原因是市场机制在配置资源过程存在着以下基本特点：自发性；滞后性；不稳定性。

(3)市场失灵的表现有：收入与财富分配不公平；外部负效应问题；竞争失败和市场垄断的形成；失业问题；区域经济不协调问题；公共产品供给不足过度使用。

(4)垄断一般指大企业借助经济实力，单独或合谋在生产、流通、服务领域限制、排斥或控制经济活动的行为。垄断可以分为卖方垄断和买方垄断。

(5)垄断的基本原因是进入障碍，也就是说，垄断者在特定市场拥有较强的市场控制力量，使其他企业无法或者很难进入该市场与之进行竞争。垄断的存在，对社会经济的运行与发展存在着一定的有利影响与不利影响。垄断导致市场运行效率降低，无法达到帕累托最优状态。

(6)外部性是某个经济主体对另一个经济主体产生一种外部影响，而这种外部影响是通过非价格机制的传递，即不能通过市场价格进行买卖。外部性可以分为正外部性和负外部性。外部性可以从不同角度进行分类。

(7)负外部性的一个典型案例是环境污染，可以通过征收庇古税以及运用科斯定理得到解决。

(8)具有非竞争性与非排他性特征的物品被称为公共产品。公共产品可以通过公共提供、市场提供和混合提供的方式进行供给。

(9)现实生活中存在的信息不对称降低了资源配置的效率，引起了市场失灵。不对称信息的典型体现是逆向选择与道德风险。可以通过一定的机制对逆向选择与道德风险进行规避。

➤练习题

一、名词解释

1. 市场失灵　　　　　　　　　　2. 公共产品

3. 科斯定理　　　　　　　　　　4. 不对称信息

5. 逆向选择　　　　　　　　　　6. 道德风险

7. 外部性　　　　　　　　　　　8. 垄断

二、单选题

1. 某一经济活动存在外部不经济是指该活动的（　　　）。

　　A. 私人成本大于社会成本　　　　B. 私人成本小于社会成本

　　C. 私人利益大于社会利益　　　　D. 私人利益小于社会利益

2. 根据科斯定理，分配私人产权（　　　）。

　　A. 意味着产权不能交易　　　　　B. 赋予的是责任而不是权力

　　C. 赋予所有权而不是责任　　　　D. 确保决策者考虑社会成本和社会收益

E. 确保私人获得利润

3. 市场失灵的例子包括(　　)。

  A. 外部性　　　　　　　　　　　　　　B. 缺乏竞争

  C. 信息不对称　　　　　　　　　　　　D. 技术创新不足　　　　　　E. 以上都对

4. 如果上游工厂污染了下游居民的饮水,按照科斯定理(　　)问题即可妥善解决。

  A. 不管产权是否明确,只要交易成本为零

  B. 只要财产权明确,且交易成本为零

  C. 只要财产权明确,不管交易成本有多大

  D. 不论财产权是否明确,交易成本是否为零

5. 从社会角度看,效率要求(　　)之间相等。

  A. 社会边际收益和社会边际成本　　　B. 社会边际收益和私人边际收益

  C. 私人边际成本和社会边际收益　　　D. 私人边际成本和私人边际收益

  E. 社会边际成本和私人边际收益

6. 政府提供的物品(　　)公共物品。

  A. 一定是　　　　　　　　　　　　　　B. 不都是

  C. 大部分是　　　　　　　　　　　　　D. 少部分是

7. 某人的吸烟行为属于(　　)。

  A. 生产的外部经济　　　　　　　　　　B. 消费的外部不经济

  C. 生产的外部不经济　　　　　　　　　D. 消费的外部经济

8. 市场失灵是指(　　)。

  A. 市场机制没能使社会资源的分配达到最有效率的状态

  B. 价格机制不能起到有效配置资源的作用

  C. 根据价格所作的决策使资源配置发生扭曲

  D. 以上都是

9. 以下(　　)不是公共产品的特征。

  A. 非排他性　　　　　　　　　　　　　B. 竞争性

  C. 外部性　　　　　　　　　　　　　　D. 由政府提供

10. 经济管制侧重于(　　)。

  A. 价格　　　　　　　　　　　　　　　B. 产出水平

  C. 厂商进入或退出某行业的条件　　　D. 以上都是

三、判断题

1. 公共物品的提供,如果没有政府出钱或者出面组织,是不可能实现帕累托最优的。(　　)

2. 市场失灵指的是市场没有达到可能达到的最佳结果。(　　)

3. 增加公共产品的消费者人数需要减少其他消费品的生产。(　　)

4. 如果产权界定是清楚的,那么,就不会有外部效应问题。(　　)

5. 公共产品生产上市场机制失灵是说供求双方信息不对称。(　　)

6. 企业能够得到大规模生产好处的最起码的规模称为最低限度的效率。(　　)

7. 在出现了污染这种外部性的条件下,没有政府的干预,就不可能达到帕累托效率条件。(　　)

四、问答题

1. 试述市场失灵的原因及其相关对策。

2. 简述公共产品的特性,举出两种公共产品,并说明为什么它们是公共产品?

3. 为什么说垄断也有可能促进经济效率?

4. 为什么说完全竞争市场机制必然会失灵？

➤附录　蜜蜂的神话

一个苹果园和养蜂园毗邻，蜜蜂在苹果园采花蜜，帮助苹果树传递花粉，对于养蜜蜂的人来说，苹果树的花受精不是他刻意安排的，仅是蜜蜂采蜜的副作用。当然，苹果树不仅开花结果，还为蜜蜂提供花蜜，这也不是苹果园的主人原先的意愿。

这两个界外影响增加了苹果园和养蜂园的价值。苹果园的主人希望有多一些蜜蜂为他的树传递花粉，养蜂的人也希望有多一些苹果树的花让他的蜜蜂采蜜。

根据传统的分析，如果没有相互影响的话，蜂蜜和苹果的产量都会过低，未达到最高效率的产量，因为双方都无法获得界外利益。养蜜蜂的人不能因为蜜蜂协助传递花粉，而向苹果园的主人收取费用，同理，苹果园的主人也不可以因为蜜蜂来采蜜，而向养蜂人收取费用。

庇古学派的经济学家认为双方很难订立合约，他们不知道蜜蜂采了多少蜜，也不知道有多少棵树的花受精。所以他们建议由政府津贴这两个产业，津贴养蜂行业可增加园主饲养蜜蜂的数量，对种植苹果的有帮助；津贴苹果园亦可增加种植苹果树的数量，有助于酿制蜂蜜。

科斯定理推测，可能是养蜂人付款给苹果园主人，要求对方多种一些苹果树，也有可能是苹果园主人付款给养蜜蜂的人，要求他多饲养一些蜜蜂，因为这样做可以使互相攫取及瓜分潜在利益。

第 11 章

国民收入核算理论与方法

本章要点：

宏观经济学　国内生产总值　总需求　总供给　国民收入流量循环　中国国民收入核算体系

宏观经济学把总体经济活动作为研究对象，它研究经济中的总量。在各种总量中，衡量一个经济活动的基本总量是国内生产总值。因此，阐明国内生产总值及其有关的衡量规定与技术的国民收入核算理论与方法是研究宏观经济学的前提。

11.1　宏观经济学的引入

经济学是研究经济行为和经济运行的规律的学问。经济活动是一个有机的整体，经济学本来没有宏观和微观的划分，这从经济学发展的轨迹可以看得很清楚。例如，在古典学派和重农学派那里，威廉·配第、亚当·斯密和大卫·李嘉图不仅研究了国民收入、国民财富、货币流通总量等问题，而且也研究了微观经济学领域的价值和分配问题，即使是魁奈，也对微观经济学领域内的"纯产品"问题进行过细致的讨论。只是到了后来，随着分工的发展，为了研究的方便和深入，才出现了宏观经济学和微观经济学的划分。微观的英文是"micro"，原意是"小"。微观经济学是以单个经济单位为研究对象，通过研究单个经济单位的经济行为和相应的经济变量单项数值的决定来说明价格机制如何解决社会的资源配置问题的。宏观的英文是"macro"，原意是"大"。所谓宏观经济学则是以整个国民经济为研究对象，通过研究经济总量的决定及其变化，来说明社会资源的充分利用问题。

宏观经济学以整个国民经济活动作为研究对象，即以国内生产总值、国内生产净值和国民收入的变动及就业、经济周期波动、通货膨胀、财政与金融、经济增长等之间的关系作为研究对象。宏观经济学一般包括国民收入均衡决定理论、就业理论、经济周期理论、通货膨胀理论、财政与金融理论、经济增长理论等。

11.1.1　宏观经济学的产生与发展

宏观经济学来源于法国魁奈的《经济表》和英国马尔萨斯的人口理论。1933 年，挪威经济学家弗瑞希提出了"宏观经济学"的概念。现代宏观经济学在凯恩斯的《就业、利息和货币通论》出版后迅速发展起来。凯恩斯把国民收入和就业人数联系起来作为中心进行了综合分析。宏观经济学的发展，大体上经历了四个阶段：第一阶段，17 世纪中期～19 世纪中期，早期宏观经济学阶段，或称古典宏观经济学阶段。第二阶段，19 世纪后期～20 世纪 30 年代，现代宏观经济学的奠基阶段。第三阶段，20 世纪 30 年代～60 年代，现代宏观经济学的建立阶段。第四阶段，20 世纪 60 年代以后，宏观经济学进一步发展和演变的阶段。

1. 古典宏观经济学阶段

这一阶段从 17 世纪中期持续到 19 世纪中期，从 17 世纪中期威廉·配第的研究开始。配第在《赋税论》(1662 年)中研究了国家的财政收入和支出，分析了一个国家国民财富的构成和增长，并第一次对英国的国民收入进行了估算。稍后，亚当·斯密在《国富论》(1776 年)中系统地分析了国民财富的形成和增长，研究了货币的流通规律。斯密的总量分析被其后的经济学家继承和发展。大卫·李嘉图在《政治经济学及赋税原理》(1817 年)中在很多方面推进了斯密的研究成果，考察了财富的增长、总收入与纯收入的关系，货币流通量变动与物价水平变动的关系等问题。同时，重农学派的魁奈也在《经济表》中第一次系统地分析了社会总资本的再生产和流通过程。西斯蒙第则通过对资本主义生产和消费的分析，揭示了资本主义生产过剩的必然性。当然，在经济学史上，这一时期是西方经济学的到期阶段或初创时期，此时宏观分析与微观分析是经常混在一起的，西方经济学家大多从国民财富、国民收入、货币流通总量等宏观分析入手，而在考察中又总会涉及诸如一种商品的价值和价格如何决定、各要素的收入如何分配和决定等微观经济问题。

2. 现代宏观经济学的奠基阶段

这一阶段为 19 世纪后期到 20 世纪 30 年代，资本主义从自由竞争阶段向垄断阶段过渡，在经济发展的同时各种矛盾日趋深化，经济危机连续发生，经济学界面临的任务是从经济总体上探寻和解释经济危机和经济周期性波动的原因。这一时期的宏观经济分析理论主要是瑞典经济学家的动态均衡理论、熊彼特的经济发展理论、英美经济学家的货币数量理论以及美国经济学家对国民收入和经济周期的研究。瑞典经济学家缪尔达尔、林达尔和维克塞尔等首先采用总量分析方法考察了资本主义国民经济的运动，他们的宏观经济理论的特点是把总量分析和动态的过程分析结合在一起，形成了宏观动态均衡理论。其理论基础是奥国学派的效用价值论和洛桑学派的一般均衡理论。熊彼特的经济发展理论，从理论渊源上说，也是以边际效用论和一般均衡论为基础，但他同时受到新历史学派和多元历史观的影响，因而他的宏观动态理论同制度历史分析相结合，其核心部分是创新学说。他运用生产要素的组合即创新这一概念，来解释经济周期的波动和社会的经济发展。20 世纪初期，英、美两国经济学家对货币数量问题进行了研究，在英国主要是阿尔弗雷德·马歇尔和庇古，他们关于货币数量问题的表述即剑桥方程式 $M=KPQ$ 反映了有关经济总量变动之间的关系；在美国主要是费雪，他提出了货币的交易方程式 $MV=PQ$，以反映所要考察的有关部门经济总量变动的依存关系。20 世纪初期，美国经济学家密契尔对经济周期波动和国民收入及其变动进行了分析，他的总量分析的特点是强调时间序列的重要性，注重动态的研究，反对静态分析和均衡概念。密契尔对国民收入资料的统计研究以及他的经济周期学说，为他以后的宏观经济学的确定与发展提供了条件。

3. 现代宏观经济学的建立阶段

这一阶段主要从 20 世纪 30 年代到 60 年代。1936 年凯恩斯的《就业、利息和货币通论》的出版，是现代宏观经济学形成的标志。现代宏观经济学与传统的宏观经济学的区别就在于它研究的是国民收入的变动及其与就业、经济周期波动、通货膨胀等的关系，因此也被称为收入分析；同时他又通过收入分析得出结论，即资本主义经济不可能自动调节以实现充分就业均衡，并且通常情况下是小于充分就业的均衡。这种分析的代表就是研究总供给价格和总需求价格之间关系的有效需求理论。

凯恩斯认为，由于经济活动中一些基本心理因素的作用，通常情况下总需求价格是小于总供给价格的，而市场机制却没有力量使总需求价格与充分就业下的总供给价格相等，这样一来就出现了小于充分就业的均衡，因而导致资本主义经济出现了萧条和大规模失业现象，并由此推出必须依靠国家干预以恢复经济稳定的政策性结论。在这里，凯恩斯采用的是短期、总量、比较动态分析。后来凯恩斯的追随者提出了这种分析的局限性，并主要从三个方面对凯恩斯的宏观经济学做了一些补充和发展：一是对投资函数理论的补充和发展；二是对消费函数理论的补充和发展；三是从封闭经济模型发展成为开放经济模型。凯恩斯经济学的出现，以及后来经济学家对凯恩斯理论的补充和发展，构成了现代宏观经济学的基本理论体系。

4. 宏观经济学进一步发展和演变的阶段

从 20 世纪 60 年代以后，由于资本主义世界出现了通货膨胀、失业、资源供给紧张、输入分配失调等各种经济问题，凯恩斯的宏观经济理论与政策被认为无法解决如此困难的经济情况，于是只好寻求其他的理论对策和分析方法。这一阶段，在宏观经济理论方面至少发生了四个方面的变化：其一是非凯恩斯主义宏观经济学的复兴，其中最突出的例子就是货币数量理论的复兴和供应学派、理性预期学派的出现。这些理论都是以传统宏观经济学作为基础的，近几年这些理论还在发展。其二是凯恩斯学派宏观经济理论对供给问题和规范问题的强调，进入 20 世纪 70 年代以后，由于世界能源和原料供给问题的日益突出，宏观经济分析中的供给分析的重要性日益得到承认。同时，一些凯恩斯主义者也从资源供给的角度分析价值判断、研究经济政策的运用究竟在何种程度上符合经济学中所提倡的伦理标准。其三是凯恩斯学派宏观经济学与非凯恩斯学派宏观经济学的互相渗透，如凯恩斯主义、货币主义和瑞典经济学家的经济理论之间，虽然各自的理论和政策主张不同，互相有很多的争论，但面对当代资本主义社会的多种问题，各学派的经济学家都注意吸收其他学派的某些可汲取的东西，并相互吸收和影响。其四是宏观经济学以微观经济学为基础问题。面对当代资本主义社会的多种经济问题，一些西方经济学家认为单纯的宏观经济理论不能提供有效的对策，于是就提出宏观经济学与微观经济学的结合问题，这种宏观分析与微观分析相结合的新理论，通称为新凯恩斯主义。例如，在新古典宏观理论中，边际效用价值论和边际生产力分配论成为宏观经济学的微观基础；新凯恩斯主义则从对工资刚性和价格刚性的进一步分析中寻找宏观经济学的基础；新货币主义者也提出了货币主义宏观经济理论和微观基础问题，即在分析宏观经济学领域中的货币流通总量和利率水平时，也还要分析微观经济学领域中的人们对工资和价格变动的预期、市场信息的传递方式等。这是所谓的第二代通货膨胀研究者对货币主义的补充和发展。

11.1.2　古典宏观经济学的主要内容

古典宏观经济学的一个核心理论就是市场经济能够自动实现资源的有效配置。在此基础上，古典经济学认为劳动力市场可以通过均衡工资的调节实现社会的充分就业，因此，社会不存在非自愿失业。因此，经济就在生产可能性曲线上或接近于生产可能性曲线的区域运行。同时，所生产出来的产品将在均衡的产品市场上得到售卖。市场经济具有一种内在的、自我调节的机制。如果允许调整的时间足够长的话，它可以将该经济稳定在充分就业水平上。这一结论主要建立在以下三个论断的基础上。

1. 萨伊法则

法国经济学家萨伊曾经明确提出"供给创造需求"这一经济学中著名的萨伊法则，它的中心思想是：一种产品的生产给另一种产品创造了需求；某种产品过剩是因为另一种产品供给不足；局部产品失调可以通过价格来调节。

现在假设在一个货币经济中考虑萨伊法则，它还成立吗？面包商提供面包后获取一笔收入，他会用之购买其他商品，但他没有必要将全部收入用于购买，他可以储蓄一部分收入。因此，他的供给就有可能会大于他的需求，对整个经济也是如此。据此有些西方学者可能会认为，萨伊法则在一个货币经济中不能成立。但是，古典经济学家不同意，他们争辩道：储蓄并不一定代表着消费不足，通过利率可灵活变动的资金市场，所储蓄的每一块钱都可能转化为企业的投资。

2. 利率灵活变动性

古典经济学家认为，利率的灵活变动可以确保储蓄正好等于投资。在他们看来，储蓄是利率的正函数，而投资则是利率的反函数。如果在某一利率水平上，储蓄大于投资，则利率有下降的倾向；如果储蓄小于投资，则利率有上升的趋势。正是利率的这种上下灵活变动的性质，使得信贷市场（credit market）处于均衡状态，即储蓄量等于投资量，或称市场出清。总之，他们认为，灵活变动的利率使得萨伊法则在有储蓄的货币经济中也能够成立。

3. 工资–价格灵活变动性

依照古典经济学家的观点，即便在较短的时期内利率的调整没能使储蓄等于投资，其他市场中的价格在不太长的时期内的上下灵活变动，也可以确保经济不会出现生产过度或生产不足。

古典经济学家认为，随着需求的下降，竞争性商品的生产者将降低价格以避免出现生产过剩。如果需求和价格下降，依然有可能销售原来在高需求和高价格水平上的同样数量的商品。这实质上就是说，在古典经济学家看来，商品供给曲线为一垂直于横轴（数量轴）的直线，当需求曲线向下方移动时，商品价格下跌，均衡产量不变。因此，灵活变动的价格使得商品市场出清。

劳动力市场在灵活可变的工资率的情况下同样出清。古典经济学家还认为，工资下降的比率会恰好等于价格下降比率。因此，尽管企业的名义利润减少，但实际利润却未变。

总之，古典的就业和生产理论认为，市场经济由一只"看不见的手"[即价格机制，此处不仅仅是指商品价格，还包括所有生产要素的价格，主要是劳动力价格（工资）和资本的价格（利率）]在协调着人们的经济行为，使得所有市场出清，使经济处于或是接近于充分就业状态。该理论的基础是萨伊法则和价格灵活变动性。因此古典经济学不认同政府对经济的干预。

11.1.3　凯恩斯革命与现代宏观经济学的建立

1. 凯恩斯革命的内容

凯恩斯反对萨伊法则，即供给创造自身的需求。他认为，完全相反，"需求会创造出自身的供给"，人们将之称为"凯恩斯法则"（Keynes law）。凯恩斯不赞同古典理论利率的自由变动可以确保储蓄等于投资的观点，他强调人们储蓄和投资有许多原因，而不仅仅只有利率这个唯一因素。例如，储蓄对收入的变化较之于对利率的变化更为敏感；投资对技术的变化、经济预期的变化、创新的变化较之于对利率的变化更为灵敏。凯恩斯注意到价格和工资在下降方面具有黏性，或称刚性。即使价格和工资在下降方面是有足够的灵活性，也不能确保经济会移向充分就业。凯恩斯批评古典经济学家混淆了单一价格和价格水平下降的结果。凯恩斯主义的基本结论是：资本主义经济不存在这一种"自我协调"的机制以确保实现充分就业。在资本主义经济偏离充分就业状态时就应该施以宏观经济稳定政策，以便使之更加接近于充分就业水平。因此，凯恩斯主义主张是一种积极的政府干预性政策。

凯恩斯认为古典理论只有在特定的条件下才能成立。其条件为：①价格和工资完全可以自由变动，特别是下降方向可自由变动；②在不甚严重的经济活动下降时，如不产生大规模的削减工资时，才有可能使经济活动调整到充分就业水平；③存在一些制度，使得投资和储蓄对利率的变化比较灵敏。

2. 现代宏观经济学的基本框架

现代宏观经济学在经济增长、物价稳定、充分就业和国际收支平衡的政策目标下，以凯恩斯的《就业、利息和货币通论》为主要基础，形成了现代宏观经济学的基本框架。

现代宏观经济学突破了传统的充分就业均衡理论，建立了一种以存在非自愿失业为特点的经济均衡理论，把国民收入的决定作为宏观经济学的中心问题，用总需求与总供给的均衡来说明国民收入的决定，建立了以需求为中心的宏观经济学体系，将货币经济与实物经济整合到一个统一的框架，明确提出国家积极干预经济生活的政策主张。

11.2　国民收入的核算方法

在国民收入核算中最重要的是计算国内生产总值。

11.2.1　国内生产总值

国内生产总值(gross domestic product，GDP)是指一国一年内所生产的最终产品(包括产品与劳务)的市场价值的总和。在理解这一定义时，我们要注意这样几个问题:

第一，国内生产总值是指一年内生产出来的产品的总值，因此，在计算时不应包括以前所生产的产品的价值。例如，以前所生产而在该年售出的存货，或以前所建成而在该年转手出售的房屋，等等。

第二，国内生产总值是指最终产品的总值，因此，在计算时不应包括中间产品产值，以避免重复计算。

最终产品(final goods)是最后供人们使用的产品，中间产品是在以后的生产阶段中作为投入的产品。在实际经济中，许多产品既可以作为最终产品使用，又可以作为中间产品使用，要区分哪些是最终产品，哪些是中间产品是很困难的。例如，煤炭在用做冶金等行业的燃料或化工等行业的原料时就是中间产品，而在用做人们生活中的燃料时就是最终产品，这样，区分把哪一部分煤炭算作为最终产品，哪一部分作为中间产品就不容易了。为了解决这一问题，在具体计算时采用增值法，即只计算在生产各阶段上所增加的价值。可以用一个例子来说明增值法，见表 11-1。

表 11-1　增值法的说明

生产阶段	产品价值	中间产品成本	增值
棉花	8	—	8
棉纱	11	8	3
纱布	20	11	9
服装	30	20	10
合计	69	39	30

在表 11-1 中，服装是最终产品，其产品价值为 30，用增值法计算也是 30，如不区分最终产品和中间产品，则会有重复计算 39。只要用增值法，无论把上例中哪种产品作为最终产品，都不会造成重复计算。

第三，国内生产总值中的最终产品不仅包括有形的产品，而且包括无形的产品——劳务，即要把旅游、服务、卫生、教育等行业提供的劳务，按其所获得的报酬计入国内生产总值中。

第四，国内生产总值指的是最终产品市场价值的总和，要按这些产品的现期价格来计算。这样就引出两个值得注意的问题:其一，不经过市场销售的最终产品(如自给性产品，自我服务性劳务等)没有价格，也就无法计入国内生产总值中;其二，价格是变动的，所以，国内生产总值不仅要受最终产品数量变动的影响，而且还要受价格水平变动的影响。

11.2.2　国内生产总值的计算方法

在国民收入核算体系中有不同的计算国内生产总值的方法，其中主要有支出法、收入法，以及部门法。我们这里简单介绍一下这三种计算国内生产总值的方法。

1. 支出法

支出法（expenditure approach）又称产品流动法、产品支出法或最终产品法。这种方法从产品的使用出发，把一年内购买各项最终产品的支出加总，计算出该年生产出的最终产品的市场价值。即把购买各种最终产品所支出的货币加在一起，得出社会最终产品的流动量的货币价值的总和。

支出法通常是宏观经济研究中计算国内生产总值的最有用的方法，在进行实际计算时，一般要将以下几类支出相加在一起：

（1）个人消费支出。这个项目包括了个人或家庭对所有商品和劳务的支出，它又可以分为三部分内容——居民户对耐用消费品的购买、对非耐用消费品的购买以及对包括房屋租金与教育的支出。

（2）私人国内总投资。投资通常被理解为资本形成，指对能在将来生产更多物品和劳务的物品的购买，表现为一个国家（或地区）当期发生在厂房、设备及各种存货（包括半成品的存货）等方面的数量变动。私人国内总投资一般就是指这种物质资本存量的变动，它不包括对债券、股票等的购买。在此，还应注意三个问题：

第一，私人国内总投资包括净投资与重置投资两部分，重置投资即折旧，是为更换磨损、报废的存量资本而发生的投资；净投资则是总投资减去重置投资后的部分，它可以被视为新的生产能力的形成。

第二，一些学者提出，如果更广义地将投资理解为使经济的生产能力有所提高的所有当前活动，那么，包括教育在内的人力资本投资也应包括在这部分内容之中。

第三，尽管个人、家庭对房屋、汽车等使用期相当长的商品的购买被相当多的人当做投资，但一般情况下，我们仍将居民户的全部开支都当做消费支出的组成部分，同时认为投资是与企业部门的物质资本存量的增加联系在一起的，其中包括了存货增加的部分。

（3）政府购买。这部分内容应包括各级政府对产品和劳务进行购买所发生的全部货币支出。

政府总支出中还有相当数额的支出属于转移性支出，如社会保险救济金、失业救济金等，它们不能作为政府购买计入国内生产总值。

（4）净出口。净出口（net export）是一个国家在一定时期内所发生的进出口净额，即以当期外国人购买的本国国内生产的物品的价值减当期国内购买的外国物品的价值。

国内生产总值要说明的是考察期内一个国家所生产的最终产品及劳务价值的总和，但其总产品除了在国内被用于个人消费、投资或被政府购买外，还有一部分被国外购买，这在前三个项目中得不到体现，因此应在前三项的基础上加上出口额。同时，由于在前三项中本国经济单位购买的产品里都有部分进口产品包含在内，所以必须将这些由国外所创造的价值扣除在外，以准确计算出本国所创造的价值。由此可以得出按支出法计算国内生产总值的第四部分内容：加上出口减去进口的净出口。

综上所述，若以 C 表示个人消费支出，I 表示私人国内总投资，G 表示政府购买，X 表示出口，M 表示进口，$(X-M)$ 表示净出口，则从社会消费的角度可以得出以下公式：

$$GDP = C + I + G + (X - M)$$

（11.1）

各国在按支出法计算国内生产总值时，具体项目的分类不尽相同。在美国的国民收入统计中，按支出法计算包括如表 11-2 所示一些项目。

表 11-2　美国国民收入统计项目(支出法)

项目	具体内容
个人消费支出(C)	耐用品 非耐用品 住房租金 其他劳务
私人国内总投资(I)	厂房 设备 居民住房 企业存货净变动额(年终存货－年初存货)
政府购买支出(G)	联邦政府支出 州与地方政府支出
净出口(X－M)	出口(＋) 进口(－)
总计：国内生产总值	

2. 收入法

收入法(income approach)又称要素支付法，或要素收入法。这种方法是从收入的角度出发，把生产要素在生产中所得到的各种收入相加。即把劳动所得到的工资，土地所得到的地租，资本所得到的利息，以及企业家才能所得到的利润相加，计算国内生产总值。

在采用收入法计算国内生产总值时，一般包括以下项目：

(1)工资。工资指税前工资，是因工作而取得的酬劳的总和。

(2)租金。在租金收入中，既包括个人出租房屋、土地而得到的租金收入和专利所有人的专利使用费收入，还包括使用自有房屋、土地等的估计租价。

(3)净利息。净利息是个人及企业因进行储蓄而在本期内发生的利息收入与因使用由他人提供的贷款而在本期发生的利息支出之间的差额，不包括在以前发生但在本期收入或支付的利息，也不包括政府公债利息等转移性支出。

(4)非公司收入与公司税前利润。

(5)企业间接税。企业间接税包括营业税、消费税、进口关税等多个税种，其共同特征是生产企业可以在向政府缴纳税金的同时，通过对商品或劳务加价的方式，将税负转嫁给消费者。

(6)折旧。

根据对以上各项目的分析，可以得出收入法计算国内生产总值的公式：

$$国内生产总值＝工资＋租金＋净利息＋非公司收入与公司税前利润$$
$$＋企业间接税＋折旧 \tag{11.2}$$

各国在按收入法计算国内生产总值时，具体项目的分类也不尽相同。在美国的国民收入统计中，按收入法计算包括如表 11-3 所示一些项目。

表 11-3　美国国民收入统计项目(收入法)

工资和其他补助
净利息
租金收入
利润
公司利润
红利
未分配利润
非公司利润
合营企业
农民
企业税
间接税
公司税
资本折旧
误差调整
总计：国内生产总值

3. 部门法

部门法(production method)按提供物质产品与劳务的各个部门的产值来计算国内生产总值。这种计算方法反映了国内生产总值的来源，所以又称生产法。

在用这种方法计算国内生产总值时，各物质生产部门要把所使用的中间产品的产值扣除，仅计算本部门的增值。商业、服务等部门也按增值法计算，卫生、教育、行政等无法计算增值的部门则按该部门职工的工资收入来计算，以工资代表他们所提供的劳务的价值。

各国对各部门的分类法不同，在美国的国民收入统计中，按部门法计算时可以分为如表 11-4 所示一些部门。

表 11-4　美国国民收入统计部门(部门法)

农林渔业
采掘业
建筑业
制造业
运输业
邮电和公用事业
电、煤气、水业
批发、零售商业
金融、保险、不动产
服务业

续表

政府服务和政府企业		
统计误差		
合计：国内生产总值		
加：国外要素净收入		
总计：国内生产总值		

　　按以上三种方法计算所得出的结果，从理论上说应该是一致的，因为它们是从不同的角度来计算同一国内生产总值的。但实际上，这三种方法所得出的结果往往并不一致。国民经济核算体系以支出法为基本方法，即以支出法所计算出的国内生产总值为标准。如果按收入法与部门法计算出的结果与此不一致，就要通过误差调整项来进行调整，使之达到一致。

11.3　国民收入核算中的其他总量

　　国内生产总值是国民收入核算中的最基本的总量，但国民收入核算中还有其他一些总量。这些总量与国内生产总值有密切的关系，从不同的角度反映了整体经济的运行状况。本节介绍这些总量及其与国内生产总值的关系。

11.3.1　国民收入核算中的五个基本总量

　　在国民收入核算中，除了国内生产总值之外还有另外四个重要的总量，即国内生产净值、国民收入、个人收入、个人可支配收入。这五个总量之间存在一定的关系。

　　国内生产净值(net domestic product，NDP)：一个国家一年内新增加的产值，即在国内生产总值中扣除了折旧之后的产值。它是在国内生产总值中减去在生产过程中磨损的厂房、设备等资本品的价值后的价值，也可以理解为一个国家在一年之中创造的新增加的价值。与国内生产总值相比，国内生产净值要在私人国内总投资中扣除弥补资本品损失的重置投资(即折旧)，只考虑代表了新增生产能力的净投资。

　　国民收入(national income，NI)：一个国家一年内用于生产的各种生产要素所得到的全部收入，即工资、利润、利息和地租的总和。在计算时，只要在国内生产净值中减去企业间接税即可。

　　个人收入(PI)：一个国家全体居民在一年之中所得到的收入的总和。国民收入是生产要素报酬的总和，而一个国家的全体居民可以被认为是生产要素的所有者，他们在生产过程中提供了自己所拥有的生产要素，相应地取得了要素报酬。在这个意义上，国民收入便应该是一个国家全体居民的收入之和。但实际上居民获得的收入中有一些并不是提供生产要素的报酬，如政府发放的失业救济金、退休金、来自国外的汇款等，这些统称为"转移支付"；与此同时，居民应取得的要素报酬中也有一部分并没有付给居民，如企业利润中所包括的企业保留的未分配利润、向政府缴纳的税收等。因此，需要在国民收入中减去居民未能取得的部分，加上居民实际获得却不属于要素收入的部分，以得出一个国家在一年中个人得到的全部收入。其计算公式为

$$PI=NI-企业未分配利润-企业所得税-社会保险税+转移支付 \quad (11.3)$$

个人可支配收入(disposable personal income，PDI 或 DPI)：一个国家一年内个人可以支配的全部收入。对个人可支配收入的考察实际出于这样的一个事实，对于世界上绝大多数国家的居民来说，他们并不能将自己取得的全部收入用于消费或储蓄，即他们不能支配自己收入的全部，其原因就是在使用收入之前，居民必须为自己的收入向国家缴纳个人所得税。

国民收入核算中这五种总量的关系是：

$$GDP-折旧=NDP$$
$$NDP-间接税=NI$$
$$PI-个人所得税=PDI=消费+储蓄$$

在以上五个总量中，国民收入可以分为广义的国民收入与狭义的国民收入，前面所讲的是狭义的国民收入，广义的国民收入泛指这五个总量。这种国民收入也可以指国内生产总值，国民收入决定理论中所讲的国民收入就是指国内生产总值。

11.3.2　实际国内生产总值与名义国内生产总值

如前所述，国内生产总值是最终产品市场价值的总和。因此，国内生产总值还要受价格水平的影响。同样的最终产品量按不同的价格会计算出不同的国内生产总值，按当年价格计算的国内生产总值称为名义国内生产总值(nominal GDP)，按不变价格计算的某一年的国内生产总值，称为实际国内生产总值(real GDP)。不变价格是指统计时确定的某一年(称为基年)的价格。

名义国内生产总值与实际国内生产总值之比，称为国内生产总值折算数(gross domestic product conversion coefficient)，即

$$国内生产总值折算数 = \frac{某国名义国内生产总值}{某国实际国内生产总值} = \frac{\sum P_t q_t}{\sum P_o q_t} \times 100\% \quad (11.4)$$

其中，P_t 代表当期商品价格；q_t 代表当期生产数量；P_o 代表基期商品价格。国内生产总值折算数是重要的物价指数之一，能反映通货膨胀的程度。按名义国内生产总值计算的增长率，实际是由于价格水平上升引起的，只有按实际国内生产总值计算的增长率，才反映产量的变动情况。

11.3.3　国民生产总值与国内生产总值

国民生产总值(gross national product，GNP)是指一年内本国常住居民所生产的最终产品的价值的总和。它以人口为统计标准。在美国的国民收入统计中，常住人口包括：居住在本国的本国公民，暂居外国的本国居民，常住本国但未入本国国籍的居民。国民生产总值应该包括以上三类居民在国内外所生产的最终产品价值的总和。

国内生产总值是指一年内在本国领土所生产的最终产品的价值总和，它以地理上的国境为统计标准。这也就是说，国内生产总值应包括本国与外国公民在本国所生产的最终产品的价值总和。

这两者之间的关系为

国民生产总值＝国内生产总值＋本国公民在国外生产的最终产品的价值总和

－外国公民在本国生产的最终产品的价值总和　　　(11.5)

如果本国公民在国外生产的最终产品的价值总和大于外国公民在本国生产的最终产品的价值总和，则国民生产总值大于国内生产总值；反之，如果本国公民在国外生产的最终产品的价值总和小于外国公民在本国生产的最终产品的价值总和，则国民生产总值小于国内生产总值。在分析开放经济中的国民生产总值时，这两个概念是很重要的。

11.3.4　国内生产总值与人均国内生产总值

国内生产总值有助于了解一国的经济实力与市场规模，而人均国内生产总值则有助于了解一国的富裕程度与生活水平，这两个概念都是很重要的。

用当年的国内生产总值，除以当年的人口数量，则可以得出当年的人均国内生产总值。

11.4　国民收入核算中的恒等关系

支出法、收入法与部门法所得出的国内生产总值的一致性，可以说明国民经济中的一个基本平衡关系。总支出代表了社会对最终产品的总需求，而总收入和总产量代表了社会对最终产品的总供给。因此，从国内生产总值的核算方法中可以得出这样一个恒等式：

总需求≡总供给

理论研究是从简单到复杂，从抽象到具体的。所以，我们从两部门经济入手研究国民经济的收入流量循环模型与国民经济中的恒等关系，进而研究三部门与四部门经济。

11.4.1　两部门经济中的收入流量循环模型与恒等关系

两部门经济指由厂商和居民户这两种经济单位所组成的经济，也是一种最简单的经济。

在这种经济中，居民户向厂商提供各种生产要素，得到相应的收入，并用这些收入购买与消费各种产品与劳务；厂商购买居民户提供的各种生产要素进行生产，并向居民户提供各种产品与劳务。这时，居民户与厂商之间的联系，即收入流量循环模型如图11-1所示。在这个循环中，只要居民户把他们出卖各种生产要素所得到的全部收入用于购买厂商生产出来的各种产品与劳务，即居民户出卖各种生产要素所得到的收入与厂商出卖各种产品与劳务所得到的收入相等，这个经济就可以以不变的规模运行下去。

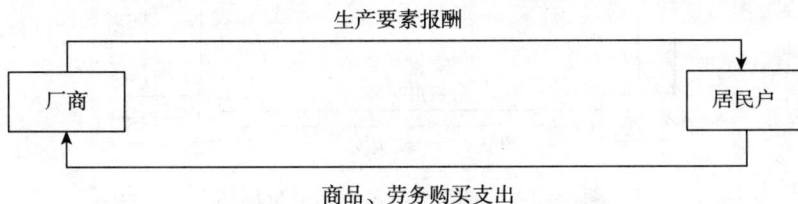

图 11-1　两部门经济的收入流量循环

如果居民户把一部分收入用来购买厂商生产的各种产品与劳务,把另一部分收入储蓄起来;如果厂商在居民户的消费支出之外又获得了其他来源的投资,那么,收入流量循环的模型如图 11-1 所示。如果通过金融机构把居民户的全部储蓄都转化为厂商的投资,即储蓄等于投资,则这个经济仍然可以正常运行下去。

我们来分析这种经济中总需求与总供给的关系。在包括居民户与厂商的两部门经济中,总需求分为居民户的消费需求与厂商的投资需求。消费需求与投资需求可以分别用消费支出与投资支出来代表,消费支出即为消费,投资支出即为投资。所以有

$$总需求＝消费＋投资 \tag{11.6}$$

如果以 AD 代表总需求,以 C 代表消费,以 I 代表投资,则可以把式(11.6)写为

$$AD＝C＋I \tag{11.7}$$

总供给是全部产品与劳务供给的总和,产品与劳务是由各种生产要素生产出来的,所以,总供给是各种生产要素供给的总和,即劳动、资本、土地和企业家才能供给的总和。生产要素供给的总和可以用各种生产要素相应得到的收入的总和来表示,即用工资、利息、地租和利润的总和来表示。工资、利息、地租和利润是居民户所得到的收入,这些收入分为消费与储蓄两部分。所以有

$$总供给＝消费＋储蓄 \tag{11.8}$$

如果以 AS 代表总供给,以 C 代表消费,以 S 代表储蓄,则可以把式(11.8)写为

$$AS＝C＋S \tag{11.9}$$

总需求与总供给的恒等就是

$$AD≡AS \tag{11.10}$$

或者

$$C＋I≡C＋S \tag{11.11}$$

如果两边同时消去 C,则可以写为

$$I≡S \tag{11.12}$$

11.4.2　三部门经济中的收入流量循环模型与恒等关系

三部门经济是指由厂商、居民户与政府这三种经济单位所组成的经济。在这种经济中,政府的经济职能通过税收与政府支出来实现的,政府通过税收与支出和居民户及厂商发生联系,这时收入流量循环的模型如图 11-2 所示。

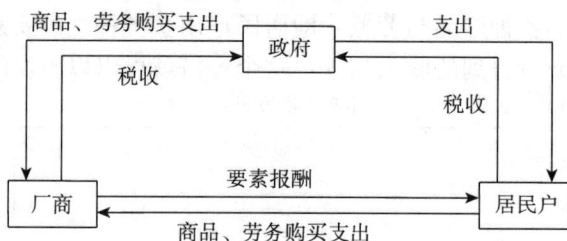

图 11-2　三部门经济的收入流量循环

三部门经济中的收入流量循环,即居民户、厂商与政府之间的经济联系。这时,经

济要正常运行下去，不仅要储蓄等于投资，而且还要政府得自居民户与厂商的税收和向居民户与厂商的支出相等。所以有

$$总需求＝消费＋投资＋政府支出 \tag{11.13}$$

如果以 G 代表政府支出，则可以把式(11.13)写为

$$AD＝C＋I＋G \tag{11.14}$$

三部门经济的总供给中，除了居民户供给的各种生产要素之外，还有政府的供给，它是指政府为整个社会生产提供了国防、立法、基础设施等公共产品。政府由于提供了这些公共产品而得到相应的收入——税收。所以，可以用政府税收来代表政府的供给。这样，有

$$总供给＝消费＋储蓄＋税收 \tag{11.15}$$

如果以 T 代表政府税收，则可以把式(11.15)写为

$$AS＝C＋S＋T \tag{11.16}$$

三部门经济中总需求与总供给的恒等就是：

$$AD≡AS \tag{11.17}$$

或者

$$I＋G≡S＋T \tag{11.18}$$

11.4.3 四部门经济中的收入流量循环模型与恒等关系

四部门经济是指由厂商、居民户、政府和世界市场这四种经济单位所组成的经济。在这种经济中，世界市场的作用是作为国外生产要素的供给者向国内各部门提供产品与劳务，对国内来说，这就是进口；作为国内产品与劳务的需求者，向国内进行购买，对国内来说，这就是出口。这时，收入流量循环的模型如图 11-3 所示。

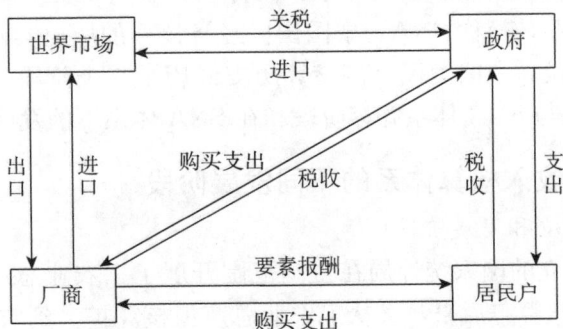

图 11-3 四部门经济的收入流量循环

四部门经济中的收入流量循环，即居民户、厂商、政府与世界市场之间的经济联系。这时，经济要正常运行下去，不仅要储蓄等于投资，政府税收等于支出，而且还要所有的出口与所有的进口相等。

在四部门经济中，总需求不仅包括居民户的消费需求、厂商的投资需求与政府的需求，而且还包括世界市场的需求。世界市场的需求对国内来说就是出口，所以可以用出口来代表世界市场的需求。这样，有

$$总需求＝消费＋投资＋政府支出＋出口 \tag{11.19}$$

如果以 X 代表出口，则可以把式(11.19)写为

$$AD＝C＋I＋G＋X \tag{11.20}$$

四部门经济的总供给中，除了居民户供给的各种生产要素和政府的供给外，还有世界市场的供给。世界市场的供给对国内来说就是进口，所以可以用进口来代表世界市场的供给。这样，有

$$总供给＝消费＋储蓄＋政府税收＋进口 \tag{11.21}$$

如果以 M 代表进口，则可以把式(11.21)写为

$$AS＝C＋S＋T＋M \tag{11.22}$$

四部门经济中总需求与总供给的恒等就是：

$$AD≡AS \tag{11.23}$$

或者

$$I＋G＋X≡S＋T＋M \tag{11.24}$$

在国民收入核算中，这种恒等式是一种事后的恒等关系，即在一年的生产与消费之后，从国民收入核算表中所反映出来的恒等关系。这种恒等关系，也是国民收入决定理论的出发点。但在一年的生产活动过程中，总需求与总供给并不总是相等的。有时总需求大于总供给，也有时总供给大于总需求。

11.5　中国的国民收入核算体系

国际上曾经同时存在过两大国民经济核算体系，一个是产生于前苏联、东欧高度集中的计划经济国家的物质产品平衡表体系，简称 MPS；一个是产生于西方发达市场经济国家的国民账户体系，简称 SNA。中国国民经济核算的历史实际上是从前者向后者过渡的历史。具体来说，中国国民经济核算历史经历了三个阶段：MPS 体系的建立和发展阶段，MPS 体系与 SNA 体系并存阶段和在 SNA 体系下的发展阶段。

11.5.1　中国国民收入核算体系的不同发展阶段

1. MPS 体系的建立和发展阶段

1952 年，刚刚成立的国家统计局在全国范围开展了工农业总产值调查，从此开始了我国工农业总产值核算。后来，又从工农业总产值核算扩大到农业、工业、建筑业、交通运输业和商业饮食业五大物质生产部门总产值，即社会总产值核算。从 1954 年开始，国家统计局在学习苏联国民收入统计理论和方法的基础上开展了我国国民收入的生产、分配、消费和积累核算。这些核算为当时的国民经济计划和管理提供了重要依据。例如，薄一波同志在 1956 年召开的党的第八次全国代表大会上根据国民收入和财政收支等资料，提出了"二、三、四"比例关系，即积累占国民收入 20% 左右，财政收入占国民收入 30% 左右，基本建设投资占财政支出 40% 左右。这些重要的比例关系在当时的国民经济计划和管理工作中起到了重要的指导作用。

1956 年，国家统计局派团对苏联国民经济核算工作进行了全面考察，随后在中国

全面推行 MPS 体系。先后编制了社会产品生产、积累和消费平衡表，社会产品和国民收入生产、分配、再分配平衡表，劳动力资源和分配平衡表等 MPS 体系中的一系列重要表式。不幸的是，这些平衡表的编制工作在刚刚起步的时候，遭遇了"大跃进"时期的反教条主义运动。这些平衡表的编制工作受到了批判，并以过分繁琐为由而停止了多数平衡表的编制。中国的国民经济核算工作遭受了第一次大挫折。"文化大革命"期间，中国的国民经济核算工作遭受了第二次大挫折。这期间，统计机构被撤销，统计工作人员被下放，国民经济核算工作完全陷入停顿状态。"文化大革命"之后，中国的国民经济核算工作陆续恢复和发展。首先恢复了 MPS 体系的国民收入核算，随后又编制出了两张 MPS 体系的全国投入产出表，即 1981 年投入产出表和 1983 年投入产出表。这些核算表在改革开放初期的国民经济计划和管理工作中发挥了重要作用。

2. MPS 体系与 SNA 体系并存阶段

随着改革开放的深入和国民经济的发展，继续沿着 MPS 的方向恢复和发展中国的国民经济核算已经不能满足国家宏观经济管理工作的需要。在这种情况下，我国在继续开展 MPS 核算的同时，逐步研究和开展了 SNA 核算。1985 年，开始 SNA 体系的国内生产总值核算；1987 年，开始编制 SNA 体系的投入产出表；1992 年，开始编制 SNA 体系的资金流量表。

与此同时，从 1984 年起，国务院成立了专门机构，组织领导新国民经济核算体系的研究设计工作。在这一机构的领导下，国家统计局会同有关部门在总结我国当时的国民经济核算实践经验和理论研究成果的基础上，制订了《中国国民经济核算体系（试行方案）》。该方案采纳了 SNA 的基本核算原则、内容和方法，保留了 MPS 体系的部分内容，是一个 MPS 与 SNA 的混合性体系。1992 年 1 月，国务院组织有关方面专家进行了论证，通过了这一方案。同年 8 月，国务院办公厅发出《关于实施新国民经济核算体系方案的通知》，要求在全国范围内分步实施这一体系。

3. 在 SNA 体系下的发展阶段

从 1993 年起，以取消 MPS 的国民收入核算为标志，中国国民经济核算实际上从 MPS 体系和 SNA 体系并存阶段，进入了 SNA 体系的发展阶段。在这一阶段，我国开始编制 SNA 体系的资产负债表和国民经济账户，并且对整个国民经济核算制度方法进行了不断的改革。从 1999 年开始，在总结 1992 年以来国民经济核算制度方法改革成果和实践经验、深入研究最新国际标准——1993 年 SNA 的基础上，国家统计局对《中国国民经济核算体系（试行方案）》进行了系统的修订，取消了 MPS 的核算内容，清理了基本概念，修订了基本框架，调整了有关表式的指标设置，使之建立在 1993 年 SNA 的基础上。新方案已经广泛地征求了各方面的意见和建议，经过审定之后正式出版，用于规范和指导今后一定时期内我国的国民经济核算工作。

11.5.2 中国国民收入核算体系的基本构成

国民收入核算是用来衡量一个国家在一定时期内经济活动的数量指标。它的基本构成主要包括以下几个部分。

1. 基本概念

(1)常住单位：在我国的经济领土上具有经济利益中心的经济单位。

(2)经济领土：我国政府控制的地理领土。包括：第一，我国大陆的领陆、领水、领空；第二，位于国际水域，我国具有捕捞和海底开采管辖权的大陆架和专属经济区；第三，在国外的领土"飞地"；第四，不包括我国地理边界内的"飞地"。

(3)经济利益中心：一经济单位在我国的经济领土范围内具有一定的场所，从事一定规模的经济活动并超过一定时期，则该经济单位在我国具有经济利益中心。作为经济利益中心应当具有以下条件：①拥有一定的经济活动场所，如住房、厂房；②具有一定的经济活动规模；具有一定的经济活动时间，一般为一年。

2. 生产范围

(1)货物和服务。货物是存在需求并能够确定所有权的物体，货物的所有权能够在不同的经济单位之间交换。服务的一个突出特点是，它是为特定的对象提供的。服务的提供之时，就是向消费者或用户交付使用之时。

(2)生产。生产就是在机构单位的控制和负责下利用劳动、资本、货物和服务投入，创造货物和服务产出的活动。

(3)生产范围。生产范围包括所有提供或准备提供给其他单位的货物或服务的生产；生产者用于自己最终消费或资本形成的所有货物的自给性生产；以及自有住房服务和付酬家庭雇员提供的家庭或个人服务的自给性生产。

3. 流量和存量

流量是与一定时期对应的量，如工资。存量是与一定时点对应的量，如年底存款。任何存量都有相应的流量与之对应，存量因流量而发生变动，存量是流量的结果，如年初存款、当年存款增加额、期末存款；但不是任何流量都有存量与之对应，如税收、进口、出口。

4. 基本分类

机构单位是指有权拥有资产和承担负债，能够独立地从事经济活动和与其他实体进行交易的经济实体。机构单位具有以下基本特点：①有权独立拥有货物和资产，因此能够与其他机构单位交换货物或资产的所有权；②能够做出直接负有法律责任的经济决定和从事相应的经济活动；③能以自己的名义承担负债，承担其他义务或未来的承诺，并能签订契约；④具有或者如果需要的话能够编制出包括资产负债账户在内的一套在经济和法律上有意义的完整账户。

机构部门被分为：①非金融企业与非金融企业部门：非金融企业指主要从事市场货物生产和提供非金融市场服务的常住企业。所有非金融企业归并在一起，形成非金融企业部门。②金融机构与金融机构部门：金融机构指主要从事金融媒介以及与金融媒介密切相关的辅助金融活动的常住单位。所有金融机构归并在一起，形成机构部门。③政府部门：政府单位指在我国境内通过政治程序建立，在一特定区域内对其他单位拥有立法、司法和行政权力的法律实体及其附属单位。所有政府单位归并到一起，形成政府部门。④住户与住户部门：住户指共享同一生活设施，部分或全部收入及财产集中使用，共同消费住房、食品和其他消费品与服务的常住个人或个人群体。所有住户归并在一起，形成住户部门。⑤非常住单位与国外部门：所有不具有常住性的机构单位都是非常住单位。将所有与我国常住单位发生交易的非常住单位归并在一起，形成国外部门。

产业活动单位是指在一个地点，从事一种或主要从事一种类型生产活动并具有收入和支出会计核算资料的生产单位。产业活动单位应当具备以下条件：①地点的唯一性；②生产活动的单一性；③具有收入和支出会计核算资料。

产业部门是根据主产品的同质性原则对产业活动单位进行的部门分类，它适用于生产核算。国民经济核算中的产业部门分类将根据新的国民经济行业分类标准和统计基础情况的不断改善而逐步细化。

11.5.3　中国国民收入核算体系的基本内容

1. 中国国民经济核算体系图解说明

表 11-5 和图 11-4 反映了我国国民经济核算体系的主要构成。

表 11-5　中国国民经济核算体系图解

部门	非金融企业部门	金融机构部门	政府部门	住户部门	经济总体	国外部门
期初资产负债						
生产						
收入分配和使用						
收入初次分配						
收入再分配						
可支配收入使用						
资本						
金融						
期末资产负债						

2. 中国国民经济核算体系的基本框架

中国国民收入核算体系由三部分构成：①基本核算表；②国民经济账户；③附属表。

基本核算表部分包括国内生产总值表与投入产出表。国内生产总值表包含国内生产总值总表、生产法国内生产总值表、收入法国内生产总值表以及支出法国内生产总值表。投入产出表涵盖供给表、使用表、产品部门×产品部门表、资金流量表、实物交易表、金融交易表。此外，它还包括国际收支表（国际收支平衡表与国际投资头寸表）以及资产负债表（期初资产负债表与期末资产负债表）。

国民经济账户部分由经济总体账户（生产账户、收入分配及支出账户、资本账户、金融账户、资产负债账户）、国内机构部门账户（生产账户、收入分配及支出账户、资本账户、金融账户、资产负债账户）以及国外部门账户（经常账户、资本账户、金融账户、资产负债账户）构成。

附属表主要指自然资源实物量核算表、人口资源与人力资本实物量核算表。具体表格内容在此不展开说明。

生产 ── 总产出
     └─ 中间投入

收入 ── 增加值
     ├─ 劳动者报酬
     └─ 财产收入

初次分配 ── 生产税净额
         └─ 初次分配总收入

再分配 ── 经常转移
       └─ 可支配总收入

可支配收入 ── 居民消费
使用   ├─ 政府消费
         └─ 总储蓄

资本 ── 资本转移
     ├─ 固定资本形成总额
     ├─ 存货增加
     └─ 其他非金融资产获得减处置

金融 ── 净金融投资

对外交易 ── 货物和服务进出口
         ├─ 要素收入流入流出
         ├─ 经常转移
         ├─ 资本转移
         ├─ 国际投资
         └─ 储备资产

资产负债存量 ── 非金融资产 ── 固定资产
                          ├─ 存货
                          └─ 其他非金融资产

            ── 金融资产（负债）── 国内金融资产（负债）── 通货
                                                  ├─ 存款
                                                  ├─ 贷款
                                                  └─ ……

                              ── 国外金融资产 ── 直接投资
                                             ├─ 证券投资
                                             └─ 其他投资

            ── 储备资产

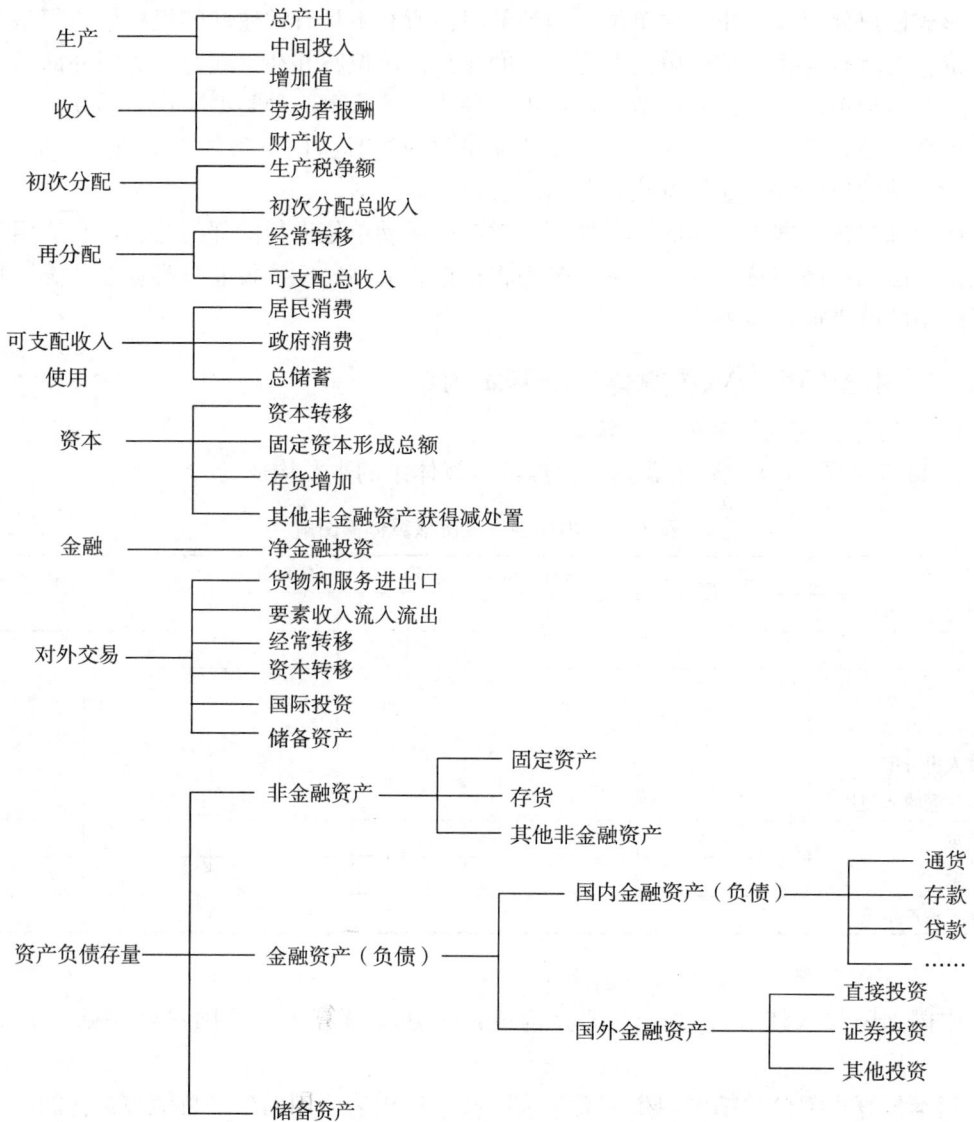

图 11-4 中国国民经济核算体系图

【案例 11-1】 《中国科学发展报告 2012》揭示经济发展质量

中国 GDP 质量指数是由中科院可持续发展战略组在审慎对比分析和长期研究的基础上首次设计产生，其指标体系涵盖经济质量、社会质量、环境质量、生活质量、管理质量五大系统，以及系统分属的万元 GDP 能耗、城市化率、生活垃圾处理率、人均收入、行政人员比重等 15 个要素，用以测算评估中国各地 GDP 质量水平，从而揭示我国各地区国民财富积累中的深层次问题。世界上对 GDP 质量仅仅从自然的绿色、资源环境等方面出发，并没有考虑到社会管理、经济管理和生活质量对 GDP 质量的影响和反映，这正是中国 GDP 质量指数的最大特点。通过定量测算，我国各省、自治区、直辖市的 GDP 质量并统一排序。其中，GDP 质量指数前 10 名分别是北京、上海、浙江、江苏、天津、广东、福建、山东、海南、辽宁。

资料来源：牛文元：《中国科学发展报告 2012》，北京：科学出版社，2012 年

> **本章专业术语**

宏观经济学　凯恩斯革命　国内生产总值　最终产品　支出法　收入法　部门法　投资　政府购买　净出口　企业间接税　国内生产净值　国民收入　个人收入　个人可支配收入　名义国内生产总值　实际国内生产总值　国民生产总值　总需求　总供给　两部门经济　三部门经济　四部门经济　物质产品平衡表体系

> **本章小结**

本章要点可以归纳如下：

(1)为了研究的方便和深入，出现了宏观经济学和微观经济学的划分。微观经济学是以单个经济单位为研究对象，通过研究单个经济单位的经济行为和相应的经济变量单项数值的决定来说明价格机制如何解决社会的资源配置问题。宏观经济学则是以整个国民经济为研究对象，通过研究经济总量的决定及其变化，来说明社会资源的充分利用问题。

(2)宏观经济学以整个国民经济活动作为研究对象，即以国内生产总值、国内生产净值和国民收入的变动及就业、经济周期波动、通货膨胀、财政与金融、经济增长等之间的关系作为研究对象。宏观经济学一般包括国民收入均衡决定理论、就业理论、经济周期理论、通货膨胀理论、财政与金融理论、经济增长理论等。

(3)宏观经济学的产生与发展，迄今为止大体上经历了四个阶段：第一阶段：17 世纪中期～19 世纪中期，是早期宏观经济学阶段，或称古典宏观经济学阶段。第二阶段：19 世纪后期～20 世纪 30 年代，是现代宏观经济学的奠基阶段。第三阶段：20 世纪 30 年代～60 年代，是现代宏观经济学的建立阶段。第四阶段：20 世纪 60 年代以后，是宏观经济学进一步发展和演变的阶段。

(4)古典宏观经济学市场经济具有一种内在的、自我调节的机制。如果允许调整的时间足够长的话，它可以将该经济稳定在充分就业水平上。这一结论主要建立在萨伊法则、利率的灵活变动性、工资—价格灵活变动性三个论断的基础上的。

(5)凯恩斯认为古典理论只有在特定的条件下方能成立。其条件为：①价格和工资完全可以自由变动，特别是下降方向可自由变动；②在不甚严重的经济活动下降时，如不产生大规模的削减工资时，才有可能使经济活动调整到充分就业水平；③存在着一些制度，使得投资和储蓄对利率的变化比较灵敏。因此必须对宏观经济进行干预。

(6)国内生产总值是指一国一年内所生产的最终产品(包括产品与劳务)的市场价值的总和。它可以用收入法、支出法、部门法三种方法进行核算。在国民收入核算中，除了国内生产总值之外还有另外四个重要的总量，即国内生产净值、国民收入、个人收入、个人可支配收入。这五个总量之间存在一定的关系。

(8)从国内生产总值的核算方法中可以得出这样一个恒等式：总需求≡总供给。在此基础上形成了两部门、三部门和四部门经济的收入流量循环的恒等关系。

(9)中国的国民收入核算体系经过发展变化，形成了一套具有特定基本构成、内容与框架的国民收入核算体系。

> **练习题**

一、名词解释

1. 国内生产总值　　　　　　　　　　　　2. 国民生产总值

3. 最终产品和中间产品　　　　　4. 重置投资

5. 流量与存量　　　　　　　　　6. 个人可支配收入

7. 名义国内生产总值(或货币国内生产总值)　　8. 实际国内生产总值

9. 支出法　　　　　　　　　　　10. 国内生产总值折算数

二、选择题

1. 下列各项中，能够计入国内生产总值的有(　　)。

A. 家庭主妇的家务劳务折合成的收入　　B. 出售股票的收入

C. 拍卖毕加索作品的收入　　　　　　　D. 为他人提供服务所得收入

2. 国内生产总值与国内生产净值之间的差别是(　　)。

A. 直接税　　　　　　　　　　　B. 折旧

C. 间接税　　　　　　　　　　　D. 净出口

3. "面包是最终产品，而面粉是中间产品"这一命题(　　)。

A. 一定是对的　　　　　　　　　B. 一定是不对的

C. 可能是对的，也可能是不对的　D. 在任何情况下都无法判断

4. 在统计中，社会保险税增加对(　　)有直接影响。

A. 国内生产总值　　　　　　　　B. 国民生产净值

C. 个人收入　　　　　　　　　　D. 国民收入

5. 如果个人收入为960美元，个人所得税为100美元，消费等于700美元，利息支付总额为60美元，个人储蓄为100美元，则个人可支配收入为(　　)美元。

A. 860　　　B. 800　　　C. 700　　　D. 760

6. 按百分比计算，如果名义国内生产总值上升(　　)价格上升的幅度，则实际国内生产总值将(　　)。

A. 小于，下降　　B. 超过，不变　　C. 小于，不变　　D. 超过，下降

7. 以下哪个不是存量指标?(　　)

A. 消费总额　　B. 资本　　C. 社会财富　　D. 投资

8. 如果一个社会体系的消费支出为6亿美元，投资支出为1亿美元，间接税为1亿美元，政府用于商品和劳务的支出为1.5亿美元，出口额为2亿美元，进口额为1.8亿美元，则下列正确的是(　　)。

A. NDP为8.7亿美元　　　　　　B. GNP为8.7亿美元

C. GNP为7.7亿美元　　　　　　D. NDP为7.7亿美元

三、多选题

1. GDP核算反映以下(　　)交易。

A. 购买一幢别人以前拥有的住房，支付给中介6%的中介费

B. 新建但未销售的住房

C. 与朋友打赌赢的100元

D. 大学生每月获得的生活补贴

E. 银行存款的利息

2. 下列项目中，(　　)属于要素收入。

A. 公务员的工资　　　　　　　　B. 股息

C. 公司对福利院的捐款　　　　　D. 房屋所有者收取的房租

E. 购买公债应得的利息

3. 下列(　　)项是正确的。

A. NDP－直接税＝NI　　　　　　B. NDP＋资本消耗＝GNP

C. 总投资等于净投资加折旧　　　　　　　　D. PI＝DPI＋个人所得税

E. GDP＝GNP＋国外净要素收入

4. 煤炭具有多种用途，作为最终产品的是（　　）。

A. 用于做饭　　　　　　　　　　　　　　B. 餐馆用于做饭

C. 公司用于供应暖气　　　　　　　　　　D. 化工厂作为化工原料

E. 用于取暖

5. 经济学上的投资是指（　　）。

A. 企业增加一批库存商品　　　　　　　　B. 建造一批商品房

C. 企业购买一辆轿车　　　　　　　　　　D. 居民购买一套新建商品房

E. 家庭购买公司债券

四、判断题

1. 如果两个国家的国民生产总值相同，那么，他们的生活水平也就相同。（　　）

2. 住宅建筑支出是被看做耐用消费品消费支出而不是投资支出的一部分。（　　）

3. 总投资增加时，资本存量就增加。（　　）

4. 无论是从政府公债得到的利息还是从公司债券得到的利息都应该计入国内生产总值。（　　）

5. 无论是商品数量还是商品价格的变化都会引起实际国内生产总值的变化。（　　）

6. 用价值增加法来统计生产产品的价值时，实际上存在着重复计算的问题。（　　）

五、问答题

1. 在国民收入核算中，出口是被看做支出还是收入？

2. 试说明在计算国内生产总值或国内生产净值时应该注意哪些问题。

3. 如果价格上升，人们从出售物品中得到的收入增加了。但是，实际国内生产总值增长不考虑这种好处。那么，为什么经济学家喜欢把实际国内生产总值作为经济福利的衡量指标？

4. 国内生产总值的统计口径中是否进行了中间产品的核算？

5. 试比较国内生产总值统计的三种方法。

6. 为什么要计算实际国内生产总值？名义国内生产总值和实际国内生产总值有什么联系和区别？

7. 为什么政府转移支付不包括在政府购买之内？

8. 为什么从公司债券得到的利息应计入国内生产总值，而人们从政府得到的公债利息不计入国内生产总值？

9. 式 GNP＝C＋I＋G＋（X－M）的内涵是什么？

10. 请推导四部门经济中总储蓄和投资的恒等式。

六、计算题

1. 假定一国有下列国民收入统计资料：

表1　某国国民收入统计表　　　　　　　　　　　单位：亿美元

国内生产总值	4 800
总投资	800
净投资	300
消费	3 000
政府购买	960
政府预算盈余	30

试求：

(1)国内生产净值；

(2)净出口；

(3)政府税收减去政府转移支付后的收入；

(4)个人可支配收入；

(5)个人储蓄。

2. 某国 1998 年和 1999 年的产量和价格如下表 2 所示。

表 2　产量价格表

数量和价格 物品	1998 年		1999 年	
	数量	价格/美元	数量	价格/美元
书本	100 个	10	110 个	10
面包	200 条	1	200 条	1.5
菜豆	500 千克	0.5	450 千克	1

试求：

(1)1998 年的名义国内生产总值；

(2)1999 年的名义国内生产总值；

(3)若以 1998 年为基期，1998 年和 1999 年的实际国内生产总值是多少，这两年实际国内生产总值变化多少百分比？

(4)若以 1999 年为基期，1998 年和 1999 年的实际国内生产总值是多少？这两年实际国内生产总值变化多少百分比？

(5)国内生产总值的变化取决于我们用哪一年的价格作衡量实际国内生产总值的基期价格。这句话对否？

3. 1976 年国民收入的资料如下表 3 所示。

表 3　1976 年国民收入　　　　　　　　　　单位：亿美元

项目	收入	项目	收入
租金收入	23.3	资本消费津贴	179.0
雇员报酬	1 036.3	个人消费支出	1 094.0
个人所得税	196.9	企业间接税	150.5
社会保险金	123.8	企业转移支付	8.1
政府对个人的转移支付	184.7	统计误差	5.5
私人国内总投资	243.3	出口商品与劳务	162.9
企业存货调整	−14.1	津贴减政府企业盈余	0.8
政府采购	361.4	个人的利息收入	130.3
政府对个人或企业支付的利息	39.3	政府所得利息	22.4
消费者对企业支付的利息	25.0	资本消费调整	−14.7
进口商品与劳务	155.1	净利息	88.4
未分配利润	56.4	业主收入	88.0
个人支出	1 119.9	公司利润税	64.7
公司的税前利润	156.9	个人储蓄	65.9

试采用支出法和收入法分别计算 GNP、NDP、NI、PI、DPI。

4. 某地区居民总是把相当于 GDP 的 60% 的部分存起来，并且不用缴税也不购买外地商品。今年该地区将总值 2 000 万元的汽车销往邻省，这对该地区的 GDP 产生影响，试问：

(1)该地区的 GDP 增加了多少？

(2)假如当地政府增加同样 2 000 万元购买本地汽车，是否会产生与(1)相同的结果？为什么？

(3)假如政府将 2 000 万元以补贴形式发给居民，该地 GDP 是否会增加？与(1)相比如何？为什么？

5. 若某国的国内生产总值为 8 800 单位，总投资为 1 150 单位，净投资为 292 单位，消费为 5 800 单位，政府购买的商品和劳务价值为 1 500 单位，间接税为 620 单位，政府财政盈余为 44 单位，求该国国内生产净值、进出口净额、个人可支配收入和个人储蓄各为多少？

第 12 章

简单国民收入理论

本章要点：

均衡国民收入的概念　消费函数、边际消费倾向和平均消费倾向的含义　储蓄函数、边际储蓄倾向和平均储蓄倾向的含义　两部门经济、三部门经济和四部门经济的均衡国民收入决定　乘数原理　三部门经济中的各种乘数

从本章开始，本书将主要讨论国民收入如何决定，即经济社会的生产或收入水平是怎样决定的问题。我们可以用三个模型来进行分析，即简单的国民收入决定、IS-LM 模型和 AD-AS 模型。现代宏观经济学的全部理论共涉及四个市场：产品市场、货币市场、劳动市场和国际市场。仅仅涉及产品市场的理论分析部分被称为简单的国民收入决定理论，其理论基础是凯恩斯的宏观经济理论。简单的国民收入决定理论正是本章所要介绍的内容。

12.1　均衡国民收入

12.1.1　基本假设

简单的国民收入决定理论主要分析总需求如何决定国民收入水平，其理论基础是凯恩斯的宏观经济理论。为此，我们从最简单的两部门经济的国民收入决定模型开始分析，并且作如下的基本假设：

(1)假设经济中不存在政府，也不存在对外贸易，只存在两个部门——家庭(居民)和企业(厂商)，消费和储蓄行为发生在家庭部门，生产和投资行为则发生在企业部门，同时，假设企业投资是自主的，不受利率的影响，即投资可以视为一个常量。

(2)假设货币市场上货币供求不变、利率既定，货币因素不会对生产过程和产量决定产生任何影响，即我们假定产品市场完全独立于货币市场而存在。

(3)假设社会上的资源远未得到充分利用，随着社会总需求的增加，会有更多的资源投入使用，暂时不考虑社会总供给对生产扩大和国民收入增加的制约。

(4)假设社会需求变动，只会引起产量变动，使供求均衡，而不会引起价格变动，

即产品市场上价格水平稳定①，不考虑通货膨胀因素对国民收入的影响。

此外，为了简化分析，我们还假定折旧和公司未分配利润为零。于是，GDP、NDP、NI 和 PI 都是相等的。

12.1.2 均衡国民收入的概念

均衡国民收入是宏观经济学中的一个关键变量，也是宏观经济学的核心内容之一。在上述假设条件下，经济社会的产量或国民收入就取决于总需求，和总需求相等的产出称为均衡产出（equilibrium output）或收入。因此，均衡国民收入是当社会上的总供给等于总需求，从而社会经济以不变规模稳定运行时的国民收入。

均衡国民收入有如下两个显著特点：其一，它是指总需求和总供给相等时的国民收入；其二，它是一个稳定的国民收入。换句话说，在其他条件不变的情况下，随着时间的推移，均衡国民收入将保持不变。

12.1.3 总需求与均衡国民收入决定的基本原理

我们现在所知道的总产出、总收入和总支出都是国民收入核算体系中的概念，而总供给和总需求是理论概念，这两组概念之间有什么联系吗？我们知道，总产出或总收入从产出和收入角度反映了特定时期经济系统所生产（供给）的总量，表示了经济的供给方面，因此可以理解为由供给或收入方面计算出来的国民收入可以代表总供给；而总支出是经济中用于新生产商品和劳务的支出总量，表示经济的需求方面，因此由需求或支出方面计算出来的国民收入可以代表总需求。这样，国民收入的构成，便可以从供给和需求两方面来分析。

从供给方面来说，国民收入就是一国在一定时期内，各生产要素供给的总和，也就是劳动、资本、企业家才能、土地等生产要素供给的总和。这些要素共同作用的结果便创造了国民收入，具体表现为工资、利息、利润和地租，即

$$国民收入＝各个生产要素供给的总和$$
$$＝各个生产要素所得报酬收入的总和$$
$$＝工资＋利息＋利润＋地租$$

由于居民所得的收入（生产要素的报酬收入）一部分用来购买消费品和劳务，另外一部分即剩余部分用于储蓄。因此，上述国民收入（工资、利息、利润和地租）又可转化为消费和储蓄之和：

$$国民收入＝消费（C）＋储蓄（S）$$

从需求方面来说，国民收入就是一国在一定时期内用于消费支出和投资支出的总和。因为构成国民收入的最终产品包括消费品和投资品，所以，从价值形态上说，国民收入就是一定时期内的消费品和投资品的总和，用公式表示为

① 凯恩斯在写作《就业、利息和货币通论》时，面对的是 1929～1933 年的世界经济大萧条，工人大批失业，资源大量闲置，在这种情况下，社会总需求增加只会使闲置的资源得到利用、生产增加，而不会使资源的价格上升，从而使产品成本和价格大体能保持不变。

$$国民收入＝用于消费的支出＋用于投资的支出$$
$$＝消费(C)＋投资(I)$$

综上所述，我们可以这样表示国民收入的构成：从总供给方面看，

$$Y=C+S \tag{12.1}$$

从总需求方面看，

$$Y=C+I \tag{12.2}$$

其中，Y、C、S、I 分别表示国民收入、消费、储蓄、投资。应该注意，这里所指的国民收入、消费、储蓄、投资变量的值是剔除了价格变动的实际值。

均衡国民收入是指与总需求相等的产出，即总需求等于总供给。因此，我们有如下等式：

$$C+I=C+S \tag{12.3}$$

等式两边消除 C，式(12.3)就成为

$$I=S \tag{12.4}$$

即投资等于储蓄。需要说明的是，这里的投资等于储蓄，是为了实现经济均衡，计划投资(意愿投资)必须等于计划储蓄(意愿储蓄)，非计划存货投资等于零。而国民收入核算中的 $I=S$，是指实际发生的投资(包括计划和非计划存货投资在内)始终等于储蓄。前者为均衡的条件，即当计划投资等于计划储蓄时，国民收入才处于均衡状态；而后者是指实际投资和实际储蓄根据定义而得到的实际数字，因此必然相等。

下面我们用图进一步给出直观的分析。如图 12-1 所示，横轴表示社会总产量，纵轴表示社会总需求，也就是社会总供给。那么，45°线上的任何一点都能满足总需求等于总供给这一条件，使国民收入实现均衡。

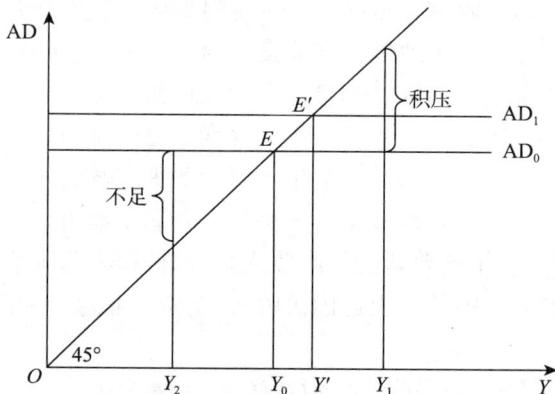

图 12-1　均衡国民收入的决定

如果暂时抛开社会总需求会随国民收入的变化而发生变动的现实，假设目前社会总需求是一个不变的常量 AD_0，则在图 12-1 中它表现为一条平行于横轴的水平线。显然图 12-1 中的 E 点就是均衡点，此时相应的国民收入为 Y_0。可以设想，如果社会上的产出量不是 Y_0 而是 Y_1，则此时的产出明显超过了社会上的需求，有相当多的产品无法售出，造成厂商的产品积压，迫使它们在日后的生产中削减产量。反之，若社会产出为

Y_2，则因社会需求大于此时的产量，厂商的产品会销售一空，甚至使正常的库存规模无法维持，这自然会促使厂商增加产量。可见，只有在 E 点厂商的产量恰好被全部售出，市场上既没有产品的积压，也没有产品的不足，因而厂商不会对产量做出调整，Y_0 不会发生任何变化。这种稳定不变的状态正是经济学中的"均衡"状态，这也印证了我们在前面已经得出的结论：均衡国民收入是社会总需求与总产出相等时的国民收入。

同样的道理，当社会总需求因为某种原因而从 AD_0 提高到 AD_1 时，总需求等于总供给的均衡点就由 E 点移动到 E' 点，相应的均衡国民收入也就由 Y_0 增加到了 Y'。因此可以得出结论：均衡国民收入的水平取决于社会总需求水平，它将随着社会总需求水平的提高而提高。

由于在两部门经济模型中，社会总需求仅仅由消费与私人国内投资所组成，所以下面要先后对消费与投资进行研究，分析这两大因素及其变动会对国民收入产生什么影响。

12.2 消费函数与储蓄函数

在上面的分析中，我们假定社会总需求是一个常量，不随国民收入的变化而变化，但未对其组成部分做出更细致的分析，其目的只是想对均衡国民收入决定的基本原理的分析更加简单、直观，更便捷地得出均衡国民收入水平取决于社会总需求水平的结论。而在实际生活中，社会总需求水平由消费和投资等因素共同决定，其高低直接受社会消费水平与投资水平的影响。

既然均衡国民收入是由总需求决定的，而消费和投资又是总需求中的两个最主要的组成部分，因此，我们必须进一步分析消费、储蓄和投资，才能在此基础上研究总需求对国民收入是如何决定的。

12.2.1 消费函数

均衡产出既然是指与总需求相一致的产出，那么分析均衡产出如何决定，就是要分析总需求各个组成部分是如何决定的。在这里，首先要分析消费如何决定，这不仅是因为消费在总需求中占很大比例，还因为经济均衡的条件是计划投资等于计划储蓄。要找出储蓄量的大小，必须找出消费量的大小，我们可以通过从国民收入中减去消费量来获取储蓄量。

消费是社会总需求的重要组成部分，它指的是居民在最终的商品与服务上的支出。其主要包括耐用品、非耐用品和服务。那么，消费量由什么决定呢？现实中，影响消费的因素很多，如收入、财富、消费者偏好、商品价格水平、利率水平、收入分配水平、消费者年龄构成等。凯恩斯认为，这些因素中具有决定意义的是收入，为此，可以从诸多因素中抽出这一因素单独进行分析。

我们假定在影响人们消费的诸多因素中，除收入以外的因素都是固定不变的，若以 C 表示消费，以 Y 表示收入，则消费函数（consume function）为

$$C=C(Y) \tag{12.5}$$

此时，消费函数表示的是消费和收入之间的关系。

为了简化分析，我们假定消费函数是线性函数，则消费函数可进一步写为

$$C=C_0+cY, \quad 0<c<1 \tag{12.6}$$

其中，C_0表示自发性消费部分，即收入为零时人们为了生存的需要而进行的最基本消费，它往往通过动用以往的储蓄、向他人和银行借款或出售自有财产等方式来实现，它不受收入变动的影响；c为一个小于1大于0的常数，又叫边际消费倾向（即MPC，下一节将介绍这一概念），说明随着收入的增加，消费也会随之增加，所以c和Y的乘积部分也表示收入引致的消费。

这个消费函数的经济含义就是：消费等于自发消费与引致消费之和。

12.2.2　储蓄函数

由于人们的收入除用于消费外，还有一部分被用于储蓄，我们可以根据消费函数推导出说明储蓄与收入关系的储蓄函数（save function）。如果以S表示储蓄，则储蓄函数为

$$\begin{aligned} S &= Y-C \\ &= Y-(C_0+cY) \\ &= -C_0+(1-c)Y \end{aligned} \tag{12.7}$$

因为$0<c<1$，所以有$0<1-c<1$。在其他条件不变的情况下，储蓄也与消费一样，随着收入的增加而增加。式中，$-C_0$为自发储蓄，它不受收入的影响，意思是说，一旦出现收入为零的情况，储蓄便为$-C_0$，这种情形也称为负储蓄；$(1-c)Y$为由收入引致的储蓄，其中$(1-c)$又叫边际储蓄倾向（即MPS，下一节将介绍这一概念）。

根据消费函数与储蓄函数，我们可以画出消费曲线和储蓄曲线，如图12-2所示，其中，C表示消费曲线，S表示储蓄曲线。可见，消费函数和储蓄函数都是收入的递增函数。当收入为零时，消费额为C_0，相应的储蓄额便是$-C_0$；若收入等于Y_0，此时收入与消费相等，说明消费者的收入刚好能支付所有消费开支，储蓄也就相应地等于零；在收入超过了Y_0之后，人们的收入除用于消费之外还有剩余，这个剩余的部分便形成了人们数额为正的储蓄。

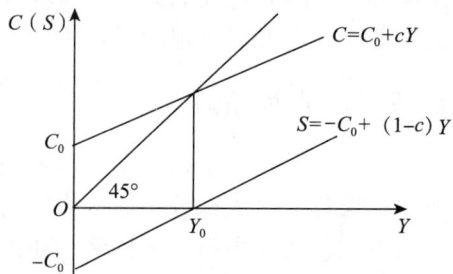

图12-2　消费曲线与储蓄曲线

12.2.3　消费倾向与储蓄倾向

下面，我们分析消费倾向与储蓄倾向，以进一步了解消费、储蓄与收入之间的关系。

1）平均消费倾向与平均储蓄倾向

平均消费倾向是指在任一收入水平上消费支出占收入的比率。平均储蓄倾向是指在任一收入水平上储蓄支出占收入的比率。如果以APC（average propensity to consume）表示平均消费倾向，以APS（average propensity to save）代表平均储蓄倾向，C、S、Y

分别表示消费、储蓄、收入，则

$$APC=C/Y \tag{12.8}$$

$$APS=S/Y \tag{12.9}$$

又因为 $Y=C+S$，所以 $APC+APS=1$。

平均消费倾向 APC 说明家庭既定收入在消费和储蓄之间的分配状况。例如，在 100 元收入中，80 元用于消费，此外的 20 元用于储蓄，则 $APC=0.8$。APC 有如下三个特点：第一，由于消费水平总是大于零，所以 APC 大于零，为正数。第二，在收入偏低时，为保证基本的生活需要，消费可能大于收入，此时，APC 可能大于 1。第三，随着收入的增加，APC 趋于下降。

由于储蓄可正可负，所以 APS 也可正可负。一般来说，当收入偏低时，APS 可能为负值；随着收入提高，储蓄增加，APS 变为正值且递增，但是总是小于 1。

一般认为随着收入的增加，APC 的数值趋于下降，APS 的数值相应地趋于上升，高收入家庭的平均储蓄倾向高于低收入家庭。但实际的统计资料却表明，在实际收入明显增加的背景下，有时一个国家的平均消费倾向和平均储蓄倾向却能在较长时间内保持相对的稳定。

2）边际消费倾向与边际储蓄倾向

边际消费倾向是指增加的消费与增加的收入的比率关系，或者说，每增加一单位收入中用于增加消费部分的比率是多少。

边际储蓄倾向是指增加的储蓄与增加的收入的比率关系，或者说，每增加一单位收入中用于增加储蓄部分的比率是多少。

如果分别以 ΔC 与 ΔS 表示消费与储蓄的增量，以 ΔY 表示收入的增量，以 MPC（marginal propensity to consume）表示边际消费倾向，以 MPS（marginal propensity to save）边际储蓄倾向，则有如下公式：

$$MPC=\frac{\Delta C}{\Delta Y} \tag{12.10}$$

$$MPS=\frac{\Delta S}{\Delta Y} \tag{12.11}$$

同样，$MPC+MPS=1$。

回顾一下前面的消费函数和储蓄函数，我们发现，消费函数中的 c 就是边际消费倾向 MPC，而 $(1-c)$ 就是边际储蓄倾向 MPS。

边际消费倾向说明收入变动量在消费变动和储蓄变动之间的分配情况，它有如下特征：第一，一般说，MPC 总是大于 0 小于 1，即 $0<MPC<1$。第二，一般说，消费增加的速度慢于收入增加的速度，即边际消费倾向随着收入的增加而呈现递减的趋势。

边际储蓄倾向一般为正值，但小于 1，即 $0<MPS<1$。同时，随着收入的增加，储蓄增加的速度加快，即 MPS 递增。

为了加深对消费倾向与储蓄倾向的理解，我们举一个例子说明。假定某家庭的消费、储蓄和收入之间的关系，如表 12-1 所示。

表 12-1　某家庭的消费、储蓄函数　　　　　　　　　　　　单位：元

组合	收入	消费	储蓄	边际消费倾向	平均消费倾向	边际储蓄倾向	平均储蓄倾向
A	9 000	9 110	−110	—	1.01	—	−0.01
B	10 000	10 000	0	0.89	1.00	0.11	0
C	11 000	10 850	150	0.85	0.99	0.15	0.01
D	12 000	11 600	400	0.75	0.97	0.25	0.03
E	13 000	12 240	760	0.64	0.94	0.36	0.06
F	14 000	12 830	1 170	0.59	0.92	0.41	0.08
G	15 000	13 360	1 640	0.53	0.89	0.47	0.11

由表 12-1 可知，当收入为 9 000 元时，消费为 9 110 元，入不敷出，储蓄为 −110 元。当收入为 10 000 元时，消费为 10 000 元，收支平衡，没有储蓄。当收入依次增加到 11 000 元、12 000 元、13 000 元、14 000 元和 15 000 元时，消费依次增加到 10 850 元、11 600 元、12 240 元、12 830 元和 13 360 元，储蓄分别为 150 元、400 元、760 元、1 170 元和 1 640 元。就是说，随着收入的增加，消费和储蓄随之增加。值得说明的是，随着收入的增加，尽管消费也在增加，但其增加速度越来越慢，越来越少，当收入依次增加 1 000 元时，消费依次增加 890 元、850 元、750 元、640 元、590 元和 530 元。一般来说，边际消费倾向随收入的增加而递减。

随着收入的增加，储蓄随之增加，但其增加速度越来越快，越来越多。当收入依次增加 1 000 元时，消费依次增加 110 元、150 元、250 元、360 元、410 元和 470 元。一般来说，边际储蓄倾向随收入的增加而递增。

12.2.4　研究边际消费倾向、边际储蓄倾向的现实意义

凯恩斯宏观经济理论的一个重要观点是，如果政府不采取适当的调节措施，社会总需求就会处于较低的水平，使国民收入水平也较低。一般而言，消费在一国的总需求中占据了大半的比重，总需求水平偏低的重要原因之一就是社会消费需求不足。

通常情况下，随着人们收入的增加，消费也有所增加。如果增加的消费 ΔC 恰好等于增加的收入 ΔY，即 MPC＝1，说明不论产量怎样增加都会被增加的消费所吸收，厂商所有的产品都能在市场上出售，不会发生厂商意想不到的存货增加，未来便不会发生产量的缩减。然而在实际生活中，随着收入的增加人们确实会增加消费，但由于心理上的原因，大家一般只用增加的收入中的一部分来增加消费，即 $0<\Delta C<\Delta Y$，$0<$MPC<1。这就意味着厂商增加的产量不能全部被社会上的消费所消化，其剩余产品的价值恰好等于人们的储蓄。如果这个经济社会可以成功地将储蓄转化为投资，则厂商的剩余产品就能在市场上作为投资品售出，厂商的生产就还能像过去一样正常地进行。然而一旦储蓄不能全部转化为投资，剩余、积压产品的出现便会迫使厂商缩小生产规模，国民收入也将随之下降。可见，消费需求相对于不断增长的收入而言是不足的，而且一般认为边际消费倾向随收入的增加而递减，这就使得经济运行中存在生产规模缩小、收入下降的危险。

12.2.5　家庭消费函数和社会消费函数

以上分析研究的是家庭消费函数和储蓄函数，而宏观经济学关心的是整个社会的消

费函数，西方经济学家认为，社会消费函数并不是家庭消费函数的简单相加。从家庭消费函数求取社会消费函数时，还要考虑一系列限制条件：

第一是国民收入的分配。人越是富有，越有能力储蓄，因此，不同收入阶层的边际消费倾向是不同的。富有者边际消费倾向偏低，贫穷者边际消费倾向偏高。因此，国民收入分配水平差距越大，社会消费曲线就越是向下移动。

第二是政府的税收政策，如政府实行累进个人所得税，将富有者原来可能用于储蓄的一部分收入征收过来，以政府支出形式花掉，按西方经济学者的说法，这些支出通常成为公众的收入，最终用于消费。这样，社会中消费数量增加，社会消费曲线会向上移动。

第三是公司未分配利润在总利润中所占的比例。公司未分配利润无形中是一种储蓄，如分给股东则必定有一部分会被消费掉，因此，公司未分配利润在利润中所占的比例越大，消费就越少，储蓄就越多，反之，则消费就越多。

影响社会消费函数的因素还有其他一些。因此，社会消费曲线并非家庭消费曲线的简单相加，但在考虑了种种限制条件后，社会消费曲线的基本形状仍和家庭消费曲线有很大的相似之处。

12.2.6　关于消费函数的其他理论

以上所述消费函数只是凯恩斯所提出的一种消费函数，它认为消费和收入的关系是，各个家庭的消费支出取决于收入的绝对水平，因此它又被称为凯恩斯的绝对收入消费理论。这一消费理论在后来得到了补充、修改，产生了其他一些理论，如詹姆斯·杜森贝利的相对收入消费理论、弗朗科·莫迪利安尼的生命周期消费理论、米尔顿·弗里德曼的永久收入消费理论等。

1）相对收入消费理论

相对收入消费理论（relative income hypothesis of consumption）是由美国经济学家詹姆斯·杜森贝利提出的，他认为一个家庭的收入用于消费的部分取决于他的收入和其邻居或相同社会阶层的收入的相对水平，即消费是相对决定的，因此，称为相对收入消费理论。按照他的看法，消费与收入在长期维持一固定比率，即长期消费函数是从零点出发的直线，但短期消费函数则为有正截距的曲线。对此杜森贝利解释说，依照人们的习惯，增加消费容易，减少消费则比较困难，因为一向过着相当高的生活水准的人，即使收入降低，多半也不会马上降低消费水平，而会继续维持相当高的消费水平，即消费固然会随收入的增加而增加，但不易随收入的减少而减少。消费水平这种上去容易下去难的特点又被称为"棘轮效应"。

相对收入消费理论的另一方面内容是消费者的消费行为要受到周围人们消费水平的影响，即所谓的"示范效应"。就一般家庭而言，收入虽低，但因顾及其在社会上的相对地位，不得不使自己的消费水平保持在相对较高的水平。这种心理会使得短期消费函数随社会平均收入水平的提高而整个地向上移动。

2）生命周期消费理论

生命周期消费理论（life cycle hypothesis of consumption）是由美国经济学家弗朗科·莫迪利安尼提出的，它与凯恩斯消费理论的不同之处在于，后者假定人们在特定时期的消费是与他们在该时期的可支配收入相关的，而前者强调人们会在更长时间范围内计划他们的生活消费开支，以达到他们在整个生命周期内消费的最佳配置。一般来说，年轻人的家庭收入偏低，这时消费可能会超过收入；随着他们进入壮年和中年，收入日益增加，收入会大于消费，不但可以偿还青年时代欠下的债务，更重要的是可以积攒些钱以备养老；等到年老退休，收入下降，消费又会超过收入，形成所谓的负储蓄。

根据生命周期的消费理论，如果社会上年轻人和老年人比例增大，则消费倾向会提高；如果社会上中年人比例增大，则消费倾向会下降。因此，总储蓄和总消费会部分地依赖于人口的年龄分布，当有更多人处于储蓄年龄时净储蓄就会上升。

3）永久收入消费理论

美国经济学家米尔顿·弗里德曼的永久收入消费理论（permanent income hypothesis of consumption）认为，消费者的消费支出主要不是由他们的现期收入决定，而是由他的永久收入决定。永久收入是指消费者可以预计到的长期收入，其值大致可以根据所观察到的若干年收入数值的加权平均数计算得出，距现在的时间越近，权数越大；反之，则越小。

按照这种理论，一个有前途的大学生可能会在其暂时收入以外多花不少钱，这会使他欠下不少债，但他相信自己将来收入会非常高。同理，当经济衰退时，虽然人们的收入减少了，但消费者仍然按永久收入消费，故衰退期消费倾向高于长期的平均消费倾向。相反，经济繁荣时尽管收入水平提高了，但消费者按永久收入消费，这时消费倾向低于长期平均消费倾向。根据这种理论，政府想通过增减税收来影响总需求的政策是不能奏效的，因为减税而增加的收入，并不会立即都用来增加消费。

12.3 均衡国民收入的决定

12.3.1 两部门经济中的均衡国民收入决定

前面提到，均衡国民收入是指与总需求或总支出相等时的收入水平。总支出是由消费和投资构成，即 $Y=C+I$。因此，在分析了消费之后，我们还需分析投资如何决定才可以说明均衡收入的决定。为了简化分析，我们在两部门经济分析中把投资看成一个常量（在后续章节中我们将分析投资如何决定），不随利率和国民收入的变化而变化。于是，只要将收入恒等式和消费函数相结合就可以求得均衡收入。即

$$Y=C+I_0 \quad \text{（收入恒等式）}$$
$$C=C_0+cY \quad \text{（消费函数）}$$

解这个联立方程组，就可得到均衡收入：

$$\overline{Y}=\frac{C_0+I_0}{1-c} \tag{12.12}$$

其中，c 为边际消费倾向 MPC，是个常数。

由此可见，如果知道了消费函数和投资量，就可得到均衡的国民收入。例如，假定消费函数 $C=1\,000+0.8Y$，自发投资为一常量 600 单位，则均衡国民收入为

$$\overline{Y}=\frac{1\,000+600}{1-0.8}=8\,000$$

均衡国民收入也可以用图来分析，图 12-3 表示如何用消费曲线加投资曲线和 45°线相交决定均衡收入。

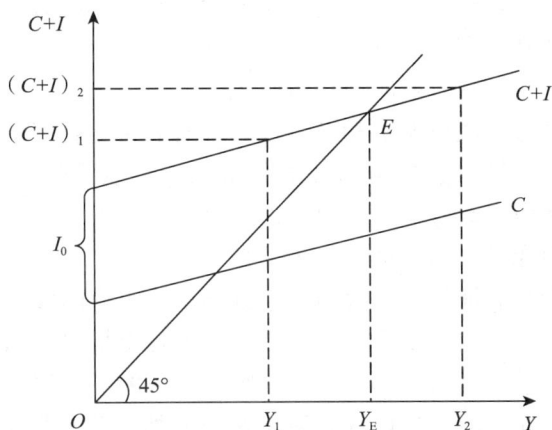

图 12-3 两部门经济中的均衡国民收入决定

图 12-3 的横轴表示收入，纵轴表示消费加投资，我们用消费曲线加投资曲线就会得到消费投资曲线 $C+I$，这条曲线就是总支出曲线。显然，在 45°线上，总支出等于总收入，经济处于均衡状态，从而决定均衡的国民收入 Y_E。在图 12-3 中，消费随着收入的增加而增加，而投资与收入无关，因而作为总支出的消费加投资与消费曲线平行。总支出曲线与 45°线的交点 E 决定均衡国民收入 Y_E。

若实际产量为 Y_1，小于均衡的国民收入 Y_E，表明总收入大于总供给，社会生产供不应求，企业存货会意外地减少，企业就会扩大生产，使收入水平向右移动，直到均衡的国民收入 Y_E 为止。相反，若实际产量为 Y_2，大于均衡的国民收入 Y_E，表明总需求小于总供给，社会生产供过于求，企业存货会意外地增加，企业就会减少生产，使收入水平向左移动，直到均衡的国民收入 Y_E 为止。分析表明，只有在均衡收入水平上，企业生产才能稳定下来。

此外，我们还可以用表格来反映均衡国民收入的决定。表 12-2 说明，如果 $Y<C+I$，则国民收入小于总支出，国民收入有上升的趋势；如果 $Y>C+I$，则国民收入大于总支出，国民收入有下降的趋势。只有当 $Y=C+I$ 时，国民收入等于总支出，国民收入实现均衡。

表 12-2　国民收入和总支出的关系

条件	含义	结果
$Y<C+I$	国民收入小于总支出	国民收入有上升的趋势
$Y=C+I$	国民收入等于总支出	国民收入实现均衡
$Y>C+I$	国民收入大于总支出	国民收入有下降的趋势

12.3.2　三部门经济中的均衡国民收入决定

在两部门经济中对均衡国民收入决定的分析可以比较容易地推广到包括政府和对外

贸易部门的情况，即三部门经济甚至四部门经济中的情况。下面，我们以三部门经济为例，进一步说明均衡国民收入决定。

在三部门经济系统中，经济活动的主体是家庭、厂商和政府。于是，构成总支出的项目不仅包括私人消费和投资，而且还包括政府购买；总收入项目中，除了私人用于消费和储蓄的收入之外，还包括政府的净税收收入。

首先，我们来分别考查政府购买和净税收。政府购买主要用于政府部门的行政、军费和公共福利等方面的开支。它通常由政府的政策目标以及政府的政策指导思想所决定，西方经济学中通常假定政府购买是政府的一个政策，都会提前做好预算和计划，它不随国民收入的变动而变动，因而被假定为常量 G_0。

净税收在这里泛指政府征收的税收与向家庭和厂商提供的转移支付之间的差额。就税收量与收入的关系而言，税收主要有两大类：一类是定量税，如人头税，它不随收入的变动而变动；另一类是比例税，如所得税，它按收入的一定比例征收，并且其比例值也可以采取累进形式。在只限于分析税收对均衡收入所产生的影响时，为了简单起见，假定税收为定量税，即 $T = T_0$。

其次，我们再考察引入政府部门之后对私人部门所产生的影响。政府对私人部门所产生的最重要的影响就是通过税收对家庭收入产生影响。与在两部门经济分析中不同，当存在政府税收时，家庭部门决定消费和储蓄的收入不再是总收入 Y，而是可支配收入 Y_d，其中 $Y_d = Y - T_0$。随着收入由可支配收入替代，家庭的消费函数和储蓄函数都会相应地下降，即在加入政府部门后的消费函数为 $C = C(Y_d) = C_0 + cY_d$，然后可根据消费函数求得储蓄函数为 $S = -C_0 + (1-c)Y_d$。

在考察了政府部门的支出和收入以及对私人消费和储蓄的影响之后，利用三部门经济的均衡条件可以决定经济的均衡国民收入。例如，利用总支出等于总收入条件，均衡的国民收入由以下条件得到：

$$\begin{cases} \text{消费函数：} C = C(Y_d) \\ \text{投资函数：} I = I_0 \\ \text{政府购买：} G = G_0 \\ \text{均衡条件：} Y = C + I + G \end{cases} \tag{12.13}$$

式(12.13)决定均衡国民收入的过程可以用图 12-4 加以说明。在图 12-4 中，横轴表示总收入，纵轴表示私人消费、投资和政府购买等总支出项目。在 45°线上，总收入等于总支出，经济处于均衡状态。在图 12-4 中，消费随着收入的增加而增加，而私人投资和政府购买都与收入无关，因而经济中私人消费加投资再加政府购买使消费曲线向上平行移动。总支出曲线与 45°的交点 E 决定均衡国民收入 Y_E。

显然，如果消费、投资和(或)政府购买增加，经济的总支出增加，从而均衡的国民收入量增加；反之，消费、投资和(或)政府购买减少，均衡国民收入下降。特别是政府的税收增加，将会导致家庭部门的消费减少，从而使得均衡国民收入下降；反之，政府税收减少，将使得均衡国民收入增加。

与两部门经济中的均衡国民收入决定分析一样，加入政府部门之后的均衡国民收入决定也可以通过线性消费函数形式加深理解。在加入政府部门后，政府税收对家庭消费

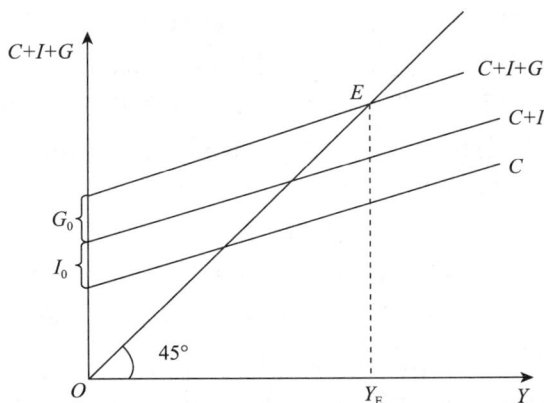

图 12-4　三部门经济中的均衡国民收入决定

的影响可以表示为

$$C = C_0 + cY_d = C_0 + c(Y - T_0) = C_0 - cT_0 + cY$$

于是，均衡国民收入决定于下面的条件：

$$
\begin{cases}
消费函数：C = (C_0 - cT_0) + cY \\
投资函数：I = I_0 \\
政府购买：G = G_0 \\
均衡条件：Y = C + I + G
\end{cases}
\tag{12.14}
$$

从式(12.14)得到均衡国民收入为

$$Y_E = \frac{C_0 - cT_0 + I_0 + G_0}{1 - c} \tag{12.15}$$

从式(12.15)中我们很容易看到，投资、政府购买增加使得均衡国民收入增加，而税收增加则使得均衡国民收入减少，这一点与图形分析的结论相同。

12.3.3　四部门经济中的均衡国民收入决定

当前，全世界的经济开放程度和贸易交易量越来越大，在开放经济中，一个国家的均衡国民收入不仅取决于国内消费、投资和政府支出，还取决于净出口。即

$$Y = C + I + G + NX \tag{12.16}$$

其中，NX 为净出口，即出口与进口的差额，$NX = X - M$，在四部门经济中它是总需求的一部分，其中出口表示本国商品在外国的销售，代表国外对本国商品的需求。而进口表示本国对外国商品的需求，这表示本国的支出不一定会全花费在本国生产的商品上，企业还有可能会购买国外机器设备，政府可能会购买国外的武器装备，家庭可能会购买国外的消费品。因此，应当从国内总支出中减去进口部分支出，才真正代表对本国产品的总支出或总需求。于是，$C + I + G + X - M$ 才是对本国产品的真正需求。显然，进出口变动也会同其他变量(如消费、投资、政府购买、税收等)一样，影响国民收入。

在净出口 NX 中，一般可假定随着国民收入水平的提高，NX 会减少，而国民收入水平下降时，NX 会增加。因为在 $NX = X - M$ 中，出口 X 是由外国的购买力和购买需

求决定的，本国很难影响，因此一般假定它是一个外生变量，即 $X=X_0$。相反，进口却会随本国收入的提高而增加，这是因为在本国收入提高后，人们对进口各类商品的需求会快速增加。此外，除了本国收入会对进出口产生影响外，汇率也是一个重要的影响因素。当本国货币与外国货币交换比率发生变化时，进口和出口都会受到影响。这样，我们可以把进口写成收入的一个函数：

$$M=M_0+mY \tag{12.17}$$

其中，M_0 为自发性进口，即和收入没有关系或者说不取决于收入的进口部分，如本国急需但又不能生产的商品，不管收入水平如何，这类商品是必须进口的；m 表示边际进口倾向，即收入增加 1 单位时进口会增加多少。

在考察了国际贸易和商品进出口后，利用四部门经济的均衡条件可以决定经济的均衡国民收入。例如，利用总支出等于总收入条件，均衡国民收入由以下条件得到：

$$\begin{cases} \text{消费函数：} C=C_0+cY_d=C_0+c(Y-T_0)=C_0-cT_0+cY \\ \text{投资函数：} I=I_0 \\ \text{政府购买：} G=G_0 \\ \text{出口函数：} X=X_0 \\ \text{进口函数：} M=M_0+mY \\ \text{均衡条件：} Y=C+I+G+X-M \end{cases} \tag{12.18}$$

从中得到均衡国民收入为

$$Y_E=\frac{C_0-cT_0+I_0+G_0+X_0-M_0}{1-c+m} \tag{12.19}$$

从式（12.19）中我们很容易看到，进口和出口的增减都能使均衡国民收入发生改变，而边际进口倾向的增加会使均衡国民收入减少。

【案例 12-1】　我国经济增长中的居民低消费率问题

近几年来，我国经济持续快速增长，但主要靠投资和出口拉动，而消费尤其是居民消费对经济贡献率持续走低。我国居民最终消费率（居民消费支出占 GDP 的比例）从 1985 年的 66% 下降到 2008 年的 48%，远低于世界平均消费率（1990 年以来世界平均消费率稳定在 77%～79%）。所以居民消费率偏低是我国经济结构尚需解决的一大问题。

居民实际消费占国民经济比例持续降低，其原因是：第一，收入分配比例中居民收入占比在降低，而政府和企业这一占比持续提高。第二，居民收入差距不断扩大。在 1995 年，20% 的高收入户和 20% 的低收入户的收入比为 2.88：1，2008 年达到了 5.71：1，而中、低收入者平均消费倾向分别为 0.89 和 0.87，高收入户为 0.64。第三，社会保障水平低且制度不完善。2008 年我国社会保障支出占中央政府支出的比重为 7.5%，而德国为 55.5%，加拿大为 45.6%，美国为 30.2%。社会保障覆盖面也低，尤其是农村地区人口多数未被覆盖。第四，改革开放后城镇居民在住房、医疗、教育方面的支出不断增加，而就业稳定性有所下降。这些都使许多居民不敢消费，预防性储蓄意愿偏强。造成上述情况有多方面的因素，包括一些历史原因。现在，我国政府正在采取各种措施来改变这一局面，包括加快调整国民收入分配格局以逐步提高居民收入在分配中的比重，加大税收对收入分配的调节作用，保障城乡低收入群众生活，做好农村扶贫工作等。

资料来源：尹伯成：《西方经济学》，格致出版社，2011 年，第 217～218 页

12.4 乘 数 理 论

12.4.1 乘数的概念

前面的内容说明总需求的增加会使国民收入有所增加。假设总需求的增加来自于自发总需求 $\overline{A}$ 的增加，那么如图 12-5 所示，在 $\overline{A}$ 增加到 $\overline{A}'$ 时，总需求曲线由 AD_0 平行地向上移动到 AD' 的位置，与 45°线相交于 E' 点，此时均衡国民收入也由 Y_0 增加到了 Y'。在这里要遇到了一个问题——当社会总需求增加时，均衡国民收入肯定会随之有所增加，但当自发需求增加 1 个货币单位的时候，均衡国民收入到底会增加多少？因此，当总需求增加时，收入的增量将是需求增量的数倍。如果以 k 代表倍数，这个 k 成为总需求的乘数。可见需求乘数（multiplier）是指收入的变化与带来这种变化的总需求的变化的比率。除了需求乘数外，还存在投资乘数、税收乘数、政府转移支付乘数等。我们在乘数理论中所要讨论的正是收入增量与各类相关增量之间的数量关系。对这些乘数的研究将促进大家从量化的角度理解国民收入与各影响因素之间的关系，此外也将有利于指导政府颁布各项经济政策。

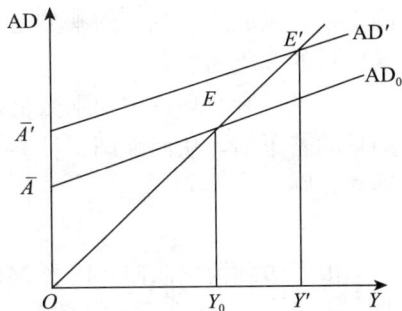

图 12-5 均衡国民收入的变化

12.4.2 乘数的计算

从表面上来看，由于均衡国民收入实现时总收入等于总供给，也就是总需求等于总供给，所以在总需求增加 1 元时，社会上均衡国民收入也应该增加 1 元。但实际情况却并非这么简单，假设一个国家的边际消费倾向 $c=0.8$，最初自发总需求增加 100 元，则我们可以通过表 12-3 来观察这个国家国民收入的增长过程。

表 12-3 乘数理论 单位：元

轮次	需求增加（ΔQ_d）	收入增加（ΔY）	消费增加（ΔC）
1	100	100	80
2	80	80	64
3	64	64	51.2
4	51.2	51.2	40.96
⋮	⋮	⋮	⋮

从表 12-3 中我们可以看出，最初自发总需求增加了 100 元，使国民收入也增加了 100 元。但这 100 元的收入增加引起了社会上的消费增加，在边际消费倾向为 0.8 时，增加的消费为 80 元，这又形成了第二轮的总需求增加。为满足这个新的消费需求，社会的产量就要相应地增加 80 元，收入也就增加 80 元，而这个收入增量又会导致第三轮的需求增加。很明显，这是一个连锁的过程，可以无限地持续下去，只是收入的增量在不断减少。如果将这一连串的收入增量加总，我们便可以计算出整个国民收入的增加量：

$$\Delta Y = 100 + 80 + 64 + 51.2 + 40.96 + \cdots$$
$$= 100 \times (1 + 0.8 + 0.8^2 + 0.8^3 + 0.8^4 + \cdots)$$
$$= 100 \times [1 \div (1 - 0.8)]$$
$$= 500(元)$$

显然，在社会自发总需求增加 100 元的情况下，整个国家均衡国民收入的增加远远超过了总需求的增加量，达到了 500 元。在这个例子中，收入增量为初始自发需求增量的 5 倍，因此这个国家的乘数是 5，即自发总需求的增加可以使国民收入的增量按总需求增量的 5 倍增加。

可见，乘数理论中的乘数就是倍数，它表明均衡国民收入的变动量是自发总需求变动量的若干倍，从而强调了社会总需求与国民收入水平之间的密切联系。如果以 k 表示乘数，则

$$k = Y / \Delta \overline{A} = \Delta Y / (\Delta Y - c \cdot \Delta Y) = 1/(1-c) \tag{12.20}$$

由于边际消费倾向 c 代表 MPC，则式(12.20)变为

$$k = 1/(1 - \text{MPC})$$

在表 12-3 中，因为边际消费倾向为 0.8，乘数 k 便等于 5。

由式(12.20)可以看出，一个国家乘数的大小与这个国家的边际消费倾向有直接的关系。边际消费倾向越大，总需求增加对均衡国民收入增加的推动作用就越明显。应该注意到的是，自发总需求中自发投资与自发消费的增加同等重要。如果居民户与厂商对经济运行的前景感到乐观，那么自发消费与自发投资便都会有比较明显的增加，带动国民收入以更大幅度增加；而一旦人们对经济形势感到悲观，就会减少消费与投资，此时的国民收入也将以更大幅度减少。由此可见，乘数的存在也可以在一定程度上解释一个国家国民收入出现较大幅度波动的原因。

凯恩斯经济理论认为，乘数除了对均衡国民收入的决定具有重要意义外，对于一个国家的就业水平也会产生重大影响。由于自发总需求的增加可以引起产量的增加，而产量增加往往意味着生产规模的扩大和对工人需求量的增加，所以自发总需求的增加便直接地造成了就业数量的增加。另外，因为乘数的作用，增加的总需求还会间接地导致一连串的收入增加、产量增加，从而也就使得一系列的厂商扩大生产、增加对工人的雇佣，就业数量进一步增加。而反过来看，社会就业数量的增加，一方面使居民手中的收入增加；另一方面也在社会上营造了一种乐观的气氛，这又会使社会总需求继续扩大，国民收入继续增加。正是基于这种考虑，一些国家政府提出了"以就业扩大就业、以就业维持就业"的政策主张，而乘数理论无疑为这一主张提供了理论基础。

虽然乘数在均衡国民收入决定理论中具有重要意义，但在经济运行过程中它并非总能发挥作用。例如，如果社会上因资源已被充分利用而没有过剩的生产能力，则总需求的增加并不能使社会总产量增加、实际国民收入增加，乘数发生作用的连锁过程便会被打断。再如，总需求的增加所带来的收入的增加倘若被用来偿还外债或是购买国外的产品，则乘数在本国国内也无法正常发挥作用。诸如此类的情况在简单的国民收入决定模型中都被种种假设条件排除在外、不予考虑，但在实际经济生活中却时时遇到。所以，当我们将目光由经济理论转向现实经济生活时，必须对乘数发挥作用的限制条件做出分析。

12.5　三部门经济中的各种乘数

三部门经济中包括政府。一方面，政府通过征税取得收入；另一方面，政府也要进行支出。政府支出包括两项：政府购买支出和转移支付。两者的区别在于，政府购买支出使政府获得产品和劳务，是市场交易行为。政府转移支付不是市场交易行为，而只是馈赠行为，这部分支出将最终由家庭在市场中进行交易实现。

宏观经济学认为，加入政府部门以后，不仅投资支出变动有乘数效应，政府购买、税收和政府转移支付的变动，同样有乘数效应，因为政府购买性支出、税收、转移支付都会影响消费。

三部门经济中总支出为 $Y=C+I+G=C_0+c(Y-T_0)+I_0+G_0$，这里，$T_0$ 仍是定量税，在这种情况下，均衡收入为

$$Y=\frac{C_0+I_0+G_0-cT_0}{1-c} \tag{12.21}$$

通过这一公式，就可求得上述几个乘数。

12.5.1　政府购买支出乘数

所谓政府购买支出乘数（government purchase expenditure multiplier），是指收入变动对引起这种变动的政府购买支出变动的比率。以 ΔG 表示政府支出变动，ΔY 表示收入变动，k_g 表示政府购买支出乘数，则

$$k_g=\frac{\Delta Y}{\Delta G}=\frac{1}{1-c} \tag{12.22}$$

其中，c 代表边际消费倾向。可见，政府购买支出乘数和投资乘数（investment multiplier）k_1 相等。一般来说，k_g 为正值，它等于 1 减边际消费倾向 c 的倒数。

举例子来说，若边际消费倾向 $c=0.8$，则 $k_g=5$。因此，政府购买支出若增加 200 亿美元，则国民收入可增加 1 000 亿美元，如果政府购买支出减少 200 亿美元，则国民收入也要减少 1 000 亿美元。

12.5.2　税收乘数

税收乘数（tax multiplier）指收入变动与引起这种变动的税收变动的比率。税收乘数有两种：一种是税率变动对总收入的影响，另一种是税收绝对量变动对总收的影响，即

定量税对收入的影响。这里仅说明后者。

假设在 $Y=\dfrac{C_0+I_0+G_0-cT_0}{1-c}$ 中，只有税收 T_0 变动，则税收为 T_0 和 T_1 时的收入分别为

$$Y_0=\frac{C_0+I_0+G_0-cT_0}{1-c}$$

$$Y_1=\frac{C_0+I_0+G_0-cT_1}{1-c}$$

所以有

$$\Delta Y=Y_1-Y_0=\frac{-cT_1+cT_0}{1-c}=\frac{-c\Delta T}{1-c}$$

$$\frac{\Delta Y}{\Delta T}=k_T=\frac{-c}{1-c} \tag{12.23}$$

其中，k_T 为税收乘数，税收乘数为负值，表示收入随税收增加而减少，随税收减少而增加。其原因是税收增加，人们可支配收入减少，从而消费会相应减少，因而税收变动和总支出变动方向相反，税收乘数的绝对值等于边际消费倾向对 1 减边际消费倾向之比，或边际消费倾向对边际储蓄倾向之比。

例如，若 $c=0.8$，则 $k_T=\dfrac{-0.8}{1-0.8}=-4$。因此，如果政府增税 200 亿美元，则国民收入减少 800 亿美元，如果政府减税 200 亿美元，则国民收入增加 800 亿美元。

12.5.3 政府转移支付乘数

政府转移支付乘数（government transfer payment multiplier）是指收入变动与引起这种变动的政府转移支付变动的比率。

政府转移支付增加，增加了人们的可支配收入，因而消费会增加，总支出和国民收入增加，因而政府转移支付乘数为正值，用 k_{T_r} 表示政府转移支付乘数，则

$$k_{T_r}=\frac{c}{1-c} \tag{12.24}$$

这是因为，有了政府转移支付后，$Y_d=Y-T+T_r$，因此

$$Y=C+I+G=C_0+cY_d+I_0+G_0=C_0+c(Y-T+T_r)+I_0+G_0$$

$$Y=\frac{C_0+I_0+G_0+cT_r-cT}{1-c}$$

在其他条件不变，只有 T_r 变动时，则转移支付为 T_{r0} 和 T_{r1} 时的国民收入分别为

$$Y_0=\frac{C_0+I_0+G_0+cT_{r0}-cT}{1-c}$$

$$Y_1=\frac{C_0+I_0+G_0+cT_{r1}-cT}{1-c}$$

$$\Delta Y=Y_1-Y_0=\frac{cT_{r1}-cT_{r0}}{1-c}=\frac{-c\Delta T_r}{1-c}$$

$$\frac{\Delta Y}{\Delta T_r}=k_{T_r}=\frac{c}{1-c}$$

可见，政府转移支付乘数也等于边际消费倾向与 1 减边际消费倾向之比，或边际消费倾向与边际储蓄倾向之比，其绝对值和税收乘数相同，但符号相反。例如，若边际消费倾向 $c=0.8$，$k_{T_r}=\dfrac{0.8}{1-0.8}=4$。如果政府增加转移支付 200 亿美元，则国收入增加 800 亿美元；转移支付减少 200 亿美元，则国民收入减少 800 亿美元。

比较以上政府购买支出乘数、税收乘数和政府转移支付乘数的绝对值，可以看出 $|k_g|>|k_T|$，$|k_g|>|k_{T_r}|$。为什么会这样呢？因为政府支出（这里专指政府购买）增加 1 美元，就会使总支出即总需求增加 1 美元；但是，减税 1 美元，只会使可支配收入增加 1 美元，这 1 美元中只有一部分（在上例中是 80 美分）用于增加消费，另一部分（20 美分）是用来增加储蓄的。所以，减税 1 美元仅使总需求增加 80 美分。由于总生产或者说总收入由总支出即总需求决定，因此，减税 1 美元对收入变化的影响没有增加政府购买支出 1 美元对收入变化的影响大。同样道理，我们可以得出 $|k_g|>|k_{T_r}|$。

由于政府购买支出乘数大于税收乘数以及政府转移支付乘数，因此，宏观经济学认为，改变政府购买水平对宏观经济活动的效果要大于改变税收和转移支付的效果，改变政府购买水平是财政政策中最有效的手段之一。

➤本章专业术语

均衡国民收入　相对收入消费理论　生命周期消费理论　永久收入消费理论　消费函数　边际消费倾向　平均消费倾向　储蓄函数　边际储蓄倾向　平均储蓄倾向　投资函数　投资乘数　政府购买支出乘数　税收乘数　政府转移支付乘数

➤本章小结

本章要点可以归纳如下：

(1)与总需求相等的产出称为均衡产出，或者说是均衡的国民收入。在均衡产出水平上，计划（意愿）投资一定等于计划（意愿）储蓄。

(2)消费函数反映的是消费和收入之间的关系，消费倾向有边际消费倾向和平均消费倾向之分，相应的储蓄倾向也有边际储蓄倾向和平均储蓄倾向之分。由于边际消费倾向有递减的趋势，造成了社会消费需求不足，这又是造成社会总需求水平偏低的主要原因之一。

(3)在两部门经济中，均衡国民收入决定的公式是 $\overline{Y}=\dfrac{C_0+I_0}{1-c}$，投资乘数是 $k_I=\dfrac{1}{1-c}$。

(4)在三部门经济中，均衡国民收入决定的公式是 $Y=\dfrac{C_0-cT_0+I_0+G_0}{1-c}$（税收、定量税、政府转移支付没有计入）；三部门经济中各种乘数分别为：政府购买支出乘数 $k_g=\dfrac{1}{1-c}$，税收乘数 $k_T=\dfrac{-c}{1-c}$，政府转移支付乘数 $k_{T_r}=\dfrac{c}{1-c}$。

(5)在四部门经济中，均衡国民收入决定的公式是 $Y_E=\dfrac{C_0-cT_0+I_0+G_0+X_0-M_0}{1-c+m}$。

➤练习题

一、名词解释

1. 均衡产出
2. 消费函数
3. 平均消费（储蓄）倾向
4. 边际消费（储蓄）倾向

5. 乘数　　　　　　　　　　　　6. 政府转移支付乘数

二、单选题

1. 简单国民收入决定理论涉及的市场是(　　)。

　　A. 产品市场　　B. 货币市场　　C. 劳动市场　　D. 国际市场

2. 边际消费倾向的值越大,则(　　)。

　　A. 总支出曲线就越平坦　　　　　　　B. 边际储蓄倾向的值越大

　　C. 乘数的值就越小　　　　　　　　　D. 总支出曲线就越陡峭

3. 根据平均消费倾向、平均储蓄倾向、边际消费倾向、边际储蓄倾向之间的关系,下面说法正确的是(　　)。

　　A. 如果 MPC 增加,则 MPS 也增加　　B. MPC＋APC＝1

　　C. MPC＋MPS＝APC＋APS　　　　　D. MPC＋MPS＞APC＋APS

4. 线性消费曲线与 45°之间的垂直距离为(　　)。

　　A. 自发性消费　　B. 储蓄　　C. 收入　　　D. 总消费

5. 在收入的均衡水平上,(　　)。

　　A. GDP 没有变动的趋势　　　　　　　B. 计划支出等于实际支出

　　C. 非自愿的存货累积为 0　　　　　　D. 以上说法都正确

6. 根据生命周期消费理论,退休期生活水平(　　)。

　　A. 提高　　B. 下降　　C. 不变　　D. 不确定

7. 下面哪一种情况可能使国民收入增加得最多?(　　)

　　A. 政府对高速公路的护养开支增加 200 亿美元

　　B. 政府转移支付增加 200 亿美元

　　C. 个人所得税减少 200 亿美元

　　D. 企业储蓄减少 200 亿美元

8. 凯恩斯主义理论涉及的市场有(　　)。

　　A. 产品市场　　B. 货币市场　　C. 劳动市场　　D. 国际市场

9. 关于边际消费倾向的内容错误的是(　　)。

　　A. 消费水平的高低会随着收入的变动而变动,收入越多,消费水平越高

　　B. 消费水平的高低与收入的变动无关

　　C. 随着人们收入的增加,消费数量的增加赶不上收入的增加

　　D. 随着人们收入的增加,消费数量的增加赶不上投资的增加

10. 在均衡产出水平上,(　　)。

　　A. 计划支出和计划产出相等　　　　　B. 非计划存货投资等于零

　　C. 计划投资等于计划储蓄　　　　　　D. 计划存货投资等于零

11. 在消费函数和储蓄函数关系中,(　　)。

　　A. APC＋APS＝1　　　　　　　　　　B. MPC＋MPS＝1

　　C. 如果消费函数为 $C＝C_0＋cY$,则储蓄函数为 $S＝-C_0＋(1-c)Y$

　　D. 如果 APC 和 MPC 随收入增加而递减,且 APC＞MPC,则 APS 和 MPS 都随收入增加而递增,且 APS＜MPS

三、判断题

1. 消费和收入之间如存在线性关系,那么边际消费倾向不变。(　　)

2. 消费水平的高低会随着收入的变动而变动,收入越多,消费水平越高。(　　)

3. 无论收入是高是低,平均消费倾向都不可能大于 1。(　　)

4. 消费函数的斜率取决于平均消费倾向。（　　）

5. 乘数的作用必须在经济中存在闲置资源时才能发挥。（　　）

6. 政府支出的变化直接影响总需求，但税收和转移支付则是通过它们对私人消费和投资的影响间接影响总需求。（　　）

四、问答题

1. 简要说明乘数理论的内容并加以分析。

2. 试述研究边际消费倾向的现实意义。

3. 凯恩斯简单国民收入决定理论的假设条件是什么？为什么可以作这样的假定？

4. 能否说边际消费倾向和平均消费倾向都总是大于 0 而小于 1？

五、计算题

1. 假设某经济社会的消费函数为 $C=100+0.8Y$，投资 I 为 50（以下数的单位为亿美元）。

(1) 求均衡收入、消费和储蓄。

(2) 如果当时实际产出（即收入）为 800，求企业非愿意存货为多少？

(3) 若投资增至 100，求增加的收入。

(4) 若消费函数变为 $C=100+0.9Y$，投资仍为 50，求收入和储蓄各为多少？投资增至 100 时收入增加多少？

(5) 消费函数变动后，乘数有何变化？

2. 假定某经济社会的消费函数为 $C=100+0.8Y_d$（Y_d 是可支配收入），投资支出 $I=50$，政府购买 $G=200$，政府转移支付 $T_r=62.5$，税 $T=0.25$（单位均为 10 亿元），试求：

(1) 均衡国民收入。

(2) 投资乘数、政府购买支出乘数、税收乘数和政府转移支付乘数。

3. 在三部门经济中，已知消费函数为 $C=100+0.9Y_d$，投资 $I=300$ 亿元，政府 $G=160$ 亿元，税收 $T=0.2Y$。试求：

(1) 均衡的国民收入水平。

(2) 政府购买支出乘数。

(3) 当政府购买增加到 300 亿元时，新的均衡国民收入。

第13章

产品市场和货币市场的一般均衡

本章要点：

投资的含义　资本边际效率的概念　投资函数　IS 曲线的含义及其推导　凯恩斯的货币需求函数　LM 曲线的含义及其推导　IS-LM 模型

在简单国民收入决定模型中，我们只考察了产品市场的均衡问题，没有考虑货币市场，而是把货币市场看做是既定的，更没有把产品市场均衡和货币市场均衡结合起来进行分析，这显然是不符合实际的。英国经济学家希克斯和美国经济学家汉森对凯恩斯的国民收入决定理论进行了补充和修正，提出了著名的"汉森-希克斯模型"，也称为"IS-LM 模型"，本章主要依据该模型对产品市场和货币市场的同时均衡问题进行分析。

13.1　投资的定义及投资决定

13.1.1　投资的含义及分类

投资（invest）也称为"资本形成"，表示在一定时间内实际资本的增加。它包括三个方面：一是非住宅性固定投资，指企业购买新的厂房和耐用设备；二是住宅性固定投资，指建造新的住宅和公寓等；三是存货投资，指已经生产但尚未销售的产品存量的增加。值得说明的是，这里所说的投资是经济学意义上的投资，它不包括人们购买证券、土地和其他财产，而只是指资本的形成，即社会实际资本的增加。

投资还可以分为总投资和净投资。总投资是没有除去资本损耗（折旧）的投资，净投资则不包括资本损耗。总投资一般为正值，净投资可能是正值、零或负值，完全取决于总投资是大于、等于还是小于资本折旧。

投资还有"自发投资"和"引致投资"的不同。自发投资是指不受国民收入或消费的影响而进行的投资，如出于新发明、新技术、人口的变动、心理因素、战争爆发，政府为了社会安全或社会福利等目的而进行的投资，引致投资（induced investment）则是由于国民收入和消费的变动等而进行的投资，如因收入增加而增加的投资。

决定投资的因素有很多，主要包括实际利率水平、预期收益率和投资风险等。

13.1.2 实际利率与投资

凯恩斯认为，是否要进行投资，取决于这些新投资如机器、设备等的预期利润率与购买这些资产而所需借款的利率的比较。如果预期利润率大于借款利率，那么这种投资是值得的；反之则是不值得的。因此，在决定投资的诸因素中，利率是首要因素。这里的利率，是实际利率。实际利率大致等于名义利率减去通货膨胀率。例如，假设某年国家的名义利率(货币利率)为8％，通货膨胀率为3％，那么实际利率为5％。在投资的预期利润率既定时，企业是否投资，首先取决于利率的高低。利率提高，投资需求量就减少；利率降低，投资需求量就增加。所以，投资是利率的减函数。投资与利率之间的关系称为投资函数，用公式表示如下：

$$I = I(r) \tag{13.1}$$

我们可以将资本边际效率看做是投资的收益，相应地把资本市场上的利率看做是投资的成本。这一方面意味着我们假设在大多数情况下厂商所需要的资金来自于资本市场上的借款；另一方面也意味着即便厂商是以自有资金进行投资，也要考虑投资的机会成本。很显然，当资本边际效率大于利率时，厂商投资的收益超过了投资的成本，投资使其利润增加，因而厂商会扩大投资；当资本边际效率小于利率时，投资使厂商出现亏损，厂商便不会进行新的投资，还可能对已决定进行的投资做出调整，以尽量缩小规模，避免亏损。我们可以作图13-1说明资本市场利率与资本边际效率如何共同决定投资量。

图13-1中，横轴表示投资量，纵轴表示资本边际效率 r 和资本市场的利率 i。MEC曲线就是资本边际效率曲线，它向右下方倾斜，说明投资额的扩大使资本边际效率不断降低。如果现在资本市场均衡利率是 i_0，厂商的投资量为 I_1，则投资相应的利润率是 r_1。由于 $r_1 > i_0$，厂商发现进行投资可以给自己带来更多的利润，于是它就会在 I_1 的基础上加大投资量，使投资需求趋于增加，而利润率随之下降；反之，若厂商投资量达到了 I_2，相应的利润率是 r_2，由于 $r_2 < i_0$，投资收益不足以弥补投资成本，厂商发现投资造成了亏

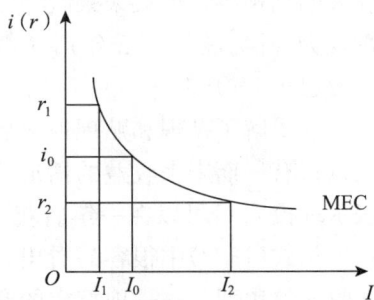

图 13-1 投资量的决定

损，此时它便会在 I_2 的基础上减少投资，这又使利润率趋于提高。显然，只有在 $r = i_0$ 的情况下，厂商的投资量才会稳定，不再做任何调整，此时的投资量保持在 I_0 的水平上。可见，自发投资量决定的条件是资本边际效率与市场利率相等。

13.1.3 资本边际效率

我们现在考察企业投资购买一项资本品的行为。企业投资的目的在于赢利，因而在考虑风险的条件下，决定企业是否进行投资的因素主要是投资项目的利润和筹措投资资金所需要花费的成本。投资利润由预期利润率所决定，筹资成本取决于资金市场的利率。如果购买一项资本品的预期利润率大于利率，企业有利可图，因而会进行投资；反之，企业就不会进行投资。可见，投资取决于预期利润率是否超过市场利率。

一般来说，资本品的预期利润率可以由资本品的净收益与购买资本品的成本所决定。但是，资本品往往是在一定时期内才能发挥作用，这样，投资一项资本品带来的净收益与支出发生的时间不相一致。因此，一项资本品的预期利润率通常由该项资本品的边际效率加以衡量。

资本边际效率（marginal efficiency of capital，MEC）是凯恩斯提出的一个概念，它是一种贴现率，这种贴现率正好使一项资本品在使用期内各预期收益的现值之和等于这项资本品的供给价格或者重置资本。如果一项资本品在未来各年的预期收益为 R_1、R_2、R_3、……，而此项资本品的购买价格为 C，那么满足下列等式（13.2）的 rc 即为该项资本品的边际效率：

$$C = \frac{R_1}{1 + \mathrm{rc}} + \frac{R_2}{(1 + \mathrm{cr})^2} + \cdots + \frac{R_n}{(1 + \mathrm{rc})^n} \tag{13.2}$$

为了理解资本边际效率这一概念，需要解释一下贴现和贴现值的含义。贴现（discount）是指将未到期的收入变换为现期收入的过程，而贴现值则是把未来收入贴现到现在的价值。下面举一个例子说明。假定现在将 100 元按年息 5％的利率存入银行，那么存款到期后可以得到的收入为 $100 \times (1 + 5\%) = 105$ 元。这就是说，今天持有这样一张存单，一年后可以获得 105 元收入。如果反过来考虑，预期 1 年后获得 105 元收入，现在应该存入多少钱呢？后一个过程就是贴现，相应的存入银行的数额就是 105 元预期收入的贴现值，贴现值等于 $105/(1 + 5\%) = 100$ 元，此时 5％就是按未来收益贴现为现期收入的贴现率。如果未来收益出现在 2 年后，则首先按 5％的贴现率贴现到 1 年后，再贴现为现值。例如，2 年后 150 元收入的现值就是：$150 = 150/(1 + 5\%)/(1 + 5\%) = 150/(1 + 5\%)^2$。

在了解了贴现和贴现值之后，我们再来考察资本边际效率本身。为了理解方便，我们以只有一期未来收益的情形为例，可以将式（13.2）写成 $R_1 = (1 + \mathrm{rc})C$。很显然，rc 表示现投入 C 可以在一年后获得 R_1 的一个预期利润率。

从式（13.2）中很容易看出，资本边际效率取决于资本品的价格和投资者对投资品带来收入的预期。就一项特定的资本品而言，资本品的价格既定，因而预期收入越高，资本边际效率也就越大。资本品的预期收入，一方面取决于投资品本身的特性；另一方面也取决于投资者对未来经济形势的判断。如果对经济前景做出乐观的估计，投资的预期收入就高；如果对前景持悲观态度，预期收入就低。在一个特定时期，一个投资者对资本品的预期收入是既定的，因而对该项资本品而言，其边际效率就是既定的。

从购买一项资本品的成本方面考察，购买资本品的支出 C 还可以获得其他收入，如存入银行可以获取利息。假定现有的银行利润为 R，如果投资者发现利率高于资本边际效率，那么他就会把投资转向金融市场，而不购买资本品。因此，投资者购买资本品的条件是该项资本品的边际效率 MEC 不低于市场利率 R。

13.1.4 投资函数

以上我们分析了企业投资一项资本的行为，现在转向整个社会经济投资量的决定。在整个经济社会中，存在着若干个投资项目，对应于每个特定的投资项目，投资者都会根据资本的价格和预期收益确定唯一的资本边际效率，如图 13-2 所示，横轴 I 表示投资，纵轴 R 既表示市场利率，也表示资本的边际效率 MEC。图 13-2 表明，若需要投资 I_1 的项目，资本的边际效率 MEC 则最高，如 15%；之后，投资 I_2 的项目，边际效率降低，如 10%；如此按边际效率由大到小排列。

现在假定市场利率为 R。根据上面的分析，只有当资本的边际效率超过这一市场利率时，投资者才会进行投资。例如，当 R_1 为 12% 时，经济中只有第一个项目付诸实施，此时的投资量为 I_1；如果利率降低到 8%，则第一和第二个项目会被投资，从而投资量为 $I_1 + I_2$。由此可见，就全社会而言，在资本的边际效率既定条件下，如果利率越高，资本的边际效率超过利率的项目也就越少，投资数量也就越少；反之，利率越低，资本的边际效率超过利率的项目也就越多，投资数量就越大。因此，投资取决于市场利率，并且随着市场利率的降低而增加。投资 I 和市场利率 R 之间的这种关系称为投资函数（invest function），可表示为

$$I = I(R) \tag{13.3}$$

有时为了简单起见，也把投资函数以线性的形式表示出来，即

$$I = e - dR \tag{13.4}$$

其中，e 表示利率即使为零也会有的投资量，因而也称为自发投资；R 为实际利率；d 为投资需求对利率变动的反应程度，表示利率每增加一个百分点投资会下降多少。投资与利率之间的上述关系还可用图 13-3 中的投资需求曲线来表示。

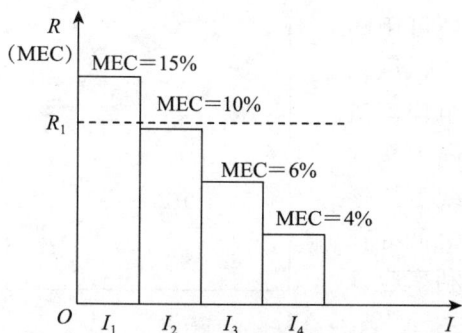

图 13-2 资本边际效率　　　图 13-3 投资需求曲线

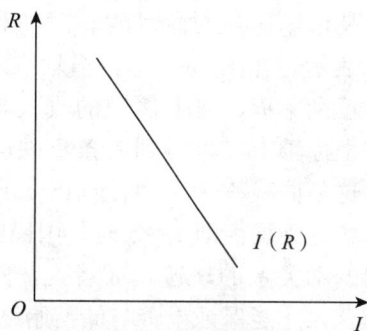

13.2 产品市场均衡：IS 曲线

13.2.1 IS 曲线的含义及其推导

根据收入决定的简单模型，在两部门经济中，产品市场达到均衡的条件是总需求等于总供给，即投资等于储蓄。并且从前文的分析可以知道，储蓄是国民收入的函数，它随着国民收入的增加而增加；投资是利率的函数，它随着利率的上升而减少。这样，如果把两部门经济中的市场需求与供给的关系用经济模型表示出来，可得到下列三个关系式：

$$I = e - dR \tag{13.5}$$

$$S = -\alpha + (1-\beta)Y \tag{13.6}$$
$$I = S \tag{13.7}$$

式(13.7)为两部门经济中产品市场的均衡条件，表示投资等于储蓄，即在总需求等于总供给时，产品市场实现均衡。将以上各关系式整理后可得

$$Y = \frac{\alpha + e - dR}{1 - \beta} \tag{13.8}$$

式(13.8)为产品市场供求均衡的方程式，它表示投资等于储蓄而使产品市场达到均衡时国民收入 Y 与利率 R 的各种数量组合，或者说收入与利率之间必须维持式(13.8)的数量组合关系，才能使投资等于储蓄，从而使产品市场实现均衡。现在举一个例子来说明这一点，假设投资函数 $I = 1\,250 - 250R$，储蓄函数 $S = Y - C = -500 + 0.5Y$，根据产品市场的均衡条件 $I = S$，由投资函数和储蓄函数可得

$$Y = \frac{\alpha + e - dR}{1 - \beta} = \frac{500 + 1\,250 - 250R}{1 - 0.5} = 3\,500 - 500R$$

当 $R = 1$ 时，$Y = 3\,000$；
当 $R = 2$ 时，$Y = 2\,500$；
当 $R = 3$ 时，$Y = 2\,000$；
当 $R = 4$ 时，$Y = 1\,500$；
当 $R = 5$ 时，$Y = 1\,000$；
…………

产品市场达到均衡时的收入与利率的关系还可用图 13-4 来表示。在图 13-4 中，横轴表示国民收入 Y，纵轴表示市场利率 R，将上例中的收入与利率的各组均衡值表示在坐标轴上，可得到一条反映收入与利率间关系的曲线，这条曲线称为 IS 曲线（IS curve），IS 曲线是描述产品市场达到均衡即 $I = S$ 时，国民收入与利率之间存在反方向变动关系的轨迹，或者说，国民收入与利率应该怎样配合，才能保证投资与储蓄始终相等。

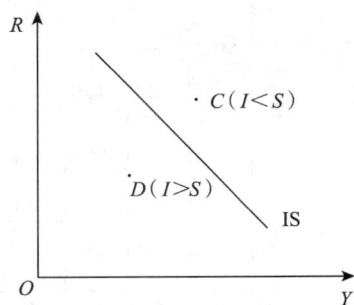

图 13-4　IS 曲线

需要说明的是，IS 曲线的意义并不是表明国民收入与利率存在着这样一种严格的函数关系，也不意味着国民收入是利率变化的原因，或者利率是国民收入变化的原因。它只表明当利率与国民收入存在这样一种数量组合关系时，投资与储蓄保持相等，产品市场的均衡条件得到满足。

虽然 IS 曲线表示的是使投资等于储蓄的收入和利率的各种组合，但是，并不是说，经济社会每一时期的收入和利率的实际组合必定位于 IS 曲线之上，而可能存在产品市场的不平衡。例如，图 13-4 中，C 点是一个投资小于储蓄的非均衡点。D 点也是一个非均衡点，这时，实际利率低于应有的利率，实际的投资大于应有的投资，也就是大于应有的储蓄。因此，D 点是一个投资大于储蓄的非均衡点。一般地说，位于 IS 曲线右上方的收入和利率的组合，都是 $I < S$ 的非均衡点；位于 IS 曲线左下方的收入和利率的组合，都是 $I > S$ 的非均衡组合；只有位于 IS 曲线上的收入和利率的组合，才是

$I=S$ 的均衡组合。

13.2.2　IS 曲线的斜率

IS 曲线的斜率的大小反映了利率变动与国民收入变动之间的数量关系，即利率的一定程度变动会引起国民收入多大程度的变动。从 IS 曲线的代数表达式中可以看出 IS 曲线的斜率的大小或者说倾斜程度，取决于投资曲线和储蓄曲线的斜率。如果把两部门经济中的 IS 曲线的代数表达式 $Y=\dfrac{\alpha+e-dR}{1-\beta}$ 改为

$$R=\frac{\alpha+e}{d}+\frac{1-\beta}{d}Y \tag{13.9}$$

那么在式(13.9)中，Y 前面的系数就是 IS 曲线的斜率，显然，IS 曲线的斜率既取决于 d，也取决于 β。

d 是投资需求对利率变动的反应程度。如果 d 的值较大，从式(13.9)可知，IS 曲线的斜率就较小，即 IS 曲线较平缓。这是因为，投资对利率较敏感时，利率的较小变动就会引起投资的较大变动，从而引起收入的较大变动，反映在 IS 曲线上，就是利率较小的变动会要求收入有较大的变动与之相配合，才能使产品市场均衡；反之，如果 d 的值较小，IS 曲线的斜率就较大，则 IS 曲线较陡峭。

β 是边际消费倾向，如果 β 较大，从式(13.9)可知，IS 曲线的斜率会较小，这是因为 β 较大，意味着支出乘数较大，从而当利率变动引起投资变动时，收入会以较大的幅度变动，因而 IS 曲线就较平缓。反之，如果 β 较小，IS 曲线的斜率就较大，即 IS 曲线较为陡峭。

13.2.3　IS 曲线的移动

从式(13.9)中可以看出，在两部门经济中，投资函数或储蓄函数的变动，即投资曲线或储蓄曲线发生移动，都会引起 IS 曲线在坐标图中的位置移动。

先看投资函数的变动。如果由于某种原因，例如，出现了技术创新，或企业家对经济前景预期乐观等，在每一利率水平上投资需求都增加了，即投资曲线向右上方移动，则 IS 曲线也会向右上方移动；反之，若在每一利率水平上投资需求都减少了，即投资曲线向左下方移动，则 IS 曲线也会向左下方移动。

再看储蓄函数的变动。假若人们的储蓄意愿增强了，在每一收入水平上人们都增加了储蓄，储蓄曲线会向右上方移动，如果投资函数不变，IS 曲线就会向右上方移动；反之，若储蓄曲线向左下方移动，IS 曲线就会向左下方移动。

13.3　利率的决定

现在我们由产品市场转到货币市场，分析货币市场的供求关系和利率的决定问题。凯恩斯理论认为，利率是由货币的供给量和对货币的需求量所决定的。货币的实际供给量一般由国家(货币当局)加以控制，是一个外生变量，因此，需要分析的主要是货币的需求。

13.3.1　货币需求

货币需求（monetary needs）是指人们在手边保存一定数量货币的愿望，它是由人们对货币的流动性偏好引起的，因此，货币需求又被称为流动性偏好。

与其他资产相比，货币具有很强的流动性，正是这种货币的流动性，使人们对货币产生了流动偏好。产生流动偏好的动机主要有三种：一是交易动机；二是预防性动机；三是投机动机。

交易动机（transaction motive）是指个人和企业为了进行正常的交易活动而需要货币的动机，由此产生的货币需求被称为货币的交易需求。在经济生活中，由于收入和支出在时间上不同步，所以个人和企业必须有足够的货币资金来支付日常需要的开支。个人或企业出于这种交易动机所需要的货币量，决定于它们的收入水平、生活惯例和商业制度。生活惯例和商业制度在短期内一般可假定为固定不变。按凯恩斯的说法，出于交易动机的货币需求量主要决定于收入，收入越高，交易数量越大，所交换的商品和劳务的价格越高。因此，为应付日常开支所需的货币量就越大。

预防动机又称谨慎动机（precautionary motive），是指人们为预防意外支出而需要持有一部分货币的动机，由此产生的货币需求被称为货币的预防需求。在经济生活中，个人或企业为应付事故、失业、疾病等意外事件而需要事先持有一定数量的货币。货币的交易需求产生于收入和支出间缺乏同步性，而货币的预防性需求则产生于未来收入和支出的不确定性。凯恩斯认为，个人对货币的预防性需求数量主要决定于他对意外事件的看法。但从全社会来看，这一货币需求量大体上和收入成正比，是收入的增函数。

上述两种动机引起的货币需求都取决于国民收入，为了简化分析，把这两种类型的货币需求归于一类，用 L_1 来表示，并简称为交易需求。用于交易的货币需求量 L_1 和收入 Y 之间的关系可表示为

$$L_1 = L_1(Y) \tag{13.10}$$

或者

$$L_1 = K(Y) \tag{13.11}$$

其中，K 为出于上述两种动机所需要的货币量同实际收入的比例关系；Y 为具有不变购买力的实际收入。

投机动机（speculation motive）是指人们为了抓住有利的购买有价证券的机会而需要持有一部分货币的动机，由此产生的货币需求称为货币的投机需求。人们之所以为了投机的目的持有一定数量的货币，原因在于有价证券市场上价格变动可以使购买有价证券者获利或者蒙受损失。以股票为例，当股票价格下跌时，持有股票有利可图，于是，人们较多地购买股票从而使手中为了投机目的留有的货币数量减少。相反，当股票价格升高时，人们就出售股票，换取货币等待更有利的生息机会，从而使手中持有的货币数量增加。由此可见，货币投机需求量与有价证券的价格之间呈同方向变动。

那么有价证券的价格是如何决定的呢？在实际生活中，有价证券的价格与预期收益成正比，与利率成反比。例如，一张股票一年可获利 10 美元，而市场利率是 10%，则这张股票的市场价格就是 100 美元，如果市场利率下降 5%，这张股票的市场价格就是

200 美元。因为在利率为 5％时，把 200 美元存入银行也可得到利息 10 美元。可见，在其他条件不变的情况下，股票价格一般会随利率的下降而提高。

综上所述，人们对货币的投机需求取决于市场利率，二者呈反方向变化。利率越高，则有价证券的价格越低，人们就会买进有价证券，从而使手中出于投机动机而持有的货币数量减少；相反，利率越低，则有价证券的价格越高，人们就会卖出有价证券，从而使手中出于投机动机而持有的货币数量增加。如果用 L_2 表示货币的投机需求，仍用 R 表示市场利率，则这一货币需求量和利率的关系可表示为

$$L_2 = L_2(R) \tag{13.12}$$

图 13-5 表示了人们对货币的投机需求与市场利率之间的关系。随着利率的下降，人们对货币的投机需求在增加，即货币的投机需求曲线是一条向右下方倾斜的曲线。但是，随着利率的不断下降，货币的投机需求并不趋向于 0，而是越来越平缓，形成这种形状的原因在于人们的"流动偏好陷阱"。

流动偏好陷阱或流动性陷阱（liquidity trap）又被称为凯恩斯陷阱，是凯恩斯在分析人们对流动偏好时提出来的。凯恩斯陷阱是指这样一种现象：当利率极低时，人们预计利率不大可能再下降，可以说人们预计有价证券的市场价格已经

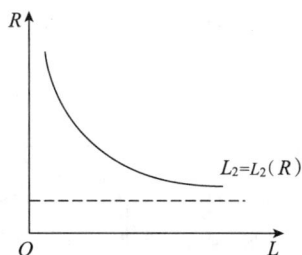

图 13-5　货币的投机
需求曲线

接近最高点，不大可能再上升，而只会跌落，因而会将所持有的有价证券全部换成货币。人们有了货币也绝不肯再去买有价证券，以免证券价格下跌时遭受损失，人们不管有多少货币都愿意持在手中，等待有价证券价格下降很多直至出现最佳购买时机。显然，正是人们的这种投机心理的作用，使利率的降低有一个下限，造成投资成本不能与投资收益同步下降，从而导致社会投资需求不足。流动偏好陷阱对应的是图 13-5 中描绘的货币的投机需求曲线接近水平的区域。

综合三种动机引起的货币需求可以知道，货币需求主要取决于国民收入和货币市场的利率，并且货币需求与收入同方向变动，与利率反方向变动。以 L 表示货币需求，则

$$L = L_1(Y) + L_2(R) \tag{13.13}$$

在收入既定的条件下，货币的交易和预防需求既定。这时，货币的需求 L 随着利息的上升而下降，如图 13-6 所示。

13.3.2　货币供给

货币供给（monetary supply）是指一个国家在某一特定时点上由家庭和厂商持有的政府和银行系统以外的货币总和。货币有狭义和广义之分，狭义的货币只包括硬币、纸币和银行的活期存款，广义的货币还包括定期存款。如果将个人和企业持有的政府债券也包括在内，则形成更广泛意义上的货币。作为理论分析，通常在笼统的意义上使用货币供给概念。

在现代经济中，政府或者国家控制着货币发行权，它通过银行系统影响社会货币总量。需要说明，政府发行的货币是名义货币，即按照货币的面值计量的。经济学讨论货

币市场所涉及的货币指实际货币。因此,需要将名义货币折算为实际货币量。假定政府发行的名义货币量为 m,而经济中的价格总水平为 P,那么实际发挥作用的货币量 M 是

$$M = \frac{m}{P} \tag{13.14}$$

式(13.14)给出了经济中的货币供给。一般来说,政府不以赢利为目的,因而货币的供给量与利率的高低无关。于是,货币的供给可以认为是一个政府可控制的常量。在图 13-7 中,货币供给曲线是一条平行于利率的直线。

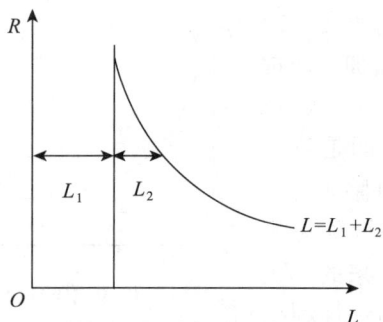

图 13-6　货币的需求

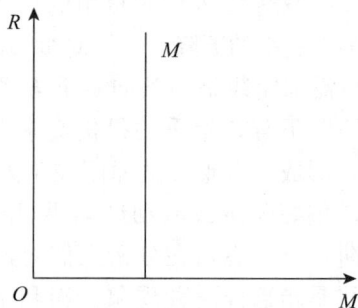

图 13-7　货币的供给曲线

13.3.3　均衡利率的决定

在货币市场上,货币的需求与货币供给的相互作用使得市场利息趋向于均衡,如图 13-8 所示。

在图 13-8 中,L 表示货币的需求曲线,在既定的收入条件下,它随着利率的降低而增加;M 表示货币的供给,它不随利率的变动而变动。货币的需求曲线与供给曲线的交点 E 使得货币市场处于均衡,并决定均衡的利率 R_0。当市场利率高于均衡利率 R_0 时,如位于 R_1,此时货币的需求小于货币的供给。这意味着,人们想持有货币的数量小于实际持有的货币数量,因而人们就会将手中不想要的货币转化

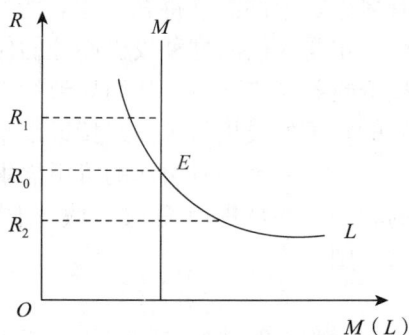

图 13-8　均衡利率的决定

为有价证券。结果有价证券价格提高,利率下降,从而 R_1 趋向于 R_0。反之,当利率低于均衡利率 R_0 时,如位于 R_2,则货币的需求大于货币的供给。这意味着,人们想持有货币的数量超过实际水平的货币量,因而人们会把手中持有的有价证券转化为货币,即出售有价证券,结果导致有价证券价格下降,从而使得利率上升,R_2 趋向于 R_0。由此可见,只有货币需求等于货币供给时,利率才处于均衡,这一均衡利率由下列条件所决定:

$$M = L_1(Y) + L_2(R) \tag{13.15}$$

可见,市场均衡利率(market equilibrium interest rate)由货币需求和货币供给的相互作用所决定。当货币需求或货币供给变动时,均衡利率水平也会相应地改变。由图

13-8 可以看出，如果货币需求增加，货币需求曲线向右上方移动，从而均衡利率升高；反之，货币需求减少，均衡利率降低。如果货币供给增加，货币供给曲线向右移动，均衡利率下降；反之，货币供给减少，均衡利率上升，特别地，如果人们对货币的需求处于流动偏好陷阱，即货币需求曲线趋于水平，那么无论货币供给有多大，市场均衡利率都倾向于保持不变。

13.4　货币市场均衡：LM 曲线

13.4.1　LM 曲线及其推导

13.3 节的分析表明，利率由货币市场上的货币需求和货币供给来决定，而货币的供给量由中央银行所控制，它是一个由政策所决定的变量，至少在短期内，它不会随着人们对货币需求的变动而变动。所以，在货币供给量既定情况下，货币市场的均衡只能通过调节货币的需求来实现。

假定 M 代表实际货币供给量，则货币市场的均衡可表示为

$$M=L=L_1(Y)+L_2(R)=kY-hR \tag{13.16}$$

这一等式表示了满足货币市场均衡条件下的收入与利率的关系，该等式还可表示为

$$Y=\frac{h}{k}R+\frac{M}{k} \tag{13.17}$$

或

$$R=\frac{k}{h}Y+\frac{M}{h} \tag{13.18}$$

在货币市场上，式(13.18)为货币市场供求均衡的方程式，它表示货币需求等于货币供给而使货币市场达到均衡的收入与利率的组合关系，或者说，收入与利率之间必须维持式(13.18)的关系才能使货币需求等于货币供给，从而使货币市场达到均衡。式(13.18)实际上是 LM 曲线的代数表达式，根据该式，如果已知货币供给量和货币需求函数，便可求出能够使得货币需求等于货币供给的国民收入与利率的各组数量组合。现在举一个例子来说明这一点。假设实际货币供给量 $M=1\,250$（亿美元），货币需求函数 $L=L_1(Y)+L_2(R)=0.5Y+1\,000-250R$，由货币市场的均衡条件 $M=L$，即 $1\,250=0.5Y+1\,000-250R$，进而可得 $Y=500+500R$ 或 $R=0.002Y-1$。

当 $Y=1\,000$ 时，$R=1$；
当 $Y=1\,500$ 时，$R=2$；
当 $Y=2\,000$ 时，$R=3$；
当 $Y=2\,500$ 时，$R=4$；
…………

货币市场达到均衡时的收入与利率的关系可用图 13-9 来表示。在图 13-9 中，横轴表示国民收入 Y，纵轴表示市场利率 R，将上例中的收入与利率的各组均衡值表示在坐标轴上，则可得到一条反映收入与利率间关系的曲线，这条曲线称为 LM 曲线（LM curve）。LM 曲线表示要使货币需求等于货币供给国民收入和利率必须具备的数量组合

的轨迹，或者说，它表示国民收入和利率应该怎样配合才能保证货币需求量与货币供给
量相等。LM 曲线是一条向右上方倾斜的曲线。与 IS 曲线相似，LM 曲线的意义并不是
表明利率与国民收入存在着这样一种严格的函数关系，也不意味着两者存在因果关系。
它只表明，当利率与国民收入存在这样一种数量关系时，货币需求量与货币供给量保持
相等，货币市场均衡的条件得到满足。

LM 曲线的性质说明，在曲线上的任何一点都是
使货币供求相等的利率与收入的一种组合。但是，经
济社会的每一时点的收入和利率的实际组合并不是一
定位于 LM 曲线之上，而是可能存在货币市场的不均
衡。如图 13-9 中位于 LM 曲线右下方的 B 点就是一个
非均衡点，这时实际的利率低于应有的利率，实际的
投机需求大于应有的投机需求，也就是大于应有的货
币供给，因此，B 点是一个货币需求大于货币供给的
非均衡点。相反，如果实际利率高于货币供给，如图
13-9 中的 A 点，就是一个货币需求小于货币供给的非
均衡点。一般地说，位于 LM 曲线右下方的收入和利

图 13-9　LM 曲线

率的组合都是货币需求大于货币供给的非均衡组合，只有位于 LM 曲线上的收入和利
率的组合才是货币需求等于货币供给的均衡组合。

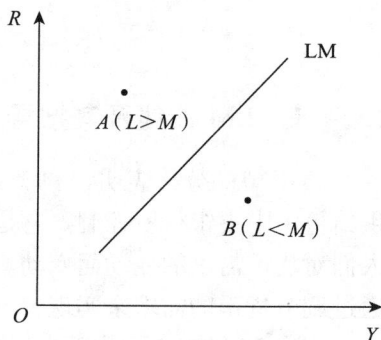

13.4.2　LM 曲线的斜率

LM 曲线的斜率的大小反映了利率变动与国民收入变动之间的数量关系。一方面从
LM 曲线的代数表达式 $R=(\frac{k}{h})Y-\frac{M}{h}$ 可以看出，$\frac{k}{h}$ 是 LM 曲线的斜率，当 k 为定值时，

h 越大，即货币需求对利率的敏感度越高，货币投机需求曲线越平缓，则 $\frac{k}{h}$ 就越小，于

是 LM 曲线越平缓。

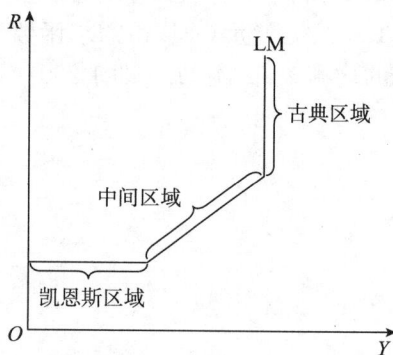

图 13-10　LM 曲线的三个区域

LM 曲线总体来说是向右上方倾斜的，但若细分
它可分为先水平状，后向右上方倾斜，最后变为完
全垂直这三个区域。如图 13-10 所示，当利率降得很
低时，货币的投机需求将成为无限的，货币投机需
求的利率弹性无穷大，此时 LM 曲线应呈水平状态。
相反如果利率上升到很高水平时，货币的投机需求
量将等于零，货币投机需求的利率上升到很高水平
时，货币的投机需求量将等于零，货币投机需求的
利率弹性等于零，此时 LM 曲线应呈垂直状态。LM
曲线呈水平状态的这个区域一般称为"凯恩斯区域"，
LM 曲线呈垂直状态的区域则被称为"古典区域"，介
于两者之间的是"中间区域"。LM 曲线的斜率在古典区域为无穷大，在凯恩斯区域为

零，在中间区域为正值。

13.4.3　LM 曲线的移动

由于 LM 曲线是由货币需求和货币供给来决定的，所以，货币投机需求、交易需求和货币供给量的变化，都会使 LM 曲线发生相应的变动。

第一，货币投机需求曲线移动，会使 LM 曲线发生方向相反的移动，如投机需求曲线右移(即投机需求增加)，而其他情况不变会使 LM 曲线左移，原因是同样利率水平上投机需求量增加了，交易需求量必减少，从而要求的国民收入水平下降。

第二，货币交易需求曲线移动，会使 LM 曲线发生方向相同的移动，如交易需求曲线右移(即交易需求增加)而其他情况不变，则会使 LM 曲线也右移。

第三，货币供给量变动将使 LM 曲线发生同方向变动，如货币供给增加，使既定收入对应的市场均衡利率下降，从而 LM 曲线右移；反之，货币供给减少，LM 曲线左移。

在导致 LM 曲线移动的三个因素中，特别要重视货币供给量的变动，因为货币供给量是国家货币当局可以根据需要而调整的一个因素，通过这种调整来调节利率和国民收入，这正是宏观货币政策的内容。

13.5　产品市场和货币市场同时均衡：IS-LM 模型

13.5.1　两个市场同时均衡的利率和收入

产品市场与货币市场同时处于均衡时，收入 Y 和利率 R 必须同时满足产品与货币市场的均衡条件。由产品市场的分析知道，当投资等于储蓄时产品市场处于均衡，因此，产品市场的均衡可以由 $I(R)=S(Y)$ 加以表示。由货币市场的分析知道，当货币需求等于货币供给时，货币市场处于均衡，因此，货币市场的均衡可以由 $M=L_1(Y)+L_2(R)$ 加以表示。这样，使得产品市场与货币市场同时处于均衡的收入 Y 和利率 R 的组合一定满足下列两个条件：

$$\begin{cases} I(R)=S(Y) \\ M=L_1(Y)+L_2(R) \end{cases} \tag{13.19}$$

式(13.19)被称为 IS-LM 模型(IS-LM model)。

产品市场与货币市场同时处于均衡的过程也可以用图 13-11 加以说明，图 13-11 表明，在 IS 曲线和 LM 曲线所表示的收入和利率的一切组合中，只有收入为 Y_0，利率为 R_0 的这一组合，才正好使产品的供给和需求以及货币的供给和需求相等。这一组合就是 IS 曲线和 LM 曲线的交点，这个交点就是产品市场和货币市场的均衡点 E，这个交点同时决定均衡收入和均衡利率。

从图 13-11 可以看出，IS 曲线和 LM 曲线把坐标平面分成了四个区域即 Ⅰ、Ⅱ、Ⅲ、Ⅳ区域。区域Ⅰ、Ⅱ位于 IS 曲线的右方，从上述分析知道，在 IS 曲线的右方，投资小于储蓄，这意味着消费支出加上投资支出的和小于收入。区域Ⅲ、Ⅳ位于 IS 曲线的左方，从上述分析知道，在 IS 曲线左方，投资大于储蓄，这意味着消费支出加上投

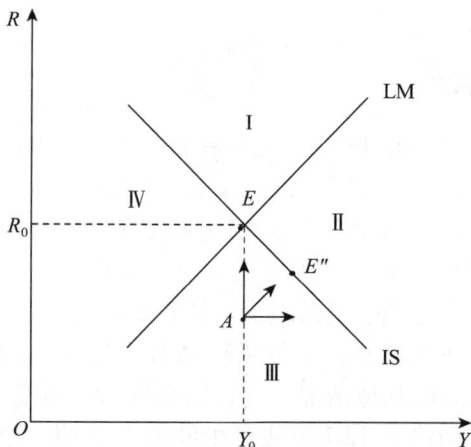

图 13-11　产品市场和货币市场的一般均衡

资支出的和大于收入，这是产品市场的情况。区域Ⅱ、Ⅲ位于 LM 曲线的右方，从上述分析知道，在 LM 曲线的右方，货币需求大于货币供给，也就是说，投机需求加上交易需求的和大于全部货币供给。区域Ⅰ、Ⅳ位于 LM 曲线的左方，从上述分析知道，在 LM 曲线的左方，货币需求小于货币供给，即投机需求加上交易需求的和小于全部货币供给。四个区域非均衡关系可见表 13-1。

表 13-1　产品市场和货币市场的非均衡

区域	产品市场	货币市场
Ⅰ	$I<S$ 有超额产品供给	$L<M$ 有超额货币供给
Ⅱ	$I<S$ 有超额产品供给	$L>M$ 有超额货币需求
Ⅲ	$I>S$ 有超额产品需求	$L>M$ 有超额货币需求
Ⅳ	$I>S$ 有超额产品需求	$L<M$ 有超额货币供给

由于只有在 IS 曲线上的收入与利率的组合才能使产品市场达到均衡，只有在 LM 曲线上的收入与利率的组合才能使货币市场达到均衡，故只有既在 IS 曲线上又在 LM 曲线上的收入与利率的组合，才能使产品市场和货币市场同时达到均衡，或者说，只有在 IS 曲线与 LM 曲线的交点，才会产生均衡收入和均衡利率。如果收入和利率的组合不在 IS 曲线与 LM 曲线的交点，则国民收入和利率便没有处于均衡水平。因此，各个区域存在不均衡时会得到调整。IS 不均衡会导致收入变动，投资大于储蓄会导致收入上升，货币需求小于货币供给会导致利率下降，这种调整最终会趋向于均衡利率和均衡收入。例如，在图 13-11 中，假定经济处于 A 点所表示的收入和利率组合的不均衡状态，A 点在Ⅲ区域中，一方面有超额产品需求，从而收入会上升，收入从 A 点沿平行于横轴和箭头向右移动；另一方面有超额货币需求，从而利率会上升，利率从 A 点沿平行于纵轴的箭头向上移动。这两方面的调整的共同结果是引起收入和利率的组合沿对角线箭头向右上方移动到 E″ 点，在 E″ 点，产品市场均衡了，但货币市场仍不均衡，于是，仍会再调整，这种调整直到 E 点才会停止。

13.5.2　均衡的变动

　　IS 曲线和 LM 曲线的交点所确定的收入和利率的均衡组合不是固定不变的，它将随着这两条曲线中任何一条曲线的变动或两条曲线的同时变动而变动。

　　1）IS 曲线的移动

　　投资的变动是影响两个市场中收入和利率的均衡组合变动的重要因素之一。投资增加，会使 IS 曲线向右移动；投资减少，会使 IS 曲线向左移动。在 LM 曲线不变的情况下，向右移动的 IS 曲线同 LM 曲线在较高的位置上相交，这个较高的均衡点表示一个较高收入和较高利率的均衡组合；向左移动的 IS 曲线同 LM 曲线在较低的位置上相交，这个较低的均衡点表示一个较低收入和较低利率的均衡组合，如图 13-12 所示。在图 13-12 中，IS_0 与 LM 的交点 E_0 表示收入为 Y_0 利率为 R_0 的均衡组合。由于投资增加，IS 曲线向右移动到

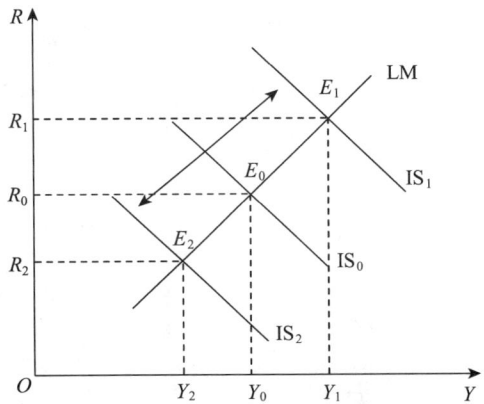

图 13-12　IS 曲线变动对均衡收入
和利率的影响

IS_1 曲线的位置，IS_1 与 LM 的交点 E_1 表示收入为 Y_1 利率为 R_1 的均衡组合。相反，如果 IS 曲线移动到 IS_2 曲线的位置，则可以得到收入为 Y_2 利率为 R_2 的均衡组合。

　　2）LM 曲线的移动

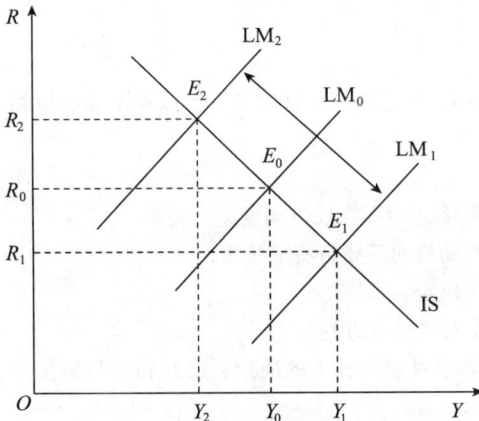

图 13-13　LM 曲线变动对均衡收入
和利率的影响

　　货币供给的变动也是影响两个市场中收入和利率的均衡组合变动的重要因素之一。货币供给增加，会使 LM 曲线向右移动，货币供给减少，会使 LM 曲线向左移动。在 IS 曲线不变的情况下，向右移动的 LM 曲线同 IS 曲线在较低位置相交，这个较低的均衡点表示一个较高收入和较低利率的均衡组合；向左移动的 LM 曲线同 IS 曲线在较高的位置相交，这个较高的均衡点表示一个较低收入和较高利率的均衡组合，如图 13-13 所示。在图 13-13 中，LM_0 与 IS 的交点 E_0 表示收入为 Y_0 和利率为 R_0 的均衡组合。如果货币供给的增加，LM 向右下方移动到 LM_1，LM_1 和 IS 的交点 E_1 表示收入为 Y_1 利率为 R_1 的均衡组合。相反，如果货币供给的减少，会使 LM 向左上方移动移动到 LM_2，LM_2 和 IS 的交点 E_2 表示收入为 Y_2 利率为 R_2 的均衡组合。分析表明，在 IS 曲线不变，即产品供求没有变化的情况下，LM 曲线右移，意味着货币市场供过于求，这必然会导致利率下降，利率下降会刺激消费和投资，从而使收入增加。LM 曲线左移，意味着货币市场供不应求，这必然会导致利率上升，收入下降。

3）IS 曲线和 LM 曲线的同时移动

如果 IS 曲线和 LM 曲线同时移动，则收入和利率的变动情况可由 IS 曲线和 LM 曲线如何同时移动而决定。如果 IS 曲线向右上方移动，LM 曲线同时向右下方移动，则可能会出现收入增加，而利率不变的情况。这就是所谓的扩张性财政政策和货币政策相结合可能出现的情况，如图 13-14 所示。

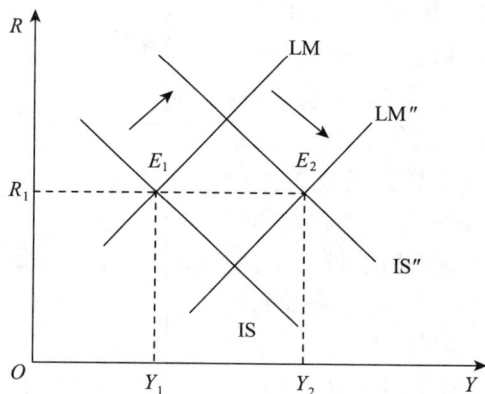

图 13-14　IS-LM 曲线同时变动对均衡收入和利率的影响

> **本章专业术语**

资本边际效率　自主投资　引致投资　均衡利率　IS 曲线　LM 曲线　流动性陷阱　货币需求　货币供给　IS-LM 模型　交易动机　谨慎动机　投机动机　产品市场和货币市场的一般均衡

> **本章小结**

本章要点可以归纳如下：

(1)资本边际效率是指将一项资本品在使用期内各项预期收益的贴现值之和等于该资本品的供给价格的贴现率。

(2)投资函数表明的是投资和利率之间的关系。

(3)IS 曲线描述满足产品市场均衡条件的国民收入与利率之间存在反方向变动的关系。

(4)货币需求是指人们出于交易动机、预防动机、投机动机而需要持有的货币。

(5)市场均衡利率由货币需求与货币供给的相互作用所决定。

(6)LM 曲线描述了满足货币市场均衡条件时的国民收入和利率的关系。

(8)IS-LM 模型分析了在利率和投资变动情况下，总需求对国民收入的决定，以及利率与国民收入之间的关系。

> **练习题**

一、名词解释

1. 资本边际效率　　　　　2. 自主投资

3. 投资边际效率　　　　　4. 货币需求

5. IS 曲线　　　　　　　　6. LM 曲线

7. 流动性偏好　　　　　　8. 凯恩斯陷阱（流动偏好陷阱）

9. 货币供给　　　　　　　10. IS-LM 模型

11. 谨慎动机　　　　　　　12. 投机动机

二、单选题

1. 在凯恩斯的理论体系中，货币需求和货币供给函数决定（　　）。

　　A. 名义利率　　　B. 实际利率　　　C. 价格水平　　　D. 消费水平

2. 若资本边际效率低于市场利率，则企业投资（　　）。

　　A. 过多　　　　　B. 过少　　　　　C. 正好　　　　　D. 都不对

3. 根据托宾的"q"说，当企业的股票市场价值大于新建企业的成本，则（　　）。

　　A. 新建企业更合算　　　　　　　　　B. 购买旧企业更合算

　　C. 两者都一样　　　　　　　　　　　D. 无法确定

4.（　　），LM 曲线向右移动。

　　A. 名义利率下降　　　　　　　　　　B. 总产量增加

　　C. 货币需求增加　　　　　　　　　　D. 货币供给增加

5. IS 曲线右上方、LM 曲线右下方的组合表示（　　）。

　　A. 产品供大于求、货币供大于求　　　B. 产品供大于求、货币求大于供

　　C. 产品求大于供、货币供大于求　　　D. 产品求大于供、货币求大于供

6. 假定 IS 曲线和 LM 曲线的交点所表示的均衡国民收入低于充分就业的国民收入。根据 IS-LM 模型，如果不让利率上升，政府应该（　　）。

　　A. 增加投资　　　　　　　　　　　　B. 在增加投资的同时增加货币供给

　　C. 减少货币供给量　　　　　　　　　D. 减少投资的同时减少货币供给量

7. 自发投资支出增加 10 亿美元，会使 IS（　　）。

　　A. 右移 10 亿美元　　　　　　　　　B. 左移 10 亿美元

　　C. 右移支出乘数乘以 10 亿美元　　　D. 左移支出乘数乘以 10 亿美元

8. 假定货币需求为 $L=kY-hR$，货币供给增加 10 亿美元而其他条件不变，则会使 LM（　　）。

　　A. 右移 10 亿美元　　　　　　　　　B. 右移 k 乘以 10 亿美元

　　C. 右移 10 亿美元除以 k（即 $10\div k$）　　　D. 右移 k 除以 10 亿美元（即 $k\div 10$）

三、多选题

1. IS 曲线表示（　　）。

　　A. 产品市场均衡时收入与利率的组合

　　B. 产品市场总需求等于总供给时，收入与利率的组合

　　C. 产品市场投资等于储蓄时收入与利率的组合

　　D. 货币市场均衡时收入与利率的组合

2. 以下关于 IS 曲线斜率的判断，不正确的是（　　）。

　　A. 投资需求对利率变化的反应程度敏感，IS 曲线较为平缓

　　B. 投资需求对利率变化的反应程度敏感，IS 曲线较为陡峭

　　C. 边际消费倾向越大，IS 曲线越平缓

　　D. 边际消费倾向越大，IS 曲线越陡峭

3. 下列引起 IS 曲线左移动的因素是（　　）。

　　A. 投资需求增加　　　　　　　　　　B. 政府购买减少

　　C. 政府税收增加　　　　　　　　　　D. 政府税收减少

4. 在其他条件不变的情况下，引起 LM 曲线向右移动的原因可能是（　　）。

　　A. 投资需求曲线右移　　　　　　　　B. 货币交易需求曲线右移

　　C. 货币投机需求曲线右移　　　　　　D. 货币供给量增加

5. 关于 LM 曲线以下判断正确的是（　　）。

　　A. 在凯恩斯区域，LM 曲线水平　　　　　　B. 在中间区域，LM 曲线向右上方倾斜

　　C. 在中间区域，LM 曲线向右下方倾斜　　　D. 在古典区域，LM 曲线垂直

　6. 在其他条件不变的情况下，若净税收增加 t，则(　　)。

　　A. IS 曲线右移 $t \cdot k_{T_r}$　　　　　　　　　　B. IS 曲线左移 $t \cdot k_{T_r}$

　　C. IS 曲线右移 $t \cdot k_T$　　　　　　　　　　　D. IS 曲线左移 $t \cdot k_T$

　7. 下面不属于 IS-LM 模型假定条件的是(　　)。

　　A. 投资是个外生变量　　　　　　　　　　B. 总供给不变

　　C. 价格水平不变　　　　　　　　　　　　D. 经济处于充分就业状态

四、判断题

　1. 货币弹性系数 h 发生变化时，IS 曲线与横轴的交点不动，在 h 变小时，顺时针旋转；在 h 变大时，逆时针旋转。(　　)

　2. 公司提取更多的未分配利润将促使社会消费曲线向上移动。(　　)

　3. 增加自发性消费将使储蓄增加。(　　)

　4. 资本边际效率随着投资量的增加而递增。(　　)

　5. 如果利率上升速度与通胀率相等，资本需求将下降。(　　)

　6. 若不存在闲置未用的过剩生产能力，加速原理一定起作用。(　　)

五、问答题

　1. 税率增加如何影响 IS 曲线、均衡收入和利率？

　2. 试述流动性陷阱产生的原因。

　3. 简要分析货币需求的动机。

　4. 用图解说明货币市场的均衡过程。

　5. 什么是 LM 曲线的三个区域，其经济含义是什么？

　6. 试述乘数和加速数作用的发挥在现实生活中受到哪些因素的限制？

　7. 简述凯恩斯的货币需求函数。

　8. 简述 IS-LM 模型的内容和意义。

六、计算题

　1. 假定：①消费函数为 $C=50+0.8Y$，投资函数为 $I=100-5R$；②消费函数为 $C=500+0.8Y$，投资函数 $I=100-10R$；③消费函数 $C=50+0.75Y$，投资函数为 $I=100-10R$。

　　(1)求①、②和③的 IS 曲线。

　　(2)比较①和②说明投资对利率更为敏感时，IS 曲线斜率将发生什么变化。

　　(3)比较②和③说明边际消费倾向变动时，IS 曲线斜率将发生什么变化。

　2. 假定货币供给量用 M 表示，价格水平用 P 表示，货币需求用 $L=kY-hR$ 表示。

　　(1) 求 LM 曲线的代数表达式，找出 LM 曲线的斜率的表达式。

　　(2) 分别找出当 $k=0.20$，$h=10$；$k=0.20$，$h=20$；$k=0.10$；$h=10$ 时 LM 曲线的斜率值。

　　(3) 当 k 变小时，LM 曲线斜率如何变化？h 增加时，LM 曲线斜率如何变化？并说明变化原因。

　　(4) 若 $k=0.20$，$h=0$，LM 曲线形状如何？

　3. 假设一个只有家庭和企业的两部门经济中，消费 $C=100+0.8Y$，投资 $I=150-6R$，货币供给 $M=150$，货币需求 $L=0.2Y-4R$(单位都是亿元)。

　　(1)求 IS 和 LM 曲线。

　　(2)求商品市场和货币市场同时均衡时的利率和收入。

　　(3)若上述两部门为三部门经济，其中税收 $T=0.25Y$，政府支出 $G=100$，货币需求 $L=$

$0.2Y-2R$，实际货币供给为 150 亿元，求 IS 和 LM 曲线以及均衡时的利率和收入。

4. 如果在一国的经济中，自发性消费 $\alpha=250$，边际消费倾向 $\beta=0.75$，$I=500$，政府购买 $G=500$（单位都是亿美元）。试求：

(1) 均衡国民收入、消费、储蓄各是多少？ 投资乘数是多少？

(2) 如果当时实际产出（即收入）为 6 000，国民收入将如何变化？ 为什么？

(3) 如果投资 I 是利率 R 的函数：$I=1\,250-50R$（R 的单位为%）；货币供给是价格水平 P 的函数：$M/P=1\,000/P$；货币需求是收入 Y 和利率 R 的函数：$L=0.25Y-100R$。那么，求：①价格水平 $P=1$ 时的 IS、LM 曲线及均衡利率和收入。②在价格水平是变动的情况下，导出总需求曲线，并说明其含义。

七、论述题

1. 试述我国货币需求函数的特征。

2. 用图形说明产品市场和货币市场从失衡到均衡的调整。

➤附录　克林顿和格林斯潘的政策组合

当比尔·克林顿在 1992 年末当选为总统时，他面临着一个严峻的宏观经济问题，即联邦预算赤字已达到国内生产总值的 4.5%，这时美国经济刚刚从 1990～1991 年的衰退中复苏，克林顿面临两难窘地：一方面要把赤字减少到令人满意的水平，另一方面这项措施可能导致需求减少，也许会使美国重新陷入衰退。根据 IS-LM 模型，政府减少支出会使 IS 曲线向左移动，从而导致产出减少，使经济陷入衰退。但时任美国联邦储备委员会（以下简称美联储）主席的格林斯潘表示愿意帮助克林顿一把，他暗示克林顿，如果着手进行财政的紧缩，那么美联储就会以更加扩张性的货币政策来抵消对经济活动的负面影响。从 IS-LM 模型可知，如果赤字减少（IS 曲线向左移动），美联储通过扩张货币政策使 LM 曲线下移，就能抵消财政紧缩对经济活动的负面影响。

克林顿于 1993 年向国会提交了一份减少赤字的计划，当这个减少赤字的一揽子计划推行之后，美联储也兑现了它的承诺：1991 年的利率是 7.3%，1994 年的利率是 3.3%。该政策组合的结果是在财政赤字减少的条件下，保持了产出的稳定扩张。

第14章

总需求与总供给模型

本章要点：

总需求曲线　总产出与就业水平　总供给曲线的不同类型　总需求与总供给模型及宏观经济运行

在前面有关宏观经济问题的分析中，我们一直将价格水平和社会总供给作为外生变量，即假设价格水平不变，社会上的各种资源远未得到充分利用，因而在既定的价格水平下，总供给可以在任何水平上与总需求相一致。这些分析属于凯恩斯的理论，因为凯恩斯研究的主要是萧条经济。但是，这种假设显然与现实经济中价格水平经常变动的情况不相符合，只使用总需求增长的政策并不能总使产量提高，相反，会引起价格水平上升。因此，对价格水平与产出之间的关系进行研究具有重要意义。下面我们论述的总需求与总供给模型取消了价格水平固定不变的假定，着重说明产量和价格水平的关系。

14.1　总需求曲线

总供给与总需求模型是研究产量与价格水平决定的基本经济模型，说明均衡国民收入与价格水平是由总供给 AS 与总需求 AD 的相互作用共同决定的。模型所使用的分析工具是社会的总供给与总需求曲线，它们表面上与微观经济学价格决定理论中所使用的供求曲线非常相似，但在内容上却有相当大的不同。在微观经济学中，供求所决定的是个别商品的价格和产量，而在宏观经济学中，供求关系决定的是整个社会的价格水平和产量，即国民收入。

14.1.1　总需求

总需求(aggregate demand)是经济社会对产品和劳务的需求总量，这一需求总量通常以产出水平来表示。总需求由消费需求、投资需求、政府需求和国外需求构成。在不考虑国外需求的情况下，经济社会的总需求是指在价格、收入和其他经济变量既定条件下，家庭、企业和政府将要支出的数量。因此，总需求是经济社会中各种行为主体的总支出。影响总需求的变量因素除了价格水平、人们的收入、对未来的预期等，还包括诸如税收、政府购买以及货币供给等政策变量。

　　总需求函数被定义为产量(国民收入)和价格水平之间的关系。它表示在某个特定的价格水平下，经济社会需要多高水平的产量。在产量水平为横轴，价格水平为纵轴的坐标系中，总需求函数的几何图形表示称为总需求曲线(aggregate demand curve)。

　　那么，价格水平的变化如何导致总支出的变化呢？

　　首先，如果价格水平上升，而货币供给量没有发生变化，那么人们就需要更多的货币从事交易。通常价格水平越高，商品和劳务越贵，所需交易的现金量就越多，支付的金额就越大。价格上升使货币需求增加，利率就会上升，利率上升，使投资水平下降，因而总支出水平和总收入水平下降。可见，货币的名义需求是价格水平的增函数。反之，在消费者名义收入不变的情况下，价格水平的下降使其实际财富增加，刺激着消费者购买更多的产品与劳务，从而促使社会总产量随之增加。在宏观经济学中，将价格水平变动引起利率同方向变动，进而导致投资和产出水平反方向变动的情况，称为利率效应。

　　其次，价格水平上升，使人们所持有的货币及其他以货币衡量的具有固定价值的资产的实际价值降低，人们会变得相对贫穷，于是人们的消费水平就相应地减少；相反，在价格水平下降时，人们需要手中持有的货币量减少，这使他们用更多的货币来购买债券等资产，从而推动了货币市场上债券价格的提高和均衡利率的下降。而利率的下降无疑会刺激社会投资规模的扩大，最终使社会总产量有所增加。这种价格变动导致人们消费支出的变动，称为实际余额(或资产)效应。

　　再次，价格水平上升，使货币市场利率上升，会使本国居民趋向于以其他国家的货币换取利率较高的本国货币，以谋求更高的利息收益。这会使本国货币相对于其他国家货币发生升值，使本国出口产品的市场竞争力降低，也就使得对本国产品和劳务的需求有所减少，这称为进出口效应。

　　最后，价格水平上升，还会使人们的名义收入增加，名义收入增加会使人们进入更高的纳税档次，从而使人们的税负增加，可支配收入下降，进而使人们的消费水平下降。

　　可见，当一国价格水平降低时，该国的总产量会因种种原因而有所增加；反之，当该国物价水平上升时，其总产量就会相应减少，这使得 AD 曲线表现出向右下方倾斜的趋势。

　　总需求曲线描述了与每一价格水平相对应的私人和政府的支出，因此，总需求曲线可以从 IS-LM 模型中推导出来。

14.1.2　总需求曲线的形成

　　总需求曲线所要说明的是使产品市场与货币市场同时达到均衡的社会总需求与价格水平间的关系。它上面的每一个点都代表了使经济实现一般均衡的产量和价格水平的一种组合。

　　如果略去政府和国际两部门，在两部门的经济中，IS 曲线方程为

$$S(Y)=I(R) \tag{14.1}$$

LM 曲线的方程为

$$\frac{M}{P}=L_1(Y)+L_2(R) \tag{14.2}$$

　　在上述两个方程中，如果将 Y 和 R 当做未知数，而将其他变量，特别是 P 当做参

数来对这两个方程联立求解,则所求得的 Y 的解一般包含 P 这一变量。该解式表示了不同价格(P)与不同的总需求量(Y)之间的函数关系,即总需求函数。在这种情况下,总需求曲线反映的是产品市场和货币市场同时处于均衡时,价格水平和产出水平的关系。因此,总需求曲线可以从 IS-LM 图形中求出。

如图 14-1(a)所示,当社会上货币供给量既定,价格水平为 P_0 时,LM 曲线为 LM_0,它与 IS 曲线相交于 E_0 点,经济实现总体均衡,均衡国民收入为 Y_0。如果由于种种原因这个经济中价格总体水平提高,则较高的价格水平 P_1 使社会上实际货币供给量减少,使 LM 曲线由 LM_0 上移到 LM_1 的位置,国民经济新的均衡点为 E_1,国民收入相应减少到 Y_1。反之,若价格水平下降至 P_2,虽然名义货币供给量仍固定不变,但实际的货币供给却有所增加,LM 曲线下移至 LM_2 的位置,整个国民经济在 E_2 点重新实现均衡,国民收入增加到 Y_2。可见,在名义货币供给不变的情况下,一个国家价格总水平的波动可以通过影响实际的货币供给,间接地影响国民收入水平。由此我们可以在图 14-1(b)中以国民收入,也就是该国的总产量为横轴,以 IS-LM 模型中的外生变量价格水平为纵轴,逐一标出 E_0、E_1、E_2 等均衡点所对应的产量与价格水平。将无数个这样的均衡点连在一起,便得出了向右下方倾斜的 AD 曲线。对于这条 AD 曲线也可以这样理解:当价格水平降低时,实际货币供给增加,使货币市场均衡利率下降,社会上投资需求增加,从而带动了社会总需求的增加和国民总产出量的扩大。因此,AD 曲线向右下方倾斜,表示在产量与价格水平之间存在复杂而迂回的反方向变动关系。

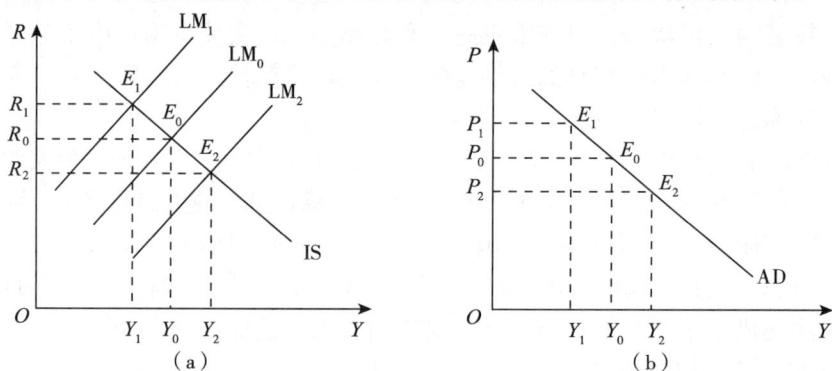

图 14-1   AD 曲线的推导

应当指出的是,价格水平的变化,对 IS 曲线的位置没有影响。因为假定决定 IS 曲线的变量是实际量,而不是随价格变化而变化的名义量。

14.1.3   总需求曲线的移动

AD 曲线向右下方倾斜说明一个经济社会价格的总水平与产品、劳务的总需求量之间存在反方向变动的关系,但除了价格水平以外,还有其他很多因素也会对社会总需求产生影响。这些因素一旦发生变化,AD 曲线的位置就会发生移动,说明在每一个价格水平下社会总需求的数量,也就是社会总产出的数量都比以前出现了增加或减少。

在宏观经济学最初对社会总需求的构成进行分析的时候就已经指出,社会总需求包括消费、投资、政府购买和净出口四个部分。这四个部分中的任意一部分发生变化,都有可能引起 AD 曲线位置的移动。

例如，如果因政府税收政策的变化或对未来收入预期的变化，人们改变了日常消费模式，即使物价水平未发生变化，社会总需求也会发生变化。同理，会有很多因素使社会上私人投资规模、政府采购规模以及该经济社会的净出口规模发生变化，而在变化发生时未必会有物价水平的变化。这时，该社会的 AD 曲线也会发生移动。

我们也可以利用 IS-LM 模型来分析 AD 曲线的变化。如果政府采取扩张性的财政政策扩大政府支出，或以其他手段促使社会上自发总需求增加，则图 14-2(a) 中 IS 曲线就会由 IS_0 上移至 IS_1，使经济系统在 E_1 点实现新的总体均衡。此时虽然社会上价格水平还没有发生变化，但均衡的产出量却由 Y_0 增至 Y_1 的水平。这种情况被理解为社会总需求的增加，AD 曲线由 AD_0 移至 AD_1。相反，若政府采取限制自发总需求、减少政府支出的政策，IS 曲线会向左下方移动，带动 AD 曲线也向左下方移动，社会上出现了总需求的减少。

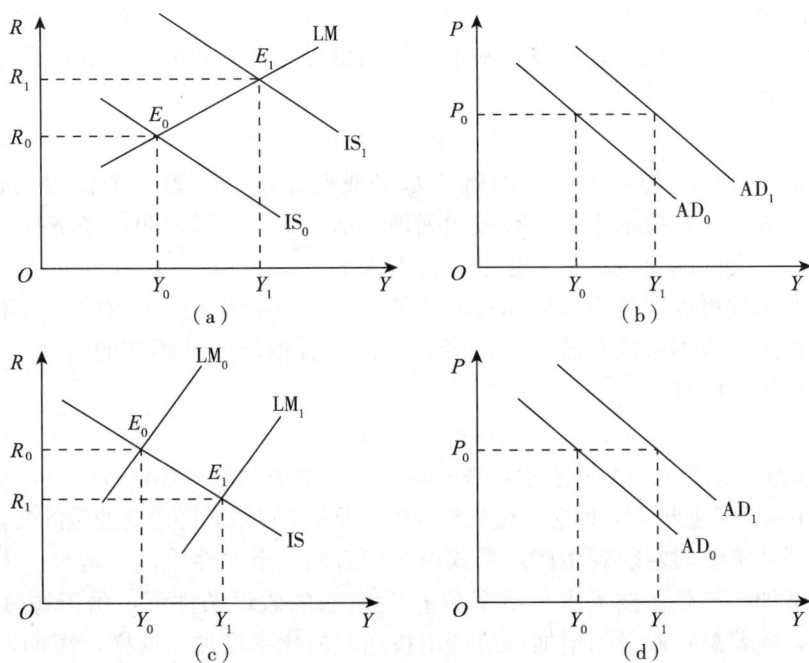

图 14-2　AD 曲线的移动

从货币市场方面我们可以得到相似的结论，若货币当局扩大货币供给量，图 14-2(b) 中 LM_0 曲线便向右下方移到 LM_1 的位置，这就意味着均衡产出量在价格水平未发生变化的情况下，由 Y_0 增至 Y_1，从而造成 AD 曲线右移至 AD_1，总需求增加。同理，当政府紧缩银根时，名义货币供给减少，使均衡产量下降，而价格水平不变，造成社会总需求减少，AD 曲线向左下方移动。

再讨论财政政策和货币政策变化对总需求曲线的影响。一般结论为，无论是扩张性的财政政策还是扩张性的货币政策都会使总需求曲线向右移动。

总需求曲线只是给出了价格水平和以收入水平来表达的总需求水平之间的关系，并不能决定使整个社会供求相等的价格水平和总产量。为了说明整个经济价格水平和总产出水平是如何决定的，宏观经济学需要引出另一个分析工具，即总供给曲线。

14.2　总产出与就业水平

总供给(aggregate supply)是指经济社会所提供的总产量(或国民收入)，即经济社会投入的基本资源所生产的产量，基本资源主要包括劳动力、生产性资本存量和技术。在宏观经济学中，描述总产出与劳动、资本和技术之间关系的一个合适的工具是生产函数。

14.2.1　宏观生产函数

生产函数是指投入和产出之间的数量关系。生产函数有微观和宏观之分，在本书第4章生产理论中所论述的是微观生产函数，本章将研究宏观生产函数，或称总量生产函数，它是指整个国民经济的生产函数，表示总量投入和总产出之间的关系。

假定一个经济社会在一定的技术水平下使用总量意义下的劳动和资本两种要素进行生产，则宏观生产函数可以表示为

$$Y = f(N, K) \tag{14.3}$$

其中，Y 为总产出；N 为整个社会的就业水平或就业量；K 为整个社会的资本存量；由于不易衡量等原因，技术水平没有被明确地表示。式(14.3)表明，经济社会的产出主要取决于整个社会的就业量、资本存量和技术水平。

宏观生产函数可以被分为短期和长期两种。在短期宏观生产函数中，由于资本存量和技术水平在短期内不可能有较大的改变，所以二者被认为是不变的常数。用 $\overline{K}$ 表示不变的资本存量，则有

$$Y = f(N, \overline{K}) \tag{14.4}$$

短期宏观生产函数式(14.4)表示，在一定的技术水平和资本存量条件下，经济社会生产的产出 Y 取决于就业量 N，即总产量是经济中就业量的函数，随总就业量的变化而变化。

西方宏观经济学假定宏观生产函数式(14.4)有两条重要性质，一是总产出随总就业量的增加而增加；二是在技术水平不变和 K 为常数的假设条件下，由于边际报酬递减规律的作用，随着总就业量的增加，总产出按递减的比率增加。这样，短期宏观生产函数可以用图 14-3 表示。

在图 14-3 中，横轴 N 表示劳动的总就业量，纵轴 Y 表示总产量，曲线 $Y = f(N, \overline{K})$ 表示总产量是总就业量的函数。当总就业量为 N_0 时，对应的总产量为 Y_0。图 14-3 中的曲线越来越平缓，表示总产量随着总就业量的增加按递减的比率增加。当 N 达到充分就业的 N^* 时，相应的总产量为 Y^*。

长期生产函数与短期生产函数的不同之处在于：在长期生产函数中，三个主要的自变量都是可变的。首先，存在足够的时间改善技术水平。其次，人口的增长能够改变充分就业的劳动者的数量。最后，随着积累的增加资本存量也会有很大的变化。这样，长期宏观生产函数就变为

$$Y^* = f(N^*, K^*) \tag{14.5}$$

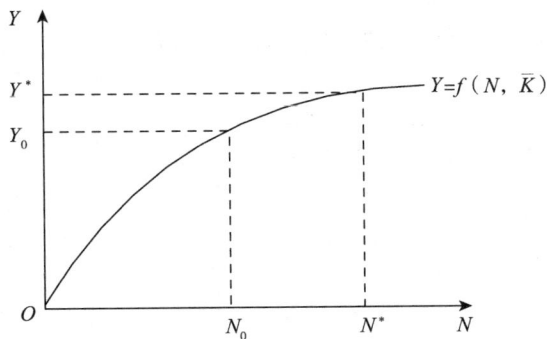

图 14-3　宏观生产函数

其中，N^* 为各个短期中的充分就业量；K^* 为各期的资本存量，技术水平的变化没有被明确表示出来；Y^* 为各期的充分就业时的产量，也称为潜在产量。

在一定时期和一定条件下，即短期宏观生产函数中，总供给将主要由经济的总就业水平决定，要研究总就业水平的决定，就需要讨论劳动市场的问题。

14.2.2　劳动市场

因为只是为了说明经济中的就业水平是如何决定的，所以，只以最简单的劳动市场——完全竞争的劳动市场加以说明。

如果劳动市场是完全竞争的，企业只能接受劳动市场既定的工资和产品市场既定的价格，企业将选择劳动的边际产品等于实际工资时的就业水平，因为只有这一就业水平才可以使企业利润最大化。这里，实际工资等于货币工资 W 除以价格水平 P，即 $\dfrac{W}{P}$。

如果企业的就业低于这一水平，劳动的边际产品就将超过实际工资，因而存在着增加利润的机会。企业可以用工资 W 雇佣一个工人，该工人按劳动的边际产品所给定的量生产更多的产品。企业将这些产品以价格 P 出售，便可以从中获利。企业将不断利用这一获利的机会，直到增加雇佣的工人将劳动的边际产品降低到与实际工资相等时为止，如图 14-4 所示。

由于劳动的边际产品随着劳动投入的增加而降低，所以劳动的需求函数是实际工资的减函数。宏观经济学认为，上述微观经济学意义上的劳动需求与实际工资的关系，对于总量意义上的劳动市场也是成立的。

如果用 N_d 表示劳动需求量，那么劳动需求函数可以表示为

$$N_d = N_d\left(\frac{W}{P}\right) \tag{14.6}$$

其中，$\dfrac{W}{P}$ 为实际工资；N_d 与 $\dfrac{W}{P}$ 呈反方向变动。实际工资低时，劳动的需要量大；实际工资高时，劳动的需求量小，即劳动需求函数式(14.6)具有负斜率。因此，劳动需求函数的几何表示，即劳动需求曲线可以表示为如图 14-5 所示的形状。

从图 14-5 中可以看出，当实际工资为 $\left(\dfrac{W}{P}\right)_0$ 时，劳动需求量为 N_0，当实际工资从

$(\dfrac{W}{P})_0$ 下降到 $(\dfrac{W}{P})_1$ 时，劳动需求量就由 N_0 上升到 N_1。

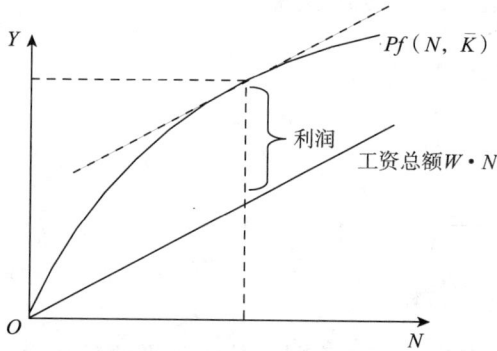

图 14-4   利润最大化的就业量

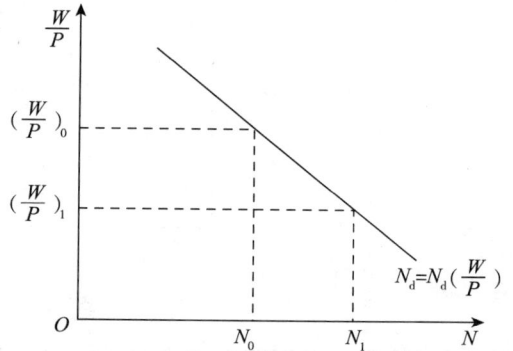

图 14-5   劳动需求曲线

同劳动需求类似，总量意义上的劳动供给也被认为是实际工资的函数，劳动供给函数可以表示为

$$N_s = N_s(\dfrac{W}{P}) \tag{14.7}$$

其中，N_s 为劳动供给总量。劳动供给是实际工资的增函数，实际工资低时，劳动的供给量小；实际工资高时，劳动的供给量大。劳动供给函数的几何表示，即劳动供给曲线如图 14-6 所示。

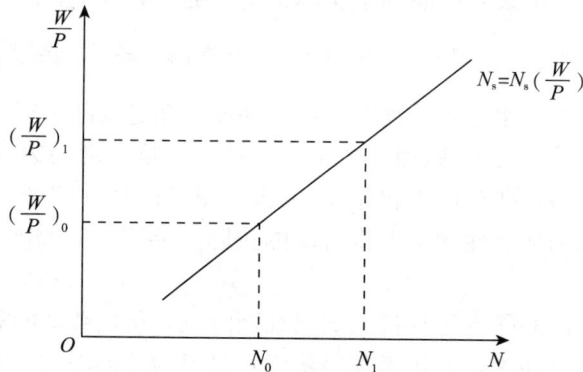

图 14-6   劳动供给曲线

从图 14-6 中可以看出，当实际工资为 $(\dfrac{W}{P})_0$ 时，劳动供给量为 N_0；当实际工资从 $(\dfrac{W}{P})_0$ 上升到 $(\dfrac{W}{P})_1$ 时，劳动供给量就由 N_0 上升到 N_1。

如果工资 W 和价格 P 两者都是可以调整的，那么实际工资也是可以调整的。劳动市场的均衡就由劳动的需求曲线和劳动的供给曲线的交点来决定，如图 14-7 所示。

在实际工资 $(\dfrac{W}{P})_0$ 的水平上，企业所选择的劳动数量恰好等于公众所提供的劳动数

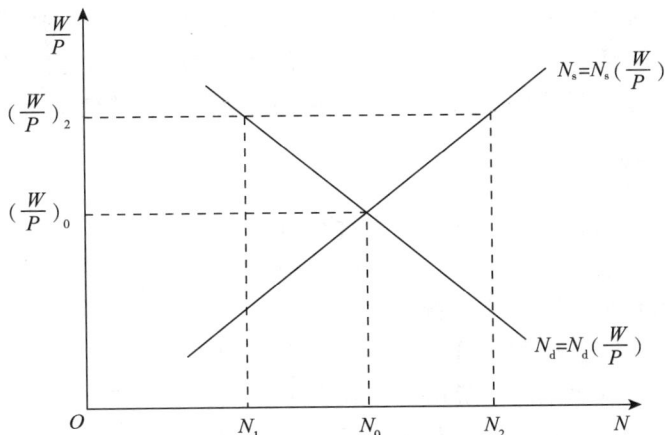

图 14-7　劳动市场均衡

量，即就业水平 N_0。如果实际工资太高，如为图 14-7 中的 $\left(\dfrac{W}{P}\right)_2$，则劳动的供给量为 N_2，而劳动的需求量为 N_1，这意味着劳动供过于求，表明经济不能为所有的意愿工作者提供足够的职位。在价格和工资具有完全伸缩性的情况下，实际工资就会降低，从而刺激企业的劳动需求，抑制劳动者的劳动供给。随着实际工资的不断调整，劳动的供给数量也不断进行调整，直到使劳动市场达到供求相等的均衡状态为止。当实际工资低于均衡水平时，劳动市场的调整情况同理。

总之，在价格和工资具有完全伸缩性的完全竞争的经济中，劳动市场的均衡条件是

$$N_s(\frac{W}{P}) = N_d(\frac{W}{P}) \tag{14.8}$$

劳动市场的均衡一方面决定了均衡的实际工资，另一方面决定了均衡的就业量。在图 14-7 中就是 $\left(\dfrac{W}{P}\right)_0$ 和 N_0。

对于上述劳动市场还需要做两点说明：一是，在有伸缩性的工资和价格下，实际工资立即调整到劳动供求相等的水平，从而使劳动市场处于均衡状态，在宏观经济学中被称为充分就业状态。宏观经济学中所说的充分就业状态并非是指每个有工作能力的人都能够就业的状态，在均衡状态下还存在摩擦性失业、自愿失业等情况。二是，在任一时点上，资本存量 K 都是由以往的投资决策所决定的。将就业水平 N 和既定的资本存量 $\overline{K}$ 带入到短期宏观生产函数 $Y = f(N, \overline{K})$ 求的产出量水平表明，劳动市场在经济的总供给方面处于主导地位，因为它决定经济的总供给或产量。在工资和价格具有完全伸缩性的情况下，经济中的产量始终等于充分就业或潜在产量。

14.3　总供给曲线

总供给函数是指总产量与一般价格水平之间的关系。在以总产量为横坐标，价格水

平为纵坐标的坐标系中，总供给函数的几何表达即为总供给曲线。按照货币工资(W)和价格水平(P)进行调整所要求时间的长短，宏观经济学将总产出与价格水平之间的关系分为三种，即古典总供给曲线、凯恩斯总供给曲线和常规总供给曲线。

14.3.1　古典总供给曲线

　　古典学派经济学家在对宏观经济运行进行分析研究时，一直认为劳动市场是完全竞争的，价格和货币工资具有伸缩性，经济的就业水平会处在充分就业的状态上。在不同的价格水平下，当劳动市场存在超额劳动供给时，货币工资就会下降，价格水平也会上升。反之，当劳动市场存在超额劳动需求时，货币工资就会提高，价格水平也会下降。最后，实际工资会调整到与劳动市场达到均衡的状态。也就是说，在长期，经济的就业水平并不随着价格水平的变动而变动，而始终

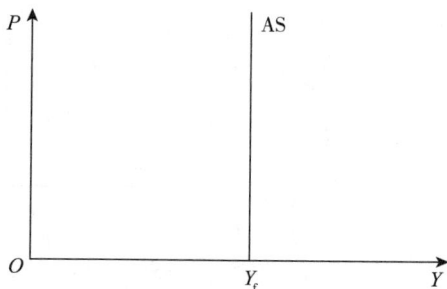

图 14-8　古典总供给曲线

处于充分就业的状态，经济的产量水平也将处于潜在产量的水平。因此，古典经济学派认为，总供给曲线是一条位于经济的潜在产量或充分就业水平上的垂直线，如图 14-8 所示。

　　AS 曲线说明，即便价格水平的提高使厂商想要雇佣更多的工人来扩大产业规模，但由于社会上已经实现了充分就业，没有闲置的资源可以利用，产量便不会增加。在图 14-8 中，Y_f 表示该国潜在的产出量。

　　古典总供给曲线之所以是垂直线状态，其理由有两个：一是古典学派假设货币工资 W 和价格水平 P 可以迅速自行调节，使得实际工资 $\dfrac{W}{P}$ 总是处于充分就业所应有的水平。从而，产量或国民收入也总是处于充分就业的水平，不受价格的影响。基于这一理由，古典总供给曲线并不意味着时期长短，只存在货币工资 W 和价格水平 P 可以迅速自行调节的假设，古典总供给曲线也是一个短期总供给曲线。二是古典学派一般研究经济事物的长期状态，而在长期中，即使没有货币工资 W 和价格水平 P 可以迅速自行调节的假设，货币工资 W 和价格水平 P 也被认为是具有充分的时间来进行调整，使得实际工资 $\dfrac{W}{P}$ 处于充分就业所应有的水平的，从而，总供给曲线也是一条垂直线。因此，古典总供给曲线又代表长期总供给曲线。大多情况下，西方的学者认为，古典总供给曲线代表短期总供给曲线的极端情况。

　　应该注意的是，古典的 AS 曲线一般被理解为长期的 AS 曲线，它虽然表现为垂直的形态，说明产出数量不受价格水平的影响，但一旦影响潜在产出量的因素发生变化，该 AS 曲线也会发生位置上的移动。例如，如果经济社会中因为种种原因发生了劳动数量的增加、资本存量的增加，或是发现了可用于生产的新的自然资源，或是发生了技术的进步，则该经济社会潜在的产出量水平就会有所提高，使垂直的 AS 曲线向右移动。

古典总供给曲线的政策含义可以用图 14-9 加以说明。在图 14-9 中，代表总需求曲线的 AD_0 与古典总供给曲线的 Y_f 垂直相交于点 E_0，此时的价格水平为 P_0，就业量是充分就业量 Y_f。处于 E_0 的状态下，国家即使通过增加需求的政策来使 AD_0 向右移动到 AD_1 的位置，其与 Y_f 垂直线的新交点为 E_1，在 E_1 点，价格水平为 P_1，可是产量仍然是 Y_f。换言之，增加需求的政策并不能改变产量，而只能造成物价上涨，甚至通货膨胀。

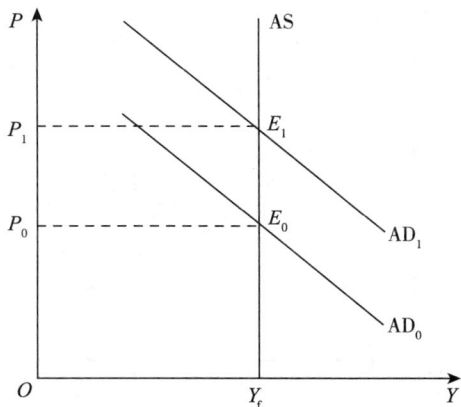

图 14-9　古典总供给曲线的政策含义

14.3.2　凯恩斯总供给曲线

凯恩斯总供给曲线是针对当时西方世界都处于严重的经济大萧条时期，经济社会存在着大量的失业人口和生产能力提出来的。同时，凯恩斯还提出了货币工资具有"刚性"的假设，即假设由于种种原因，货币工资不会轻易变动。当时的事实也表明，当产量增加（从而国民收入增加）时，价格和货币工资均不会发生变化。因此，凯恩斯的总供给曲线被认为是一条水平线，如图 14-10 所示。

在图 14-10 中，Y_f 代表充分就业的产量或国民收入。P_0E_0 为水平线的意思是：在产量小于 Y_f 的条件下，由于货币工资 W 和价格水平 P 都不会变动，所以在既定的价格 P_0，经济社会能提供任何数量的 Y_0，即在达到充分就业以前，经济社会能按照既定的价格提供任何数量的产量或国民收入。在达到充分就业 Y_f 之后，社会已经没有多余的生产能力，从而，不可能生产出更多的产品，因此，增加产量的需求不仅不会增加产量，反而会引起价格的上升。

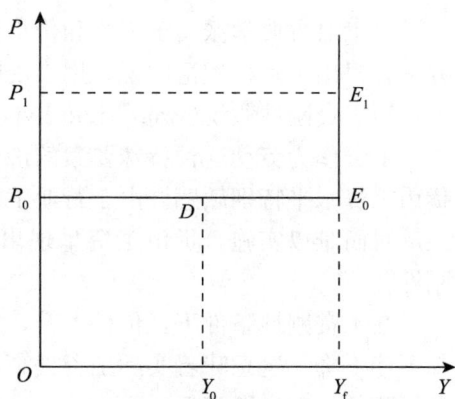

图 14-10　凯恩斯总供给曲线

凯恩斯总供给曲线说明由于社会上失业严重，劳动资源与其他生产资源远未得到充分运用，厂商可以在现行的名义工资下雇佣到足以满足生产需要的劳动力及其他资源，并且厂商的生产成本不随产量的变化而变化，使得厂商愿意按照现有的市场价格水平提供任意的产量。应该说凯恩斯对总供给的这种看法与他的宏观经济理论提出时西方国家面对的经济危机所造成的失业严重的社会经济状况不无关系。西方的学者一般认为，凯恩斯的总供给曲线代表短期总供给曲线的另一种极端情况。

凯恩斯总供给曲线的政策含义是：只要国民收入或产量处于小于充分就业的水平，那么，国家就可以使用增加需求的政策来达到充分就业状态，如图 14-11 所示。

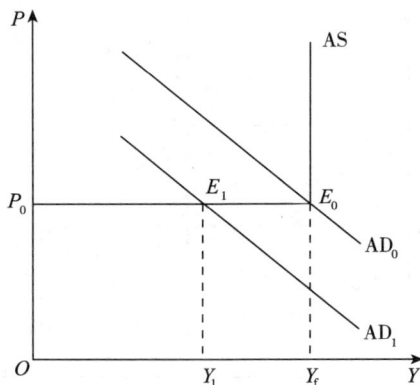

图 14-11　凯恩斯总供给曲线的政策含义

在图 14-11 中，代表总需求曲线的 AD_1 与凯恩斯总供给曲线 P_0E_0 相交于 E_1 点，价格水平为 P_0，产量 Y_1 处于小于充分就业的萧条状态。为了改善这一状态，国家可以通过增加需求的政策使总需求曲线 AD_1 向右移动到 AD_0 的位置。这样，P_0E_0 与 AD_0 相交于 E_0 点。此时的价格水平仍然为 P_0，但国民收入已经达到充分就业的数量 Y_f。

14.3.3　常规总供给曲线

出于对古典学派关于工资和价格具有完全伸缩性即完全弹性假说的质疑和否定，西方学者提出了多种理论假说，用以说明总供给曲线的形成。

1）工资刚性假说（wage rigid hypothesis）

工资作为劳动这种特殊要素的价格，与工人大众的生活水平直接相关，因而工人对货币工资水平特别敏感。由于行业工会的力量很强大，降低货币工资将会遭到工会的强烈反对而难以实施，货币工资呈现出只能提高而无法下降的特征，这就是所谓的工资刚性。

在工资刚性条件下，价格上升，货币工资可以相应上升。但价格下降时，货币工资却不能下降，这意味着实际工资提高，企业减少对劳动力的需求量和使用量，从而就业总量降低，总供给降低。

2）工资黏性假说（wage sticky hypothesis）

工资黏性是指货币工资水平较为稳定，其变动很缓慢。工资黏性产生的重要原因是长期劳动工资合同的存在。工资水平是由劳资双方的劳动工资合同规定的，劳动工资合同一旦签订就不可以随意更改。在美国，许多劳动工资合同的有效期限为 2～3 年，除规定基本工资外，往往还带有一些附加条款，如工资的增长幅度等。所以，一旦市场环境和价格水平发生预期以外的较大幅度的变动时，名义工资的变动往往显得缓慢、迟钝。

那么，长期劳动工资合同为什么会存在呢？因为签订这样的合同对劳资双方都有好处。如果频繁地进行工资谈判，劳资双方都要付出大量的谈判成本和信息收集成本，而且，一旦谈判破裂，可能还会发生罢工，罢工会给劳资双方都带来损失。所以，劳资双方都倾向于签订较长期的劳动工资合同。

工资黏性对总供给的作用机制是：工资黏性使得货币工资水平稳定，在此条件下，价格水平的上升降低了实际工资，劳动成本随之降低；实际工资和劳动成本降低促使企业增加雇佣工人，当所有企业或大多数企业都增加雇佣工人时，社会就业总量就会增加；就业总量的增加提高了总产出水平，提高了总供给。即总供给随着价格水平的上升而增加。

3）货币幻觉假说（monetary illusion hypothesis）

在劳动市场上，企业与工人掌握的信息是不对称的。企业常常了解实际工资的变动情况，而工人却常常并不真正了解。当价格水平提高以后，劳动市场上的货币工资也常常会提高。但是，由于工人掌握的信息不充分，会误以为自己的工资收入发生了实质性增加，即误以为实际工资提高了，这便会增加劳动力供给。

当企业了解到货币工资的上升幅度实际上低于价格的上升幅度，即实际工资下降了，企业的实际生产成本降低了时，便会增加劳动力的投入。当所有企业或大部分企业都增加劳动力的投入时，全社会的就业量和总供给就会随着价格水平的上升而增加。

4）常规总供给曲线的形成

西方学者认为，在通常的情况下，短期总供给曲线位于两个极端情况之间，如图 14-12 所示。

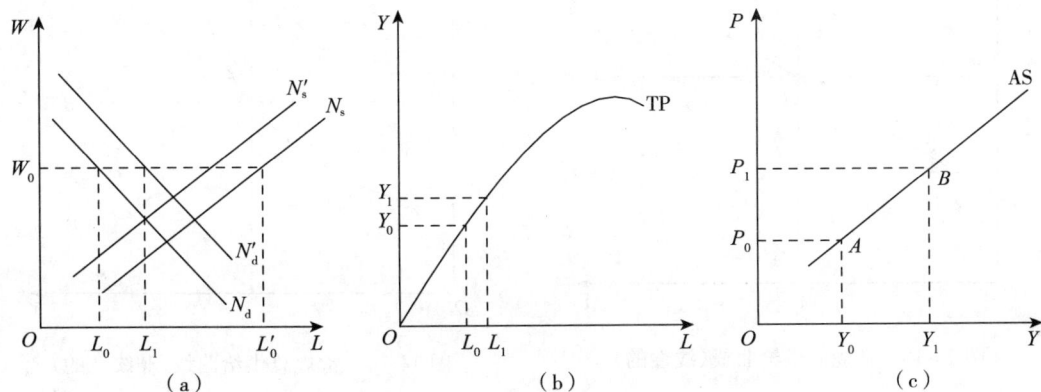

图 14-12　常规总供给曲线的形成

由于劳动市场的不完全竞争的特点，工资并不能自由地升降来调节劳动的供求达到均衡。而工资调整缓慢的特征，经常造成劳动市场上存在数量较大的非自愿失业。如图 14-12（a）所示，假设目前社会上价格水平为 P_0，劳动市场上名义工资为 W_0，此时劳动的需求曲线为 N_d，劳动的供给曲线为 N_s。显然在 W_0 的工资水平下，劳动供给量 L'_0 远大于劳动的需求量 L_0，社会上非自愿失业的数量为（$L'_0 - L_0$）。在图 14-12（b）中给出的是总产量曲线 TP，它表明在其他投入不变的条件下，L_0 的劳动投入量能生产出 Y_0 的产量。这样，在图 14-12（c）中以产量 Y 为横轴，以价格水平 P 为纵轴，我们便可以找

到点 A，它表示在价格水平为 P_0 时，社会上的均衡产量为 Y_0。

如果社会上价格水平提高到 P_1，厂商出售产品的收益增加，则他们为扩大产量必然增加对工人的雇佣，劳动的需求曲线上移到 N_d' 的位置，厂商雇佣工人的数量增加到 L_1。而从工人的角度，价格水平的提高意味着劳动力的供给成本增加，供给曲线向左移到 N_s'，此时社会上虽然出现非自愿失业减少而自愿失业增加的现象，但厂商仍然能够按照自己的意愿雇佣到数量为 L_1 的工人。在生产领域，更多的劳动投入 L_1，带来了更大的产量 Y_1，使我们能在图 14-12(c) 中找到第二个点 B，它表示当价格水平提高到 P_1 时，社会上均衡产出量会增加到 Y_1。按照同样的方法，在每一个价格水平下都可以在图 14-12(c) 中找到相应的产量与价格水平的均衡点，将 A、B 及其他所有均衡点相连，便可以得到 AS 曲线，它向右上方倾斜，说明在价格水平提高时，厂商会提供更大的产量。

在图 14-13 中，AA'、BB' 和 CC' 三条直线依次代表古典、凯恩斯和常规总供给曲线。CC' 线越是接近于 BB' 线，W 和 P 被调节的速度越慢，一直到 CC' 和 BB' 相重合的凯恩斯极端情况，此时 W 和 P 二者完全不能调节。另外，CC' 线越是接近于 AA' 线，W 和 P 被调节的速度越快，一直到 CC' 和 AA' 相重合的古典极端情况。

上述的常规总供给曲线具有线性的形式，是由于这种形式易于说明和理解，所以它经常被用于教学中。然而，西方学者认为，能代表实际情况的常规总供给曲线却是非线性的，如图 14-14 所示。

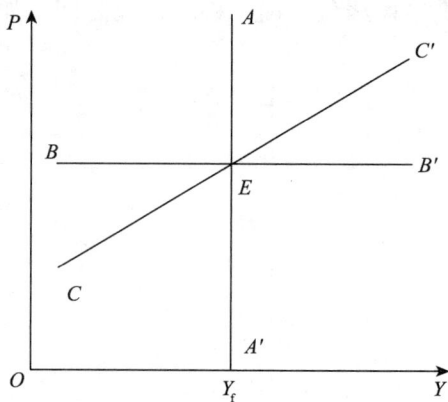

图 14-13 常规总供给曲线(线性的)

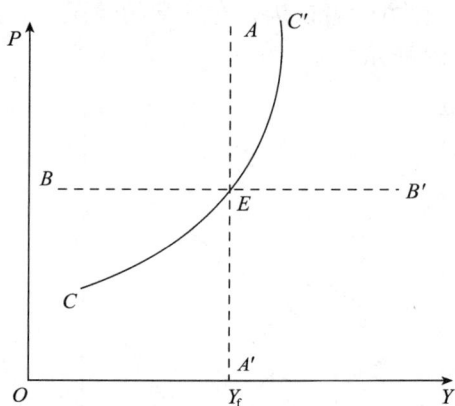

图 14-14 常规总供给曲线(非线性的)

非线性的常规总供给曲线的左下方 C 点表示较为严重的萧条状态，由于这种状态存在着大量的失业和闲置的生产能力，在这个阶段，若政府采取扩张性经济政策，使产出量扩大的同时，也会产生价格水平上涨的压力。当国民收入增加时，价格会稍有上升，但上升的速度不会很快，从而产量和国民收入 Y 逐渐上升，随着经济的好转，价格 P 的上升越来越快，直到充分就业状态。这时的充分就业并不意味着整个社会的全部资源和有劳动能力的人口均已经就业，社会仍然存在着难以利用的资源和能力较差的劳动力，如果产量还增加，那么，价格上升的速度将会更快。最终当社会上所有生产资源都得到充分利用时，总供给曲线变为垂直，不论价格水平如何变化，也不会使产出量继续增加，此时总需求的增加只会导致价格水平的提高。西方学者认为，这种形状的总供给曲线可以代表经济的常规状态。

14.4 总需求与总供给模型及宏观经济运行

在得到了总需求曲线和总供给曲线之后，我们便可以利用总需求和总供给模型对现实的经济运行情况进行分析。总需求的变动主要由四个方面构成，即消费需求变化、投资需求变化、政府支出变化和净出口需求变化。总供给的变动主要取决于整个社会的就业量、资本存量和技术水平。宏观经济运行企图达到的短期目标是充分就业和物价稳定，即不存在非自愿失业，同时，物价既不上升也不下降。

从总需求的角度来看，当经济社会在某一时期处于萧条状态时，其产量和价格分别为 Y_1 和 P_1，二者均处于低于充分就业的水平。此时，越是偏离充分就业，经济中过剩的生产能力就越多，价格下降的空间也就越小，价格下降的程度小于就业量下降的程度。当经济社会在某一时期处于过热状态时，其产量和价格分别为 Y_2 和 P_2，二者均处于高于充分就业的水平。此时，越是偏离充分就业，经济中的生产能力就越紧缺，产量增加的空间也就越小，价格上升的压力就越来越大，价格上升的程度大于产量上升的程度。上述情况，可以通过调整总需求的变动使经济社会实现充分就业，实现宏观经济运行的目标，如图 14-15 所示。

从总供给的角度来看，当经济社会在某一时期，由于某种原因，如大面积的粮食歉收或石油供给的紧缺，原料价格猛涨等，其产量和价格水平为 Y_1 和 P_1，经济社会会出现失业和通货膨胀共存的滞胀现象。总供给曲线偏离充分就业状态越远，失业和通货膨胀就会越严重。当生产技术的突然提高，使得总供给曲线右移时，产量增加，而价格水平则会下降，如图 14-16 所示。然而，在实际中，短期内生产技术可能会突然提高，但是，要想很快得到它的成果却是很困难的。因此，宏观经济运行目标的实现主要依赖于对总需求的调控。

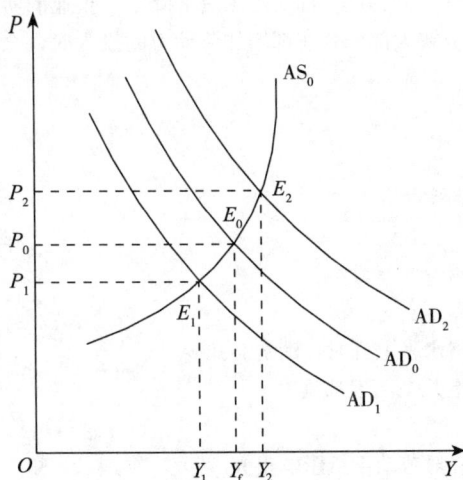

图 14-15　总需求变动

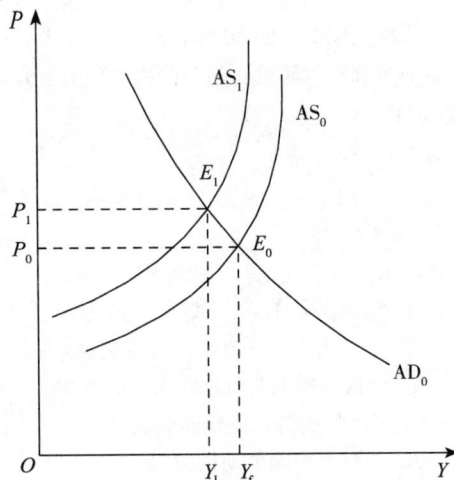

图 14-16　总供给变动

➤**本章专业术语**

　　总需求　利率效应　进出口效应　总供给　宏观生产函数　古典总供给曲线　凯恩斯总供给曲线　常规总供给曲线　工资刚性假说　工资黏性假说　货币幻觉假说

➤**本章小结**

　　本章要点可以归纳如下：

　　(1)总需求是经济社会对产品和劳务的需求总量，这一需求总量通常以产出水平来表示。总需求由消费需求、投资需求、政府需求和国外需求构成。在不考虑国外需求的情况下，经济社会的总需求是指在价格、收入和其他经济变量既定条件下，家庭、企业和政府将要支出的数量。因此，总需求是经济社会中各种行为主体的总支出。影响总需求的变量因素除了价格水平、人们的收入、对未来的预期等，还包括诸如税收、政府购买以及货币供给等政策变量。

　　总需求函数被定义为产量(国民收入)和价格水平之间的关系。它表示在某个特定的价格水平下，经济社会需要多高水平的产量。在产量水平为横轴，价格水平为纵轴的坐标系中，总需求函数的几何图形表示称为总需求曲线。

　　(2)总供给是指经济社会所提供的总产量(或国民收入)，即经济社会投入的基本资源所生产的产量。基本资源主要包括劳动力、生产性资本存量和技术。在宏观经济学中，描述总产出与劳动、资本和技术之间关系的一个合适的工具是生产函数。

　　(3)工资刚性假说。工资作为劳动力这种特殊要素的价格，其与工人大众的生活水平直接相关，因而工人对货币工资水平特别敏感。由于行业工会的力量很强大，降低货币工资将会遭到工会的强烈反对而难以实施，货币工资呈现出只能提高而无法下降的特征，这就是所谓的工资刚性。

　　(4)工资黏性是指货币工资水平较为稳定，其变动很缓慢。工资黏性产生的重要原因是长期劳动工资合同的存在。工资水平是由劳资双方的劳动工资合同规定的。劳动工资合同一旦签订就不可以随意更改。

　　(5)货币幻觉假说。在劳动市场上，企业与工人掌握的信息是不对称的。企业经常了解实际工资的变动情况，而工人却常常并不真正了解。当价格水平提高以后，劳动市场上的货币工资也常常会提高。但是，由于工人掌握的信息不充分，会误以为自己的工资收入发生了实质性增加，即误以为实际工资提高了，这便会增加劳动力供给。

　　当企业了解到货币工资的上升幅度实际上低于价格的上升幅度，即实际工资下降了，企业的实际生产成本降低了时，便会增加劳动力的投入。当所有企业或大部分企业都增加劳动力的投入时，全社会的就业量和总供给就会随着价格水平的上升而增加。

➤**练习题**

一、名词解释：

　　1. 总需求曲线　　　　　　　　2. 宏观生产函数

　　3. 利率效应　　　　　　　　　4. 总供给

二、单选项

　　1. 总需求曲线向右下方倾斜是因为(　　)。

　　　　A. 价格水平上升时，投资会减少　　　B. 价格水平上升时，消费会减少

　　　　C. 价格水平上升时，净出口会减少　　D. 以上几个因素都是

　　2. 水平区域的劳动供给曲线表示(　　)。

　　　　A. 工资不影响劳动供给　　　　　　　B. 工资对劳动供给影响很大

　　　　C. 劳动供给不影响工资　　　　　　　D. 劳动供给对工资影响很大

　　3. 假定经济实现了充分就业，总需求曲线向右移动会增加(　　)。

    A. 实际工资、就业量和实际产出　　　　B. 名义工资、就业量和实际产出

    C. 劳动生产率和实际产出　　　　　　　D. 劳动力需求、就业量和实际工资

4. 凯恩斯认为，价格水平下降，则实际消费需求(　　)。

    A. 增加　　　B. 减少　　　C. 不变　　　D. 不确定

5. 下列说法不正确的是(　　)。

    A. 宏观的总供给和总需求就是微观的供给需求的量的加总

    B. 总供给就是实际 GDP 的供给量

    C. 总需求是指个人、企业、政府和外国人计划购买的一国生产的产品和劳务的总量

    D. 总需求就是实际消费、投资、政府购买和净出口之和

6. 向上倾斜的总供给曲线表明(　　)。

    A. 名义工资不变　　　　　　　　　　B. 技术不变

    C. 边际产量递减　　　　　　　　　　D. A＋B＋C

7. 技术进步会引起(　　)。

    A. 短期总供给曲线和长期总供给曲线都向右方移动

    B. 短期总供给曲线和长期总供给曲线都向左方移动

    C. 短期总供给曲线向右方移动，但长期总供给曲线不变

    D. 长期总供给曲线向右方移动，但短期总供给曲线不变

三、判断题

1. 在总供给与总需求模型中，实际假定总供给是一个外生变量，国民收入取决于总需求的大小，如果有效需求足够大，将实现充分就业。(　　)

2. 劳动市场要么实现充分就业，要么没有达到充分就业的状态，因此不可能存在大于充分就业的状态。(　　)

3. 如果长期总供给曲线的右移大于总需求曲线的向右移动就发生了通货膨胀。(　　)

4. 给定一个正在上升的价格水平，实际余额效应将使 IS 曲线外移。(　　)

5. 在极度萧条时，供给价格弹性等于零。(　　)

四、问答题

1. 为什么总需求曲线向右下方倾斜？

2. 试比较古典的 AS-AD 模型与修正的凯恩斯的 AS-AD 模型。

3. 试比较 IS-LM 模型与 AD-AS 模型。

4. 总需求曲线和单个商品的需求曲线有什么不同？

五、计算题

1. 如果总供给曲线为 $Y_s=500$，总需求曲线为 $Y_d=600-50P$。

    (1)求供求均衡点。

    (2)如果总需求上升 10%，求新的供求均衡点。

2. 假定某经济存在以下关系，消费 $C=800+0.8Y_d$；税收 $T=tY==0.25Y$；投资 $I=200-50R$；政府购买支出 $G=200$；货币需求 $L=0.4Y-100R$；名义货币供给 MS＝900。求：

    (1)总需求函数；

    (2)价格水平 $P=1$ 时的收入和利率。

六、论述题

1. 简述扩张性财政政策对需求曲线的影响。

2. 主流经济学派是如何利用总需求和总供给的均衡来解释宏观经济运行的？

第 15 章

失业与通货膨胀

本章要点：

　　失业的定义　　失业的社会经济影响及其原因　　失业的治理　　通货膨胀的定义　　通货膨胀的类型及成因　　通货膨胀的治理

　　失业与通货膨胀理论是当代宏观经济学的重要组成部分，也是当前社会关注度最高的社会经济问题之一。

15.1　失业理论

　　失业是最直接而又最严重地影响人们的宏观经济问题。经济学家研究失业的目的是更好地确定失业的类型、原因及其危害，并且提出一些改善影响失业者的公共政策。

15.1.1　失业的含义

　　经济学的基本问题是如何有效配置稀缺资源，实现经济快速增长，提高社会成员的经济福利。在现代经济学中，失业的本意是泛指资本、土地、劳动等各种生产要素没有被雇用，但资本、土地等资源对社会经济的不利影响远没有劳动力大量失业所带来的影响深刻和严重。所以，这里的失业问题主要是谈劳动力的失业。劳动力是最重要的资源，失业意味着劳动力处于没有工作的"闲置"状态，并且带来多层面的其他经济和社会问题。

　　失业现象从表面上看就是过多的劳动力追逐较少的工作岗位，但是，我们不能只从表面上简单理解为"没有工作"就是失业。在不同的国家、种族和文化下，可能对失业有不同的界定，我们这里分为以下两种：一般性界定：①失业（unemployment）是指在一定年龄范围内愿意工作而没有工作，并正在寻找工作的适龄劳动者。②国际劳工组织（ILO）界定：失业是指在某个年龄以上，在特定考察期内没有工作而有工作能力，并且正在寻找工作的人。

　　按照国际劳工组织的统计标准，凡是在规定年龄内一定期间内（如一周或一天）属于下列情况的均属于失业人口：①没有工作，即在调查期间内没有从事有报酬的劳动或自我雇佣；②当前可以工作，就是当前如果有就业机会，就可以工作；③正在寻找工作，就是在最近期间采取了具体的寻找工作的步骤,如到公共的或私人的就业服务机构登记、到企业求职或刊登求职广告等方式寻找工作。

1)相关概念定义

劳动年龄人口:世界上大多数国家把 16~65 周岁的人口确定为劳动年龄人口,我国则规定男 16~60 周岁、女 16~55 周岁为劳动年龄人口。

非劳动力人口:有劳动能力但不能参加劳动的人口,包括在校学生、家务劳动者、因病离职人员、丧失劳动能力人员、服刑人员和不愿工作的人员。

劳动力人口:劳动年龄人口减去非劳动力人口。

就业人口:从事有报酬工作的人,包括有工作但因故(病、休、罢工)不在工作岗位的人,也包括无报酬的家庭成员在家庭农场等企业工作。

失业人口:劳动力人口减去就业人口。主要包括:新加入劳动力队伍第一次寻找工作的人;重新加入劳动力队伍正在寻找工作已达 4 周以上的人;为寻找其他工作而离职,或寻找工作期间作为失业者登记注册的人;被暂时辞退并等待重返而连续七天未得工作的人;被解雇而且无法返回的人,即非自愿离职者。

就业人口、失业人口和非劳动人口三者之间的关系,可以用下面的失业流转关系图(15-1)来说明。

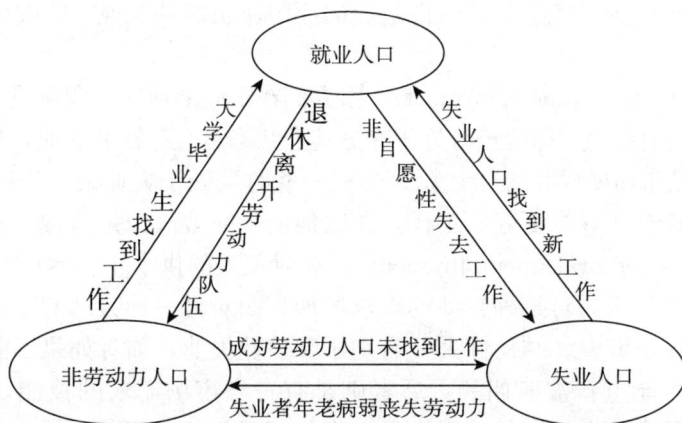

图 15-1　失业流转关系图

2)失业所具备的三个条件

失业所具备的三个条件是:一定年龄以上有工作能力;没有工作;正在寻找工作。它们只有同时成立,才能满足对失业对象的定义要求。

3)失业的度量——失业率

经济中,衡量失业状况的最基本指标是失业率,指失业人数占劳动力总人数的比重。即

$$失业率=失业人数/劳动力总人数×100\%$$

各国在定义劳动力年龄界限、满足寻找工作条件的频率(一定时期寻找的次数)标准,以及暂时性失业的统计方法等方面都存在一定的差异。另外,各国失业数据来源也不同,一些国家采用住户调查方式获得信息,一些国家利用领取失业救济人数等社会保

险数据，还有的国家利用官方就业数据和劳动力数据来推算失业数据。

4）失业人员的结构

从年龄、性别、文化程度来看：①青年人的失业率高于成年人；②受过高等教育者的失业率低于未受高等教育者；③女性失业率较高，但近年来有所变化。

从产业和行业结构的角度来看：发展缓慢的产业失业率较高，发展较快的新兴产业失业率较低。

西方国家十分重视失业问题，美国失业率的数据是通过每月对大约 60 000 个家庭进行随机抽样调查估算出来的。据调查，在美国一般有色人种的失业率明显高于白人，年轻人口的失业率大大高于全国的平均水平，而白人的失业率不论在失业率较高的年份还是在失业率较低的年份都低于全国平均水平。

15.1.2　失业的种类

失业意味着劳动力供大于求，这一现象可能由不同原因造成，失业可以相应分为不同类型。标准经济学教科书讨论的失业，主要以具有成熟市场经济制度的发达国家为对象。一般情况下，失业主要表现为自然失业、周期性失业和隐性失业三种类型。

1）自然失业

自然失业是指由于经济中某些难以避免的原因所引起的失业。主要表现为以下几种情况：

摩擦性失业（frictional unemployment）：由人们在不同的地区、职业或生命周期的不同阶段不停地变动而引起的，即使经济处于充分就业状态也会存在的失业，如人们由于从学校毕业或搬到新城市而要寻找工作，总是会有一些时期处于失业。因为摩擦失业的工人经常在职业之间流动或寻找更好的工作，所以他们往往被认为是"自愿"失业的。

结构性失业（structural unemployment）：在对工人的供求不一致时产生的。供求之所以会出现不一致是因为对某种劳动的需求增加，而对另一种劳动的需求减少，与此同时供给没有迅速做出调整。结构性失业有别于摩擦性失业，前者如果不能经过重新训练或转换地区是不可能重新被雇佣的，后者则是有符合市场需求的技能，待价而沽。显然，结构性失业是由社会经济的发展和技术进步而引起的，所以不是一种社会弊病。

技术性失业：由于技术进步所引起的失业。在经济增长过程中，技术进步的必然趋势是生产越来越广泛地采用资本密集型技术，越来越先进的设备代替了工人的劳动。

季节性失业：由于某些行业生产的季节性变动所引起的失业。在农业、建筑业、旅游业中，季节性失业最为突出。

古典失业：由于工资刚性所引起的失业。

2）周期性失业

周期性失业（cyclical unemployment）又称凯恩斯失业，是由社会总需求不足而引起的。凯恩斯认为，失业的增加是因为产品市场上的总需求的下降而引起的，产品市场的过度供给导致劳动力市场的过度供给。这种由于有效需求不足而引起的失业被称为凯恩斯失业，它是在对劳动的总需求下降时发生的。随着总支出和产出的下降，我们看到失业几乎到处都在上升。这种几乎发生在每个地区的失业上升是一个信号，它表明这种增加了的失业主要是周期性的。

周期性失业与其他失业之间的区别是判断整个劳动市场状况的关键。即使整个劳动市场是平衡的，高水平的摩擦性失业或结构性失业也可能发生，而周期性失业是在整个劳动市场趋于过剩时出现的。凯恩斯将它称为"非自愿"失业。

3）隐性失业

隐性失业（disguised unemployment）是指表面上有工作而实际上对生产没有做出贡献的人，当经济中减少就业人员而产量没有下降时，就存在着隐性失业。这种情况在市场经济已发育得相当成熟的发达国家并不多见，而在发展中国家比较多见。隐性失业是使社会经济运行效率低下的重要原因之一。

15.1.3　充分就业与自然失业率

这里的充分就业并不是人人都有工作。一般认为，消灭了周期性失业的就业状态就是充分就业（full employment）。充分就业与自然失业的存在并不矛盾，在排除了经济周期的影响以后，每个经济仍然会存在一定比例的失业人口，即使是经济繁荣时期，这部分失业仍难以消除。因此，这些失业人口在经济的动态变动过程中是不可避免的。这种失业称为自然失业，自然失业与总劳动力的比率被称为自然失业率。自然失业率（natural rate of unemployment）是在一个给定的一般均衡的经济结构中，不断重复出现的具有收敛点的失业率。也就是说，无论经济如何波动，自然失业率一般被认为是社会难以清除的。这种失业率的存在和大小与劳动力市场的结构、信息完备程度、劳动力转移成本等多种因素有关，而与市场经济运行本身无关。

从长期来讲，失业率最终会回到自然失业率的水平，因此在近年的国外失业理论文献中，自然失业率是一个更为重要的概念。动态地看，失业率的决定是两种自然力量共同作用的结果，一方面部分失业人口经过一段时期以后能重新找到工作；另一方面，就业人口中又会不断游离出新的失业人口。

15.1.4　各经济学派关于失业的理论

经济学家对于劳动力市场做过大量的分析，希望能有助于理解失业根源问题，但在这方面还未出现被普遍接受的理论。读者对于以下相关理论只做一般性了解即可。

1. 古典学派的失业理论

该学派以萨伊、阿尔弗雷德·马歇尔等为代表，他们认为，总需求的变化会影响价格水平，但不会对产量和就业产生持久的影响，价格和工资的灵活性能够确保实际支出水平足以维持充分就业。劳动力市场的完全竞争使工资可以适应劳动力市场供求变化而迅速变动。在理论上排除了失业存在的可能性，将实际中存在的失业归结为摩擦性失业和自愿性失业，且认为这两种失业的存在与充分就业并不矛盾。古典学派观点背后的基本原理是工资和价格足够灵活，因而市场会很快"出清"，或回到均衡状态。古典宏观经济学家据此得出这样的结论：经济总是在充分就业的水平上运行。

2. 货币主义学派的失业理论

货币主义学派是在 20 世纪 50 年代在美国开始出现，并且在 70 年代蓬勃兴起的最有影响的新自由主义学派，其主要代表人物是美国芝加哥大学教授米尔顿·弗里德曼。该派的观点是，由于自然失业率的存在，一般说来，货币当局企图通过增加货币供给来增加产量，减少失业是不可能的。只是在短期内有可能使名义收入增加的同时，既增加产量，减少失业，又使物价上涨；在长期内则只会使物价上涨，不会使失业减少（失业率不会低于自然失业率），甚至使物价与失业同时上升。因此，他们反对用人为的办法来刺激经济增长。

3. 供给学派的失业理论

供给学派是 20 世纪 70 年代中期在美国逐渐兴起的一个经济学流派，主要代表人物有阿瑟·拉弗、诺尔曼·图尔等。该派观点是：经济政策的基础是实行供给管理，其政策核心是减税。税率的提高（减少）导致实际工资下降（提高），劳动供给减少（增加）。他们认为高额失业保险津贴制度实际上鼓励失业者延长失业时间，诱使雇主和雇员以加剧临时解雇和失业的方式来组织生产。因此高失业的原因并非完全是由于需求不足，而真正的原因是政府执行高税收、高失业津贴和最低工资法等政策对就业造成有害的刺激和人为障碍。

4. 理性预期学派的失业理论

理性预期学派是在 20 世纪 60 年代初发端于美国，而形成于 70 年代中期，与凯恩斯主义对立的学派，主要代表人物有穆斯、卢卡斯等。该学派深化了弗里德曼的自然失业率假说分析，把理性预期引入了失业理论。该派观点是：劳动力市场是完全竞争的，价格机制使劳动力市场出清，不存在劳动力供给过剩，也不存在凯恩斯所说的非自愿失业；劳动力供给的抉择依赖于人们对工资的预期；人们可以合理预期实际就业水平，否认工资对失业的调节作用；劳动力市场是由就业人数或实际提供的劳动量的变动来调节的。

5. 二元经济与发展型失业理论

美国经济学家刘易斯在 20 世纪 50 年代提出了"二元经济"（dual economy）的概念，它是一个可以解释传统农业经济向现代经济转型的概念。这一概念强调发展中国家经济与成熟市场经济的结构差异。发达国家内部一体化程度很高，劳动力报酬——工资由劳动的边际产品价值决定，要素有效配置规律要求劳动在各个行业边际产品相等，否则会很快引起劳动力在各部门之间转移。

二元经济由现代与传统两部门构成。现代部门按照市场经济原则经营，劳动需求即雇佣工人数量通过比较劳动边际产品价格与通行工资水平来决定。传统农业部门技术和生产方式落后，与外部联系薄弱，不同程度地具有自给自足性质，收入远远低于现代部门。

从长期看，收入落差推动农业劳动不断流入现代部门，最终实现经济现代化；但从短期看，现代部门没有能力吸收传统部门的所有剩余劳动力；极端意义上可假定相对于现代部门工资水平而言，传统部门存在劳动力无限供给。这类大量农业剩余劳动力，被看做是特殊形态的发展型失业。

6. 新凯恩斯主义的黏性工资理论

传统失业理论主要从劳动力市场以外的技术因素和制度因素来探讨失业问题，但劳动市场中经常存在这样的现象：一方面就业工人的工资居高不下，另一方面失业者愿意接受更低的工资以求得就业，但他们与雇主并不能达成一项劳动合同。这些矛盾现象表明：劳动力市场发挥作用的功能受到某种阻碍。新凯恩斯主义在维护原凯恩斯主义的劳动市场非出清的基本信条的基础上，批评、继承和发展了传统凯恩斯主义。他们用工资黏性代替了传统凯恩斯主义的工资刚性的概念，认为工资还是可以调整的，只是调整十分缓慢。另外，他们还引入了传统凯恩斯主义所忽视的两个假设：一是经济人最大化原则，即厂商利润最大化和家庭效用最大化的假设；二是理性预期学派的理性预期假设，力求为凯恩斯主义宏观理论构筑微观基础。

尽管新凯恩斯主义劳动市场的理论比较多，但主要是黏性工资理论(sticky wage theory)，归纳起来不外乎两类：名义工资黏性论和实际工资黏性论。

1)名义工资黏性论

名义工资黏性论主要有交错调整工资论和长期劳动合同论。它们从不同侧面论证了劳动合同的签订和执行，使名义工资不能随名义总需求的变化而及时变化，进而造成劳动力市场无法出清而失业。泰勒的交错合同理论指出：劳资双方通过雇佣合同来调整工资，而通常雇佣合同的期限较长，且工资合同的签订时间与到期时间是错开的，因而工资只能交替地进行调整。交错调整工资使总工资水平具有惯性，不能随劳动力市场的供求变化而及时调整，从而进一步影响产出和就业。另外，费雪的长期劳动合同论也指出：无论产品市场情况如何，只要存在长期的劳动合同，货币政策就仍然具有实际的产出效应，会影响短期的产量行为。因此，即使预期是理性的，政府也应该实行积极的货币政策。

2)实际工资黏性论

实际工资黏性论包括效率工资论、隐含合同论和失业回滞论(unemployment hysteresis)等。

(1)效率工资论。经济学家索洛最早提出了基本的效率工资模型，其关键性假设是：工人的努力程度是厂商所支付的实际工资的单调增函数，只要劳动力的总需求小于总供给，厂商就可以自由实施其最优政策，效率工资将高于劳动力的保留工资，从而出现非自愿失业。失业工人在实际工资为效率工资甚至低于效率工资的时候愿意工作，但厂商却不愿意雇佣他们，因为降低工资水平将会降低工人的生产率。当然，索洛模型还只是效率工资论的一个起点，夏皮罗-斯蒂格利茨模型从信息不对称的角度出发进行了研究，他们认为雇主不可能对工人进行完全的监督，因此，雇主需要提供一个较高的工资来激发工人的努力水平。效率工资论对经济现象具有较强的解释力，第一，它指出劳动生产率是实际工资的增函数，厂商为保持劳动生产率，首先改变的是雇员数量而非实际工资，从而解释了实际工资黏性。第二，它合理地解释了高工资和高失业率并存的现象。第三，它指出失业救济会给失业者带来正效用，进而影响其对失业的效用期望和努力水平，使人们重新认识了失业救济和均衡失业率之间的关系。

(2)隐含合同论。隐含合同论最初是由阿札里亚蒂斯、贝利以及戈登等建立的。他们首先从公开信息的角度出发，指出劳资双方对于风险的态度是不同的。雇员是风险回避者，而厂商是风险中性者。双方在确定工资时达成默契：实际工资保持相对稳定而不随经济周期波动，将风险由工人工资转移到厂商利润，作为转移风险的代价，工人要接受低于市场出清的工资水平，这就是隐含合同。由于调整货币工资要参考公众有效性信息，需要耗费较高成本，因而调整工资的合同只是根据几个简单的经济参数确定，这使工资不能随需求变动迅速调整而出现黏性。虽然隐含合同论无法解释工资为何会定在高于市场出清水平之上，但它从雇员规避风险的特点出发，用职工偏好较为稳定的工资收入来解释工资黏性是有其合理性的。

（3）失业回滞论。传统经济学认为，经济系统具有自回归能力，一个短暂的外部冲击过后，经济系统总能回到初始均衡状态。然而现实中常常存在回滞现象，即冲击过后，经济系统往往不能再恢复到原来的均衡，而是达到另一种均衡。费尔普斯最早将失业理论和回滞理论相结合，建立了失业回滞模型，成功地解释了高失业率的现象。而后一些新凯恩斯主义者如克罗斯、布兰查德、萨默斯等都对此有所研究。他们认为自然失业率是不断变化的，它不仅取决于当前劳动力市场、商品市场的结构特征和不完善情况，而且取决于前期的实际失业率的变化情况，即依赖于其均衡路径。该理论在解释了回滞的存在性之后，还进一步解释了失业回滞的传导机制问题。

15.2　失业的代价与治理

15.2.1　失业的代价

失业问题之所以重要，是因为失业对个人、家庭乃至整个社会都会产生巨大影响，带来重大损失。因而，几乎所有宏观经济政策的制定都要考虑其对失业率的影响。失业的影响或代价主要体现在以下几个方面：

1）经济代价

从经济方面来看，失业造成人力资源浪费，导致产量损失。众所周知，劳动是重要的生产要素，失业导致劳动力的闲置，而劳动力资源具有即时性，本期可利用的劳动力不能转移到下期使用，即本期可利用的劳动力闲置就是这部分资源的永久性浪费。另外，劳动力的闲置还会导致大量生产设备及其他经济资源的闲置，使产量降低，国民收入减少。

失业通常随经济周期中的产量波动而变化。产量与失业之间的这种明显的同步运动，首先被美国经济学家阿瑟·奥肯以数字关系加以表述，这就是著名的奥肯定律。奥肯定律（Okun's law）是说，国内生产总值相对于潜在国内生产总值每下降2%，失业率就上升1%。西方学者认为，奥肯定律揭示了产品市场与劳动市场之间极为重要的关系，它描述了实际国内生产总值的短期变动与失业率变动的关系。根据这个定律，可以通过失业率的变动推测或估计国内生产总值的变动，也可以通过国内生产总值的变动预测失业率的变动。例如，实际失业率为8%，高于6%的自然失业率2个百分点，则实际国内生产总值就将比潜在国内生产总值低4%左右。

奥肯定律表明：第一，失业率与实际国民经济收入增长率之间是反方向变动的。第二，失业率与实际国民经济收入增长率之间1：2的关系只是一个平均数，在不同的国家、不同的时期这个比例会略有不同。第三，奥肯定律适用于没有实现充分就业的情况。

美国著名经济学家统计了不同时期失业对经济的影响（表 15-1），具有很好参考价值。

表 15-1　失业对经济的影响

时期	平均失业率/%	GDP 损失/10 亿美元(1999 年价)	占 GDP 的比例/%
1930～1939 年大萧条时期	18.2	2 420	27.6
1975～1984 年石油危机时期	7.7	1 480	3.0
1985～1999 年平静时期	5.7	240	0.3

资料来源：保罗·萨缪尔森、威廉·诺德豪斯：《经济学》(第十八版)，萧琛主译，北京：人民邮电出版社，2008 年

2）社会代价

从社会方面来看，不管失业的经济代价多么大，都不能完全反映出持续非自愿失业所带来的人身的、社会的和心理上的代价。失业不但使失业者及其家属的收入和消费水平下降，还会给人们的心理造成巨大的创伤，影响社会安定团结。失业者长期找不到工作，就会悲观失望，高失业率往往伴随着高犯罪率和各种社会骚乱。同时，整个社会也因失业而遭受损失，经济衰退可能引起社会动荡，引发其他社会事件。虽然像社会痛苦这一代价要定量化几乎是不可能的，但失业的代价对于有关个人来说是非常重要的，应加以重视。美国学者根据过去的情况指出，在严重的经济衰退中，心脏病、酒精中毒、婴儿死亡、精神紊乱，以及自杀的比率增长了 15%。总之，失业是一种社会灾难，它使人丧失自尊心、精神颓废、道德沦落，导致数以万计的家庭遭受经济和精神的痛苦。

世界上许多国家都实行失业保险制度，由政府给失业者一定数量的救济金。这种制度在一定程度上缓和了失业的社会影响，但在高失业率长期持续的时期，仍会有人在用完失业救济金后仍然找不到工作。而且，即使得到失业救济金也远不能抵消失业给失业者带来的痛苦。同时，这种政策也鼓励了失业者不提高自身能力和素质，不去积极寻找工作而依赖国家的行为，给国家造成了很大的财政负担。

3）政治代价

过高失业率还可能影响政治稳定，使政府威信受到影响，甚至导致国内社会政治出现紧张状态。在美国、英国等西方国家，失业情况是公民在政治选举中考查的重要项目，任期内失业率居高不下的总统或首相，其所属党派候选人往往在下期选举时得票率较低。在我国，世界上人口最多的国家，同时面临经济发展和体制转型双重使命，各种矛盾相互交织，使失业下岗问题显得尤为重要、复杂和敏感，下岗人员静坐或游行示威的现象在一些地区屡有发生。失业和下岗问题已经成为各级决策机构最为关注的问题之一。

15.2.2　失业的治理

1）对摩擦性失业的治理

产生摩擦性失业的主要原因是劳动力市场的不断变动、信息不很完备等。主要治理手段是通过缩短选择工作的时间来减少摩擦性失业，如增设职业介绍所、青年就业服务机构和建立人才库网站以更多的途径传播有关就业的信息。

2)对结构性失业的治理

结构性失业的产生原因主要是劳动力的素质跟不上经济结构的变化，主要治理手段有：①阻止或减少导致结构性失业的经济结构变化。②普及教育和劳动力技能培训，树立现代就业观念，提高劳动力市场灵活性，减少结构性失业发生概率和时间延续长度，对受结构性失业威胁的人进行教育培训以适应经济结构的变化，帮助劳动力迁移，使劳动力能够很容易在不同的工作与地区之间流动。

3)对周期性失业的治理

周期性失业产生的主要原因是有效需求不足，主要治理手段是实施正确发展战略，促进经济持续增长，逐步减少发展型失业和体制转型伴随的失业。适当运用宏观调节政策工具，有助于降低经济周期不景气阶段需求不足导致的失业。国家应积极干预经济，设法刺激有效需求，以实现充分就业，如刺激私人投资、促进国家投资等。

15.3　通货膨胀及其经济效应

通货膨胀(inflation)是一种纸币现象，表述的是货币的购买力的变化。商品的价格通常会随时间的推移而上升，因此，同样数量的货币所能购买的商品数量就会下降，这种购买力的损失就是通货膨胀，凡是实行纸币的国家和地区都可能存在通货膨胀。

15.3.1　通货膨胀的含义、衡量与分类

1)通货膨胀的含义

关于什么是通货膨胀，西方经济学界有各种各样的回答。一种最常见的定义是把通货膨胀作为物价水平的普遍上升。诺贝尔经济学奖得主 J. 托宾认为："通货膨胀是指物品与劳务货币价格的普遍上升。"美国著名经济学家保罗·萨缪尔森和威廉·诺德豪斯的《经济学》的教科书也持类似的观点。他们说："当物价水平普遍上升时，通货膨胀就产生了。……我们称之为通货膨胀的正是这种物价的普遍上升趋势。"

另一种定义是把通货膨胀视为货币量膨胀，是"过多的货币追逐相对不足的商品和劳务"。诺贝尔经济学奖得主 F. 哈耶克认为："通货膨胀一词的原意和真意是指货币数量的过度增长，这种增长会合乎规律地导致物价的上涨。"H. 赫兹里特认为："通货膨胀这个词原来只用于货币量。意思是货币量膨胀、扩大、过度增长。"诺贝尔经济学奖得主 M. 弗里德曼认为："无论何时何地大规模的通货膨胀总是货币现象。"

除上述"价格派"和"货币派"之外，还有其他的说法，在此不一一举例。但是，在西方经济学中无论对通货膨胀的含义怎样规定，一般来说，通货膨胀总是同物价上涨和货币贬值联系在一起的，通货膨胀的必然结果是物价上涨，货币购买力下降。所以，一个最一般的定义是：通货膨胀是"一般物价水平持续的、相当大的上涨"。

我们认为，通货膨胀是流通中的货币超过实际货币的一种货币现象，是指在一定时期内社会物价水平普遍的、持续的上涨。

2)通货膨胀的衡量

我们了解通货膨胀的定义之后，还有一个问题就是如何衡量通货膨胀。为了比较准

确地衡量通货膨胀，一般采用价格指数的增长率来计算通货膨胀率，价格指数可以分别采用消费者价格指数、生产者价格指数、GNP 折算价格指数，我们经常采用的是消费者价格指数。下面分别对它们进行介绍。

(1)消费者价格指数(consumer price index，CPI)，也叫消费价格指数。它反映一定时期内居民所消费商品及服务项目的价格水平变动趋势和变动程度。居民消费价格水平的变动率在一定程度上反映了通货膨胀(或紧缩)的程度。公式如下：

$$T=(P_t-P_{t-1})/P_{t-1}$$

其中，T 为 t 时期的通货膨胀率；P_t 和 P_{t-1} 分别表示 t 时期(代表报告期)和 $t-1$ 时期(代表基期)的价格水平。

通货膨胀率也可以用文字表示：

通货膨胀率＝(报告期消费者价格指数－基期消费者价格指数)/基期消费者价格指数
　　　　×100%

如果用上面介绍的消费者价格指数来衡量价格水平，则通货膨胀率就是不同时期的消费者价格指数变动的百分比。

假如一个经济体的消费者价格指数从上一年的 100 增加到今年的 112，那么这一时期的通货膨胀率就为 $T=(112-100)/100×100\%=12\%$，就是说通货膨胀率为 12%，表现为物价上涨 12%。

(2)生产者价格指数。生产者价格指数(producer price index，PPI)，又叫工业品出厂价格指数，是衡量工业企业产品出厂价格变动趋势和变动程度的指数，是反映某一时期生产领域价格变动情况的重要经济指标，也是制定有关经济政策和国民经济核算的重要依据。生产者价格指数主要是用来衡量各种商品在不同的生产阶段的价格变化情形的。一般而言，商品的生产分为三个阶段：一是完成阶段：商品至此不再做任何加工手续。二是中间阶段：商品尚需作进一步的加工。三是原始阶段：商品尚未做任何的加工。由于该指数计算比较复杂，此处从略。

(3)GNP 折算价格指数。GNP 折算价格指数，又叫 GNP 平减指数(GNP deflator)，是反映价值指标增减过程中与物量变动同时存在的价格变动趋势和程度的价格指数，它是衡量一国在不同时期内所生产的最终产品和劳务的价格总水平变化程度的价格指数，其计算公式为

国民生产总值平减指数 ＝报告期价格计算的国民生产总值/不变价格计算的国民生产总值

3)通货膨胀的分类

按照不同的标准，西方经济学家把通货膨胀划分为不同的类别，主要有如下分类：

一是按物价上涨的速度和趋势划分，主要分为：①爬行的通货膨胀，又称最佳通货膨胀，一般是物价上涨不超过 2%～3%，同时不存在通货膨胀预期的状态。西方经济学家认为爬行的通货膨胀对经济发展和国民收入增加都有着积极的刺激作用，并且将它看做是实现充分就业的必要条件。②温和的通货膨胀，是指一般价格水平的上涨幅度在 3%～10%。目前许多国家都存在着这种温和的通货膨胀，它是一个危险信号，如不高度重视就有可能加速。③奔腾式或飞奔式通货膨胀，是两位数的通货膨胀，即一般价格水平上涨幅度为 10% 以上 100% 以下。对于这种通货膨胀，政府必须采取强有力的政策

措施加以控制，以免对一国经济和人民生活造成不利影响。④恶性通货膨胀，又称超级通货膨胀，是指一般物价的年上涨率为 100％以上的通货膨胀，发生这种通货膨胀时，物价持续飞涨，货币体系崩溃，正常经济秩序遭到破坏，经济濒于瓦解。这种类型的通货膨胀通常很少发生。

二是按对价格影响的性质差别划分，主要分为：①平衡的通货膨胀，指各种商品（包括生产要素）的价格以相同比例上升。②非平衡的通货膨胀，指各种商品和生产要素的价格上涨幅度不相同。

三是按人们对通货膨胀的预期程度分，主要分为：①可预期的通常膨胀，又称为惯性通货膨胀，它是指一国政府、厂商和居民对未来某时期的通货膨胀可以在一定程度上加以预期的通货膨胀。②不可预期的通货膨胀，指物价上涨的速度超出人们的预料，或人们对未来时期的物价变化趋势无法预测。这种类型的通货膨胀在短期内对就业与产量有扩张效应。

四是按经济运行的市场化程度或通货膨胀的表现形式划分，主要分为：①公开性通货膨胀，又称开放性通货膨胀或物价型通货膨胀。它是指在市场机制充分运行条件下通货膨胀以物价上涨的形式公开表现出来。②隐蔽性通货膨胀，又称抑制性通货膨胀或短缺性通货膨胀，是指政府对价格进行某种形式的控制使得物价同市场供求脱离关系。过度需求不会引起物价水平的上涨，或物价上涨有限而不足以反映过度需求的真实水平，在这种类型的通货膨胀中，通货膨胀不是以物价上涨而是以商品短缺和供应紧张等形式表现出来。

五是按通货膨胀形成的原因划分，主要分为需求拉动的通货膨胀、成本推动的通货膨胀、结构性通货膨胀等五种。

关于最后这种类型的通货膨胀，我们下面将要详细论述。

15.3.2　通货膨胀的原因

关于通货膨胀的原因，西方经济学家提出了许多解释，大致可分为三个方面：第一方面为货币数量论的解释，其强调货币在通货膨胀过程中的重要性；第二个方面是用总需求与总供给来解释，包括从需求的角度和供给的角度来解释；第三个方面是从经济结构因素变动的角度来说明通货膨胀的原因。

1）货币供大于求带来的通货膨胀

货币数量论在解释通货膨胀方面的基本思想是，每一次通货膨胀背后都有货币供给的迅速增长。这一理论的出发点可用如下方程式表示：

$$MV = Py$$

其中，M 为货币供给量；V 为货币流通速度，它被定义为名义收入与货币量之比，即一定时期平均一元钱用于购买最终产品与劳务的次数；P 为价格水平；y 为实际收入水平。方程中左方的 MV 反映的是经济中的总支出，而右方的 Py 反映名义收入水平。左边等于右边是因为经济中对商品与劳务支出的货币额即为商品和劳务的总销售价值。上式也可以写为

通货膨胀率＝货币增长率－产量增长率 ＋ 流通速度变化率

由这个式子可知，通货膨胀来源于三个方面，即货币流通速度的变化、货币增长和产量增长。如果货币流通速度不变且收入处于其潜在的水平上，则可知通货膨胀的产生主要是货币供给增加的结果，换句话说，货币供给的增加超过货币需求是通货膨胀的基本原因。

2）需求拉动的通货膨胀

需求拉动的通货膨胀（demand pull inflation），又称为超额需求通货膨胀，是指总需求超过总供给所引起的一般价格水平的持续显著的上涨，是"过多的货币追求过少的商品"。当产量低于充分就业的水平时，需求的增加导致两种可能的结果：其一，产量提高但价格水平不变，由于瓶颈现象，有效需求的增加引起产量增加，同时又引起物价上涨，出现半通货膨胀。其二，当产量达到充分就业以后，由于生产能力的制约，总需求增长不再引起产量的增加，而只导致物价水平按同一比例增长，出现真正的通货膨胀。

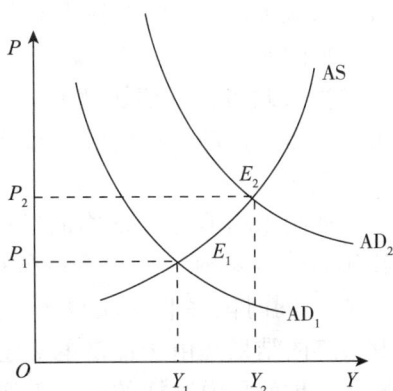

图 15-2　需求拉动的通货膨胀

如图 15-2 所示：当总需求从 AD_1 移动到 AD_2 时，经济均衡点从 E_1 移动到 E_2，真实产出从 Y_1 上升到 Y_2，一般物价水平从 P_1 上升到 P_2。居民消费、投资需求、政府支出、投资增长等，都可能成为原因。另外，预期变动也可能导致通货膨胀自我实现。

3）成本推动的通货膨胀

成本推动的通货膨胀是指在没有超额需求的情况下由于供给成本提高引起一般价格水平的持续显著上涨。成本推动的通货膨胀的种类有：一是工资推动的通货膨胀。理论认为，物价上涨的原因在于工资率的提高超过了劳动生产率的增长。西方经济学家认为，在不完全竞争的劳动市场上，强大工会力量的存在，使其可以通过各种形式提高劳动市场的工资水平，并使工资的增长率超过生产的增长率。由于工资提高，引起产品成本增加，导致物价上涨，如此循环往复就造成了工资—物价"螺旋"上升，引起"成本推进"通货膨胀。二是利润推动的通货膨胀。通货膨胀产生的原因在于不完全竞争，在不完全竞争市场上，垄断企业操纵市场价格，通过削减产量从而导致价格的上涨。三是商品推动的通货膨胀。这类通货膨胀是指生产过程中所投入的能源及各种原材料的价格，因种种原因出现上涨，致使产成品价格出现普遍上扬，从而引发全社会的通货膨胀。

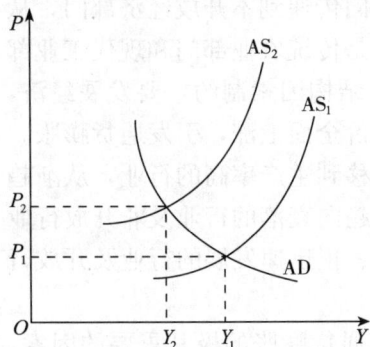

图 15-3　成本推动的通货膨胀

如图 15-3 所示，给定短期总供给曲线 AS_1，均衡产出与价格水平组合为 Y_1 与 P_1。假如某种外生因素变动使成本提升，总供给线向左上方移动到 AS_2，新产出价格组合成为 Y_2 和 P_2，造成成本推进通货膨胀。石油价格等导致的成本上升，是成本推进通货膨胀的最重要因素。

4) 混合型通货膨胀

混合型通货膨胀是指由于需求拉动和成本推动同时发挥作用、互相影响、相互促进的结果。这种观点认为,在现实经济社会中,通货膨胀究竟是需求拉动还是成本推动很难分清,即所谓"拉中有推,推中有拉"。例如,一方面,通货膨胀可能从过度需求开始,但由于过度需求所引起的物价上涨会促使工会要求提高工资,因而转化为成本(工资)推动的因素。另一方面,通货膨胀也可能是从成本方面开始,但如果不存在需求和货币收入的增加,这种通货膨胀过程是不可能持续下去的。因为工资上升会使失业增加或产出减少,结果将会使成本推动的通货膨胀过程终止。混合型通货膨胀是各国经济中的常见问题,现实经济中,当非充分就业的均衡存在时,就业的难题往往会引起政府的需求扩张政策,以期缓解矛盾。这样,成本推动与需求拉动并存的混合型通货膨胀就会成为现实。

如图 15-4 所示,成本的增加使总供给曲线从 AS_1 左移到 AS_2,造成价格从 P_0 上升到 P_2,同时国民收入减少了,从 Y_2 到 Y_0,其最终的结果是由于经济的衰退而结束通货膨胀。也就是说这样的通货膨胀不会持续下去。只有在成本推动之后,需求同时拉上,即总需求曲线从 AD_1 右移到 AD_2,才会使国民收入恢复到原有水平,而价格水平继续上涨到 P_3,通货膨胀才能继续下去。

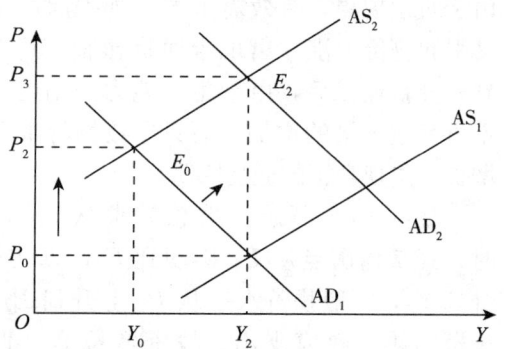

图 15-4　供求混合推动的通货膨胀

5) 结构性通货膨胀

结构性通货膨胀是指由于社会经济结构方面的因素而引起的物价水平在一定时期内的持续上涨。即便是总需求和总供给处于平衡状态时,除了总量因素以外,经济结构方面的原因,如产业结构、部门结构、比例结构失调、某些部门发展速度快某些部门萎缩、劳动力不易流动等也会使物价水平持续上涨,导致通货膨胀。

对于这类通货膨胀的分析主要有两种模型:一种是北欧模型。由于小国是世界市场上的价格接受者,世界通货膨胀通常从小国的开放经济部门传递到不开放经济部门,从而导致全面通货膨胀。另一种是二元经济模型。二元经济是传统农业部门和现代工业部门并存,表现为资本短缺,受到市场化、货币化程度低等结构因素制约,要发展经济,往往要靠赤字预算、多发行货币来积累资金,从而带动物价全面上涨,引发通货膨胀。

现代社会经济结构使资源不容易从生产率低的行业转移到生产率高的行业,从渐趋衰落的行业转移到开放的行业,但生产率低的行业、正在趋向衰落的行业及非开放行业在工资和价格问题上都要求公平,要求向生产率高的行业、正迅速发展的行业及开放行业看齐,结果导致一般价格水平的上涨。

其他原因:①心理因素。人们对未来的预期也是影响通货膨胀的极其重要的因素,因为厂商、工会都要根据对整个经济系统价格走势、其他厂商工资和产品价格的预期来决定自己的产品价格和工资,会按照预期的通货膨胀率来相应提高产品价格和工资,其结果往往使社会上的工资与价格按人们预期的比率增长，从而引发通货膨胀。②输入因素。在开放的经济条件下，许多小国及发展中国家很难阻止世界性通货膨胀的输入。对于一个主要依靠对外贸易的国家来说，进口品价格的提高、费用的提高等方面的影响往往对其具有决定意义。一旦出现中间干扰，如石油价格、农业收成、汇率变化等重大事件就会容易产生通货膨胀。例如，2008 年国际金融危机前后，美国商品价格上涨对全球的通货膨胀带来了较大影响。

14.3.3　通货膨胀的经济效应

通货膨胀的经济效应一直是一个争论很激烈的课题。诺贝尔经济学奖获得者弗兰科·莫迪利安尼的研究表明，通货膨胀不会影响总产出，但它会给资源配置、市场运行和社会大多数阶层的福利造成严重的破坏性影响。一些经济学家坚持认为，国民经济的发展会不可避免地伴随着通货膨胀。如果竭力限制通货膨胀，就会削弱经济增长的能力。也有一些经济学家认为，通货膨胀不利于经济增长，应当由政府采取措施加以控制。一般来说，短期内需求拉动的通货膨胀可促进产出，刺激就业，而成本推动的通货膨胀却会导致产出水平的下降，减少就业。严重的通货膨胀一旦发生，在社会的经济、生产、收入分配等方面会产生复杂的影响。尤其是通货膨胀在社会财富和收入分配方面的影响以及由此引发的社会政治后果，是每一个国家都必须认真对待、审慎处理的问题。

1）对收入与财富分配的影响

通货膨胀对收入与财富分配的作用主要通过影响人们手中财富的实际价值来实现。大多数工薪阶层、退休者、失业和贫困者、接受政府救济者等的收入会在通货膨胀中受损，那些货币收入能够随着物价上涨而及时向上调整，且调整幅度大于或等于物价上涨幅度的社会阶层和集团，其实际收入不但不会受到影响甚至会有所上升，是通货膨胀的受益者。产品售价的上涨变化比生产成本增长更快，利息和租金收入者会受到通货膨胀的损害；债权人总是受损失，债务人总是获利。企业和政府作为一国主要债务人，往往可以从通货膨胀中获得好处。通货膨胀还对税收产生影响，在累进所得税制度下，所得税的增长快于价格和收入的增长，会降低固定收入阶层的实际收入水平。通货膨胀还对储蓄者产生不利影响，同时助长投机并导致社会资源的浪费。在通货膨胀中受益的主要是从事商业活动的单位和个人，特别是那些在流通领域哄抬物价的不法单位和个人。

2）对经济效率的影响

通货膨胀破坏社会再生产的正常进行，导致生产紊乱。通货膨胀会扭曲价格，使价格信号无法正常反映社会供求状况，使得价格失去调节经济的作用。同时，它也会扭曲货币的使用，由于币值不稳和易变，货币不能真实地表现价值。通货膨胀还会给国民经济的核算、计量及统计工作带来困难，使结果不能真实地反映情况，所得数据无法进行正常地比较分析，不利于产品的交换和社会再生产的顺利进行，从而降低经济运行效率。在通货膨胀中，由于商品价格的上涨会使企业的生产成本迅速上升，资金利润率下降，同样的资本投资于生产领域比投资于流通领域特别是投资于金融市场的获利要小得多。因此，在通货膨胀条件下，不仅不能吸收投资到生产领域，反而会使原来在生产领域的资金流向流通领域和金融市场，使生产性投资规模减小，生产萎缩。而且，预期的物价上涨会促使社会消费增加、储蓄减少，从而缩减社会投资，制约生产发展。

　　3）对宏观经济的影响

　　除了影响微观经济和再分配，通货膨胀还影响宏观经济。研究结果表明，低通货膨胀的国家经济增长最为强劲；而高通货膨胀或通货紧缩国家的增长趋势则较为缓慢。恶性通货膨胀必然会带来灾难性后果。这时预期自我实现机制决定了通货膨胀必然会加速进行，政府则不得不增加印钞维持局面。经济好比一辆在荒原中不断自我加速的汽车，除非有外部提供的强大制动力使汽车减速，否则它将在某个时点落入悬崖或撞向绝壁，导致货币体系崩溃，经济系统瓦解，甚至政府更迭。

15.4　失业与通货膨胀的关系

　　失业与通货膨胀一直是困扰各国经济持续平稳发展的重要问题。关于它们之间的关系，不同学派有不同的观点。

　　1. 凯恩斯的观点

　　凯恩斯认为失业与通货膨胀不会并存，这实际是凯恩斯早期在宏观经济理论中提出的观点。也就是说，在社会上存在失业时，总供给可以随总需求的增加而增加，不会产生价格上涨的压力，不会发生通货膨胀；而通货膨胀的发生一定是由于资源实现了充分就业，使产量不再能够继续增加，也就是说失业与通货膨胀不会同时发生。

　　凯恩斯的这个观点在当时看来是符合实际情况的。但由于在以后的时间里，需求以外的因素对通货膨胀的影响越来越大，所以他的观点的片面性也越来越明显。例如，在20世纪60年代末70年代初，西方国家高通货膨胀与高失业并存的滞涨现象，用凯恩斯理论就无法解释，这在一定程度上导致凯恩斯经济学丧失了在宏观经济理论界的权威地位。

　　2. 菲利普斯曲线

　　1958年，伦敦经济学院教授菲利普斯（A. W. Phillips）发表论文，通过分析英国近一百年的失业率与货币工资数据，发现二者变动之间存在显著的反向关系。经济学家将物价上涨和货币工资变动率联系在一起，并用物价上涨率来表示通货膨胀率，所以，菲利普斯曲线也就表示了失业率与通货膨胀率之间的关系。

　　1）菲利普斯曲线的含义

　　菲利普斯曲线（Phillips curve）的含义是当失业率较低时货币工资水平倾向于上升，当失业率较高时货币工资水平倾向于下降。当存在很高失业率时，工人们可以选择的其他工作机会比较少，不会强烈地要求工资上涨；较高失业率意味着较低利润率，企业会更有力地抵制工人要求涨工资的压力。

　　图15-5中，向右下方倾斜的曲线即菲利普斯曲线，横轴表示失业率，纵轴表示通货膨胀率，当失业率高时，经济处于萧条阶段，这时工资和物价水平较低，从而通货膨胀率也就低；反之，失业率低

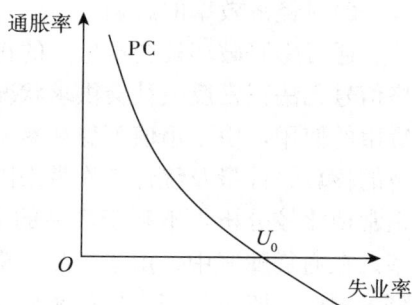

图 15-5　菲利普斯曲线

时，经济处于繁荣阶段，这时工资和物价水平较高，从而通货膨胀率也就高。

菲利普斯曲线的出现受到了发达国家政府的欢迎，并为政府采取反经济危机和反通货膨胀政策提供了理论依据。该曲线说明：第一，通货膨胀是由工资成本推动的，这就是成本推动通货膨胀理论。正是这一理论把货币工资变动率与通货膨胀率联系了起来。第二，承认了通货膨胀与失业之间的交替关系，这就否定了凯恩斯关于失业与通货膨胀不会并存的观点。第三，当失业率为自然失业率 U_0 时（图 15-5），通货膨胀率为零。

在后来，由于 20 世纪 70 年代末"滞涨"局面的出现，失业与通货膨胀的关系又有了新的解释。

2) 新古典综合派的菲利普斯曲线

新古典综合派的代表保罗·萨缪尔森、索洛等将通货膨胀率与失业率之间的关系用菲利普斯曲线来表示，并将该曲线纳入该学派的理论体系之内，用以对价格的变动做出解释。这一发现后来被发展为失业率和通货膨胀之间的反向关系。这一转换背后实际上暗含了对企业定价行为的一个微观经济学假定。假定劳动生产率的每年提高幅度大体稳定，依据企业在平均劳动成本之上的比例加成定价，那么价格水平就会与工资率同比例变动，则有：物价变动率 ＝ 平均劳动成本变动率 ＝ 工资变动率 — 劳动生产率增长率。例如，工资率上升 4%，劳动生产率增长 1%，则平均劳动成本上升 3%，物价水平上升 3%。

这样，菲利普斯曲线所表达的含义就要比凯恩斯说的仅仅货币政策能够调整产出水平更加直白、明确，后来一些政府甚至有意识地利用这种替代关系达到了一定的政策目的。这就是货币学派把"滞涨"归咎为凯恩斯理论的原因。

新古典综合派的菲利普斯曲线的政策含义是提供了一份"政策选择的菜单"，反映了失业率上升是治理通货膨胀的代价，而通货膨胀上升则是降低失业率的代价。

如图 15-6 所示，社会临界点是指失业率和通货膨胀率的社会可以接受程度。如果状态超过临界限，政府就需要采取扩张的或紧缩的财政与货币政策，使状态回到界限以内。

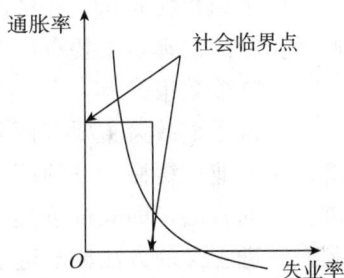

图 15-6 新古典综合派的菲利普斯曲线

3) 货币主义附加预期的菲利普斯曲线

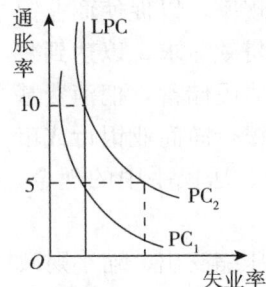

图 15-7 货币主义的菲利普斯曲线

货币主义者在解释菲利普斯曲线时引入了预期因素，这里的预期即适应性预期，指人们根据过去的经验来形成并调整对未来的预期。他们将菲利普斯曲线分为短期和长期。

如图 15-7 所示，LPC 代表长期菲利普斯曲线，PC_1 和 PC_2 分别代表短期内不同时间点的菲利普斯曲线。费尔普斯和弗里德曼认为，菲利普斯曲线是一种在预期的通货膨胀率不变时存在的失业与通货膨胀之间的短期关系。当预期的通货膨胀率变动时，短期菲利普斯曲线就会移动，失业率和通货膨胀之间就会不存在交替关系。

4）理性限期学派的菲利普曲线

理性预期学派的预期概念是在理性预期的假设之下的，无论在短期还是长期中，预期的通货膨胀率与实际发生的通货膨胀率总是一致的，无法以通货膨胀为代价来降低失业率。

无论在短期还是长期中，菲利普斯曲线都是一条从自然失业率出发的垂线，即失业率与通货膨胀率之间不存在交替关系。

如图 15-8 所示，无论在短期还是长期中，宏观经济政策都是无效的。

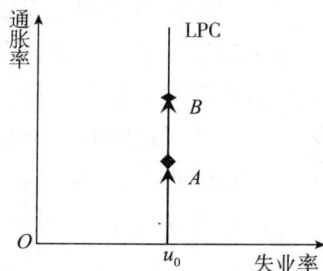

图 15-8　理性预期学派的
菲利普斯曲线

5）新凯恩斯主义对菲利普斯曲线的解释

新凯恩斯主义者用信息不对称和不完全性来解释菲利普斯曲线。长期中，市场机制的调节作用是有效的，市场可以实现充分就业均衡，政府没必要进行调节。短期中，信息的不对称性使市场调节不完全有效，宏观经济会出现小于充分就业均衡或大于充分就业均衡，通货膨胀和失业之间存在交替关系，需要政府用政策进行调节。

15.5　通货膨胀的治理

由于通货膨胀对于经济的正常发展有相当不利的影响，所以许多国家都十分重视对通货膨胀的治理，主要有以下措施：

1）紧缩政策

实行紧缩政策主要有两种基本方法：一是"渐进主义"方法，即逐渐地实行紧缩经济，在失业率缓慢上升的压力下使通货膨胀逐渐得到抑制。二是"冷火鸡"方法，又称激进主义的方法，即大幅度地实行经济紧缩，失业率迅速上升，使通货膨胀得到较快抑制。激进主义的方法比渐进主义的方法更能清楚地体现政府决定性的政策变化，从而可以引导企业以降低通货膨胀率为目标。紧缩政策包括紧缩性的货币政策和紧缩性的财政政策。

（1）紧缩性的货币政策。紧缩性的货币政策主要措施包括：第一，提高法定存款准备金率。由此压缩商业银行的超额准备金，压缩其贷款能力，达到紧缩贷款规模、减少投资、压缩货币供应量。第二，提高利率。一方面中央银行提高贴现率，以促使商业银行提高贴现率，导致企业利息负担加重，利润减少，从而抑制企业贷款需求，以达到减少投资、减少货币供应量的目的。另一方面，提高存款利率，吸引居民储蓄，把消费基金转为生产基金，减少通货膨胀压力。第三，公开市场业务。中央银行向商业银行或市场出售手中持有的有价证券，以减少商业银行的超额准备金或企业、居民手中的现金，从而减少市场的货币供应量。

（2）紧缩性的财政政策。紧缩性的财政政策主要是指增加税收、压缩支出、缩小财政赤字，包括削减政府开支、压缩公共工程的支出，并提高个人所得税，使消费者的可支配收入减少，降低消费者的消费支出，减少政府和个人支出，减少对市场商品的需求。

　　总的来说，货币政策是通过影响信贷、影响投资，从而影响市场货币供应量，以达到压缩总需求的目的。财政政策则是直接影响政府和个人的消费支出，以压缩总需求。财政政策和货币政策配合使用，综合治理通货膨胀，其重要途径就是通过控制固定资产投资规模和控制消费基金过快增长来实现控制社会总需求的目的。

　　2）收入政策

　　收入政策是指政府为了降低一般价格水平上升的速度，而采取的强制性或非强制性的限制货币工资和价格的政策。其目的在于影响或控制价格、货币工资和其他收入的增长率，主要通过控制工资、控制企业哄抬物价、降低关税增加进口等措施。在竞争性市场环境中，如果没有非经济力量的强制约束（政府管制），供求的相互作用或价格机制会使社会资源的配置自动达到最优状态。因而，政府的管制会使价格机制扭曲，从整个社会来讲，不可能有效。这最多只是权宜之计，绝非解决通货膨胀问题的根本之道。

　　3）指数化

　　指数化是指以条文规定的形式把工资和某种物价指数联系起来，当物价上升时，工资也随之上升。这样可部分地消除通货膨胀在收入分配上所造成的影响，其目的是减少物价上涨的影响，而非追求物价的稳定。指数化的类型有债券或储蓄指数化、税收指数化、工资指数化等。

　　4）供给政策

　　治理通货膨胀的一个重要方面就是增加有效商品供给，即运用刺激生产的方法来增加供应。主要手段有降低成本、减少消耗、提高经济效益、提高投入产出比例，同时，调整产业产品结构，支持短缺商品的生产。这样，一方面解决总供需的不平衡，以平抑物价；另一方面也不致引起失业率的增加。

　　供给政策的实施改变了过去只着眼于解决过度需求的做法，从解决过度需求和增加供应两方面来解决总需求超过总供给的状况，以平抑物价，缓解通货膨胀。

　　5）其他办法

　　除以上几种对策外，治理通货膨胀还包括其他一些措施，如进行道德劝说、结构改革、货币改革、发行国债等。

➤本章专业术语

　　失业　自愿失业　自然失业率　摩擦性失业　结构性失业　周期性失业　充分就业　奥肯定律　古典学派失业理论　黏性工资理论　通货膨胀　消费者价格指数　生产者价格指数　需求拉动的通货膨胀　成本推动的通货膨胀　结构性通货膨胀　菲利普斯曲线　指数化

➤本章小结

　　本章要点可以归纳如下：

　　（1）失业指在某个年龄以上，在特定考察期内没有工作而有工作能力，并且正在寻找工作的人。经济中失业者与就业者的总和称为劳动力。失业人数占劳动力的百分比称为失业率。一般情况下，失业主要分为自然失业、周期性失业和隐性失业三种类型。其中，自然失业又可以分为摩擦性失业、结构性失业、季节性失业等。

　　（2）一般认为，消灭了周期性失业的就业状态就是充分就业。充分就业与自然失业的存在并不矛盾，在排除了经济周期的影响以后，每个经济仍然总会存在一定比例的失业人口。这些失业人口在经济的动态变动过程中是不可避免的。这种失业称之为自然失业，自然失业与总劳动力的比率称为自然失业率。

（3）通货膨胀是一种纸币现象，表述的是货币的购买力的变化。商品的价格通常会随时间的推移而上升。主要包括爬行的通货膨胀、温和的通货膨胀、奔腾式或飞奔式通货膨胀、恶性通货膨胀等几种类型。衡量通货膨胀最主要的指标是物价指数。

（4）造成通货膨胀的最直接原因就是货币供应量过多，深层次原因则主要有需求拉动、成本推动、结构因素及供给不足、预期不当、体制制约等。治理通货膨胀的根本措施是实行紧缩的货币和财政政策。通货膨胀的经济效应主要有三个方面的影响，对收入与财富分配的影响，对经济效率的影响，对宏观经济的影响。

（5）体现通货膨胀与失业关系的指标主要是菲利普斯曲线，该曲线表明短期内失业与通货膨胀呈反向关系，从长期来看失业率与通货膨胀率之间不存在交替关系。说明以引起通货膨胀为代价的扩张性财政与货币政策并不能减少失业。

（6）控制通货膨胀的政策主要有紧缩政策、收入政策、供给政策等。

➤练习题

一、名词解释

1. 失业　　　　　　　　　　2. 自愿失业

3. 通货膨胀率　　　　　　　4. 自然失业率

5. 菲利普斯曲线　　　　　　6. 价格指数

7. 周期性失业　　　　　　　8. 奥肯定律

二、单选题

1. 奥肯定律描述了（　　）。

　　A. 就业与实际国内生产总值的关系　　　　B. 就业与名义国内生产总值的关系

　　C. 失业与实际国内生产总值的关系　　　　D. 失业与名义国内生产总值的关系

2. 由于经济萧条而形成的失业属于（　　）。

　　A. 摩擦性失业　　　　　　　　　　　　　B. 结构性失业

　　C. 周期性失业　　　　　　　　　　　　　D. 永久性失业

3. 一般来说，某个大学生毕业后未能立即找到工作，属于（　　）。

　　A. 摩擦性失业　　　　　　　　　　　　　B. 结构性失业

　　C. 自愿性失业　　　　　　　　　　　　　D. 周期性失业

4. 某人因为纺织行业不景气而失业，属于（　　）。

　　A. 摩擦性失业　　　　　　　　　　　　　B. 结构性失业

　　C. 周期性失业　　　　　　　　　　　　　D. 永久性失业

5. 某人由于不愿接受现行的工资水平而造成的失业，称为（　　）。

　　A. 摩擦性失业　　　　　　　　　　　　　B. 结构性失业

　　C. 自愿性失业　　　　　　　　　　　　　D. 非自愿失业

6. 以下（　　）情况不能同时发生。

　　A. 结构性失业和成本推动的通货膨胀

　　B. 需求不足失业和需求拉动的通货膨胀

　　C. 摩擦性失业和需求拉动的通货膨胀

　　D. 失业和通货膨胀

7. 垄断企业和寡头企业利用市场势力谋取高额利润所导致的通货膨胀，属于（　　）。

　　A. 成本推动的通货膨胀　　　　　　　　　B. 结构性通货膨胀

    C. 需求拉动的通货膨胀　　　　　　　　D. 混合型通货膨胀

  8. 应付需求拉动的通货膨胀的方法是(　　)。

    A. 人力政策　　　　　　　　　　　　B. 收入政策

    C. 财政政策　　　　　　　　　　　　D. 三种政策都可以

  9. 收入政策主要是用来对付(　　)。

    A. 需求拉动的通货膨胀　　　　　　　B. 成本推动的通货膨胀

    C. 需求结构性通货膨胀　　　　　　　D. 成本结构性通货膨胀

  10. 长期菲利普斯曲线说明(　　)。

    A. 通货膨胀和失业之间不存在相互替代关系

    B. 传统的菲利普斯曲线仍然有效

    C. 在价格很高的情况下通货膨胀与失业之间仍有替代关系

    D. 曲线离原点越来越远

三、多选题

  1. 通货膨胀按照形成的原因可分为(　　)。

    A. 需求拉动的通货膨胀　　　　　　　B. 成本推动的通货膨胀

    C. 结构性通货膨胀　　　　　　　　　D. 温和的通货膨胀

  2. 结构性通货膨胀的原因是(　　)。

    A. 各经济部门生产率提高的快慢不同

    B. 生产率提高慢的部门要求工资增长向生产率提高快的部门看齐

    C. 生产率提高快的部门要求工资增长向生产率提高慢的部门看齐

    D. 全社会工资增长速度超过生产率增长速度

  3. 通货膨胀的再分配效应表现在(　　)。

    A. 通货膨胀不利于固定收入者,有利于变动收入者

    B. 通货膨胀不利于储蓄者,有利于实际资产持有者

    C. 通货膨胀不利于债权人,有利于债务人

    D. 通货膨胀不利于公众,有利于政府

  4. 政府推行收入政策抑制通货膨胀的手段有(　　)。

    A. 对价格和工资进行管制,企业和工会不经政府同意不得提高工资和价格

    B. 对价格和工资进行管制,企业和工会不经政府同意不得降低工资和价格

    C. 政府加强社会救济和政府转移支付力度

    D. 对价格和工资进行指导,由政府规定工资和价格的指导指标,令工会和企业参照执行

四、判断题

  1. 如果店主说:"可以提价,别愁卖不了,店门口排队争购的多着哩!"这属于成本推动的通货膨胀。(　　)

  2. 经济已达充分就业,扩张性财政政策使得价格水平提高。(　　)

  3. 在充分就业、劳动生产率不变情况下,若工资提高,则总产出提高。(　　)

  4. 短期菲利普斯曲线存在的条件是工资不变。(　　)

  5. 摩擦性失业是一种自愿性失业。(　　)

  6. 失业持续的时间越长,失业频率越高,自然失业率就越高。(　　)

五、问答题

  1. 失业、就业和不再工作的区别是什么?

  2. 摩擦性失业是不是一种自愿性失业? 为什么?

3. 摩擦性失业与结构性失业相比，那一种失业问题更严重些？

4. 哪些失业是可以消除的，哪些失业是无法消除的，为什么？

5. 能不能说有劳动力的人都有工作了才是充分就业，为什么？

6. 高价格和通货膨胀的区别是什么？

7. 如果你的房租、工资、公用事业及别的费用都上涨了，这属于需求拉动还是成本推动的通货膨胀？为什么？

8. 在恶性通货膨胀发生时，人们是愿意坐出租车呢还是愿意坐公交车？为什么？

六、计算题

1. 假定某国在 2006 年有 1.9 亿工作年龄的人口，其中有 1.2 亿人有工作，1 000 万人在寻找工作，1 500 万人放弃寻求工作，4 500 万人不要工作。试求该国劳动力人数和失业率。

2. 若某国的价格水平在 1970 年为 54，1980 年为 69，1990 年为 92，2000 年为 178，试计算该国在 20 世纪 70 年代、80 年代、90 年代的通货膨胀率各是多少。

第 16 章

经济周期理论

本章要点：

经济周期的定义　经济周期的四个阶段　经济周期的种类　经济周期的内因论和外因论　乘数和加速数模型

回顾各国经济发展过程，经济总量的周期性波动是一个重要的经济现象，每一次国民经济的周期性波动都对经济增长、就业状况、通货膨胀和国际贸易等带来了深刻的影响。因此，经济周期已经成为全球经济学界的重要研究领域之一，构成了宏观经济调控的主要理论基础。什么是经济周期？经济周期的种类有哪些？以及经济周期是怎样形成的？在这一章中我们将会一一叙述。

16.1　经济周期概述

在现实经济活动中，各国的经济增长从来都不是按部就班、一成不变的。一个经济体可能在一段时间内保持令人兴奋的经济扩张和繁荣，而在接下来的一段时间却遭遇了一场经济衰退，甚至，在少数情况下还可能出现长期的经济萧条。于是，国民产出下降，利润和实际收入减少，大批工人失业。经济衰退并逐渐落到谷底，然后再开始复苏，进而进入到经济繁荣。经济繁荣一方面意味着在较长时期内需求持续旺盛，就业机会充裕；另一方面也可能伴随着通货膨胀，价格上扬，紧接着便是另一轮经济衰退。产出、通货膨胀率、就业等方面的波动构成了经济周期，经济周期是所有市场经济的共同特征。

16.1.1　经济周期的含义

经济周期（business cycles）是指一个国家总体经济运行中不规则的经济扩张和经济紧缩交替更迭反复出现的过程。总体经济的这种波动会反映在很多指标上，其中总产出（实际国内生产总值）被认为是最重要的指标。早期经济学家对经济周期的定义是建立在实际国内生产总值或总产出绝对量的变动基础上的，认为经济周期是指国内生产总值上升和下降的交替过程。这一定义被称为古典的经济周期定义。现代关于经济周期的定义是建立在经济增长率变化的基础上的，认为经济周期是指经济增长率上升和下降的交替过程。根据这一定义，衰退不一定表现为国内生产总值绝对量的下降，只要国内生产总值的增长率下降，也可称之为衰退。在当代对经济周期的研究中，新的定义并没有取代古典的经济周期定义，因为对同一时期经济周期的研究，使用不同的经济周期定义往往会得出不同的分析结果。

应该注意的是，我们在对经济运行进行观察时总会发现宏观经济指标上上下下地波动，但有时这些指标的变化并不意味着经济周期的波动。举例来说，每个国家在重要节日到来前的一段时间内市场都是相当繁荣的，反映经营者业绩的各种总量指标都会变得令人乐观，但这种变化有可能只是暂时的，或者说是季节性的，很难十分确定经济周期繁荣时期的到来。事实上，即使宏观经济周期性的变化真的出现，其波动过程也往往比理论模型中标准且有规律的波动要复杂得多。我们只能得出这样的结论：经济周期是繁荣与萧条的更迭。但每一个周期的波动无论从持续的时间，还是从波动的幅度来看都有各自不同的特点，有时会出现长时间的繁荣与短期的收缩，有时则表现为长期的萧条和短期的经济扩张。对于经济周期，有三个重要的事实：①经济周期不可避免；②经济周期是经济活动总体性、全局性的波动；③一个周期由繁荣、衰退、萧条、复苏四个阶段组成。

16.1.2　经济周期各阶段的特征

经济周期是无规律且不可重演的经济活动的向上与向下变动，每一个经济周期在持续时间、波动幅度等方面都有各自的特点。经济学家通过对经济周期的历史资料的研究发现，经济活动的周期性波动还是存在着一定的规律性，每个周期都基本可以分为繁荣、衰退、萧条和复苏四个阶段。

如图 16-1 所示，以横轴表示时间，纵轴表示国民收入，由 A 到 B 为经济周期的繁荣阶段，在 B 点达到顶峰；从 B 到 C 为衰退阶段，此时经济运行开始收缩；从 C 到 D 则进入萧条阶段，各种宏观经济指标进一步恶化，到 D 点降到谷底；从 D 到 E 为复苏阶段，说明经济形势开始好转，即将进入下一个繁荣时期。图 16-1(a)与图 16-1(b)不同的是国民收入在不断增长的情况下发生着波动。另外图 16-1(b)中描绘的是一个有规律的、对称的经济周期，是典型的理论化模型。实际上，各个周期在持续时间，包括整个周期持续时间和周期中各阶段的时间都不尽相同，波动的幅度也有极大差别，这使得现实的周期波动规律不十分明显。因此，在对现实的经济运行状况进行分析时，要对各个宏观经济指标的变化情况进行综合分析，以对经济周期做出正确判断。下面我们对各个阶段的特点逐一进行具体分析。

1)繁荣阶段

这是经济活动高于正常水平并且持续扩张的阶段，直到达到这次经济周期的顶峰。在整个繁荣阶段，收入的持续增加使公众与厂商对经济形势高度乐观，而在乐观情绪的作用下，社会消费维持较高水平，且随收入的增加而增加，厂商为此也不断追加投资来扩大自己的生产能力，社会总需求在较高水平上继续增加。然而随着繁荣的继续，可利用的闲置生产资源日渐贫乏，受有限的货币供给的制约，投资资金也日益紧张，生产要素的价格开始上涨，生产成本不断提高。另外，新的生产能力的形成毕竟需要一定的时

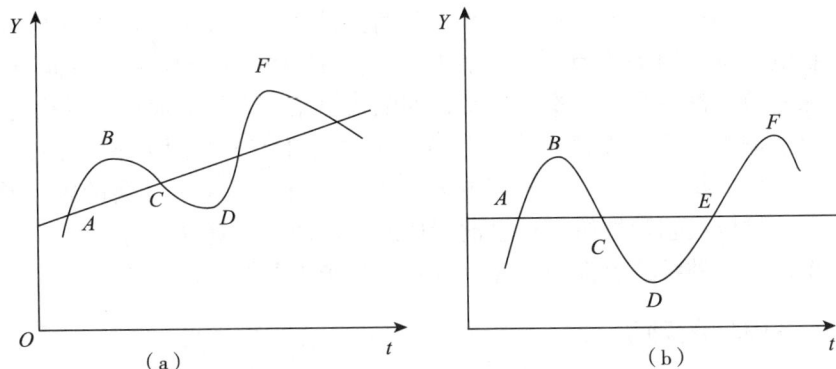

图 16-1　经济周期各阶段的特征

间，面对总需求的增加，供给能力总显得不足。这一切都推动着社会上产品价格的不断提高，使厂商在生产成本不断增加的情况下仍然能够取得丰厚的利润，因而愿意进行新的投资。显然，这个时期经济高涨的特征极为明显。

2）衰退阶段

这是在经济运行达到顶峰后开始走向收缩的起点。一般认为，在繁荣阶段形成的巨大生产能力迟早会使厂商面对存货增加的问题，厂商不得不缩小投资规模降低产量，并相应地减少对劳动的雇佣，这无疑会使社会收入水平下降，社会总需求减少。而此时政府由于担心繁荣带来的价格上涨会引发通货膨胀，进而威胁经济的持续增长，往往会收缩信用，使公众对经济形势的预期逐渐由乐观转为悲观。由此产生的结果是厂商的存货在总需求不断减少的情况下进一步增加，利润相应减少，厂商不得不继续缩小产量解雇工人，从而使社会收入进一步下降。总之，衰退阶段在经济达到顶峰后必然会出现，它预示着经济正由景气走向不景气，但这一时期经济运行的总体水平仍然较高，还未降至正常水平之下。

3）萧条（depression）阶段

这是经济运行低于正常水平并且还在继续收缩的阶段，直到主要宏观经济指标降至这次周期的谷底。在这个阶段，由于厂商不断缩小生产规模，社会上的失业现象日益严重，无论是厂商的利润还是居民的收入都在下降，整个经济系统弥漫着悲观的情绪。而由于人们对未来的悲观，厂商不愿进行提高生产能力的投资，公众也尽量减少消费，从而使厂商继续缩减生产规模，社会上存在大量闲置的生产资源。在这个经济收缩的阶段，由于社会上毕竟还存在维持人们基本生存需要的消费需求，厂商在被压缩了的生产规模下也仍然要发生弥补磨损和报废机器设备的重置投资，所以生产的收缩不是无限的，当规模缩小到一定程度后，经济下滑的速度开始放慢，逐步回落到一个相对稳定的水平，这时一旦受到某些外部力量的刺激，经济形势便会出现向上的转折，从萧条走向复苏。

4）复苏阶段

在经过萧条阶段后经济的不断收缩达到最低点，经济系统内在的因素使得生产不再减少，而会出现增长的势头。这主要是由于长期低水平的生产使企业积压的大批存货已减少到正常水平，甚至可能低于正常水平，厂商为维持一定数量的存货规模开始提高产量；另外，机器设备磨损需要重置也是使厂商生产扩大的一个原因。然而更为重要的是，任何国家的政府都不会坐视本国经济长期陷入萧条，它们会通过一系列的扩张性政策来提高社会总需求水平，而这又会使厂商得到更多的订单，从而使厂商扩大生产规模。随着生产规模的扩大，厂商会雇佣更多的工人进行生产，全社会的收入趋于增加，乐观的情绪又开始取代悲观情绪，社会消费也逐渐增加。尽管这一阶段经济运行水平还较正常年份偏低，但种种迹象都预示着经济将一步步走向扩张。

16.1.3　经济周期的种类

尽管经济周期是宏观经济运行状况的周期性波动，但这种波动绝非有规则的简单重复，每个周期在波动原因、波动幅度、持续时间等方面都有所不同。经济学家在对经济周期进行研究时，根据周期时间的长短，将经济周期分为以下几种类型：

(1)朱格拉周期。朱格拉周期也被称为主要周期、中周期、经济中波，是法国经济学家朱格拉于1860年提出的。朱格拉对美国、英国与法国银行业的运行状况进行了较长时间的观察研究，提出宏观经济一次周期性的波动约历时9～10年，分为繁荣、危机和清算三个阶段，以国民产出、失业率、多部门的利润和价格等主要经济指标的变动为标志。朱格拉是第一位对经济周期的阶段进行划分的经济学家，现在我们所面对的经济周期主要是这种周期，通常认为其长度为8～10年。

(2)基钦周期。基钦周期也称为短周期，是美国经济学家基钦于1923年提出来的。他对较长时间内美国与英国的价格水平、利率以及银行结算等指标进行分析后发现，在一次主要周期的发生过程中也会有经济运行的波动，主要同市场商品可供量和企业存货量的变化有关，影响因素主要是企业存货增减而引起的投资数量的变动。一般情况下基钦周期的长度为3～5年，约为主要周期的一半，即在一次主要周期的波动过程中会包括两次次要周期的波动。

(3)康德拉季耶夫周期。康德拉季耶夫周期也称长周期，是俄国经济学家康德拉季耶夫在对美国、法国、英国及其他一些国家1780～1920年的经济运行情况进行研究后，于1925年提出。他认为西方国家经济波动每次历时50～60年，平均长度为54年。康德拉季耶夫概括了长期波动的五个特点：①长期波动包含着传统的周期波动(10年左右的周期波动)。在长期波动的上升期，繁荣的年份较多，在下降期则以萧条的年份为主。②在长期波动的衰退期，农业和交通运输方面有特别多的发现和发明，但这些通常只能在下一个高涨期时才能得到大规模的应用。③在长期波动的衰退期间，农业通常也出现明显的长期的萧条。④在一次长周期高涨开始时，黄金产量通常会增加，并且由于新国家特别是殖民地国家的参与，世界市场一般有所扩大。⑤在长期波动的上升期，即在经济力量的扩展高度紧张时期，一般会发生灾难性的和广泛的战争和革命。

(4)库兹涅茨周期。库兹涅茨周期也称建筑业周期，是由美国经济学家库兹涅茨于1930年提出的。库兹涅茨对美国、英国、德国和法国的生产和价格的长期变动情况进行了分析，并剔除了其间短周期与中周期的变动，重点分析了有关数列资料中反映出的长期消长过程，提出在主要工业国家存在着长度从15年到25年不等，平均长度为20

年的长周期。库兹涅茨周期与人口增长引起的建筑业增长和衰退相关，人口的增加会引起建筑业的波动，进而引发经济的周期性波动，其标志就是建筑业的兴衰。

（5）熊彼特周期。熊彼特在对前人提出的经济周期种类进行分析之后于 1939 年对经济周期做出了独特的说明。他认为，一个长周期一般以社会上的重大创新为标志，长度通常为 48～60 年。这里所说的创新既包括新产品的开发、新材料的使用、新生产方法的利用，也包括新市场的开拓和新的生产组织方法的推行。他还提出，每一个长周期包括 6 个中周期，每一个中周期包括 3 个短周期。短周期约为 40 个月，中周期约为 9～10 年，长周期为 48～60 年。熊彼特指出，历史上曾发生过 3 次长周期的波动：18 世纪 80 年代～1842 年为产业革命时期，1842～1897 年为"蒸汽和钢铁时期"，而从 1897 年到熊彼特提出自己观点时的 1939 年，第三个长周期——电气、化学和汽车时期尚未结束。按照熊彼特的观点，这 3 次长周期都是由社会上重大创新引起的，但在重大创新之外，经济运行过程中实际是创新不断，其结果是，中等创新导致了长周期中的中周期，而小创新又引发了经济的短期波动。

16.2　经济周期原因的解释

自从西方国家爆发严重的经济危机后，不少经济学家对经济周期进行了大量研究，并试图解释经济周期产生的原因。第二次世界大战爆发之前，解释经济周期的理论就已经非常多，第二次世界大战之后又有很多理论诞生。虽然解释经济周期成因的理论有很多，但无非都是在经济系统内部或外部寻找经济波动发生的原因。我们可以将这些理论分为两大类：一类是内生论，即内部因素论，认为是经济系统内各因素如投资规模、货币供给量、消费量、对经济形势的判断与预期等的变化引发了经济波动；另一类是外生论，即外部因素论，认为是技术创新、自然条件、政府更迭和战争爆发等因素的变化带来了经济周期的波动。下面我们着重介绍以下几种理论：

1）农业周期理论

哈伯勒在其关于经济周期的经典著作《繁荣与衰退》中提出，农业周期理论可以划分为三派：第一派认为农业的周期性引起了部门外的经济周期；第二派否认农业周期的存在，而把农作物偶然的产出波动作为外生初始因素，继而引发了经济其他部分累进的周期性波动；第三派认为农业是一个被动因素，但农业可能对来自经济其他部门的波动做出反应。英国的杰文斯父子是第一派的代表，他们提出了太阳黑子论，认为太阳黑子的活动会严重影响地球的气候，从而影响农业的产出，而农业的生产状况又会影响工业及整个经济。即太阳黑子的周期性决定了经济的周期性，在太阳黑子活动频繁的年份，地球上农业产量会明显下降，其他部门也相应受到影响，造成全社会的收入减少，经济走向萧条；而若太阳黑子的活动不十分频繁，农业生产就容易获得丰收，进而使整个经济繁荣。

农业周期理论反映了当时在西方，农业在国民经济中还占有相当重要的地位，也说明了人们对经济周期波动这个经济现象的认识才刚刚开始，在经济系统之外寻找影响经济运行的原因当然无法指出经济周期波动的真正原因所在。随着现代科学技术的发展，人们已经认识到太阳黑子活动与金星的运行状况并不会对全球气候产生太大影响，因而此理论已不再被人们认同。

2）创新理论

美籍奥地利经济学家熊彼特在其 1939 年出版的《经济周期：资本主义过程的理论、历史与统计分析》一书中，提出了用创新来解释经济周期学说，从技术创新引起厂商成本发生变化的角度来阐述经济周期的成因。熊彼特指出，在现实生活中，经济恒常状态之所以被突破，是由于富有创新精神的企业家借助银行家扩大信用贷款的帮助增雇工人、新建厂房、增添设备，推动了国民产出和国民收入的增长，促进了消费品生产的增加。随后，由于企业家的创新利润，刺激其他企业经理也在银行信贷的帮助下群起模仿，这就是经济周期的复苏和高涨。当经济扩张经历一段时间，创新扩散到较多企业时，利润逐渐消失，扩张趋向终结。

扩张为什么必然转向衰退和萧条？熊彼特认为，在经济高涨阶段，厂商在乐观情绪的支配下，投机盛行，借助银行贷款扩大投资，高估了社会对产品的需求。此外，消费者的乐观情绪高估了可能的收入，常用抵押贷款方式购买耐用消费品，消费者负债购买反过来促进企业过度投资。所以在熊彼特看来，经济周期的衰退与萧条意味着新产品新技术对旧的厂商和部门的冲击，那些在经济高涨期间过度扩大的投资在萧条阶段的毁灭，是社会经济从失衡趋向新的均衡之间必然的有益的过程。从资本主义发展的角度来看，一旦萧条到达低谷，新的创新引致的复苏和高涨将推动生产力在更高水平上向前发展。

3）投资过度理论

该理论认为，投资波动是导致经济波动的主要原因，投资的波动引起消费者收入的波动。其中心论点是，生产资本品部门的发展超过了生产消费品部门。经济扩张时，资本品增长速度比消费品快，经济衰退时，资本品下降速度也比消费品快。资本品投资波动造成了整个经济波动。

4）消费不足理论

消费不足理论具有悠久的历史，它是最早解释经济周期的理论之一。这种理论只解释经济周期中的萧条时期，并未对宏观经济繁荣与萧条周期性的更迭做出解释。最早提出这种理论的是英国经济学家马尔萨斯和法国经济学家西斯蒙第，在当代又得到了英国经济学家霍布森和一些左翼经济学家的支持。这种理论认为，随着收入的增加，人们的消费倾向递减，富人的消费倾向低于穷人，而储蓄倾向则较高。由于社会存在收入分配不公平的现象，数量较少的富人手中掌握了大量财富，并将其中相当大的一部分变为自己的储蓄，而众多的穷人则面临购买力严重不足的问题。从整体上看，这是社会总需求不足，特别是对消费品的需求不足。消费品制造厂商的生产规模偏小，对资本品的需求也就有限，经济总体在较低水平上运行。尤其是相对于规模巨大的社会储蓄而言，投资不足使社会上价格水平较低且失业严重，经济便长期处于萧条状态。

5）心理周期理论

该理论最初由英国经济学家庇古提出，后来凯恩斯在其宏观经济理论中也就人的心理因素对经济活动的影响进行了更为深入的分析。实际上人们对未来经济形势的预期会影响现在的经济行为，但这种预期只是适应性预期，它由人们所受的教育及在以往经济活动中积累的经验等因素决定，并不一定与现实中发生的真实情况相吻合。而一旦人们发觉预期中存在错误，就会对预期进行调整，经济决策也会随之改变。

根据这种理论，经济周期出现的原因就在于人们对未来经济发展趋势的预期总会发生由乐观到悲观再到乐观地变动。在经济扩张的迹象出现时，订单的增加、生产规模的扩大、失业率的下降、社会收入的增长往往使人们对未来产生过于乐观的预期，这种预期促使消费需求与投资需求迅速增加，经济呈现出高涨状态。然而，过分乐观的预期带来的是投资的过度增长，生产规模超出管理水平的扩大，这必将导致厂商存货的增加，产品价格下降，使厂商减少产量，解雇工人，社会生产规模收缩，收入下降。这种情况使人们对未来经济走势感到悲观，并开始大幅度削减投资量，致使经济出现过度的收缩，进入萧条阶段。

6) 货币主义理论

货币主义学派经济周期理论兴起于 20 世纪 60 年代，是在西方各国奉行凯恩斯主义的经济政策后通货膨胀不断加剧的历史背景下产生的。货币主义的经济周期理论强调名义因素，即货币供给在经济周期波动中的决定性作用。货币主义利用现代货币数量论来解释名义货币供给冲击引发经济波动的作用机制。货币主义的代表人物主要是 1976 年诺贝尔经济学奖获得者弗里德曼。

货币主义的经济周期理论强调外生的货币扰动不是产生于私人部门或资本主义市场经济本身，而是来源于政府政策。弗里德曼认为，如果没有外生的扰动，私人支出包括私人投资是基本稳定的，私人支出与产出、就业的自然增长率是一致的，而导致经济周期波动的原因是由政府发动的、外生的冲击。在价格和工资调整滞后的情况下，政府政策使得货币供给增长的交替运动，导致了产出与就业偏离其趋势的波动。该学派特别强调货币存量的变化对于经济活动具有重大影响，将货币存量的变动作为主要的自发性、独立性的外生变量。弗里德曼和施瓦茨用计量经济分析证明，在历史上，货币供给量的变化先于经济周期波动向上和向下的大转折点。例如，1981～1982 年当美联储为应对通货膨胀而将名义利率提高到 18％时，就引发过经济衰退。

货币主义经济周期理论反对政府对经济生活的过度干预。在政策主张上，货币主义反对凯恩斯经济周期理论所提倡的逆周期的、不稳定的、相机抉择的财政政策，而主张采取固定货币增长规则的稳定性的货币政策。因此，弗里德曼提出了著名的"单一规则"，即不考虑利息、信贷流量、准备金等因素而以货币存量作为唯一支配因素的货币政策。弗里德曼认为，货币供应应当以每年不变的百分比增长，与生产增长对流通手段的需要相适应。

解释经济周期的理论众多，我们不一一赘述，在接下来的两节中，我们系统论述内生论的重要代表——乘数-加速数模型和外生论中比较有影响力的代表——实际经济周期理论。

16.3　乘数-加速数模型

第二次世界大战以来，许多西方经济学家在凯恩斯理论的基础上发展了经济周期理论，使这一理论逐步数量化、模型化，如乘数-加速数模型。乘数-加速数模型是 20 世纪 60 年代最具影响力的经济周期理论。该理论认为,经济周期中繁荣、衰退、萧条、复苏各阶段间的更替正是乘数和加速数交互作用的结果。这里,乘数理论强调投资在决定均衡产出中的倍增作用,加速理论是关于国民收入对投资反作用的理论。前文中已介绍过乘数理论,这里先从介绍加速原理开始,最终达到了解经济周期内在原因的目的。

1)加速原理

在国民收入决定理论中,为了使分析过程更加简单直观,我们采用的是静态分析方法,将投资假定为自主投资,其规模不受该国收入水平的影响。但这个假设是不切合实际的,越是富裕的国家,投资水平也越高,在投资与收入之间有明显的正相关关系。在实际经济生活中,投资更经常地表现为引致投资,即收入的变化引起投资的变化,只有在收入提高、产量增加的条件下,扩大生产能力的投资才会发生。

一般来说,生产更多的产量需要更多的资本,进而需要用投资来扩大资本存量。在一定的限度内,企业有可能用现有的资本通过集约的使用来生产更多的产品,但在任何时候,企业总认为有一个最优的资本与产量的比率。资本-产量比率(capital-output ratio)是加速原理使用的一个概念,指生产单位产量与要用几单位资本设备之间的比率。例如,生产 1 元产量要用 10 元资本设备,资本-产量比率就是 10。这个比率不是一成不变的,它随着社会技术和生产环境的变化而变化。在宏观经济学中,为了减少复杂性,通常假定这个比率在一定时间内保持不变。

以 k 代表资本存量,Y 代表产量水平,v 代表资本-产量比率。则

$$k = vY \tag{16.1}$$

由于 k 是存量 Y 是流量,一般情况下,$v > 1$,引入时期的概念,则

$$k_t = vY_t$$

$$k_{t-1} = vY_{t-1}$$

从 $t-1$ 期到 t 期资本存量的增加量是 $k_t - k_{t-1}$。为了计算资本存量需要投资净额。设 I_t 是 t 时期的投资净额,故有

$$I_t = k_t - k_{t-1} = vY_t - vY_{t-1} = v(Y_t - Y_{t-1}) = v\Delta Y \tag{16.2}$$

$$v = I/\Delta Y \tag{16.3}$$

其中,资本-产量比率 v 通常被称为加速数,加速原理(accelerator principle)的中心思想是在资本存量得到充分利用且生产技术不变的前提下,收入或产量的变化将导致投资发生若干倍的同方向的变动,其变动的倍数就是加速数。现在我们举例来进一步说明,如表 16-1 所示。

表 16-1   加速原理

年份	年销售额	年销售额变动	资本存量	净投资	重置投资	总投资	投资变动率/%
1	20	0	40	0	4	4	0
2	30	10	60	20	6	26	550
3	40	10	80	20	8	28	7.7
4	60	20	120	40	12	52	85.7
5	60	0	120	0	12	12	−76.9

续表

年份	年销售额	年销售额变动	资本存量	净投资	重置投资	总投资	投资变动率/%
6	55	−5	110	−10	11	1	−91.7
7	50	−5	100	−10	10	0	−100
8	45	−5	90	−10	9	—	—

假设：某厂商生产过程中的加速数为 2，即创造 1 单位产值要投入 2 倍价值的设备；所有设备按 10％提取折旧，也就是说每年重置投资为资本存量的 10％。若该厂商在第一年之前每年的产品销售都维持在 20 单位，第一年销售额仍为 20 单位，由于资本-产量比率即加速数为 2，则该年为生产价值 20 单位的产量在市场上销售需要投入价值 40 单位的资本设备。但与前一年相比资本存量并未发生变化，所以净投资为 0。发生了替换磨损报废设备的重置投资，为资本存量的 10％，即 4 单位。

第二年，由于市场需求发生变化，年销售额增加到 30 单位，比第一年增加 10 单位，资本存量增至 60 单位，重置投资为 6 单位，净投资为两年的资本存量之差 20 单位，故总投资增加到 26 单位，与上年相比增长了 550％。

第三年，销售额又增加 10 单位，净投资仍为 20 单位，但由于重置投资增加了，故这一年的总投资继续增长，但增幅比上年明显减小，只有 7.7％。

第四年，销售额增加到 60 单位，为此厂商必须进行 40 单位的净投资，同时重置投资也增加到 12 单位。故总投资增至 52 单位，比上年增长了 85.7％。

第五年，销售额保持在 60 单位，厂商现有的资本设备足以满足生产，因而不再进行投资，只有重置投资 12 单位，总投资发生大幅度减少，比上年下降 76.9％。

第六年，销售额开始下降，生产所需的资本设备减少，净投资为负说明厂商开始出现闲置的生产设备，上年生产过程中磨损报废的设备需要在本年更换，其数额多于闲置的设备，因此厂商可以先将闲置的设备用来替换报废的设备，从而使净投资与部分重置投资相抵消，总投资降低到 1 单位，比去年减少 91.7％。

第七年，产品销售额继续减少到 50 单位，净投资为 −10 单位，本期发生的重置投资也正好为 10 单位，刚好可以用闲置投资替换所有需要更换的设备，因此厂商的总投资为 0 单位，没有任何形式的设备投资发生。

第八年，产品销售情况继续恶化，致使 10 单位的设备闲置，而弥补磨损报废的设备只需要 9 单位即可，厂商手中出现了多余设备，正常的重置投资难以进行，产销量变化对资本设备的影响也难以表现出来，加速原理发挥作用的前提不再存在，产量变动对投资变动的影响也就无法显示出来。

从表 16-1 中我们可以看出，加速数中的"加速"含义同乘数一样也是双重的，产量的变化会使投资发生同方向更大的变化。当产销量增加时，总投资的增加会大于产销量的增加，尤其是在产销量从平稳状态中刚刚有所增长时，投资的增长幅度会大大超过产量的增长幅度。反之，当产销量减少时，总投资也会以更大的幅度下降。另外还应注意，第五年产品的销售额与第四年相比并未减少，但持平的产量已经使社会投资大幅度下降。可见使社会投资以同等数额逐年增长的唯一途径就是使产量也以同等数量逐年提高。加速原理对准确说明投资与收入之间的关系具有重要意义，但还应该看到，加速原理没有考虑技术进步对加速数的影响，没有考虑资源条件对生产的制约，也没有考虑收入以外因素对投资的影响，具有一定的局限性。然而，收入毕竟是影响投资的一个相当重要的因素，所以通常还是将加速数与乘数相结合对经济周期性的波动做出解释。

2)乘数-加速数模型

乘数-加速数模型在试图把外部因素和内部因素结合在一起对经济周期做出解释的同时，特别强调投资变动的因素。乘数描述的是投资的变化会使国民收入发生数量更大的变动；而加速数则描述国民收入或产量的变化会使投资发生更大数量的变化。正是乘数和加速数的相互作用、相互影响、共同发挥作用，才使一个国家的经济发生剧烈的周期性波动。

假设社会上新发明的出现使投资的数量增长，投资数量的增长通过乘数的作用使人们的收入增加，则人们会购买更多的物品，从而使整个社会的销售量增加。加速数的作用会使投资以更快的速度增长，显然投资的增长又会使收入有更大增长。它们相互作用的结果是经济更快更剧烈地扩张。但是社会的资源是有限的，收入的增长不可能永远持续。一旦经济达到经济周期的顶峰，收入便不再增长，从而销售量也不再增长。根据加速原理，一旦产销量不再增加，社会总投资便会出现大幅度的下降，继而在乘数的作用下使国民收入减少。这又会进一步使消费减少，投资规模缩小，社会经济开始了急剧收缩的过程。当经济落到谷底后，随着重置投资和基本消费需求的持续发生，经济收缩停止，厂商开始扩大生产，投资扩大，收入增加，经济又开始了扩张的过程。

乘数-加速数模型的基本方程如下：

$$\begin{cases} Y_t = C_t + I_t + G_t & (16.4) \\ C_t = bY_{t-1}, \ 0 < b < 1 & (16.5) \\ I_t = v(C_t - C_{t-1}), \ v > 0 & (16.6) \end{cases}$$

其中，b 表示边际消费倾向；v 表示加速数；Y 表示国民收入。式(16.4)为产品市场的均衡公式，即收入恒等式；式(16.5)为简单的消费函数，它表明本期消费是上一期收入的线性函数；式(16.6)表示按加速原理本期投资净额依赖于本期与前期消费的改变量。

由式(16.4)～式(16.6)得

$$Y_t = bY_{t-1} + v(C_t - C_{t-1}) + G_t \qquad (16.7)$$

为方便起见，我们假定政府购买 $G_t = G$ 为常数，下面用具体例子说明乘数-加速数模型发生作用的过程。假设边际消费倾向 $b = 0.5$，加速数 $v = 1$，政府每期开支 $G = 2$，即政府每年固定地发生 2 单位的支出，并未根据经济运行的状况和特定的经济目标来调整支出规模，因此可以认为政府并未干预经济的运行。在以上假定下，若不考虑第一期以前的情况，那么从上期国民收入来的本期消费为零，引致投资当然也为零，因此第一期的国民收入总额就是政府在第一期支出的 2 单位。

第二期政府支出仍为 2 单位，但由于第一期的国民收入为 2 单位，在边际消费倾向为 0.5 的情况下，第二期的引致消费为 $0.5 \times 2 = 1$，第二期的引致投资为 $1 \times (1 - 0) = 1$，因此第二期的国民收入为 4 单位。

用同样的方法可以得出第三期以及以后各期的收入，如表 16-2 所示。

表 16-2 乘数-加速数模型的作用过程

时期 T	$C_t = bY_{t-1}$	$I_t = v(C_t - C_{t-1})$	Y_t	经济变化趋势
1	0	0	2	—
2	1	1	4	复苏
3	2	1	5	繁荣
4	2.5	0.5	5	繁荣
5	2.5	0	4.5	衰退
6	2.25	−0.25	4	衰退
7	2	−0.25	3.75	萧条
8	1.875	−0.125	3.75	萧条
9	1.875	0	3.875	复苏
10	1.937 5	0.062 5	4	复苏
11	2	0.062 5	4.062 5	繁荣
12	2.031 25	0.031 25	4.062 5	繁荣

从表 16-2 中我们可以清楚地看到乘数和加速数相互发生作用使经济周期性波动的过程，在经济自发运行的情况下，社会投资的变化引发了收入的变化，而收入的变化又会进一步导致投资的变动，继而引起国民收入更大的变化。因此，在表 16-2 中我们可以看到国民收入自动地发生着上上下下的波动，而这正是经济周期最典型的表现。西方经济学家指出，在社会经济生活中，投资、收入和消费相互影响、相互调节，通过加速数、增加的收入和消费会引致新的投资，通过乘数、投资又使收入进一步增加，在政府支出为常量的情况下，靠经济本身的力量进行调节，就会自发形成经济周期。

另外，通过对表 16-2 中国民收入变动情况的观察可以发现，国民收入的波动幅度逐渐缩小，若各因素都不发生任何变化，国民收入的数值将无限趋近于 4。这种波动逐渐趋于稳定的情况被称为"削弱波"，它是由社会上边际消费倾向与加速数的数值决定的。经济学家经过推导发现：若 $b < 4v/(1+v)^2$，同时 $bv < 1$，则削弱波便会出现；若 $b < 4v/(1+v)^2$，同时 $bv > 1$，则经济周期的波动会表现为爆炸波，波动幅度越来越大，对一个国家的经济长期平稳发展造成极为不利的影响。因此，从保证经济稳定增长的角度出发，政府往往会试图对边际消费倾向与加速数施加影响，以尽可能地将经济波动的幅度限制在较小的范围内。

乘数-加速数模型考察了投资与国民收入之间的关系，在众多解释经济周期的理论中，一直得到广泛的认可，被视为有关经济周期的基础理论。然而很多经济学家逐渐意识到，除了投资以外，各国政府为了实现特定的经济目标所实施的宏观经济政策也是导致经济周期出现的重要原因之一。因此，一些经济学家认为，政治因素不容忽视，同时只要政府对经济干预，就可以改变或缓和经济波动。例如，采取适当政策刺激投资鼓励消费，鼓励提高劳动生产率以提高加速数，就可克服或缓和经济萧条。

16.4 实际经济周期理论

实际经济周期理论(real business cycle theory)兴起于 20 世纪 80 年代，它的来源可以追溯到由小罗伯特·卢卡斯发动的理性预期革命，挪威经济学家芬恩·基德兰德(Finn E. Kydland)与美国经济学家爱德华·普雷斯科特(Edward Prescott)(以下简称基-普)首先给出了这种理论的证明。该理论认为，经济的实际冲击是经济周期波动的主要原因。实际冲击指对经济的实际产出发生的扰动，如影响生产函数的冲击、影响劳动力规模的冲击、影响劳动力规模的冲击、影响政府购买实际数量的冲击，以及影响消费者和投资者消费、储蓄、投资决策的冲击等。

1)实际经济周期的推动力

基-普排除了货币因素是经济波动的初始根源的可能性，按照他们的分析，经济周期波动的根源是实际因素，其中特别值得注意的是技术冲击。这种冲击决定了投入(资本与劳动)转变为产出的能力，引起了产出与就业的波动。技术冲击具有随机性，它使产出的长期增长路径也呈现出随机的跳跃性：若出现技术进步，经济就在更高的起点增长；若技术退步，经济将出现衰退。当技术冲击最初发生于某一个部门时，由于社会生产各部门之间存在着密切的相互联系，它会引起整个宏观经济的波动。同样，宏观经济的持续波动可以是由连续的单方向的技术冲击造成的，也可以是由一次性重大冲击带来的。

实际经济周期理论把生产率的随机冲击视为经济波动的主要来源，生产率的波动主要产生于技术变化(technological change)速度的波动，当然它们也会有其他来源，如国际动乱、气候变动或自然灾害等。对于技术变化的定义，实际经济周期理论采用了新古典增长理论对技术变化的定义，即技术变化包括任何使生产函数发生移动而不涉及投入要素数量变化的因素。虽然冲击的具体原因有很多，但是它们引起经济波动的途径是有限的，或者使人们的偏好发生改变，或者改变技术状况，或者使可利用的资源发生变动等。

2)实际经济周期的基本理论

在劳动力和人口固定的情况下，一个经济体所生产的实际收入便取决于技术和资本存量，从而总量生产函数可以表示为

$$Y = z f(k)$$

其中，Y 为实际收入；k 为资本存量；z 为技术状况，其数值反映了技术变动的情况，它的变化表现为生产函数的变化。假定资本折旧率为 a，没有被折旧的资本存量为 $(1-a)k$，那么在所考察期的期末，经济中可供利用的资源为当期产量与未折旧的资本存量之和，即 $z f(k)+(1-a)k$。实际经济周期理论假定经济中的每个人具有相同的偏好，即经济中存在着反映所有个人利益的代表。该理论进一步假定，这个代表的偏好依赖于可延续未来无限期的每年的消费，它每年对更多消费的偏好减少，即从消费获得的边际效用递减。

在图 16-2 中，横轴 k 为资本存量，纵轴 J 表示实际收入、消费、下期的资本存量和投资这几个变量。图 16-2 中向右下方倾斜的直线为经济中的约束线，又称消费和资本积累可能线，它反映了消费和积累的关系。当期可供消费的最大量为当期收入和没有折旧的资本存量之和，如果这个量被消费掉，则下一期将没有资本存量。由于下一期一单位额外资本存量的增加正好来自于当期一单位消费量的减少，约束线上的每一点可供

经济社会选择。假定约束线上的 A 点为经济的稳定状态，则下一期资本存量为 k，投资为 I，消费为 C，实际收入为 Y。如果资本存量 k 保持不变，且生产函数不发生变化，则消费、投资和实际收入将会重复下去。但实际经济周期理论认为技术冲击会使总资源发生变动进而会使资本存量发生变化，下面用图 16-3 来具体说明其对宏观经济波动的解释。

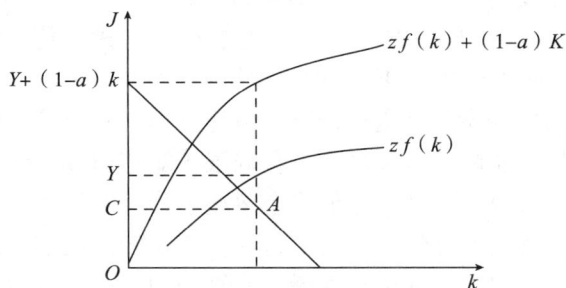

图 16-2 实际经济周期理论的图形解释

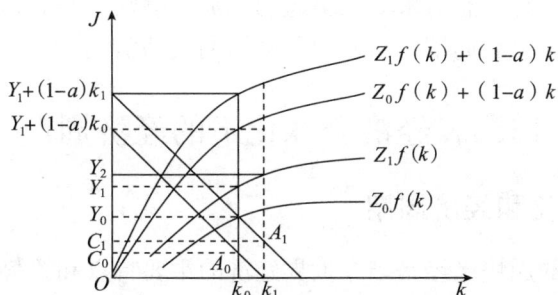

图 16-3 宏观经济波动的图形解释

A_0 点表示经济原有的稳定状态，现在假定技术进步，z 值从 z_0 增加至 z_1，则生产函数和总资源函数会向上移动。由于技术进步，产量会增加至 Y_1，从而总资源也相应增加至 $Y_1+(1-a)k_0$，这就会使下期的消费和资本积累相应地增加，表现为约束线向右移动。如果新的约束线上 A_1 点为经济社会所选择的点，则资本存量增加到 k_1，消费也上升至 C_1。如果没有进一步的技术变化，在 k_1 水平的资本存量之下，实际收入在下期进一步增加到 Y_2，总资源也相应增加，在下一期，关于消费和资本存量的约束线又会往右移动，这些进一步的变动在图（16-3）中没有表示出来。可以想象，资源约束线的向外移动会在接下来的时期继续发生，但向外移动的幅度会越来越小。经济会向新的稳定状态收敛。最终资本存量、收入、消费和投资都将增加到各自新的稳态水平上。同样的，也可以说明随着 z 值的减少，生产函数会向下移动。减少了可用资源，从而使资本存量、投资、消费和收入下降，最终经济也会到达一个新的稳定状态。总之，实际经济周期理论强调技术变化是收入和投资变动的根源。

3）对实际经济周期理论的评价

该理论的拥护者称同传统的宏观经济学相比，其吸引力在于它保持了微观经济学与宏观经济学的很好的一致性，开拓了西方学者研究宏观经济学的新思路。他们认为实际经济周期理论之所以重要是因为它至少提出了经济周期有效的可能性，经济周期并不是经济行为失误的象征，而是企业的信号。基-普的贡献不仅仅在于其倡导的理论本身，更在于他们的研究方法。基-普为宏观经济学提供的建模方法——动态一般均衡模型（dynamic general equilibrium model，DGEM），推动了宏观经济学向动态宏观经济学的演进。经济系统内的许多变量，如经济人的目标函数、储蓄和投资等分析都涉及时空问题。显然，仅从静态角度研究这些变量是不够的。DGEM 奠定了当代西方宏观经济学的标准研究范式。另外，在经验应用方面，基-普也提供了一种与传统的计量方法不同的技术，即校准技术，该技术强调将模型经济的模拟结果与实际数据的统计结果进行比较，进而依据差异对模型的结构和参数等进行调整，以完善模型对经济的现实的解释力。

该理论的反对者称，实际经济周期理论仍局限于对流通领域的分析，完全不涉及对生产领域的生产关系的研究；另外，他们完全忽略了货币对经济的影响，也没有考虑政府部门的作用，这两点都与实际情形不符。这些使其对经济周期的解释力大打折扣。还有反对者称，技术冲击不仅仅引起表现在增长核算中的生产率的波动。退一步说，即使生产率的这些波动是由某些事情引起的，但很可能总需求变动也会和技术波动一样引起这些变动。如果生产率是由总需求变动引起的，那么解释这些波动就需要传统的需求理论，生产率的波动并未引起周期波动，而是由周期波动引起的。

16.5　经济全球化下的经济周期

16.5.1　经济全球化和经济周期

经济全球化进程的加快已经是当今世界经济的主要特点和趋势，它对世界各国经济的影响很大，因此引起了国际社会和各国的高度关注。经济全球化是市场经济发展的一种必然趋势。经济全球化，简而言之就是以直接生产领域中的国际分工为基础、以发达国家的跨国公司为主导的资源的全球配置，以及由此而产生的世界各国经济紧密联系和相互融合的进程。一些经济学家认为，传统的"经济周期理论"在经济全球化下应有所变化，他们提出了一些新观点。其中具有代表性的有以下三个：

（1）经济周期"消失论"。持此观点的经济学家认为，传统的经济周期已经消失，经济将迅猛增长，不大可能出现衰退，因为过去引发经济衰退的许多问题今天已不复存在。

（2）经济周期"缓和论"。加州大学伯克利分校教授史蒂文·韦伯认为，在生产和消费全球化环境下出现的就业和财政上的变化，减少了发达国家经济的不稳定性，大的经济起伏已成为过去，因而在经济全球化条件下，以往经济周期中所呈现的繁荣、萧条、衰退和复苏四大阶段"不再像从前那样明显"。

（3）"周期消失证据不足"论。杰勒德·贝克在《金融时报》撰文说，虽然美国 20 世纪 90 年代的经济"奇迹"确实存在，但现在就说增长加快不会引起通胀，恐怕为时尚早。他认为可用"过渡经济"观点来解释美国 20 世纪 90 年代以来的新经济现象，即经济周期依然存在，只是发生通胀现象的间隔可能比通常的要稍长一些，失业率下降而没有引发通胀还可用就业人口已发生变化来加以解释。

以上是目前对于经济周期几种颇具代表性的新看法、新观点。之所以会出现对经济周期有无的争论，我们认为，主要是因为在经济全球化条件下以美国为首的发达国家的经济周期的各阶段不再那么明显，而是变得模糊，难以辨认了。

经济周期"消失论"产生的重要原因就是把"经济周期"机械地理解为从自然界中观察到的许多"周期波动"，认为经济周期频率、幅度和持续时间应是划一的。即每年周期时间长度都应相同，每个周期的所有情况也应该完全一样。这种机械的理解会导致两种后果：一是否定了经济周期的存在，因为在现实经济生活中，没有像物理学或数学中那样时间长度固定和情况完全相同的周期。二是错误地进行预测，认为上一个周期是几年，下一个周期也应该是几年；上一个周期是什么样，下一个周期也应该是什么样。

美国经济周期专家扎尔诺维奇就曾说过，"经济周期"这一术语就其不含有唯一的周期长度来说，有点用词不当，但是它的广泛被接受表明了对周期存在着的重要规律性的一种认识。观察到的波动，不仅在时间长度方面，而且在振幅和范围方面也变化很大，不过它们有着许多共同点。

16.5.2　全球化下经济周期的新特征

传统的经济周期理论将经济周期划分为繁荣、衰退、萧条、复苏四个阶段，基本上客观地反映了工业社会资本主义经济周期波动的规律。但是，在经济全球化条件下，经济的周期波动显然出现了新的变化。我们认为，经济全球化下的经济周期具有以下特征：

1)经济周期波动幅度减小

经济周期波动发生了某些形变，危机相对温和，没有大起大落。一些发达国家的经济发展出现了两个特点：一是复苏期延长，经济持续增长；二是周期特征钝化，没有强劲的高涨，也没有明显的衰退。经济稳定增长的同时伴随着低失业率和低通货膨胀率。

经济周期波动幅度减小，首先是因为以抑制通货膨胀为主要目标的宏观经济政策的长期实施。近几年，发达国家把通货膨胀视为经济发展的头号敌人，把低通胀率下的经济适度增长作为最主要的政策目标，适当运用货币杠杆，根据经济增长和通胀率变化而调整利率，对抑制经济过热和通货膨胀抬头产生了根本性的作用。其次是因为产业结构进一步软化。服务业占国内生产总值的比重继续有所提高，而且越来越成为制造业发展的重要条件。制造业的生产成本和效率在不断变化：1979～1988 年发达国家制造业每小时收入平均增长 8.0％，1989～1998 年下降到 6.2％；制造业生产率平均增长率由4.7％下降到 3.2％。企业管理体制和生产方式在不断变化，企业开始减少管理层次，实行小批量、多品种的"柔性生产"和将库存减少到最低限度的"精益生产"。上述变化结构具有更大的灵活性，提高了产业和企业对市场变化的应变能力，分散了经济周期波动的风险，因而，也使经济周期变化不明显。

此外，国际合作与协调机制也创造了一个相对稳定的国际金融和贸易环境，减少了因外部市场变化所引起的国内经济波动，减少了贸易保护主义与外汇倾销，创造了以协商解决国际经济争端的机制和可能性，减少了世界经济危机，减弱了经济危机的深度。

2)经济周期延长

据统计，19 世纪后期以来，世界经济经历了两次较长的增长期：1914 年爆发第一次世界大战以前的 40 年期间，世界经济年均增长率为 2.1%，比这个时期以前 50 年的年均增长率高 1 倍以上；1950～1973 年是世界经济又一个黄金时期，年均增长率达 4.9%。美国沃尔顿计量经济预测研究所预测，今后 20 年世界经济年均增长率可望达到 4%。历史已经证明，不同因素和环境可能导致经济增长期的缩短或延长。冷战结束后，经济全球化进程加快，国际形势总体上继续趋向缓和，世界经济增长期延长是可能的。

首先，科学技术已成为推进全球化进程的火车头，科技迅猛发展正在把世界经济推向知识经济的新时期。以高新技术发展为基础的信息化为发达国家经济增长注入了新的动力。信息化不仅带动了新兴产业的发展，而且使传统产业得到改造。信息产业已成为新型产业和新的经济增长点，它是影响经济周期变化的重要因素。

其次，国际组织制定的多边规则日益完善，贸易和投资日趋有序自由化。世界贸易组织取代关税及贸易总协定以来，主持进行了一系列谈判，并达成多项重要协议。世界贸易组织的争端解决机制也在有效地运转。实践表明，世界贸易组织的建立加快了全球贸易与投资自由化的步伐。20 世纪 90 年代初以来，国际贸易与投资始终超前于世界经济的增长。一国经济的发展，越来越大程度地依赖于积极参与国际分工和国际市场上的竞争。各种区域性的多边合作机制不断发展，区域贸易与投资自由化也在迅速发展。

最后，国际形势继续趋向缓和，国际政治和社会环境有利于世界经济持续增长。大国间建立的各种伙伴关系逐渐向机制化方向发展，这标志着大国关系逐步趋向稳定。经济因素在国际关系中的地位更趋突出，国家间相互依存关系明显加深。在多层次的伙伴关系中，各方都注意寻找共同利益的汇合点，突出加强合作与协调的一面，这种调整有利于国际形势继续趋向缓和。国际形势和环境有利于世界经济长期持续增长。

3) 经济周期趋同化

知识经济是全球化、无国界经济。由于知识信息的可共享性、外溢性、扩散性，新经济部门具有边际收益递增的潜质。在近些年人类社会向知识经济过渡期间，世界主要国家的经济周期波动明显趋同，从表面看是由于全球金融动荡造成的，实际上则是知识经济发展的结果，与经济一体化、贸易自由化、资本自由化和电子信息技术的进步密切相关。知识经济虚拟化的特征，对整个经济运动的影响越来越大，经济周期的改进不再简单地表现为物质经济和传统经济那种周期性波动。由于知识经济的力量，信息服务业大幅度增长，科技、知识含量增加，传统产业的衰退或复苏对整个周期的影响力减弱，并钝化了服务业的波动。信息网络化正从正面影响着商品流通、资金转移和劳动者的流动，大大缩小了各环节、各部门、各地区的不平衡，进而改变了其经济周期的波动。经济周期趋同化使通过此消彼长来实现世界经济平衡增长的因素减弱，如 20 世纪 80 年代拉美经济停滞，90 年代初美国经济的衰退和东亚经济的快速增长等，都可以在一国经济发生困难时，通过转嫁危机和利用其他国家的经济增长而尽快得到恢复，使世界经济有惊无险。

16.5.3　新中国成立以来我国的经济周期

1949 年中华人民共和国成立，经过 3 年的恢复调整，1953 年起我国开始了大规模的经济建设，同年，第一个"五年计划"正式实施。图 16-4 是我国 1953～2009 年实际国内生产总值增长率的时间序列轨迹图。从图 16-4 中可以看到，我国的经济波动明显，周期性也较为突出，而且改革开放前后有明显区别。改革开放前的波动幅度很大，波峰高可达 20% 以上，波谷底可达 -20% 以下，可谓大起大落，同时经济周期持续的时间也较短；而改革开放后，经济周期波动明显趋缓，即所谓的"微波化"，周期持续时间也较长。

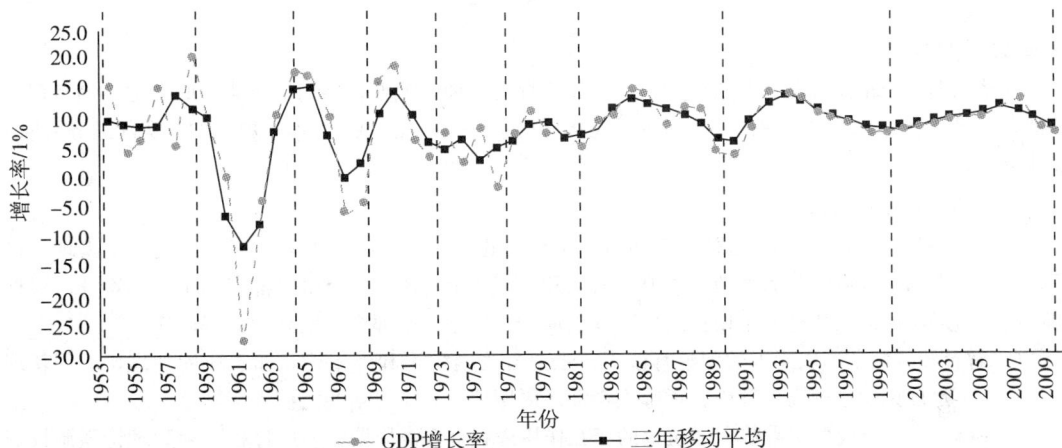

图 16-4　我国的国内生产总值增长率(1953～2009 年)

资料来源：根据《新中国 60 年统计资料汇编》和《中国统计年鉴(2010)》整理

从图 16-4 的数据可以看出，我国经济周期波的动特征在改革开放前后具有明显差异。改革开放以前，我国经济周期波动呈现出"大起大落"特征；而改革开放以来，我国经济周期波动呈现出"高位平缓"特征，"高位"表示国内生产总值增长率处于较高水平，"平缓"表示经济波动的程度减缓。改革开放以后我国经济周期主要具有以下特点：

(1)从波动的性质上看，改革开放以后的经济周期表现为"增长型"周期，波动幅度大大减小。1953～1976 年的 5 轮周期波动中，有 3 轮为"古典型"周期，即在周期的谷底国民经济的主要指标表现为绝对下降，即负增长。在 1977～2009 年的周期波动中，主要经济指标都未出现绝对下降，而仅表现为增长率的减缓，这就是"增长型"周期。改革开放后谷位的上升极为明显，这表明我国经济的增长具有较强的抗衰退的能力，这有利于增强经济的稳定性。

(2)从波动的长度看，改革开放以后的经济周期比以往的周期要长。改革开放以前我国的经济周期的平均长度大约为 5 年，并且国内生产总值增长率在短暂的扩张之后便转入衰退阶段，衰退期持续时间要大于扩张期。改革开放以后，我国的经济周期平均长度明显增加，最近的一个经济周期持续时间已经达到 10 年，并且扩张期持续时间逐渐超过衰退期的持续时间。在 2007 年以来的次贷危机引起国际金融危机的严重冲击下，我国经济在 2008～2009 年进入收缩阶段，但在我国应对国际金融危机的"一揽子"政策措施的作用下，2009 年我国在全球率先实现经济形势总体复苏，我国经济增长越过谷底。

(3)从波动的外部关联性看，世界经济周期对我国经济周期的影响不断增强。改革开放以前，由于我国经济的封闭性质，世界经济周期对我国经济周期的影响很小。改革开放以后，随着我国经济的开放度不断提高，我国经济与世界经济的关联性在不断增强，世界经济周期对我国经济周期的影响不断增强。例如，在 2007 年国际金融危机的严重冲击下，我国经济增长率在随后的两年都出现了明显的下降，我国经济周期与世界经济周期之间的关联程度日趋紧密。

➤本章专业术语

经济周期　朱格拉周期　基钦周期　康德拉季耶夫周期　熊彼特周期　农业周期理论　创新理论
消费不足理论　心理周期理论　货币主义经济周期　加速原理　乘数-加速数模型　实际经济周期

➤本章小结

本章要点可以归纳如下：

(1)经济周期是指一个国家总体经济运行中不规则的经济扩张和经济紧缩交替更迭反复出现的过程。每个周期都基本可以分为繁荣、衰退、萧条和复苏四个阶段，每个阶段都有其不同的特征。根据时间的长短经济周期一般分为朱格拉周期、基钦周期、康德拉季耶夫周期和熊彼特周期。

(2)解释经济周期形成原因的理论有很多，主要分为内生论和外生论，如农业周期理论、创新理论、消费不足理论、心理周期理论、货币主义经济周期理论和凯恩斯的经济周期理论。

(3)乘数-加速数模型用乘数和加速数的相互作用来解释经济周期的形成过程，乘数理论强调投资在决定均衡产出中的倍增作用；加速理论是关于国民收入对投资反作用的理论，并以此说明经济周期性波动的成因。

(4)实际经济周期理论认为经济的实际冲击是经济周期波动的主要原因，并以此来解释经济周期形成的过程，对于此理论经济学家持有不同的看法。

(5)在经济全球化下经济周期又具有了新的特征，有关经济周期的一些新理论相继出现，我们还需要对经济周期进行更深入的研究。

➤练习题

一、名词解释

1. 经济周期　　　　　　　　　　2. 衰退
3. 繁荣　　　　　　　　　　　　4. 货币主义经济周期理论
5. 凯恩斯主义经济周期理论　　　6. 加速原理
7. 资本-产量比率　　　　　　　　8. 实际经济周期的推动力

二、选择题

1. 当经济处于繁荣阶段时，哪种情况不会出现？（　　　）

　A. 国民收入持续增加　　　　　　B. 物价开始上涨

　C. 失业现象日益严重　　　　　　D. 社会消费维持较高水平

2. 当经济处于萧条阶段（　　　）。

　A. 失业现象日益严重　　　　　　B. 厂商投资规模缩减

　C. 社会消费支出减少　　　　　　D. 以上现象均会出现

3. 货币主义经济周期理论认为，（　　　）。

　A. 货币供给对经济周期波动具有决定性作用

　B. 货币供给源于政府政策波动

　C. 反对政府干预

　D. 以上选项均正确

4. 根据加速原理,(　　)。

　　A. 投资支出增加会带来国民收入增加

　　B. 收入变化会引起投资的变化

　　C. 资本存在大量闲置

　　D. 以上选项均不正确

5. 乘数-加速数理论认为(　　)。

　　A. 收入上升会引致新的投资

　　B. 投资又使得收入进一步增长

　　C. 自发形成经济周期

　　D. 以上选项均正确

6. 以下哪项会限制加速原理发挥作用(　　)。

　　A. 生产能力得到充分运用

　　B. 时滞

　　C. 资本-产量比率不变

　　D. 以上选项均不正确

7. 以下哪项会限制乘数作用?(　　)

　　A. 经济中不存在过剩生产能力

　　B. 经济中存在着大量闲置资源

　　C. 投资和储蓄的决定相互独立

　　D. 货币供应量适应支出的需要

8. 实际经济周期理论(　　)。

　　A. 认为经济波动的主要原因是内生因素

　　B. 货币因素是经济波动的初始根源

　　C. 生产率的随机冲击导致经济波动

　　D. 以上选项均不正确

三、判断题

1. 通过宏观调控可以消除经济周期。(　　)

2. 经济处于衰退阶段一定会出现实际国内生产总值减少。(　　)

3. 实际经济周期理论认为经济波动是由外部冲击导致的。(　　)

四、问答题

1. 经济周期分为哪几个阶段?每个阶段的特征是什么?

2. 西方经济学对经济周期波动的根源有哪些不同的解释?

3. 简述乘数-加速数模型的基本原理及其限制条件。

4. 简述实际经济周期理论及其重要意义。

5. 从国家统计局获得我国国内生产总值增长率的最新数据,根据经济周期理论来分析中国经济周期的状况,并思考我们可以采取哪些措施尽量减少经济波动带来的影响。

五、计算题

1. 假定某人 25 岁开始工作,60 岁退休,估计可以活到 80 岁。再假定生命由 25 岁算起,根据生命周期理论,请问:

　　(1)不考虑财富因素,写出此人工作期间的消费函数。

　　(2)如果人口增长率为零,人口构成是均匀的,那么国家的总储蓄率是多少?

2. 如果某国经济连续四年的国民收入分别是 $Y_1 = 1\,000$ 亿美元, $Y_2 = 1\,200$ 亿美元, $Y_3 = 1\,600$ 亿

美元，$Y_4 = 1\,500$ 亿美元，第一年净投资 I_1 为 400 亿美元，当年的国民收入比上一年度增加 200 亿美元。求第二年、第三年和第四年该国的净投资额分别是多少？（提示：根据加速原理计算）

➤附录 罗伯特·卢卡斯与理性预期革命

卢卡斯（Robert E. Lucas Jr.）于 1937 年生于华盛顿的雅奇马，在第二次世界大战中举家迁往西雅图，并于 1955 年从罗斯福高中毕业。

卢卡斯的经济学学术生涯充满了传奇色彩。他一开始的梦想是成为一名工程师，但这必须先学好数学，他厌倦数学课程，对历史课程兴趣浓厚。在加州大学伯克利分校念历史学研究生期间，他接触到了经济史方面的内容。为了更好地掌握经济史，他通读了保罗·萨缪尔森的经济学巨著《经济分析基础》。在这期间，卢卡斯除了自己的专业课以外，还学习了若干门经济学课程，并且经常去旁听经济学教授们的课。教授们的生动课程让卢卡斯着迷，他深深地迷恋上了经济学，最后放弃了历史专业转而研究经济学。

1964 年，卢卡斯在芝加哥大学获哲学博士学位，随后他在卡内基-梅隆大学获得了一个助教职位。卡内基-梅隆大学堪称美国经济学的摇篮，在这里，他完成了为自己赢得无数荣誉的论文——《预期与货币的中性》。1975 年，芝加哥大学重金聘请卢卡斯担任经系系教授，此时他的另外一篇论文问世，那就是《经济计量政策的演化：一个批判》。这两篇论文构建了卢卡斯的理论框架的雏形，成为其日后获得诺贝尔奖的基础。

20 世纪 70 年代早期，卢卡斯对宏观经济学最重要的贡献在于复兴了对经济周期的研究。第二次世界大战之后，凯恩斯主义一度取得了辉煌的成果，以至于一些经济学家提出经济周期已经死去，而政府的作用就是适时地采取一些干预措施以抹平经济周期。而卢卡斯在 1972 年的论文《预期与货币的中性》则在理性预期的基础上论证了菲利普斯曲线是不稳定的，它会随着政府政策的变化而变化，因而经济周期是不可避免的，政府干预终将失灵。美国 20 世纪 70 年代出现的滞涨，使得卢卡斯声名大振。卢卡斯所倡导的理性预期以及微观基础问题被吸收进了整个主流经济学，并且因为他对理性预期的强调而被认为是理性预期学派的旗手。

卢卡斯是理性预期学派的创始人，他的经济理论的基本前提是人们可以做出理性的从而是正确的预期。所谓理性预期，顾名思义就是指人们或者公司在做出经济决策之前，首先会大量搜集相关信息，并根据掌握的各种信息对结果进行预测，再根据预测的结果综合分析，然后做出最后的决定。这种在作决定之前对结果的预测会强烈地影响整个经济活动中所有参与者的行为，最终导致经济活动的结果可能因此而完全改变。

卢卡斯对自己获奖的可能性进行了全面的分析，他很清楚自己的成就，但是拥有相同分量成就的同行不在少数，此外，诺贝尔奖委员会更倾向于让年龄稍大的做出同样巨大贡献的人得奖。因此，综合分析之后，他觉得自己在 1995 年 10 月 31 日前获得诺贝尔奖的可能性不大。于是他同意了妻子的要求，顺利办完了离婚协议。就这样风平浪静地过了五年多，后来"不幸"的事情发生了，在 1995 年 10 月 21 日，卢卡斯获得了诺贝尔经济学奖，距离婚协议上的期限只差了 20 天。卢卡斯不得不按离婚协议将 100 万美元的奖金分给前妻一半。为此，卢卡斯后悔不迭，认为前妻才是理性预期的大师，自己甘拜下风。

理性预期大师做出了非理性预期，令人忍俊不禁。要注意的是并不能以这个小插曲作为否定理性预期理论的依据，这只是为其传奇经济学生涯增添了一份乐趣。1995 年，诺贝尔奖委员会无可争议地授予了卢卡斯诺贝尔经济学奖，以表彰其在理性预期理论方面的杰出成就，以及他对这一学派发展的开创性贡献。因而理性预期理论也被称做是现代经济学中继凯恩斯革命、货币主义革命之后的理性预期革命。

第 17 章

经济增长理论

本章要点：

经济增长的定义　经济增长的前提　经济增长的源泉　经济增长的核算　哈罗德-多马模型　新古典增长理论　新增长理论

经济增长是经济学研究的永恒主题，为什么有的国家非常富裕而有的国家却非常贫困？富国怎样才能维持它们的高生活水平？穷国应该采取什么政策来加快增长？这些问题与经济增长密切相关，是宏观经济学中最重要的问题。经济学家对此进行了长期的研究，得到了大量的有价值的研究成果，从以亚当·斯密和大卫·李嘉图为代表的古典经济理论到哈罗德-多马经济增长模型，再到索洛含技术进步因素的新古典经济增长理论，以及罗默的新增长理论。这些理论旨在研究对经济增长做出贡献的一些因素之间的关系，并区分原因和结果。本章将介绍相关的知识，使大家对经济增长理论有一个初步的了解。

17.1　经济增长：一般概述

17.1.1　经济增长的含义及特点

对于经济增长的含义，不同的学者有着不同的见解。其中，最简单的一个定义是，经济增长（economic growth）就是一国或地区实际产量的增加。在这个定义的基础上，有人进一步提出，经济增长不仅表现为产量总量的增加，还应该表现为实际人均产量的增加。后一种提法把一国或地区的人口因素也考虑在内，而不仅仅局限于量的增长。

1971 年，美国经济学家西蒙·库兹涅茨在其获得诺贝尔经济学奖时发表的演讲中，给经济增长下了一个经典的定义："一个国家的经济增长，可以定义为给她的人民供应品种日益增加的经济商品的能力的长期上升，这个增长中的能力，基于改进技术，以及她要求的制度和思想意识的调整。"可以看出，这句话包括了三方面的含义：首先，经济增长集中表现在经济实力的增长上，而这种经济实力的增长就是商品和劳务总量的增加，即国民生产总值的增加。这是经济增长的中心所在，当考虑到人口与价格的因素，经济增长就可以看做是人均实际国民生产总值的增长。其次，技术进步是实现经济增长的必要条件。库兹涅茨强调"先进技术是经济增长的一个来源，是一种潜在的、必要的条件"。也就是说，在影响经济增长的各种因素中，技术进步是非常关键的，没有技术进步就没有现代经济的增长。再次，经济增长的充分条件是制度与意识的相应调整。技术进步仅仅为经济增长提供了一种潜在的可能性，要使这种可能性变为现实，就必须有社会制度与意识形态的相应调整。或者可以说，只有社会制度与思想意识符合经济增长的要求，先进技术才会发挥其作用，推动经济的增长。而这一点与新制度经济史学的代表人物诺斯的观点有异曲同工之妙。

从这种定义出发，参照西方发达资本主义国家长期以来的经济运行情况，库兹涅茨总结出经济增长的六个基本特征：

第一，按人口计算的产量的高增长率和人口的高增长率。这里出现了三个指标，分别是产量增长率、人口增长率和人均产量增长率。经济增长的一个显著特点就是这三个指标都比较高，这一点已经为西方发达国家长期以来的运行情况所证明。例如，在200年左右的时间里，发达资本主义国家总产量、人均产量和人口的年平均增长率分别为3%、2%和1%，表面看来，这三个指标并不是很高，但是能够持续这么长时间，仍然是十分可观的。

第二，生产率本身的增长也是迅速的。无论从劳动生产率还是包括其他生产要素的生产率，它们都是高的。一定量的投入换来了更多的产出应归功于技术进步，是技术进步使得生产率大幅提高。

第三，经济结构的变革速度是高的。在国民收入增加的同时，经济结构也相应地发生了迅速变化，经济结构的变化包括：以农业为主变为以非农业为主；消费结构、生产部门平均规模、进出口比例及规模的变化等。

第四，伴随着经济增长，社会结构与意识形态发生了明显的改变。例如，各国在经济增长过程中都出现了明显的城市化现象、教育与宗教的分离现象等。

第五，经济增长在世界范围内迅速扩大。经济上发达的国家借助于不断增强的技术力量，特别是在运输和通信的日新月异大环境下，通过和平或战争的手段，向世界其他地方延伸，同时，发达国家也将比较先进的生产技术和经济增长机会带给相对落后的国家和地区，这就使经济增长成为世界性的概念。

第六，世界增长的情况是不平衡的。各个国家的经济增长状况有极大差别，在少数发达国家快速、持续增长的同时，大多数国家的生产力水平低下，致使世界上大多数人口的生活水平远远低于现代生产技术能够提供的最低水平，而且世界上贫富差距还在继续拉大。

在这些特征中，前两个是数字特征，属于总量的比率；中间两个是结构特征，第三个可以表现为经济特征，而第四个为社会特征；最后两个是国际间经济发展相互联系作用的结果。库茨涅茨认为，在西方资本主义国家经济增长的历史过程中，这六个特征紧密地联系在一起，构成了一个特定的经济时代。

【案例 17-1】　世界各国的经济增长

表 17-1 说明了 13 个国家人均国内生产总值的数据。人均国内生产总值表明各国生

活水平差别很大。由于增长率的差别，随着时间的推移，各国按收入的排序会有很大的变动。这些数据表明，世界上最富的国家并不能保证它们将来也是最富的，而世界上最穷的国家也不注定永远处于贫困状态。

表 17-1　世界各国的经济增长情况

国家	时期/年	期初人均 GDP/美元	期末人均 GDP/美元	年增长率/%
日本	1890～2006	1 408	33 150	2.76
巴西	1900～2006	729	8 880	2.39
中国	1900～2006	670	7 740	2.34
墨西哥	1900～2006	1 085	11 410	2.24
德国	1870～2006	2 045	31 830	2.04
加拿大	1870～2006	2 224	34 610	2.04
阿根廷	1900～2006	2 147	15 390	1.88
美国	1870～2006	3 752	44 260	1.83
印度	1900～2006	632	3 800	1.71
英国	1870～2006	4 502	35 580	1.53
印度尼西亚	1900～2006	834	3 950	1.48
孟加拉国	1900～2006	583	2 340	1.32
巴基斯坦	1900～2006	690	2 500	1.22

资料来源：Mankiw M G：《经济学原理》，梁小民、梁砾译，北京：北京大学出版社，2009 年，第 46 页

17.1.2　经济增长理论的产生和发展

长期以来，经济学家们一直致力于研究决定经济增长的不同因素的相对重要性，如何使得经济能够持续地增长，所以就产生了各种经济增长理论。接下来本书将对经济增长理论的产生和发展做一简单的介绍。

在发展经济学作为一门学科兴起之前，西方经济学说史中已经有丰富的经济发展思想。随着资本主义的产生与发展，西方经济学家开始并越来越重视生产力水平如何提高、社会财富如何增进、国民经济如何改善等问题，这些问题的实质就是生产日益社会化过程中的经济发展问题。

早期的经济增长理论被称为古典增长理论(classical growth theory)，亚当·斯密、托马斯·马尔萨斯和大卫·李嘉图这些 18 世纪后期和 19 世纪初期的主要经济学家提出了这种理论。在经典著作《国富论》中，亚当·斯密对于经济发展首先假设"所有的事物都处于一种初始的状态，没有土地的占有和资本的积累"，也就是说所有的人都可以自由使用土地。在这个时代，随着人口的不断增加，人们不断地开发土地，因为没有资本，所以人口翻一番，国民总产出也就随之翻一番。但是这种美好的设想不可能永远持续下去，随着人口的进一步增加，所有的土地将会被开发殆尽，这个时候，新增加的劳动力将拥挤在已经开发的土地上，每个劳动力可使用的土地将减少。大卫·李嘉图在其著作《政治经济学及其赋税原理》中阐述了他的经济发展思想，他的经济增长观点与亚当·斯密基本一致。马尔萨斯预言人口的压力会使经济状况恶化到人们处于仅能维持生

存的最低生活水平。他分析，一旦工资高于最低生存线，人口将会增长；低于最低生存线，死亡率将会上升，人口将会减少，最终会达到一个人口的均衡。这种悲观的含义使经济学被称为忧郁的科学。悲观的含义是，无论发生多少技术变化，实际工资率总是要被推回到维持生存的水平。

进入 20 世纪，凯恩斯创立了现代宏观经济学，但是他只对短期的经济活动做了分析，并没有讨论长期中的经济运行状况；针对这一不足，英国经济学家哈罗德在 1948 年出版了《动态经济学导论》，提出了比较系统的经济增长理论。与此同时，美国经济学家多马也提出了相近的理论模型。他们的理论一般被称为哈罗德-多马模型，这通常被认为是西方经济增长理论发展的开端。

美国经济学家罗伯特·索洛认为哈罗德-多马经济增长模型所提出的稳定增长途径难以实现，因为生产是在不变的要素比例的前提下发生的。索洛分析了哈罗德-多马模型后指出，该模型的特点是用通常的短期分析工具来研究长期问题，这是不恰当的。据此，以索洛为代表的新古典经济学家们建立了新古典增长模型（neoclassical model of growth）。索洛也因为这一理论和其他对经济增长理论的贡献而获得了 1987 年的诺贝尔经济学奖。新古典增长模型是在哈罗德-多马模型之后，经济增长领域流行的基本框架。新古典增长模型假定资本积累是收益递减的，这虽然在某种程度上避开了哈罗德-多马模型的问题；但是，如果没有技术进步，人均收入的增长就不能持续。由于索洛在模型中假设技术进步是外生的，因而有很大一部分经济增长仍然无法解释清楚。

新剑桥学派出现于第二次世界大战之后，新剑桥增长模型是由该学派的代表人物英国经济学家罗宾逊夫人卡尔多和意大利经济学家帕森奈蒂等人提出来的。针对哈罗德-多马模型和新古典增长模型认为社会储蓄倾向不变的观点，新剑桥模型提出社会收入分配结构的变化会对社会储蓄率产生影响，进而影响经济增长，所以在社会收入分配与国家的经济增长之间存在着某种内在的联系。如果能够通过改变国民收入在资本与劳动之间的分配来改变储蓄率，一个国家就有可能实现充分就业的长期稳定增长。

在 20 世纪 50 年代，西方各国普遍推行扩张性经济政策，使国民生产总值不断提高。同时，各种经济增长模型也在各国广为流传，探讨实现长期增长的途径。经济学理论也发展相对成熟，使得此后很长一段时间内，对经济增长的研究没有突破性的进展。

直到 20 世纪 80 年代，一些经济学家开始将技术作为经济增长模型的内生变量加以考虑，分析技术与生产过程中投入生产要素之间的关系，以及技术对经济增长的推动作用，也就是新经济理论，这才打破了经济增长理论的僵局。技术内生的经济增长模型主要有阿罗的"干中学"模型、罗默的技术内生模型和卢卡斯的人力资本溢出模型。

17.2　经济增长的前提、源泉与核算

17.2.1　经济增长的前提

经济增长最基本的前提是适当的激励制度，有三种制度对创造激励是至关重要的，它们是市场、产权和货币交换。

市场使买者和卖者可以得到信息并相互进行交易，而且，市场价格又向买者和卖者

传递增加或减少需求量和供给量的信号。市场使人们可以专业化和贸易，并进行储蓄和投资。但是，为了使市场运行，我们需要产权和货币交换。

产权是决定资源、物品与劳务的占有、使用和处置的社会安排。产权包括对物质财产(土地、建筑和资本设备)、金融财产(一个人对另一个人的索取权)和知识财产(如技术发明)的权利。明确地建立并实施产权可以给人们一个政府将不能随意没收其收入或储蓄的保证。

货币交换方便了各种交易，包括私人财产有序地从一个人转移给另一个人。产权和货币交换为人们专业化和贸易、储蓄和投资以及发现新技术创造了激励。

早期原始社会没有经历经济增长是因为它们缺乏这些前提，当社会形成创造激励的三种关键制度时经济增长便开始了。但是，需要指出的是，激励制度的存在并没有确保经济增长发生，它允许经济增长，但并没有使经济增长成为必然。

17.2.2　经济增长的源泉

从全球范围来看，各国发展经济的途径各不相同。但是，所有曾经快速发展的国家都有一些共同点，经济增长的基本机制都是一样的，当初它们适用于英国和美国，如今也开始适用于中国和巴西这样的发展中国家。经济学家对经济增长的研究发现，无论是穷国还是富国，经济增长的源泉必定来自于四个方面：人力资源(劳动力的数量、质量等)、自然资源(土地、矿产等)、资本(厂房、机器设备等)形成和技术(科学、管理等)进步。

(1)人力资源。劳动是经济增长的源泉之一，这一点在古典经济学的劳动价值理论中已经有很好的论述。在劳动的质量不发生变化的情况下，随着劳动投入的增加，该国的国民总产量也会随之有所增加。劳动数量的增加包括劳动者数量的上升和劳动时间的延长。当经济发展到一定程度，劳动质量的重要性便显现出来，成为经济增长的重要源泉。随着教育投资的加大，劳动者的各方面素质都有了提高，工人变得更有知识和技能，工作效率也就提高了，最后自然就带动了经济的增长。很多经济学家认为，所投入的劳动的质量是影响一国经济增长的最重要的因素。一个国家可以购买最先进的计算机、大型机床、通信设备，但是这些资本品只有那些有技术的劳动者才能使用并使它们充分发挥效用。

(2)自然资源。自然资源是推动经济增长的传统要素，这里所指的资源主要包括土地、石油、森林等。一些高收入国家就是凭借其丰富的资源在农业、矿业等方面获得高产而发展起来的，如加拿大和澳大利亚。但是，在当今世界上，自然资源的拥有量并不是经济增长取得成功的必要条件，许多几乎没有自然资源可言的国家，如日本，通过大力发展劳动密集型和资本密集型产业而变得繁荣。

(3)资本形成。很明显，一个国家若要实现经济增长，必须要有一定量的资本积累。在其他条件一定的情况下，要提高人均产出，就必须增加人均拥有的资本品的数量，这就需要资本的投入。19世纪横跨北美大陆的铁路将工商业引到美国的心脏地带。而在此之前，那里还处在与世隔绝的状态。20世纪以来，对汽车、公路和电厂的投资大幅度提高了劳动生产率，也为创建全新的工业体系提供了雄厚的基础设施。从历史经验来看，经济快速增长的国家，一般都曾在新的资本品上进行过大量的投资，在大多数经济高速发展的国家，用于净资本形成的资金都占到产出的 10%～20%。另外，这里所指的资本不仅仅局限于厂房和机器设备，还有许多由政府部门承担的投资。它的目的是为私人产业发展提供基础设施，被称为社会基础资本，如高速公路等。

（4）技术进步。除了生产要素投入量的增加，技术进步的发生也使相同的要素投入量带来更大的产出，生产效率提高，因此，它也是推动经济增长的重要因素。技术进步体现在更高的产品质量、更好的生产方法和更好的组织生产方式上。当今经济不同于以往的一个主要方面就是技术创新成为经济中的常规活动，在创新过程中，知识转化为生产力，在生产过程中应用，发挥了巨大的作用。许多企业为了在市场竞争中保持优势，都将销售额的很大一部分用于研发。大量的技术创新在提高供给的同时，也创造出了大量的需求，推动了经济的快速发展。

上述的四个方面是相互联系的，如新技术的应用需要物化在资本品上；技术创新需要投资才能产生，同时技术创新只有进入传统部门，提高了劳动生产率，才能使传统部门释放出资源和劳动力，转移到效率更高的部门。可见，经济增长的这几个源泉实际上是相互联系、不可分割的。

17.2.3　经济增长的核算

对经济增长的详细研究依赖于增长核算（growth accounting）。增长核算的目的是计算有多少实际国内生产总值的增长来自劳动和资本的增长，以及有多少是由于技术的变革。增长核算的关键工具是总生产函数（aggregate production function）。我们知道，生产函数给出了投入与产出间的数量关系，那么设生产函数为

$$Y_t = A_t f(L_t, K_t) \tag{17.1}$$

其中，Y、L 和 K 依次为总产出、劳动的投入量和资本的投入量；A 代表经济的整体技术状况。在这里，我们忽略了自然资源的影响，因为自然资源的数量被认为是给定的常数。对式（17.1）求全导数，可以得到

$$\frac{\partial Y_t}{\partial t} = \frac{\partial A_t}{\partial t} f(L_t, K_t) + A_t \frac{\partial f}{\partial L_t} \cdot \frac{\partial L_t}{\partial t} + A_t \frac{\partial f}{\partial K_t} \cdot \frac{\partial K_t}{\partial t} \tag{17.2}$$

在上式两端除以 Y_t，则有

$$\frac{\partial Y_t}{\partial t \cdot Y_t} = \frac{\partial A_t}{\partial t \cdot Y_t} f(L_t, K_t) + A_t \frac{\partial f}{\partial L_t} \cdot \frac{\partial L_t}{\partial t \cdot Y_t} + A_t \frac{\partial f}{\partial K_t} \cdot \frac{\partial K_t}{\partial t \cdot Y_t} \tag{17.3}$$

定义参数 $\alpha = \frac{\partial Y_t}{\partial L_t} \cdot \frac{L_t}{Y_t}$ 为劳动的产出弹性，相当于劳动投入量的变化程度带来的产出的变化程度，参数 $\beta = \frac{\partial Y_t}{\partial K_t} \cdot \frac{K_t}{Y_t}$ 为资本的产出弹性，相当于资本投入量的变化程度带来的产出的变化程度，则有

$$\frac{dY_t/dt}{Y_t} = \frac{dA_t/dt}{A_t} + \alpha \frac{dL_t/dt}{L_t} + \beta \frac{dK_t/dt}{K_t} \tag{17.4}$$

式（17.4）就是增长率的分解式，它的左端是产出的增长率，右端第一项为技术进步增长率，第二、第三项分别为劳动、资本投入量的增长率与其相对应的产出弹性的乘

积。在实际应用过程中，由于原始资料中的 Y、K、L 均是离散的数据，所以在时间间隔 Δt 比较小的时候，可以用差分方程来近似代替式(17.4)，有

$$\frac{\Delta Q/\Delta t}{Q}=\frac{\Delta A/\Delta t}{A}+\alpha\frac{\Delta L/\Delta t}{L}+\beta\frac{\Delta K/\Delta t}{K} \tag{17.5}$$

为了使方程的形式更加简练，定义

$$G_Y=\frac{\Delta Q/\Delta t}{Q},\ G_A=\frac{\Delta A/\mathrm{d}t}{A},\ G_L=\frac{\Delta L/\Delta t}{L},\ G_K=\frac{\Delta K/\Delta t}{K}$$

则式(17.5)可以写做

$$G_Y=G_A+\alpha G_L+\beta G_K \tag{17.6}$$

式(17.6)就是我们所说的增长核算方程或者是增长率分解式，它描述了增长率中各个要素的构成情况，可以帮助我们回答许多关于经济增长的重要问题，如经济增长有多少是由资本深化带来的，有多少由技术进步带来的，有多少由劳动投入带来的。在实际的应用中，由于 G_Y、G_L、G_K 的数据都可以从统计资料的分析中得到，因此，在用适当的方法估计出参数 α 和 β 之后，便可以把技术进步增长率 G_A 作为"余值"计算出来：

$$G_A=G_Y-\alpha G_L-\beta G_K \tag{17.7}$$

我们可以通过式(17.7)对增长率进行核算。例如，假设资本和劳动的产出弹性为 0.25 和 0.75，如果实际国内生产总值增长率为 3%，资本增长率为 2%，劳动增长率为 2%，那么根据式(17.7)我们就可以估算出技术进步的增长率为 $3\%-0.25\times2\%-0.75\times2\%=1\%$。这样，通过增长率核算我们就可以将看似复杂的经济增长理论应用于实际。

【案例 17-2】 不同因素对美国实际国内生产总值增长的贡献

美国劳动部采用增长核算方法对 1948～2001 年美国的经济增长来源进行了分析。这一时期，产出以平均每年 3.56% 的速度增长。投入品的增长（资本和劳动）每年所做的贡献为 2.22%，技术进步的贡献为 1.34%（表 17-2）。在美国，劳动和资本的增长在产出中的贡献比例略低于 2/3，其他的部分则归功于技术进步等因素。

表 17-2 1948～2001 年不同因素对美国实际国内生产总值增长的贡献

项目	每年增长/%	累计贡献/%
实际 GDP 增长	3.56	100
投入品的贡献	2 022	63
劳动	1.13	32
资本	1.09	31
技术进步	1.34	37

资料来源：保罗·萨缪尔森、威廉·诺德豪斯：《经济学》(第十八版)，萧琛主译，北京：人民邮电出版社，2008 年，第 496 页

17.3 哈罗德-多马模型

20 世纪 40 年代中后期英国经济学家哈罗德提出了自己的经济增长模型，同时，美

国经济学家多马也提出了基本相同的增长模型。所以，一般把他们的理论合称为哈罗德-多马模型。接下来本书以哈罗德模型为主，对哈罗德-多马模型进行简要的说明。

17.3.1　哈罗德模型的基本思想及假设

哈罗德模型的理论基础仍然是凯恩斯的国民收入决定理论，他认为只有在投资等于储蓄时，社会上的总供给与总需求才能实现均衡。依照哈罗德的观点，若要实现经济增长，必须首先进行资本积累，也就是要将一部分国民收入储蓄起来，并在日后转化为投资。然而，投资毕竟与消费不同，它一方面使本期的总需求增加，另一方面又形成了可以延续很长时期的生产能力，使以后各期的总供给增加，也就对以后的总需求提出了更高的要求。因此，若要实现经济长期、稳定的增长，在社会储蓄倾向不变的情况下，必须使社会对资本的需求保持一定的增长率，以便使每期的储蓄都能转化为投资，避免经济因出现产品过剩而发生收缩。哈罗德模型就是基于这一观点，研究前一期收入的增长率在达到何种水平时才能使社会上对产品的需求的增加达到一个恰当的水平，令厂商本期的投资恰好等于储蓄的。

哈罗德模型的假设如下：

(1)社会上只有一种产品。实际上哈罗德所谓的产品是抽象的产品，既可以理解为消费品，也可以理解为投资品，因此可以不考虑具体的每一种产品的供求情况，而只需要对社会总供给与总需求进行研究。

(2)生产中只使用资本与劳动两种生产要素，它们互相不能代替。

(3)规模收益报酬不变。不存在生产规模变化对生产成本的影响，但若只改变一种要素的投入量，边际收益递减规律仍会发生作用。

(4)不存在技术进步，一定的要素投入所能带来的产量既定。

17.3.2　哈罗德模型的基本公式

由于没有技术进步，也不存在规模经济效应，所以哈罗德认为一个国家的资本存量与国民总产量之间存在固定的比例关系，这就是资本-产量比率，也就是在加速原理中所讲的加速数。若以 K 和 Y 分别表示资本和收入，以 V 表示资本-产量比率，则它们之间的关系可写为

$$K = V \cdot Y \qquad (17.8)$$

当一个国家的资本存量增加时，会引起收入的增加。若以 ΔK 与 ΔY 分别代表资本与收入的增加量，则

$$\Delta K = V \cdot \Delta Y \qquad (17.9)$$

因为资本存量的变动量就是当期的投资 I，则式(17.9)又可以写做

$$I = V \cdot \Delta Y \qquad (17.10)$$

根据 $I = S$ 这一均衡国民收入实现的基本条件，在资本存量与收入增加时，式(17.10)可以进一步变形为

$$S = V \cdot \Delta Y \qquad (17.11)$$

其中，S 表示储蓄额，等于社会上的储蓄倾向(或储蓄率)与收入的乘积，因此存在这样

的关系：

$$sY = V \cdot \Delta Y \qquad (17.12)$$

其中，s 代表社会储蓄率。由式(17.2)变形可得

$$\frac{\Delta Y}{Y} = \frac{s}{V} \qquad (17.13)$$

很明显，式(17.13)中 $\frac{\Delta Y}{Y}$ 为收入的增长率，也就是平时所说的经济增长率，它等于一个国家储蓄率除以资本-产量之比。以 G 表示经济增长率，则哈罗德模型的基本公式可以写成

$$G = \frac{s}{V} \qquad (17.14)$$

17.3.3　对长期、稳定增长条件的分析

哈罗德在解释其增长模型时提出了不同的经济增长率，并由此对经济长期、稳定增长的条件进行了分析。

1）三种不同的增长率

哈罗德提出的第一种增长率被称为实际增长率，它以 G_t 表示，是实际储蓄率除以实际资本-产量比所得出的结果，也是实际发生的增长率。可以认为它是对经济增长状况的事后考察。

第二种增长率是合意的增长率，或称有保证的增长率，它取决于厂商合意的储蓄率 s_w 和资本-产量比率 V_w。由于这两个因素都是厂商"合意"的，所以它们决定的增长率也就是能满足厂商期望的增长率，它使得厂商对经济活动的结果感到满意，并因此而愿意维持这种合意的储蓄与投资状况，使经济增长率的实现得到保证。以 G_w 表示合意的增长率，则

$$G_w = \frac{s_w}{V_w} \qquad (17.15)$$

除了实际增长率、合意的增长率以外，还存在着一种自然的增长率 G_n。这种增长率与人口的增长有关，其含义是经济增长要受生产要素投入增加的影响，若社会上人口的增长率为 n，而经济增长率也能保持在 n 的水平上，则充分就业的经济增长便可以实现。若以 s_o 表示最适宜的储蓄率，以 V_w 表示充分就业时间的资本-产量比率（也就是合意的资本-产量比率），则自然增长率可以写为

$$G_n = \frac{s_o}{V_w} \qquad (17.16)$$

应注意的是，因为社会总产量取决于要素的投入量，所以自然增长率也就是社会生产资源所容许的最大可能的增长率。

2）经济稳定增长的条件

哈罗德认为，一个国家经济长期、稳定增长的条件是 $G_t = G_w = G_n$，一旦这三者不能相等，便会发生经济波动。下面就两种增长率不相等的情况进行具体分析。

(1) G_w 与 G_t 不相等。如前所述，$G_w = \frac{s_w}{V_w}$、$G_t = \frac{s}{V}$。由于哈罗德认为人们的储蓄意

愿是可以实现的，所以合意的储蓄率 s_w 总会等于实际的储率 s；由此可以看出导致 G_w 与 G_t 不相等的是实际的资本-产量比率与厂商合意的资本-产量比率之间存在差异，即 $V \neq V_w$。

当实际发生的增长率 G_t 高于厂商合意的增长率 G_w 时，根据 $G_w = \dfrac{s_w}{V_w} = \dfrac{s}{V_w}$，$G_t = \dfrac{s}{V}$，可以做出如下推导：

$$G_t > G_w \Rightarrow \frac{s}{V} > \frac{s}{V_w} \Rightarrow V_w > V$$

由于 $V = \dfrac{I}{\Delta Y}$，所以 $\dfrac{I_w}{\Delta Y} > \dfrac{I}{\Delta Y}$，即 $I_w > I$。

这个推导过程说明，当实际增长率较高时，厂商发觉社会上资本-产量比率小于合意的水平，即厂商认为社会实际投资规模偏小，因此要增加投资。而投资的增加必然使国民收入进一步增加，实际增长率 G_t 的数值更大，从而进一步拉大实际增长率和合意增长率的差距，经济呈现出扩张的势头。

同理，当实际增长率较低时，根据 $G_t < G_w$ 可以导出 $V > V_w$、$I_w < I$，说明在这种情况下，厂商发觉实际的资本-产量比率已高于自己合意的水平，社会上投资量过多，企业普遍开工不足，因此它们会减少投资，而这会使社会总产量减少，实际增长率进一步下降，经济收缩，甚至出现严重的萧条。

显然，只要 G_w 与 G_t 不等，就会引发经济的短期波动，而且 G_w 与 G_t 的差距会进一步加大，导致累进的扩张或收缩，而无法实现经济长期、稳定的增长。

(2) G_w 与 G_n 不相等。当 $G_w > G_n$ 时，由于 G_n 与社会上人口的增长率相等，所以此时该国资本存量水平所能实现的增长率超出了人口的增长率。而在模型的假设条件中已经说明，资本与劳动要素不可以相互替代，因此人口因素成为经济增长的瓶颈，使社会上的资本得不到充分利用，出现生产资源的闲置，经济处于长期收缩的状态。对这种情况可以做这样的解释：由于 $G_w = \dfrac{s}{V_w}$，$G_n = \dfrac{s_0}{V_w}$，所以 $G_w > G_n$ 便意味着社会上的储蓄率超出了适宜的储蓄率 s_0。而储蓄过大使社会总需求相对不足，经济的长期萧条发生。

与此相反，当 $G_w < G_n$ 时，社会上储蓄规模偏小，资本供应相对不足，社会总需求则相对较大，厂商投资的收益水平较高，导致经济长期持续高涨，通货膨胀压力较大。

可见，G_w 与 G_n 不相等时，经济在长期中出现收缩或扩张，同样也不能实现长期、稳定的增长。

综上所述，只有在 $G_t = G_w = G_n$ 时，经济才既不会出现萧条，也不会出现膨胀，而是按固定的比率持续增长，这被人们称做经济发展的"黄金时代"。在这种状态下，社会上的固定资本能得到充分利用，工人不会出现失业，厂商也能得到满意的利润。然而，哈罗德认为 G_t 与 G_w 相等已经很不容易，使它们等于 G_n 就更难。而从上面的分析可以看出，一旦它们出现不等，经济的稳定增长便难以实现。从这个意义上讲，这个稳定增长的条件被称为"具有像剃刀刃那样薄的可能性的条件"，所以这个模型又被称为"刃锋模型"。

17.3.4 多马模型

多马在研究经济增长时假定社会原本处于充分就业状态，且储蓄率不变，在此基础上考察投资变动的影响。首先投资的进行使社会资本存量增加，也就使社会生产能力，即供给能力有所提高。若以 ΔY_s 表示供给的增加，δ 表示资本既定的平均生产率（即平均每单位资本能带来的产出量，可写成 $\dfrac{\Delta Y}{\Delta K}$ 或 $\dfrac{Y}{K}$），则

$$\Delta Y_s = I \cdot \delta \qquad (17.17)$$

其次，扩大投资会使社会总需求增加，消化社会上增加的生产能力，且乘数的作用使总需求增加的数量是投资增量的若干倍。由于乘数等于储蓄倾向的倒数，所以总需求的增加量 ΔY_D 可写为

$$\Delta Y_D = \Delta I \cdot \frac{1}{s} \qquad (17.18)$$

若要长期保持已有的充分就业状态，并使新形成的生产能力得到充分利用，就必须满足总供给等于总需求的条件，所以 ΔY 也就必须与 ΔY_D 相等，即 $\Delta Y_D = \Delta Y_s$，即 $\Delta I \cdot \dfrac{1}{s} = I \cdot \delta$，变形可得

$$\frac{\Delta I}{I} = s \cdot \delta \qquad (17.19)$$

这就是多马模型的基本公式。我们可以看出多马所提出的资本平均生产率 δ 恰好是哈罗德模型中资本-产量比率 V 的倒数。因此式(17.19)中的 $s \cdot \delta$ 也就是哈罗德模型中的 $\dfrac{s}{V}$。如果能够证明 $\dfrac{\Delta I}{I}$ 与 $\dfrac{\Delta Y}{Y}$ 相等，就说明多马模型与哈罗德模型的内涵相同，接下来进行简单证明。

由于社会储蓄率 s 不变，所以可写出这样的等式：

$$s = \frac{S}{Y} = \frac{\Delta S}{\Delta Y}$$

由于均衡国民收入实现的条件为 $I = S$，因此可将上式写成：

$$s = \frac{I}{Y} = \frac{\Delta I}{\Delta Y}$$

$$Y = I \cdot \frac{1}{s}$$

$$\Delta Y = \Delta I \cdot \frac{1}{s}$$

最后得出

$$\frac{\Delta Y}{Y} = \frac{\Delta I}{I} \qquad (17.20)$$

由上可以看出多马模型的基本公式与哈罗德模型的基本公式实际上并无区别。按多马的观点，自己的模型与哈罗德模型的唯一区别就是哈罗德提出了三种增长率，而多马研究的增长率只有一种，相当于哈罗德模型中的有保证的增长率 G_w。总之，哈罗德与

多马的模型都以凯恩斯的国民收入决定理论为自己的理论基础，强调投资在经济增长中的重要作用，它们是其他各种经济增长模型的基础。

17.4　新古典增长模型

新古典增长模型是由麻省理工学院的罗伯特·索洛提出来的。新古典增长模型是理解发达国家经济增长的基本工具，已被用于有关经济增长源泉的实证性研究。索洛模型是新古典增长理论最为普及的形式。剑桥大学的弗兰克·拉姆塞（Frank Ramsey）在20世纪20年代就第一次提出了这种理论。

17.4.1　新古典增长模型的基本假设

新古典增长模型提出了如下假设：

(1)在生产过程中只使用资本与劳动两种要素，生产一种产品。

(2)在生产过程中，规模的变化不会对生产成本造成任何影响，即规模收益报酬不变。

(3)生产所使用的资本与劳动在一定程度上可以相互替代，即资本与劳动的配合比率可以发生变化。

(4)不存在技术进步，也不存在着资本折旧。

很明显，新古典增长模型的前两个假设与哈罗德-多马模型的假设并没有什么不同，但后两个假设则与哈罗德-多马模型完全不同，此处考虑了要素比率的变化与技术进步的因素。事实上，正是这两个改变使经济稳定增长实现的可能性大大提高了。例如，哈罗德假定资本-产量比率 K/Y 固定不变，这就是说，要想生产出一定量的 Y，必须具备一定量的 K。这就意味着 K 不能被 L 所代替；否则，就不需要一定量的 K 来生产一定量的 Y 了。在新古典增长模型中，在 n（人口增长率）和 s（储蓄率）给定的情况下，通过 K/L 使 Y/L 和 K/Y 调整变化，可以保证宏观经济动态均衡。

17.4.2　新古典增长模型的基本公式及含义

新古典增长模型的基本公式是

$$k^\circ = sf(k) - nk \tag{17.21}$$

其中，k 表示平均每单位劳动力（或人口）所配备的资本 $\dfrac{K}{L}$；n 为劳动力的增长率；nk 为按既定的资本、劳动比例为新增劳动力配备的资本，被称为资本广化（capital widening）；k° 代表 k 的增加量，即按劳动力平均的资本的增加量，被称为资本深化（capital deepening）；$f(k)$ 为每个劳动力平均能够提供的产量 $\dfrac{Y}{L}$，由于一旦为每个劳动力配备了更多的资本，即 k 值增大，每个劳动力便能生产出更多的产量，所以 $\dfrac{K}{L}$ 的数值会随 k 值的变化而变化，因此被表示为 $f(k)$，它与代表储蓄率的 s 相乘，表示了社会上按劳动力平均的储蓄额。

由此可以看出，按劳动平均的储蓄额一部分会被用来为新增劳动力配备社会平均水平的资本，一部分则被用来增加社会上每个劳动力的资本装备水平。如果直接对式(17.21)做出解释，则为平均每个劳动力资本增加量等于每个劳动力平均的储蓄额减去为增加的劳动力装备了平均水平资本后的余额。或者说，一个社会的人均储蓄可以被用于两个部分：一部分为人均资本的增加 k°，即资本的深化；另一部分是为每一增加的劳动力配备平均应得的资本设备，即资本的广化。

上述基本方程的推导过程如下：

首先，假设总量生产函数为 $Y=F(K，L)$。其中，Y 代表总产量；K 代表总资本量；L 代表总劳动量。根据生产的规模报酬不变的假设，有 $\lambda Y=F(\lambda K，\lambda L)$。

令 $\lambda=1/L$，则可以得到 $Y/L=F(K/L，L/L)$。记 $Y/L=y$，$K/L=k$，$f(k)=F(K/L，1)$，则有

$$y=f(k) \tag{17.22}$$

另外，根据定义，收入＝消费＋投资，即 $Y=C+I$，方程两边同时除以 L，可得

$$Y/L=C/L+I/L \tag{17.23}$$

式(17.23)表示了人均产量、人均消费、人均投资三者之间的关系，现在把时间因素考虑进去，即对式(17.23)进行动态化，结合式(17.22)，则有

$$f(k(t))=C(t)/L(t)+I(t)/L(t) \tag{17.24}$$

将 $k=K/L$ 关于时间 t 求微分可得

$$dk/dt=1/L^2 \cdot (L \cdot dK/dt-K \cdot dL/dt) \tag{17.25}$$

为了简单起见，我们可以用字母上面带圈来表示该变量对时间的导数，如令 $k^\circ=dk/dt$，以此类推。$n=L^\circ/L$，即人口增长率。则式(17.25)可以改写为

$$k^\circ=K^\circ/L-nk$$

或者

$$K^\circ/L=k^\circ+nk \tag{17.26}$$

由 $K^\circ=L$，有 $K^\circ/L=I/L$，得

$$I/L=k^\circ+nk \tag{17.27}$$

将式(17.27)带入式(17.24)并略去 t，可得

$$f(k)=C/L+k^\circ+nk \tag{17.28}$$

因为 $y=f(k)=Y/L$，式(17.28)可以改写为

$$Y/L-C/L=k^\circ+nk \tag{17.29}$$

由于 $Y-C=S$，而 $S=sY$，于是式(17.29)又可以化为

$$sY/L=k^\circ+nk \tag{17.30}$$

即

$$sf(k)=k^\circ+nk \tag{17.31}$$

17.4.3　经济稳定增长的条件

根据模型的基本公式，当 $sf(k)=nk$，即 $k^\circ=0$ 时，经济就可以达到稳定增长的状态，而此时的经济增长率就是劳动力的增长率 n。为此，我们可以进行以下推导：

$$sf(k)=nk$$

等式两边同时除以 k，可得 $\dfrac{sf(k)}{k}=n$。而 $f(k)=\dfrac{Y}{L}$，$k=\dfrac{K}{L}$，带入 $\dfrac{sf(k)}{k}=n$，则有

$$s\cdot\frac{Y}{K}=n \tag{17.32}$$

将资本-产量比率 $V=\dfrac{K}{Y}$ 代入式(17.32)，得到 $\dfrac{s}{V}=n$。在哈罗德模型中，已经推导过 $\dfrac{s}{V}=\dfrac{\Delta Y}{Y}$，可见在 $k^\circ=0$ 时，经济增长率与劳动力的增长率一致，经济实现了稳定增长。

我们可以用图形的方式来表达上述思想，见图17-1。图17-1中的 $f(k)$ 曲线是产量曲线。曲线上的每一点都表示一个按人口平均的资本相对应的人均产量。例如，当 $k=k_1$ 时，人均产量为 y_1，并且有一部分收入被储蓄起来。根据假设，储蓄率为 s，$0<s<1$。因此，人均储蓄曲线 $sf(k)$ 低于人均产量曲线。射线 nk 的斜率表示人口的增长率。根据上述基本方程，可以做出图17-1下半部分的 P 曲线。当 $sf(k)$ 高于 nk 的时候，$sf(k)-nk>0$，因此 $k^\circ>0$，与此相对应，P 曲线位于横轴的上方。反之，P 曲线位于横轴的下方。当 $sf(k)=nk$ 时，$k^\circ=0$，P 曲线与横轴相交。

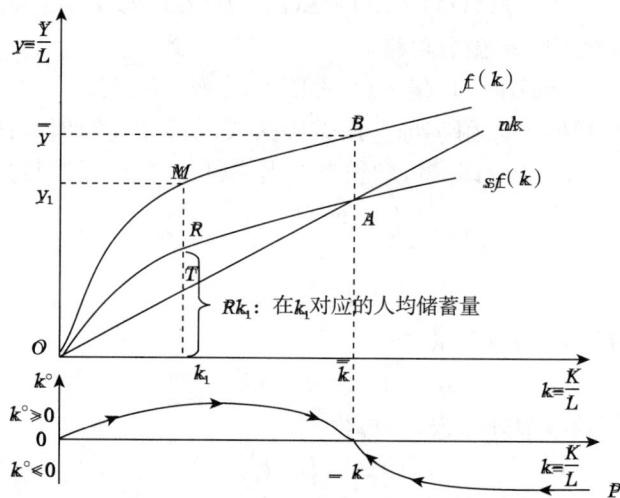

图17-1　新古典增长模型的稳定性分析

从图17-1可以看出，当 $k=\bar{k}$ 时，$k^\circ=0$，即人均资本不发生变化。与此相对应，y 也不发生变化。由于 $y=Y/L$，当人口按照 n 增长时，y 不变，这意味着产量也按照 n 增长。这时，几个有关的变量都处于均衡增长状态。因此，当 $k=\bar{k}$ 时，产量的增长率等于人口的增长率，经济增长属于哈罗德所说的均衡增长。

当 k 不等于 $\bar{k}$ 时，k 不是小于 $\bar{k}$ 就是大于 $\bar{k}$，不妨假设 k 小于 $\bar{k}$。假设 $k=k_1$，从图17-1可以看出，此时 $sf(k)$ 大于 nk。根据式(17.21)，有 $k^\circ>0$。同时，由 $sf(k)-nk>0$ 可以得到

$$sf(k)/k>n \tag{17.33}$$

因为 $y=f(k)=Y/L$，则有

$$s\frac{Y}{L} \cdot \frac{L}{K} > n$$

或者

$$s\frac{Y}{K} > n \qquad\qquad (17.34)$$

根据假设，$S=sY$，不存在折旧，因此储蓄全部转化为投资，而投资又转化为资本的增加量，即 $sY=S=I=K°$。于是，有

$$\frac{K°}{K} > n \qquad\qquad (17.35)$$

式(17.35)的左边就是资本的增长率。综上所述，可以发现：当 $k<\bar{k}$ 时，资本的增长率会大于人口的增长率，也就是说，此时资本比劳动增加得快，即资本-劳动比率在增大。这就说明，只要人均资本低于均衡值，经济中就会有一种机制使资本-劳动比率不断增大，直到等于所需要的水平为止。反之，资本-劳动比率将不断减小，直到等于所需要的水平为止。

据此，新古典增长模型认为经济中存在一条稳定的均衡增长途径，就长期来说，产出的增长率等于人口的增长率。无论初始的资本-劳动比率如何，经济活动总是趋向于一条均衡的增长途径。

按新古典增长模型的观点，一个国家的经济是完全可以实现充分就业的长期、稳定的增长。之所以能够得出这个与哈罗德-多马模型不同的结论，是由于哈罗德-多马模型认为资本与劳动不能互相替代，而新古典增长模型却认为二者受价格机制的调节，是可以相互替代的。例如，对于出现 $G_w>G_n$ 的情况，哈罗德认为相对于劳动的供给，资本供给量过多，生产资源大量闲置，经济会出现萧条；而新古典增长模型则指出，在这种情况下，资本供给过多将造成资本的价格即利率的降低，厂商发现使用更多的价格较低的资本，同时使用较少的价格相对偏高的劳动会给自己带来更大的收益。这使得社会上资本密集型生产方法开始流行，厂商合意的资本-产量比率 V_w 的数值加大，G_w 相应下降，最终与 G_n 相同。

总之，新古典增长模型认为资本、劳动可以相互替代，使得实际经济增长率、有保证的经济增长率与自然增产率发生偏差后，会在价格机制的作用下自动产生趋同的趋势，从而保证经济可以实现长期、均衡的增长。而且由于在这种增长过程中，社会上不会出现失业，也不会产生经济的过度扩张。

17.5　新经济增长理论

尽管新古典增长模型对理解经济增长提供了很好的启示，但是也还存在着一些重要的缺陷，其中稳态增长率的外生化是最主要的，导致其不能对劳动生产率的提高做出解释。后来的经济学家尝试将技术进步作为内生因素纳入经济增长理论，这方面比较有影响的是阿罗、罗默和卢卡斯。

17.5.1 阿罗的"干中学"模型

1962 年，阿罗在《经济研究评论》杂志上发表了《干中学的经济含义》，这篇文章试图使技术作为内生因素建立经济增长模型，这是最早用内生技术进步来解释经济增长的模型，也是对新古典增长理论的局限，即将技术作为外生变量的突破。因此，这篇文章被经济学界看成是技术内生经济增长的先导之作。

在这篇文章中，阿罗假设技术进步或生产率的提高是资本积累的产出之一，即投资产生溢出效应，不仅进行投资的厂商可以通过积累生产经验而提高生产率，其他厂商也可以通过学习而提高生产率。他指出，人们是通过学习得到技能的，技术进步是知识的产物、学习的结果，而学习是经验的不断总结，经验来自行动，经验的积累就体现在技术进步上。这就是所谓的"干中学"。阿罗用积累的总投资表示经验，而经验就等同于学习。积累总投资包含于模型之中，于是，学习、经验、技术进步也就表现为内生变量。假定经济增长过程中的要素投入分为两类——有形要素和无形要素，那么学习和经验就是无形投入。该模型用积累总投资来表述学习与经验，于是学习与经验这些代表技术进步的无形要素投入就以有形的要素表达出来，技术进步就内生化了。在简化的阿罗模型中，总量生产函数可以表示为

$$Y = F(K, AL) \tag{17.36}$$

其中，知识存量 $A = K^v$，$v < 1$。知识是投资的副产品，整个经济表现为规模收益的递增，而每个厂商的规模收益不变(厂商将知识存量 K^v 看成是一定的)。假定人口的增长率为 n，经济将沿着一条均衡的增长路径增长，总产出和资本的增长率都是 $n / (1-v)$，人均产出增长率为 $vn / (1-v)$。

该模型的重要意义在于突破了新古典增长理论的研究框架，提出了第一个内生经济增长模型，从而促进了新增长理论的产生。阿罗模型假设存在全经济范围内的技术溢出，因此不存在政府干预时的竞争性均衡是一种社会次优，均衡增长率低于社会最优增长率，政府可以采取适当的政策提高经济增长率，使经济实现帕累托改进。所以说，该模型具有比新古典理论更丰富的内涵。

但是，"干中学"模型也存在缺陷。首先，其忽视了技术进步的"毁灭性的创造"的过程。技术进步一般表现为渐进性的改进型技术进步和激进性的、毁灭性创造的技术进步。后一种技术进步常常引发持续的技术进步，对经济增长具有重要的推动作用，这一点为阿罗所忽略。其次，"干中学"只能反映经验积累、学习的一部分。"用中学"也是学习的一部分，如通过产品的使用积累经验，改进产品的设计与生产，也对技术进步起到重要的作用。仅有"干中学"是不完全的。最后，技术研究包括应用研究和基础研究，应用研究收益递增，而基础研究收益递减。企业增加投资，只考虑收益递增，基础研究尽管对技术有重要作用，但由于其收益递减，不反映在企业的投资之中。所以，在阿罗模型中，技术内生化，只是指企业的技术进步被内生化了，而企业技术进步的内生化只是技术内生化的一部分。

17.5.2 罗默的技术内生模型

罗默沿着阿罗的思路考察了内生技术进步对经济增长的影响。在罗默的模型中，除了列入资本和劳动这两个生产要素以外，还有另外两个要素，即人力资本和技术水平。模型中所列入的劳动是指非熟练劳动，而人力资本则是指熟练劳动，人力资本用正式教育和在职培训等受教育时间长度来表示，这样就把知识或教育水平在经济增长中的作用考虑进去了。至于模型中的技术水平，罗默认为它主要体现在物质产品之中，如新材料、新设备等，它们是技术创新的成果。可以看出，知识的进步主要体现在两个方面：一是体现在劳动者的身上，表现为劳动的熟练程度，在模型中用人力资本来表示；二是体现在新设备、新材料的技术先进性上，在模型中用技术水平来表示。

罗默认为，决定经济增长的技术进步是经济系统的内生变量，是厂商追逐利润最大化的结果。为了说明经济增长，罗默假设：第一，新知识是研究部门的产品，新知识给研究厂商带来了递减收益；第二，由于知识不能得到完全的专利保护或保密，因此单个厂商生产的新知识具有正的外部性，新知识的出现使整个社会都从中得益；第三，由于存在知识的内部效应和外部效应，消费品的生产是知识的收益递增函数；第四，由于知识具有溢出效应，可以假定所有的厂商都是价格接受者，从而可以用完全竞争的分析框架考察经济增长过程。

罗默内生技术进步模型中有两个重要的组成部分，即一个生产函数和一系列生产要素投入的方程。罗默模型中的总生产函数描述了资本存量 K、劳动力 L 以及知识存量 A 与产出 Y 之间的关系

$$Y = K^a (AL_Y)^{1-a} \tag{17.37}$$

其中，A 为介于 0 和 1 之间的一个参数。我们假定生产函数是给定的，对于一个给定的技术水平 A，生产函数中的 K 和 L 的规模报酬不变。然而，如果技术 A 被视为生产投入要素时，就存在着报酬递增。也就是说，对于仅考虑资本和劳动这两种投入，生产函数呈现的是规模报酬不变，但是，如果考虑所有的三种投入要素，产出一定是规模递增的，即两倍的资本、劳动和技术存量的投入，会得到多于两倍的产出。

资本与劳动的累积方程与索洛模型相同。经济体中的个体以某一给定的储蓄率 s_K 进行资本积累，资本的折旧率 d 是外生的，用如下等式表示：

$$\dot{K} = s_K Y - dK \tag{17.38}$$

劳动力 $\dot{L}$ 与人口数量 L 相等，以一个外生的常数速度 n 增长，如下式：

$$\frac{\dot{L}}{L} = n \tag{17.39}$$

与古典增长模型不同是，该模型的核心是一个描述技术进步的方程。在新古典模型中，技术进步 A 是以一恒定速率外生增长的。而在罗默模型中，A 的增长是内生的。根据罗默模型，$A(t)$ 是知识的存量或在历史进程中，到时间 t 为止时已发明的知识技术存量。这样，在任一给定时点产生的新技术的数量 $\dot{A}$，就等于试图发明新技术的人数 L_A 乘以发明新技术的速率 δ，即

$$\dot{A} = \bar{\delta} L_A \tag{17.40}$$

劳动力被用于生产或发明技术，因此经济体面临如下的资源约束，即

$$L_A + L_Y = L \tag{17.41}$$

研究工作者发明新技术的速率被简化为一个常量；另外，我们也可以知道，这一速率必定是依赖于已发明的技术知识存量的。过去发明的技术知识存量可能会提高当前研究者的生产力。在这种情况下，$\bar{\delta}$ 就是一个 A 的增函数。从另一角度看，最简单的技术最早被人发明，而后来的技术愈来愈难发现。这样，$\bar{\delta}$ 就成了 A 的减函数，即

$$\bar{\delta} = \delta A^{\varphi} \tag{17.42}$$

其中，δ 和 φ 均为常数。在方程(17.42)中，$\varphi > 0$ 表明研究效率随着已被发现的技术存量的增加而得到提高；$\varphi < 0$ 则相反。最后，$\varphi = 0$ 表示前两者的作用正好相抵消，即研究效率与知识存量无关。

平均的研究效率有可能取决于任一时点上从事研究开发新技术的人数。从事研究的人越多，重复工作的可能性就越大。假定引入生产函数的是 L_A^{λ} 而不是 L_A，其中 λ 是一个介于 0 和 1 之间的函数。这样，结合式(17.40)与式(17.42)两个方程，得出了一般的知识生产函数

$$\dot{A} = \delta L_A^{\lambda} A^{\varphi} \tag{17.43}$$

在此为简要说明，假定 $\varphi < 1$。

由于单个的研究者与整体经济相比，显得微不足道，因此视 $\bar{\delta}$ 为给定，且研究工作的规模报酬不变。但对于整个经济体来说，技术的生产函数的规模报酬则是可变的，单一研究工作只要存在一个微小的 $\bar{\delta}$ 变动，它就会对总的研究成果产生显著的影响。特别是当 $\lambda < 1$ 时，就表明随着研究人员的增多，研究重复性可能增加，发明创造的生产率可能由于这种外部性而受到严重影响。

相似地，A^{φ} 的存在对于个体来说，也有外部性。当 $\varphi > 0$ 时，研究中存在正的知识溢出，而当 $\lambda < 1$ 时，则具有负面的外部性。

罗默认为，技术创新对社会生产来说，具有正的溢出效应。罗默证明，对研究与开发活动进行必要的补贴能够激励这种活动的增加。但是由于新思想或新创意基本上是非排他性的，很容易在研究人员中流动。新发明一般都建立在前人研究的基础上，研究部门的正的溢出效应虽然要求社会予以补贴，但实施是比较困难的。因为这要求政府事先辨别出那些研究领域具有巨大的溢出效应。罗默模型还揭示了最佳增长率高于均衡增长率，最佳状态时用于研究的人力资本的比例高于均衡状态时的比例。其原因是独立的生产者没有考虑研究的外部经济效果，研究的个人收益低于社会收益。

17.5.3 卢卡斯的人力资本溢出模型

在卢卡斯的人力资本溢出模型中，全经济范围的外部性是由人力资本的溢出效应造成的，这种外部性的大小可以用全社会人力资本的平均水平来衡量。卢卡斯认为，人力资本的溢出效应可以解释为向他人学习或相互学习，一个拥有较高人力资本的人对他周围的人会产生更多的有利影响，提高周围的人的生产率，但他并不因此而得到收益。

卢卡斯假定经济中存在两个部门，消费品及物质资本生产部门与人力资本生产部门。假定人力资本的生产技术与投入该部门的人力资本规模呈线性关系，物质资本生产部门则在人力资本外部性的作用下，显示出收益递增现象。由于物质资本生产呈现出收益递增，物质资本与人力资本的比率将持续提高，简单劳动者的工资也将增加。

卢卡斯假定经济中有 $N(t)$ 个工人，人口以外生不变比率 n 增长。他们的人力资本水平 h 在 $(0，\infty)$ 内变动。假定拥有人力资本的人数为 $N(h)$，则有

$$N = \int_0^\infty N(h)\,\mathrm{d}h$$

工人将非闲暇时间分配于两个方面：以 $v(h)$ 用于生产消费品和物质资本，剩下的 $1-v(h)$ 用于个人的人力资本积累。

卢卡斯认为，人力资本既具有内部效应也能产生外部效应。人力资本的内部效应是指个人拥有的人力资本可以给他带来收益。人力资本的外部效应是指个人的人力资本有助于提高所有生产要素的生产率，但个人并不因此而获益。由于人力资本的外部效应不能给人力资本的所有者带来收益，因此不存在政府干预的经济增长均衡是一种社会次优，人力资本的投资将过少。根据卢卡斯模型，发达国家由于人力资本水平高，它的资本边际收益效率和简单劳动者的工资都较高，物质资本生产的收益递增将诱使外国的资本和工人流向发达国家。同样的原因，在一个国家内，资本与劳动也都向经济发达地区转移，从而使一个国家的资本和人口都集中在一些大城市和发达地区。

在卢卡斯的模型中，人力资本生产部门是一个关键部门。假定人力资本的产量 $\dot{H}$ 取决于现有的人力资本水平 $h(t)$ 及投入教育部门的时间，则有

$$\dot{H}(t)=h(t)^\xi G[1-v(t)]$$

其中，G 为递增函数，$G(0)=0$。对于人力资本的生产来说，如果 $\xi<1$，说明人力资本的积累存在收益递减。这时人力资本如同新古典增长模型中的物质资本一样，并不是增长的发动机。卢卡斯认为，可以假定 $\xi=1$，因为个人通常在其生命之初进行较多的人力资本积累，随着年龄的增加，人力资本积累量逐渐减少直至为零。这不是因为人力资本积累存在收益递减，而是因为个人的精力寿命有限，追加人力资本投资取得的收益随时间推移而下降，而这不改变人力资本收益不变的假定。

假设 $\xi=1$，同时假设 G 是线性函数，教育部门的生产函数是

$$\dot{H}=h(t)G[1-v(t)]$$

由于该部门采用线性生产技术，即使不存在人力资本的溢出效应，经济也会无限增长。卢卡斯通过假定存在全经济范围的人力资本溢出，使经济在实现持续增长的同时伴随着资本的深化过程。因此，在卢卡斯模型中，人力资本的内部效应和外部效应对理解经济的实际增长进程都是很关键的。

根据上面简单的说明分析，可以看出在卢卡斯模型中，经济不需要依赖外生力量就能实现持续增长，其增长源泉就是人力资本的积累，卢卡斯还由此推断，穷国和富国的差距不会消失。

▶**本章专业术语**

哈罗德-多马模型　新古典经济增长模型　新经济增长模型　经济增长　经济发展　经济核算
经济衡量　资本　劳动　技术　人力资本

▶**本章小结**

本章要点可以归纳如下：

（1）经济增长可以定义为一国给她的人民供应品种日益增加的经济商品的能力的长期上升，这个增长中的能力，基于改进技术，以及她要求的制度和思想意识的调整。

（2）用经济增长和经济发展核算的方法对经济增长的源泉做初步的探讨。

（3）哈罗德-多马模型认为经济增长是一种刀刃式增长，经济很难稳定在一个不变的发展速度上，不是连续上升，就是连续下降，呈现出剧烈波动的状态。

（4）在新古典增长模型中，经济中存在一条稳定的均衡增长途径，就长期来说，产出的增长率等于人口的增长率。无论初始的资本-劳动比率如何，经济活动总是趋向于一条均衡的增长途径。

（5）关于新经济增长理论主要有三种模型，分别为阿罗的"干中学"模型、罗默的技术内生模型和卢卡斯的人力资本溢出模型。

▶**练习题**

一、名词解释

　　1. 经济增长　　　　　　　　　　2. 增长核算

　　3. 实际增长率　　　　　　　　　4. 合意增长率

　　5. 自然增长率　　　　　　　　　6. 资本深化

　　7. 资本广化　　　　　　　　　　8. 经济发展

二、选择题

　　1. 哈罗德的有保证的增长率是这样一种发展速度，它（　　　）。

　　　A. 使得企业家满意于其在过去已做出了正确的决策，并准备继续以同样的发展速度经营

　　　B. 使事前投资等于事前储蓄

　　　C. 等于意愿的资本需求除以边际储蓄倾向

　　　D. 以上说法均不正确

　　2. 如果哈罗德的实际增长率超过了有保证的增长率，则（　　　）。

　　　A. 经济将趋向于停止，因为实际的资本存量的增长大于企业家所期望的增长

　　　B. 经济将趋向于停止，因为实际的资本存量的增长小于企业家所期望的增长

　　　C. 经济将经历一个螺旋上升的通货膨胀，因为企业家希望一个大于实际发生的资本存量的增长，由此将在每一个相继的时期增加投资

　　　D. 以上说法均不正确

　　3. 在长期，最大可能实现的增长率为（　　　）。

　　　A. 有保证的增长率　　　　　　　B. 自然增长率

　　　C. 实际增长率　　　　　　　　　D. 以上说法均不正确

　　4. 根据新古典增长模型，人口增长率的上升将（　　　）。

　　　A. 提高人均资本的稳态水平　　　B. 降低人均资本的稳态水平

　　　C. 对人均资本的稳态水平没有影响　　D. 从已知条件无法确定

　　5. 下列（　　　）是新古典增长模型所包含的内容。

　　　A. 均衡增长率取决于有效需求的大小

　　　B. 要实现充分就业的均衡增长，要使实际增长率＝有保证增长率＝自然增长率

C. 通过调整收入分配，可以实现充分就业的均衡增长

D. 从长期看，由于市场的作用，经济总会趋向于充分就业的均衡增长

6. 下列各项中(　　)属于生产要素供给的增长。

A. 劳动者教育年限的增加　　　　　　B. 实行劳动专业化

C. 规模经济　　　　　　　　　　　　D. 计算机技术的迅速应用

7. 下列各项中(　　)不属于生产要素供给的增长。

A. 投资的增加　　　　　　　　　　　B. 就业人口的增加

C. 人才的合理流动　　　　　　　　　D. 发展教育事业

8. 资本深化是指(　　)。

A. 增加每单位资本的工人数　　　　　B. 增加人均资本量

C. 减少人均资本量　　　　　　　　　D. 将资本从低效部门重新配置到高效部门

9. 人力资本指的是(　　)。

A. 人们所拥有的资本品　　　　　　　B. 能提高人们生产率的教育和技能

C. 生育能力　　　　　　　　　　　　D. 工人工作时使用的资本品

10. 可持续发展是指(　　)的经济增长。

A. 没有过度的技术进步　　　　　　　B. 没有过度的人口增长

C. 没有过度的资本投资　　　　　　　D. 没有过度地使用自然资源

三、判断题

1. 经济增长等同于经济发展。(　　)

2. 如果哈罗德的实际增长率超过了有保证的增长率，那么经济增长将会出现停滞。(　　)

3. 根据哈罗德模型，资本主义经济有可能实现均衡增长。(　　)

4. 根据索洛模型，资本主义经济在长期总会趋向于充分就业的均衡增长。在新古典增长模型中，有效人口增长率是外生给定的。(　　)

四、问答题

1. 如何理解经济增长这个概念？你认为经济增长的源泉有哪些？

2. 简述经济增长理论的发展历程以及主要研究学派的代表人物和代表观点，并试着比较不同理论之间的逻辑关系和发展路线。

3. 为什么哈罗德-多马模型被人称为"刃锋模型"？

4. 新古典增长模型提出的经济长期、稳定增长的条件是什么？试比较其与哈罗德-多马模型之间的异同。

五、计算题

1. 已知某国 2009 年的实际资本-产量比率为 4，当投资增加 300 亿美元之时，国民收入增加 1 500 亿美元，根据哈罗德-多马模型和乘数原理，该国 2009 年的经济增长率能达到多少？

2. 已知一国的消费占收入的 90%，资本增加 1 000 亿美元时产出为 250 亿美元，请问该国的经济增长率是多少？

➤附录　罗伯特·索洛：增长理论的杰出构建者

罗伯特·索洛，美国经济学家，1924 年生于纽约布鲁克林，1947 年获哈佛大学经济学学士学位，1949 年获哈佛大学经济学硕士学位，1951 年获哈佛大学哲学博士学位。他的导师是以研究投入产出模型著称的 1973 年诺贝尔奖得主华西里·里昂惕夫(Wassily Leontief)。

索洛是一位幸运的学者。在麻省理工学院，他的办公室与著名经济学家萨缪尔森为邻，并由此"开始了 40 年的几乎每天与萨缪尔森的关于经济、政治、我们的子女、白菜和国王的谈话"。在萨缪

尔森的指点下，索洛后来成为以萨缪尔森为首的新古典经济学派的重要人物。索洛在 1954～1958 年任麻省理工学院统计学副教授，1958～1973 年任麻省理工学院经济学教授，目前担任麻省理工学院荣誉教授。他曾任波士顿联邦储备银行董事、董事会主席，白宫首席经济顾问，收入委员会主席，美国经济学会会长等职务。

索洛的研究重点在促进对经济增长机制理解的工作上。索洛主要因他在 20 世纪五六十年代对资本理论和增长理论的开拓性研究而著名。他的众多论文中的两篇——《对增长理论的贡献》［载于 *Quarterly Journal of Economics*（《经济学季刊》）］和《技术变化与总生产函数》［载于 *Review of Economics and Statistics*（《经济学与统计学评论》）］，已经成为经济增长理论方面的经典之作。在索洛模型中，对经济总体的增长贡献被设定为由劳动、资本和技术进步三者组成，并且假设边际生产递减的一次齐次的总生产函数满足稻田条件、储蓄率一定、技术进步为外生等条件。在此基础上，索洛得出了资本主义经济增长的稳定条件。相对比哈罗德和多马极其不稳定的刃锋模型（即哈罗德-多马模型），索洛模型提出的资本积累过程从长期来讲将收敛于经济增长稳定状态的这一结论无疑是给关心经济增长问题的经济学界注入了一剂强心针。

索洛由于在这方面的研究成就而获得了 1987 年的诺贝尔经济学奖。除此之外，他还获得了人称"小诺贝尔经济学奖"的约翰·贝茨·克拉克奖。1987 年 10 月 21 日，瑞典皇家科学院宣布将该年度的诺贝尔经济学奖授予美国经济学家罗伯特·索洛，以表彰他在研究产生经济增长与福利增加因素方面所做出的特殊贡献。据该委员会宣称，索洛得奖是因为他在 1956 年提出一个用以说明存量的增加是如何使人均产值增长的数学方程式，这个方程可用来衡量各种生产要素对发展所做出的贡献。根据这一方程式，国民经济最终会达到这样一种发展阶段：在那个阶段以后，经济增长将只取决于技术的进步。当时的诺贝尔奖金委员会主席林德贝克认为，正是索洛的理论，使工业国家愿意把更多的资源投入大学和科学研究事业，而这些是促使经济发展的"突击队"。

第 18 章

宏观经济政策

本章要点：

宏观经济政策的目标 财政政策 财政政策工具 挤出效应 货币政策 货币政策工具 财政政策和货币政策的协调

前面章节所介绍的宏观经济学的内容主要描述和解释了宏观经济及其运行，没有涉及政策问题。而宏观经济在运行过程中也会出现各种各样的问题，因此，解决问题，维持宏观经济的正常运行，便成为国家政府的责任。在市场经济条件下，政府对宏观经济的干预主要是通过宏观经济政策来完成的。本章将集中论述宏观经济政策问题。

18.1 宏观经济政策目标

经济政策是指国家或政府为了增进社会经济福利而制定的解决经济问题的指导原则和措施。它是政府为了达到一定的经济目的而对经济活动进行的有意识的干预。任何一项经济政策都是根据一定的经济目标制定的，宏观经济政策也是一样。西方经济学认为，宏观经济政策的目标包括四个方面，即充分就业、价格稳定、经济增长和国际收支平衡。

18.1.1 充分就业

充分就业是指包含劳动在内的一切生产要素都以愿意接受的价格参与生产活动的状态。充分就业并不是指所有的劳动者都能就业，在充分就业的状态下，有可能也存在失业。政府关心的是由经济周期所造成的非自愿失业，充分就业目标是针对宏观经济运行中的这种失业现象而提出的。

失业可以按照流入（增加失业者）和流出（减少失业者）"失业劳动池"的情况来加以分析。主要有五个原因使得任何个人可能加入"失业劳动池"：①有些人可能是新加入者，他们作为劳动力寻找工作（如离开学校），或者有些人又回到劳动力队伍内（如妇女已建立家庭，有了子女）。②有人可能放弃他们目前的工作，而去寻找新的就业。如果保持相对短期失业，则是涉及寻业者或摩擦性失业。③由于企业的产品需求暂时下降或生产的必要材料供给暂时中断，工人可能在一段时期内被解雇。因需求变动而产生失业的特有例子就是季节性失业。④由于企业产品的供求条件持久性变动，人们的工作可能改变得过多，有时候便认为是结构性失业。⑤有人被开除或解雇，从而成为失业者。从"失业劳动池"内，有三种主要流出：①失业者可能寻找到暂时的或持久的工作。②暂时被解雇者可能被召回来参加工作。③失业者可能退出劳动，或者是暂时的，或者是永久的（如退休）。在时间上失业是增加或减少，这取决于从"失业劳动池"内流出抵消流入所达到的程度。只有当流入与流出对等时，失业水平才将不变。

18.1.2　价格稳定

价格稳定是指经济中价格总水平的稳定。一般采用价格指数（对若干种商品价格水平的综合衡量）来表示价格水平的变化。价格稳定不是指每种商品价格的固定不变，也不是指价格总水平的固定不变，而且指价格指数的相对稳定。价格稳定作为宏观经济政策的一个重要目标是针对宏观经济运行中的通货膨胀而提出的。

关于通货膨胀的代价关键取决于通货膨胀是否完全地或不完全地被预期到。例如，每年货币工资按10％、物价按6％增长，实际工资就会按4％增长；假如这些都是均衡增长率，而且这些速度均无变动，那么工人和雇主会很少关心通货膨胀。同样的，如果金融资产（如公债、银行存款）的所有者接受6％以上报酬（假如他们接受8％，则留下有2％真实报酬），他们便认为是适当的，因而并不关心通货膨胀。如果通货膨胀率突然从6％上升到10％，工人们的实际工资便为零增长，而金融证券持有者则会认为他们的资产实际报酬损失2％。换言之，这将会产生分配上的代价。就形式上而论，在完全预期到通货膨胀率的经济中，预期的通货膨胀率能正确地在经济交易中予以考虑到，因此，可避免财富和收入分配的任意变动。

然而，在现实世界里，通货膨胀不是完全被能预期到的。有因通货膨胀而得益者，也有因通货膨胀而受损者。当通货膨胀不能完全被预期到时，固然会发生影响生产和分配的通货膨胀代价，但当通货膨胀完全预期到时，也可能会发生某些通货膨胀代价。经济单位保持有一定数量的货币，由于通货膨胀使持有的货币真实价值降低，因而产生现金余额的负数报酬率。显然，经济单位势必将节约它们的现金余额的持有。除非通货膨胀开始使支付制度崩溃（如恶性通货膨胀期间），在一般情况下所包含的代价（如更经常跑银行把较少支票兑现）不可能是很大的。此外，通货膨胀的代价还包括时间浪费和改变商店的物品价格、变动停放车辆计量表与售卖机等所使用实际资源，即所谓的菜单成本。一般来说，温和通货膨胀时，这些代价是较小的。但是，当出现高通货膨胀情况时，这些代价就变得可观了。

现在西方更多论著都涉及未预料到的通货膨胀的代价，强调通货膨胀对产出量和就业所引起的潜在反效应。关于为何较高通货膨胀可以引起较高的失业率的论辩，西方经济文献中有四种主要观点：第一，价格体系作为协调机制可能功效较少。第二，增加的不确定性可能引起消费和投资的下降，例如，当在未来收入流量和利率支付这两者的不确定性增加使得企业的投资刺激减弱时，长期投资决定就可能受到相反的不利影响。第三，采用了价格和收入政策，这种政策将降低价格机制的功效。第四，如果国内通货膨胀大于国外通货膨胀，那么，当其他条件不变，国际价格竞争的失败会引起由国外进口需求的增加和向国外出口需求的减少。结果，国内产出量将下降，失业也将上升。关键的问题是一国所经历的通货膨胀率是以国外所经历的通货膨胀率为基准的，而非只限于单独国内通货膨胀率。而且如果汇率完全调节以抵消国内外通货膨胀率之间的差别，那么通货膨胀与失业之间的联系就被破除了。但经验证据揭示，汇率完全调节是不可能的。

从短期来看，充分就业和价格稳定被认为是两个重要的目标。因此，在宏观经济学中，将同时实现充分就业和价格稳定的状态称为经济稳定，将政府实现充分就业和价格稳定的做法称为稳定经济。

18.1.3 经济增长

经济增长是指一定时期内经济持续均衡增长，即在一个时期内经济社会所产生的人均产量或者人均收入的增长，它包括：①维持一个高经济增长率；②培育一个经济持续增长的能力。一般认为，经济增长与就业目标是一致的。

西方发达工业国政府还试图实现迅速和持久的实际国内生产总值的经济增长。这种产出量和服务的数量增长可能来自两个主要源泉：①现存资源利用的增长；②实际生产潜力的增长。严格地说，经济增长涉及后一个源泉。在遭受严重失业的经济中，生产的增加可通过降低失业和利用多余生产能力（即上面第一个来源）。另外，通过发明和采用新机器可以增加生产，这样就会提高劳动生产率，从而增加经济的生产能力（即上面第二个来源）。虽然实际国内生产总值增长的这两个来源在讨论一国的经济增长时，应当加以区分，但这却很难实践。

政府期望由经济增长来达到政治目的，如国际声望、军事力量的提高，也期望提高一国居民的生活水平。然而，在可能使用真实国内生产总值作为生活水平的测量之前，必须注意两种重要考虑：①人均的真实收入。如果用真实项计算的国内生产总值增长4％，但同时人口增长1％，那么人均的经济增长率则只为3％。②国内生产总值的增长是否改进了生活水平和生活质量，这部分地取决于其构成。例如，增加军事花费而非增加消费支出，这也说明国内生产总值上升了。国内生产总值的国际比较是充满困难的，因为准备说明的方法各不相同。所以，当进行人均实际国内生产总值的国际比较时，最重要的是须保证同样定义和方法已用于计算国内生产总值，而国内生产总值的构成差异性要加以考虑。最后，应记住，人均实际国内生产总值的增长并不表示这样的增长在经济的各个成分中（例如，在富人与穷人之间）是如何被分配的。

使经济长期稳定地增长几乎是每一个国家的愿望和所追求的目标。在现实世界中，不同国家之间的国民生活水平存在着巨大的差异。从宏观经济学的角度看，这种国家经济实力、国民生活水平之间的差异源于有些国家在历史上曾经历了经济快速增长的时期，而有些国家的经济增长却处于停滞或十分缓慢的状态。从经济发展的角度看，国民生活水平的提高，经济结构、社会形态等方面的进步都在很大程度上依赖于经济增长。所以，保证经济持续增长被认为是一国经济走上现代化之路的重要条件。

18.1.4 国际收支平衡

随着国际间经济交往的日益密切，一国的国际收支状况不仅反映了这个国家的对外经济交往情况，而且反映了该国经济的稳定程度。一国的国际收支处于失衡状态，就必然会对国内经济造成冲击，从而影响该国国内就业水平、价格水平和经济增长。所以，国际收支平衡是宏观经济政策的一个重要目标。

国际收支失衡是要付出代价的。在固定汇率下，一国可能至少在短期内经历国际收支失衡（赤字或盈余）。如果一国实现国际收支盈余，则可能将它加到该国外汇储备上，或者偿还官方政府债务。然而，在实现持续的国际收支盈余中，就存在所含有的机会成本，因为一国以先行消费或投资作为获得外汇储备的交换。一国经历国际收支赤字，这就必然削减其储备，或者由于向外国借款来承受债务，偿付赤字。一国外汇储备的水平规定有一个时间限度，即一国能经历感受国际收支的时间。

然而，国际收支目标的性质比之仅是一般国际收支平衡是更为精确的。长期来说，对于发达国家有必要实现经常项目平衡。这样，发达国家不必通过持续借款（经由资本项目）来为持续经常项目逆差赤字筹资。如若不然，持续的经常项目逆差的政策不是可行的或合意的，其理由有三：①持续地借款需要以提高利率来从国外吸引必要资金，因此会增加利息支付总水平。②高利率将妨碍、延迟投资，进而妨碍经济增长（经济增长必须用来偿还债务）。③贷出款额的国家不可能如此慷慨，以至继续增加它们的贷款，而不要求对借款国家所实行的经济政策实行控制。

浮动汇率的采用会改进国际收支，但是它并不能使经济完全隔离外部世界，因此，仍将引起货币贬值、升值战。

据西方经济学者的论断，宏观经济政策目标之间存在着内在矛盾。例如，一种政策决定可以维持固定汇率，并试图通过国内通货紧缩而使进口减少来矫正国际收支逆差（赤字）。在这种情况下，对坚持固定汇率的国家来说，在充分就业和国际收支平衡之间就存在潜在冲突。又如，潜在冲突存在于充分就业和物价稳定之间。低于自然失业率的失业水平只能以加速通货膨胀为代价，才易于维持下去。所以，充分就业的指定目标若低于自然失业率，那么在物价稳定与充分就业这两个目标之间就存在潜在碰撞，不甚调和。事实上，这个问题还更为严重，因为菲利普斯曲线分析断定，可能降低通货膨胀的唯一方法是允许失业暂时上升到自然失业率之上。目标之间存在潜在冲突有许多例子，这是政策制定者进行配置各种目标优先权工作时的选择，不可能同时实现宏观经济政策的所有主要目标，这是符合实际情况的。我们要实现宏观经济政策所选择的主要目标，就必须针对具体情况和具体问题做出可行性决策。

18.2　财　政　政　策

财政政策（fiscal policy）是指一国政府为实现一定的宏观经济目标而调整财政收支规模和收支平衡的指导原则及其相应的措施。财政政策贯穿于财政工作的全过程，体现在收入、支出、预算平衡和国家债务等各个方面，因此财政政策就是由税收政策、支出政策、预算平衡政策、国债政策等构成的一个完整的政策体系，它是政府宏观经济政策的重要组成部分，是政府进行宏观经济管理和调控的重要手段。

18.2.1　财政政策工具

财政政策工具是指政府实施财政政策时所选择的用以达到政策目标的各种财政手段，主要包括财政收入（主要是税收）、财政支出（包括购买性支出和转移性支出）和公债。

税收可以作为实行财政政策的有力手段之一，西方国家财政收入的增长，在很大程度上来源于税收收入的增长。税收是国家凭借政治力量参与社会产品分配的重要形式，是政府组织财政收入的基本手段，具有强制性、无偿性、固定性三个基本特征。它的作用主要表现在以下几个方面：

(1)优化资源配置。税收实际上就是将一部分社会资源通过税收的形式转移到政府部门，由政府按照整个社会的利益重新进行配置，以弥补市场机制的缺陷，达到优化资源配置的目标。另外，税收还可以通过调整税率和增减税种来调节产业结构，如通过降低税率和减免税来鼓励和支持某些产业的发展，反之，通过提高税率和加征的办法来限制某些产业的发展，使得资源在各产业间的配置符合政府的意图。

(2)调节总供求之间的关系。税收调节总供求一方面表现在政府可以按消费需求和投资需求为对象设立税种并调整税率，从而实现对社会总需求的调控。另一方面表现在税收制度特别是累进税制具有"自动稳定器"的作用，在经济繁荣时，国民收入增加，以国民收入为源泉的税收也会增加，相应减少个人可支配收入，在一定程度上可减轻需求过旺的压力。相反，在经济萧条时，税收收入会自动减少，相应增加个人可支配收入在一定程度上可缓解有效需求不足的矛盾，有利于经济恢复。

(3)调节个人收入和财富的分配，实现公平分配。税收调节收入分配主要是通过累进的个人所得税、财产税、遗产税和赠与税来实现的，这些税种对高收入者和富有者征税，而对低于起征点的低收入者和不富裕者免税，这有利于缓解收入分配中差距过大的问题，防止贫富悬殊。

政府支出是指整个国家中各级政府支出的总和，其由许多具体的支出项目构成，主要可以分为政府购买和政府转移支付两类。政府购买是指政府对商品和劳务的购买，如购买军需品、机关办公用品，政府雇员报酬，公共项目工程所需的支出等都属于政府购买。政府购买是一种实质性支出，有着商品和劳务的实际交易，因而直接形成社会需求和购买力，是国民收入的一个组成部分。购买支出对整个社会总支出水平具有十分重要的调节作用。在总支出水平过低时，政府可以提高购买支出水平，如举办公共工程，增加社会整体需求水平，以此抵抗衰退。反之，当总支出水平过高时，政府可以采取减少购买支出政策，降低社会总体需求，以此来抑制通货膨胀。政府支出的另一部分是转移支付。政府转移支付是指政府在社会福利保险、贫困救济和补助等方面的支出。这是一种货币性支出，政府在付出这些货币时并无相应的商品和劳务的交换发生。因此，转移支付不能算做国民收入的组成部分，它所做的仅仅是通过政府收入在不同社会成员之间进行转移和重新分配，全社会的总收入并没有变动。一般来讲，在总支出不足时，失业会增加，这时政府应增加社会福利费用，提高转移支付水平，从而增加人们的可支配收入和消费支出水平，社会有效需求因而增加；在总支出水平过高时，通货膨胀率上升，政府应减少社会福利支出，降低转移支付水平，从而降低人们的可支配收入和社会总需求水平。除了失业救济、养老金等福利费用外，其他转移支付项目如农产品价格补贴也应随经济方向而改变。

公债是国家举借的内外债的总称。当政府税收不足以弥补政府支出时，就会发行公债，使公债成为政府财政收入的又一组成部分。政府公债的发行，一方面能增加财政收入，影响财政收支，属于财政政策；另一方面又能对包括货币市场和资本市场在内的金融市场的扩张和紧缩起重要作用，影响货币的供求，从而调节社会的总需求水平。因此，公债也是实施宏观调控的经济政策工具。公债的各种效应与作用的大小是通过公债规模、持有人结构、期限结构和公债利率综合体现出来的，政府可以通过调整公债规模，选择购买对象，区分公债的偿还期限，制定不同的公债利率来实现不同的财政目标。

18.2.2　财政政策的类型

根据财政政策在调控经济活动中所起的作用，财政政策可以分为自动稳定的财政政策和权衡性财政政策。

自动稳定的财政政策是指某些能够根据经济波动情况自动发生稳定作用的政策，它无需借助外力就能直接生产控制效果。财政政策的这种内在的、自动产生的稳定效果，可以随着社会经济的发展，而自发发挥调节作用，不需要政府采取任何干预行动。财政政策的自动稳定性主要表现在以下方面：①税收自动稳定性。当经济衰退时，国民产出水平下降，个人收入减少；在税率不变的情况下，政府税收会自动减少，留给人们的可支配收入也会自动地减少，从而使消费需求也自动地下降。在实行累进税的情况下，经济衰退使纳税人的收入自动进入较低的纳税档次，政府税收下降的幅度会超过收入下降的幅度，从而可起到抑制衰退的作用。反之，当经济繁荣时，失业率下降，人民收入自动增加，税收会随个人收入增加而自动增加，可支配收入也就会自动地增加，从而使消费和总需求自动地增加。在实行累进税的情况下，经济繁荣使纳税人的收入自动进入较高的纳税档次，政府税收上升的幅度会超过收入上升的幅度，从而起到抑制通货膨胀的作用。由此西方学者认为，税收这种因经济变动而自发的内在机动性和伸缩性是一种有助于减轻经济波动的自动稳定因素。②政府支出的自动稳定性。财政制度中对个人的转移支付制度设计是国民经济的一种内在的自动稳定器，对个人的转移支付计划是在个人收入下降到非常低时为维持他们的生活水平而向他们提供的，如失业救济金、最低生活保障金、社会救济款。如果国民经济出现衰退，就会有越来越多的人具备申请失业救济金的资格，政府必须相应地支出更多对个人的转移性支付，这样就能使国民经济中的总需求不至于下降过多；相反，如果经济逐步走向繁荣，就业机会增多，原来的失业者越来越多地重新获得了工作机会，政府用于失业救济等方面的财政支出自动就会下降，使得社会总需求不至于过旺。③农产品价格维持制度。经济萧条时，国民收入下降，农产品价格下降，政府依照农产品价格维持制度，按支持价格收购农产品，可使农民收入和消费维持在一定水平上。经济繁荣时，国民收入水平上升，农产品价格上升，政府减少对农产品的收购并抛售农产品，限制农产品价格上升，也就抑制了农民收入的增长，从而也就减少了总需求的增加量。总之，政府税收和转移支付的自动变化、农产品价格维持制度对宏观经济活动都能起到稳定作用，它们都是财政制度的内在稳定器和对经济波动的第一道防线。

权衡性财政政策由凯恩斯主义提出和倡导，因而也可以称为凯恩斯主义财政政策。它要求政府根据对经济形势的判断和权衡，积极主动地改变财政收支，以影响总需求和宏观经济。其原则是要逆经济波动的方向行事，即总需求过大时，通过政策实施压缩总需求；总需求过小时，通过政策实施扩大总需求。根据财政政策在调节国民经济总量方面的不同功能，财政政策可区分为扩张性财政政策、紧缩性财政政策和中性财政政策。

(1)扩张性财政政策是指通过财政分配活动来增加和刺激社会的总需求。在国民经济存在总需求不足时，通过扩张性财政政策使总需求与总供给的差额缩小以至平衡。实施扩张性财政政策的措施主要是减税和增加财政支出。一般来说，减税可以增加民间的可支配收入，在财政支出规模不变的情况下，也可以扩大社会总需求。财政支出是社会总需求的直接构成因素，财政支出规模的扩大会直接增加总需求。在减税与增加支出并举的情况下，扩张性财政政策一般会导致财政赤字，从这个意义上说，扩张性财政政策等同于赤字财政政策。

(2)紧缩性财政政策是指通过财政分配活动来减少和抑制社会的总需求。在国民经济存在总需求过旺的情况下，通过紧缩性财政政策来消除通货膨胀的缺口，达到供求平衡。实施紧缩性财政政策的措施主要是增税和减少财政支出。一般来说，增加税收可以减少民间的可支配收入，降低他们的消费和投资需求。而减少财政支出可以降低政府的消费需求和投资需求，直接减少社会总需求。所以，无论是增加还是减少财政支出，都具有减少和抑制总需求的效应。如果在一定的经济状态下，增税与减支同时并举，财政盈余就有可能出现，在一定程度上，紧缩性财政政策等同于盈余财政政策。

(3)中性财政政策是指财政的分配活动对社会总需求的影响保持中性。财政的收支活动既不会产生扩张效应，也不会产生紧缩效应。在一般情况下，这种政策要求财政收支基本保持平衡。但是，使预算收支平衡的政策并不等于中性财政政策。

在经济理论中，一般把通过增加盈余或减少盈余以及增加赤字或减少赤字的形式表现出来的财政政策称为非均衡财政政策；而以收支均衡的形式表现出来的财政政策称为均衡财政政策。均衡财政政策的目的主要在于避免预算盈余或预算赤字可能带来的消极后果。但均衡财政政策不等于中性财政政策，因为在均衡财政政策之下，政府支出的支出乘数要大于等额税收收入的税收乘数，也就是说，财政收入与财政支出虽然在规模上相等，但由于支出与收入的乘数不一样，财政支出的扩张效应要略大于税收收入的紧缩效应，即前面所说的平衡预算的乘数效果。因此，均衡财政政策不是中性财政政策，而是略带扩张效应的财政政策。

18.2.3　财政政策、乘数效应与挤出效应

在前面的章节里，我们已经讨论过政府购买、税收等财政政策的乘数效应。假定政府购买电脑，根据乘数模型，在短期内，既定的利率和汇率都不会发生变化，国内生产总值增长将是政府支出(G)增量的倍数(即乘数)。同样的论证也适用于税收减少(乘数

较低)时的情况。因而短期内最基本的结论是：削减税收或者增加政府支出往往会导致更高的产出和更低的失业率。

然而，还有一种效用在相反的方向发生作用。当政府购买增加刺激了物品和劳务的总需求时，它也会使利率上升，这往往会减少投资支出，阻止总需求的增加。财政扩张使得利率上升时所引起的总需求减少被称为挤出效应(crowding-out effect)。

为了说明为什么会发生挤出效应，我们来考虑当政府增加对电脑的购买支出时货币市场上的情况。正如我们知道的，这种需求会引起这家企业的工人和所有者收入的增加，并且由于乘数效应，其他企业的工人和所有者收入也会增加。随着收入的增加，家庭会计划购买更多的物品和劳务，从而货币需求上升(回忆凯恩斯的货币需求函数，收入增加，货币需求也会增加)。但是，由于中央银行没有改变货币供给，所以垂直的供给曲线保持不变。当收入水平

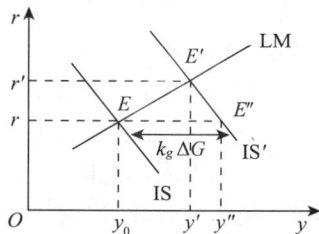

图 18-1 挤出效应示意图

提高使得货币需求增加从而货币需求曲线右移时，为了保持货币供求平衡，利率必然上升。利率上升又减少了物品和劳务的需求量。特别是，由于借款成本上升，投资支出会减少(回忆之前讲过的投资函数，投资是利率的减函数)。这就是说，当政府购买增加提高了对物品和劳务的需求时，它也会挤出投资，这种挤出效应部分抵消了政府购买对总需求的影响，如图 18-1 所示。

政府支出的增加提高了每一利率水平上的总需求，从而推动 IS 曲线向右移动到 IS′ 位置。在点 E 出现了过度产品需求，产量将上升。而且由于收入扩张提高了货币需求，利率也随时上升，新的均衡位于点 E′。收入增加幅度($y'-y_0$)低于由简单乘数所表示的规模($y''-y_0$)，这是因为较高的利率挤出了某些投资支出。

18.2.4 财政政策的选择

作为政府管理和调控宏观经济的重要手段，无论是哪种类型的财政政策的实施，都要根据社会总需求与总供给的平衡状况，考虑到经济、社会发展中诸多因素的影响。国民经济运行过程中，存在着诸多可变的因素，总需求与总供给的平衡状态即使可以达到，也会很快被打破，非均衡状态是经济运行的常态。宏观经济调控的根本任务就是保持社会总需求与总供给的基本平衡，使社会总需求与社会总供给的偏离程度保持在经济所能承受的范围内。因此，应根据总需求与总供给之间不同的对比状态，以及财政运行的状况来选择和运用不同的财政政策。

一般而言，当总需求明显不足，经济资源处于未充分利用状态，潜在的生产能力没有充分发挥时，应实行扩张性的财政政策。尽管采取减税或扩大支出的措施会产生赤字，但可以扩大总需求，使之与总供给趋向平衡。当然，赤字的规模也应考虑到财政的承受能力。当总需求明显超过总供给，并已发生通货膨胀时，则应实行紧缩性的财政政策，把过旺的需求压下来。这时，虽然采取增税和节减开支的措施会产生较多的财政盈余，也是必要的，但当总需求与总供给大体平衡时，财政政策则应基本保持中性。由于经济经常处于一种非均衡运行状态，因此使用中性的财政政策是比较少的，较多的是使

用扩张性或紧缩性的财政政策，而且一般是根据经济的周期性变化交替选择扩张性财政政策或紧缩性财政政策。只要能从宏观调控的目标出发，适时适度地运用扩张性财政政策或紧缩性财政政策，都能缩小社会总需求与总供给的差额，从而有利于经济的持续、稳定和协调发展。

18.3　货 币 政 策

货币政策(monetary policy)指的是中央银行通过调节和改变货币供给量，以影响利率和国民收入的一种宏观经济政策。为了充分地理解货币政策，了解商业银行的法定准备金制度和货币创造机制是必要的。

18.3.1　法定准备金与货币创造

1)法定准备金

商业银行从储户那里吸收存款，并用于放贷和投资。储户因现金需要会经常来存取款，所以商业银行必须保留一定比例的现金。如果商业银行为了获取尽可能多的放贷利息收入，过多地将资金贷放出去，就可能会出现储户来提款而银行却无现金可提的情况。一旦这种现象发生，人们会立刻怀疑该银行的资产状况和信誉，引发"挤兑"风潮。银行由于不可能马上收回贷放出去的资金，而可能会被迫倒闭。在现代社会，整个金融机构连成一体，一家银行尤其是大银行的倒闭往往会引发连锁反应。为了保障储户的存款安全和整个金融体系(financial system)的良好秩序，并有效地控制货币供应量，中央银行通过规定法定准备金率强制性要求商业银行必须保留最低限度的库存现金。法定准备金率(required reserves ratio)是中央银行依据法律授权规定的商业银行必须保留的最低限度的库存现金占其吸纳的全部存款的比率。按法定准备金率提留的库存现金就是法定准备金，有时也叫存款准备金。现代商业银行的法定准备金按规定存入中央银行。在美国等国家，中央银行对商业银行存入的存款准备金是不支付利息的，而目前在我国，中央银行为此是支付利息给商业银行的。银行总的库存现金中超过法定准备金的部分称为超额准备金(excess reserves)，超额准备金是可以被贷放出去的，但由于找不到合适的放贷对象和出于金融安全考虑等原因暂时未放贷出去。

2)存款创造机制

首先来剖析商业银行的存款创造机制。商业银行的存款创造表现为银行系统在法定准备金率下，通过一系列存贷关系使存款总额增加。下面举例来说明：

中央银行在公开市场业务中向 A 买进国债 100 万元，A 将这 100 万元存入工商银行，则银行系统就因此增加了 100 万元的存款。如果法定准备金率为 20%，工商银行则可以将 80 万元资金贷放出去。

假设工商银行将这 80 万元贷放给企业 B。企业 B 向企业 C 购买了 80 万元的原材料，企业 B 将工商银行开出的 80 万元的支票交给企业 C，企业 C 将这张支票转入自己在建设银行的存款账户上。于是，建设银行的存款增加了 80 万元，也就是整个银行系统又增加了存款 80 万元。

建设银行又可以将 64 万元的资金贷放给企业 D，在类似上述的关系中，这 64 万元又转入招商银行⋯⋯这一过程继续进行下去，最后的存款额趋于 0。则整个银行体系由初始的 100 万元的存款引致的存款总额为（运用无穷级数之和的公式）

$$100+100\times(1-20\%)+100\times(1-20\%)^2+\cdots$$
$$=100/[1-(1-20\%)]=500（万元）$$

可见，商业银行的存款创造表现为商业银行不断地将存款转化为贷款，而贷款又派生存款的连续过程。

3）存款乘数

存款乘数（deposit expansion multiplier）是指初始存款所引致的银行系统存款总额的增加倍数。上例中，初始存款为 100 万元，导致银行系统增加的存款总额为 500 万元，即存款乘数为 5。如果以 S_n 代表存款总额，a 代表初始存款，r_d 代表法定准备金率，存款乘数可根据无穷级数之和的公式导出：

$$S_n=a[1+(1-r_d)+(1-r_d)^2+\cdots]$$
$$=a\cdot\{1/[1-(1-r_d)]\}=a\cdot 1/r_d,\quad 0<r_d<1\quad(18.1)$$

设 K_D 代表存款乘数，则有

$$K_D=S_n/a=1/r_d\qquad\qquad(18.2)$$

由式（18.2）可见，存款乘数与法定准备金率负相关：法定准备金率越高，存款乘数就越小；反之，则越大。

应该注意的是，商业银行虽然通过存贷关系可以创造存款，却不能够创造真实财富。以上例子中的任何一个企业在获得贷款的同时，也承担了相应的债务，商业银行在获得存款的同时，也须承担相应的债务，它们并未比过去更富有。当然，存贷款的增加为财富增加创造了条件。

4）货币乘数

在以上讨论的基础上，再来分析货币乘数。由上可推知，如果非银行部门（个人和企业）减少其持有的货币，并将它存入银行，便会为存款扩张和货币创造提供基础。我们将商业银行的准备金总额（包括法定的和超额的）加上非银行部门持有的现金称为基础货币（monetary base），货币乘数（money multiplier）就是基础货币创造货币供给的倍数。由于基础货币具有货币供给量成倍放大或成倍缩小的高度能力，因而又称高能货币。

如果用 C 代表非银行部门持有的通货（现金），R_d 代表商业银行的法定准备金，R_e 代表商业银行的超额准备金，B 代表基础货币，则

$$B=C+R_d+R_e\qquad\qquad(18.3)$$

我们将货币定义为通货和银行存款 D 之和，即

$$M=C+D\qquad\qquad(18.4)$$

将式（18.4）两边同除以式（18.3），有

$$M/B=(C+D)/(C+R_d+R_e)$$

将上式右边的分子分母都除以 D，得到

$$M/B=(C/D+1)/(C/D+R_d/D+R_e/D)=(r_c+1)/(r_d+r_e+r_c)\quad(18.5)$$

其中，M/B 表示基础货币创造的货币供给量的倍数，即货币乘数，它等于 $(r_c+1)/$

$(r_d+r_e+r_c)$。由于现金-存款比率 r_c 取决于公众的偏好和习惯,超额准备金率 r_e 取决于商业银行的偏好及社会经济状况,因而一定时期内的 r_c 和 r_e 都较为稳定,基本上为常数。所以,中央银行可以通过调节基础货币量 B 和法定准备金率 r_d 来影响货币供给量。

需强调指出的是,银行存款或基础货币量的减少也会导致银行系统存款总额或货币供给量的加速减少。

18.3.2　货币政策工具

宏观货币政策的目的是在萧条时扩大货币供给量,以降低利率,刺激总需求,在膨胀时缩小货币供给量,以提高利率抑制总需求。为了实现货币政策目标,中央银行必须具备一系列可供操作使用的货币政策工具,各国在长期金融实践中产生了一套系统的货币政策工具。其中传统的三大货币工具包括法定准备金政策、再贴现政策和公开市场业务。

1)法定准备金政策

法定准备金政策是指在国家法律所赋予的权力范围内,通过规定或调整商业银行交存中央银行的法定准备金率,控制商业银行的信用创造力,间接地调整社会货币供应量的活动。法定准备金率最开始是用来确保银行至少拥有最低限度的缓冲储备,用以应付诸如存款下降或不按期偿还的贷款上升等预料不到的情况发生的一种谨慎手段,现在已成为一种主动控制流通货币量的政策工具。各国一般是按照存款的类别、银行的规模和经营环境规定不同的法定准备金率,并规定中央银行调整法定准备金率的幅度。

中央银行的法定准备金政策是通过调整法定准备金率来改变货币乘数,控制商业银行的货币创造,从而调节货币供应量的。当经济扩张,发生通货膨胀时,中央银行可以提高法定准备金率,缩小货币乘数,迫使商业银行紧缩信贷规模,从而减少市场货币供应量;当市场货币量不足,或经济处于衰退时,中央银行可以降低法定准备金率,扩大货币乘数,增加商业银行的超额储备,促使商业银行扩大信贷规模,增加市场货币供应量。因此,法定准备金政策是中央银行调节货币供应量的一个重要政策工具。

中央银行提高或降低法定准备金率对货币的调控和影响非常大,法定准备金率只要稍加调整,就会对金融和信贷情况发生显著影响,因此它是中央银行进行金融管理和调控的强有力的工具。但由于其效果过于猛烈,中央银行难以确定调整准备金率的时机和调整幅度,而且法定准备金率也不宜经常变动,因此法定准备金政策不适合作为中央银行常用的货币政策手段。

2)再贴现政策

所谓贴现,是指票据持有人在票据到期之前,为获取现款而以向银行贴付一定的利息为代价所作的票据转让。而再贴现是相对于贴现而言的,是指商业银行或其他金融机构以支付一定的利息为代价将贴现获得的未到期的票据向中央银行所作的票据转让,再贴现过程实际上是货币从中央银行流入商业银行的过程。

再贴现政策是指中央银行通过制定或调整再贴现利率来干预和影响市场利率及货币市场的供求,从而调节市场货币供应量的一种货币政策手段。它主要包括两方面的内容：一是调整再贴现率，这主要影响商业银行的准备金及社会资金的供求关系；二是规定向中央银行申请贴现的票据种类资格，这主要影响商业银行及全社会资金的投向。

中央银行通过调整再贴现率可以影响或干预商业银行的准备金及市场货币供应量。当中央银行调高再贴现率时，商业银行就会因向中央银行再贴现的成本上升而减少再贴现量，进而从中央银行获得的货币供应量减少，市场货币供应量的减少必然引起市场利率的上升，使整个社会对货币的需求也相应缩减。反之亦然。

再贴现政策的政策效果主要表现在两个方面：一是再贴现率的变动在一定程度上反映了中央银行的政治意图，有一种宣示作用。例如，提高再贴现率，意味着中央银行判断市场过热，有紧缩的意向，这对短期市场利率常有导向作用。二是通过影响商业银行的资金成本和超额准备金来影响商业银行的融资决策。

再贴现政策的局限性主要有：一是中央银行在使用这一政策工具调整货币和信用时，不能处于完全主动的地位。商业银行是否愿意到中央银行申请再贴现，或再贴现多少，取决于商业银行本身而不是中央银行。二是再贴现率的高低有一定的限度。三是再贴现率的随时调整，通常会引起市场利率的经常性波动，这会使企业或商业银行无所适从。

3)公开市场业务

公开市场业务是指中央银行在公开市场上买进或卖出有价证券的活动，通过公开市场业务中央银行可以达到调节信用、控制货币供应量的目的。当金融市场上资金缺乏时，中央银行可以通过公开市场业务买进有价证券，这相当于向社会投入了一笔基础货币，这些基础货币如果是流入居民和企业手中，则会直接增加货币供应量，如果流入商业银行，则会引起信用的扩张和货币供应量的多倍增加。相反，当金融市场上资金过多时，中央可以通过公开市场业务卖出有价证券，无论是被居民、企业还是被商业银行购买，都会有相应数量的货币回笼，从而引起信用规模的收缩和货币供应量的减少。

与存款准备金政策和再贴现政策相比，公开市场业务有明显的优越性：①中央银行开展公开市场业务，可以直接影响银行系统的准备金情况，从而直接影响货币供应量；②公开市场业务使中央银行能够随时根据金融市场的变化进行经常性、连续性的操作，可以作为中央银行日常调节工具；③中央银行运用这一工具时，可以主动出击，而不像实行再贴现政策时处于被动的地位；④由于公开市场业务的规模和方向可以灵活安排，中央银行可以运用它对货币供应量进行微调，而不像调整存款准备金政策那样会产生较为剧烈的影响。

当然，公开市场业务要有效发挥作用，也必须具备一定的条件：①公开市场业务只能在具有完善的金融市场体系、证券交易规模特别是政府债券交易规模较大的国家或地区进行；②中央银行必须具有强大的、足以干预和调控整个金融市场的资金实力；③中央银行对公开市场业务的操作应有弹性操纵权，可根据客观经济需要和货币政策目标的要求自行决定买卖证券的种类和数量；④证券市场必须是全国性的，应具有相当的独立性，证券应种类齐全并达到一定的规模。

上述三大货币政策工具常常需要配合使用，例如，当中央银行在公开市场操作中出售政府债券使市场利率上升(即债券价格下降)后，再贴现率必须相应提高，以防止商业银行增加贴现。于是，商业银行也将向它的顾客提高贷款利率，以免亏损。相反，当中央银行认为需要扩大信用时，可以在公开市场操作中买进债券的同时，降低再贴现率。贴现率政策和公开市场业务虽然都能使商业银行准备金变动，但变动的方式和作用还是有区别的。当中央银行在市场出售证券时，一般能减少银行准备金，但究竟会给哪些银行造成严重影响也无法事先知道。原来超额准备金多的银行可能没有什么影响，然而，那些本来就没有什么超额准备金的银行马上就会感到准备金不足。在这种情况下，中央银行之所以还大胆地进行公开市场业务，就是因为有再贴现政策作补充。当中央银行售卖证券使一些银行缺乏准备金时，这些银行就可向中央银行办理贴现以克服困难。

18.3.3　货币政策的局限性

货币政策的目的是稳定经济，减少经济波动。但是，从各国货币政策的实践来看，货币政策也存在一些局限性。

第一，货币政策在通货膨胀时期效果显著，但在通货紧缩时由于流动性陷阱的影响，效果有限。在通货紧缩时期，经济处于衰退阶段，厂商对经济前景普遍悲观，即使中央银行松动银根，降低利率，投资者也不肯增加贷款从事投资活动，而银行为安全起见，也不肯轻易发放贷款。特别是由于存在着流动性陷阱，不论银根如何松动，利率都不会降低。这样，货币政策作为反衰退的政策，其效果就会相当微弱。即使从反通货膨胀来看，货币政策的作用也主要表现为反对需求拉动的通货膨胀，而对成本推动的通货膨胀，货币政策效果很小。因为如果物价的上升是由工资上涨超过劳动生产率上升幅度引起或由垄断厂商为获取高额利润引起，则中央银行想通过控制货币供给来抑制通货膨胀就比较困难了。

第二，从货币市场均衡的情况看，通过增加或减少货币供给影响利率，必须以货币流通速度不变为前提。如果这一前提并不存在，货币供给变动对经济的影响就要打折扣。货币流通速度是指单位货币在一定时期内的平均周转次数。例如，1元货币1月内平均执行4次流通手段或支付手段的职能，就起了4元货币的作用。货币流通速度越快，流通中所需要的货币量越少，反之则越多。在经济繁荣时期，中央银行为抑制通货膨胀需要紧缩货币供给，或者说放慢货币供给的增长率。然而，那时公众一般来说会增加支出，而且物价上升快时，公众不愿把货币持在手上，而是希望尽快消费出去，从而货币流通速度会加快，这无疑在流通领域增加了货币供给量。这时候，即使中央银行减少货币供给，也无法使通货膨胀率降下来。反之，当处于经济衰退时期，货币流通速度下降，这时中央银行增加货币供给对经济的影响也就可能被货币流通速度下降所抵消。

第三，货币政策作用的外部时滞也影响政策效果。中央银行变动货币供给量，要通过影响利率，再影响投资，然后再影响就业和国民收入，因而，货币政策作用要经过相当长一段时间才会充分得到发挥。尤其是，市场利率变动以后，投资规模并不会很快发生相应变动。利率下降以后，厂商扩大生产规模，需要一个过程，利率上升以后，厂商缩小生产规模，更不是一件容易的事。总之，货币政策虽然在开始采用时不需要花很长时间，但执行后到产生效果却要有一个相当长的过程，在此过程中，经济情况有可能发生和人们原先预料的相反的变化。例如，经济衰退时中央银行扩大货币供给，但未到这一政策效果完全发挥出来经济就已转入繁荣，物价已开始较快地上升，则原来扩张性货币政策不是反衰退，却为加剧通货膨胀起了火上加油的作用。

第四，开放经济中，货币政策效果还要受到资金国际流动的影响。首先，开放经济条件下，外部均衡在货币政策中的地位显著提高，从而迫使中央银行在注重内部均衡的同时，越来越注重外部均衡。货币政策需要兼顾内外均衡两个目标，这要求中央银行在运用各种政策时，必须注意不同调控手段的运用。显然，开放经济条件下实施货币政策的难度明显加大。其次，开放经济条件下，保持币值的稳定实际上包括货币的对内稳定和对外稳定。币值的对外稳定受制于国际收支的变化，国际收支影响外汇储备，外汇储备又制约基础货币的投放，进而影响货币供给。最后，随着经济开放度的提高，国际资本加速在跨国间转移，特别是国际投机资本的频繁流动（公开或隐蔽），不仅引起了金融交易的扩大化和虚拟化，而且加剧了金融秩序的混乱和经济体系的不稳定性，这些都对货币政策提出了挑战。

18.4 宏观经济政策的协调

宏观经济政策组合效应的多种模式，给人们选择经济政策留出了相当大的活动空间，但也给人们的决策带来了很大的不确定性，政府必须根据具体情况协调宏观经济政策，充分发挥经济政策纠正市场失灵、优化资源配置、兼顾公平和效率的作用，以取得最优化的调控效果。经济政策的协调需要注意下面两个方面的协调。

18.4.1 宏观经济政策目标体系的协调

宏观经济政策的目标是宏观经济政策的出发点和归宿，它制约着宏观经济政策从制定到实施的全过程。宏观经济政策的目标涉及宏观经济的目标是什么和在既定的宏观经济条件下的目标应该是什么两个方面。

宏观经济政策的目标是多重的，这些目标构成一个体系，其中主要目标为充分就业、价格稳定、经济增长和国际收支平衡。目标体系存在着互补和交替关系，互补关系是指一个目标的实现对另一个目标起促进作用，如经济增长与充分就业两个目标就有互补关系，经济增长提供了更多的就业机会，就业率的提高意味着经济增长的加速。交替关系是指一个目标的实现对另一个目标起排斥作用，如经济增长与稳定物价两个目标通常是互斥的，经济增长意味着需求的扩张，物价上涨导致生产成本提高和储蓄率下降，制约经济增长。

目标体系协调反映了宏观经济政策的决策过程。在协调过程中要正确处理目标体系中的互补和交替关系，从多个目标中选择某一个或某几个目标作为宏观调控的主要目标。政策目标的确定首先取决于社会的价值判断。从价值观念判断宏观经济政策目标之间的关系，归根到底是效率和公平的关系。如何协调二者之间的关系，使两者兼而得之，取鱼又不舍熊掌，是经济政策中有重大意义的难题。政府经济管理部门的决策者应根据经济形势，审时度势，权衡各种政策目标的轻重缓急，斟酌其利弊得失，确定各种目标的实施顺序。

18.4.2　宏观经济政策措施的协调

宏观经济政策措施各有特点，用于经济调控各有优越性和局限性，适时操作、力度适当才能充分发挥其互补的功能，有效地调控经济，修正市场失灵，提高资源配置效率。财政政策和货币政策是宏观经济政策中最重要的两种政策措施，它们的协调问题一直是众多经济学家所热衷于研究、各国政府极为关注的重要课题，在这里我们主要介绍这两种政策措施的协调。

1) 财政政策和货币政策协调的必要性

财政政策和货币政策协调的必要性产生于两种政策目标的一致性、各自运作的局限性、特点及其作用机制。

财政政策的局限性在税收政策方面体现为：①经济膨胀时期，增加税收的目标的是压缩社会总需求，防止通货膨胀。但是税收负担的转嫁过程必然引起物价上涨，从而限制税收政策发挥作用。如果对个人所得税增税，直接降低了个人可支配收入，这一因素与因对企业增税而引起的物价上涨结合，可能引起国民不满。②经济萧条时期，减少税收是为了扩大社会总需求，减缓经济滑坡。然而，人们不一定将因少纳税而多留下来的收入用于扩大生产，购买商品，而可能用于储蓄。因此，减税不见得能够带来消费以及投资的增加。财政政策的局限性在支出政策方面体现为：①经济膨胀时期，如果政府减少购买性支出，势必影响大企业的收入而引起不满；如果政府削减转移性支付，则将直接减少人们的收入，甚至影响基本生活而遭到公众的反对。②经济萧条时期，政府转移性支付的增加，虽然提供了扩大消费和增加了社会总需求的可能，但如果人们将这笔收入用于储蓄而非消费，这种可能性就不会实现。财政政策的调控作用还受到"政治时滞"的限制，主要表现为：①识别时滞，即在经济发生变化与认识这种变化之间存在的时间迟误。一方面，来自识别和搜集资料所花费的时间；另一方面，来自市场短期波动掩盖长期波动的现象。当识别出衰退或膨胀的转折点时，经济可能已经处于这一过程之中了。②行动时滞，即认识到经济的变化与制定执行政策措施之间存在的时间迟误。这种迟误常常使得一个反衰退措施在经济开始复苏时才能出台。③反应时滞，即在政策措施开始执行与这些措施产生实际效果之间存在的时间迟误。即使政府及时地将反经济周期的财政政策付诸实践，该措施也需经过一段时间才能奏效。

货币政策的局限性常常使政策措施难以取得预期效果：①经济萧条时期，尽管中央银行采取扩张性措施，促进商业银行扩大放款。但是，商业银行往往为了金融安全不肯冒此风险。另外，在同一经济背景下，即使中央银行降低利率，刺激投资，但厂商会认为市场前景暗淡、预期利率低，从而不愿从银行增加投资贷款。②经济膨胀时期，尽管中央银行采取措施提高利率，紧缩经济，但企业会认为此时有利可图，从而置较高利率于不顾积极向银行借款。另外，保险公司等非银行金融机构认为此时正是投资和放款的有利时机，因吸收了大量的储蓄存款而采取积极的行为。这样，中央银行可能在经济膨胀时期难以有效控制投资总额，这在一定程度上妨碍了货币政策目标的实现。③货币政策效果可能被流通速度的变化所抵消。经济繁荣时期，实行紧缩性货币政策。但人们对前景预期乐观而增加支出，特别是在物价上涨时，人们宁愿持有实物也不愿持有货币，于是货币流通速度加快，产生扩大货币供应量的效果；经济衰退时期，实行扩张性货币政策，但由于人们预期悲观，压缩开支，使货币流通速度放慢，产生了减少货币供应量的效果。④货币政策从决定到执行比财政政策要迅速得多，但在预期和执行时机问题上，却遇到了与财政政策一样的"时滞"困扰。因此，在控制货币供给量的过程中表现得反复无常，甚至成为引发经济波动的潜在因素。

财政政策和货币政策的特点以及其对国民收入的影响机制不同是决定两种政策协调配合的重要因素。在宏观经济调控中，财政和金融是两种最基本的调控手段，由于财政调控和金融调控都以货币运动为基础，通过作用于市场上的货币资金供求状况来影响总供给与总需求。因此可以说这两种调控本来是一致的，或者说是一个问题的两个方面，它们之间存在着内在的关联，其中任何一种调控手段的应用方式、范围、对象及其调控效果，都必然会影响到另一种调控手段的作用过程和作用方向。尽管如此，财政调控和金融调控在调控主体、调控对象、调控效果以及运行状态等方面还是各有不同的特点。财政调控主体是政府，其收支活动均以政权为依托，因此必然在许多方面受到政府体制的影响，具有较强的行政性，往往是通过行政权力等级自下而上或自上而下调节资源的纵向流动。同时，财政调控范围较窄，主要是针对经济增量部分进行分配性调节，其目标更强调社会效益。金融调控主体一般为独立于政府的中央银行，这一调控主要依靠货币供给和信贷进行，它所引起的资源流动以横向的市场配置为主，影响范围比较广泛，而信贷资金所具有的有偿性要求金融调控必须关注市场供求状况，与市场机制紧密联系起来，讲求效率。因此，金融调控过程也就更加具有偿还性、交易性和营利性。财政调控和金融调控的特点决定了财政政策和货币政策的特点，这些特点可以概括为表 18-1所示。财政政策与货币政策对国民收入的影响机制，如表 18-2 所示。表 18-2 表明，尽管扩张性财政政策和货币政策都能产生增加国民收入的效应，但其具体作用机制有所差异。货币政策首先调节利率，进而影响投资需求以及国民收入，而财政政策则首先影响总需求特别是消费需求，然后才影响国民收入。

表 18-1　财政政策与货币政策的特点

项目	财政政策		货币政策	
	政府支出政策	税收政策	公开市场业务	变动法定准备金
作用强度	较猛烈	较缓慢	较缓慢	较猛烈
决策速度	较慢	较慢	较快	较快
阻力	较大	较大	较小	较小

表 18-2　财政政策与货币政策对利率和国民收入的影响

宏观经济政策	直接作用对象	主要影响对象	期限	GDP	利率
扩张性财政政策	总需求	消费	短期	增加	提高
扩张性货币政策	利率	投资	长期	增加	下降

综上所述，财政政策和货币政策各有不同的局限性、运作特点和作用机制。发达国家的实践已经证明，无论将哪一种政策作为主要政策手段，如果没有另一种政策的协调

配合，都将难以达到预期的调控目标。因此，把财政政策和货币政策有机协调起来、配合运用，具有客观性，它反映了现代市场经济发展的客观要求。

2）财政政策和货币政策协调的基本内容与具体模式

财政政策和货币政策的协调，主要侧重于以下几个方面：

（1）总量调控上的协调。财政政策和货币政策的运用都能够引起社会供求总量的变动，因此，宏观经济总量的平衡，取决于财政政策和货币政策作用方向、作用力度上的协调配合。相对而言，在总量调控方面，货币政策较之财政政策更为适宜，因为该政策调控的是货币量的供求，它直接决定社会总供求的平衡。

（2）结构调控上的协调。财政政策和货币政策都具有调节经济结构的功能，但在调节产品结构、产业结构、供需结构、收入分配结构、区域结构等方面，财政政策比货币政策明显具有优势。这是因为，财政作为代表国家进行财力分配的职能结构，可以按照政府意志和发展经济的需要，通过自身的收支活动，改变其所掌握的资金流向。例如，以税收的形式抽出一部分社会资金用于产业结构调整、发展高新技术产业和"瓶颈"产业。财政在从哪些经济部门"抽血"，给哪些经济部门"输血"方面有较大的自由度和强制性，从而能够迅速有效地解决经济结构不合理问题，这一优势是金融所不能比的。

（3）实施时机上的协调。财政政策和货币政策同为宏观调控工具，其最终目标是一致的，因此，必须保持二者在实施时机和实施方向上的有机结合，避免两种政策效应的相互抵消。

在经济实践中，财政政策与货币政策应如何搭配运用并没有一个固定不变的模式。根据 IS-LM 模型，财政政策和货币政策配合得当，有利于提高宏观调控效果。为了减少宏观调控中可能产生的矛盾，达到预期目标，必须采用不同的政策协调模式。

图 18-2 利用 IS-LM 模型说明了同时采用扩张性财政政策和扩张性货币政策对经济产生作用的过程。图 18-2 中，IS 曲线与 LM 曲线相交于 E 点，决定的均衡国民收入为 Y_0，均衡利率为 R_0。实行扩张性财政政策时 IS 曲线移动到 IS_1，与曲线 LM 相交于 E_1 点，这时决定的国民收入为 Y_1，利率为 R_1。这表明，实行扩张性财政政策使国民收入增加，但引起利率上升，进而产生了挤出效应，不利于国民收入的进一步增长。因此配以扩张性的货

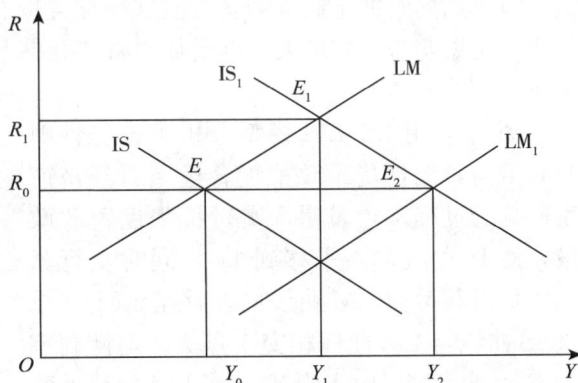

图 18-2 扩张性财政政策与扩张性货币
政策协调运用效应

币政策，增加货币供给量，使 LM 曲线移动到 LM_1，与 IS 曲线相交于 E_2 点，决定的国民收入为 Y_2，利率仍为 R_0。这就表明，在同时配合运用扩张性财政政策和扩张性货币政策时，可以不提高利用率，而使国民收入有较大幅度的增加，从而有效地刺激经济。当然，这种配合如果不妥当，可能会带来经济过热和通货膨胀。

与双扩张政策的配合相反，当经济过热，发生通货膨胀时，可以实行双紧的政策配

合，即同时运用紧缩的财政政策和紧缩的货币政策。例如，减少政府支出、提高税率，可以压缩总需求、抑制通货膨胀、减少国民收入。而同时采用紧缩性货币政策，则可以减少货币供应量，减缓物价上涨。紧缩的财政政策在抑制总需求的同时，引起利率下降，紧缩的货币政策则使利率提高，从而抑制企业投资，产生利率下降但不引起总需求增加的效果，如图 18-2 所示，经济均衡点从 E_2 点经过财政政策和货币政策的调整又回到 E 点。紧缩的货币政策与紧缩的财政政策相配合，将对经济起收缩作用。当然，这种政策长期使用，将会带来经济衰退，增加失业。

以上分析表明，按照同一方向运用财政政策和货币政策，在一定时期一定条件下可以对经济起到扩张或收缩作用。但是两大政策毕竟有着不同的特点，一味地强调政策同向变化，不利于实现政策缺陷的相互弥补，因此，经济学家更多地主张采用松紧搭配模式。

所谓松紧搭配，是指在某些条件下根据财政政策和货币政策的特点，按照相反方向配合运用这两种政策，以达到宏观经济调控目标。例如，在滞胀时期，如果为了刺激经济增长实行扩张性财政政策和扩张性货币政策，将会加剧通货膨胀；而要抑制通货膨胀实行紧缩性财政政策和紧缩性货币政策，又会加剧经济衰退，引发经济危机。在这种情况下，需要按相反方向协调运用财政政策和货币政策，以便缓解滞胀恶化。松紧搭配的政策模式有两种情形：一种是扩张性财政政策与紧缩性货币政策的搭配，另一种是紧缩性财政政策与扩张性货币政策的搭配。

就前一种模式而言，扩张性财政政策有助于通过减税、增加支出克服总需求不足和经济萧条；紧缩性货币政策则可以控制货币供给量的增长，从而减轻扩张性财政政策带来的通货膨胀压力。也就是说，扩张性财政政策与紧缩性货币政策结合运用，可以在刺激总需求的同时抑制通货膨胀。但这种配合也有局限性，即扩大政府支出，减少税收，如果不足以刺激总需求大幅度增加，将使利率上升，国民收入下降，最终导致赤字居高不下。

图 18-3 用 LS-LM 模型分析了扩张性财政政策与紧缩性货币政策配合运用对经济产生影响的过程。它表明，实行扩张性财政政策，使 IS 曲线向右平移到 IS_1，同时实行紧缩性货币政策使 LM 曲线向左移至 LM_1。原来 IS 曲线与 LM 曲线相交于点 E，均衡利率为 R_0，均衡国民收入为 Y_0，当 LM 曲线上移到 LM_1 以后，与 IS 曲线相交于点 E_1，利率提高到 R_1。利率上升可以减轻通货膨胀压力，国民收入水平基本维持不变，不至于由于货币紧缩而加剧经济衰退。

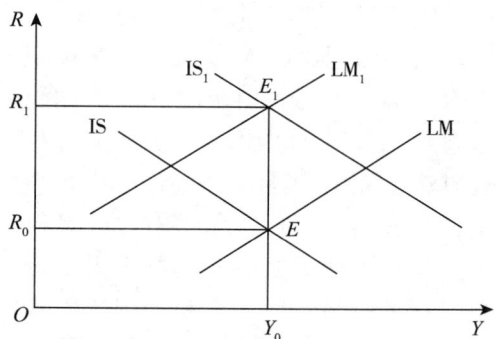

图 18-3　扩张性财政政策与紧缩性
财政政策协调运用效应

就第二种松紧搭配模式而言，紧缩性财政政策可以减少赤字，而扩张性货币政策则使利率下降，在紧缩预算的同时，松弛银根，刺激投资，带动经济发展。

综上所述，扩张性的财政政策表现为 IS 曲线右移，使收入增加的同时会带来利率的上升，反之则反。扩张性的货币政策表现为 LM 曲线右移，使收入增加的同时会带来利率的下降，反之则反。由此可见，可以通过两种政策的搭配，实现收入和利率的不同变化组合。不同的政策搭配模式各有利弊，应当针对经济运行的具体情况，审时度势，灵活、适当地进行相机抉择，不同经济背景与政策组合的选择参见表 18-3。

表 18-3　经济背景与政策组合

政策组合类型	双松政策	双紧政策	紧财政松货币	紧货币松财政
经济背景	社会需求严重不足，生产资源大量闲置，解决失业和刺激经济增长成为宏观调控首要目标	社会总需求极度膨胀，社会总供给严重不足，物价大幅攀升，抑制通货膨胀成为首要目标	政府开支过大，物价基本稳定，经济结构合理，但企业投资并不旺盛，促使经济较快增长成为主要目标	通胀与经济停滞并存
具体政策	财政扩大支出，降低税率，同时中央银行采取扩张性的货币政策，增加货币供应	财政削减政府支出，提高税率；中央银行紧缩货币政策，减少货币供应，调高利率	财政削减政府支出，提高税率；中央银行实施扩张性货币政策	紧缩货币政策同时实施减税、增加财政支出

18.5　开放经济条件下的宏观经济政策

18.5.1　开放经济条件下宏观经济政策的调整原则

在开放经济中，一国经济一旦发生国际收支的顺差或者逆差的失衡，就需要进行调整。一般来说，任何能够影响 IS 曲线变动的因素，都可能直接或间接影响国际收支的变动。如果通过宏观经济政策来影响或者改变那些因素，则既能够调节国内经济均衡和经济增长，同时也可以对已经出现的国际收支的失衡进行调节。

在开放经济条件下，除原有的财政政策和货币政策之外，还有汇率政策可以对国际收支的失衡加以调节。但是，一国政府采取汇率政策来调节国际收支失衡的条件是实行浮动汇率制或管理浮动汇率制。在固定汇率制度下，由于不能经常变动汇率，所以，谈不上使用汇率政策。因此，当我们讨论开放经济条件下的宏观经济政策的调节作用时，必须区分不同的汇率制度。此外，也需要在资本流动性不同的条件下加以讨论。

18.5.2　固定汇率制下宏观经济政策的调节机制及其效果

在固定汇率制度下，一国的国际收支如果发生了顺差或者逆差，从而出现汇率趋于上升或者下降的压力时，为维持汇率的固定水平，政府必须通过中央银行对外汇市场进行干预。这就会使本国的货币供给发生变动，从而影响已经使用的宏观经济政策的效果。

1. 固定汇率制度下资本完全流动时的政策效果

1）货币政策的效果

在资本完全流动条件下，极小的利率差异也会引起巨大的资本流动。在固定汇率情况下，一国无法实行独立的货币政策，即货币政策不会发生积极的作用。由于资本的完全流动，只有在利率水平等于国外利率时该国才能实现国际收支平衡。在任何其他利率水平上，资本都会发生流动，以至该国的国际收支无法实现均衡。国际收支的失衡所导致的本国货币升值或贬值的压力又迫使该国中央银行不得不采取某种政策进行干预，以维持原有的汇率水平。

为推动经济增长，实行扩张性财政政策。由于利率降低引起的资本外流会导致国际收支赤字出现，因而发生使汇率贬值的压力。为了稳定汇率，中央银行必须进行干预，在本国外汇市场上抛售外国货币，同时购回本国货币。这样，本国货币供给就会减少，而使货币扩张政策的效应被抵消。同样的机制可以说明，中央银行实行任何紧缩货币的政策都将导致大规模的国际收支盈余。这倾向于引起货币升值，并迫使中央银行进行干预以维持汇率稳定。中央银行的干预会引起本国货币量增加。结果，最初实行的货币紧缩政策的效应就被抵消了。

由此可见，在固定汇率制下，当资本完全流动时，采用货币政策调节国民收入，最终被证明是无效的。同样的道理也可以说明，在资本流动性较强的情况下，在固定汇率制条件下，货币政策仍然是无效的。

2）财政政策的效果

当政府采取财政政策对固定汇率制和资本完全流动条件下的国民收入进行调节时，其效果将和货币政策的效果完全不同。

在固定汇率制度下且资本具有完全流动性时，扩张性的财政政策对国民收入的影响和作用很大。因为在资本完全流动时，财政政策所导致的利率上升，可以吸引大量的资本流入，国际收支因而出现顺差，货币趋于升值，中央银行为维持汇率固定，必须购入外汇，这样一来，货币供给不但不减，反而增加，使利率维持在原来的国际利率水平。由此形成的货币供给的增加，更增强了扩张性的财政政策的效果。在这种情况下，外汇不但没有损耗，还会因为中央银行购入外汇而增加。

同样的道理也可以说明，在资本流动性较强时，在固定汇率条件下，财政政策将比较有效。

2. 固定汇率制度下资本完全不流动时的政策效果

1）货币政策的效果

如果货币当局认为国民收入的水平太低，并试图在固定汇率而且资本完全不流动的条件下采用扩张性货币政策，国民收入会暂时提高，利率会暂时降低，但经济状态不可能达到最终均衡。尽管资本完全不流动，但会使商品和劳务进口增加，从而形成国际收支逆差。国际收支逆差的情况表示本国外汇市场对外汇的需求增大，外汇汇率趋于上升，本币趋于贬值。中央银行为维持固定汇率，必须对外汇市场进行干预，抛售外币，购回本币。这样，就会减少货币供给量，从而使经济重新处于稳定的均衡状态上。从整个过程来看，在固定汇率制和资本完全不流动条件下，货币政策从最终结构看，是完全无效的。

同样的道理也可以证明，在资本流动性较弱时，在固定汇率条件下，货币政策仍然是效果不大或者是无效的。

2）财政政策的效果

假如政策当局认为当前的国民收入水平或者就业水平太低，而试图在固定汇率制和资本完全不流动的条件下采用扩张性财政政策。由于资本完全不能流动，所以，利率的暂时提高并不能带来资本的流入。但是，收入的暂时增加却会引起进口增加，从而造成国际收支逆差。在本币贬值压力下，货币当局必须干预外汇市场以保持固定汇率。中央银行抛售外币购回本币的举动减少了本国的货币供给量，使利率上升，收入却没有增加。

由此可以看出，在实行固定汇率制和资本完全不流动条件下，扩张性的财政政策除了使利率上升、外汇流失之外，对国民收入水平和就业水平最终不产生影响。不过，假定其他条件和前面讨论的一样，只是资本的流动性较弱，那么，政府实行扩张性财政政策将会有一定的效果。因为资本的流动性较弱，所以，资本流入小于进口增加，导致国际收支发生逆差，本国货币趋于贬值。在固定汇率下，中央银行必须干预外汇市场，抛售外汇，收回本币，这会导致货币供给减少，恢复最终的均衡状态，收入和利率水平都上升。这表明政府以扩张性财政政策在推动经济增长、增加就业和调节经济达到新水平的内外均衡方面是比较有效率的。

18.5.3　浮动汇率制下宏观经济政策的调节机制及其效果

在完全浮动汇率制下，汇率由外汇市场的供求决定，政府不需要为维持汇率的稳定而采取干预政策。这时，货币政策和财政政策的政策效果将与前面的情况有所不同。

1. 浮动汇率制下资本完全流动时的政策效果

1）货币政策的效果

当政府采取扩张性货币政策时，国民收入暂时提高，利率暂时下降。由于资本具有完全的流动性，所以利率的下降使得资本流出增加。与此同时，收入的增加也会使进口增加、净出口减少。这两方面都会使经济产生国际收支逆差。在浮动汇率制下，本国货币趋于贬值，经济达到新的均衡状态。

可见，在浮动汇率制和资本完全流动的情况下，货币政策将具有增加国民收入的效果，也就是说，货币政策有较好的效果。依据同样的道理可以知道，在浮动汇率制度下，当资本流动性较强时，货币政策同样是比较有效的。

2）财政政策的效果

假定其他情况如前，政府在实行浮动汇率制且资本完全流动条件下采取扩张性财政政策来增加国民收入，国民收入会暂时提高，利率暂时上升。收入增加虽然会使进口增加，但是由于资本具有完全的流动性，所以利率上升会使资本大幅度流入，超过进口的增加。所以，国际收支发生顺差，本币升值，出口减少，进口增加，最终重新恢复原来的均衡状态，完全抵消扩张性财政政策的效果。所以，浮动汇率制和资本完全流动条件下，财政政策完全无效。

不过，依据同样的机制可以知道，在浮动汇率制度下，当资本流动性较强时，财政政策也会有一定的效果，而不是完全无效。

3）汇率政策的效果

假如一国政府试图在浮动汇率制和资本完全流动条件下采取本币贬值的汇率政策在

短期内推动出口，从而推动国民收入的增长，收入将暂时增加，利率暂时上升。由于资本完全流动，利率的上升将引起资本较快流入，使国际收支出现顺差，国际收支的顺差将引起本币升值。其结果是一切情况都回到采用汇率政策之前。可见，在实行浮动汇率制并且资本完全流动的条件下，政府的汇率政策最终将不具有实际效果。

2. 浮动汇率制度下资本完全不流动时的政策效果

1) 货币政策的效果

假定政府在实行浮动汇率制且资本完全不流动条件下采取扩张性货币政策，国民收入暂时提高，利率暂时下降。由于资本完全不流动，利率的降低并不会引起资本的流出，但国民收入的提高会增加进口，造成国际收支逆差。在浮动汇率制下，本国货币会发生贬值，当经济状态均衡时，采取货币政策的结果是国民收入增加了，同时，本国利率也变动了。

可见，在浮动汇率制度下，当资本完全不能流动时，货币政策是有效的。同样道理，在浮动汇率制和资本流动性较弱的条件下，货币政策也会是有效的。

2) 财政政策的效果

假定政府在实行浮动汇率制且资本完全不流动条件下采取扩张性财政政策，国民收入暂时提高，利率暂时提高。由于资本完全不流动，利率的提高并不会引起资本的流入，但国民收入的提高会增加进口，造成国际收支逆差。在浮动汇率制下，本国货币会发生贬值，达到最终均衡状态时，采取财政政策的结果是国民收入增加了，同时本国利率也上升了。

可见，在浮动汇率制度下，当资本完全不能流动时，财政政策也是有效的。依据同样的道理，在浮动汇率制而且资本流动性较弱时的财政政策，也会使国民收入有所增加，使利率有所提高。

18.5.4　调整经济内部均衡和外部均衡的政策

在引入国际经济部门之后，宏观经济的管理和调控更加复杂。一般来说，经济的理想状态是在国内实现充分就业的均衡时，也同时实现国际收支平衡。但是，这种理想状态很少出现，经常出现的情况很可能是如下三种情况：

(1) 国内经济和国际收支都不均衡。

(2) 国内经济均衡，但国际收支处于失衡状态。这种情况又可以进一步分为充分就业和非充分就业两类情况。

(3) 非理想的国内和国外同时均衡状态。

从宏观经济调控的角度看，上述三种情形都需要进行调整，以实现理想的均衡状态。调整国内均衡和国外均衡的政策可以分为三种类型：第一种类型是影响或改变总需求量的政策，如财政和货币政策，这些政策将从总需求方面直接影响一国的经济活动水平。第二种类型是调整支出结构的政策，如贸易政策和汇率政策，这些政策主要在于改变或者影响经济活动的模式。第三种类型是抵消国际收支盈余或赤字的其他金融政策。在这三类政策中，第一类政策已经在前面作过解释和说明，第二类和第三类政策的详细内容可以在有关的国际贸易或国际金融课程中找到。

由此我们看到，在开放经济中，虽然宏观经济政策所依据的基本原理没有改变，但是由于对外经济部门的存在，政策对经济变量的影响及其后果要比以前更为复杂。我们在这里仅仅做了一种简要的论述。希望进一步了解对外经济部门在整个宏观经济理论体系中的位置及作用的读者可以参阅有关的国际贸易和国际金融专业方面的书籍。

18.6　供给管理政策

在前面的章节中，我们一直讨论影响社会总需求水平的以财政政策和货币政策为主的宏观经济政策。但近年来，一些经济学家把注意力转向了决定总供给的微观经济因素。他们认为，减少失业和通货膨胀的关键在于改进社会有效提供商品和服务的能力。同样，导致通货膨胀的"过度总需求"，从另一个方面看，就是商品和服务的总供给不能满足当前需要。供给管理就是通过对总供给的调节来达到宏观经济目标，其中包括对劳动力、工资、价格、产量增长等的管理与调节，因此供给管理政策的主要内容包括收入政策、指数化政策、人力政策和经济增长政策等，下面本书重点对收入政策和指数化政策进行介绍。

18.6.1　收入政策

收入政策是指政府通过某种行政措施强制性或非强制性地限制工资和价格的政策，又称工资与物价控制政策，其目的是制止工资成本推进的通货膨胀。

国家之所以要采取收入政策，是因为第二次世界大战以来，西方国家出现了新情况：当通货膨胀高达不可忍受的程度时，假如采取压缩总需求的紧缩银根措施，虽然可以轻而易举地遏制通货膨胀，但必须承受失业增加、生产经由乘数效应累积性滑坡的严重损失。收入政策是旨在既防止失业又遏制通货膨胀的有效措施。西方发达国家在第二次世界大战后的和平时期曾普遍采用过这一政策，如荷兰、瑞典、英国、意大利、加拿大和美国等。

1) 收入政策的理论基础和基本准则

假如货币工资增长率等于劳动生产率，则物价水平稳定不变，同时国民收入在劳动收入(工资)与非劳动收入(利润)两者之间的分配份额保持不变。反之，假如货币工资增长率超过劳动生产率增长率，由于价格将相应于成本的提高而提高，所以，要保持价格稳定，利润在国民收入中的份额必须相应减少，而凯恩斯主义认为，工会的垄断导致"工资刚性"，即工资上涨是导致成本推动通货膨胀的根本原因。要采取削弱工会垄断力量的措施控制工资水平的上涨在政策上不可取，因此，实行工资管制是最适宜的反通货膨胀的手段。

2) 收入政策的主要类型

(1) 工资-物价冻结，即政府用法律手段禁止工资与物价上升，或者规定工资与物价的增加必须得到负责工资和价格管理部门的批准。这种方法一般是在战争或自然灾害发生等特殊时期采用，当然，在通货膨胀相当严重时也可以采用。例如，1971 年 8 月，尼克松总统上台后，针对当时两位数的通货膨胀，曾宣布工资与物价冻结 90 天，由政府设立的生活费用委员会强制实行。这种方法可以有效而迅速地制止通货膨胀，但不能经常或长期使用。这是因为，价格起不到调节经济的作用，会导致资源配置失误、生产效率低下、产量减少，从长期看，不仅不能制止通货膨胀，反而会引起需求拉动的通货膨胀。

（2）工资-物价指导线，即政府根据经济发展的情况，制定一个与经济增长相适应的工资增长和价格增长率，规定货币工资增长率不得快于劳动生产率增长率。例如，1962年美国肯尼迪政府提出了"非膨胀性工资与物价行为指标"，规定全国的平均货币工资增长率必须与劳动生产率的增长率保持相同水平。当时美国的劳动生产率年平均增长率为3.4%，因此，货币工资的年增长率也不得超过3.4%。英国政府在1964年规定的工资-物价指导线把货币工资增长率确定为3%～3.5%。现在这种做法已被西方国家广泛运用，并起到了一定的作用。但它也有缺点，这就是经济中各部门的劳动生产率增长并不一致。有的部门发展迅速，劳动生产率高，需要用较高的工资来吸引更多的工人，而工资增长率的限制不利于这些部门的发展。那些生产率较低的部门，工资的增加会引起成本增加与物价上升，不利于制止通货膨胀。此外，这种指导线缺乏法律上的保证，对企业和工会的约束力并不大，因此，其作用也是有限的。

18.6.2　指数化政策

通货膨胀会引起收入分配的变动，例如，通货膨胀会使实际工资下降，从而使利润增加和实际纳税额增加。指数化政策就是为了消除通货膨胀的这种影响，以有利于总供给和整个经济的稳定。指数化（indexation）政策是指按通货膨胀指数来调整有关变量的名义价格，以便使其实际值保持不变。指数化的范围很广，主要有以下几种：

1）利率指数化

利率指数化是指根据通货膨胀率来调整名义利率，以保持实际利率不变，即在债务契约中规定名义利率自动按通货膨胀率进行调整。这样，就可以使通货膨胀不会对正常的债务活动与住房投资这类长期投资产生不利的影响。

此外，银行存款利率也要按通货膨胀率进行调整，以保护储户的利益，既便于银行吸引存款，也有利于提高储户进行储蓄的积极性。

利率作为资本的价格可以使资本这种资源得到最优配置，通货膨胀会使利率受到扭曲，从而会导致资源配置失误。对利率实行指数化则可以消除这种失误，因此，这种指数化政策得到了广泛采用。

2）工资指数化

工资指数化是指根据通货膨胀率来调整货币工资，把货币工资增长率与物价上涨率联系在一起，使它们同比例变动。这种做法一般称为"生活费用调整"，具体是在工资合同中增加"自动调整条款"，规定按通货膨胀率自动地调整货币工资标准。早在1948年，美国通用汽车公司与工会之间达成这一协议，以后逐渐被广泛采用。在现实中，这种调整有完全性调整，即完全按通货膨胀率调整货币工资，也有部分调整。部分调整有两种形式：一种称为"阈"（threshold），即规定一个临界点，超过这一点再调整。这就是说，通货膨胀率低时货币工资仍不变，只有通货膨胀达到一定程度，才会调整。另一种称为

"顶"（cap），即对工资调整的幅度有一个限制，这就是说，无论通货膨胀为多少，每年货币工资的增加幅度不得超过某一数值。此外，对退休金、养老金、失业补助、贫困补助等社会保险与福利支出也实行类似的指数化。

这种工资指数化的作用在于抵消通货膨胀对人们生活水平和实际收入的影响，使人们的生活水平不至于因通货膨胀而下降。同时，也可以减少人们对通货膨胀的恐惧心理，抵消通货膨胀预期对经济的不利作用。此外，还可以促进工资合同的长期化，有利于劳动关系的稳定。这些对经济和社会安定都有积极作用。但是，工资指数化的作用是有限的，因为在许多情况下是用局部补偿的做法，这使由于通货膨胀带来的损失无法完全得到补偿，而且货币工资的调整一般总落后于通货膨胀，再加上有一些非工会会员工人和中小企业工人往往得不到保护，因此，并不是所有的工人都能享受工资指数化的好处。此外，工资指数化还有可能导致"工资—物价螺旋式上升"，从而加剧通货膨胀。在通货膨胀在较长时期内得不到治理，生产又不能迅速增长的情况下，根据通货膨胀来调整工资就会加剧通货膨胀。这就说明，对工资指数化要持谨慎的态度。

3）税收指数化

税收指数化是指按通货膨胀率来调整纳税的起征点和税率等级。例如，假定原来起征点为 500 元，当通货膨胀率为 10％时，就可以把起征点改为 550 元，税率等级也可以按通货膨胀率相应地进行调整。这样做的好处是制止政府放纵通货膨胀的行为，使政府采用积极的反通货膨胀政策。但这种措施的实施是相当困难的，因为税收指数化相当复杂，涉及税收制度等问题，而且要政府自己限制自己的行为也是不易的。

以上各种指数化做法虽然在一定程度上可以消除通货膨胀对经济的消极影响，有利于社会稳定，但实施起来较为困难，特别是有加剧通货膨胀的危险。所以如何根据不同情况来采用指数化政策仍然是值得研究的，而且也有一些经济学家对这种政策持否定意见。

➤ **本章专业术语**

外汇储备　浮动汇率　财政收入　购买性支出　转移性支出　公债　财政预算　财政政策　自动稳定器　自动稳定性财政政策　权衡性财政政策　扩张性财政政策　紧缩性财政政策　财政赤字　财政盈余　货币政策　法定准备金率　法定准备金　存款创造机制　再贴现率　超额准备金　公开市场业务　双扩张　双紧缩　固定汇率制　浮动汇率制　内部均衡　外部均衡　供给管理政策　收入政策　物价冻结　物价指导线　指数化政策　利率指数化　工资指数化　税收指数化

➤ **本章小结**

本章要点可以归纳如下：

（1）经济政策是政府为了达到一定经济目的而对经济活动进行的有意识的干预。宏观经济政策的目标大体上有四个方面，即充分就业、价格稳定、经济增长和国际收支平衡。

（2）财政政策工具是政府实施财政政策时所选择的用以达到政策目标的各种财政手段，主要包括财政收入（主要是税收）、财政支出（包括购买性支出和转移性支出）、公债。

（3）财政政策可以从不同的角度进行分类，根据在调控经济活动中所起的作用可以分为自动稳定的财政政策和权衡性财政政策。自动稳定的财政政策是指某些能够根据经济波动情况自动发生稳定作用的政策；权衡性财政政策也可以被称为凯恩斯主义财政政策，它要求政府根据对经济形势的判断和权衡，积极主动地改变财政收支，以影响总需求和宏观经济。

（4）货币政策指的是中央银行通过调节和改变货币供给量，以影响利率和国民收入的一种宏观经济政策。

（5）传统的三大货币政策工具（统称三大法宝）包括存款准备金政策、再贴现政策和公开市场业务。

（6）宏观经济政策的决策过程中的目标体系协调是指要正确处理目标体系中的互补和交替关系，从多个目标中选择某一个或某几个目标作为宏观调控的主要目标。互补关系是指一个目标的实现对另一个目标起促进作用。交替关系是指一个目标的实现对另一个目标起排斥作用。

（7）财政政策和货币政策各有不同的局限性、运作特点和作用机制。因此，把财政政策和货币政策有机协调起来，配合运用，具有客观性，它反映了现代市场经济发展的客观要求。

（8）"双扩张"模式的适用条件是：大部分企业开工不足，设备闲置；劳动力就业不足；大量资源处于待开发状态；市场疲软。"双紧缩"模式的适用条件是：需求膨胀，物价迅速上涨；"瓶颈产业"对经济起严重制约作用；经济秩序混乱。"松财政紧货币"模式的适用条件是：财力不足，赤字严重；储蓄率高；市场疲软。

（9）在固定汇率制下，当资本完全流动或流动性较强时，采用货币政策调节国民收入是无效的。在资本流动性较强时，在固定汇率条件下，财政政策将比较有效。

（10）在固定汇率制和资本完全不流动条件下，货币政策最终是完全无效的。在资本流动性较弱和实行固定汇率制条件下，财政政策将会有一定的效果。

（11）在浮动汇率制和资本完全流动的情况下，货币政策有较好的效果，而财政政策完全无效。不过，当资本流动性较强时，财政政策也会有一定的效果。在实行浮动汇率制并且资本完全流动的条件下，政府的汇率政策最终将不具有实际效果。

（12）在浮动汇率制度下，当资本完全不能流动或流动性较弱时，货币政策和财政政策都是有效的。

（13）一般说来，经济的理想状态是，在国内实现充分就业的均衡时，也同时实现国际收支平衡。但是，这种理想状态很少出现，经常出现的情况很可能是如下三种情况：①国内经济和国际收支都不均衡。②国内经济均衡，但国际收支处于失衡状态。③非理想的国内和国外同时均衡状态。

（14）供给管理就是通过对总供给的调节来达到宏观经济目标，其中包括对劳动力、工资、价格、产量增长等的管理与调节。供给管理政策主要包括收入政策、指数化政策、人力政策和经济增长政策等。

➤练习题

一、名词解释

1. 财政政策　　　　　2. 自动稳定器
3. 法定存款准备金　　4. 存款乘数
5. 再贴现　　　　　　6. 货币乘数
7. 公开市场业务　　　8. 固定汇率
9. 浮动汇率　　　　　10. 挤出效应

二、选择题

1. "挤出效应"发生于（　　）。

　A. 货币供给减少使得利率提高，挤出了对利率敏感的私人部门支出

　B. 私人部门增税，减少了私人部门的可支配收入和支出

　C. 所得税减少，提高了利率，挤出了对利率敏感的私人部门支出

　D. 政府支出减少，引起消费支出下降

2. 政府的财政收入政策通过哪一个因素对国民收入产生影响？（　　）

A. 政府转移支付　　　　　　　　　B. 政府购买

C. 消费支出　　　　　　　　　　　D. 出口

3. 假定政府没有实行财政政策，国民收入水平的提高可能导致（　　）。

A. 政府支出增加　　　　　　　　　B. 政府财政赤字减少

C. 政府税收减少　　　　　　　　　D. 政府财政赤字增加

4. 扩张性财政政策对经济的影响是（　　）。

A. 缓和了经济萧条但增加了政府债务

B. 缓和了经济萧条也减轻了政府债务

C. 加剧了通货膨胀但减轻了政府债务

D. 缓和了通货膨胀也增加了政府债务

5. 市场利率提高，银行准备金会（　　）。

A. 增加　　　　　　　　　　　　　B. 减少

C. 不变　　　　　　　　　　　　　D. 以上几种情况都有可能

6. 中央银行在公开市场上卖出政府债券是企图（　　）。

A. 收集一笔资金帮助政府弥补财政赤字

B. 减少商业银行在中央银行的存款

C. 减少流通中基础货币以紧缩货币供给

D. 通过买卖债券获取差价利益

7. 货币政策影响经济的渠道之一是（　　）。

A. 直接影响收入　　　　　　　　　B. 改变资金的周转率

C. 直接影响价格　　　　　　　　　D. 改变借款的成本

8. 如果中央银行采取扩张的货币政策，可以（　　）。

A. 在公开市场买入债券，商业银行减少准备金，促使利率上升

B. 在公开市场卖出债券，商业银行增加准备金，促使利率下跌

C. 在公开市场买入债券，商业银行增加准备金，促使利率下跌

D. 在公开市场卖出债券，商业银行减少准备金，促使利率上升

9. 当一国经济出现过热现象时，货币当局可以采用哪种方法控制货币供给量？（　　）

A. 降低贴现率　　　　　　　　　　B. 降低准备金率

C. 在公开市场上出售证券　　　　　D. 以上方法都可以

10. 中央银行最常用的货币政策工具是（　　）。

A. 法定存款准备金率　　　　　　　B. 公开市场业务

C. 再贴现率　　　　　　　　　　　D. 道义劝告

三、判断题

1. 预算收支平衡的财政政策就是中性财政政策。（　　）

2. "挤出效应"在货币需求对利率不敏感，私人部门支出对利率敏感的情况下可能很大。（　　）

3. 扩张性财政政策的目的是缓解通货膨胀。（　　）

4. 中央银行在公开市场上购买政府债券的目的是增加流通中基础货币以增加货币供给。（　　）

四、问答题

1. 宏观经济政策的基本目标是什么？

2. 主要的财政政策工具有那些？

3. 什么是自动稳定器？包含哪些主要内容？税收作为自动稳定器是如何发挥作用的？

4. 中央银行是怎样通过公开市场业务来调节货币供给的？

5. 请结合美国实际分析说明，美国利率调整如何体现相机抉择与货币政策规则相结合。

6. 试分析浮动汇率制下财政政策和货币政策的调节机制及其效果。

7. 假定政府正致力于赤字支出以使经济从衰退中摆脱出来，且这些支出主要用于新的"公共资本"，如公路、桥梁、大坝、海港、办公园区、工业场地等。这种支出如何会提高一些潜在私人投资项目的预期汇报？"挤出效应"意味着什么？

8. 2008 年，为了应对全球金融危机的影响，中国政府出台了"4 万亿"经济刺激计划，请分析这一政策对中国经济的短期及长期影响。

五、计算题

1. 假定某国的消费函数为 $C=300+0.8Y_d$，投资 $I=200$，税收函数 $T=0.2Y$（单位都是亿美元），试求：

(1)均衡收入为 2 000 亿美元时，政府支出（不考虑转移支付）是多少？预算盈余还是赤字？

(2)政府支出不变，而税收提高为 $T=0.25Y$，均衡收入是多少？这时预算将如何变化？

2. 假定某国的消费函数为 $C=600+0.8Y$，投资函数为 $I=400-50r$，政府购买 $G=200$，货币需求函数为 $L=250+0.5Y-125r$，货币供给 $M=1 250$，价格水平 $P=I$（单位均为亿美元）。试求：

(1)财政政策乘数和货币政策乘数。

(2)假设充分就业的国民收入 $Y^*=5 000$，若用增加政府购买来实现充分就业，需增加多少购买？

(3)若用增加货币供给来实现充分就业，要增加多少货币供给量？

第 19 章

开 放 经 济

本章要点：

国际收支的定义　国际收支平衡表和国际收支平衡　汇率和汇率制度　国际借贷说、购买力平价说和利率平价说　中国外汇管理体制改革进程　国民收入调节政策　对外开放、经济发展和国家经济安全

在现实生活中，一国经济不是封闭的，而是世界经济的一个组成部分。在封闭条件下适用的一些经济理论在开放条件下有可能会失效。开放经济存在国际贸易和国际资本流动的情况，从而会影响到宏观经济。本章将对开放条件下的一些基本经济理论和知识进行阐述。

19.1　国 际 收 支

随着经济全球化的发展，国与国之间的经济往来日益密切，形式也越来越多样化。国际间的经济往来必然会产生货币支付问题，另外，非经济性的国际交往，如政治、文化、体育、军事交往等，也会产生支付问题，由此带来了国际收支及相关问题。

19.1.1　国际收支的含义

国际收支是指一国在一定时期内（通常是一年）从国外收入的全部货币资金和向国外支付的全部货币资金的对比关系。

一国的国际收支状况反映在该国的国际收支平衡表上。国际收支平衡表（balance of payment）是在一定时期内，对于一国与他国居民之间所进行的一切经济交易的系统记录的报表。它系统记录了一国在一定时期内所有国际活动收入与支出项目及其金额，反映了一定时期内一国同外国的全部经济往来的收支流量，而不是存量。一国与别国所发生的一切经济活动，不论是否涉及外汇收支都必须计入该国的国际收支平衡表中。国际收支平衡表可以综合反映一国的国际收支平衡状况、收支结构及储备资产的增减变动状况，从而为该国制定对外经济政策，分析影响国际收支平衡的基本经济因素，采取相应的调控措施提供依据。

国际收支平衡表的编制须遵循三个原则：第一，区分居民与非居民原则。居民与非

居民的区分主要以居民所在地为标准。第二，反映经济交易原则。所谓经济交易，是指经济价值从一个经济单位转移到另一个经济单位，这包括商品劳务之间、金融资产之间、商品劳务和金融资产之间的交换。第三，复式记账原则。任何一笔交易的发生，必然涉及借方和贷方两个方面，即有借必有贷，借贷必相等。

国际收支平衡表的项目分为四大类，即经常项目、资本和金融项目、储备资产、净误差与遗漏。

（1）经常项目：本国与外国交往中经常发生的国际收支项目，它反映了一国与他国之间真实资源的转移情况，包括货物和服务、收益、经常转移。服务包括运费、保险、旅游、版权支付和利息支付等。收益即净投资收入，是本国在国外的资产获得的利息减去外国人在本国拥有的资产所获得的收入之差。经常转移包括私人或政府的汇款、捐赠和援助。

（2）资本和金融项目：反映国际间的资本流动，包括长期或短期的资本流出和资本流入。资本项目包括资本转移和非生产、非金融资产的购买或出售，前者主要是投资捐赠和债务注销；后者主要是土地和无形资产（专利、版权、商标等）的购买或出售。金融账户包括直接投资、证券投资（间接投资）和其他投资（包括国际信贷、预付款等）。

（3）储备资产：一国货币当局直接掌握并可随时动用的主要用于平衡国际收支与稳定汇率的一系列金融资产，包括外汇、货币黄金、特别提款权、在国际货币基金组织的储备头寸和其他债券等。

（4）净误差与遗漏：指国际收支统计上的误差和遗漏。由于国际收支平衡表采用复式记账原则，所以，原则上国际收支账户的和必然为零。但是由于统计资料有误差和遗漏等原因，借贷往往不完全相等，从而设立"净误差与遗漏"，对不平衡项目人为地加以平衡。

表 19-1　2011 年中国国际收支平衡表　　　　单位：亿美元

项目	贷 方（＋）	借 方（一）	净贷（＋）净借（一）
一、经常项目	22 868	20 851	2 017
A. 货物和服务	20 867	18 983	1 883
a. 货物	19 038	16 603	2 435
b. 服务	1 828	2 381	−552
B. 收益	1 446	1 565	−119
C. 经常转移	556	303	253
二、资本和金融项目	13 982	11 772	2 211
A. 资本项目	56	2	54
B. 金融项目	13 926	11 770	2 156
a. 直接投资	2 717	1 012	1 704
b. 证券投资	519	323	196
c. 其他投资	10 690	10 435	255
三、储备资产	10	3 888	−3 878
A. 货币黄金	0	0	0
B. 特别提款权	5	0	5

续表

项目	贷方(＋)	借方(一)	净贷(＋)净借(一)
C. 在基金组织的储备头寸	6	40	－34
D. 外汇	0	3 848	－3 848
E. 其他债权	0	0	0
四、净 误 差 与 遗 漏	0	350	－350

资料来源：国家外汇管理局官方网站，http://www.safe.gov.cn/

根据表 19-1 所示，2011 年中国货物出口额为 19 038 亿美元，进口额为 16 603 亿美元，净借贷总额为贷方 2 435 亿美元。服务、收益逆差，经常转移顺差，最终经常项目实现顺差 2 017 亿美元。同时，资本和金融项目净借贷总额实现贷方 2 211 亿美元。由此可以看出，2011 年中国对外经济实现经常项目、资本和金融项目双顺差。

19.1.2 国际收支平衡

上面所介绍的国际收支平衡表根据复式记账原则记录，一项交易同时计入借贷双方，而且金额相同，因此国际收支平衡表的借方总额和贷方总额总是平衡的。一国的国际收支平衡状况经常用经常项目与资本和金融项目的变化表示，国际收支是否平衡用国际收支差额来表示。国际收支差额是指一国在一定时期内经常项目与资本和金融项目所产生的资金流动的总额。即

国际收支差额＝净出口－净资本流出

因此，国际收支平衡是指一国国际收支差额即净出口与净资本流出的差额为零。这就是说，当国际收支平衡时经常项目与资本和金融项目的借方和贷方相等，从而一国实现在一定时期内国际活动中的总支出和总收入相等。

在国际经济交往中，一国国际收支差额为零的状况比较少见，经常会出现国际收支顺差和逆差的情况。应当指出的是，国际收支的顺差和逆差会对经济造成一定的影响，因此很多国家经常将保持国际收支平衡作为实施宏观经济政策的目标之一。保持国际收支平衡对一个国家经济的重要性在于：国际收支总体平衡与否，反映了一个国家宏观经济的总体情况。总体顺差或逆差，反映了经常项目与资本和金融项目比例失调，或是经常项目差额过大，或是资本和金融项目差额过大，这都会造成外汇储备的速增或速减，会影响到国内经济的稳定。

通过表 19-1 可以看出，2011 年我国对外经济实现经常项目与资本和金融项目"双顺差"。其中，经常项目顺差 2 017 亿美元，资本和金融项目顺差 2 211 亿美元。国际收支的大额顺差将会对国内货币供应量产生较大的压力。

19.2 汇 率 理 论

19.2.1 汇率及汇率制度

1. 汇率

在国际经济交往过程中，由于每个国家的货币只能在本国流动，所以国际经济交易

和支付必须用本国货币同外国货币相交换。汇率（exchange rate）又称汇价，是用一种货币表示的另一种货币的价格，即本国货币与外国货币的交换比率。汇率是国际间经济往来的前提条件，汇率的变动对各国的国内经济与国际经济关系都有重大的影响。

2. 汇率标价方法

汇率有两种标价方法，分别为直接标价法和间接标价法。直接标价法（direct quotation method）是用一单位的外国货币为标准，折算为一定数额的本国货币来表示的汇率，这种标价法又称为付出报价。间接标价法，是用一单位的本国货币为标准，折算为一定数额的外国货币来表示的汇率，这种标价法又称为收进报价。在直接标价法下，一单位外国货币折算的本国货币量减少，即汇率下降表示本国货币升值或外国货币贬值；反之，若一单位外国货币折算的本国货币增加，即汇率上升表示本国货币贬值或外国货币升值。在间接标价法下，若用一单位本国货币折算的外国货币量增加，即汇率上升则表明本国货币升值或外国货币贬值；反之，若一单位本国货币折算的外国货币量减少，即汇率下降则表明本国货币贬值或外国货币升值。现在外汇市场上一般使用直接标价法，中国汇率所用的标价法也是直接标价法，伦敦和纽约的外汇市场使用间接标价法。

3. 汇率制度

汇率制度是一个国家的货币当局对本国汇率的确定和调整方式做出的规定。世界经济在发展的不同时期，实行过多种汇率制度，大体上可以分为固定汇率制度和浮动汇率制度。

1) 固定汇率制度

固定汇率制度（fixed exchange rate system）是指一国货币同他国货币的汇率基本固定，其波动限于一定的幅度之内。固定汇率制度起源于金本位时代，货币的含金量是决定汇率的基础，因而汇率的变化幅度较小。金本位制度崩溃以后，各国为了确定其纸币的价值量，通过国家立法的方式来规定每一单位纸币的含金量。各国纸币含金量的比率是中心汇率，称为黄金平价。市场汇率在一定幅度内围绕黄金平价波动。在固定汇率制度下，由于固定了汇率，所以当出现国际收支盈余或赤字时，中央银行必须通过购入外汇或卖出外汇的方式维持汇率的稳定。

实施固定汇率制度有利于一国经济的稳定，也有利于为维护国际金融体系与国际经济交往的稳定，减少国际贸易与国际投资的风险。但是，实行固定汇率制要求一国的中央银行有足够的外汇或黄金储备。若不具备这一条件，那么国际收支盈余或赤字便不能保持汇率的稳定，反而不利于经济的发展和外汇管理。

2) 浮动汇率制度

浮动汇率制度（floating exchange rate system）是指一国不规定本国货币与他国货币的官方汇率，任汇率由外汇市场的供求关系自发地决定。浮动汇率制又分为自由浮动与管理浮动，前者指政府不采取任何干预汇率的措施，汇率完全由外汇市场上的供求力量自发地决定，后者指政府采取一定程度的干预措施，以使汇率朝着有利于本国的方向浮动。

实行浮动汇率制有利于通过汇率的波动来调节经济，也有利于促进国际贸易的发展。但是，浮动汇率不利于国内经济和国际经济关系的稳定，会加剧经济波动。

第二次世界大战结束之后至20世纪70年代之前，西方各国都实行固定汇率制度，即采用以美元为中心的国际金融体系（又称为布雷顿森林体系）。这极大地促进了第二次世界大战后各国经济的恢复和国际经济交往的发展。但是，随着美元危机的爆发和美元信用的下降，布雷顿森林体系于 1973 年解体，世界主要发达国家的货币先后与美元脱钩，实行浮动汇率制度。

19.2.2　几种汇率理论

1. 国际借贷说

国际借贷说，由英国经济学家戈森（George Goschen）于 1861 年提出。该理论认为国际间的商品劳务进出口、资本输出入以及其他形式的国际收支活动会引起国际借贷的发生，国际借贷又引起外汇供求的变动，进而引起外汇汇率的变动。

国际借贷说的均衡汇率由一国国际收支处于均衡状态时，其经常项目收支差额应等于自主性资本流出入的差额得出，可表示为

$$R=h(Y_a,\ Y_b,\ P_a,\ P_b,\ i_a,\ i_b,\ i_e)$$

其中，Y_a、Y_b、P_a、P_b 分别为 A 国国民收入、B 国国民收入、A 国物价水平、B 国物价水平；i_a、i_b、i_e 分别为 A 国利率、B 国利率、对未来汇率的预期值。由此可以看出：①汇率决定于外汇的供给和需求状况；②外汇供给和需求的产生根源于国际借贷，即由国与国之间存在的借贷关系所引起，除了商品的输出输入以外，债券买卖、利润收支、捐赠收支、旅游收支和资本交易等，也会引起国际借贷关系，它是汇率变动的主要根据；③国际借贷中的流动借贷，即已经进入支付阶段的借贷的变化，会对外汇的供给和需求产生影响，而尚未进入支付阶段的固定借贷，不影响外汇供求的变化；④国际借贷作用于汇率变动的一般过程是：若一国的流动借贷里流动债权高于流动债务，即外汇供给超过需求，外汇汇率会下跌，本币会升值，反之则外汇汇率上升，本币贬值；若一国的流动借贷相等，外汇收支也相等，那么汇率将处于均衡状态，不会发生汇率变动。

2. 购买力平价说

购买力平价说是 20 世纪初瑞典经济学家卡塞尔（Gustav Cassel）系统提出来的。购买力平价说（purchasing power parity）的主要观点是：人们之所以买进外币，是由于这种货币在外国（货币发行国或第三国）对商品和劳务拥有购买力。外国人之所以需要本国货币，是由于本国货币对本国的商品和劳务具有购买力。因此，汇率主要是由两国货币所具有的购买力决定的，取决于本国价格水平和外国价格水平的比率。汇率的变化率由本国通货膨胀率和外国通货膨胀率之差决定，一国货币对内贬值也必然意味着对外贬值，对外贬值也同样意味着对内贬值。购买力平价说有两种形式，即绝对购买力平价和相对购买力平价。

绝对购买力平价是指本国货币与外国货币之间的均衡汇率等于本国货币与外国货币购买力或物价水平之间的比率。其计算公式为

$$R_a=\frac{P_a}{P_b}$$

或

$$R_a=\frac{P_b}{P_a}$$

其中，R_a 表示 A 国的汇率水平；P_a 表示 A 国的物价水平；P_b 表示 B 国的物价水平。绝对购买力平价说明的是某一时点上汇率的主要决定因素为货币购买力或物价水平。

相对购买力平价是指不同国家的货币购买力之间的相对变化。这就是说，在某一时期内，汇率的变化要与同一时期内两国物价水平的变动成比例。它反映的是汇率的变动，其计算公式为

$$R^1 = R^0 \cdot \frac{\dfrac{P_a^1}{P_a^0}}{\dfrac{P_b^1}{P_b^0}} = R^0 \cdot \frac{gP_a}{gP_b}$$

其中，R^1 为新汇率；$\dfrac{P_a^1}{P_a^0}$ 和 $\dfrac{P_b^1}{P_b^0}$ 分别为 A 国和 B 国基期与下一期的物价变动率，即 A 国与 B 国的通货膨胀率 gP_a 和 gP_b，R^0 为旧汇率。

3. 利率平价说

利率平价说由英国经济学家凯恩斯于 20 世纪 20 年代提出。利率平价说认为，两国之间的即期汇率与远期汇率的关系与两国的利率有密切的联系，国与国之间的利差导致资本的国际间流动，这对汇率，尤其是短期汇率具有决定性的作用。两国利率之差引起投资收益的差异，投资者就会进行套利活动，其结果是远期汇率固定在某一特定的均衡水平。同即期汇率相比，利率低的国家的货币远期汇率会下跌，而利率高的国家的货币远期汇率会上升。远期汇率同即期汇率的差价约等于两国间的利率差。

利率平价说的出发点是投资者投资于国内所得到的短期利率收益应该与按即期汇率折成外汇在国外投资并按远期汇率买回本国货币所得到的短期投资收益相等。因此，对投资者而言，在比较两种金融资产的收益时，不仅要考虑两种金融资产所提供的收益率，同时也要考虑远期汇率变动结果所造成的收益差。

利率平价说的一个重要前提条件是：国际资本市场可以自由流动，资金供给充分，货币可以自由兑换，套利资金的供给弹性无穷大，投资者充分的套利行为使得国际金融市场上以不同货币计价的相似资产的收益率趋于一致，也就是说，套利资本的跨国流动保证了一价法则也适用于国际金融市场。

19.2.3 人民币升值

1. 中国外汇管理体制改革

改革开放前，中国实行外汇统收统支，人民币汇率由国家确定和调整，外汇市场尚未形成。改革开放以来，中国外汇管理体制改革大致经历了三个阶段：

（1）1979～1993 年的外汇体制改革。1979 年，中国成立国家外汇管理总局，为鼓励出口，实行外汇留成制度，同时，建立有形的外汇调剂市场，当企业留成外汇有结余时，可以卖给用汇企业，从而在外汇分配领域引入市场机制。在汇率上，实行官方汇率和外汇调剂市场汇率并存的双重汇率制度。1981 年，中国开始调整汇率，改变汇率水平长期不变的格局，人民币汇率朝均衡汇率不断靠近。1985 年 11 月，深圳经济特区成立了境内第一家外汇调剂中心，此后至 1993 年年底，全国陆续共成立了 121 个外汇调剂中心，其中 18 个为公开调剂市场。至此，全国进出口收付汇中绝大多数汇率采用外

汇调剂市场的结算价格。

(2)1994~2000 年的外汇体制改革。1994 年中国人民银行进行了一系列的外汇管理体制改革。主要内容包括：取消外汇上缴和留成，取消外汇收支指令性计划，实行银行结售汇制度；官方汇率和外汇调剂市场汇率并轨，实行以市场供求为基础的、单一的、有管理的浮动汇率；建立全国统一规范的银行间外汇市场，发挥市场对外汇资源的分配作用；放宽人民币经常项目的限制，为实行人民币经常项目有条件可兑换创造条件；继续重申禁止境内外币计价、结算和流通，停止发行外汇兑换券并逐步退出流通。1996年，中国宣布接受国际货币基金组织第八条款的规定，实现人民币在经常项目下的可兑换。1997 年，为应对亚洲金融危机的冲击，也为应对当时周边经济的要求，中国收窄了汇率浮动空间。

(3)2001 年以后的外汇体制改革。2001 年中国加入世界贸易组织之后，贸易顺差急剧扩大，外资大量流入，国际收支不平衡的矛盾日益突出。2005 年 7 月，中国人民银行宣布进行人民币汇率形成机制改革，人民币汇率从钉住单一美元改为实行以市场供求为基础，参考一篮子货币进行有调节、有管理的浮动汇率制度。货币兑换起始水平从8.276 5 元人民币/美元调整为 8.11 元人民币/美元。同时，实施一系列配套外汇管理政策，包括：提高经常项目外汇账户限额；提高个人因私购汇指导性限额和简化手续凭证；扩大银行为客户办理远期结售汇业务和开办人民币与外币掉期交易；调整银行挂牌汇率管理；并加强外汇政策的宣传和培训；等等。

现在人民币汇率制度已经形成的基本框架包括：银行结售汇制度；银行结售汇周转头寸管理；中央银行外汇公开市场操作；银行间市场撮合交易制度；银行间市场汇率浮动区间管理；中央银行只对美元对人民币的交易进行干预。

2. 人民币升值进程

由上面的中国汇率体制改革的历程可以看出，1994 年之前的汇率主要由中国人民银行控制和调整，人民币呈现逐渐贬值态势；1994 之后，中国逐步建立起以市场为导向的汇率形成机制，市场在汇率形成中的作用日益明显，人民币开始逐渐升值，如表19-2 所示。

表 19-2　人民币对美元汇率水平　　　　单位：人民币/美元

年份	年均汇率	年份	年均汇率
1994	8.618 7	2003	8.277
1995	8.351	2004	8.276 8
1996	8.314 2	2005	8.191 7
1997	8.289 8	2006	7.971 8
1998	8.279 1	2007	7.604
1999	8.278 3	2008	6.945 1
2000	8.278 4	2009	6.831
2001	8.277	2010	6.769 5
2002	8.277	2011	6.458 8

数据来源：中经网统计数据库

1994～1997 年，人民币/美元名义汇率一度由 8.61 达到 8.28，但是在 1997 年亚洲金融危机以后，升值势头戛然而止，基本维持在 8.278 左右。2005 年汇率改革以后，人民币升值进入快速轨道。2006 年汇率破 8，2008 年破 7，2009 年之后人民币升值速度放缓。这个阶段人民币快速升值的原因主要有以下两点：第一，中国加入世界贸易组织之后，加速融入世界经济，国际收支出现持续经常项目与资本和金融项目双顺差状况，而且数额庞大，成为人民币升值的内在压力；第二，2005 年汇率体制改革后，中国实施以市场供求为基础、参考一篮子货币、有管理的浮动汇率制，汇率浮动区间加大，从而为人民币快速升值提供了可能。

3. 人民币升值对中国宏观经济的影响

在经济全球化趋势下，汇率波动会对一国经济产生很大的影响。近年来，人民币的持续升值也将对中国宏观经济产生一系列的影响。首先，人民币升值直接影响到中国的对外贸易。在出口方面，劳动密集型、附加值低的加工贸易商品在国际上的价格竞争力下降，这部分产品的出口将受到影响，这将会促使出口企业升级转型；在进口方面，汇率升值将有利于降低进口成本。其次，人民币升值会改善中国国际收支状况。持续的经常项目与资本和金融项目双顺差使中国集聚了大量的外汇储备，存在很大的保值增值风险，人民币升值将有利于改善"双顺差"，促进国际收支平衡。最后，人民币升值将会促进中国产业结构的调整。人民币升值会使先进技术设备进口成本降低，从而有利于改进中国技术水平状况，促进产业技术升级；人民币升值会使中国加工贸易型产业受到极大的影响，而具有自主知识产权，竞争力强的产业则会保持国际竞争力，从而推动中国产业结构的升级。

19.3　开放中的国民收入调节

开放经济中，各国的经济相互联系，一国的失业和通货膨胀会通过国际贸易和国际资本流动，传递到其他国家。因此，开放条件下的国民收入调节显得更为重要。

19.3.1　国民收入调节的意义

开放经济中，各国国内生产总值的决定与变动是相互影响的。一国国内总需求与国民收入的增加会通过进口的增加而影响到对国外产品的需求，从而使与之有贸易关系的国家的国民收入也增加。这种一国总需求与国民收入增加对别国造成的影响，称为"溢出效应"，反过来，别国由于"溢出效应"所引起的国民收入增加，又会通过进口的增加使最初引起"溢出效应"的国家的国民收入再增加，这种影响称为"回波效应"。这样，通过这两种效应，国际贸易将各种经济紧密联系在一起，既可以由一国的繁荣带动其他国家的繁荣，也可以由一国的萧条引起其他国家的萧条。

各国之间的影响程度不一样，大体上取决于以下几个因素：第一，国家的大小。一般来说，大国对小国的影响大，小国对大国的影响小。第二，开放程度。开放程度高的国家对别国的影响与受到别国的影响都大。相反，开放程度低的国家对别国的影响与受到别国的影响都小。第三，各国边际进口倾向的大小。一国的边际进口倾向越高，对别国的影响与受到别国的影响越大。反之，一国的边际进口倾向越低，对别国的影响与受到别国的影响越小。

在经济全球化和国际金融不断发展的今天，国际资本流动对各国的影响也非常大。如果一国发生了经济衰退或资金周转不灵，从各国抽回资本或减少对外投资，会引起其他国家由于资本外流而总需求减少，从而也发生衰退。当今情况下，短期资本，特别是数额巨大的"热钱"由于利率变动等原因在国际间流动，往往也会引起国际经济的波动。

开放经济中，国与国之间经济交往的密切，使一国经济经常处于失衡状态，这时候仅靠市场经济自身的力量难以快速地恢复均衡，而政府的调节政策则会发挥重要作用，使宏观经济较快地达到均衡水平。

19.3.2　国民收入调节的政策

在开放经济条件下进行国民收入的调节，和在封闭条件下进行国民收入的调节不同，这时需要实现内在均衡和外在均衡两个目标的协调。内在均衡是指实现国内经济的充分就业和物价稳定；外在均衡是指国际收支平衡。实际经济中内在均衡和外在均衡形成的过程中，可能会出现以下九种状态，如表 19-3 所示。

表 19-3　内在不均衡与外在不均衡

状态	内在不均衡		外在不均衡	
	通货膨胀	经济衰退	国际收支盈余	国际收支赤字
1	×	×	×	×
2	×	√	×	×
3	√	×	×	×
4	×	×	×	√
5	×	√	×	√
6	√	×	×	√
7	×	×	√	×
8	×	√	√	×
9	√	×	√	×

在表 19-3 的九种状态中，只有第一种，国内不存在通货膨胀和经济衰退，国际收支不存在盈余和赤字，从而实现了内外均衡，达到最优状态。第六种和第八种在政策上比较好解决。第六种国内通货膨胀与国际收支赤字，这时候只需要实行紧缩性政策，降低需求即可；第八种国内经济衰退，国际收支盈余，采取扩张性的政策，刺激国内总需求，就可以使经济摆脱衰退，并改善国际收支盈余状况。但是第四、第五、第七和第九种较难解决，存在政策上的矛盾。例如，第五种，国内衰退需要用扩张性的政策，增加总需求，而总需求的增加会使贸易国际收入赤字更加严重。第二种和第三种是外在均衡下的内在不均衡状况，在这种情况下，任何调节内在不均衡的政策都会打破外在均衡，从而使经济政策出现进退两难的局面。

内在均衡与外在均衡的矛盾要求经济学家找出最优的政策配合方案。最优政策配合的含义是：在国外需求不同的情况下，所采用的政策应使其中一种政策的积极作用超过另一种政策的消极作用。在选择最优政策时，首先应该注意各种政策对内与对外的不同影响。货币政策对外的影响往往要大于对内的影响，例如，货币量增加通过利率下降对国内总需求的刺激作用，比利率下降对资本流入的影响要小。财政政策对内的影响往往要大于对外的影响。例如，增加政府支出引起的国内生产总值增加的作用，要大于增加进口的作用。其次，应该确定政策所需要解决的主要问题。例如，在国内经济衰退与国际收支盈余的情况下，主要是解决国内经济衰退问题，那就要把政策重点放到刺激国内经济上。最后，要把各种政策配合运用，用一种政策去抵消另一种政策的负效用。

诺贝尔经济学奖获得者蒙代尔（Robert A Mundell）提出了解决最优政策配合的有效市场分类原理。该原理认为，每一种政策手段都应当用于其能产生最大的有利影响的市场或经济环境。其对内外市场或经济环境所必然产生的某种不利副作用，可以用性质相反的另一种经济手段加以抵消。这样，两种经济政策的相互配合就可以达到此种目的。例如，在国内通货膨胀与国际收支盈余的情况下，应该采用紧缩性财政政策治理通货膨胀，同时用扩张性的货币政策增加货币量，降低利率，使资本外流，治理国际收支盈余。在国内经济衰退与国际收支赤字的情况下，应当采用扩张性财政政策与紧缩性货币政策的结合，以摆脱国内经济衰退，同时克服国际收支赤字，如表 19-4 所示。

表 19-4　财政政策和货币政策的搭配

序号	经济状况	财政政策	货币政策
1	失业、衰退/国际收支赤字	扩张	收缩
2	通货膨胀/国际收支赤字	紧缩	紧缩
3	通货膨胀/国际收支盈余	紧缩	扩张
4	失业、衰退/国际收支盈余	扩张	扩张

最优化政策的配合在现实经济操作中，不仅要考虑国内外经济状况、政策目标、政策效应等问题，还需要考虑各种复杂的政治因素、国际关系、一国的历史传统等问题。例如，在通过增加进口来消除国际收支盈余时，应当考虑到本国的边际进口倾向有多大。边际进口倾向是由许多经济与非经济因素决定的，在一定时期内具有相对稳定性。如果一个国家的历史边际进口倾向较低，那么增加进口，消除国际收支盈余的作用就会非常有限。此外，通过扩张性货币政策降低利率以吸引资本流入，消除国际收支赤字时，还要考虑到国际资本流动对本国利率变动的反应程度，这种反应程度在一定程度上取决于一国的政治局面、投资环境等。在通过增加出口来增加国内生产总值、消除国际收支赤字时，应当考虑供给形式与世界市场对本国出口产品的需求弹性。如果国际经济处于衰退时期，而且本国商品在世界市场上的需求弹性较低，那么，这一政策就很难奏效。

19.4　对外经济政策

19.4.1　比较优势与对外开放

比较优势理论是由英国经济学家大卫·李嘉图提出来的。在比较优势理论之前，亚当·斯密提出了绝对优势（absolute advantage）理论，认为国际贸易和分工产生的原因是不同国家因为技术上的差别所带来的劳动生产率和生产成本的绝对差别。各国应当集中生产并出口具有"绝对优势"的产品，进口不具有"绝对优势"的产品，然后通过贸易，可以使两国获利。比较优势(comparative advantage)理论认为，国际贸易的基础并不限于生产技术上的绝对差别，只要各国之间存在生产技术上的相对差别，就会出现生产成本和产品价格上的相对差别，从而使各国在不同的产品上具有比较优势，使国际分工和国际贸易成为可能。

20 世纪初，瑞典经济学家赫克歇尔(Eli F. Heckscher)和俄林(Bertil Gotthard Ohlin)从生产要素比例的差别角度发展了比较优势理论。他们认为不同的商品生产需要不同的生产要素配置，有些产品的生产技术性较高，需要大量的机器设备和资本投入，这些产品被称为资本密集型产品；有些产品则主要是手工操作，需要大量的劳动力，这种产品被称为劳动密集型产品。各个国家的生产要素的储备比例不同，有的国家资本比较雄厚，有的国家劳动力比较充足。根据生产要素的稀缺程度，资本雄厚的国家，资本要素成本较低，劳动力充足的国家，劳动力成本较低，因此，各国应该集中生产并出口那些能够充分利用本国充裕要素的产品，以换取那些需要密集使用稀缺要素的产品。

比较优势理论能够较好地解释中国改革开放以来在对外贸易方面所取得的巨大成就。1978 年以来，中国实行改革开放的政策，对内进行政治、经济、文化等各方面的改革，对外进行开放，加强国际贸易，吸引国际资本，以促进经济的发展。中国人口众多，劳动力资源丰富，因此改革开放以来，中国在东部沿海发展以加工贸易为主的产业，促进了出口的大幅度增长。中国充分利用丰富的劳动力资源，发展劳动密集型产业，发展成为"世界工厂"。

近年来，随着中国对外开放程度的不断深化，经济的不断发展，中国对外贸易政策也在不断发展。中国已经成为世界制造中心，但是产品附加值较低，技术水平不足等问题已经影响到中国对外贸易的可持续发展。因此，当前中国对外贸易开始加大产业结构调整，增加有自主知识产权和高附加值产品的出口比例，实施品牌战略，提高贸易效率。通过控制高耗能、高污染、资源性产品出口，调整加工贸易优惠政策范围，推动加工贸易转型升级，以逐步实现出口结构的优化，转变对外贸易增长方式。

19.4.2　对外开放与经济发展

1978 年以来，中国坚定不移地坚持对外开放这一基本国策，加强与世界经济的交流，分享全球经济分工带来的好处。三十多年的对外开放，使中国成功地实现了从半封闭到全方位开放的伟大历史改革。我们大胆吸收和利用国外的资金、先进技术，借鉴符合现代化、社会化生产规律的经营方式、管理方法，充分利用国内、国外两个市场，使中国在与世界的衔接中以比较优势获得比较利益，增强了国际竞争力和综合国力。对外开放对中国经济发展的影响主要可以体现在以下四个方面：

第一，对外开放促进了中国经济的持续快速发展。1978～2011 年，中国实现年均经济增长率近 10%，名义人均国内生产总值由 225 美元增长到 5 000 多美元，迈入世界中等收入国家水平。中国外汇储备由开放初期的极度短缺，到 2011 年已经超过 3 万亿美元。在对外开放中，中国的经济水平实现快速发展，取得了举世瞩目的成就。

第二，对外开放促进了中国产业的技术进步和结构调整。通过技术引进和直接利用外资，中国企业技术设备的更新改造和产业技术的发展进一步加快。在日益开放和竞争的市场环境中，国内企业有了提高技术、改善产品质量、提高经济效益的压力和动力，带动了企业整体素质的提高，从而推动了产业结构升级。当前中国在电子信息技术、空间技术、核电技术应用等方面已经达到国际先进水平。

第三，对外开放促进了中国劳动力的就业和居民消费的改善。中国对外贸易和利用外资的快速发展，最初采取的是以劳动密集型为主的结构特点和发展方式，单位投资和产出吸收劳动力的水平很高，特别是在对外开放程度较高而人口密集的东部沿海地区，大大缓解了就业压力。与此同时，中国市场随着对外开放而逐渐健全，市场商品极大丰富，居民消费结构实现了升级换代。对外开放初期，中国居民消费以吃穿需求为主，近年来已经发展到以住行需求为主，住房、汽车、教育、休闲娱乐等消费已经成为当前居民消费的重点。

第四，对外开放还促进了中国经济体制改革和经营管理水平的提高。开放是改革的重要推动力量之一，同时也是改革的内容和改革的目标的有机组成部分，同中国的市场化进程一起构成了中国经济快速发展的重要条件。在对外开放的推动下，大量国际跨国公司到中国投资，中国企业与国际经济的联系也逐渐密切，这使得国外先进的管理经验传入中国，极大地提升了中国经济管理水平。

19.4.3　对外开放与维护国家经济安全

1. 国家经济安全

国家经济安全(national economic security)是指一个国家在经济发展中能够有效消除和化解潜在风险，使国家生存与社会经济发展处于不受威胁和干扰的状态。它主要包括金融安全、产业安全、战略资源安全以及经济信息安全等方面。现代国家经济安全观认为，国家经济安全的主体部分在内部，但是外部影响也起到了重要作用。在内部因素中，主要受国内政治制度和经济体制、发展战略、产业结构、市场竞争结构、环境、资源等因素的制约和威胁；在外部因素中，由于经济全球化和区域经济一体化的发展，各国在贸易和投资等方面相互依赖和相互联系，经济波动的传导性强，外国经济直接会影响本国的内部因素。因此只有内部因素和外部因素都安全了，才能真正确保国家的经济安全。特别是外部因素不易控制，不确定性和威胁性很大。随着经济全球化的蓬勃发展，国际经济联系的加强，国外因素在国家经济安全中起到越来越重要的作用。

2. 对外开放对中国国家经济安全的影响

改革开放以来，中国经济取得了举世瞩目的成就。在引进外资和发展对外贸易的同时，中国国家经济安全也受到了一定的影响，主要包括以下几点：

(1)粮食、石油、金属等资源对外依存度上升。中国对外开放，特别是加入世界贸易组织以来，粮食、石油和铁矿石等资源的进口量呈现快速上涨态势。虽然中国是世界小麦的主产区，产量占世界的1/5，但是2011年中国进口小麦124.88万吨，铁矿石的进口量已经占到中国铁矿石需求量的70%。对粮食、能源和原材料的对外依存度上升对中国经济安全是一个极大的挑战。

（2）贸易摩擦越来越多。改革开放以来，中国对外贸易取得了快速的发展，成为世界第二大贸易国。但是在贸易增长的同时，中国所面临的贸易摩擦也越来越多。1995年以来，中国连续十几年为遭遇反倾销调查最多的国家，每 7 起案件中就有一起案件涉及中国，这使中国的对外贸易遭受了巨大的损失。此外，国际贸易中各种壁垒林立，如"绿色壁垒""技术壁垒""社会责任壁垒"等，中国国家贸易安全受到挑战。

（3）产业安全受到威胁。中国通过对外开放，进行招商引资，为经济的快速发展提供了资本条件。与此同时，外资也进入中国的众多产业，特别是长期以来为吸引外资，各地方政府给予政策、税收方面的优惠措施，使得外资企业在中国竞争中处于优势。因此，外资对中国产业安全产生一定的威胁。例如，外资在家电、食品等行业的销售业绩在中国占比很高，对能源、交通、信息等产业具有很大的影响力。另外，中国对外贸易转型缓慢，对中国产业结构调整产生了一定的影响。

（4）金融开放加深，受波及程度加大。金融业是一国现代经济的核心，随着中国对外开放程度的加深，国际资本对中国的影响也越来越大。虽然开放初期，中国通过吸引外资，获得了经济发展所需要的资本，但是中国也受到了亚洲金融危机和 2008 年世界金融危机的影响。此外，由于中国期货市场发展较晚，发展程度较低，目前中国很多大宗商品价格是由国外金融市场决定的，中国缺失定价权。

3. 中国对外开放下维护国家经济安全的对策

当前，中国是一个发展中大国，但不是强国。我们要努力构建起以经济发展为中心、坚持对外开放和维护经济安全为两个基点的发展战略，促进中国经济在开放中的健康、稳定和有序发展。我们需要的是对外开放的高质高效，真正增强综合经济实力、可持续发展潜力和国际竞争力。

（1）尊重国际惯例，积极发挥建设性作用。随着中国对外开放程度的加深，全球性"游戏规则"的制定对国家经济利益有着重要的影响。我们应当尊重国际惯例，在当前的全球经济体系内，加强同其他国家的经济贸易往来，并积极推进"游戏规则"的制定与发展，增强中国的话语权。中国作为当前的经济贸易大国，应当以积极主动的态度参与国际事务，更多地参与国际贸易规则的制定和国际经济新秩序的建设，以维护本国的经济利益。

（2）实施"走出去"战略，加强与世界经济的融合。在对外开放"引进来"战略的作用下，中国经济实现了快速的发展，经济实力迅速增强，当前已经具备了"走出去"的实力。而"走出去"是中国经济进一步融入世界经济的必由之路，也是经济全球化的趋势所在。只有通过"走出去"，中国才能真正开拓国际市场，获取经济资源，加快技术进步，突破贸易壁垒，促进产业结构升级，实现经济的健康、持续发展。

（3）提高外资利用率，巩固民族产业基础。在当前阶段中国应当根据经济结构调整、地区发展平衡、环境生态保护以及其他战略需要有选择地引进外资。鼓励外商投资发展循环经济、清洁生产、可再生能源和资源综合利用领域，对中国稀缺或不可再生的重要矿产资源不再鼓励外商投资。与此同时，应当发挥国有经济对国民经济的主导作用，国有企业应当在关系到国家经济安全的行业拥有竞争优势。对于民营企业，应当积极引导、培育，从而不断提升民营企业的竞争力。

（4）完善金融体制，防范金融危机。随着中国对外开放程度的增加，金融领域受国际影响日益增大。金融全球化的影响使得金融危机会产生极大的波及效应和扩大效应，中国金融体系将受到较大冲击。由于中国金融体制发展仍不完善，直接金融和间接金融发展比例不协调，金融监管在人才、技术和制度方面与现代金融监管的要求存在差距，因此，中国要不断加强金融监管体制建设，防范金融风险。

（5）提升自主创新能力，增强国际竞争力。中国当前部分产业对国外的技术依存度高，特别是一些有国际竞争力的产业，依靠外国核心技术和装备进行生产，关键零部件仍由外国公司控制。而未来全球经济竞争的核心在于技术竞争。对此，中国应当加强技术研发，提升自主创新能力，逐渐摆脱对外技术依存的状态，提升中国的国际竞争力。

➤本章专业术语

国际收支　国际收支平衡表　汇率　直接标价法　间接标价法　固定汇率制度　浮动汇率制度　国际借贷说　购买力平价　购买力平价说　利率平价　人民币升值　溢出效应　比较优势　对外开放　国家经济安全

➤本章小结

本章要点可以归纳如下：

（1）国际收支是指一国在一定时期内（通常是一年）从国外收入的全部货币资金和向国外支付的全部货币资金的对比关系。国际收支平衡表的项目分为四大类：经常项目、资本和金融项目、储备资产、净误差与遗漏。国际收支平衡是指一国国际收支差额即净出口与净资本流出的差额为零。

（2）汇率又称汇价，是用一种货币表示的另一种货币的价格，即本国货币与外国货币的交换比率。汇率有两种标价方法，直接标价法和间接标价法。固定汇率制度是指一国货币同他国货币的汇率基本固定，其波动限于一定的幅度之内。浮动汇率制度是指一国不规定本国货币与他国货币的官方汇率，任汇率由外汇市场的供求关系自发地决定。

（3）国际借贷说认为国际间的商品劳务进出口、资本输出入以及其他形式的国际收支活动会引起国际借贷的发生，国际借贷又引起外汇供求的变动，进而引起外汇汇率的变动。购买力平价说认为汇率主要是由两国货币所具有的购买力决定的，取决于本国价格水平和外国价格水平的比率。利率平价说认为，两国之间的即期汇率与远期汇率的关系与两国的利率有密切的联系，国与国之间的利差导致资本的国际间流动，这对汇率，尤其是短期汇率具有决定性的作用。

（4）人民币升值会对中国对外贸易、国际收支和产业结构调整产生影响。

（5）内在均衡是指实现国内经济的充分就业和物价稳定；外在均衡是指国际收支平衡。实际经济中内在均衡和外在均衡的实现需要政府财政政策和货币政策的配合使用。

（6）国家经济安全是指一个国家在经济发展中能够有效消除和化解潜在风险，使国家生存与社会经济发展处于不受威胁和干扰的状态。它主要包括金融安全、产业安全、战略资源安全以及经济信息安全等方面。

➤练习题

一、名词解释

1. 国际收支平衡 　　　　　2. 购买力平价

3. 浮动汇率制度 　　　　　4. 比较优势

5. 对外开放 　　　　　　　6. 经济安全

二、单选题

1. 国际收支逆差将导致（　　　）。

　　A. 黄金、外汇储备减少　　　　　　B. 本国货币贬值

　　C. 国内产出水平下降　　　　　　　D. 以上各项均不正确

2. 净资本流出是指（　　）。

　　A. 国内居民对国外资产的购买减去国外居民对国内资产的购买

　　B. 国内居民对国外资产的购买减去国内居民对国外产品和劳务的购买

　　C. 国外居民对国内资产的购买减去国外居民对国内产品和劳务的购买

　　D. 国外居民对国内资产的购买减去国内居民对国外资产的购买

3. 一家美国公司从新西兰用美元购买苹果，然后这家新西兰公司用这笔钱再从美国购买包装设备，以下（　　）将增加。

　　A. 新西兰的净资本流出和新西兰的净出口量

　　B. 只有新西兰的净出口量

　　C. 只有新西兰的净资本流出量

　　D. 都不增加

4. 以下列陈述中错误的是（　　）。

　　A. 资本和金融项目盈余是指国内投资超出国内储蓄的部分

　　B. 资本和金融项目与经常项目之和等于净出口

　　C. 根据国民收入账户恒等式，资本和金融项目与经常项目通常是平衡的

　　D. 经常项目盈余等于净出口

5. 如果购买力平价成立，则（　　）。

　　A. 实际汇率的值等于 1

　　B. 名义汇率的值等于 1

　　C. 实际汇率等于名义汇率

　　D. 实际汇率等于两个国家的通货膨胀率之差

6. 根据购买力平价说，如果一台电视机在美国卖 500 美元，在中国卖 2 000 元人民币，那么以元/美元衡量的名义汇率是（　　）。

　　A. 2.5　　　　B. 10　　　　C. 4　　　　D. 1

7. 在浮动汇率下，贸易限制对收入没有影响，这是因为（　　）。

　　A. 净出口增加，但投资减少了

　　B. 汇率上升，以抵消净出口最初的增加

　　C. 进口的减少与出口的增加相等

　　D. 以上均正确

8. 若美国对法国葡萄酒设置了进口配额，那么美国的净出口将（　　）。

　　A. 增加，美元实际汇率上升，美国国产葡萄酒的国内销售量将上升

　　B. 不变，美元实际汇率上升，美国国产葡萄酒的国内销售量将上升

　　C. 不变，美元将贬值，美国国产葡萄酒的国内销售量不变

　　D. 以上都不对

9. 在开放经济中，下列（　　）项不是政府宏观政策的最终目标。

　　A. 国际收支平衡　　　　　　　　　B. 不存在贸易逆差或顺差

　　C. 经济均衡增长　　　　　　　　　D. 消除通货膨胀

10. 与封闭经济相比，在开放经济中宏观财政政策的作用将（　　）。

　　A. 更大，因为总需求方加入净出口后使支出乘数增大

　　B. 更小，因为总需求方加入净出口后使支出乘数变小

C. 不变，因为总需求方加入净出口后对支出乘数并没有影响

D. 不能确定两者的关系

11. 政府采取紧缩性的财政、货币政策后，对本国的国内均衡会产生一定的影响，下列（　　）项所述的影响是不可能出现的。

A. 国内失业率上升　　　　　　　　B. 国际收支状况恶化

C. 资本外流减少　　　　　　　　　D. 投资减少

12. 如果一国经济处于内外均衡状况，这时出口额有了大幅度提高，接下来可能会出现（　　）的情况。

A. 过度需求，引起国内通货膨胀

B. 本国产品价格下降，有利于提高同类商品的国际竞争力，出口持续增长

C. 促进新的生产能力的形成，供给将增加，从而提高总产出水平

D. 进口会随之增加，使国际收支恢复平衡

13. 如果一国处于国内均衡，但国际收支有盈余的状况，这时，最宜采取下列（　　）项宏观调控政策。

A. 紧缩的财政政策

B. 紧缩的货币政策

C. 扩张性的财政政策和紧缩性的货币政策

D. 调高汇率

三、判断题

1. 一国国际收支中保持顺差状态比逆差状态要好。（　　）

2. 浮动汇率制对从事国际贸易的当事人来说比固定汇率制更安全、便利。（　　）

3. 购买力平价理论表明，一单位任意给定货币在所有国家能够购买的东西是相同。（　　）

4. 由购买力平价理论可知，实际汇率应该等于名义汇率。（　　）

5. 进口配额和关税等贸易政策在浮动汇率下不影响国民收入，在固定汇率下使国民收入增加。（　　）

6. 在开放经济条件下，一国宏观调控的经济目标要同时实现内部均衡和外部均衡。（　　）

7. 当一国设置了贸易限制时，该国货币的实际汇率会升高。（　　）

四、问答题

1. 国际收支平衡表包括哪些内容？下面各种情况应分别在国际收支平衡表中作何反应？

(1)本国公民以美元支付到外国旅游观光的费用；

(2)本国向外国出口商品，对方应在 90 天内付款；

(3)本国一企业收到其海外子公司的股利；

(4)本国一居民得到其海外亲友的外汇现款捐赠。

2. 浮动汇率和固定汇率各有什么优点和缺点？

3. 概述购买力平价和利率平价理论的基本内容。

4. 汇率变动和净出口变动有何相互影响？

5. 简述人民币汇率体制改革历程。

6. 当一国经济既处于通货膨胀又有国际收支赤字状况时，应当采取什么样的政策措施？

7. 中国对外开放对经济发展的作用如何？

8. 简述中国对外开放对国家经济安全的影响

9. 中国应如何在对外开放中维护经济安全？

参考文献

阿瑟·庇古.2006.福利经济学.朱央,张胜纪,吴良健译.北京:商务印书馆.

保罗·克鲁格曼,茅瑞斯·奥伯斯法尔德.2011.国际经济学.黄卫平,等译.北京:中国人民大学出版社.

保罗·萨缪尔森,威廉·诺德豪斯.2008.经济学(第十八版).萧琛主译.北京:人民邮电出版社

蔡继明.2004.宏观经济学.北京:人民出版社.

崔东红,何卫平.2007.宏观经济学原理与实务.北京:北京大学出版社

段文斌.2006.现代西方经济学原理.天津:南开大学出版社.

高鸿业.2011.西方经济学(第五版).北京:中国人民大学出版社.

格里高利·曼昆.2009.经济学原理.梁小民,梁砾译.北京:北京大学出版社.

龚刚.2005.宏观经济学——中国经济的视角.北京:清华大学出版社.

何维达.2012.全球化背景下的国家经济安全与发展.北京:机械工业出版社.

何维达,赵晓.2008.经济学教程.北京:科学出版社.

黎诣远.2001.宏观经济分析.北京:清华大学出版社.

黎诣远.2007.西方经济学(第二版).北京:高等教育出版社.

黎诣远,李明志.2003.微观经济分析.北京:清华大学出版社.

厉以宁.2000.西方经济学.北京:高等教育出版社.

厉以宁,吴易风,李懿.1984.西方福利经济学述评.北京:商务印书馆.

梁小民.2001.高级经济学教程(上、下册).北京:北京大学出版社.

鲁迪格·多恩布什,斯坦利·费希尔,理查德·斯塔兹.2010.宏观经济学.北京:中国人民大学出版社.

马树才.2005.宏观经济政策效应分析.北京:经济科学出版社.

马栓友.2003.财政政策与经济增长.北京:经济科学出版社.

缪代文.2007.西方经济学.北京:中国人民大学出版社.

宋承先.2004.现代西方经济学.上海:复旦大学出版社.

宋承先,许强.2005.现代西方经济学——微观经济学(第三版).上海:复旦大学出版社.

孙学敏.2009.西方经济学.北京:清华大学出版社.

汪祥春.2003.宏观经济学.大连:东北财经大学出版社.

汪祥春.2003.微观经济学.大连:东北财经大学出版社.

吴海燕.2005.经济学原理.北京:经济科学出版社.

吴易风,刘凤良,吴汉洪.1998.西方经济学.北京:中国人民大学出版社.

叶德磊.2005.宏观经济学.北京:高等教育出版社.

尹伯成.2003.西方经济学教程.上海:上海人民出版社.

余永定,张宇燕.2002.西方经济学.北京:经济科学出版社.

张新泽.2004.货币政策与宏观经济新论.北京:中国金融出版社.

中国现代国际关系研究院.2005.国家经济安全.北京:时事出版社.

Drazen A. 2000. Political Economy in Macroeconomics. Princeton:Princeton University Press.

Gibbons R. 1992. Game Theory for Applied Economists. Princeton:Princeton University Press.

Hall R E, Taylor J B. 1993. Macroeconomics. New York:Norton Co.

Mankiw M G. 2006. Principles of Economics. Beijing：Beijing University Press.

Parkin M. 2011. Macroeconomics. San Antonio：Pearson Education Inc.

Romer D. 2002. Advanced Macroeconomics（2nd ed.）. Shanghai：Shanghai University of Finance and Economics.

索　引